Reusch

Das Bilanzsteuerrecht der Vereinigten Staaten von Amerika

GABLER EDITION WISSENSCHAFT

Kai M. Reusch

Das Bilanzsteuerrecht der Vereinigten Staaten von Amerika

Vergleichende Untersuchung und Analyse der Eignung für eine Übernahme in das deutsche Steuerrecht

Mit einem Geleitwort
von Prof. Dr. Norbert Krawitz

Springer Fachmedien Wiesbaden GmbH

Die Deutsche Bibliothek - CIP-Einheitsaufnahme

Reusch, Kai M.:
Das Bilanzsteuerrecht der Vereinigten Staaten von Amerika : vergleichende Untersuchung und Analyse der Eignung für eine Übernahme in das deutsche Steuerrecht / Kai M. Reusch.
Mit einem Geleitw. von Norbert Krawitz. - 1. Aufl..
- Wiesbaden : Dt. Univ.-Verl., 2002
(Gabler Edition Wissenschaft)
Zugl.: Siegen, Univ., Diss., 2001

1. Auflage April 2002

Ursprünglich erschienen bei Deutscher Universitäts-Verlag GmbH, Wiesbaden, 2002.

Lektorat: Brigitte Siegel / Stefanie Loyal

www.duv.de

Gedruckt auf säurefreiem und chlorfrei gebleichtem Papier.

ISBN 978-3-8244-7620-6 ISBN 978-3-663-08188-3 (eBook)
DOI 10.1007/978-3-663-08188-3

Meinen Eltern

Geleitwort

In den letzten Jahren wurde im Rahmen der politischen Steuerreformdiskussion das US-amerikanische Bilanzsteuerrecht zum Vorbild für deutsche Rechtsänderungen erklärt. Im Widerspruch dazu steht eigentlich, dass kaum umfassende und zusammenhängende Darstellungen des amerikanischen Bilanzsteuerrechts in der deutschen Literatur vorliegen. Deshalb gibt der Verfasser der vorliegenden Monographie, die im Wintersemester 2001/2002 am Fachbereich Wirtschaftswissenschaften der Universität Siegen als Dissertation angenommen worden ist, das Ziel, „das Bilanzsteuerrecht der Vereinigten Staaten von Amerika umfassend darzustellen und mit den korrespondierenden deutschen Vorschriften zu vergleichen" und „die prinzipielle Eignung des Bilanzsteuerrechts der Vereinigten Staaten von Amerika für eine partielle oder vollständige Übernahme in das deutsche Steuerrecht zu analysieren". Die Untersuchung begründet er darüber hinaus auch mit der Bedeutung der USA als Außenhandelspartner der Bundesrepublik Deutschland und mit der über seine nationalen Schranken herausragenden Stellung des US-amerikanischen „financial accounting".

Die Beurteilung steuerrechtlicher Einzelnormen und somit auch die Übertragbarkeit von Systemen oder von einzelnen Regelungen bedürfen eines Maßstabes, der in den grundlegenden Besteuerungszwecken und in den daraus abgeleiteten allgemeinen Besteuerungsgrundsätzen zu sehen ist. Diese stellen wegen ihres grundsätzlichen Charakters keine „nationalen Spezifika" dar. Sowohl in den USA als auch in Deutschland erkennt die Rechtsordnung an, dass die Besteuerung neben dem eigentlichen Fiskalzweck auch Lenkungszwecke verfolgen kann (für die BRD vgl. z. B. § 3 Abs. 1 Satz 1 AO). Dieser Zweckdualismus führt jedoch zu Widersprüchlichkeiten und Durchführungsproblemen. Er beeinträchtigt die Beurteilbarkeit von Steuerrechtsnormen, da deren Zwecke nicht zwingend eindimensional sein müssen. Auch die Fundamentalprinzipien und die ergänzenden Prinzipien können, müssen aber nicht zwangsläufig im Widerspruch zueinander stehen. Somit liegt kein eindeutiger Beurteilungsmaßstab für Steuerrechtsnormen vor.

Den größten Teil der Schrift umfasst die Darstellung des US-amerikanischen Bilanzsteuerrechts vor dem Hintergrund der korrespondierenden deutschen Vorschriften. Neben dem konzeptionellen Rahmen der steuerlichen Gewinnermittlung werden die allgemeinen steuerrechtlichen Bilanzierungs- und Bewertungsvorschriften sowie wesentliche Einzelpositionen der

Steuerbilanz beschrieben, analysiert und mit den jeweiligen deutschen Regelungen verglichen. Diese Abhandlung stellt einen großen wissenschaftlichen Gewinn für die deutschsprachige Literatur dar. Der Leser erhält einen auf die amerikanischen Rechtsquellen, auf amerikanische Primärliteratur und deutsche Sekundärliteratur gestützte sorgfältige Beschreibung und Analyse der wichtigsten Bereiche des amerikanischen Bilanzsteuerrechts. Dem Verfasser kann bescheinigt werden, dass ihm insgesamt eine abgerundete und ausgewogene Wiedergabe des amerikanischen Bilanzsteuerrechts gelungen ist. Für den durchgeführten Vergleich verzichtet er auf eine entsprechend umfassende Beschreibung des deutschen Bilanzsteuerrechts und beschränkt sich „auf das Aufzeigen von Unterschieden und Gemeinsamkeiten".

Entsprechend dem Hauptziel behandelt das Buch im weiteren die „Übertragbarkeit des US-amerikanischen Bilanzsteuerrechts in das deutsche Steuerrecht". Der Verfasser begründet in jedem Einzelfall die Befürwortung oder Ablehnung einer Übertragbarkeit amerikanischer Regelungen in das deutsche Steuerrecht. Wegen der Allgemeingültigkeit, Abstraktheit und Widersprüchlichkeit der im 2. Kapitel beschriebenen Maßstäbe lassen sich die Aussagen nicht in allen Fällen mit der letzten wissenschaftlichen Stringenz herleiten. Im Ergebnis kommt der Verfasser zu den beiden folgenden Ergebnissen:

1. Die Mehrheit der abweichenden Einzelaspekte eignet sich nicht für eine Übernahme in das deutsche Steuerrecht.

2. Auch das US-amerikanische Bilanzsteuerrecht als Gesamtkonzeption kann nicht für eine Übernahme in das deutsche Steuerrecht empfohlen werden.

In dieser Prüfung der Übertragbarkeit und den abgeleiteten Ergebnissen liegt der zweite herausragende positive Aspekt der vorgelegten Veröffentlichung.

Der Verfasser hat eine zugleich grundlegende wie aktuelle Besteuerungsfrage aufgegriffen. Die Vorzüge der Arbeit liegen in der fundierten und systematischen Darlegung des US-amerikanischen Steuerrechts sowie in der begründeten Ablehnung der Übernahme der Gesamtkonzeption und in der Ablehnung bzw. Bejahung der Übertragung einzelner Regelungen in das deutsche Steuerrecht. Das Buch kann daher allen empfohlen werden, die sich aktiv an der Gestaltung eines systematischen Bilanzsteuerrechts in Deutschland beteiligen. Ich wünsche ihm deshalb eine gute Verbreitung.

Univ.-Prof. Dr. N. Krawitz

Vorwort

Die vorliegende Monographie wurde im Wintersemester 2001/2002 vom Fachbereich Wirtschaftswissenschaften der Universität Siegen als Dissertation angenommen. Ihre Entstehung wäre nicht möglich gewesen ohne die vielfältige Hilfe und Unterstützung, für die ich mich an dieser Stelle herzlich bedanken möchte.

Mein besonderer Dank gilt meinem Doktorvater und akademischen Lehrer, Herrn Univ.-Prof. Dr. Norbert Krawitz für die Anregung des Themas, seine Diskussionsbereitschaft und die stets vorhandene fachliche wie persönliche Unterstützung. Seine engagierte Betreuung während des gesamten Promotionsprojekts wird mir immer in hervorragender Erinnerung bleiben. Herrn Univ.-Prof. Dr. Rainer Heurung danke ich für die freundliche Übernahme des Zweitgutachtens und Herrn Univ.-Prof. Dr. Jürgen Berthel für die Übernahme des Vorsitzes der Promotionskommission.

Dem Deutschen Akademischen Austauschdienst bin ich für die Gewährung eines Stipendiums für meinen Forschungsaufenthalt in den USA zu Dank verpflichtet. Herr Prof. Alvin C. Warren, Jr. hat mich an der Harvard Law School in Cambridge, Ma. sehr freundlich aufgenommen und mich während meines Aufenthaltes dort stets unterstützt, wofür ich ihm herzlich danke. Die Forschungszeit an der HLS hat wesentlich zur Qualität dieser Arbeit beigetragen.

Danken möchte ich auch meinen ehemaligen Kollegen vom Lehrstuhl BWL II der Universität Siegen für die angenehme Zusammenarbeit und ihre freundschaftliche Verbundenheit; insbesondere Frau Dr. Gabriele Irle für zahlreiche wertvolle Hinweise und Anregungen.

Herrn RA/StB Dr. Matthias Wehling und Herrn StB Dipl.-Kfm. Wolfgang Westphälinger danke ich stellvertretend für die Arthur Andersen Wirtschaftsprüfungsgesellschaft Steuerberatungsgesellschaft mbH für die Gewährung eines Druckkostenzuschusses und die Unterstützung in der Endphase der Promotion.

Ein besonders herzlicher Dank gebührt meiner Freundin, Frau Dipl.-Kffr. Dipl.-Verw. Christina Hartmann, die trotz ihres eigenen Promotionsprojekts die Energie aufbrachte, mich immer wieder erneut zu motivieren. Ihre phantastische Unterstützung – persönlich wie fachlich – und ihr Verständnis haben ganz entscheidend zum Gelingen dieser Arbeit beigetragen.

Mein größter Dank gilt schließlich meinen Eltern, Julia und Dipl.-Kfm. Klaus Reusch. Sie haben mich während meiner langen Ausbildung äußerst großzügig gefördert, stets zum Weitermachen ermutigt und auch sonst in jeglicher Weise hervorragend unterstützt. Ihnen ist diese Arbeit gewidmet.

Kai M. Reusch

Inhaltsübersicht

Inhaltsverzeichnis

Abkürzungsverzeichnis

a. A.	anderer Auffassung
a. M.	am Main
Abb.	Abbildung
Abs.	Absatz
Abt.	Abteilung
ACRS	accelerated cost recovery system
ADR	asset depreciation range
ADS	alternative depreciation system
AfA	Absetzung für Abnutzung
AfaA	Absetzung für außergewöhnliche Abnutzung
AfS	Absetzung für Substanzverringerung
AICPA	American Institute of Certified Public Accountants
AK/HK	Anschaffungs- oder Herstellungskosten
akt.	aktualisierte
allg.	allgemein(e)
Anm.	Anmerkung
AO	Abgabenordnung
Art.	Artikel
Assn.	Association
Aufl.	Auflage
Aug.	August
b&b	Bilanz und Buchhaltung (Zeitschrift)
B. T. A.	United States Board of Tax Appeals Reports
BB	Betriebs-Berater (Zeitschrift)
BBK	Buchführung, Bilanz, Kostenrechnung (Zeitschrift)
Bd.	Band
bearb.	bearbeitete
BewG	Bewertungsgesetz
BFH	Bundesfinanzhof
BGBl.	Bundesgesetzblatt

BMF	Bundesministerium der Finanzen
BMJ	Bundesministerium der Justiz
BStBl.	Bundessteuerblatt
BT	Bundestag(s)
Buchst.	Buchstabe
BuW	Betrieb und Wirtschaft (Zeitschrift)
BVerfG	Bundesverfassungsgericht
BVerfGE	Entscheidungen des Bundesverfassungsgerichts
bzw.	beziehungsweise
C. B.	Cumulative Bulletin
CCH	Commerce Clearing House (Verlag)
CDU	Christlich Demokratische Union
Cir.	Circuit
CL	class life
Cl.	Clause
Cl. Ct.	United States Claims Court Reporter
Co.	Company
Cong.	Congress
Cons.	Consolidated
Corp.	Corporation
CSU	Christlich Soziale Union
Ct. Cl.	United States Claims Court/United States Court of Claims
d. h.	das heißt
D. Ma.	District of Massachusetts
D. Minn.	District of Minnesota
DB	Der Betrieb (Zeitschrift)
DBW	Die Betriebswirtschaft (Zeitschrift)
Dec.	December
Dez.	Dezember
DIF	discriminate function
DIHT	Deutscher Industrie- und Handelstag
DISC	Domestic International Sales Corporation
DM	Deutsche Mark
Drcks.	Drucksache

DRSC	Deutsches Rechnungslegungs Standards Committee
DStR	Deutsches Steuerrecht (Zeitschrift)
DStZ	Deutsche Steuer-Zeitung (Zeitschrift)
DSWR	Datenverarbeitung, Steuer, Wirtschaft, Recht (Zeitschrift)
durchges.	durchgesehene
ed.	edition
EDV	Elektronische Datenverarbeitung
EFG	Entscheidungen der Finanzgerichte (Zeitschrift)
Einf.	Einführung
einschl.	einschließlich
erg.	ergänzte
erw.	erweiterte
ESt	Einkommensteuer
EStDV	Einkommensteuer-Durchführungsverordnung
EStG	Einkommensteuergesetz
EStH	Einkommensteuer-Hinweise
EStR	Einkommensteuer-Richtlinien
etc.	et cetera
EU	Europäische Union
EuGH	Europäischer Gerichtshof
Ex.	Example
f.	folgende
F. 2d	Federal Reporter Second Series
F. 3d	Federal Reporter Third Series
F. Supp.	Federal Supplement
FA	Finanzarchiv (Zeitschrift)
FASB	Financial Accounting Standards Board
FAZ	Frankfurter Allgemeine Zeitung
FDP	Freie Demokratische Partei
Feb.	February/Februar
Fed.	Federal
ff.	fortfolgende
FG	Finanzgericht
FIFO	first-in, first-out

Fn.	Fußnote
FN-IDW	Fachnachrichten des IDW (Zeitschrift)
FR	Finanz-Rundschau (Zeitschrift)
FSC	Foreign Sales Corporation
GATAP	Generally Accepted Tax Accounting Principles
GE	Geldeinheit(en)
GEFIU	Gesellschaft für Finanzwirtschaft in der Unternehmensführung e. V.
gem.	gemäß
gest.	gestaltete
GG	Grundgesetz
gl. A.	gleicher Auffassung
GmbHR	GmbH-Rundschau (Zeitschrift)
GoB	Grundsätze ordnungsmäßiger Buchführung
GP	Gliederungspunkt(e)
GuV	Gewinn- und Verlustrechnung
h. M.	herrschende Meinung
Halbbd.	Halbband
HGB	Handelsgesetzbuch
HIFO	highest-in, first-out
HR Rep.	House of Representatives Report
Hrsg.	Herausgeber
i. d. F.	in der Fassung
i. d. R.	in der Regel
i. e. S.	im engeren Sinne
I. R. B.	Internal Revenue Bulletin
i. S. d.	im Sinne des
i. S. v.	im Sinne von
i. V. m.	in Verbindung mit
i. w. S.	im weiteren Sinne
IAS	International Accounting Standards
IDW	Institut der Wirtschaftsprüfer in Deutschland e. V.
Inc.	Incorporated

INF	Die Information über Steuer und Wirtschaft (Zeitschrift)
inkl.	inklusive
IRC	Internal Revenue Code
IRS	Internal Revenue Service
IStR	Internationales Steuerrecht (Zeitschrift)
IWB	Internationale Wirtschaftsbriefe (Zeitschrift)
JA	Juristische Arbeitsblätter (Zeitschrift)
Jan.	January/Januar
JbFStR	Jahrbuch der Fachanwälte für Steuerrecht (Zeitschrift)
jr.	junior
KonTraG	Gesetz zur Kontrolle und Transparenz im Unternehmensbereich
KritV	Kritische Vierteljahresschrift für Gesetzgebung und Rechtswissenschaft (Zeitschrift)
KStG	Körperschaftsteuergesetz
LIFO	last-in, first-out
LOFO	lowest-in, first-out
m. E.	meines Erachtens
m. w. N.	mit weiteren Nachweisen
MACRS	modified accelerated cost recovery system
MD Ga.	Middle District of Georgia
ME	Mengeneinheit(en)
Mfg.	Manufacturing
min.	mindestens
Mio.	Million(en)
MTI	modified taxable income
NBU	natural business unit
neubearb.	neubearbeitete
No.	Number
NOL	net operating loss
Nov.	November
Nr.	Nummer
NSPA	National Society of Public Accountants

o. ä.	oder ähnliche(s)
o. V.	ohne Verfasser
Oct.	October
OECD	Organization for Economic Co-Operation and Development
Okt.	Oktober
PKW	Personenkraftwagen
Pub. L.	Public Law
Q&A	Question and Answer
Reg.	Regulation
REIT	real estate investment trust
rev.	revidierte
Rev. Proc.	Revenue Procedure
Rev. Rul.	Revenue Ruling
RFH	Reichsfinanzhof
RIW	Recht der Internationalen Wirtschaft (Zeitschrift)
Rn.	Randnummer
RStBl.	Reichssteuerblatt
Rul.	Ruling
RWJ	Rumpfwirtschaftsjahr
Rz.	Randziffer
S.	Seite
S. D. Mo.	Southern District of Missouri
S. Rep.	Senate Report
Schr.	Schreiben
SEC	Securities and Exchange Commission
Sec.	Section
Sept.	September
Sess.	Session
SFAC	Statement(s) of Financial Accounting Concepts
SFAS	Statement(s) of Financial Accounting Standards
sog.	sogenannt(e)
Sp.	Spalte
SPD	Sozialdemokratische Partei Deutschlands

Stat.	United States Statutes at Large
StBereinG	Steuerbereinigungsgesetz
Stbg	Die Steuerberatung (Zeitschrift)
StBJb	Steuerberater-Jahrbuch (Zeitschrift)
StBp	Die steuerliche Betriebsprüfung (Zeitschrift)
StEntlG	Steuerentlastungsgesetz
SteuerStud	Steuer und Studium (Zeitschrift)
StRG	Steuerreformgesetz
StSenkG	Steuersenkungsgesetz
StuB	Steuern und Bilanzen (Zeitschrift)
StuW	Steuer und Wirtschaft (Zeitschrift)
Subs.	Subsidiaries
T. C.	United States Tax Court Reports
T. C. M.	Tax Court Memorandum Decisions
Tab.	Tabelle
Temp. Reg.	Temporary Regulation
Treas. Dec.	Treasury Decision
Ts.	Taunus
Tz.	Textziffer
u.	und
u. a.	und andere
U. S.	United States Reports
überarb.	überarbeitete
UCLA	University of California at Los Angeles
UNICAP	uniform capitalization rules
unveränd.	unveränderte
US	United States
USA	United States of America
US-GAAP	United States Generally Accepted Accounting Principles
v.	vom/versus
v. H.	vom Hundert
verb.	verbesserte
vgl.	vergleiche

Vol(s).	Volume(s)
WG	Wirtschaftsgut/Wirtschaftsgüter
WiSt	Wirtschaftswissenschaftliches Studium (Zeitschrift)
WJ	Wirtschaftsjahr
WPg	Die Wirtschaftsprüfung (Zeitschrift)
WpHG	Wertpapierhandelsgesetz
WPK-Mitt.	Wirtschaftsprüferkammer-Mitteilungen (Zeitschrift)
WRV	Weimarer Reichsverfassung
WTO	World Trade Organization
z. B.	zum Beispiel
z. T.	zum Teil
ZfbF	Schmalenbachs Zeitschrift für betriebswirtschaftliche Forschung
ZfZ	Zeitschrift für Zölle und Verbrauchsteuern
ZG	Zeitschrift für Gesetzgebung
ZHR	Zeitschrift für das gesamte Handels- und Wirtschaftsrecht

Abbildungsverzeichnis

Tabellenverzeichnis

1. Kapitel:

Einleitung und Abgrenzung des Untersuchungsgegenstands

11. Einleitung und Gang der Untersuchung

Quo vadis, deutsches Bilanzsteuerrecht?[1] Diese Frage gewinnt angesichts der aktuellen steuer- und bilanzrechtlichen Entwicklungen auf nationaler wie internationaler Ebene zunehmend an Brisanz. So wurde mit der Abschaffung der Drohverlustrückstellung[2] durch das Gesetz zur Fortsetzung der Unternehmenssteuerreform[3] ein Prozeß der Verselbständigung der Steuerbilanz in Gang gesetzt, der bislang in den Maßnahmen des Steuerentlastungsgesetzes 1999/2000/2002[4] seinen Höhepunkt fand. Seit der Tomberger-Entscheidung des Europäischen Gerichtshofs (EuGH)[5] wird die Installation eines autonomen Bilanzsteuerrechts als einzig sicherer Weg zur Verhinderung eines unerwünschten Einflusses des EuGH auf die steuerliche Bilanzierung in Deutschland diskutiert.[6] Hinzu kommt der jüngste Verordnungsvorschlag der EU-Kommission, wonach die *International Accounting Standards* (IAS) spätestens ab 2005 für die Konzernabschlüsse börsennotierter europäischer Unternehmen verpflichtend werden sollen und über ein Mitgliedstaatenwahlrecht auch für die Konzernabschlüsse nicht börsennotierter Unternehmen sowie für Einzelabschlüsse eingeführt werden können.[7] Gemeinsam mit der Befreiungsvorschrift des § 292a HGB, wonach börsennotierten Mutterunternehmen[8] die Aufstellung eines befreienden Konzernabschlusses nach international anerkannten Rechnungslegungsgrundsätzen gestattet wird, entsteht ein enormer Druck, auch den handelsrechtlichen Jahresabschluß an internationale Rechnungslegungsstandards anzupassen. Denn langfristig wird ein divergierender Ergebnisausweis im internationalisierten Konzernabschluß, der primär Informationszwecken dient, und dem HGB-Einzelabschluß, welcher auch eine Aus-

---

1 Vgl. jüngst *Hoffmann, W.-D.*, 2001, S. 452 f.

2 Vgl. § 5 Abs. 4a EStG.

3 Vgl. Gesetz zur Fortsetzung der Unternehmenssteuerreform v. 29.10.1997, in: BGBl. I 1997, S. 2590.

4 Vgl. Steuerentlastungsgesetz 1999/2000/2002 v. 24.03.1999, in: BGBl. I 1999, S. 402.

5 Vgl. EuGH v. 27.06.1996, in: DB 1996, S. 1400.

6 Vgl. z. B. *Schreiber, U.*, 2000, S. 95; *Herzig, N./Rieck, U.*, 1998, S. 319 f.; *Arndt, H.-W./Wiesbrock, M. R.*, 1999, S. 353.

7 Der Verordnungsvorschlag ist im Internet unter http://www.europa.eu.int/comm/internal_market/de/company/account/news/ias.htm abrufbar. Vgl. hierzu auch *IDW*, 2000, S. 457 ff.; *o. V.*, 2001b, S. 502; *o. V.*, 2001a, S. 19; *o. V.*, 2000g, S. 1432; *o. V.*, 2000f, S. 32; *Hoffmann, W.-D.*, 2001, S. 452; *Küting, K.*, 2001, S. 32.

8 D. h. Mutterunternehmen, die einen organisierten Markt i. S. d. § 2 Abs. 5 WpHG durch von ihnen oder einem ihrer Tochterunternehmen ausgegebene Wertpapiere i. S. d. § 2 Abs. 1 Satz 1 WpHG in Anspruch nehmen. Vgl. § 292a Abs. 1 Satz 1 HGB.

schüttungsbemessungsfunktion erfüllt, nicht haltbar sein.[9] Eine Internationalisierung des handelsrechtlichen Jahresabschlusses wirft aber zwangsläufig die Frage nach der Zukunft des Maßgeblichkeitsprinzips und damit einhergehend nach einem autonomen Bilanzsteuerrecht auf. Flankiert werden diese Entwicklungstendenzen durch die Einsetzung des Deutschen Rechnungslegungs Standards Committee (DRSC).[10] Dessen Wirkungsbereich ist zwar formal auf den Konzernabschluß beschränkt, könnte aber in Zukunft durchaus auch auf den Einzelabschluß ausstrahlen.[11] Dann würde § 5 Abs. 1 EStG für die steuerrechtliche Rechnungslegung auf durch ein privates Gremium beeinflußte GoB verweisen, was bereits heute Anlaß gibt, über ein selbständiges deutsches Bilanzsteuerrecht nachzudenken.

Zusammengenommen lassen diese Entwicklungen die Kodifikation eines autonomen deutschen Bilanzsteuerrechts zunehmend wahrscheinlicher werden.[12] Doch auch wenn dieses Szenario nicht eintreten sollte, gibt der häufig beklagte Zustand des geltenden deutschen Bilanzsteuerrechts[13] genügend Anlaß, zumindest Partialreformen in Erwägung zu ziehen.

Die Vereinigten Staaten von Amerika haben den voraussichtlich dem deutschen Bilanzrecht noch bevorstehenden Schritt bereits vollzogen und verfügen seit langem über ein weitgehend

---

9 *Eberhartinger, E.*, 2000, S. 3 sieht dementsprechend „zwar keine dogmatische, wohl aber eine faktische Notwendigkeit" zur Internationalisierung des Einzelabschlusses. Ähnlich, wenn auch zurückhaltender *Küting, K.*, 2001, S. 32.

10 Mit der Einführung von § 342 HGB durch das Gesetz zur Kontrolle und Transparenz im Unternehmensbereich (KonTraG) v. 27.04.1998, in: BGBl. I 1998, S. 786 wurde der Weg frei für einen deutschen Standard Setter im Bereich der Rechnungslegung. Aufgabe des Gremiums ist gem. § 342 Abs. 1 HGB die Entwicklung von Empfehlungen zur Anwendung der Grundsätze über die Konzernrechnungslegung, die Beratung des Bundesministeriums der Justiz (BMJ) bei Gesetzgebungsvorhaben zu Rechnungslegungsvorschriften und die Vertretung der Bundesrepublik Deutschland in internationalen Standardisierungsgremien. Gemäß § 342 Abs. 2 HGB wird die Einhaltung der die Konzernrechnungslegung betreffenden Grundsätze ordnungsmäßiger Buchführung (GoB) bei Beachtung der vom BMJ veröffentlichten Empfehlungen des DRSC vermutet. Damit wird die Fortentwicklung der deutschen (Konzern-)rechnungslegung zumindest teilweise in private Hände gelegt. Vgl. z. B. *Pellens, B.*, 1999, S. 545 ff.; *Moxter, A.*, 1998, S. 1425 ff.; *Knorr, L.*, 1998, S. 62; *Budde, W. D./Steuber, E.*, 1998, S. 1181 ff.; *Baetge, J./Krumnow, J./Noelle, J.*, 2001, S. 769 ff.

11 *Niehus, R. J.*, 2001, S. 57 ff. fordert nachdrücklich eine Ausdehnung von § 342 HGB auf den Einzelabschluß. Auch *Hoffmann, W.-D.*, 2001, S. 452 sieht eine zunehmende Bedeutung der Standards des DRSC für den Einzelabschluß. Nach *Baetge, J./Krumnow, J./Noelle, J.*, 2001, S. 773 „ist zu erwarten, dass eine Ausstrahlungswirkung von den DRS auf den Einzelabschluss ausgehen wird".

12 *Hoffmann, W.-D.*, 2001, S. 453 spricht bereits ohne Umschweife von der „künftigen Neukodifizierung des deutschen Bilanzsteuerrechts". Nach *Weber-Grellet, H.*, 1998a, S. 1344 ist es an der Zeit, „den Gedanken an ein selbständiges Bilanzsteuerrecht wiederaufzugreifen". Siehe auch *Weber-Grellet, H.*, 1998b, S. 2438.

13 Vgl. z. B. *Weber-Grellet, H.*, 1996a, S. 2; *Weber-Grellet, H.*, 1998b, S. 2438; *Weber-Grellet, H.*, 1998a, S. 1343 f.: „Unter dem Gesichtspunkt der Steuerrechtssystematik ist das geltende Bilanzsteuerrecht ein Torso."; *Hoffmann, W.-D.*, 2001, S. 452; *Moxter, A.*, 1999a, S. 619 ff. sowie *Clemm, H.*, 1999, S. 632, nach dem sich „das Bilanzsteuerrecht ... derzeit in einer fundamentalen Krise" befindet.

autonomes Bilanzsteuerrecht. Eben dieses US-amerikanische Bilanzsteuerrecht wurde mittlerweile von politischer Seite zum Vorbild deutscher Steuerreformmaßnahmen erklärt.[14]

Ein Ziel der vorliegenden Untersuchung ist es daher, die prinzipielle Eignung des Bilanzsteuerrechts der Vereinigten Staaten von Amerika für eine partielle oder vollständige Übernahme in das deutsche Steuerrecht zu analysieren. Damit soll zum einen untersucht werden, ob sich einzelne Aspekte des US-amerikanischen Bilanzsteuerrechts als Vorbild für eine entsprechende Partialreform des deutschen Bilanzsteuerrechts eignen. Zum anderen soll aber auch für den Fall einer völligen Neukodifikation des deutschen Bilanzsteuerrechts der mögliche Vorbildcharakter des US-amerikanischen Bilanzsteuerrechts als Gesamtkonzeption ergründet werden.

Das Bilanzsteuerrecht der Vereinigten Staaten von Amerika ist aber nicht nur als mögliches Vorbild für künftige deutsche Steuerreformmaßnahmen von besonderem Interesse. Die Vereinigten Staaten sind einer der wichtigsten Außenhandelspartner der Bundesrepublik Deutschland,[15] der bei den deutschen Direktinvestitionen sogar die Spitzenposition einnimmt[16]. Aus diesem Grund ist neben den einschlägigen Vorschriften zur Vermeidung oder Milderung der Doppelbesteuerung insbesondere auch das nationale Steuerrecht der USA für die deutsche Wirtschaft von eminenter Bedeutung.[17] Dabei kommt dem Bilanzsteuerrecht, welches zur Ermittlung des Gewinns als Ausgangsgröße der steuerlichen Bemessungsgrundlage dient, naturgemäß eine herausragende Bedeutung zu. Dies gilt umso mehr, als trotz der weltweit dominanten Rolle des US-amerikanischen *financial accounting* der steuerrechtlichen Rechnungslegung der USA in der deutschsprachigen Literatur bislang nur eine vergleichsweise geringe Aufmerksamkeit zuteil wurde[18].

---

14 Im SPD-Programm für die Bundestagswahl 1998, vgl. *SPD*, 1998, S. 28, heißt es wörtlich: „Wir werden Gestaltungsmöglichkeiten der Unternehmen bei der Gewinnermittlung an die internationalen Standards angleichen. Unsere Maßnahmen zur Objektivierung der Gewinnermittlung orientieren sich vor allem am Bilanzsteuerrecht der USA." Im Entschließungsantrag zum Steuerreformgesetz 1998 und Steuerreformgesetz 1999 der Fraktion der SPD, vgl. BT-Drcks. 13/8020 v. 24.06.1997, S. 71, heißt es nahezu gleichlautend: „Es ist dafür zu sorgen, daß die im internationalen Vergleich beispiellosen Gestaltungsmöglichkeiten der Unternehmen bei der Gewinnermittlung auf internationale Standards begrenzt werden. Die Maßnahmen für eine Objektivierung der Gewinnermittlung sollen sich vor allem an dem Bilanzsteuerrecht der USA orientieren."

15 Mit einem Anteil von 8,3 % an den deutschen Importen und 10,2 % an den deutschen Exporten in 1999 nehmen die USA jeweils den zweiten Platz der wichtigsten Außenhandelspartner der Bundesrepublik Deutschland ein. Vgl. *Statistisches Bundesamt*, 2000, S. 287, 290.

16 Mit einem Anteil von 28,1 % an den ausländischen Direktinvestitionen deutscher Unternehmen stehen die USA mit weitem Abstand an der Spitze, gefolgt von Großbritannien und Nordirland mit 9,8 %. Vgl. *Statistisches Bundesamt*, 2000, S. 670.

17 So z. B. auch *Kroschel, J.*, 2000a, S. V.

18 Zu einem Überblick über die relativ knappe deutschsprachige Literatur zum US-amerikanischen Steuerrecht sowie über die entsprechende US-Literatur vgl. *Kadel, J.*, 2000, S. 583 ff.

Ein zumindest gleichrangiges Ziel der vorliegenden Untersuchung ist es daher, das Bilanzsteuerrecht der Vereinigten Staaten von Amerika umfassend darzustellen und mit den korrespondierenden deutschen Vorschriften zu vergleichen. Auf diese Weise soll ein vertiefter Einblick in die bilanzielle steuerliche Gewinnermittlung der derzeit führenden Wirtschaftsnation gewährt werden. Durch den Vergleich mit den korrespondierenden deutschen Vorschriften werden Gemeinsamkeiten und Unterschiede deutlich, die der Analyse der prinzipiellen Eignung des Bilanzsteuerrechts der USA für eine partielle oder vollständige Übernahme in das deutsche Steuerrecht als Ausgangsbasis dienen.

Nach einer definitorischen Abgrenzung des Bilanzsteuerrechts als Untersuchungsgegenstand werden im 2. Kapitel der vorliegenden Untersuchung die Zwecke und allgemeinen Grundsätze der Besteuerung näher beleuchtet. Sie fungieren bei der Analyse der prinzipiellen Eignung des Bilanzsteuerrechts der Vereinigten Staaten von Amerika für eine teilweise oder vollständige Übernahme in das deutsche Steuerrecht als objektiver und einheitlicher Maßstab.

Daran schließt sich im 3. Kapitel die Darstellung des Bilanzsteuerrechts der USA an, deren Schwerpunktsetzung primär der US-amerikanischen Perspektive folgt. Dabei wird zunächst auf den das Bilanzsteuerrecht umgebenden Rahmen der steuerlichen Gewinnermittlung eingegangen. Dem folgt die Beschreibung der allgemeinen bilanzsteuerrechtlichen Ansatz- und Bewertungsvorschriften sowie der teils hierauf aufbauenden, teils eigenen Sonderregelungen unterworfenen bilanzsteuerrechtlichen Behandlung wesentlicher Einzelpositionen. Die Beschreibung des US-amerikanischen Bilanzsteuerrechts erfolgt gemäß der Zielsetzung der vorliegenden Untersuchung in einer durchaus umfassenden Weise, wenn auch die Detailtiefe durch die beachtliche Komplexität und Regelungsdichte dieses Rechtsgebiets begrenzt wird. Demgegenüber beschränkt sich der Vergleich mit der deutschen steuerlichen Gewinnermittlung gemäß § 4 Abs. 1 i. V. m. § 5 EStG auf das Aufzeigen von Unterschieden und Gemeinsamkeiten; auf eine ausführliche Darstellung auch des deutschen Bilanzsteuerrechts wird indes verzichtet.

Im 4. Kapitel werden ausgewählte Aspekte des US-amerikanischen Bilanzsteuerrechts auf ihre Eignung für eine Übernahme in das deutsche Steuerrecht untersucht. Die Selektion der zu untersuchenden Aspekte orientiert sich an deren relativer Bedeutung im Kontext des Bilanzsteuerrechts, der Signifikanz der aufgezeigten Unterschiede zu den korrespondierenden deutschen Vorschriften sowie aktuellen Änderungen durch die jüngeren deutschen Steuerreformmaßnahmen. Dabei fungieren die eingangs erläuterten Zwecke und allgemeinen Grundsätze der Besteuerung als alleiniger Beurteilungsmaßstab. In gleicher Weise wird auch die Eignung des US-amerikanischen Bilanzsteuerrechts als Gesamtkonzeption für eine Übernahme in das deutsche Steuerrecht untersucht. Dabei ist es erklärtermaßen nicht das Ziel der vorliegenden Untersuchung, ein theoretisch optimales Bilanzsteuerrecht zu entwickeln. Vielmehr gilt es zu analysieren, ob das US-amerikanische Bilanzsteuerrecht aus der Perspektive des gewählten Beurteilungsmaßstabs in einzelnen Aspekten oder als Gesamtkonzeption dem deutschen Recht überlegen ist und insoweit übernommen werden sollte. Die Inkorporation US-amerikanischer Vorschriften kann naturgemäß nur in der Weise erfolgen, daß die korrespondierenden deutschen Vorschriften in einer den Kontext der deutschen Steuerrechtsordnung wahrenden Weise modifiziert werden, die gleichzeitig eine dem US-amerikanischen Vorbild analoge Wirkung generiert. Dies erfordert notwendigerweise entsprechende Anpassungsmaßnahmen, die jedoch nicht Gegenstand der vorliegenden Untersuchung sind. Eine thesenförmige Zusammenfassung im 5. Kapitel schließt die Arbeit ab.

Die Fokussierung der vorliegenden Untersuchung auf das Bilanzsteuerrecht als Teilgebiet des US-amerikanischen Steuerrechts macht eine Reihe von Abgrenzungen erforderlich. Das sehr stark föderal geprägte Besteuerungssystem der Vereinigten Staaten kennt eine Steuererhebung auf Bundes-, Bundesstaats- und kommunaler Ebene. Im Rahmen dieser Arbeit wird jedoch lediglich die Bundesebene betrachtet, da die Ertragsteuern der Bundesstaaten und Kommunen regelmäßig an der Bemessungsgrundlage der Bundessteuern (*federal taxes*) anknüpfen. Weiterhin ist die Perspektive dieser Arbeit primär auf die Ermittlung des unternehmerischen Gewinns ausgerichtet, obwohl in den USA die bilanzielle steuerliche Gewinnermittlung grundsätzlich auch Nicht-Gewerbetreibenden offensteht. Die konsolidierte Gewinnermittlung[19] bleibt ebenso außer Betracht wie die *alternative minimum tax*, welche zur Gewährleistung einer Mindestbesteuerung eine separate Gewinnermittlung nach teilweise abweichenden Vorschriften verlangt[20].

12. Das Bilanzsteuerrecht als Untersuchungsgegenstand

Eine einheitliche Definition des Begriffs ‚Bilanzsteuerrecht' hat sich in der steuerwissenschaftlichen Literatur der Bundesrepublik Deutschland bisher noch nicht herausgebildet.[21] Nach wie vor existieren unterschiedlich weit gefaßte Abgrenzungen für dieses Normen-

19 Vgl. dazu ausführlich *Wudernitz, B.*, 1996 sowie *CCH*, 1998a, S. 126 f.; *Small, D. G.*, 1995, S. 208; *Gertzman, S. F.*, 1999, S. 5-32 f.

20 Vgl. dazu Sec. 55 bis 59 IRC sowie *CCH*, 1998a, S. 391 ff.; *Graetz, M. J./Schenk, D. H.*, 1999, S. 836 ff.; *McDaniel, P. R. u. a.*, 1999, S. 1257 ff.; *Kroschel, J.*, 2000a, S. 265 ff.

21 Vgl. *Mathiak, W.*, 2000, § 5, Rn. A19; *Kramer, J.-D.*, 1982, S. 35; *Weber-Grellet, H.*, 1993, S. 161. Der Terminus ‚Bilanzsteuerrecht' wurde wohl von Max Lion in die steuerwissenschaftliche Literatur eingebracht, der sich in den zwanziger Jahren des vergangenen Jahrhunderts erstmals ausführlich der Bilanz in ihrem Verhältnis zum Steuerrecht widmete. Vgl. *Lion, M.*, 1925. Siehe dazu auch *Pausch, A.*, 1979, S. 160; *Schneider, D.*, 2000, S. 1242.

system, welches zur Ermittlung des Gewinns als Ausgangsgröße der steuerlichen Bemessungsgrundlage dient. Hier sollen die Kategorien ‚Bilanzsteuerrecht i. w. S.' und ‚Bilanzsteuerrecht i. e. S.' differenziert werden.

Bilanzsteuerrecht i. w. S. bezeichnet das „gesamte Recht der steuerlichen Gewinnermittlung ... unter Ausschluß des substanzsteuerlichen Bewertungsrechts"[22] und umfaßt damit neben dem Betriebsvermögensvergleich auch alle anderen zulässigen Gewinnermittlungsmethoden außerhalb der substanzsteuerlichen Verfahren. Das Bilanzsteuerrecht i. e. S. hingegen beschränkt den Betrachtungsgegenstand auf das „Steuerrecht der bilanziellen Gewinnermittlung"[23].

Beiden Abgrenzungen ist gemeinsam, daß sie die Gewinnermittlung für steuerliche Zwecke als zentralen Regelungsgegenstand des Bilanzsteuerrechts ansehen. Die engen sachlichen und rechtlichen Verflechtungen zwischen den einzelnen steuerlichen Gewinnermittlungsmethoden könnten daher zunächst für das weite Begriffsverständnis sprechen.[24] Dem steht jedoch die bei wörtlicher Auslegung zwingende Beschränkung auf die bilanzielle Gewinnermittlung im Sinne der engen Begriffsauffassung entgegen.[25] Ein über diese Abgrenzung hinausgehendes Begriffsverständnis ist kaum mit der terminologischen Einschränkung auf die Bilanz vereinbar. Im Rahmen der vorliegenden Untersuchung wird daher mit der h. M. von der engeren Abgrenzung ausgegangen.[26]

Als Synonym des deutschen Begriffs ‚Bilanzsteuerrecht' kann der Terminus ‚*tax accounting*' in der steuerlichen Terminologie der Vereinigten Staaten von Amerika angesehen werden. Unter *tax accounting* werden dort sämtliche Verfahren und Methoden verstanden, welche dem „reporting of income and expenses in such a manner that a taxpayer's taxable income for a particular year can be accurately determined"[27] dienen. Der Begriff *tax accounting* fungiert somit als Oberbegriff für das gesamte US-amerikanische Recht der steuerlichen Gewinner-

---

22 *Kramer, J.-D.*, 1982, S. 37 (im Original z. T. hervorgehoben). Das substanzsteuerliche Bewertungsrecht wurde in der älteren bilanzsteuerrechtlichen Literatur noch unter den Begriff des Bilanzsteuerrechts subsumiert, so z. B. bei *Lion, M.*, 1925.

23 *Weber-Grellet, H.*, 1996a, S. 1 (im Original z. T. hervorgehoben), der die Termini ‚Bilanzsteuerrecht' und ‚Steuerbilanzrecht' synonym verwendet.

24 So *Kramer, J.-D.*, 1982, S. 38.

25 Dies räumt auch *Kramer, J.-D.*, 1982, S. 38 f. ein. Die Auffassung, daß das Bilanzsteuerrecht „die Bilanz ... in ihrem grundsätzlichen Verhältnis zu den Anforderungen des Steuerrechts" beschreibt, findet sich auch bereits bei *Lion, M.*, 1925, S. V.

26 Dieser Definition folgen z. B. auch *Knobbe-Keuk, B.*, 1993, S. 13 ff.; *Luckey, G.*, 1997, S. 28; *Federmann, R.*, 1994, S. 69; *Hinz, M.*, 1995, S. 37; *Weber-Grellet, H.*, 1993, S. 170; *Thiel, J.*, 1990, S. 91; *Beisse, H.*, 1980a, S. 243 ff.; *Beisse, H.*, 1980b, S. 637. *Jakob, W.*, 1996, S. XI f. hingegen erfaßt die Überschußrechnung nach § 4 Abs. 3 EStG auch unter dem Oberbegriff Bilanzsteuerrecht und folgt damit der Definition des Bilanzsteuerrechts i. w. S.

27 *CCH*, 1998b, S. 1.

mittlung[28] und deckt sich damit inhaltlich mit der deutschen Definition des Bilanzsteuerrechts i. w. S. Eine Einschränkung des Begriffs auf das Bilanzsteuerrecht i. e. S. nach deutschem Verständnis ist in der steuerwissenschaftlichen Literatur der USA hingegen unüblich.

Da sich der Untersuchungsgegenstand der vorliegenden Arbeit jedoch auf das deutsche und US-amerikanische Steuerrecht der bilanziellen Gewinnermittlung im Sinne der in Deutschland vorherrschenden Abgrenzung des Bilanzsteuerrechts beschränken soll, kommt nachfolgend duchgängig die deutsche Bezeichnung ‚Bilanzsteuerrecht' zur Anwendung, um terminologische Unschärfen aus der Verwendung des in einem weiteren Bedeutungszusammenhang stehenden US-amerikanischen Begriffs von vornherein auszuschließen.

28 Vgl. auch *Gertzman, S. F.*, 1999, S. 1-1 ff.; *Austin, M. u. a.*, 1954, S. 257 ff.; *Sjogren, W. R.*, 1988, S. 227: „'Tax accounting' refers collectively to those Internal Revenue Code (I.R.C.) provisions contained in Title 26, Subtitle A, Chapter 1, Subchapter E, entitled ‚Accounting Periods and Methods of Accounting'."

2. Kapitel:
Zwecke und allgemeine Grundsätze der Besteuerung

21. Zwecke und Grundsätze der Besteuerung als Maßstab zur Beurteilung bilanzsteuerrechtlicher Normen

Die in dieser Untersuchung intendierte Analyse der Eignung des Bilanzsteuerrechts der Vereinigten Staaten von Amerika für eine partielle oder vollständige Übernahme in das Steuerrecht der Bundesrepublik Deutschland bedarf zur Objektivierung eines einheitlichen Maßstabs. Ein wichtiger Indikator für die Beurteilung einer Rechtsnorm im allgemeinen und einer Steuerrechtsnorm im speziellen ist der Grad der Erreichung des zugrundeliegenden Zwecks. Im Steuerrecht sind zudem allgemeine Grundsätze der Besteuerung als Prinzipien zur Gestaltung eines Steuersystems, die grundsätzliche Auffassungen der Besteuerung einer bestimmten Zeit widerspiegeln,[29] zu beachten. Die Übereinstimmung mit wesentlichen allgemein anerkannten Besteuerungsprinzipien fungiert daher als weiteres zentrales Beurteilungskriterium.[30]

Weder die Zwecke noch die Prinzipien der Besteuerung sind nationale Spezifika, vielmehr entfalten sie grenzübergreifend Bedeutung für alle modernen Steuersysteme. Daher läßt sich aus der Kombination von Zwecken und Grundsätzen der Besteuerung, die für die Steuersysteme der betrachteten Staaten von besonderer Relevanz sind, ein geeigneter Maßstab für die qualitative Beurteilung der jeweiligen Bilanzsteuerrechtsnormen gewinnen. Innerhalb der Besteuerungsgrundsätze stehen dabei die sogenannten Fundamentalprinzipien der Besteuerung im Vordergrund. Ihnen werden wesentliche ergänzende Prinzipien zur Seite gestellt, die insbesondere für die Beurteilung von Bilanzsteuerrechtsnormen relevant und operationalisierbar sind. Nachfolgend werden diese Zwecke und Grundsätze vor dem Hintergrund der deutschen und US-amerikanischen Steuerrechtsordnungen beschrieben.

22. Besteuerungszwecke und Klassifikation steuerrechtlicher Normen

Ein freiheitlich verfaßter Rechtsstaat schafft eine Rechts- und Wirtschaftsordnung, die seinen Bürgern Schutz gewährt und den institutionellen Rahmen für das private Wirtschaften bildet.

---

[29] So die Definition des Stichworts ‚Grundsätze der Besteuerung' im Wirtschaftslexikon, herausgegeben von *Woll, A.*, 2000, S. 317.

[30] Bereits Adam Smith stellte „allgemeine Grundregeln für die Besteuerung" auf, die im wesentlichen noch heute Gültigkeit besitzen. Vgl. *Smith, A.*, 1974, S. 703 ff.

Außerdem sorgt er – in unterschiedlicher Intensität – für die soziale Absicherung seiner Bürger. Die Besteuerung dient daher in erster Linie der Erzielung von Einnahmen zur Deckung des aus diesen Aufgaben resultierenden staatlichen Finanzbedarfs.[31] Die Notwendigkeit der Finanzierung des Staates durch seine Bürger ist mittlerweile unbestritten[32], so daß auch der Fiskalzweck der Besteuerung inzwischen als durchweg akzeptiert anzusehen ist[33]. Zudem ist in Deutschland die Erzielung staatlicher Einnahmen im Wege der Steuererhebung expliziter Bestandteil der Legaldefinition des Steuerbegriffs in § 3 Abs. 1 Satz 1 AO.[34]

Neben dem primären Fiskalzweck rücken die Lenkungszwecke der Besteuerung[35] zunehmend in den Vordergrund[36], die das Verhalten der Steuerpflichtigen in bestimmte, vom Gesetzgeber

---

31 Vgl. *Tipke, K./Lang, J.*, 1998, S. 2, 71; *Pohmer, D.*, 1993, S. 577; *Mössner, M.*, 1990, S. 135; *Bossert, R.*, 1997, S. 14; *Jakob, W.*, 1996, S. 9; *Vogel, K.*, 1977a, S. 106 f.; *Vogel, K.*, 1977b, S. 8; *Friauf, K. H.*, 1978, S. 43; *Birk, D.*, 1983a, S. 255; *Birk, D.*, 1994, S. 3 f.; *Reding, K./Müller, W.*, 1999, S. 3 ff.; *Elschen, R.*, 1991, S. 110; *Haller, H.*, 1981, S. 9 ff., der auch die Alternativen der Finanzierung des Staates durch die Erhebung von Abgaben sowie durch Kredite von Seiten der Staatsbürger vergleicht und zu dem Ergebnis kommt, daß nur durch den endgültigen Verzicht der Bürger auf finanzielle Mittel in Form von Abgaben, die als Last empfunden werden, eine optimale Abstimmung zwischen öffentlich und privat befriedigten Bedürfnissen zu erreichen ist. *Haller, H.*, 1972, S. 129 und *Tipke, K.*, 1993, S. 2 ff. weisen darüber hinaus auf die Bedeutung der politischen Entscheidung über die Rolle des Staates und seiner Aufgaben für den durch Abgaben zu deckenden staatlichen Finanzbedarf hin. Siehe auch BVerfG v. 22.06.1995, in: BVerfGE 93, S. 134. Vgl. aus der US-amerikanischen Literatur *Pechman, J. A.*, 1987, S. 5; *Willis, E. u. a.*, 1999, S. 1-24; *Posin, D. Q.*, 1998, S. 33; *Aaron, H. J./Galper, H.*, 1985, S. 16; *Soled, J. A.*, 1997, S. 40; *Ando, A./Blume, M. E./Friend, I.*, 1985, S. 63; *Bittker, B. I./Stone, L. M.*, 1980, S. 12 f. Ebenso *McNulty, J. K.*, 1999, S. 1; *Rose, M. D./Chommie, J. C.*, 1988, S. 1 und *Gaffney, D. J./Wheeler, J. E./Skadden, D. H.*, 1984, S. 1-2, die ihre Ausführungen jedoch auf die Einkommensteuer beschränken. *McDaniel, P. R. u. a.*, 1999, S. 45 sehen in der Einnahmenerzielung „the fundamental objective of any tax system". *Pratt, J. W./Burns, J. O./Kulsrud, W. N.*, 1992, S. 1-29 gehen ausführlich auf die Alternative der staatlichen Finanzierung durch Geldmengenausweitung ein und verwerfen diese wegen der unausweichlichen Folge der Inflation. Auch der US Supreme Court sieht in der Einnahmenerzielung den zentralen Zweck der Besteuerung. Vgl. Commissioner v. „Americans United" Inc., 416 U. S. 772 (1974); Rosenberger v. Rector and Visitors of University of Virginia, 515 U. S. 841 (1995) m. w. N.

32 Dies war bis ins 19. Jahrhundert keineswegs allgemein anerkannt. Vgl. zur historischen Diskussion und zur moralischen Rechtfertigung der Besteuerung als Mittel der Staatsfinanzierung *Pohmer, D.*, 1993, S. 577 f.

33 In den USA wird diese Akzeptanz durch den von Supreme Court-Richter Oliver Wendell Holmes Anfang des Jahrhunderts geprägten Satz: „Taxes are what we pay for a civilized society" verdeutlicht. Vgl. dazu *Jacob, F.*, 1994, S. 366. *Calkins, H.*, 1984, S. 201 spricht von der einzigen „proper function" der Besteuerung. Kritische Anmerkungen von deutscher Seite finden sich noch bei *Littmann, K.*, 1970, S. 126 ff.

34 Vgl. zum deutschen Steuerbegriff ausführlich *Tipke, K.*, 1993, S. 1052 ff. Das US-amerikanische Steuerrecht enthält keine Legaldefinition des Steuerbegriffs. *Sommerfeld, R. M. u. a.*, 1994, S. 4 definieren Steuern als „any nonpenal yet compulsory transfer of resources, from the private to the public sector, levied without receipt of a specific benefit of equal value and on the basis of predetermined criteria, enforced to accomplish some of a nations' economic and social objectives". Diese mit § 3 Abs. 1 Satz 1 AO in ihren Grundzügen durchaus vergleichbare Definition enthält ebenfalls den fiskalischen Besteuerungszweck, der jedoch nicht wie in Deutschland explizit als Primärzweck eingestuft wird.

35 Die Lenkung kann sich dabei auf die verschiedensten Bereiche und Teilbereiche der Politik erstrecken. *Neumark, F.*, 1970, S. 19 spricht ausschließlich von der Wirtschafts- und Sozialpolitik, *Tipke, K./Lang, J.*, 1998, S. 2, 71 ergänzen dies um die Kultur-, Gesundheits- und Berufspolitik, *Jakob, W.*, 1996, S. 9 erwähnt zusätzlich die Wohnungs-, Währungs- und Strukturpolitik und *Bossert, R.*, 1997, S. 15 fügt Konjunktur- und Ordnungspolitik hinzu.

36 *Mössner, M.*, 1990, S. 137 sieht im Lenkungszweck überspitzt formuliert nahezu den Hauptzweck der Besteuerung. Siehe auch *Friauf, K. H.*, 1966, S. 5 ff.; *Reding, K./Müller, W.*, 1999, S. 5 f. sowie kritisch *Offerhaus, K.*, 2000, S. 9, der durch die zahlreichen steuerrechtlich verankerten Lenkungszwecke das Verhältnismäßigkeitsprinzip verletzt sieht. *Willis, E. u. a.*, 1999, S. 1-24 stellen analog die zunehmende

als wünschenswert erachtete Richtungen zu lenken beabsichtigen.[37] Zur Erreichung des Lenkungszwecks stehen im Steuerrecht grundsätzlich zwei Alternativen offen: Die zweckkonforme Handlungsweise kann steuerlich begünstigt oder die abweichende steuerlich sanktioniert werden.[38] Im deutschen Steuerrecht ist der Lenkungszweck zudem von § 3 Abs. 1 Satz 1 AO abgedeckt, denn dort ist ausdrücklich festgehalten, daß die Einnahmenerzielung auch Nebenzweck der Besteuerung sein kann.[39]

Im Gegensatz zum Fiskalzweck wird der Lenkungszweck der Besteuerung jedoch keineswegs unkritisch gesehen, auch wenn das Bundesverfassungsgericht und wohl auch der *US Supreme Court*[40] die grundsätzliche Eignung der Besteuerung für solche Zwecke anerkennen.[41] Aus

---

Bedeutung des Lenkungszwecks in den USA fest. Die Entwicklung des Lenkungszwecks in der US-amerikanischen steuerlichen Legislatur skizziert *Calkins, H.*, 1984, S. 201 ff.

37 Vgl. *Tipke, K./Lang, J.*, 1998, S. 2 f.; *Tipke, K.*, 1993, S. 6 f.; *Bossert, R.*, 1997, S. 15; *Jakob, W.*, 1996, S. 9 ff.; *Birk, D.*, 1983a, S. 71 ff.; *Birk, D.*, 1994, S. 3; *Elschen, R.*, 1991, S. 111, der gesamt- und einzelwirtschaftliche Perspektiven differenziert. Zur historischen Entwicklung dieses Besteuerungsziels vgl. *Pohmer, D.*, 1993, S. 581. *Neumark, F.*, 1970, S. 224 ff. unterscheidet zwischen punktuellen fiskalpolitischen Steuerungsmaßnahmen, die er als Steuerdirigismus bezeichnet und nachhaltig ablehnt, sowie dem Steuerinterventionismus als systematisch an den allgemeinen Zielen der Wirtschafts- und Sozialpolitik orientierten Lenkungsversuchen, die er positiv beurteilt. Vgl. aus der US-amerikanischen Literatur *Pechman, J. A.*, 1987, S. 5; *Surrey, S. S.*, 1970, S. 705 ff.; *McDaniel, P. R. u. a.*, 1999, S. 45 f.; *Lockhart, J. A.*, 1997, S. 109; *Aaron, H. J./Galper, H.*, 1985, S. 17 ff.; *Soled, J. A.*, 1997, S. 40 f.; *Willis, E. u. a.*, 1999, S. 1-24 ff. mit zahlreichen Beispielen; eingeschränkt auf die Einkommensteuer *Posin, D. Q.*, 1998, S. 39 f.; *McNulty, J. K.*, 1999, S. 2 f.; *Rose, M. D./Chommie, J. C.*, 1988, S. 1 und *Gaffney, D. J./Wheeler, J. E./Skadden, D. H.*, 1984, S. 1-2. *Pratt, J. W./Burns, J. O./Kulsrud, W. N.*, 1992, S. 1-30 führen Beispiele aus der amerikanischen Steuergesetzgebung als Beleg dafür an, daß „Congress believes that major economic problems can be solved using the tax system".

38 Vgl. *Tipke, K./Lang, J.*, 1998, S. 71; ausführlich zu den Steuervergünstigungen *Bayer, H.-W.*, 1972, S. 149 ff. *Vogel, K.*, 1977a, S. 100 stellt in diesem Zusammenhang das Begriffspaar „Steuervergünstigung" und „Prohibitivabgabe" gegenüber; *Neumark, F.*, 1970, S. 225 bezeichnet die steuerlichen Belastungen als „Strafen". Für die USA unterscheiden *Gaffney, D. J./Wheeler, J. E./Skadden, D. H.*, 1984, S. 1-3 „incentives, relief provisions, and penalties". In der amerikanischen Terminologie werden die Steuervergünstigungen meist jedoch als tax expenditures bezeichnet. Dieser auf Surrey zurückgehende Begriff verdeutlicht den indirekten Ausgabencharakter der Vergünstigungen, da der Staat auf Einnahmen verzichtet. Vgl. *Surrey, S. S.*, 1970, S. 705 ff. mit einem Plädoyer für die Substitution von tax expenditures durch direkte Subventionen sowie *Surrey, S. S.*, 1973, S. VII, 3 ff.; *Pratt, J. W./Burns, J. O./Kulsrud, W. N.*, 1992, S. 1-31; *McDaniel, P. R. u. a.*, 1999, S. 62. Kritisch zum tax expenditure-Konzept *Bittker, B. I./Stone, L. M.*, 1980, S. 26 ff.

39 Der Lenkungszweck der Besteuerung ist auch in der Definition des US-amerikanischen Steuerbegriffs von *Sommerfeld, R. M. u. a.*, 1994, S. 4 enthalten. Vgl. Fn. 34.

40 Das US-amerikanische Rechtssystem zeichnet sich durch eine im Vergleich zu Deutschland hohe Bedeutung des Fallrechts (case law) sowie durch eine stärker föderal geprägte Struktur aus. Das – hierarchisch eher zweitrangig – neben dem case law existierende Gesetzesrecht (statute law) hat vorwiegend ergänzende und korrigierende Funktionen. Charakteristisch für das aus dem angelsächsischen common law hervorgegangene US-amerikanische Rechtswesen ist das Präjudiziensystem, welches nach dem stare decisis-Prinzip den Richter an vorangegangene Entscheidungen höherer Gerichte bindet. Dabei können die höheren Gerichte jedoch ihre eigene, in früheren Urteilen vertretene Rechtsauffassung ausdrücklich verwerfen und anders entscheiden. Die Eingangsinstanz in das Gerichtssystem der USA bildet der US District Court, dem einige erstinstanzliche Gerichte für spezielle Rechtsgebiete zur Seite stehen. Unter diesen ist der US Claims Court für Rückerstattungsansprüche (bis 1982: US Court of Claims) und der US Tax Court für Steuerangelegenheiten, der 1942 aus dem US Board of Tax Appeals hervorgegangen ist, für das Steuerrecht von besonderer Bedeutung. Die Urteile des US Tax Court werden in regular decisions, die sich mit neuen Problembereichen befassen und memorandum decisions, bei denen es lediglich um die Anwendung etablierter

Wirtschaftlichkeitserwägungen ist zwar vorteilhaft, daß für die Lenkung ein bereits bestehendes Rechts- und Verwaltungssystem zum Einsatz kommt.[42] Dem stehen allerdings die Gefahr der Überfrachtung des Steuerrechts mit lenkungspolitischen Zielsetzungen,[43] die Verkomplizierung des Steuerrechts[44] und die möglicherweise auftretenden Widersprüche zu sonstigen allgemein anerkannten Grundsätzen der Besteuerung[45] entgegen. Weiterhin wird kritisiert, daß der Vorteil steuerlicher Vergünstigungen nur jenen zugute kommt, die die entsprechende Steuer auch tatsächlich zu entrichten haben.[46] Die grundsätzliche Berechtigung des Gesetzgebers, mit Steuern auch nichtfiskalische Zwecke zu verfolgen, steht dennoch außer Frage; die Diskussion konzentriert sich daher auf die Intensität solcher Maßnahmen.

Naturgemäß bestehen zwischen beiden Besteuerungszwecken Interdependenzen. Die Lenkung durch die Erhebung von Steuern hat immer auch die Erzielung staatlicher Einnahmen

---

Rechtsgrundsätze geht, unterschieden. Gegen die Entscheidungen der erstinstanzlichen Bundesgerichte können bei dem regional zuständigen US Court of Appeals Rechtsmittel eingelegt werden, über dem als letzte Revisionsinstanz nur noch der US Supreme Court als Oberster Gerichtshof der USA angesiedelt ist, der jedoch frei über die Annahme von Revisionen entscheiden kann. Das System der Bundesgerichtsbarkeit wird aufgrund der hohen Selbständigkeit der Einzelstaaten innerhalb des föderalen Systems der USA durch die einzelstaatlichen Gerichtssysteme ergänzt, die aufgrund der Fokussierung der vorliegenden Untersuchung auf die Bundesebene hier nur von sehr untergeordneter Bedeutung sind. Vgl. zu diesem Themenkomplex *Friedman, L. M.*, 1998, S. 15 ff., 75 ff.; *Blumenwitz, D.*, 1998, S. 8, 25 ff., 30 ff., 45; *Hay, P.*, 1995, S. 5 ff., 44 ff.; *Walz, W. R.*, 1982a, S. 1 ff.; *Kroschel, J.*, 2000a, S. 2; *Herzog, P.*, 1989, S. 178 ff., 197 f.; *Birk, D.*, 1991, S. 265 ff.; *Elsing, S. H.*, 1990, S. 5 ff.; *Zschiegner, H.*, 1990, S. 66 f.; *Vogel, K.*, 1993, S. 191 f.; *Vacovec, K. J.*, 1997, S. 332 f. sowie *Willis, E. u. a.*, 1999, S. 28-12 ff. und *Pratt, J. W./Burns, J. O./Kulsrud, W. N.*, 1992, S. 2-11 ff., die auch ausführlich auf die Zitierweise US-amerikanischer Gerichtsurteile eingehen. Vgl. zu einem Überblick über das US-amerikanische Gerichtssystem Abb. 14 im Anhang.

41 Vgl. BVerfG v. 22.05.1963, in: BVerfGE 16, S. 161; BVerfG v. 24.09.1965, in: BVerfGE 19, S. 125; BVerfG v. 08.12.1970, in: BVerfGE 29, S. 331; BVerfG v. 09.03.1971, in: BVerfGE 30, S. 264; BVerfG v. 02.10.1973, in: BVerfGE 36, S. 70; BVerfG v. 27.06.1991, in: BVerfGE 84, S. 274. Die US-amerikanische höchstrichterliche Rechtsprechung ist weniger eindeutig, was die Zwecke der Besteuerung betrifft, jedoch findet sich in der älteren Rechtsprechung des Supreme Court die Aussage, daß eine Steuer durchaus auch anderen Zwecken als der Einnahmenerzielung dienen könne, ohne ihren Charakter als Steuer zu verlieren. Vgl. McCray v. United States, 195 U. S. 27 (1904); United States v. Doremus, 249 U. S. 86 (1919). Vgl. auch *Häde, U.*, 1994, S. 231 f., demzufolge der Supreme Court regelmäßig auch primär nichtfiskalischen Zwecken dienende Vorschriften für verfassungskonform erklärt hat. Zum gleichen Ergebnis kommt *Ehmke, H.*, 1961, S. 161 ff. mit Nachweisen aus der älteren Rechtsprechung des Supreme Court. Nach *Barron, J. A./Dienes, C. T.*, 1999, S. 79 f. folgt die heutige Rechtsprechung des Supreme Court weitgehend der Formulierung in United States v. Kahriger, 345 U. S. 31 (1953): „Unless there are provisions extraneous to any tax need, courts are without authority to limit the exercise of the taxing power.“ Das Gericht werde daher, solange noch eine gewisse fiskalische Wirkung zu erkennen ist, nicht weiter nach möglicherweise vorhandenen Lenkungszwecken forschen.

42 Siehe dazu *Calkins, H.*, 1984, S. 204 sowie *Aaron, H. J./Galper, H.*, 1985, S. 19, die hier nennenswerte Kostenvorteile sehen.

43 Vgl. *Mössner, M.*, 1990, S. 137. *Reding, K./Müller, W.*, 1999, S. 5 sehen hier eine der Hauptursachen für die in Deutschland häufig beklagte „Steuermisere“.

44 Vgl. *Tipke, K.*, 1993, S. 124; *Tipke, K./Lang, J.*, 1998, S. 71.

45 So *Aaron, H. J./Galper, H.*, 1985, S. 17 f.; *Mann, F. K.*, 1961, S. 126.

46 *Mössner, M.*, 1990, S. 137 hat hier, insbesondere unter dem Aspekt der höheren steuerlichen Entlastung bei höherer Bemessungsgrundlage durch den progressiven Tarif, sogar verfassungsrechtliche Bedenken. Dieser Effekt wird auch von *Aaron, H. J./Galper, H.*, 1985, S. 18 kritisiert.

zur Folge und somit einen impliziten Fiskalzweck.[47] Umgekehrt kann die Verfolgung des Fiskalzwecks als Nebeneffekt auch Lenkungswirkungen erzeugen.[48]

Basierend auf den Besteuerungszwecken läßt sich eine Unterteilung der steuerrechtlichen Normen vornehmen[49], wobei die erwähnten Interdependenzen auch dort zum Tragen kommen, da der Zweck einer Norm nicht zwingend eindimensional ist.[50]

Die wohl bedeutendste Normgruppe bilden die Fiskalzwecknormen, die entsprechend dem Primärzweck der Besteuerung der Beschaffung finanzieller Mittel zur Deckung des staatlichen Finanzbedarfs dienen. Daneben intendieren sie eine sachgerechte Verteilung der steuerlichen Gesamtlast auf die Bürger.[51] Solche Normen treffen im Rahmen der verfassungsrechtlichen Vorgaben und unter Beachtung zentraler Besteuerungsgrundsätze konkrete Steuerwürdigkeitsentscheidungen. Dabei kann es zu den bereits erwähnten Nebeneffekten kommen, die jedoch nicht der primären Zielsetzung der Normen entsprechen.[52]

Die Gruppe der Lenkungsnormen hat keine primär fiskalischen Motive und trifft keine Steuerwürdigkeitsentscheidungen. Sie soll durch gezielte Steuervergünstigungen oder -belastungen bestimmte Verhaltensweisen der Steuerpflichtigen auslösen oder verhindern. Dem deutschen Steuerrecht verlangt das Bundesverfassungsgericht jedoch ab, daß der grundsätzlich zulässige Lenkungszweck deutlich erkennbar zutage tritt.[53] Lenkungsnormen verfolgen demnach steuerfremde Zielsetzungen und bedienen sich lediglich des Instrumentariums des Steuerrechts.[54] Aufgrund ihres interventionistischen Charakters und des damit fast zwangsläufig einhergehenden Verstoßes gegen die Fundamentalprinzipien der Besteuerung wird für Lenkungsnormen im deutschen Steuerrecht regelmäßig eine Rechtfertigung verlangt. In

---

47 Dies wird im deutschen Steuerrecht auch durch die Formulierung in § 3 Abs. 1 Satz 1 AO verdeutlicht, daß die Erzielung von Einnahmen Nebenzweck der Besteuerung sein kann. Vgl. auch *Birk, D.*, 1983a, S. 70. *Vogel, K.*, 1977a, S. 100 wirft die Frage auf, ob der Lenkungszweck das zusätzliche Vermögensopfer des Steuerpflichtigen rechtfertigen könne und wenn dies der Fall sei, ob es Einschränkungen gebe. Er verweist dabei auf den verfassungsrechtlichen Grundsatz „Keine Strafe ohne Schuld" sowie auf Art. 14 Abs. 3 GG.

48 Vgl. *Tipke, K./Lang, J.*, 1998, S. 71; *Birk, D.*, 1983a, S. 200; *Vogel, K.*, 1977b, S. 10; *Elschen, R.*, 1991, S. 111.

49 Die Differenzierung stammt aus dem US-amerikanischen Steuerrecht und geht auf *Surrey, S. S.*, 1973 zurück. Für das deutsche Steuerrecht wurde sie erstmals von *Vogel, K.*, 1977a, S. 97 ff. herausgearbeitet. Vgl. dazu auch *Tipke, K.*, 1993, S. 120.

50 So auch *Tipke, K./Lang, J.*, 1998, S. 70; *McDaniel, P. R. u. a.*, 1999, S. 46.

51 *Vogel, K.*, 1977a, S. 107 spricht daher auch von der „Lastenausteilungsfunktion", ebenso *Birk, D.*, 1983a, S. 71. Siehe auch *Tipke, K.*, 1993, S. 1261; *Vogel, K.*, 1977b, S. 9; *Mössner, M.*, 1990, S. 135; *Elschen, R.*, 1991, S. 110 f. *Weber-Grellet, H.*, 1996b, S. 1417 betrachtet die angemessene Lastenverteilung als zentralen Aspekt des Steuerrechts.

52 Vgl. *Tipke, K./Lang, J.*, 1998, S. 71; *Tipke, K.*, 1993, S. 122.

53 Vgl. BVerfG v. 22.06.1995, in: BVerfGE 93, S. 147, 148.

54 Vgl. *Tipke, K.*, 1993, S. 123 f. *Rose, M. D./Chommie, J. C.*, 1988, S. 1 heben in diesem Kontext die Umverteilungsmöglichkeiten besonders hervor.

Betracht kommen dafür Gründe des Gemeinwohls,[55] wirtschaftliche Bedürftigkeit und das Verdienstprinzip, demzufolge bestimmtes, dem Allgemeininteresse dienendes Verhalten belohnt werden soll.[56]

Die Vereinfachungszwecknormen bilden strenggenommen keine eigenständige Normengruppe, sondern dienen lediglich der Vereinfachung von Fiskalzweck- oder Lenkungsnormen.[57] Mit Hilfe von Typisierungen, Pauschalierungen, Freigrenzen, Freibeträgen oder vergleichbaren Maßnahmen sollen sie die Anwendung des Steuerrechts erleichtern und somit zur Wirtschaftlichkeit der Besteuerung beitragen.[58] Vereinfachungszwecknormen tragen dem Charakter der Besteuerung als Massenverfahren Rechnung.[59] Grundsätzlich besteht auch bei diesen Normen die Möglichkeit fiskalischer oder lenkender Nebeneffekte, die nicht dem primären Normzweck entsprechen.

Die exakte Zuordnung einer Norm zur jeweiligen Normgruppe ist von großer Bedeutung, da die Kenntnis des zugrundeliegenden Normzwecks zwingende Voraussetzung ihrer korrekten Auslegung ist. Erst wenn der Zweck einer Norm bekannt ist, kann der für ihre Beurteilung zutreffende Maßstab angelegt werden.[60]

23. Wesentliche Besteuerungsgrundsätze im Kontext der betrachteten Steuerrechtsordnungen

231. Fundamentalprinzipien der Besteuerung

2311. Gleichmäßigkeit der Besteuerung durch Anknüpfung an die Leistungsfähigkeit

Der Gerechtigkeitsgedanke kommt in der deutschen Verfassung im wesentlichen durch den in Art. 3 Abs. 1 GG verankerten Gleichheitsgrundsatz zum Ausdruck. Hieraus läßt sich wiederum das Postulat einer gleichmäßigen und gerechten Besteuerung ableiten,[61] was auch mit der

---

55 Siehe dazu auch BVerfG v. 22.06.1995, in: BVerfGE 93, S. 147, 148.

56 Vgl. *Tipke, K./Lang, J.*, 1998, S. 101 f. Zur Bedeutung der verfassungsmäßigen Kontrolle von Lenkungsnormen vgl. *Friauf, K. H.*, 1966, S. 7 ff., der als Maßstäbe dieser Kontrolle die föderative Kompetenzverteilung, das Rechtsstaatsprinzip und die Grundrechte, insbesondere Art. 3, 12 und 14 GG, vorschlägt.

57 Vgl. *Tipke, K.*, 1993, S. 119, 124.

58 Vgl. *Tipke, K./Lang, J.*, 1998, S. 72. *Vogel, K.*, 1977a, S. 107 warnt vor Gerechtigkeitsverstößen bei zu weitgehender Vereinfachung.

59 Siehe auch *Tipke, K./Lang, J.*, 1998, S. 104.

60 Vgl. *Birk, D.*, 1994, S. 17 ff. So auch *Tipke, K./Lang, J.*, 1998, S. 73, die zahlreiche Beispiele für die Relevanz der korrekten Normenzuordnung anführen. Siehe auch *Tipke, K.*, 1993, S. 127 ff.

61 Die Forderung nach Gleichmäßigkeit der Besteuerung stammt aus dem 19. Jahrhundert und war sogar in § 173 der Paulskirchenverfassung kodifiziert. Vgl. dazu *Kruse, H. W.*, 1990, S. 322.

ständigen Rechtsprechung des Bundesverfassungsgerichts in Einklang steht.[62] Die Verfassung der Vereinigten Staaten enthält keine dem deutschen Art. 3 Abs. 1 GG vergleichbare Verfassungsnorm. Ein allgemeiner Gleichheitsgrundsatz (*equal protection guarantee*) als Basis des Prinzips der Gleichmäßigkeit der Besteuerung (*equity* oder *fairness of taxation*) ergibt sich für die Gesetzgebung der Bundesstaaten vielmehr explizit aus *Amendment XIV* der *Constitution of the United States* (*US Constitution*)[63] und wird für die Bundesgesetzgebung aus *Amendment V* der *US Constitution*[64] abgeleitet.[65]

Die horizontale Gleichmäßigkeit der Besteuerung (*horizontal equity*) verlangt die unterschiedslose Besteuerung relativ gleicher Sachverhalte, während unter vertikaler Gleichmäßigkeit der Besteuerung (*vertical equity*) die mit höherer Leistungsfähigkeit einhergehende höhere Steuerbelastung zu verstehen ist.[66]

---

62 Vgl. BVerfG v. 17.01.1957, in: BVerfGE 6, S. 70; BVerfG v. 09.07.1969, in: BVerfGE 26, S. 310; BVerfG v. 03.07.1973, in: BVerfGE 35, S. 335; BVerfG v. 05.03.1974, in: BVerfGE 36, S. 330; BVerfG v. 23.11.1976, in: BVerfGE 43, S. 118; BVerfG v. 11.10.1977, in: BVerfGE 47, S. 29; BVerfG v. 13.03.1979, in: BVerfGE 50, S. 391; BVerfG v. 22.02.1984, in: BVerfGE 66, S. 223. Siehe auch *Tipke, K./Lang, J.*, 1998, S. 80; *Schuppert, G. F.*, 1987, S. 712; *Krawitz, N./Wagener, A.*, 1997, S. 147. *Tipke, K.*, 1993, S. 313 f. stellt die Gerechtigkeit explizit über den Gleichheitsgrundsatz, den er als „entscheidendes Kennzeichen der Gerechtigkeit" ansieht und leitet aus diesem dann die Forderung nach gleichmäßiger und gerechter Besteuerung ab. A. A. *Kruse, H. W.*, 1990, S. 327, nach dem die Steuergerechtigkeit als spezielle Ausprägung der Gerechtigkeit vor dem Gleichheitssatz rangiert.

63 Die US Constitution, Amendment XIV, Sec. 1 verlangt unter anderem, daß „[n]o State shall ... deny to any person within its jurisdiction the equal protection of the laws". Der Supreme Court hat bisher noch keinen Versuch unternommen, dieses auf die Ebene der Bundesstaaten beschränkte Gleichheitsgebot in seinem Anwendungsbereich auf die Bundesebene auszudehnen. Vgl. *Rotunda, R. D./Nowak, J. E.*, 1999, § 18.1, S. 206.

64 Die US Constitution, Amendment V fordert, daß „[n]o person shall be ... deprived of life, liberty, or property, without due process of law".

65 Das in Amendment V verankerte Rechtsstaatlichkeitsprinzip wird dahingehend ausgelegt, daß Eingriffe in die Persönlichkeits-, Freiheits- und Eigentumsrechte nur auf der Basis eines ordnungsgemäßen Gesetzgebungsverfahrens möglich sind, welches wiederum eine gleichmäßige und gerechte Gesetzesanwendung voraussetzt. An dieses implizite Gleichheitsgebot werden vom Supreme Court dieselben Anforderungen gestellt und die Vorgehensweise bei der Normenkontrolle ist diesselbe wie im Fall des expliziten Gleichheitsgebots von Amendment XIV, Sec. 1. Vgl. *Kraft, C.*, 1991, S. 22; *Rotunda, R. D./Nowak, J. E.*, 1999, § 18.1, S. 207. Siehe auch Bolling v. Sharpe, 347 U. S. 497 (1954); Schneider v. Rusk, 377 U. S. 168 (1964); Schlesinger v. Ballard, 419 U. S. 498 (1975). In Weinberger v. Wiesenfeld, 420 U. S. 639 (1975) heißt es sogar explizit: „This Court's approach to Fifth Amendment equal protection claims has always been precisely the same as to equal protection claims under the Fourteenth Amendment." Diese sehr umfassende Gleichsetzung wurde jedoch schon ein Jahr später in Hampton v. Mow Sun Wong, 426 U. S. 100 (1976) mit der Feststellung, die beiden Amendments seien „not always coextensive" wieder etwas eingeschränkt. Vgl. ausführlich zur Ableitung der equal protection guarantee *Karst, K. L.*, 1977, S. 541 ff. sowie grundlegend *Tussman, J./tenBroek, J.*, 1949, S. 341 ff.

66 Vgl. *Krawitz, N./Wagener, A.*, 1997, S. 148; *Schneider, D.*, 1984, S. 357; *Kraft, C.*, 1991, S. 7; *Reding, K./Müller, W.*, 1999, S. 46; *Stiglitz, J. E./Schönfelder, B.*, 1989, S. 417 ff.; *Schmidt, K.*, 1996, S. 35; *Birk, D.*, 1983a, S. 165 f. Vgl. aus der US-amerikanischen Literatur *Graetz, M. J./Schenk, D. H.*, 1999, S. 31; *Klein, W. A./Bankmann, J.*, 1994, S. 19 f.; *Andrews, W. D.*, 1999, S. 7 f.; *McDaniel, P. R. u. a.*, 1999, S. 46 f.; *Dodge, J. M./Fleming, C. J./Geier, D. A.*, 1999, S. 22; *Ando, A./Blume, M. E./Friend, I.*, 1985, S. 63; *Zolt, E. M.*, 1996, S. 87. Zur in den USA kontrovers geführten Diskussion über die eigenständige Relevanz der horizontalen neben der vertikalen Gleichmäßigkeit vgl. den Überblick von *McDaniel, P. R./Repetti, R.*, 1993, S. 607 ff.

Um im Sinne der horizontalen Gleichmäßigkeit Gleiches gleich und entsprechend der vertikalen Gleichmäßigkeit Ungleiches ungleich behandeln zu können, sind konkrete Kriterien erforderlich, die abgrenzen, wann hinreichende Gleichheit bzw. Ungleichheit vorliegt. Da diese weder dem deutschen expliziten noch dem US-amerikanischen abgeleiteten Gleichheitssatz direkt zu entnehmen sind, liegt hier die zentrale Problematik des Postulats. Die Festlegung geeigneter Kriterien ist somit in beiden untersuchten Staaten letztlich eine politische Entscheidung.[67]

Als Maßstab dient dem Gleichmäßigkeitspostulat sowohl in den USA als auch in Deutschland das Prinzip der Besteuerung nach der individuellen Leistungsfähigkeit (*ability to pay*). Dieses ist in beiden Verfassungen nicht ausdrücklich verankert, wie es in Deutschland noch in Art. 134 WRV der Fall war, wird hierzulande aber nach der h. M. aus dem allgemeinen Gleichheitssatz abgeleitet.[68] Die aus der *US Constitution* abgeleitete *equal protection guarantee* dient als verfassungsrechtliche Basis des Leistungsfähigkeitsprinzips in den USA. Insoweit stellt der Grundsatz der Besteuerung nach der individuellen Leistungsfähigkeit in den USA ebensowenig wie in Deutschland ein explizites Verfassungsprinzip dar.[69]

Das Leistungsfähigkeitsprinzip verlangt die Verteilung der Steuerlasten auf die Steuerpflichtigen im Verhältnis ihrer wirtschaftlichen Leistungsfähigkeit. Mit anderen Worten ist die

---

67 In Deutschland hat das Bundesverfassungsgericht diese Aufgabe sogar ausdrücklich an den Gesetzgeber verwiesen. Vgl. BVerfG v. 21.02.1957, in: BVerfGE 6, S. 280; BVerfG v. 07.05.1969, in: BVerfGE 25, S. 400; BVerfG v. 26.02.1980, in: BVerfGE 53, S. 178; BVerfG v. 10.12.1985, in: BVerfGE 71, S. 271; BVerfG v. 10.02.1987, in: BVerfGE 74, S. 200. Grenzen findet die Gestaltungsfreiheit des Gesetzgebers freilich in einer am Gerechtigkeitsgedanken orientierten Betrachtungsweise. Vgl. dazu *Kruse, H. W.*, 1990, S. 323. In den USA wird das Fehlen von Abgrenzungskriterien ebenfalls kritisch beurteilt. Siehe z. B. *Aaron, H. J./Galper, H.*, 1985, S. 20. Aufgrund der Unbestimmtheit des Gleichheitssatzes wird von einigen amerikanischen Autoren sogar gefordert, völlig auf ihn zu verzichten. Denn solange es keine Kriterien zur Feststellung hinreichender Gleichheit gebe, sei der Grundsatz inhaltsleer und damit nicht anwendbar, und sofern man geeignete Kriterien fände, wäre er überflüssig, weil durch eben diese Kriterien substituierbar. Vgl. besonders eindringlich *Westen, P.*, 1982, S. 537 ff. Entschieden gegen die horizontale Gleichmäßigkeit wendet sich auch *Kaplow, L.*, 1995, S. 497 ff. Zu den unterschiedlichen Beurteilungen des equity-Konzepts in den USA siehe *Zolt, E. M.*, 1996, S. 94 ff.

68 Vgl. *Kirchhof, P.*, 1985, S. 321 ff.; *Kraft, C.*, 1991, S. 21; *Tipke, K./Lang, J.*, 1998, S. 85; *Krawitz, N./Wagener, A.*, 1997, S. 147. A. A. *Kruse, H. W.*, 1990, S. 327 nach dem das Leistungsfähigkeitsprinzip keine Ableitung aus dem Gleichheitssatz ist, sondern nur dessen Konkretisierung dient. Nach *Arndt, H.-W.*, 1981, S. 28 ff. steht die herrschende Ansicht jedoch im Widerspruch zur Verfassungsgeschichte. *Martens, J.*, 1987, S. 45 ff. kritisiert die vom Bundesverfassungsgericht vorgenommene Ableitung des Leistungsfähigkeitsprinzips aus dem Gleichheitsgrundsatz als unbefriedigend. *Schneider, D.*, 1984, S. 358 sieht in der steuerlichen Leistungsfähigkeit eine „sprachliche Fehlbezeichnung“ für den gesuchten Maßstab. Zur Diskussion um die Aufnahme des Leistungsfähigkeitsprinzips in die Verfassung vgl. befürwortend *Schneider, U. H.*, 1994, S. 58 sowie die grundsätzlich positive Stellungnahme von *Tipke, K.*, 1994a, S. 58 ff., der aber auf die hieraus resultierenden Konflikte mit dem geltenden Steuerrecht aufmerksam macht. Für eine Aufnahme plädiert auch *Schemmel, L.*, 1995, S. 39 ff.

69 Vgl. auch *Willis, E. u. a.*, 1999, S. 1-4; *Kraft, C.*, 1991, S. 26, die die deutsche Ausprägung des Leistungsfähigkeitsprinzips dennoch als höherrangig gegenüber der US-amerikanischen ansieht, da in Deutschland wegen des Grundsatzes der Systemkonsequenz eine Verpflichtung zur Besteuerung nach der Leistungsfähigkeit in jenen Bereichen bestehe, für die es als grundlegender Gerechtigkeitsmaßstab gewählt wurde. Dies sei in den USA jedoch nicht der Fall.

Steuerbelastung des Individuums an seiner Fähigkeit zu orientieren, diese Steuer aufzubringen.[70] Die Alternativen zum Leistungsfähigkeitsprinzip, insbesondere das Äquivalenzprinzip und das Kopfsteuerprinzip, werden von der h. M. mittlerweile zu Recht abgelehnt. Eine undifferenzierte, die persönlichen Lebensverhältnisse unberücksichtigt lassende Steuer stellt einen eklatanten Verstoß gegen das Willkürverbot dar und ist somit abzulehnen.[71] Ebenso wird das Verständnis von Steuern als Entgelt für die Leistungen des Staates im Sinne der Äquivalenztheorie den heutigen Steuersystemen nicht mehr gerecht, die keine derart enge Verbindung zwischen den individuellen Steuerzahlungen und den staatlichen Leistungen mehr aufweisen.[72]

Problematisch ist die Festlegung einer geeigneten Bezugsgröße für die Leistungsfähigkeit eines Steuerpflichtigen. Grundsätzlich kommen der Mittelerwerb auf der Entstehungsseite oder der Konsum auf der Verwendungsseite in Betracht, wobei traditionell die Entstehungsseite als Bezugsgröße der Leistungsfähigkeit im Vordergrund steht.[73] Bei einer Anknüpfung

---

70 Siehe BVerfG v. 17.01.1957, in: BVerfGE 6, S. 67; BVerfG v. 14.04.1959, in: BVerfGE 9, S. 243; BVerfG v. 02.10.1969, in: BVerfGE 27, S. 64; BVerfG v. 09.02.1972, in: BVerfGE 32, S. 339; BVerfG v. 11.10.1977, in: BVerfGE 47, S. 29; BVerfG v. 10.12.1980, in: BVerfGE 55, S. 302; BVerfG v. 22.02.1984, in: BVerfGE 66, S. 223; BVerfG v. 29.05.1990, in: BVerfGE 82, S. 86. Vgl. auch *Tipke, K.*, 1993, S. 478; *Kruse, H. W.*, 1990, S. 326 f., der die Wurzeln des Leistungsfähigkeitsprinzips im 12. Jahrhundert sieht und besonders auf Adam Smith eingeht, der dieses Prinzip zwar formuliert, jedoch nicht als Besteuerungsgrundsatz empfohlen habe. *Arndt, H.-W.*, 1981, S. 20 f. verweist auf Rechtsprechung des Bundesverfassungsgerichts, die die strenge Bindung des Steuergesetzgebers an das Leistungsfähigkeitsprinzip teilweise wieder auflockert. Vgl. aus der US-amerikanischen Literatur, wo das Leistungsfähigkeitsprinzip in deutlich geringerem Maße thematisiert wird, *Dodge, J. M./Fleming, J. C./Geier, D. A.*, 1999, S. 24 f.; *Schoenblum, J. A.*, 1995, S. 233; *Utz, S. G.*, 1993, S. 41 ff. Auch der US Supreme Court versteht das Leistungsfähigkeitsprinzip in diesem Sinne. Vgl. z. B. District of Columbia v. Murphy, 314 U. S. 454 (1941); Atlantic Coast Line Railroad Co. v. Commissioner, 332 U. S. 171 (1947); National Cable Television Assn., Inc. v. United States, 415 U. S. 340 (1974); Massachusetts v. United States, 435 U. S. 455 (1978); Trinova Corp. v. Michigan Department of Treasury, 498 U. S. 363 (1991).

71 Eine solche Steuer läßt sich heute auch kaum mehr durchsetzen, wie die gescheiterte Gemeindekopfsteuer in Großbritannien belegt. Vgl. *Tipke, K./Lang, J.*, 1998, S. 87. Siehe auch *Kraft, C.*, 1991, S. 8; *Graetz, M. J./Schenk, D. H.*, 1999, S. 38 f.

72 Vgl. *Kraft, C.*, 1991, S. 8 ff.; *Graetz, M. J./Schenk, D. H.*, 1999, S. 39. In Deutschland weisen nur noch die Gewerbe-, Kraftfahrzeug- und Mineralölsteuer Bezüge zum Äquivalenzprinzip auf, in den USA sogar einzig die Mineralölsteuer (gasoline tax). Siehe auch *Dodge, J. M./Fleming, J. C./Geier, D. A.*, 1999, S. 23 f. *McGee, R. W.*, 1993, S. 41 ff. zieht hingegen eine Besteuerung nach dem Äquivalenzprinzip jener nach dem Leistungsfähigkeitsprinzip vor, da erstere den Steuerzahler nur für vom Staat bezogene Leistungen in Anspruch nehme und somit gerechter sei. Auf die Schwierigkeiten der Messung der individuellen Inanspruchnahme staatlicher Leistungen geht McGee jedoch nicht ein.

73 Vgl. dazu *Schneider, D.*, 1984, S. 356 ff.; *Schneider, D.*, 1979, S. 27 ff.; *Jachmann, M.*, 1998, S. 293; *Kirchhof, P.*, 1985, S. 321; *Offerhaus, K.*, 2000, S. 10; *Costede, J.*, 1989, S. 33 f., der jedoch auf die den Mittelerwerb begründenden Leistungen abstellt. In der betriebs- und finanzwissenschaftlichen Literatur wird inzwischen zunehmend auch eine Anknüpfung an der Verwendungsseite diskutiert. Vgl. z. B. *Stiglitz, J. E./Schönfelder, B.*, 1989, S. 420 ff.; *Reding, K./Müller, W.*, 1999, S. 49 ff. Vgl. dazu auch *Krawitz, N./Wagener, A.*, 1997, S. 149 f., die auf der Konsumseite jedoch keine geeignete monetäre Maßgröße sehen, welche alle Aspekte individueller Bedürfnisbefriedigung erfaßt. Sie stehen daher der Verwendungsseite als Bezugsgröße der Leistungsfähigkeit trotz der problematischen Abgrenzung und Messung des Einkommens skeptisch gegenüber. Zur Problematik des Einkommens als Bezugsgröße vgl. auch *Wagner, F. W.*, 1992, S. 10 ff. *Tipke, K./Lang, J.*, 1998, S. 90 ff. ziehen von steuerrechtlicher Seite jedoch auch eine stärkere Orientierung an der Verwendungsseite in Betracht. *Haller, H.*, 1981, S. 45 ff. schlägt als weitere mögliche Bezugsgröße der Leistungsfähigkeit die Freizeit vor, die er neben dem Einkommen als eigen-

an der Entstehungsseite ist die Berücksichtigung der mit dem Mittelerwerb in Zusammenhang stehenden finanziellen Belastungen für die Ermittlung der tatsächlichen Leistungsfähigkeit unabdingbar (Nettoprinzip).[74]

In der US-amerikanischen Literatur wird der Leistungsfähigkeitsgrundsatz als zentrales Prinzip zur Verwirklichung von Steuergerechtigkeit (*tax equity*) weitgehend akzeptiert. Eine der deutschen Diskussion um die Stellung und Rechtfertigung des Leistungsfähigkeitsprinzips vergleichbare Kontroverse findet nicht statt.[75] In Deutschland hat die intensive Auseinandersetzung mit dem Grundsatz jedoch zu einem deutlich unterschiedlichen Rang des Leistungsfähigkeitsprinzips innerhalb der drei steuerwissenschaftlichen Disziplinen geführt. Nachfolgend sollen daher einige zentrale Argumente der deutschen Diskussion wiedergegeben werden, die aufgrund der weitgehend parallelen Sichtweise des Prinzips in beiden hier betrachteten Steuerrechtsordnungen auch für die USA von grundsätzlicher Bedeutung sind.

Von betriebswirtschaftlicher Seite wird der häufig mit der vertikalen Gleichmäßigkeit verbundene Umverteilungszweck kritisiert, der bei höherer Leistungsfähigkeit eine relativ höhere Besteuerung verlangt. Hierbei handelt es sich nach Auffassung der Betriebswirtschaftlichen Steuerlehre um ein Werturteil, welches nicht mit der neutralen Bezeichnung ‚Leistungsfähigkeitsprinzip' belegt werden sollte. Zudem kann das Leistungsfähigkeitsprinzip lediglich für reine Fiskalzwecknormen Bedeutung entfalten, es hat also nur einen begrenzten Anwen-

---

ständiges nutzenstiftendes Gut betrachtet. Aufgrund der erheblichen praktischen Probleme bei der Messung von Freizeit und dem Einwand, Arbeitszeit stünde nicht per se in Konkurrenz zur Freizeit konnte sich dieser Ansatz jedoch nicht durchsetzen. Vgl. dazu z. B. *Schmidt, K.*, 1996, S. 36. In den Vereinigten Staaten wird ebenfalls überwiegend die Messung der Leistungsfähigkeit auf der Entstehungsseite befürwortet. Vgl. insbesondere *Aaron, H. J./Galper, H.*, 1985, S. 20 f. und *Ando, A./Blume, M. E./Friend, I.*, 1985, S. 64 ff. sowie *Calkins, H.*, 1984, S. 201. Die Diskussion um die Einführung einer Konsumbesteuerung befindet sich im Vergleich zur Bundesrepublik jedoch in einem deutlich fortgeschritteneren Stadium. Vgl. dazu ausführlich *Hiller, M.*, 1999, S. 792 ff. und *McNulty, J. K.*, 1989, S. 123 ff. Zu den alternativen Bezugsgrößen der Leistungsfähigkeit siehe z. B. *Graetz, M. J./Schenk, D. H.*, 1999, S. 40 f.; *McDaniel, P. R. u. a.*, 1999, S. 46 f.; *Dodge, J. M./Fleming, J. C./Geier, D. A.*, 1999, S. 24 f.; *Pratt, J. W./Burns, J. O./Kulsrud, W. N.*, 1992, S. 32; *Weisflog, W. E.*, 1985, S. 161 f.; *Zolt, E. M.*, 1996, S. 87. Ein grundlegender Vergleich von Konsum- und Einkommensbesteuerung findet sich bei *Warren, A. C.*, 1980, S. 1081 ff.

74 Siehe *Kirchhof, P.*, 1985, S. 321; *Offerhaus, K.*, 2000, S. 10; *Tipke, K./Lang, J.*, 1998, S. 98; *Tipke, K.*, 1993, S. 502; *Jachmann, M.*, 1998, S. 293. Kritisch dazu *Schneider, D.*, 1984, S. 356 ff. Für die USA vgl. *Dodge, J. M./Fleming, J. C./Geier, D. A.*, 1999, S. 24 f.; *Weisflog, W. E.*, 1985, S. 161.

75 Siehe *Kraft, C.*, 1991, S. 11, 21; *Utz, S. G.*, 1993, S. 41. Einzelne Autoren stehen dem Leistungsfähigkeitsprinzip noch kritisch gegenüber und befürworten eher eine Besteuerung nach dem Äquivalenzprinzip. Vgl. z. B. *McGee, R. W.*, 1993, S. 41 ff.; *Schoenblum, J. A.*, 1995, S. 233 ff., wobei letzterer dennoch konzediert, daß das Leistungsfähigkeitsprinzip inzwischen nahezu durchweg anerkannt ist.

dungsbereich. Daher ist der Grundsatz innerhalb der Betriebswirtschaftlichen Steuerlehre zunehmend in den Hintergrund getreten.[76]

Die Finanzwissenschaft hat in ihren Anfängen das Leistungsfähigkeitsprinzip als Fundamentalprinzip der Besteuerung weitgehend akzeptiert, obwohl auch damals schon vereinzelt Kritik geübt wurde.[77] Diese gipfelte in dem vernichtenden Urteil *Littmanns*, bei dem Leistungsfähigkeitsprinzip handele es sich um einen inhaltsleeren, auf ungeeigneten opfertheoretischen Erklärungsansätzen basierenden Grundsatz, auf den daher verzichtet werden sollte.[78] Schließlich hat jedoch vor allem die Problematik der Bestimmung eines angemessenen Leistungsfähigkeitsmaßstabs zum Niedergang des Prinzips in der Finanzwissenschaft geführt.[79]

Innerhalb der Steuerrechtswissenschaft genießt das Leistungsfähigkeitsprinzip traditionell einen besonders hohen Stellenwert. Mehrheitlich wird es nach wie vor als Fundamentalprinzip angesehen,[80] doch wird auch hier zunehmend Kritik laut. Ein wesentlicher Kritikpunkt ist die Vieldeutigkeit und Unbestimmtheit des Grundsatzes, die seine Konkretisierung unmöglich

---

76 *Schneider, D.*, 1984, S. 356 ff. kritisiert, daß „über eine auf den ersten Blick Zustimmung erheischende Namensgebung .. eine Umverteilungsideologie vermarktet" wird. Ähnlich auch *Krawitz, N./Wagener, A.*, 1997, S. 148 ff., die zwar das Leistungsfähigkeitsprinzip derzeit selbst bei Fiskalzwecknormen zum großen Teil nicht verwirklicht sehen, ihm aber dennoch den Rang eines Fundamentalprinzips der Besteuerung zubilligen. *Elschen, R.*, 1991, S. 111 ff. spricht aus diesen Gründen dagegen bereits von der „überkommenen Vorstellung der Besteuerung nach der Leistungsfähigkeit"; ähnlich auch *Wagner, F. W.*, 1992, S. 2 f. Gegen die Verknüpfung des Leistungsfähigkeitsprinzips mit Umverteilungszwecken wenden sich von steuerrechtlicher Seite aber auch *Kirchhof, P.*, 1985, S. 325 und besonders scharf *Leisner, W.*, 1983, S. 97 ff., dessen vehementer Ablehnung des Leistungsfähigkeitsprinzips *Birk, D.*, 1983b, S. 293 ff. ebenso entschieden widerspricht. Eine Gegenüberstellung des Umverteilungsarguments aus ökonomischer und verfassungsrechtlicher Sicht findet sich bei *Jachmann, M.*, 1998, S. 293 ff. Daß es sich bei dem Konzept der vertikalen Gleichmäßigkeit um ein Werturteil handelt, wird in der US-amerikanischen Literatur z. B. auch bei *Weisflog, W. E.*, 1985, S. 162 konstatiert.

77 Vgl. *Pohmer, D./Jurke, G.*, 1984, S. 454, 457, die auf Gustav von Schmoller verweisen, der bereits 1863 den Leistungsfähigkeitsgrundsatz als inhaltsleeren, der willkürlichen Besteuerung den Weg bereitenden Begriff kritisierte und sich damit in Übereinstimmung mit der jüngeren steuerrechtlichen Kritik befindet. Zur älteren finanzwissenschaftlichen Kritik am Leistungsfähigkeitsprinzip vgl. auch *Birk, D.*, 1983a, S. 23 ff.

78 Vgl. *Littmann, K.*, 1970, S. 113 ff. Gegen diese Vorwürfe wendet sich entschieden *Haller, H.*, 1973, S. 478 ff., der das Leistungsfähigkeitsprinzip als den nach wie vor geeignetsten Maßstab verteidigt.

79 Vgl. *Birk, D.*, 1983a, S. 32 ff. Diese Problematik wird zwar auch von *Neumark, F.*, 1970, S. 184 f. gesehen, welcher dem Leistungsfähigkeitsprinzip jedoch mit dem Verweis auf die generelle Unbestimmtheit zentraler Prinzipien nach wie vor eine wesentliche Bedeutung zumißt; ähnlich *Haller, H.*, 1981, S. 112 ff. Die Entwicklung der finanzwissenschaftlichen Diskussion um das Leistungsfähigkeitsprinzip beschreiben ausführlich *Pohmer, D./Jurke, G.*, 1984, S. 445 ff.

80 Vgl. *Tipke, K./Lang, J.*, 1998, S. 85, 87, die auch der von *Kirchhof, P.*, 1985, S. 324 vorgenommenen Beschränkung des Geltungsbereichs auf die direkten Steuern widersprechen. Siehe auch *Offerhaus, K.*, 2000, S. 10; *Costede, J.*, 1989, S. 18 f.; *Tipke, K.*, 1993, S. 479 ff. Die Auffassung Tipkes, bei dem Leistungsfähigkeitsgrundsatz handele es sich um ein Fundamentalprinzip, dessen Durchbrechung nur durch verfassungsmäßig gleichrangige Gründe möglich sei, teilt *Arndt, H.-W.*, 1981, S. 21 ff. nicht, der das Leistungsfähigkeitsprinzip als Verfassungsprinzip für überflüssig hält und sich ausschließlich an der Verfassung selbst orientiert. Kritik am Verständnis des Leistungsfähigkeitsprinzips als Verfassungsrechtssatz übt auch *Martens, J.*, 1987, S. 39 ff.

mache.[81] Daneben wird die vom Bundesverfassungsgericht regelmäßig vorgenommene Begrenzung des Anwendungsbereichs des Leistungsfähigkeitsprinzips auf die Einkommensteuer teilweise zum Anlaß genommen, diesem den Charakter als Fundamentalprinzip abzusprechen.[82]

Zum Leistungsfähigkeitsprinzip als Maßstab einer im Sinne des Gleichheitsgrundsatzes gleichmäßigen und gerechten Besteuerung gibt es m. E. bislang – trotz aller berechtigten Kritik – keine tragfähige Alternative. Es ist daher nach wie vor als ein Fundamentalprinzip der Besteuerung anzusehen, wobei jedoch eine modifizierte Betrachtungsweise, insbesondere die Eliminierung von impliziten Umverteilungszwecken, der allgemeinen Akzeptanz des Grundsatzes zuträglich wäre.

2312. Entscheidungsneutralität der Besteuerung

In der deutschen Betriebswirtschaftlichen Steuerlehre führte die Kritik am Leistungsfähigkeitsprinzip zum Aufstieg des Postulats der Entscheidungsneutralität der Besteuerung, welches dort mittlerweile im Rang eines Fundamentalprinzips steht.[83] Aber auch in den USA wird einer entscheidungsneutralen Besteuerung (*neutrality of taxation*) insbesondere von der ökonomischen Seite der Steuerwissenschaften große Bedeutung beigemessen,[84] wenn auch hier die Verknüpfung mit dem Postulat der Allokationseffizienz wesentlich enger als in Deutschland ist.[85] Jedoch findet eine nähere Auseinandersetzung mit dem Postulat – ähnlich wie beim Leistungsfähigkeitsprinzip – in der steuerwissenschaftlichen Diskussion der USA

---

81 So z. B. *Arndt, H.-W.*, 1981, S. 35 ff. Dagegen wenden *Tipke, K./Lang, J.*, 1998, S. 86 ein, das Leistungsfähigkeitsprinzip sei entsprechend seines hohen Ranges zwangsläufig konkretisierungsbedürftig und als solches zwar unbestimmt, keinesfalls jedoch unbestimmbar. Ausführlich auch *Tipke, K.*, 1993, S. 493 ff.

82 Vgl. insbesondere *Kruse, H. W.*, 1990, S. 327.

83 Vgl. *Krawitz, N./Wagener, A.*, 1997, S. 152; *Elschen, R.*, 1991, S. 102; *Schneider, D.*, 1992, S. 193 bezeichnet die Entscheidungsneutralität als „Nullpunkt" der Steuerwirkungslehre, auf dem alle weiteren Überlegungen aufbauen. A. A. *Rose, G.*, 1985a, S. 330 ff., der die Planbarkeit der Besteuerung in das Zentrum betriebswirtschaftlicher Forderungen rückt. Zwischen dem betriebswirtschaftlichen und dem finanzwissenschaftlichen Verständnis der Entscheidungsneutralität bestehen deutliche Unterschiede. Die Betriebswirtschaftslehre verwendet das Postulat meist als Basis theoretischer Beurteilungen von Steuerwirkungen und geht dabei von der Perspektive des Entscheidungsträgers aus. Die Finanzwissenschaft hingegen stellt die Neutralität der Besteuerung in der Regel als finanzpolitische Forderung mit dem Inhalt auf, die wettbewerblich geregelte Verteilung nicht zu beeinflussen und beschränkt sich dabei nicht auf den einzelnen Entscheidungsträger, sondern argumentiert aus einer übergeordneten Sichtweise. Vgl. zu den Unterschieden auch *Elschen, R./Hüchtebrock, M.*, 1983, S. 253 ff.

84 Vgl. *Dodge, J. M./Fleming, J. C./Geier, D. A.*, 1999, S. 25. Die Bedeutung des Neutralitätsgrundsatzes wird aber auch vom amerikanischen Gesetzgeber gesehen. Vgl. *Sheppard, L. A.*, 1984, S. 349.

85 So z. B. bei *Boskin, M. J.*, 1985, S. 652; *McGee, R. W.*, 1993, S. 48; *Weisflog, W. E.*, 1985, S. 163, der die Prinzipien sogar inhaltlich gleichsetzt. Nach *Kartiganer, J.*, 1995, S. 7 ist die Neutralität „one policy goal of efficiency". In den USA wird die Neutralität häufig als ein Prinzip des freien Marktes angesehen. Vgl. statt vieler *Klein, W. A./Bankmann, J.*, 1994, S. 23.

kaum statt. Die zentralen Argumente der deutschen Debatte lassen sich jedoch ohne Schwierigkeiten übertragen.[86]

Das Wesen der Entscheidungsneutralität ist die grundsätzlich unterschiedslose Besteuerung aller in einer Entscheidungssituation möglichen Handlungsalternativen.[87] „Steuerrechtsetzungen, die bei vernünftigen Steuerpflichtigen keine Ausweichhandlungen verursachen, heißen entscheidungsneutral."[88] Die Präferenzordnung eines Entscheidungsträgers im Steuerfall unterscheidet sich bei Neutralität daher nicht von der Präferenzordnung im Nichtsteuerfall.[89]

Einzelwirtschaftlich betrachtet entfallen in einem entscheidungsneutralen Steuersystem jegliche Steuerplanungsaktivitäten und die damit verbundenen Kosten.[90] Auf gesamtwirtschaftlicher Ebene trägt das Neutralitätspostulat durch den Wegfall steuerlich induzierter Verzerrungen zu einer optimalen Faktorallokation bei und so wegen der engen Verbindung mit der finanzwissenschaftlichen Forderung nach gesamtwirtschaftlicher Allokationseffizienz zum Erreichen maximaler Wohlfahrt.[91] Andererseits wird dem Gesetzgeber jede Möglichkeit genommen, durch Lenkungsnormen das Verhalten der Steuerpflichtigen zu beeinflussen, da die Entscheidungsneutralität keine lenkend ungleiche Besteuerung von Handlungsalternativen erlaubt.[92] Wenn solch ein Eingriff im Fall von Marktversagen jedoch erforderlich wäre, würde das Neutralitätspostulat die Erreichung maximaler Wohlfahrt sogar behindern.[93]

---

86 Das Verständnis des Neutralitätspostulats in den USA entspricht grundsätzlich dem deutschen. Siehe z. B. *Dodge, J. M./Fleming, J. C./Geier, D. A.*, 1999, S. 25 ff.; *Kahn, D. A.*, 1990, S. 11; *Malman, L. L./Solomon, L. D./Hesch, J. M.*, 1994, S. 45; *Sheppard, L. A.*, 1984, S. 349; *Shapiro, R. J.*, 1997, S. 510.

87 Vgl. *Krawitz, N./Wagener, A.*, 1997, S. 152; *Wagner, F. W.*, 1992, S. 4; *Schwinger, R.*, 1992, S. 9.

88 *Schneider, D.*, 1992, S. 193 (im Original hervorgehoben). Ähnlich auch *Elschen, R./Hüchtebrock, M.*, 1983, S. 253; *Treisch, C.*, 2000, S. 368. Für die USA definiert *Bittker, B. I.*, 1997, S. 22 das Neutralitätspostulat sehr ähnlich als ein Steuersystem „devoid of incentives to engage in activities that would not be the taxpayer's first choice were it not for the tax preference". In der US-amerikanischen Steuerliteratur wird oft die Metapher vom ‚level playing field' zur Umschreibung des Neutralitätspostulats verwendet. Vgl. z. B. *Boskin, M. J.*, 1985, S. 652; *Dodge, J. M./Fleming, J. C./Geier, D. A.*, 1999, S. 25.

89 Vgl. *Schneider, D.*, 1992, S. 193; *Wagner, F. W./Wissel, H.*, 1995, S. 65; *Rose, G.*, 1985a, S. 339. Siehe auch *Kahn, D. A.*, 1990, S. 11 ff. für die US-amerikanische Perspektive.

90 Vgl. *Wagner, F. W.*, 1992, S. 4; *Elschen, R.*, 1991, S. 103; *Schwinger, R.*, 1992, S. 12; *Treisch, C.*, 2000, S. 368.

91 Siehe *Krawitz, N./Wagener, A.*, 1997, S. 152; *Wagner, F. W.*, 1992, S. 4; *Elschen, R.*, 1991, S. 101 f.; *Treisch, C.*, 2000, S. 368. Vgl. von US-amerikanischer Seite *Sheppard, L. A.*, 1984, S. 349.

92 Vgl. *Rose, G.*, 1985a, S. 340, der daher unter der Voraussetzung eines planbaren Steuerrechts die Entscheidungsneutralität für entbehrlich hält. Dieser Auffassung widerspricht *Elschen, R.*, 1991, S. 107 zu Recht mit dem Argument, die Steuerwissenschaft beraube sich mit der Beschränkung auf das formale Prinzip der Planbarkeit der Möglichkeit zu inhaltlicher Kritik des Steuerrechts.

93 So *Schwinger, R.*, 1992, S. 15, der Eingriffe in die Laissez-Faire-Allokation nur unter der sehr engen Voraussetzung nahezu vollständiger Information für geeignet hält, die gesamtwirtschaftliche Wohlfahrt zu steigern.

Die Verwirklichung von Entscheidungsneutralität durch eine Pauschalsteuer ist aus den genannten Gründen abzulehnen.[94] Daher verbleibt nur die Alternative einer Zielgrößenbesteuerung, die als positiven Begleiteffekt auch zur Reduzierung von Steuervermeidungen beiträgt. Denn will der Steuerpflichtige die mit der von ihm präferierten Handlungsalternative verbundene Steuer vermeiden, muß er auf die Verwirklichung der Alternative und den damit verbundenen Nutzen verzichten.[95]

Problematisch ist im Zusammenhang mit der Besteuerung von Zielgrößen das mehrdimensionale Zielsystem von Entscheidungsträgern, welches in aller Regel sowohl aus monetären als auch aus nicht-monetären Zielen besteht. Letztere werfen nahezu unlösbare Schwierigkeiten hinsichtlich ihrer Messung auf, was die umfassende Realisierung einer entscheidungsneutralen Personenbesteuerung verhindert.[96]

Um nicht völlig auf das Konzept der Entscheidungsneutralität verzichten zu müssen, scheint es angemessen, eine Einschränkung auf die zentralen monetären Zielgrößen zu gestatten, wobei dann erneut zwischen den Maßgrößen Einkommen und Konsum zu entscheiden ist.[97] Betrachtet man die Bedürfnisbefriedigung als relevante Zielgröße und knüpft die Besteuerung daher an den Konsumausgaben an,[98] ist der durch die Verteuerung des Konsums entstehende Substitutionseffekt zu beachten, der insbesondere zu einer Änderung des Sparverhaltens führen dürfte. Dies widerspricht aber im Vergleich zum Nichtsteuerfall gerade dem Postulat der Entscheidungsneutralität. Der Widerspruch läßt sich nur auflösen, wenn man Bedürfnisbefriedigung durch Sparen ablehnt und ausschließlich durch Konsum unterstellt. Dabei handelt es sich jedoch um eine sehr problematische Eingrenzung.[99] Es erscheint daher sinnvoller, als Maßgröße auf das Einkommen zurückzugreifen, welches geringere Meßprobleme aufwirft

---

94 Siehe dazu die Kritik an der Kopfsteuer in GP 2311. In den USA wird eine Kopfsteuer aus denselben Gründen abgelehnt. Vgl. dazu *Weisflog, W. E.*, 1985, S. 163. Zum Teil wird die Entscheidungsneutralität einer Pauschalsteuer in der Literatur auch bestritten. Denn unter Ungewißheit kann auch eine Pauschalsteuer entscheidungsrelevant werden, indem sie die Risikobereitschaft des Entscheidungsträgers beeinflußt und folglich die Rangfolge von Handlungsalternativen verändern kann. Vgl. *Schneider, D.*, 1979, S. 43 ff.; *Schneider, D.*, 1992, S. 676.

95 Vgl. *Krawitz, N./Wagener, A.*, 1997, S. 153. Ähnlich, aber diesen Sachverhalt kritisch beurteilend *Wagner, F. W.*, 1992, S. 4.

96 Vgl. *Krawitz, N./Wagener, A.*, 1997, S. 153; *Wagner, F. W.*, 1992, S. 5; *Schwinger, R.*, 1992, S. 20. Im Ergebnis ebenso für die Vereinigten Staaten *Dodge, J. M./Fleming, J. C./Geier, D. A.*, 1999, S. 25. Siehe auch *Kahn, D. A.*, 1990, S. 11 ff., nach dem die Besteuerung zwangsläufig zu Beeinträchtigungen der Entscheidungsneutralität führt. Die Herstellung von Neutralität in einem Bereich störe unweigerlich die Neutralität in einem anderen Bereich, so daß entsprechende Maßnahmen stets einer besonderen Begründung bedürften.

97 Siehe auch *Wagner, F. W.*, 1992, S. 5. Der Vermögensbestand kann neben dem Vermögenszuwachs keine eigenständige monetäre Zielgröße darstellen. Vgl. dazu *Krawitz, N./Wagener, A.*, 1997, S. 153.

98 So z. B. *Wagner, F. W.*, 1992, S. 5 f.

99 So auch *Krawitz, N./Wagener, A.*, 1997, S. 153 f.

und zudem auch unmittelbare Voraussetzung für den alternativen Maßstab der konsumtiven Ausgaben ist.[100]

Auch wenn die Realisierung eines vollständig entscheidungsneutralen Steuersystems aufgrund der unzureichenden Berücksichtigung nicht-monetärer Zielsetzungen praktisch ausgeschlossen ist, kommt dem Postulat sowohl als Maßstab für die Beurteilung des geltenden Steuerrechts als auch für die Entwicklung von Partialreformvorschlägen elementare Bedeutung zu.[101]

2313. Allokationseffizienz der Besteuerung

Die einzelwirtschaftliche Perspektive der Betriebswirtschaftslehre greift bei der Entwicklung von steuerrechtlichen Gestaltungsvorschlägen aufgrund der gesamtgesellschaftlichen Relevanz von Steuerrechtsregeln bei isolierter Betrachtung zu kurz. Daher ist über diesen Blickwinkel hinaus das Postulat gesamtwirtschaftlicher Allokationseffizienz (*efficiency*) als wesentliche Forderung der deutschen und US-amerikanischen Finanzwissenschaft zu beachten, um volkswirtschaftliche Ressourcenverschwendungen zu vermeiden.[102]

Die Allokationseffizienz steht in enger Verbindung mit den Postulaten der Entscheidungsneutralität und der Gleichmäßigkeit der Besteuerung.[103] Sie beinhaltet die Forderung nach einer optimalen Allokation der Ressourcen als notwendige Bedingung einer pareto-effizienten

---

100 Vgl. *Krawitz, N./Wagener, A.*, 1997, S. 154, die in diesem Zusammenhang für eine Einkommensdefinition im Sinne des ökonomischen Gewinns plädieren.

101 So auch *Krawitz, N./Wagener, A.*, 1997, S. 154. Deutlich positiver *Wagner, F. W.*, 1992, S. 5, nach dem durch den Grundsatz der Entscheidungsneutralität „die vergebliche Suche nach den Inhalten einer spezifisch steuerlichen Leistungsfähigkeit beendet werden kann, die auf diese Weise einen ebenso unrühmlichen wie erfolgreichen Abschluß fände, da eine umstrittene Konzeption durch ein klar interpretierbares Konzept ersetzt würde". Deutlich skeptischer *Kahn, D. A.*, 1990, S. 15, der die Herstellung von Entscheidungsneutralität in den USA für unmöglich hält. Das Prinzip diene lediglich zur Beseitigung von Lenkungswirkungen, die übergeordneten ökonomischen oder sozialen Zielsetzungen zuwiderliefen. Die meisten Vorschläge zur Reform des US-amerikanischen Steuerrechts enthalten aber dennoch die Forderung nach Neutralität der Besteuerung. Vgl. z. B. *Sheppard, L. A.*, 1984, S. 349 f.; *National Commission on Economic Growth and Tax Reform*, 1996, S. 413 ff.; *Shapiro, R. J.*, 1997, S. 507 ff. sowie *Kartiganer, J.*, 1995, S. 7 f.

102 Vgl. *Elschen, R.*, 1991, S. 101. *Stiglitz, J. E./Schönfelder, B.*, 1989, S. 408 nennen die effiziente Allokation der Ressourcen an erster Stelle ihrer Aufzählung zentraler Besteuerungsgrundsätze. Aus der US-amerikanischen Literatur siehe z. B. *McDaniel, P. R. u. a.*, 1999, S. 47; *Graetz, M. J./Schenk, D. H.*, 1999, S. 31 f.; *Malman, L. L./Solomon, L. D./Hesch, J. M.*, 1994, S. 45; *Bittker, B. I.*, 1979, S. 736.

103 *Wagner, F. W.*, 1986, S. 42 betrachtet die Allokationseffizienz als Äquivalent zur Entscheidungsneutralität. Etwas abgeschwächt *Krawitz, N./Wagener, A.*, 1997, S. 152, die zwar eine „enge Verknüpfung", aber keine völlige Gleichwertigkeit sehen. *Posner, R. A.*, 1978, S. 109 setzt Effizienz und Gerechtigkeit gleich. Die hieraus resultierende Kette der Äquivalenz der drei zentralen Besteuerungsgrundsätze untersucht *Elschen, R.*, 1991, S. 99 ff. mit dem Ergebnis, daß eine solche Gleichsetzung nur unter bestimmten Voraussetzungen zutrifft. Deutlich restriktiver *Bittker, B. I.*, 1979, S. 735 ff., der equity und efficiency für konfliktäre Prinzipien hält, da sie auf völlig divergenten Annahmen basierten, aber dennoch die Zusammenführung dieser Grundsätze zu einer „general theory" als zentrale Herausforderung für die Steuerwissenschaft ansieht.

Situation.[104] Ein Zustand ist pareto-effizient bei einer Ressourcenallokation, die keine Nutzensteigerung eines Wirtschaftssubjekts mehr zuläßt, ohne daß der Nutzen eines anderen Wirtschaftssubjekts sinkt.[105]

Die Wohlfahrtsökonomie geht davon aus, daß eine Laissez-Faire-Ökonomie ohne Steuern unter bestimmten Prämissen eine pareto-effiziente Situation erzeugt. Die Besteuerung einzelner ökonomischer Aktivitäten führt zu Verschiebungen in dieser Ressourcenallokation, was eine nicht mehr pareto-effiziente Nach-Steuer-Situation zur Folge hat. Die von der Besteuerung ausgelösten Substitutionseffekte erzeugen somit gesamtwirtschaftliche Wohlfahrtseinbußen. Die einzige Form der Besteuerung, bei der keine Substitutionseffekte auftreten, und die somit auch eine pareto-effiziente Nach-Steuer-Situation ermöglicht, ist die Pauschalsteuer.[106]

Die Folgerung, daß lediglich eine Pauschalsteuer Allokationseffizienz gewährleistet, trifft aber nur zu, sofern man die Voraussetzungen, unter denen eine Laissez-Faire-Ökonomie zu einer pareto-effizienten Situation führt, als gegeben ansieht. Sind die Voraussetzungen jedoch – was in der Regel der Fall sein dürfte – nicht erfüllt, liegt keine pareto-effiziente Situation mehr vor. Um in diesem Fall wieder eine optimale Ressourcenallokation herzustellen, sind lenkende Eingriffe in die Marktmechanismen erforderlich, wozu die Besteuerung in besonderer Weise geeignet ist.[107] Lenkende Steuernormen belasten alternative ökonomische Aktivi-

[104] Vgl. *Krawitz, N./Wagener, A.*, 1997, S. 142. Für die USA siehe *Zolt, E. M.*, 1996, S. 61 ff.; *Bittker, B. I.*, 1979, S. 736. *Dodge, J. M./Fleming, J. C./Geier, D. A.*, 1999, S. 29 f. halten die Pareto-Effizienz jedoch für einen ungeeigneten Maßstab, da dessen Bedingungen im Bereich der Besteuerung praktisch nie erfüllt seien. Sie plädieren daher für die Kaldor-Hicks-Effizienz, deren Kriterium der aggregierte Nutzenzuwachs der Begünstigten ist, der in einer effizienten Situation die aggregierte Nutzenminderung der Belasteten übersteigen muß. Ebenso *Crawford, P. B.*, 1997, S. 516, der die Pareto-Effizienz aber als in der US-amerikanischen Steuerliteratur nach wie vor meistverwendeten Maßstab bezeichnet.

[105] Vgl. *Brümmerhoff, D.*, 1992, S. 41; *Musgrave, R. A./Musgrave, P. B./Kullmer, L.*, 1993, S. 101; *Becker, H.*, 1990, S. 333; *Stiglitz, J. E./Schönfelder, B.*, 1989, S. 424; *Dodge, J. M./Fleming, J. C./Geier, D. A.*, 1999, S. 29; *Crawford, P. B.*, 1997, S. 516 f.

[106] Vgl. *Krawitz, N./Wagener, A.*, 1997, S. 142; *Musgrave, R. A./Musgrave, P. B./Kullmer, L.*, 1993, S. 101 ff. Siehe auch *Stiglitz, J. E./Schönfelder, B.*, 1989, S. 409 f. mit zahlreichen Beispielen für steuerliche Allokationsbeeinflussungen. Zur Problematik der pauschalen Besteuerung vgl. GP 2311. Für die USA siehe *Zolt, E. M.*, 1996, S. 62 ff. Ebenso *McDaniel, P. R. u. a.*, 1999, S. 47, die Abweichungen von der optimalen Ressourcenallokation als „efficiency costs" bezeichnen, welche es zu minimieren gelte. So auch *Graetz, M. J./Schenk, D. H.*, 1999, S. 31 f. In der US-amerikanischen Diskussion des Postulats wird die Gefahr steuerbedingter Verschiebungen zwischen Investitionen und Sparen besonders hervorgehoben. Vgl. *Boskin, M. J.*, 1985, S. 652 f.

[107] Vgl. *Krawitz, N./Wagener, A.*, 1997, S. 142. So auch *Andel, N.*, 1992, S. 381 f., der aber auf die Gefahr der Anwendung ungeeigneter und damit kontraproduktiver staatlicher Maßnahmen hinweist. *Blohm, D./Conrad, H.-J.*, 1990, S. 9 nennen als mögliche Gründe für die Notwendigkeit eines staatlichen Eingriffs in die Marktallokation teilweises oder gänzliches Marktversagen sowie Korrekturen der individuellen Konsumwahl. Für die USA stellt *Zolt, E. M.*, 1996, S. 62 insbesondere auf den Fall des Marktversagens ab. Siehe auch *Yorio, E.*, 1987, S. 413 ff.

täten aber eben nicht wie im Fall einer Pauschalsteuer gleich, sondern bewußt ungleich, um die erwünschten Lenkungseffekte zu erzielen.

Die Forderung nach Allokationseffizienz der Besteuerung ist mithin im Sinne einer bestmöglichen Annäherung an das Ideal zu verstehen und bildet damit ein weiteres wichtiges Instrument zur Beurteilung steuerrechtlicher Maßnahmen.[108]

232. Ergänzende Prinzipien

2321. Wirtschaftlichkeit und Einfachheit der Besteuerung

Die Forderung nach Wirtschaftlichkeit der Besteuerung (*economy of taxation*) zählt zu den allgemeinen Grundregeln der Besteuerung, die bereits *Adam Smith* formulierte.[109] Ein Steuersystem genügt diesem Postulat, wenn es die angestrebten Besteuerungsziele mit dem geringstmöglichen Ressourcenverbrauch erreicht. Dies bezieht sich sowohl auf die Kosten, die der Finanzverwaltung aus der Steuererhebung entstehen, als auch auf jene, die beim Steuerpflichtigen durch die Steuererklärung und möglicherweise andere ihm auferlegte Mitwirkungspflichten anfallen.[110]

Die Wirtschaftlichkeit der Besteuerung wird ganz wesentlich durch die Komplexität des Steuerrechts beeinflußt.[111] Das Postulat der Wirtschaftlichkeit steht daher in unmittelbarer Verbindung zur Forderung nach Einfachheit der Besteuerung. Denn ein zu komplexes Steuersystem hat neben hohen administrativen Kosten auch häufig vermeidbare steuerliche Mehrbela-

---

108 So auch *Weisflog, W. E.*, 1985, S. 163; *McDaniel, P. R. u. a.*, 1999, S. 47; *Graetz, M. J./Schenk, D. H.*, 1999, S. 31 f.

109 Vgl. *Smith, A.*, 1974, S. 704.

110 Vgl. *Stiglitz, J. E./Schönfelder, B.*, 1989, S. 412; *Krawitz, N./Wagener, A.*, 1997, S. 155. Ein Beispiel für eine nicht dem Postulat der Wirtschaftlichkeit genügende Steuer ist die derzeit aufgrund eines Bundesverfassungsgerichtsurteils ausgesetze Vermögensteuer, deren Vollzugskosten sich bei Finanzverwaltung und Steuerpflichtigen auf 30 % des Aufkommens summierten, während beispielsweise die Umsatzsteuer mit 4 % auskommt. Vgl. dazu *Meyding, D.*, 1993, S. 553. In den USA werden solche Kosten als ‚compliance costs' bezeichnet. Vgl. *Klein, W. A./Bankman, J.*, 1994, S. 22; *Willis, E. u. a.*, 1999, S. 1-5; *Kaplow, L.*, 1996, S. 135 sowie die empirische Untersuchung von *Blumenthal, M./Slemrod, J.*, 1992, S. 185 ff. *Pratt, J. W./Burns, J. O./Kulsrud, W. N.*, 1992, S. 1-33 subsumieren die Wirtschaftlichkeit der Besteuerung unter die ‚administrative principles' und machen auf die häufigen Konflikte mit anderen Besteuerungsgrundsätzen aufmerksam. In der amerikanischen Literatur wird auch teilweise eine enge Verbindung zwischen dem Wirtschaftlichkeits- und dem Effizienzpostulat hergestellt, da mangelnde Wirtschaftlichkeit der Besteuerung die Fehlallokation von Ressourcen bewirke. Vgl. z. B. *Graetz, M. J./Schenk, D. H.*, 1999, S. 32; *McGee, R. W.*, 1993, S. 46.

111 So z. B. *Krawitz, N./Wagener, A.*, 1997, S. 155; *Stiglitz, J. E./Schönfelder, B.*, 1989, S. 412. Diese Einschätzung herrscht auch in der US-amerikanischen Literatur vor. Vgl. z. B. *Malman, L. L./Solomon, L. D./Hesch, J. M.*, 1994, S. 46; *Blumenthal, M./Slemrod, J.*, 1992, S. 185 ff.

stungen zur Folge.[112] Die Vereinfachung des Steuerrechts steht aus diesem Grund regelmäßig im Mittelpunkt politischer Absichtserklärungen zur Reform des Steuerrechts.[113]

In den USA steht die Einfachheit der Besteuerung (*tax simplification*) möglicherweise sogar noch stärker im Vordergrund politischer Forderungen und Absichtserklärungen als in Deutschland.[114] Die Komplexität des Steuerrechts wird dabei in drei Fälle unterschieden: Unter Normenkomplexität (*rule complexity*) werden die Schwierigkeiten der Auslegung und Interpretation steuerrechtlicher Normen verstanden. Verfahrenskomplexität (*compliance complexity*) bezeichnet die Problematik, den verfahrenstechnischen Vorgaben des Steuerrechts nachzukommen, und die dritte Gruppe bilden primär steuerlich motivierte Sachverhaltsgestaltungen als Resultat fehlender Steuerneutralität (*transactional complexity*).[115]

---

112 *Rose, G.*, 1995, S. 153 spricht hier von „Dummensteuern", worunter er „(Teile von) Steuerlasten, die nicht entstanden wären, wenn der Steuerpflichtige das gleiche wirtschaftliche Ziel unter klugem Einsatz der vorhandenen Gestaltungsmöglichkeiten anders erreicht hätte" versteht. *Tipke, K.*, 1994b, S. 168 hält Vollzugsdefizite aufgrund überkomplizierter Gesetze für unvermeidbar. Für die USA siehe *Malman, L. L./Solomon, L. D./Hesch, J. M.*, 1994, S. 46; *Belt, B. D./Hunt, A. T.*, 1996, S. 5 ff.

113 Vgl. für die Bundesrepublik ausführlich *Thiel, J.*, 1995, S. 315 ff. zum Jahressteuergesetz 1996. Das Steuerentlastungsgesetz 1999/2000/2002 zählt zu den jüngeren deutschen Steuerreformgesetzen, die unter anderem „dem Ziel ... einer Vereinfachung des deutschen Steuerrechts" verpflichtet sind, wie in BT-Drcks. 14/23 v. 09.11.1998, S. 1 ausdrücklich erklärt wird. Ob die Maßnahmen dieses Gesetzes jedoch tatsächlich vereinfachend wirken, wird sowohl von der Opposition als auch vom überwiegenden Teil der Wissenschaft bezweifelt. Vgl. BT-Drcks. 14/443 v. 03.03.1999, S. 15 f. sowie beispielsweise *Rose, G.*, 1999, S. I; *Kroschel, J./Löbl, J./Wellisch, D.*, 1998, S. 2387 ff.; *Stobbe, T./Loose, M.*, 1999, S. 405 ff.; *Kußmaul, H./Klein, N.*, 2001, S. 546 und *IDW*, 1999, S. 27 f. Auch das Steuersenkungsgesetz v. 23.10.2000, in: BGBl. I 2000, S. 1433 soll zu einem Steuerrecht führen, das „an allererster Stelle einfach und transparent" ist. Vgl. BT-Drcks. 14/2683 v. 15.02.2000, S. 93. In der Wissenschaft werden die Einzelregelungen auch dieses Steuerreformwerks jedoch eher als „Verwirrspiel" angesehen. Vgl. *Crezelius, G.*, 2000, S. 1632. Die lange Tradition der Vereinfachungszielsetzung verdeutlicht das Einkommensteuer-Änderungsgesetz 1953, welches ebenfalls schon dem „Streben nach Vereinfachung und Verbesserung der steuerlichen Veranlagungspraxis" gewidmet war. Vgl. dazu *Zeitler, F.-C.*, 1994, S. 705. Die stete Verkomplizierung des Steuerrechts bezeichnet *Kirchhof, P.*, 2000, S. 17 als „verfassungsrechtlich sehr bedenklich".

114 Generell wird die Steuervereinfachung in den USA als bedeutendes Ziel angesehen, ihre Realisierung gibt jedoch Anlaß zu teilweise heftiger Kritik. Vgl. z. B. *Graetz, M. J./Schenk, D. H.*, 1999, S. 34; *White, M. J.*, 1990, S. 342. *Steuerle, G.*, 1997a, S. 705 f. schließt sich dieser Kritik zwar an, ist aber optimistischer, was künftige Steuervereinfachungen betrifft. Die Bedeutung des Grundsatzes der Einfachheit der Besteuerung belegt auch die fundamentale Steuerreform von 1986, welche insbesondere im Zeichen der Steuervereinfachung stand, auch wenn die endgültig verabschiedete Version nicht mehr den bezeichnenden Titel der ursprünglichen Vorlage des Finanzministeriums ‚Tax Reform for Fairness, Simplicity, and Economic Growth' trug. Daß das Vereinfachungsziel auch tatsächlich erreicht wurde, wird von der Mehrheit der Literatur allerdings verneint. Vgl. z. B. *Blumenthal, M./Slemrod, J.*, 1992, S. 185; *Eustice, J. S. u. a.*, 1987, S. 1-5; *Bolling, R. A./Agrawal, S. P./Hodge, T. G.*, 1987, S. 238 ff.; *Hoerner, A. J.*, 1989, S. 1055 ff.; *Akre, S. H.*, 1986, S. 445. Am Beispiel des ebenfalls sehr umfangreichen Taxpayer Relief Act v. 08.08.1997, Pub. L. No. 105-34, in: 111 Stat. 788 wird abermals deutlich, daß die Vereinfachungszielsetzung im Verlauf eines Gesetzgebungsverfahrens regelmäßig gegenüber anderen Zielen zurücktreten muß. Vgl. dazu *Steuerle, G.*, 1997b, S. 279 ff.; *Jakob, D.*, 1998, S. 136 f. Das dennoch hohe Gewicht der Einfachheit der Besteuerung mag nicht zuletzt auch auf das in den USA praktizierte System der Selbstveranlagung zurückzuführen sein.

115 Diese Unterscheidung geht auf *Bradford, D. F.*, 1986, S. 266 f. zurück. Vgl. dazu *Belt, B. D./Hunt, A. T.*, 1996, S. 6. Inzwischen ist sie in der Literatur weit verbreitet. Vgl. statt vieler *Graetz, M. J./Schenk, D. H.*, 1999, S. 33 f. und *McDaniel, P. R. u. a.*, 1999, S. 47.

Einfachheit der Besteuerung muß nicht zwangsläufig ein Widerspruch zum Gleichmäßigkeitspostulat sein.[116] Dies ist nur der Fall, wenn Gerechtigkeit als umfassende Befriedigung von Individualinteressen verstanden wird. Löst man jedoch die Individualinteressen heraus und stellt das Allgemeininteresse in den Vordergrund, kann die Steuervereinfachung durchaus einen Beitrag zur Steuergerechtigkeit leisten.[117]

Dazu ist eine konsequente und entschlossene Bereinigung des Steuerrechts vonnöten. Insbesondere sind lediglich Partialinteressen dienende Ausnahmetatbestände abzuschaffen und die Flut der Steuernormen, allen voran der Lenkungsnormen, ist ebenso einzudämmen wie die Masse der aus ihnen resultierenden Rechtsprechung und Verwaltungsvorschriften.[118] Ein auf diese Weise maßvoll von Ballast befreites, auf das innere System zurückgeführtes Steuerrecht könnte in der Tat „Steuergerechtigkeit durch Steuervereinfachung“[119] schaffen.

2322. Gesetzmäßigkeit und Gesetzesbestimmtheit der Besteuerung

Der Grundsatz der Gesetzmäßigkeit der Besteuerung[120] hat nach deutschem Verständnis zwei wesentliche Inhalte: Zum einen gestattet er die Steuererhebung nur auf der Grundlage eines Gesetzes (Gesetzesvorbehalt). Ein gesetzlich definierter Tatbestand muß erfüllt sein, an den die Rechtsfolge der Besteuerung geknüpft ist, welche sich ebenfalls aus dem Gesetz ergeben

---

116 So aber *Tiemann, S.*, 1993, S. 438; ähnlich *Pohmer, D.*, 1993, S. 580. Siehe dazu auch *Lang, J.*, 1985, S. 23 f. Von US-amerikanischer Seite sieht wohl auch *Kaplow, L.*, 1996, S. 135 f. einen solchen Widerspruch, wenn er die Frage aufwirft, ob nicht in einem gewissen Umfang Abstriche bei den Postulaten der equity und efficiency zugunsten einer vereinfachten Besteuerung gemacht werden sollten. Vgl. auch *Cuccia, A. D./Carnes, G. A.*, 1992, S. 1817; *Miller, J. A.*, 1993, S. 6.

117 Vgl. *Lang, J.*, 1994a, S. 34 ff. Diese Ansicht teilt auch Kirchhof. Vgl. dazu *Seer, R.*, 1995, S. 187 f. In diesem Sinne auch *Gaddum, J. W.*, 1986, S. 211 ff., der hier eine völlige Übereinstimmung zwischen Deutschland und den USA sieht sowie *Weber-Grellet, H.*, 1996b, S. 1418 f., der für weitgehende Typisierungen plädiert: „Auf das Ganze betrachtet bewirkt eine Typisierung Steuergerechtigkeit durch Gleichbehandlung“. Gegen diese Ansicht wendet sich *Strahl, M.*, 1997, S. 341 ff., der bei weitgehender Typisierung die Aushebelung des materiellrechtlichen Leistungsfähigkeitsprinzips durch die formalrechtliche Einfachheit der Besteuerung befürchtet. Zur Typisierung als Mittel der Steuervereinfachung siehe auch *Seer, R.*, 1995, S. 191 f. *Vogel, K.*, 1977a, S. 107 warnt vor Gerechtigkeitsbeeinträchtigungen bei zu starker Vereinfachung. Aus US-amerikanischer Perspektive sehen *Graetz, M. J./Schenk, D. H.*, 1999, S. 32 in der Steuervereinfachung einen wesentlichen Beitrag zur Steuergerechtigkeit, ebenso *Miller, J. A.*, 1993, S. 7 ff. und *Tax Executives Institute*, 1997, S. 153 ff., dessen Steuerreformvorschläge durch Vereinfachungen zu mehr Steuergerechtigkeit führen sollen.

118 Vgl. *Lang, J.*, 1994a, S. 36 ff.; *Tipke, K.*, 1994b, S. 163; *Tiemann, S.*, 1993, S. 438; *Seer, R.*, 1995, S. 192 f. zur Vereinfachungswirkung des Abbaus von Lenkungsnormen; *Meyding, D.*, 1993, S. 550 ff., der eine wesentliche Ursache für die Regelungsflut in der „übergroßen Hochachtung vor dem Instrument der Regelung“ sieht. Auf die Problematik der politischen Umsetzung solcher Maßnahmen verweist *Thiel, J.*, 1995, S. 296 f. Zu einer umfassenden Bestandsaufnahme der Ursachen des „Steuerchaos“ siehe auch *Lang, J.*, 1994b, S. 12 ff. *Zeitler, F.-C.*, 1994, S. 705 hebt zu Recht hervor, daß die Steuervereinfachung nur als Daueraufgabe verstanden werden kann. Die Vorschläge der US-amerikanischen Steuerliteratur zur Vereinfachung des Steuerrechts decken sich systematisch weitgehend mit den deutschen. Vgl. z. B. *Cuccia, A. D./Carnes, G. A.*, 1992, S. 1817 ff.; *Tax Executives Institute*, 1997, S. 153 ff.

119 *Lang, J.*, 1994a, S. 33 ff.

120 Zur historischen Entwicklung des Gesetzmäßigkeitspostulats vgl. *Wacke, G.*, 1947, Sp. 23 ff.

muß (Tatbestandsmäßigkeit der Besteuerung). Zum zweiten beinhaltet er den Gesetzesvorrang, der das Verwaltungshandeln an die bestehenden Gesetze bindet, um willkürliche Steuerfestsetzungen zu verhindern.[121]

Der Gesetzesvorbehalt wird im deutschen Steuerrecht mangels ausdrücklicher Kodifizierung im Grundgesetz aus verschiedenen Rechtsquellen abgeleitet:[122]

(a) Art. 2 Abs. 1 GG: Zur freien Entfaltung der Persönlichkeit zählt auch die wirtschaftliche Handlungsfreiheit,[123] die nur aufgrund von verfassungskonformen Gesetzen[124] eingeschränkt werden darf. Da die Besteuerung unzweifelhaft die ökonomische Handlungsfreiheit beeinträchtigt, bedarf sie der gesetzlichen Legitimation.[125]

(b) Art. 20 Abs. 3 GG bindet die vollziehende Gewalt und die Rechtsprechung an Gesetz und Recht.

(c) Art. 14 GG: Nach Abs. 1 Satz 2 werden Inhalt und Schranken von Eigentum und Erbrecht durch Gesetze bestimmt. Abs. 3 Satz 2 gestattet Enteignungen nur durch Gesetz oder aufgrund eines Gesetzes, welches Art und Ausmaß der Entschädigung regelt. Wegen der vergleichsweise stärkeren Wirkung der Besteuerung kann der Gesetzesvorbehalt auch aus dieser Vorschrift abgeleitet werden.

(d) §§ 3 Abs. 1 und 38 AO bringen beide für das Rechtsgebiet der Besteuerung die Bindung der Leistungspflicht des Steuerpflichtigen an das Gesetz zum Ausdruck.

In der Ausprägung des Gesetzesvorrangs verhindert der Grundsatz der Gesetzmäßigkeit einerseits, daß Rechtsverordnungen oder Verwaltungsakte von bestehenden Gesetzen abweichen, verpflichtet aber gleichzeitig die Verwaltung, geltende Gesetze auch tatsächlich anzuwenden.[126]

In den Vereinigten Staaten ergibt sich das Gesetzmäßigkeitspostulat aus den *Amendments V* und *XIV* der *US Constitution*, die Beeinträchtigungen der Persönlichkeits-, Freiheits- und Eigentumsrechte, sei es durch Bundes- oder Staatsgewalt, nur auf der Basis eines *due process*

121 Vgl. *Tipke, K./Lang, J.*, 1998, S. 105; *Kirchhof, P.*, 1975, S. 357; *Kruse, H. W.*, 1991, S. 54 ff., der die aus dem Gesetzmäßigkeitspostulat resultierende Nichtigkeit von Steuervereinbarungen und belastenden Rechtsfortbildungen hervorhebt. *Birk, D.*, 1989, S. 213 sieht die Wurzeln des Grundsatzes ‚Keine Steuer ohne Gesetz' im ständischen Steuerbewilligungsrecht. Siehe auch *Tipke, K.*, 1993, S. 151 f. *Neumark, F.*, 1970 hält die Gesetzmäßigkeit als Postulat für entbehrlich, da ihre formale Einhaltung inzwischen selbstverständlich sei.

122 Siehe dazu *Tipke, K./Lang, J.*, 1998, S. 106; *Birk, D.*, 1989, S. 213; *Tipke, K.*, 1993, S. 158 ff., der die Ableitung des Grundsatzes aus dem Rechtsstaatsprinzip durch das Bundesverfassungsgericht daher für „mindestens überflüssig" hält.

123 Vgl. BVerfG v. 16.01.1957, in: BVerfGE 6, S. 36.

124 Gemäß Art. 20 Abs. 3 GG ist die Gesetzgebung an die verfassungsmäßige Ordnung gebunden.

125 Siehe auch BVerfG v. 03.12.1958, in: BVerfGE 9, S. 11.

126 Vgl. *Tipke, K./Lang, J.*, 1998, S. 108; *Birk, D.*, 1989, S. 213, der hierin einen wesentlichen Beitrag zur Steuergerechtigkeit sieht.

of law erlauben.[127] Inhaltlich stimmt der so abgeleitete Grundsatz der Gesetzmäßigkeit der Besteuerung mit dem Verständnis des Postulats in Deutschland überein.[128]

Das Gesetzmäßigkeitspostulat steht in enger Beziehung zum Grundsatz der Gleichmäßigkeit der Besteuerung.[129] Über ihre demokratisch gewählten Vertreter entscheiden die Bürger in repräsentativen Demokratien mittelbar selbst über Art und Höhe ihrer Besteuerung und tragen auf diese Weise zur Gleichmäßigkeit der Steuerrechtssetzung bei. Darüber hinaus wird durch den Gesetzesvorrang auch die Gleichmäßigkeit der Steuerrechtsanwendung gewährleistet.[130]

Die Gesetzmäßigkeit wird ergänzt durch den Grundsatz der Gesetzesbestimmtheit der Besteuerung (*determinacy of law*). Dieser fordert als Grundlage staatlicher Eingriffe die klare und eindeutige Definition von Tatbestand und Rechtsfolge eines Gesetzes.[131] Für die deutsche Steuergesetzgebung verlangt das Bundesverfassungsgericht die Bestimmtheit von steuerbegründenden Tatbeständen sogar in dem Maße, daß ein Steuerpflichtiger seine Steuerlast vorausberechnen kann,[132] legt diese hohen Anforderungen in seiner Rechtsprechung aber sehr großzügig aus.[133] Aufgrund des unvermeidbaren Abstraktionsgrades von steuerlichen Normen ist daher die Grenze zur Unbestimmtheit mit *Tipke/Lang* wohl eher bei solchen Vorschriften als überschritten anzusehen, die „schlechterdings nicht anwendbar, nicht befolgbar, nicht justitiabel sind“[134].

---

127 Vgl. US Constitution, Amendment V für die Bundesebene und diesbezüglich wortgleich Amendment XIV, Sec. 1 für die Bundesstaatsebene. Die due process-Klausel wird in prozeduraler wie substantieller Weise interpretiert, wobei in diesem Kontext die prozedurale Auslegung, die ein ordnungsmäßiges rechtsstaatliches Gesetzgebungsverfahren verlangt, besonderes Gewicht hat. Vgl. dazu *Brugger, W.*, 1987, S. 43 f.; *Rotunda, R. D./Nowak, J. E.*, 1999, § 14.6, S. 530 ff.

128 Vgl. *Kraft, C.*, 1991, S. 27; *Brugger, W.*, 1987, S. 43 f.; *Rotunda, R. D./Nowak, J. E.*, 1999, § 5.5, S. 521 f.

129 Vgl. bereits *Wacke, G.*, 1947, Sp. 21 ff.

130 Vgl. *Birk, D.*, 1989, S. 213, der daher von einem „rechtsstaatliche[n] und freiheitssichernde[n] Prinzip“ (Klammerzusätze durch den Verfasser) spricht. Einschränkend auch *Tipke, K.*, 1993, S. 152 ff.; etwas skeptischer *Kirchhof, P.*, 1975, S. 1 ff.

131 Vgl. ausführlich *Papier, H.-J.*, 1989, S. 63 ff. sowie *Tipke, K./Lang, J.*, 1998, S. 110 und *Gassner, U. M.*, 1996, S. 38 ff. Dieses Verständnis des Grundsatzes gilt sowohl für den deutschen als auch für den amerikanischen Rechtskreis. Vgl. *Kraft, C.*, 1991, S. 28 f. Siehe auch *Brugger, W.*, 1987, S. 54 ff.; *Rotunda, R. D./Nowak, J. E.*, 1999, § 14.6, S. 529 ff. *Miller, J. A.*, 1993, S. 9 sieht eine direkte Verbindung zum Gleichmäßigkeitspostulat, da im Fall der Unbestimmtheit einer Rechtsnorm die Steuerlast nicht ausschließlich durch das Gesetz determiniert sei, was gegen die Gleichmäßigkeit der Besteuerung verstoße.

132 Vgl. BVerfG v. 14.12.1965, in: BVerfGE 19, S. 267; BVerfG v. 28.02.1973, in: BVerfGE 34, S. 365; BVerfG v. 12.10.1978, in: BVerfGE 49, S. 362. Siehe auch *Offerhaus, K.*, 2000, S. 12; *Papier, H.-J.*, 1989, S. 61.

133 So *Tipke, K.*, 1993, S. 171 ff. und *Offerhaus, K.*, 2000, S. 12, die hervorheben, daß das Bundesverfassungsgericht bisher noch keine Steuerrechtsnorm wegen Verstoßes gegen den Bestimmtheitsgrundsatz für verfassungswidrig erklärt hat. Vgl. auch *Kruse, H. W.*, 1991, S. 55 f. sowie *Papier, H.-J.*, 1989, S. 61 f., der von einem „auffälligen Mißverhältnis“ zwischen theoretischer Bedeutung und praktischer Beachtung des Bestimmtheitspostulats spricht. Eine solche Diskrepanz wird auch in den USA beklagt. Vgl. dazu *Rotunda, R. D./Nowak, J. E.*, 1999, § 5.5, S. 521 f.

134 *Tipke, K./Lang, J.*, 1998, S. 111.

2323. Planbarkeit der Besteuerung

Jede vorausschauende Planung bezieht Erwartungen über künftige Zustände entscheidungsrelevanter Umweltfaktoren ein. Die Unsicherheit dieser Erwartungen determiniert den Grad der Ungewißheit der betreffenden Planung. Im Bereich der Besteuerung wird die allgemeine Planungsunsicherheit durch die spezielle Ungewißheit über die steuerlichen Konsequenzen gegebener Handlungsalternativen verstärkt.[135]

Diese spezifisch steuerliche Ungewißheit läßt sich auf mehrere Faktoren zurückführen: Sowohl die zu besteuernden wirtschaftlichen Sachverhalte als auch das Steuersystem selbst weisen einen hohen Komplexitätsgrad auf. Daneben tritt die Unbestimmtheit zahlreicher Steuerrechtsnormen sowie als schwerwiegendste Ursache die Ungewißheit über künftige Steuerrechtsentwicklungen. Letztere können sowohl als plötzliche Gesetzesänderungen als auch in Form unvorhersehbarer Änderungen von Verwaltungsanweisungen oder bisheriger Rechtsprechung auftreten.[136]

Dem Grundsatz der Planbarkeit der Besteuerung (*certainty* oder auch *predictability of taxation*) ist daher Genüge getan, wenn der Steuerpflichtige unter Ausnutzung aller vorhandenen Informationsquellen in der Lage ist, sämtliche Steuern, die mit einer bestimmten Handlungsalternative verbunden sind, der Zeit und der Höhe nach vorauszuberechnen.[137] Insofern weist das Postulat sehr enge Verbindungen zum Grundsatz der Gesetzesbestimmtheit auf.

---

135 Vgl. *Rose, G.*, 1989, S. 291; *Rose, G.*, 1976, S. 45; *Krawitz, N./Wagener, A.*, 1997, S. 156 f.; *Voß, J.*, 1992, S. 1.

136 *Rose, G.*, 1989, S. 292 ff. spricht hier von „Steuerrechtssprüngen“, wobei er die Änderung bisheriger Rechtsprechung als besonders schwerwiegend einstuft, da diese, im Gegensatz zum mehrstufigen Gesetzgebungsverfahren und den gerichtlich überprüfbaren Verwaltungsanweisungen, den Steuerpflichtigen völlig überraschend trifft. Zur Abmilderung der Folgen von Steuerrechtssprüngen schlägt er den Erlaß von Übergangsvorschriften, die generelle Einstufung belastender Steuerrechtssprünge als Unbilligkeiten in Form einer Ergänzung von § 163 AO oder die Einführung eines verbindlichen Vertrauensschutzbescheides vor. Siehe auch *Rose, G.*, 1985a, S. 337 f.; *Rose, G.*, 1985b, S. 275 ff.; *Rose, G.*, 1982, S. 232 f.; *Rose, G.*, 1976, S. 54 ff.; *Voß, J.*, 1992, S. 27; *Tipke, K.*, 1991, S. 96 ff. sowie zum Verhältnis von Planungssicherheit und Rückwirkung im Steuerrecht *Schaumburg, H.*, 2000, S. 1884 ff. Ähnliche Gründe für die Ungewißheit der Besteuerung werden auch in der US-amerikanischen Literatur angeführt. Vgl. *Burke, F. M.*, 1993, S. 1629; *Miller, J. A.*, 1993, S. 6 ff., der zusätzlich die generelle Unbestimmtheit der Sprache hervorhebt, welche die Gesetzesauslegung erschwere. Die Ungewißheit aufgrund häufiger Gesetzesänderungen wird von *Willis, E. u. a.*, 1999, S. 1-5 besonders herausgestellt. Vgl. speziell zur Prognose des Ausgangs von Gerichtsurteilen *Singer, J. W.*, 1984, S. 19 ff. Insgesamt wird in der US-amerikanischen Literatur jedoch die Hauptursache für die Ungewißheit in der Komplexität des Steuerrechts gesehen.

137 So die Definition von *Rose, G.*, 1985a, S. 337. Vgl. auch *Voß, J.*, 1992, S. 28. Sehr ähnlich auch die Definition von *Willis, E. u. a.*, 1999, S. 1-5, die das Postulat der certainty als erfüllt ansehen, wenn „the taxpayer can readily predict when, where, and how a tax will be levied“. *Burke, F. M.*, 1993, S. 1629 weitet die predictability für die USA zusätzlich auf den Staat aus, für den die Sicherheit über künftige Steuereinnahmen ebenfalls von elementarer Bedeutung sei. *Pratt, J. W./Burns, J. O./Kulsrud, W. N.*, 1992, S. 1-33 nennen als Beispiel für Planungssicherheit die Tatsache, daß in den USA die Einkommensteuererklärungen einschließlich dem geschuldeten Steuerbetrag generell am 15. April bei der Finanzverwaltung einzureichen sind, was die Forderung nach Gewißheit zumindest in zeitlicher Hinsicht erfülle.

Zwar wird eine derart restriktiv verstandene Planungssicherheit niemals gänzlich erreichbar sein. Die Reduzierung der genannten Unsicherheiten als Beitrag zur Planbarkeit der Besteuerung bildet jedoch eine wichtige ergänzende Forderung, über die bei der Analyse des geltenden und künftigen Steuerrechts nicht hinweggegangen werden darf.[138]

[138] In Deutschland wird diese Forderung insbesondere von der Betriebswirtschaftlichen Steuerlehre aufgestellt. Vgl. *Krawitz, N./Wagener, A.*, 1997, S. 157. Der Vorschlag von *Rose, G.*, 1985a, S. 340, die Planbarkeit der Besteuerung unter Verzicht auf Entscheidungsneutralität zum tragenden Prinzip der Besteuerung zu erheben, kann in dieser Schärfe jedoch nicht geteilt werden, da dies einem Verzicht auf die materielle Auseinandersetzung mit dem Steuerrecht gleichkäme. Vgl. auch Fn. 92. Ähnlich wohl auch *Tipke, K.*, 1991, S. 94 f., wenn er die Notwendigkeit von Planungssicherheit zwar anerkennt, ein neutrales Steuerrecht, welches diese Planung nicht erfordert, jedoch als höherwertig ansieht. In den USA wird die Forderung nach Planbarkeit der Besteuerung noch deutlich seltener artikuliert, findet jedoch zunehmend Unterstützung. Vgl. z. B. *Harmelink, P. J./Copeland, P. V./Speyrer, J. F.*, 1996, S. 723, die die Planbarkeit sogar an die erste Stelle der ihrer Analyse zugrundeliegenden Prinzipien setzen. *Miller, J. A.*, 1993, S. 15 argumentiert, daß der Bürger in einem Rechtsstaat erwarten kann, über die Folgen der Gesetze „vorgewarnt" zu werden. Auch schon Adam Smith forderte im Rahmen seiner allgemeinen Besteuerungsgrundsätze die Gewißheit im Sinne von Planbarkeit der Besteuerung. Vgl. *Smith, A.*, 1974, S. 704.

3. Kapitel:

Das US-amerikanische Bilanzsteuerrecht vor dem Hintergrund der korrespondierenden deutschen Vorschriften

31. Rahmen der steuerlichen Gewinnermittlung

311. Konzeptionelle Grundlagen

3111. Der steuerliche Einkommensbegriff

Im Gegensatz zum *financial accounting* ist die steuerliche Gewinnermittlung in den Vereinigten Staaten gesetzlich kodifiziert. Das US-amerikanische Steuergesetz, der *Internal Revenue Code* (IRC), enthält die auf Bundesebene einschlägigen Vorschriften,[139] wovon die einzelstaatlichen Gewinnermittlungsvorschriften teilweise abweichen können.[140] Dies ist auf das föderal strukturierte Besteuerungssystem der USA zurückzuführen, die eine Steuererhebung auf Bundes-, Bundesstaats- und kommunaler Ebene kennen.[141] Für die Zwecke der vor-

---

139 Vgl. insbesondere Sec. 441 ff. IRC. Der Internal Revenue Code ist seit 1939 ein einheitliches Steuergesetz für alle auf Bundesebene erhobenen Steuerarten einschließlich der prozeduralen und administrativen Bestimmungen. Aufgrund der massiven Änderungen durch den Tax Reform Act v. 22.10.1986, Pub. L. No. 99-514, in: 100 Stat. 2085 wird die geltende Fassung des IRC als Internal Revenue Code 1986 bezeichnet. Vgl. auch *Bittker, B. I./Lokken, L.*, 1999a, S. 1-2 ff.; *Zschiegner, H.*, 1990, S. 63; *Zschiegner, H.*, 1998a, S. 920; *Vacovec, K. J.*, 1997, S. 332; *Klein, M.*, 1996, S. 518. Zum steuerlichen Gesetzgebungsverfahren in den USA vgl. Abb. 15 im Anhang. Aufgrund der im US-amerikanischen Rechtswesen sehr hohen Bedeutung des case law kommt dem im IRC kodifizierten statute law theoretisch eine abgeschwächte Bedeutung zu. Vgl. auch Fn. 40. Infolge der vor allem im Bereich des Steuerrechts ausgeprägten legislativen Tätigkeit des Bundes, aber auch der Einzelstaaten, genießen die für die Gerichte verbindlichen IRC-Vorschriften jedoch einen wenigstens ebenbürtigen Stellenwert, da sie weit über bloße Ergänzungen und Korrekturen des case law hinausgehen. Die vom Gesetzgeber angestrebte Eindämmung der Dominanz des case law hat jedoch eine extreme Kasuistik und Detailtiefe der steuerlichen Vorschriften zur Folge. Vgl. auch *Kroschel, J.*, 2000a, S. 2; *Elsing, S. H.*, 1990, S. 6; *Herzog, P.*, 1989, S. 197 f.

140 Siehe *Thiele, C.*, 1998, S. 61; *Haueisen, B.*, 1990, S. 177. In der Regel knüpfen die Einkommensteuern der Bundesstaaten und Kommunen jedoch an die Bemessungsgrundlage der Bundeseinkommensteuer an und modifizieren diese durch Hinzurechnungen und Kürzungen. Vgl. *Kroschel, J.*, 2000a, S. 47 f.

141 Die USA verfügen nicht über eine einheitliche Finanzverfassung im Sinne der deutschen Art. 104a ff. GG. Dem Bund wird durch die Verfassung ausdrücklich die Gesetzgebungskompetenz für die Besteuerung auf Bundesebene zugewiesen. Vgl. US Constitution, Art. I, Sec. 8, Cl. 1. Die Zuständigkeit des Bundes ist jedoch auf jene Bereiche beschränkt, die ihm von der Verfassung explizit zugewiesen werden. Alle übrigen Bereiche fallen im Sinne einer residualen Kompetenz in den Einflußbereich der Einzelstaaten, so auch die Besteuerung außerhalb der Bundesebene. Zudem gewähren die Einzelstaaten den Gemeinden und Gemeindeverbänden eine steuerliche Gesetzgebungskompetenz auf kommunaler Ebene. Die wichtigsten Steuerarten, insbesondere die Einkommensteuer (income tax) werden daher mehrfach, teilweise auf allen drei Ebenen erhoben. Vgl. z. B. *McNulty, J. K.*, 1989, S. 120 f.; *Häde, U.*, 1994, S. 231; *Kramer, J.-D.*, 1990, S 37 ff.; *Herzog, P.*, 1989, S. 187 ff.; *Amico, J. C.*, 1993, S. 1; *Thiele, C.*, 1998, S. 22 ff.; *Ault, H. J.*, 1997, S. 135; *Müssener, I.*, 1997, Rn. 1 ff.; *Zschiegner, H.*, 1990, S. 59 f.; *Kroschel, J.*, 2000a, S. 2 ff.; *Elsing, S. H.*, 1990, S. 6; *Odenbach, M./Strunk, G.*, 1994, S. 49 ff. und *Wermuth, H.-G.*, 1977, S. 139 ff. mit einer Darstellung der Besteuerung auf einzelstaatlicher und kommunaler Ebene.

liegenden Untersuchung, die sich ausschließlich auf die Bundeseinkommensteuer (*federal income tax*) konzentriert,[142] sollen diese Abweichungen allerdings unberücksichtigt bleiben.

Der Begriff *income* ist weder im IRC noch in den dazu erlassenen *Regulations*[143] definiert. Auch nach zahlreichen Versuchen der Judikative und der Wissenschaft, den Begriff abschlie-

---

142 Das US-amerikanische Steuerrecht unterscheidet begrifflich nicht zwischen Einkommen- und Körperschaftsteuern. Sowohl natürliche als auch juristische Personen sind Steuersubjekte der federal income tax. Vgl. auch *Kroschel, J.*, 2000a, S. 48, der aufgrund der zahlreichen rechtsformspezifischen Vorschriften des IRC zutreffend von einer faktischen Trennung in „income tax on individuals" und „corporate income tax" spricht.

143 Gemäß Sec. 7805(a) IRC ist das Finanzministerium befugt, Regulations zu erlassen. Diese zwischen Rechtsverordnungen und Verwaltungsrichtlinien angesiedelten Verlautbarungen dienen der Erläuterung und Interpretation des IRC. Neue Regulations oder Änderungen bereits bestehender Regulations werden zunächst als Proposed Regulations veröffentlicht, zu denen sich interessierte Kreise innerhalb einer vorgegebenen Frist äußern können. In dringenden Fällen kann das Ministerium auch vorläufige Temporary Regulations erlassen, die den betreffenden Sachverhalt bis zum Erlaß endgültiger Final Regulations regeln. Die Regulations stellen nach dem IRC die bedeutendsten offiziellen Verlautbarungen zum Steuerrecht dar, wobei verschiedene Untergruppen mit unterschiedlicher Bindungskraft existieren. Legislative Regulations entstehen aufgrund einer ausdrücklichen Ermächtigung des Kongresses – über jene aus Sec. 7805(a) IRC hinaus – an den Finanzminister und haben damit Rechtsnormenqualität, die auch die Gerichte bindet. Interpretive Regulations, die auf der Grundlage von Sec. 7805(a) IRC erlassen werden, erläutern die gesetzlichen Vorschriften, sind aber für die Gerichte nicht grundsätzlich bindend. Procedural Regulations mit verfahrenstechnisch-interpretierendem Inhalt besitzen ebenfalls keine Rechtsnormenqualität und sind nur für die US-amerikanische Bundesfinanzverwaltung bindend. Letztere geben dennoch wertvolle Auslegungshinweise, da die Gerichte sämtlichen Regulations große Bedeutung beimessen. Vgl. z. B. *Aprill, E. P.*, 1996, S. 51 ff. Weitere wichtige Hinweise für die Steuerrechtsanwendung lassen sich aus Revenue Rulings und Revenue Procedures gewinnen. Erstere stellen offizielle Interpretationen der Bundesfinanzverwaltung zu eng abgegrenzten materiellen Aspekten des Steuerrechts dar, die zwar eine geringere Autorität besitzen als die Regulations und für die Gerichte auch nicht bindend sind, aber dennoch als Präzedenzen für gleichgelagerte Fälle herangezogen werden können. Revenue Procedures beziehen sich mit gleicher Autorität auf verfahrenstechnische Aspekte des Steuerrechts. In der praktischen Rechtsanwendung finden darüber hinaus Treasury Decisions als amtliche Stellungnahmen des Bundesfinanzministeriums Beachtung, die Aufschlüsse über dessen Rechtsauffassung geben, aber keinen allgemeinen Verbindlichkeitscharakter haben. Weiterhin kommt den Letter Rulings als verbindlichen Einzelfallauskünften der Finanzverwaltung, die aber nur im Hinblick auf den anfragenden Steuerpflichtigen binden, und den Technical Advice Memoranda als verwaltungsinternen verbindlichen Einzelfallauskünften, die sich ausschließlich an Mitarbeiter der Verwaltung richten, einige Bedeutung in der praktischen Steuerrechtsanwendung zu. Abschließend sollen noch die Notices genannt werden, die dem IRS als Medium für Verlautbarungen unterschiedlicher Natur dienen und denen somit ein variierender Bindungsgrad zukommt. Vgl. zu diesem Themenkomplex *Walz, W. R.*, 1982b, S. 381 ff., der auch auf das Verhältnis der Verlautbarungen zur Rechtsprechung eingeht; *Pratt, J. W./Burns, J. O./Kulsrud, W. N.*, 1992, S. 2-7 ff. und *Willis, E. u. a.*, 1999, S. 28-7 ff., die auch die standardisierte Zitierweise der amtlichen Verlautbarungen erläutern; *Zschiegner, H.*, 1990, S. 63 ff.; *Kraft, C.*, 1991, S. 164; *Thiele, C.*, 1998, S. 28 f., 138 ff.; *Zschiegner, H.*, 1998a, S. 920 f. sowie *Shannon, H. A.*, 1986, S. 981 ff. mit ausführlichen Erläuterungen zur Erlangung und Wirkung von Rulings und *Ginsburg, M. D.*, 1997, S. 366 ff. mit kritischen Anmerkungen hierzu. *Asimow, M.*, 1990, S. 451 setzt sich kritisch mit dem Instrument der Temporary Regulation auseinander. Zu einem Überblick über die wichtigsten amtlichen Verlautbarungen zum US-amerikanischen Steuerrecht siehe Abb. 16 im Anhang.

ßend zu klären, existiert bis heute keine allgemeingültige Definition.[144] Der *Internal Revenue Code* definiert in Sec. 61(a) IRC das Bruttoeinkommen (*gross income*) als alle Vermögensmehrungen, die nicht explizit steuerfrei gestellt sind:

> „Except as otherwise provided in this subtitle, gross income means all income from whatever source derived, including (but not limited to) the following items"[145],

worauf eine nicht abschließende und rein deklaratorische Aufzählung von Einkunftsarten folgt.[146] Die h. M. geht davon aus, daß mit der Definition der Sec. 61(a) IRC die volle Bandbreite der von *Amendment XVI* der *US Constitution* eingeräumten Besteuerungsgewalt ausgeschöpft werden soll,[147] welche besagt, daß

> „Congress shall have power to lay and collect taxes on incomes, from whatever source derived, without apportionment among the several States, and without regard to any census or enumeration"[148].

Das Bruttoeinkommen umfaßt mithin alle Einkünfte mit Ausnahme jener, die Sec. 101 bis 138 IRC explizit vom *gross income* ausschließen. Das in Sec. 61(a)(3) IRC ausdrücklich dem *gross income* zugerechnete Bruttoeinkommen aus unternehmerischer Tätigkeit (*gross income derived from business*) wird dabei als „total sales, less the cost of goods sold"[149] definiert.

---

[144] Die größte Anerkennung fand von wissenschaftlicher Seite die sog. Haig-Simons Definition, manchmal auch als Schanz-Haig-Simons Definition bezeichnet, wonach *Simons, H. C.*, 1938, S. 50 das Einkommen wie folgt abgrenzt: „Personal income may be defined as the algebraic sum of (1) the market value of rights exercised in consumption and (2) the change in the value of the store of property rights between the beginning and end of the period in question." Vgl. dazu ausführlich *Warren, A. C.*, 1980, S. 1083 f.; *Shoup, C. S.*, 1984, S. 433 ff.; *Thuronyi, V.*, 1990, S. 46 ff. Die bekannteste Definition des Supreme Court stammt aus dem Urteil Eisner v. Macomber, 252 U. S. 207 (1920) und lautet: „Income may be defined as the gain derived from capital, from labor, or from both combined, provided it be understood to include profit gained through a sale or conversion of capital assets". Doch schon bald wurde diese Abgrenzung als zu eng betrachtet und vom Supreme Court in Commissioner v. Glenshaw Glass Co., 348 U. S. 426 (1955) deutlich ausgeweitet, indem auch „instances of undeniable accessions to wealth, clearly realized, and over which the taxpayers have complete dominion" dem Einkommen zugerechnet wurden. Vgl. auch *Graetz, M. J./Schenk, D. H.*, 1999, S. 106 f.; *Bittker, B. I./Lokken, L.*, 1999a, S. 5-2 ff. Siehe auch *Willis, E. u. a.*, 1999, S. 3-3 f.; *McDaniel, P. R. u. a.*, 1999, S. 63.

[145] Sec. 61(a) IRC.

[146] Vgl. Sec. 61(a)(1) bis (15) IRC. Siehe zur allgemeinen Definition des Bruttoeinkommens auch Reg. § 1.61-1(a), die den Wortlaut von Sec. 61(a) IRC jedoch nur sinngemäß wiedergibt, ohne zu seiner Konkretisierung beizutragen. Eine dem deutschen Steuerrecht entsprechende Unterscheidung von Gewinn- und Überschußeinkunftsarten erfolgt in den USA nicht, so daß auch im Bereich der gewerblichen Einkünfte generell der Begriff ‚income' verwendet wird.

[147] Vgl. *Willis, E. u. a.*, 1999, S. 3-3; *Bittker, B. I./Lokken, L.*, 1999a, S. 5-2 ff. Diese Ansicht wird auch vom Supreme Court vertreten. Vgl. z. B. Commissioner v. Glenshaw Glass Co., 348 U. S. 429 (1955); James v. United States, 366 U. S. 218 (1961). In Commissioner v. Kowalski, 434 U. S. 82 (1977) m. w. N. wird sogar vom „cardinal principle that Congress in creating the income tax intended ‚to use the full measure of its taxing power'" gesprochen. Zur Entstehungsgeschichte des Amendments XVI vgl. *Bittker, B. I./Lokken, L.*, 1999a, S. 1-6 ff.

[148] US Constitution, Amendment XVI. Dieses Amendment ist eine Reaktion auf das Supreme Court-Urteil Pollock v. Farmers' Loan & Trust Co., 158 U. S. 601 (1895), welches die Besteuerungsgewalt des Kongresses deutlich einschränkte. Vgl. dazu die Ausführungen des Supreme Court in Eisner v. Macomber, 252 U. S. 205 (1920).

[149] Reg. § 1.61-3(a).

Natürliche Personen ermitteln im Anschluß an das *gross income* das sogenannte *adjusted gross income* gemäß Sec. 62(a) IRC, welches für Kapitalgesellschaften entfällt. Das letztlich der Bundeseinkommensteuer unterworfene zu versteuernde Einkommen (*taxable income*) definiert Sec. 63(a) IRC als „gross income minus the deductions allowed by this chapter"[150], wobei als abzugsfähige Aufwendungen (*deductions*) gemäß Sec. 161 IRC nur solche in Frage kommen, die ausdrücklich im IRC kodifiziert sind.[151] Weder Sec. 63(a) IRC noch Sec. 61(a) IRC unterscheiden zwischen natürlichen und juristischen Personen, so daß für unternehmerische und private Einkünfte – mit Ausnahme des Zwischenschritts des *adjusted gross income* – grundsätzlich gleiche Ermittlungsschemata heranzuziehen sind.[152] Die folgende Abbildung veranschaulicht die Ermittlung des zu versteuernden Einkommens in den USA:

Abb. 1: Ermittlung des zu versteuernden Einkommens in den USA

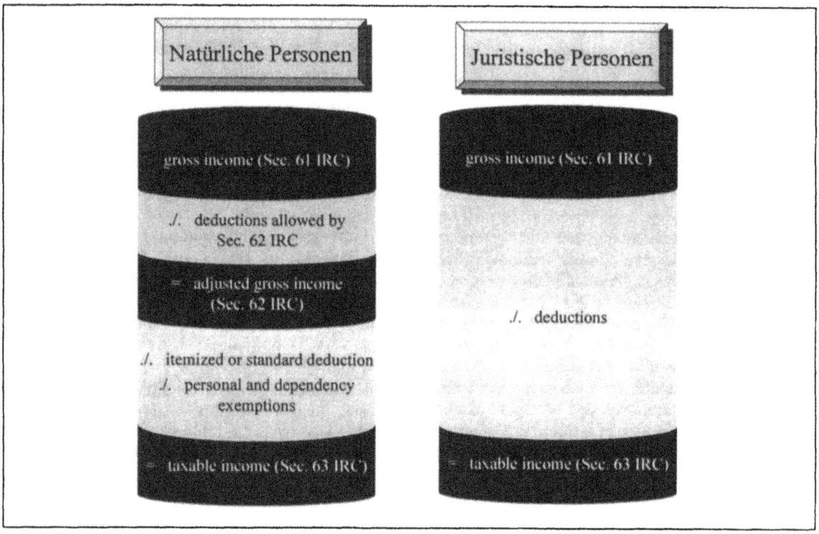

Aufgrund der eher dynamischen Einkommenskonzeption der USA steht im Rahmen der steuerrechtlichen Rechnungslegung die Aufwands- und Ertragsverrechnung (*income statement*) nach Art einer Gewinn- und Verlustrechnung (GuV) im Vordergrund. Der IRC stellt primär auf die für die GuV relevanten Aufwands- und Ertragsverrechnungsvorschriften ab, so daß

150 Sec. 63(a) IRC.

151 Vgl. *Bittker, B. I./Lokken, L.*, 1999a, S. 2-2 ff.; *CCH*, 1998a, S. 71 ff.; *Kraft, C.*, 1991, S. 161; *Thiele, C.*, 1997, S. 587 f.; *Kahle, H.*, 1996, S. 69 ff.; *Schreiber, U.*, 2000, S. 62.

152 Natürlich gibt es noch Unterschiede im Detail, wie z. B. die special deductions for corporations in Sec. 241 ff. IRC; die erwähnte Übereinstimmung bezieht sich auf die grundsätzliche Vorgehensweise. Vgl. auch *Bittker, B. I./Eustice, J. S.*, 1999, S. 5-8 f.; *Thiele, C.*, 1998, S. 35.

die implizit in den Erfolgsermittlungsnormen enthaltenen bilanziellen Ansatz- und Bewertungsvorschriften hieraus abgeleitet werden müssen. Aus diesem Grund ist der Begriff der Steuerbilanz in den USA auch unüblich.[153]

3112. Vergleich mit dem Einkommensbegriff des deutschen Steuerrechts

Das theoretische Fundament des US-amerikanischen Verständnisses von *income*[154] ähnelt stark demjenigen des deutschen Einkommensbegriffs. Mit der *Haig-Simons* Definition verfügen die USA über ein exaktes Äquivalent der in Deutschland auf *v. Schanz* zurückgehenden Reinvermögenszugangstheorie, die einen umfassenden, auch Nutzungswerte (*imputed income*) und zufällige Zuflüsse (*windfall profits*) einschließenden Einkommensbegriff beschreibt.[155] Die Definition von *income* als „gain derived from capital, from labor, or from both combined"[156] durch den *US Supreme Court* weist daneben große Ähnlichkeit zu der in Deutschland insbesondere von *Fuisting* vertretenen Quellentheorie auf, wonach nur Erträge aus ständig fließenden Quellen zum Einkommen zählen.[157] Erst die Erweiterung der *Supreme Court*-Definition in einer Weise, die auch *windfall profits* dem Einkommen zurechnet,[158] läßt diese die Grenzen der Quellentheorie deutlich überschreiten.

Vor dem Hintergrund der starken Übereinstimmungen in der theoretischen Fundierung des Einkommensbegriffs sind die materiellen und systematischen Unterschiede in den steuerrechtlichen Legaldefinitionen[159] beider Länder umso bemerkenswerter. Denn die US-amerikanische Definition des *gross income* in Sec. 61(a) IRC, die alle Einkünfte erfaßt, sofern sie

---

153 Vgl. *Haller, A.*, 1994, S. 249 f.; *Kraft, C.*, 1991, S. 163; *Kahle, H.*, 1996, S. 71; *Dreissig, H.*, 1984, S. 192. Siehe auch *Haueisen, B.*, 1990, S. 177; *Schreiber, U.*, 2000, S. 64; *Smith, J. K./Immel, C.*, 1988, S. 367.

154 Beim Vergleich des US-amerikanischen mit dem deutschen Bilanzsteuerrecht wird auf eine Wiederholung der Quellenangaben zum Bilanzsteuerrecht der USA verzichtet und insoweit auf die jeweils vorangehenden GP verwiesen.

155 Nach *v. Schanz, G.*, 1896, S. 7 ist Einkommen der „Reinvermögenszugang eines bestimmten Zeitabschnitts inkl. der Nutzungen und geldwerten Leistungen Dritter". Siehe dazu auch *Ruppe, H. G.*, 1996, Einf. ESt, Anm. 12; *Biergans, E./Stockinger, R.*, 1982, S. 2 und *Jehner, H.*, 1991, S. 565 f. mit Anmerkungen zur Bedeutung der Reinvermögenszugangstheorie im geltenden EStG. Vgl. zur Übereinstimmung der Reinvermögenszugangstheorie mit der Haig-Simons Definition auch *Tipke, K.*, 1993, S. 563 ff.

156 Eisner v. Macomber, 252 U. S. 207 (1920).

157 *Fuisting, B.*, 1902, S. 110 definiert Einkommen als „Gesamtheit der Sachgüter, welche in einer bestimmten Periode (Jahr) dem Einzelnen als Erträge dauernder Quellen der Gütererzeugung zur Bestreitung der persönlichen Bedürfnisse für sich und für die auf den Bezug ihres Lebensunterhaltes von ihm gesetzlich angewiesenen Personen (Familie) zur Verfügung stehen". Als ständig fließende Einkommensquellen kommen die Faktoren Arbeit und Kapital in Betracht, was die große Nähe zu der Supreme Court-Definition in Eisner v. Macomber offenbart. Vgl. zur Quellentheorie auch *Ruppe, H. G.*, 1996, Einf. ESt, Anm. 11; *Biergans, E./Stockinger, R.*, 1982, S. 2 f.

158 Vgl. Commissioner v. Glenshaw Glass Co., 348 U. S. 426 (1955).

159 Dabei wird in den USA nicht das Einkommen (income) sondern lediglich das Bruttoeinkommen (gross income) gesetzlich definiert. Keines der beiden Länder folgt in seiner Legaldefinition einem der beiden theoretischen Konzepte, sondern wählt eine pragmatische Einkommensdefinition, die sich Elementen beider Theorien bedient. So auch *Dreissig, H.*, 1984, S. 187.

nicht durch explizite Gesetzesvorschriften steuerfrei gestellt sind, geht über die in § 2 Abs. 1 Satz 1 EStG kodifizierte Einkommensdefinition des deutschen Steuerrechts hinaus.[160] Danach sind nämlich nur solche Einkünfte steuerpflichtig und damit als Einkommen im steuerrechtlichen Sinne zu betrachten, die unter eine der in § 2 Abs. 1 Satz 1 Nr. 1 bis 7 EStG genannten Einkunftsarten subsumiert werden können.[161] Außerdem ist für die Steuerpflicht von Einkünften in den USA im Gegensatz zu Deutschland keine Einkunftserzielungsabsicht notwendig.[162] Der materielle Unterschied in der Reichweite der beiden Einkommensbegriffe wird zwar durch die Kodifikation von steuerbefreienden Tatbeständen im US-amerikanischen Steuerrecht deutlich relativiert,[163] jedoch nicht vollständig egalisiert[164]. Neben dem weiteren Umfang ist der US-amerikanische Einkommensbegriff subtraktiv konzipiert, indem zunächst alle Einkünfte erfaßt und dann teilweise wieder ausgegrenzt werden, während das deutsche Steuerrecht auf einem additiven Einkommensbegriff basiert, der sich in der Addition subsumierbarer steuerpflichtiger Einkünfte manifestiert.[165]

Die divergenten steuerrechtlichen Legaldefinitionen des Einkommens bedingen abweichende Berechnungsschemata des zu versteuernden Einkommens. Trotz einiger struktureller Unterschiede kann jedoch ein durchaus vergleichbarer Ermittlungsablauf des zu versteuernden Einkommens konstatiert werden, der in beiden Ländern dazu dient, lediglich das disponible Einkommen des Steuersubjekts der Besteuerung zu unterwerfen.[166]

Aufgrund der im Gegensatz zum Reinvermögensvergleichskonzept des EStG[167] dynamischen Einkommenskonzeption steht im Rahmen der steuerrechtlichen Rechnungslegung in den USA die Aufwands- und Ertragsverrechnung im Vordergrund. Dieser Unterschied zwischen der

---

160 So auch *Tipke, K.*, 1993, S. 564; *Kroschel, J.*, 2000b, S. 288.

161 Vgl. zum Einkommensbegriff im deutschen Steuerrecht z. B. *Arndt, H.-W./Piltz, D. J.*, 1996, S. 21 ff.; *Rose, G.*, 1997, S. 28; *Scheffler, W.*, 1998, S. 36 ff.; *Wöhe, G.*, 1988, S. 102 ff.; *Brandis, P.*, 1987, S. 289 ff.; *Biergans, E./Stockinger, R.*, 1982, S. 4 ff. In Sec. 61(a) IRC werden zwar auch 15 Einkunftsarten enumeriert, was jedoch als rein deklaratorische Untermauerung der allgemeinen Definition aufzufassen ist, wie durch die Formulierung „including (but not limited to) the following items" in Sec. 61(a) IRC deutlich wird.

162 Vgl. *Kroschel, J.*, 2000b, S. 288. Zur Einkunftserzielungsabsicht als notwendige Voraussetzung für die Steuerpflicht im deutschen Einkommensteuerrecht vgl. z. B. *Scheffler, W.*, 1998, S. 39 f.

163 So insbesondere *Bernhardt, M.*, 2000, S. 92.

164 Als exemplarischer Beleg mag die aus Sec. 61(a) IRC resultierende Steuerpflicht von windfall profits und privaten Veräußerungsgewinnen in den USA gelten.

165 Vgl. *Kroschel, J.*, 2000b, S. 288.

166 Vgl. *Bernhardt, M.*, 2000, S. 109 ff. Die Ermittlung des zu versteuernden Einkommens ist in Deutschland in § 2 Abs. 3 bis 5 EStG und R 3 EStR geregelt. Siehe dazu beispielsweise *Bossert, R.*, 1997, S. 56 ff.; *Jakob, W.*, 1996, S. 46; *Wöhe, G./Bieg, H.*, 1995, S. 20 ff.; *Biergans, E./Stockinger, R.*, 1982, S. 5 f.

167 Vgl. § 4 Abs. 1 Satz 1 EStG: „Gewinn ist der Unterschiedsbetrag zwischen dem Betriebsvermögen am Schluß des Wirtschaftsjahrs und dem Betriebsvermögen am Schluß des vorangegangenen Wirtschaftsjahrs, vermehrt um den Wert der Entnahmen und vermindert um den Wert der Einlagen."

deutschen und der US-amerikanischen steuerrechtlichen Rechnungslegung[168] erfordert eine materielle Beurteilung der Anwendbarkeit des eingangs als Steuerrecht der bilanziellen Gewinnermittlung definierten Begriffs des Bilanzsteuerrechts auf die USA.[169] Dabei ist zu berücksichtigen, daß die dynamische Einkommenskonzeption und die formal an einer GuV orientierte steuerrechtliche Rechnungslegung der USA die Existenz einer bilanziellen steuerlichen Gewinnermittlung keineswegs ausschließen. Vielmehr liegen den Aufwands- und Ertragsverrechnungsvorschriften naturgemäß auch implizite Ansatz- und Bewertungsvorschriften zugrunde, die als Grundlage für die mit dem *income statement* korrespondierende Steuerbilanz fungieren.[170] Folglich existiert auch in den USA eine bilanzielle steuerliche Gewinnermittlung, oder anders ausgedrückt, ein Bilanzsteuerrecht.

312. Steuerliche Gewinnermittlungsmethoden

3121. Begriff der Gewinnermittlungsmethode

Der Begriff der Gewinnermittlungsmethode (*accounting method*) beinhaltet in den USA zunächst die umfassenden Methoden der Gewinnermittlung (*overall methods*), namentlich die *cash receipts and disbursements method*, die *accrual method* und die als *hybrid methods* bezeichneten Kombinationen zulässiger Methoden. Daneben wird aber auch die buchhalterische Behandlung jeder einzelnen Position als *accounting method* bezeichnet.[171] Dies ist insofern von Bedeutung, als aus der Qualifikation als *accounting method* diverse Konsequenzen erwachsen, wie beispielsweise die Erfordernis der Zustimmung der Finanzverwaltung zur Änderung der Methode.[172]

---

168 *Smith, J. K./Immel, C.*, 1988, S. 367 konstatieren vergleichend: „A fundamental difference ... in comparison to the US tax system is the differing perspective in computing the tax base. While the German system is based significantly on a net asset value approach using a tax balance sheet, the US system uses an income approach".

169 Vgl. GP 12, wo bereits eine formal-terminologische Äquivalenz des US-amerikanischen Begriffs tax accounting zu dem deutschen Verständnis des Bilanzsteuerrechts i. w. S. festgestellt wurde.

170 Denn zu Dokumentationszwecken und zur Darstellung der Grundlagen für die Berechnung der abzugsfähigen Aufwendungen ist dem income statement auch eine Steuerbilanz beizufügen. Vgl. *Haller, A.*, 1988, S. 726; *Kahle, H.*, 1996, S. 71.

171 Vgl. Reg. § 1.446-1(a)(1); Rev. Proc. 92-20, 1992-1 C. B. 685. Vgl. auch *Willis, E. u. a.*, 1999, S. 15-10; *Jensen, E. M.*, 1988, S. 232; *Bittker, B. I./Lokken, L.*, 1999d, S. 105-8; *Gertzman, S. F.*, 1999, S. 2-4 f.; *Schreiber, U.*, 2000, S. 64. *Bauernfeind, G. G.*, 1994, S. 1-12 ff. hebt hervor, daß die einzelne Position dem materiality-Grundsatz genügen müsse, damit ihre buchhalterische Behandlung als accounting method eingestuft werden könne. Der Begriff der materiality sei zwar im Unterschied zu seiner Bedeutung innerhalb des financial accounting nach Reg. § 1.446-1(e)(2)(ii)(a) unabhängig vom Geldwert zu verstehen. Jedoch sei in einigen Gerichtsurteilen in Abweichung von den Regulations dennoch auf den Geldwert abgestellt worden, so daß dieser nicht völlig vernachlässigt werden dürfe.

172 Vgl. zu dieser und weiteren Konsequenzen *Bauernfeind, G. G.*, 1994, S. 1-1 ff. sowie S. 2-1 ff. zur Abgrenzung einer Gewinnermittlungsmethode von der irrtümlichen oder fehlerhaften buchhalterischen Behandlung einer Position.

Da der *Internal Revenue Code* keine Legaldefinition des Begriffs *accounting method* bereithält, entstehen in Grenzfällen häufig Zuordnungsschwierigkeiten, die nicht selten auch die Gerichte befassen.[173] Zwei wesentliche Merkmale einer *accounting method* sind zu unterscheiden: Materiell muß sie den Zeitpunkt der buchhalterischen Erfassung einer Position festlegen (*timing*) und formell eine stetige Anwendung im Zeitverlauf (*consistency*) aufweisen.[174]

3122. Umfassende Methoden (Overall Methods)

31221. Cash Receipts and Disbursements Method

Die US-amerikanischen steuerlichen Gewinnermittlungsmethoden sind allgemein in Sec. 446 IRC geregelt. Sec. 446(c) IRC zählt die grundsätzlich zulässigen Methoden auf, wobei an erster Stelle (Sec. 446(c)(1) IRC) die *cash receipts and disbursements method* (kurz: *cash method*) genannt wird.

Definitionsgemäß werden nach der *cash method* alle Einnahmen, die zum *gross income* zählen – ungeachtet ob es sich um Barmittel, Sachgüter oder Dienstleistungen handelt – in dem Wirtschaftsjahr erfaßt, in dem sie tatsächlich zugeflossen sind (*actual receipt*) oder in dem sie als zugeflossen gelten (*constructive receipt*).[175] Die Erfassung der Einnahmen erfolgt

---

173 Vgl. jüngst General Motors Corp. v. Commissioner, 112 T. C. 270 (1999). Der Tax Court hat die begriffliche Unbestimmtheit der accounting methods in Underhill v. Commissioner, 45 T. C. 496 (1966) sogar als „chameleon qualities" bezeichnet. Aus diesem Grund plant die amerikanische Regierung, eine Definition des Begriffs in die Regulations aufzunehmen. Vgl. dazu die kritischen Anmerkungen von *Sheppard, L. A.*, 1999a, S. 2531 ff. Vgl. zu den Abgrenzungsproblemen auch *Bauernfeind, G. G.*, 1994, S. 1-1 ff.; *Gertzman, S. F.*, 1999, S. 2-2.

174 Vgl. *Bauernfeind, G. G.*, 1994, S. 1-6 ff. mit Verweis auf Reg. § 1.446-1(e)(2)(ii)(b), welche die Veränderung des timing als notwendige Voraussetzung eines Wechsels der Gewinnermittlungsmethode statuiert sowie Schuster's Express, Inc. v. Commissioner, 66 T. C. 588 (1976), wo die Regelung des Erfassungszeitpunkts eine wesentliche Rolle bei der Abgrenzung der accounting method spielte. Zur Bedeutung des timing für die Identifikation von accounting methods vgl. auch *Sheppard, L. A.*, 1999a, S. 2532 ff. Reg. § 1.446-1(e)(2)(ii)(a) fordert, basierend auf der allgemeinen Vorschrift in Sec. 446(a) IRC, in den meisten Fällen für die Anerkennung als accounting method Stetigkeit in der Anwendung der Methode. Zur Stetigkeit als Definitionsmerkmal von Gewinnermittlungsmethoden siehe auch *Bippus, B. E.*, 1998, S. 646; *CCH*, 1998a, S. 412. Zur Abgrenzung von accounting methods vgl. *Gertzman, S. F.*, 1999, S. 2-2 ff., der als zusätzliche Merkmale Gewißheit und Vorhersagbarkeit der buchhalterischen Behandlung einer Position nennt.

175 Vgl. Reg. § 1.446-1(c)(1)(i) sowie Reg. § 1.451-1(a). Siehe auch *Haueisen, B.*, 1990, S. 178. Sachgüter oder Dienstleistungen werden dabei mit ihrem fair market value im Zeitpunkt des Zuflusses bewertet, Schecks werden als Barmittel behandelt. Vgl. *CCH*, 1998b, S. 24 f.; *Bittker, B. I./Lokken, L.*, 1999d, S. 105-48, die auf die Notwendigkeit einer weiten Auslegung der Aufzählung von Barmitteln, Sachgütern und Dienstleistungen in den Regulations hinweisen. So sei beispielsweise der Betrag, um den der Marktwert eines Wirtschaftsguts die vom Steuerpflichtigen gezahlte Summe übersteigt, ebenfalls unter die Aufzählung zu subsumieren, sofern es sich bei dem Überschuß um ein Entgelt für erbrachte Leistungen handele. Die Entgegennahme durch Dritte im Auftrag des Steuerpflichtigen ist i. d. R. diesem zuzurechnen. Vgl. *Graetz, M. J./Schenk, D. H.*, 1999, S. 722 mit Verweis auf die einschlägige Rechtsprechung.

unabhängig davon, ob sie in dem betreffenden Jahr auch verdient wurden.[176] Einnahmen gelten in dem Wirtschaftsjahr als zugeflossen, in dem sie auf dem Konto des Steuerpflichtigen gutgeschrieben, für ihn bereitgelegt oder ihm in sonstiger Weise verfügbar gemacht wurden, so daß er sie jederzeit an sich nehmen kann oder hätte an sich nehmen können, wenn er die entsprechende Absicht bekundet hätte. Sie gelten jedoch nicht als zugeflossen, wenn die Kontrolle des Steuerpflichtigen über den Zufluß wesentlichen Vorbehalten oder Einschränkungen unterliegt.[177]

Ein bedeutendes Problem stellen Forderungen dar, deren Erfüllung zwar ebenfalls grundsätzlich erst im Zuflußzeitpunkt zu erfassen ist. Allerdings könnte die Entstehung einer abgesicherten und einklagbaren Forderung durchaus als angemessenes Äquivalent zu Barmitteln betrachtet werden, was für ihre Erfassung bereits im Entstehungszeitpunkt spräche. Diese Interpretation würde jedoch den Unterschied zwischen der *cash-* und der *accrual method* verwischen.[178] Insgesamt machen die *Regulations* die Erfassung von Einnahmen wesentlich von der Verfügungsmacht des Steuerpflichtigen über die Zuflüsse abhängig.[179]

Ausgaben werden im Rahmen der *cash method* in jenem Wirtschaftsjahr erfaßt, in dem sie tatsächlich abgeflossen sind. Im Unterschied zur Einnahmenerfassung gibt es auf der Ausgabenseite keine *constructive payment*-Doktrin.[180] Jedoch können bestimmte Absetzungen erfolgen, die keine Ausgabe in dem betreffenden Wirtschaftsjahr darstellen, wie Absetzungen für Abnutzung (AfA), Absetzungen für Substanzverringerung (AfS) oder für Verluste im Sinne von Sec. 165 IRC. Denn Ausgaben für abnutzbare Wirtschaftsgüter mit einer wesentlich über das Ende des Wirtschaftsjahres hinausgehenden Nutzungsdauer sind zu aktivieren

---

176 Vgl. *Gertzman, S. F.*, 1999, S. 3-3; *Willis, E. u. a.*, 1999, S. 3-8.

177 Vgl. Reg. § 1.451-2(a). Dieses Konzept wird in der US-amerikanischen Literatur üblicherweise als constructive receipt of income-Doktrin bezeichnet. Vgl. dazu ausführlich *Bauernfeind, G. G.*, 1994, S. 51-1 ff. mit Verweis auf die einschlägige Rechtsprechung sowie *CCH*, 1998b, S. 27 f. und *Bittker, B. I./Lokken, L.*, 1999d, S. 105-50 ff. In Ross v. Commissioner, 169 F. 2d 491 (1st Cir., 1948) führt der Court of Appeals aus, daß die constructive receipt of income-Doktrin vom Gesetzgeber entwickelt wurde, um zu große Gestaltungsspielräume der Steuerpflichtigen zu verhindern. Vgl. auch Rev. Rul. 60-31, 1960-1 C. B. 174, geändert durch Rev. Rul. 64-279, 1964-2 C. B. 121, die trotz ihres fortgeschrittenen Alters der Finanzverwaltung noch heute als grundlegende Richtlinie auf dem Gebiet des constructive receipt dient.

178 Die Rechtsprechung hat diese Ambivalenz bis heute nicht auflösen können. Im Gegenteil tragen die unterschiedlichen Positionen der Gerichte weiter zur Verwirrung auf diesem Sektor bei. So wird die Erfassung von Forderungen unter der cash method an die Veräußerbarkeit der Forderung gebunden wie in Ennis v. Commissioner, 17 T. C. 470 (1951) oder an ihre Eigenschaft als Leistungsentgelt wie in Dial v. Commissioner, 24 T. C. 123 (1955), um nur zwei Beispiele aus der umfangreichen Rechtsprechung zu nennen. Der Erfassungszeitpunkt von Forderungen richtet sich daher nicht zuletzt auch nach der jeweils einschlägigen Rechtsprechung. Vgl. auch *Bittker, B. I./Lokken, L.*, 1999d, S. 105-49 f.; *Gertzman, S. F.*, 1999, S. 3-13 ff.

179 So auch *Graetz, M. J./Schenk, D. H.*, 1999, S. 716; *Thiele, C.*, 1998, S. 64. Ähnlich auch *Bauernfeind, G. G.*, 1994, S. 51-2.

180 Vgl. hierzu eindeutig *Gertzman, S. F.*, 1999, S. 3-32. Die Gerichte waren bisher auch nicht bereit, die constructive receipt of income-Doktrin auf die Ausgabenseite auszudehnen. Vgl. *McDaniel, P. R. u. a.*, 1999, S. 995 f.

und zeitanteilig abzuschreiben.[181] Vorausgezahlte Zinsen erfahren gemäß Sec. 461(g) IRC eine Sonderbehandlung, indem sie jenem Wirtschaftsjahr zugerechnet werden, in dem die zu verzinsende Transaktion stattfindet. Insofern enthält die *cash method* auch einige Elemente einer periodengerechten Gewinnermittlung im Sinne der *accrual method.*

Der Anwendungsbereich der *cash method* ist seit dem *Tax Reform Act of 1986* durch Sec. 448 IRC begrenzt. Grundsätzlich sind gemäß Sec. 448(a) IRC *C Corporations*[182], Personengesellschaften mit einer *C Corporation* als Gesellschafter sowie Verlustzuweisungsgesellschaften (*tax shelter*)[183] von der Anwendung der *cash method* ausgeschlossen, sofern in letzteren beiden Fällen nicht eine der Ausnahmen von Sec. 448(b) IRC greift. Dabei handelt es sich um Ausnahmen für land- und forstwirtschaftliche Betriebe (*farming business*), bestimmte qualifizierte Dienstleistungsgesellschaften (*qualified personal service corporation*)[184] und Unternehmen mit einem durchschnittlichen Bruttoumsatz von weniger als US-$ 5 Mio. in den drei vorangegangenen Wirtschaftsjahren. Zudem verlangen die *Regulations* die Anwendung der *accrual method* für alle An- und Verkäufe von Vorratsvermögen, sofern die Herstellung oder der An- und Verkauf von Handelswaren jeglicher Art[185] zur Einnahmenerzielung der Unternehmung beiträgt.[186] Die größte Bedeutung entfaltet die *cash method* mithin für die Einkunftsermittlung natürlicher Personen, wenn auch aufgrund ihrer Einfachheit und der Möglichkeit zur Verschiebung von Steuerzahlungen zahlreiche Unternehmen, die nicht nach

---

181 Vgl. Reg. § 1.446-1(c)(1)(i) sowie Reg. § 1.461-1(a)(1). Zur Abgrenzung der wesentlich über das Ende des Wirtschaftsjahres hinausgehenden Nutzungsdauer wurde die sog. ‚one-year-rule' entwickelt, die eine mindestens zwölf Monate über den Zahlungszeitpunkt hinausgehende Nutzungsdauer des Wirtschaftsguts für die zeitanteilige Zurechnung der Ausgaben verlangt. Vgl. insbesondere Zaninovich v. Commissioner, 616 F. 2d 432 (9th Cir., 1980). Die ‚one-year-rule' wurde dabei im genannten Urteil vornehmlich mit Einfachheitsgründen gerechtfertigt. Vgl. auch *Willis, E. u. a.*, 1999, S. 15-11; *CCH*, 1998b, S. 27. *Graetz, M. J./Schenk, D. H.*, 1999, S. 734 ff. und *Gertzman, S. F.*, 1999, S. 3-43 weisen darauf hin, daß die ‚one-year-rule' bisher nicht immer von den Gerichten anerkannt wurde.

182 Dabei handelt es sich gem. Sec. 1361(a)(2) IRC um jede Körperschaft, die keine S Corporation ist. Eine S Corporation ist gem. Sec. 1361(a)(1) IRC eine small business corporation im Sinne von Sec. 1361(b) IRC, die nach Sec. 1362(a) IRC für die sog. pass-thru Besteuerung optiert hat. S Corporations sind unter dem pass-thru Besteuerungssystem keine eigenständigen Steuersubjekte, so daß die Besteuerung unmittelbar auf der Gesellschafterebene erfolgt. Vgl. z. B. *Bittker, B. I./Eustice, J. S.*, 1999, S. 6-3 ff.

183 Zur Definition siehe Sec. 448(d)(3) IRC i. V. m. Sec. 461(i)(3) IRC.

184 Zur Definition dieser Gesellschaften vgl. Sec. 448(d)(2) IRC. *Graetz, M. J./Schenk, D. H.*, 1999, S. 713 verweisen auf die extensive Lobbytätigkeit, die zur Kodifizierung dieser Ausnahme führte.

185 Darunter sind Fertigprodukte, Halbfertigprodukte, Rohstoffe und Vorräte zu verstehen. Vgl. Reg. § 1.446-1(a)(4)(i).

186 Vgl. Reg. § 1.446-1(c)(2)(i) i. V. m. Reg. § 1.446-1(a)(4)(i) und Reg. § 1.471-1. Siehe ausführlich *Bauernfeind, G. G.*, 1994, S. 3-10 ff., der auf die Abgrenzungsprobleme bei Unternehmen, zu deren Geschäftsbetrieb sowohl Handel als auch Dienstleistungen gehören, hinweist sowie *Willis, E. u. a.*, 1999, S. 15-11; *Haueisen, B.*, 1990, S. 178; *CCH*, 1998b, S. 24; *Graetz, M. J./Schenk, D. H.*, 1999, S. 713; *Nolan, L. F.*, 1997, S. 1069, 1179 ff. mit umfangreichen Verweisen auf die einschlägige Rechtsprechung. Ebenso Knight-Ridder Newspapers v. United States, 743 F. 2d 788 (11th Cir., 1984). Ausführlich auch zu weiteren Sonderfällen unter Sec. 448 IRC *Dooher, P. G.*, 1987, S. 203 ff. sowie *Harris, R. W./Stern, R. W.*, 1994, S. 400 ff. Am 28.04.2000 hat der IRS Rev. Proc. 2000-22, 2000-1 C. B. 1008 veröffentlicht, wonach Steuerpflichtige mit durchschnittlichen Jahresumsätzen von höchstens US-$ 1 Mio. auch für das Vorratsvermögen von der Anwendung der accrual method befreit sind. Vgl. *Melone, M. A.*, 2001, S. 25.

Sec. 448 IRC von der Anwendung ausgeschlossen sind, ihren Gewinn nach der *cash method* ermitteln.[187]

Abb. 2: Anwendungsrestriktionen bei der cash method

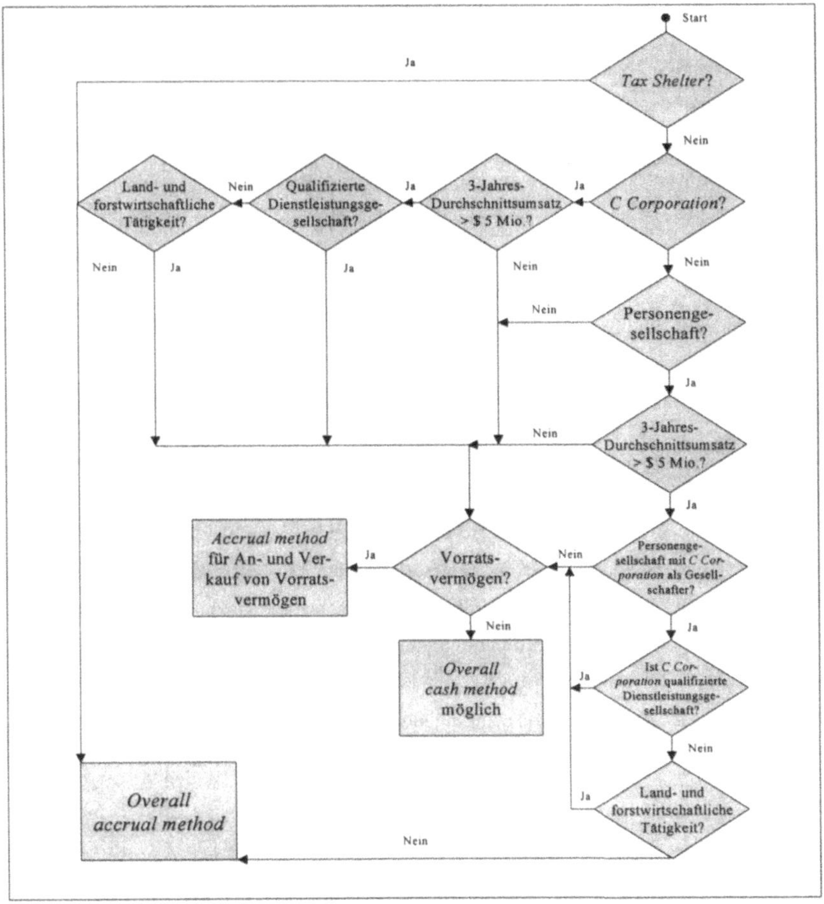

Quelle: In Anlehnung an Bauernfeind, G. G., 1994, Appendix N.

---

187 Vgl. *Willis, E. u. a.*, 1999, S. 15-11; *Graetz, M. J./Schenk, D. H.*, 1999, S. 713; *Bauernfeind, G. G.*, 1994, S. 3-1; *CCH*, 1998b, S. 37.

31222. Accrual Method

Der *Internal Revenue Code* nennt unter den zulässigen *overall methods* der steuerlichen Gewinnermittlung an zweiter Stelle „an accrual method"[188]. Die Verwendung des unbestimmten Artikels indiziert dabei eine größere Flexibilität und mehr Variationsmöglichkeiten im Vergleich zur *cash method*, die in der Aufzählung mit einem bestimmten Artikel versehen ist.[189] Die *accrual method* hat aufgrund der dynamischen Einkommenskonzeption des US-amerikanischen Steuerrechts die formale Gestalt einer Gewinn- und Verlustrechnung. In den Aufwands- und Ertragsverrechnungsvorschriften des IRC sind jedoch die bilanziellen Ansatz- und Bewertungsvorschriften implizit enthalten.[190] Die Vorschriften zur *accrual method* bilden folglich das US-amerikanische Steuerrecht der bilanziellen Gewinnermittlung im Sinne der dieser Arbeit zugrundeliegenden Definition des Bilanzsteuerrechts. Damit verkörpert die *accrual method* den Hauptuntersuchungsgegenstand der vorliegenden Arbeit, weshalb an dieser Stelle nur eine der Übersicht dienende kurze Charakterisierung der Methode erfolgen soll.

Die *accrual method*, die keinen gesetzlichen Anwendungsbeschränkungen unterliegt, dient vornehmlich der unternehmerischen Gewinnermittlung.[191] Da es sich um eine Zahlungen periodisierende Gewinnermittlungsmethode handelt, ist der Zeitpunkt des Zu- oder Abflusses für den Ansatz nicht entscheidend.[192] Vielmehr werden Erträge allgemein in dem Wirtschaftsjahr angesetzt, in dem alle Ereignisse eingetreten sind, welche die zugrundeliegende Forderung entstehen lassen, und ihre Höhe mit angemessener Genauigkeit bestimmt werden kann (*all events test*). Der Steuerpflichtige muß also ein uneingeschränktes Recht auf den Ertrag haben.[193] Aufwendungen werden in jenem Wirtschaftsjahr angesetzt, in dem alle Ereignisse eingetreten sind, welche die zugrundeliegende Verbindlichkeit entstehen lassen, ihre Höhe mit angemessener Genauigkeit bestimmt werden kann (*all events test*) und die zugrun-

---

188 Sec. 446(c)(2) IRC.

189 Vgl. *Gertzman, S. F.*, 1999, S. 4-2; *Bauernfeind, G. G.*, 1994, S. 4-1 f.

190 Vgl. auch GP 311.

191 Vgl. *Gertzman, S. F.*, 1999, S. 4-4 f.; *Kahle, H.*, 1996, S. 76; *Thiele, C.*, 1998, S. 65; *Haueisen, B.*, 1990, S. 179; *CCH*, 1998b, S. 29. Aufgrund ihrer im Vergleich zur cash method höheren Komplexität kommt die accrual method in der Regel nur dann zur Anwendung, wenn die cash method nicht zulässig ist.

192 Vgl. *Willis, E. u. a.*, 1999, S. 3-9; *Bippus, B. E.*, 1998, S. 637; *CCH*, 1998b, S. 30; *Graetz, M. J./Schenk, D. H.*, 1999, S. 737; *Thiele, C.*, 1998, S. 66; *Haueisen, B.*, 1990, S. 179.

193 Vgl. Reg. § 1.446-1(c)(1)(ii)(A) und Reg. § 1.451-1(a). Siehe auch *Gertzman, S. F.*, 1999, S. 4-2 f.; *Willis, E. u. a.*, 1999, S. 3-9; *CCH*, 1998b, S. 30; *Small, D. G.*, 1995, S. 158.

deliegende Leistung wirtschaftlich erbracht wurde (*economic performance test*). Es muß somit eine endgültige Verpflichtung vorliegen, die betreffende Aufwendung zu tätigen.[194]

Die Voraussetzungen zur erfolgswirksamen Erfassung von Aufwendungen und Erträgen sind kumulativ, d. h. eine Berücksichtigung der jeweiligen Position ist erst in dem Wirtschaftsjahr möglich, in dem auch die letzte Voraussetzung erfüllt ist.[195]

31223. Hybrid Methods

Bei der dritten *overall method of accounting*, den *hybrid methods*, handelt es sich um Kombinationen von unter Sec. 446(c) IRC zulässigen Gewinnermittlungsmethoden, welche sich grob in zwei Gruppen unterteilen lassen:

Die erste Gruppe kombiniert die *cash-* und *accrual method* und unterliegt damit denselben Anwendungsrestriktionen unter Sec. 448 IRC wie die *cash method* selbst.[196] Die wichtigsten Anwendungsfälle dieser Art von *hybrid methods* sind jene, in denen der Steuerpflichtige zur Anwendung der *accrual method* für sein Vorratsvermögen verpflichtet ist, die übrige Gewinnermittlung aber nach der *cash method* abwickelt, sofern er nicht unter die Beschränkungen von Sec. 448 IRC fällt.[197] Ebenfalls bedeutsam ist der Fall der Anwendung unterschiedlicher Methoden für die Ermittlung der Einkünfte aus haupt- und nebenberuflicher Tätigkeit des Steuerpflichtigen.[198]

Der Vorteil dieser Art von *hybrid methods* ist, daß sie die größere Gestaltungsflexibilität der *cash method* bestmöglich nutzen, indem die *accrual method* nur soweit wie unbedingt erfor-

---

194 Vgl. Reg. § 1.446-1(c)(1)(ii)(A) und Reg. § 1.461-1(a)(2)(i) sowie Sec. 461(h)(4) IRC. Zur economic performance siehe Sec. 461(h) IRC und Reg. §§ 1.461-4 bis 1.461-6, die den Zeitpunkt der wirtschaftlichen Leistungserbringung für die verschiedensten Leistungsarten festlegen. Unter der economic performance ist dabei sowohl eine vom Steuerpflichtigen zu erbringende als auch eine von Dritten erhaltene Leistung zu verstehen. Vgl. *Gertzman, S. F.*, 1999, S. 4-3; *Willis, E. u. a.*, 1999, S. 15-13. Siehe auch *CCH*, 1998b, S. 31; *Small, D. G.*, 1995, S. 158.

195 Siehe *Gertzman, S. F.*, 1999, S. 4-2 f.

196 Vgl. *Bauernfeind, G. G.*, 1994, S. 5-1. Siehe auch Abb. 2.

197 Diese spezielle hybrid method ist in Reg. § 1.446-1(c)(1)(iv)(a) geregelt. Ein konkretes Anwendungsbeispiel gibt Rev. Rul. 74-279, 1974-1 C. B. 110: Ein Augenoptiker ist aufgrund der für den Verkauf von Brillen notwendigen Vorratshaltung zur Anwendung der accrual method hinsichtlich dieser Vorräte verpflichtet. Sofern er seine über den Verkauf von Brillen hinausgehenden Dienstleistungen, wie das Anpassen der Brillen etc., separat in Rechnung stellt, kann er für diesen Teil seiner Einkünfte die cash method heranziehen. Siehe auch *Bauernfeind, G. G.*, 1994, S. 5-1.

198 Vgl. *Bauernfeind, G. G.*, 1994, S. 5-2. Davon zu unterscheiden sind Steuerpflichtige mit mehreren Betrieben, die gem. Sec. 446(d) IRC die Einkünfte aus diesen Quellen mit unterschiedlichen Methoden ermitteln dürfen. Dabei handelt es sich jedoch nicht mehr um eine hybrid method, die unterschiedliche Methoden innerhalb einer Gewinnermittlung integriert, sondern um zwei vollkommen voneinander getrennte Gewinnermittlungen. Vgl. z. B. *Gertzman, S. F.*, 1999, S. 2-48 ff.

derlich zur Anwendung kommt.[199] Der *Internal Revenue Service* (IRS)[200] ist allerdings in der Genehmigung solcher *hybrid methods* trotz der klaren gesetzlichen Zulässigkeit sehr zurückhaltend.[201]

Die zweite Gruppe von *hybrid methods* verbindet die *cash-* oder *accrual method* mit einer speziellen Gewinnermittlungsmethode für einzelne Positionen. Diese Möglichkeit basiert auf Sec. 446(c)(3) IRC, welche ausdrücklich „any other method permitted by this chapter"[202] in die Reihe zulässiger und damit gemäß Sec. 446(c)(4) IRC kombinierbarer Gewinnermittlungsmethoden aufnimmt. Sec. 446(c)(3) IRC ist eine Konsequenz des US-amerikanischen Begriffs der Gewinnermittlungsmethode, welcher auch die buchhalterische Behandlung jeder einzelnen Position einschließt.[203] Die Anwendungsrestriktionen dieser Form von *hybrid methods* entsprechen denen bei ausschließlicher Anwendung der kombinierten *overall method*.

3123. Wechsel der Gewinnermittlungsmethode

Ein Wechsel der Gewinnermittlungsmethode liegt vor, wenn die *overall method of accounting* oder die buchhalterische Behandlung einer wesentlichen Position (*material item*) geändert

---

199 Vgl. *Bauernfeind, G. G.*, 1994, S. 5-2; *Willis, E. u. a.*, 1999, S. 15-15.

200 Der IRS ist eine aus dem Bundesfinanzministerium (US Treasury Department) ausgegliederte Behörde, die als Bundessteuerverwaltung für die Durchführung der Bundessteuergesetze zuständig ist und an deren Spitze der Commissioner of Internal Revenue steht. Das US-amerikanische Besteuerungsverfahren basiert auf dem Prinzip der Selbstveranlagung, wobei nur ein äußerst geringer Teil der Steuererklärungen einer Prüfung unterzogen wird. Der IRS verfügt jedoch über ein ausgefeiltes System zur Auswahl der zu prüfenden Fälle, welches auf der sog. discriminate function (DIF) beruht und die Auswahl von Steuererklärungen mit besonders hoher Fehler- und Nachzahlungswahrscheinlichkeit gewährleistet. Vgl. ausführlich zu diesem Thema *Krawitz, N.*, 2001, S. 136 ff.; *Kramer, J.-D./Melton, W. D.*, 1990, S. 93 ff.; *Jacob, F.*, 1994, S. 366 ff.; *Dielmann, H. J.*, 1985, S. 417 f.; *Pflüger, H.*, 1996, S. 205 ff.; *Zschiegner, H.*, 1998a, S. 920 f.; *Vacovec, K. J.*, 1997, S. 332; *Birk, D.*, 1991, S. 263 ff. Zur Umstrukturierung des IRS durch den IRS Restructuring and Reform Act v. 22.07.1998, Pub. L. No. 105-206, in: 112 Stat. 685 vgl. *Zschiegner, H.*, 1999, S. 1009 ff.

201 Die Genehmigung des IRS ist im Fall eines Wechsels der Gewinnermittlungsmethode erforderlich. Der IRS greift die hybrid method meistens mit dem Argument an, sie würde dem Kriterium der klaren Einkommenswiderspiegelung (clear reflection of income) gem. Sec. 446(b) IRC nicht gerecht, was zu häufigen gerichtlichen Auseinandersetzungen führt. In jüngerer Zeit ist der Tax Court dem IRS diesbezüglich nicht immer gefolgt. Vgl. z. B. Ansley-Sheppard-Burgess Co. v. Commissioner, 104 T. C. 367 (1995); Hospital Corp. of America v. Commissioner, 71 T. C. M. 2319 (1996). Kritisch zur restriktiven Haltung des IRS *Bauernfeind, G. G.*, 1994, S. 5-3 f. Siehe auch *Conjura, C.*, 1996, S. 326 ff.

202 Sec. 446(c)(3) IRC.

203 Vgl. *Bauernfeind, G. G.*, 1994, S. 5-4 f.

wird.[204] Ein Wechsel ist jedoch nicht gegeben, wenn die geänderte Behandlung auf einen Wandel der relevanten Sachverhalte zurückzuführen ist oder der Erfassungszeitpunkt einer Position nicht beeinflußt wird. Ebenso stellt die Korrektur eines buchtechnischen oder rechnerischen Fehlers in der Gewinnermittlung oder Steuerberechnung des vorangegangenen Wirtschaftsjahres keinen Methodenwechsel dar.[205]

Grundsätzlich ist die einmal gewählte steuerliche Gewinnermittlungsmethode stetig anzuwenden.[206] Soll dennoch eine neue Methode zur Anwendung kommen, sei es auf Wunsch des Steuerpflichtigen oder auf Anordnung der Finanzverwaltung, bedarf dies der Zustimmung des IRS,[207] wobei der entsprechende Antrag in der Regel innerhalb des Wirtschaftsjahres zu stellen ist, in dem der Wechsel stattfinden soll[208]. Der IRS erwägt bei seiner Entscheidung im wesentlichen, ob die neue Methode nicht gegen geltendes Recht verstößt, ob sie das Ein-

---

204 Vgl. Reg. § 1.446-1(e)(2)(ii)(a). Im Unterschied zur Definition der Gewinnermittlungsmethode in Reg. § 1.446-1(a)(1) erfolgt hier eine Einschränkung auf wesentliche Positionen. Die einschränkende Bedingung der Wesentlichkeit ist erfüllt, wenn der Erfassungszeitpunkt (timing) der Position von der geänderten Behandlung tangiert ist. Dies wiederum ist der Fall, wenn sich das Einkommen des betreffenden Wirtschaftsjahres ändert. Vgl. Rev. Proc. 97-27, 1997-1 C. B. 681. In Fruehauf Corp. v. Commissioner, 356 F. 2d 975 (6th Cir., 1966) hat der Court of Appeals im Einklang mit dieser Regel die Änderung einer fehlerhaften Vorratsbewertungsmethode als Wechsel der Gewinnermittlungsmethode eingestuft. Ähnlich auch Wayne Bolt & Nut Co. v. Commissioner, 93 T. C. 500 (1989), wo ein geändertes Inventurverfahren einen Methodenwechsel konstituierte. Zur Bedeutung des timing-Kriteriums für die Qualifizierung als Wechsel der Gewinnermittlungsmethode vgl. ausführlich *Horvitz, J. S./Linton, F. B.*, 1993, S. 265 ff. Vgl. auch *Morgan, D. T./Bayles, C. M.*, 1997, S. 299. *Bittker, B. I./Lokken, L.*, 1999d, S. 105-214 halten den Begriff der Wesentlichkeit in diesem Kontext für mißverständlich.

205 Vgl. Reg. § 1.446-1(e)(2)(ii)(b). Siehe auch *Willis, E. u. a.*, 1999, S. 15-16; *Hahn, J. G.*, 1960, S. 31 f.; *Sherman, W. R.*, 1997, S. 616; *Morgan, D. T./Bayles, C. M.*, 1997, S. 300. Diese Abgrenzung wird auch in der Rechtsprechung aufrechterhalten. Vgl. z. B. North Carolina Granite Corp. v. Commissioner, 43 T. C. 149 (1964), wo der Tax Court keinen Wechsel der Gewinnermittlungsmethode, sondern lediglich eine Fehlerkorrektur feststellte sowie Decision, Inc. v. Commissioner, 47 T. C. 58 (1966), wo die gleiche Feststellung mit der Änderung des zugrundeliegenden wirtschaftlichen Sachverhalts begründet wurde. Eine Analyse weiterer einschlägiger Rechtsprechung nimmt *Gann, H. I.*, 1996, S. 166 ff. vor. Zur grundsätzlichen Abgrenzung von Fehlerkorrekturen und Methodenwechseln vgl. *Seago, W. E./Horvitz, J. S./Linton, F.*, 1990, S. 76 ff.

206 Siehe auch GP 3121.

207 Vgl. Sec. 446(e) IRC sowie Reg. § 1.446-1(e)(2)(i). Siehe auch *Small, D. G.*, 1995, S. 157; *McDaniel, P. R. u. a.*, 1999, S. 1053 f.; *Conjura, C.*, 1997, S. 5. *Graetz, M. J./Schenk, D. H.*, 1999, S. 832 sehen hier einen weiten Ermessensspielraum des IRS; ebenso *CCH*, 1998b, S. 39 f. Unter bestimmten Voraussetzungen ist auch eine automatische Zustimmung (automatic consent) des IRS vorgesehen. Vgl. dazu Rev. Proc. 99-49, 1999-2 C. B. 725 sowie grundlegend *Walsh, J. G.*, 1999, S. 17 ff. Kritisch zur Zustimmungserfordernis *Gann, H. I.*, 1996, S. 161, der die Möglichkeiten eines Unternehmens, seine steuerliche Gewinnermittlung weiterzuentwickeln, stark beeinträchtigt sieht. A. A. *Hahn, J. G.*, 1960, S. 31, nach dem die Zustimmungserfordernis des IRS Stetigkeit in der steuerlichen Gewinnermittlung gewährleistet und die Steuererhebung erleichtert.

208 Vgl. Reg. § 1.446-1(e)(3) sowie Rev. Proc. 97-27, 1997-1 C. B. 684.

kommen klar widerspiegelt sowie die Gründe für den Wechsel und die steuerlichen Konsequenzen der Anpassung.[209]

Anlaß zum Wechsel der Gewinnermittlungsmethode gibt insbesondere die Verwendung einer ungeeigneten oder fehlerhaften Methode in vorangegangenen Wirtschaftsjahren, aber auch ein Wandel in den wirtschaftlichen Rahmenbedingungen kann einen Wechsel zwischen zwei zutreffenden Gewinnermittlungsmethoden erforderlich machen.[210] Anordnen kann der IRS den Methodenwechsel jedoch nur in ersterem Fall.[211] Dabei ist eine ungeeignete oder fehlerhafte Gewinnermittlungsmethode, welche die systembedingt unrichtige Behandlung einer oder mehrerer Positionen in sämtlichen betroffenen Wirtschaftsjahren voraussetzt, von der Korrektur eines einmaligen Fehlers, die keinen Wechsel der Gewinnermittlungsmethode konstituiert, zu unterscheiden.[212]

Im Jahr des Wechsels können zur Vermeidung der Doppel- bzw. Nichterfassung bestimmter Positionen verschiedene Anpassungen notwendig werden, die zu einem anpassungsbedingten Übergangsgewinn oder -verlust im betreffenden Wirtschaftsjahr führen.[213] Dieser Unterschiedsbetrag ist grundsätzlich im Jahr des Methodenwechsels zu erfassen, wobei zwei Alternativen zur Milderung einer anpassungsbedingten Steuermehrbelastung existieren: Wurde die bisherige Methode in den zwei vorangegangenen Wirtschaftsjahren verwendet und steigt das zu versteuernde Einkommen durch den Wechsel auf die neue Methode um mehr als US-$ 3.000, wird die anpassungsbedingte Steuermehrbelastung auf den Betrag begrenzt, der angefallen wäre, wenn der Übergangsgewinn gleichmäßig auf das Jahr des Wechsels und die zwei

---

209 Aus der Rechtsprechung geht zwar hervor, daß der IRS keine unüberwindlichen Hürden für den Methodenwechsel errichten darf. Vgl. *Graetz, M. J./Schenk, D. H.*, 1999, S. 833 f. Jedoch wird der weite Ermessensspielraum der Finanzverwaltung in der Entscheidung über die Angemessenheit einer Gewinnermittlungsmethode von den Gerichten in ständiger Rechtsprechung anerkannt. Vgl. z. B. Cochran Hatchery, Inc. v. Commissioner, 39 T. C. M. 210 (1979); Barber v. Commissioner, 64 T. C. 319 (1975); John Wanamaker Philadelphia, Inc. v. United States, 359 F. 2d 437 (Ct. Cl., 1966); Brown v. Helvering, 291 U. S. 204 (1934). Siehe auch Rev. Proc. 97-27, 1997-1 C. B. 687, die ausdrücklich die Notwendigkeit der Berücksichtigung verwaltungstechnischer Erwägungen bei der Entscheidung der Finanzverwaltung über die Zulässigkeit einer Methode betont. *Bittker, B. I./Lokken, L.*, 1999d, S. S105-67 verweisen auf die geringe Neigung des IRS, einen Wechsel von der accrual method zur cash method zu genehmigen. Der IRS erachte die accrual method in aller Regel als geeignetere Gewinnermittlungsmethode. Vgl. bereits *Hahn, J. G.*, 1960, S. 33.

210 Vgl. z. B. *Graetz, M. J./Schenk, D. H.*, 1999, S. 832; *Grimes, S. E./Sanchez, V./Wiggam, M. K.*, 1998, S. 65; *Willis, E. u. a.*, 1999, S. 15-16.

211 Der IRS kann den Steuerpflichtigen nicht zur Änderung einer geeigneten Methode zwingen, auch wenn die vorgeschlagene Methode möglicherweise besser geeignet ist. Vgl. *CCH*, 1998b, S. 41.

212 Vgl. *Willis, E. u. a.*, 1999, S. 15-16; *Horvitz, J. S./Linton, F. B.*, 1993, S. 266 f.; *Gann, H. I.*, 1996, S. 166 f.

213 Vgl. Sec. 481(a) IRC. Beispielsweise könnten Forderungen bei einem Wechsel von der cash- zur accrual method unter Umständen niemals erfaßt werden. Denn die cash method bezieht sie nicht ein, solange sie nicht zugeflossen sind und die accrual method erfaßt sie im darauffolgenden Wirtschaftsjahr ebenfalls nicht, da sie bereits im Vorjahr entstanden sind. Siehe auch *Bittker, B. I./Lokken, L.*, 1999d, S. 105-213 und S. S105-74 ff.; *McDaniel, P. R. u. a.*, 1999, S. 1051; *Willis, E. u. a.*, 1999, S. 15-17; *CCH*, 1998b, S. 41 f.; *Sherman, W. R.*, 1997, S. 617; *Grimes, S. E./Sanchez, V./Wiggam, M. K.*, 1998, S. 65 f.

vorangegangenen Jahre verteilt worden wäre. Wenn das zu versteuernde Einkommen anpassungsbedingt um mehr als US-$ 3.000 steigt und der Steuerpflichtige unter Verwendung der neuen Gewinnermittlungsmethode einem oder mehreren dem Jahr des Wechsels unmittelbar vorangehenden Wirtschaftsjahren den auf sie entfallenden Anteil am Übergangsgewinn zuweisen kann, kommt ein alternatives Steuermilderungsverfahren in Betracht. Danach wird die anpassungsbedingte Steuermehrbelastung auf den Betrag begrenzt, der angefallen wäre, wenn der Übergangsgewinn nach der neuen Gewinnermittlungsmethode denjenigen Wirtschaftsjahren zugewiesen worden wäre, auf die er nach der neuen Methode entfällt und der Restbetrag dem Jahr des Wechsels zugerechnet worden wäre. Erfüllt der Steuerpflichtige die Voraussetzungen für beide Alternativen, kann er die für ihn günstigere wählen. Erfüllt er keine der Voraussetzungen, kommt die Steuermehrbelastung vollständig im Jahr des Wechsels zum Tragen.[214]

Um die freiwillige Aufgabe ungeeigneter Gewinnermittlungsmethoden zu fördern, hat der IRS basierend auf der Ermächtigung in Sec. 481(c) IRC eine vorteilhafte Verteilungsvorschrift für Steuerpflichtige geschaffen, die freiwillig einen Methodenwechsel beantragen, bevor der IRS sie hinsichtlich jeglicher Art von bevorstehender steuerlicher Prüfung erstmalig kontaktiert:[215] Resultiert aus dem freiwilligen Methodenwechsel eine Veränderung des zu versteuernden Einkommens, so kann der Unterschiedsbetrag auf das Jahr des Wechsels sowie die darauffolgenden drei Wirtschaftsjahre verteilt werden.[216] Darüber hinaus kann bei einem auf Sec. 448 IRC beruhenden Methodenwechsel der Unterschiedsbetrag gemäß Sec. 448(d)(7) IRC über höchstens vier Jahre, beginnend mit dem ersten auf den Wechsel folgenden Wirtschaftsjahr, verteilt werden.

---

214 Vgl. Sec. 481(a) und (b) IRC sowie Reg. §§ 1.481-1 bis 1.481-5 und Rev. Proc. 97-27, 1997-1 C. B. 680. Siehe auch *Bittker, B. I./Lokken, L.*, 1999d, S. 105-226 f.; *Conjura, C.*, 1997, S. 5 ff.; *Willis, E. u. a.*, 1999, S. 15-17; *CCH*, 1998b, S. 43 f.; *CCH*, 1998a, S. 413.

215 Vgl. Rev. Proc. 97-27, 1997-1 C. B. 682 sowie Sec. 446(f) IRC. Siehe auch *Bittker, B. I./Lokken, L.*, 1999d, S. S105-69 ff.; *Sherman, W. R.*, 1997, S. 616; *Willis, E. u. a.*, 1999, S. 15-17; *Conjura, C.*, 1997, S. 15.

216 Vgl. Rev. Proc. 97-27, 1997-1 C. B. 684; *Bittker, B. I./Lokken, L.*, 1999d, S. S105-74 ff.; *Willis, E. u. a.*, 1999, S. 15-17; *Sherman, W. R.*, 1997, S. 617; *Morgan, D. T./Bayles, C. M.*, 1997, S. 299. Daneben gibt es noch einige Ausnahmevorschriften. Vgl. dazu ausführlich *Conjura, C.*, 1997, S. 5 ff. Der IRS hat mittlerweile in Notice 98-31, 1998-22 I. R. B. 10 den Entwurf einer Revenue Procedure veröffentlicht, die sich mit vom IRS angeordneten Änderungen der Gewinnermittlungsmethode befaßt, da Rev. Proc. 97-27, 1997-1 C. B. 680 lediglich auf freiwillige Wechsel abstellt. Grundsätzlich soll, um weiterhin einen Anreiz zur freiwilligen Annahme einer geeigneten Gewinnermittlungsmethode zu erhalten, der anpassungsbedingte Unterschiedsbetrag vollständig dem Jahr des Wechsels zugerechnet werden. Vgl. dazu *Gentle, R. A.*, 1998, S. 587 sowie *Tax Executives Institute*, 1998, S. 300 ff.

3124. Vergleich mit den Gewinnermittlungsmethoden des deutschen Steuerrechts

Im deutschen Steuerrecht dient der Begriff der Gewinnermittlungsmethode als Bezeichnung für die im Rahmen der Gewinneinkunftsarten zulässigen Einkunftsermittlungsmethoden.[217] Mithin sind lediglich umfassende Gewinnermittlungsmethoden im Sinne der US-amerikanischen *overall methods* unter den Begriff zu subsumieren, weshalb sich Abgrenzungsprobleme wie bei dem deutlich weiteren Begriff der *accounting method* nicht ergeben.

Die deutsche Überschußrechnung nach § 4 Abs. 3 EStG ermittelt ebenso wie die US-amerikanische *cash method* den Gewinn als Überschuß der Betriebseinnahmen über die Betriebsausgaben.[218] Für die Erfassung von Einnahmen und Ausgaben ist in Deutschland ebenso wie in den USA der Zeitpunkt des jeweiligen Zu- oder Abflusses entscheidend. Während die USA jedoch diese Erfassungszeitpunkte asymmetrisch definieren,[219] legt das deutsche Steuerrecht hier übereinstimmende Kriterien an.[220] Dies führt zu einer im Vergleich zu den USA etwas engeren Auslegung des Zuflusses und umgekehrt zu einer etwas weiteren Auslegung des

217 Dabei handelt es sich um den allgemeinen Betriebsvermögensvergleich nach § 4 Abs. 1 EStG (originäre Steuerbilanz), den qualifizierten Betriebsvermögensvergleich nach § 4 Abs. 1 i. V. m. § 5 EStG (derivative Steuerbilanz), die Überschußrechnung nach § 4 Abs. 3 EStG sowie die Gewinnermittlung nach Durchschnittssätzen für Einkünfte aus Land- und Forstwirtschaft gem. § 13a EStG und seit 1999 die sog. Tonnagebesteuerung bei Handelsschiffen im internationalen Verkehr gem. § 5a EStG. Vgl. *Kanzler, H.-J.*, 1996, Vor §§ 4-7, Anm. 1; *Drüen, K.-D.*, 1999, S. 1589; *Crezelius, G.*, 1994, S. 124; *Holler, G.*, 1992, S. 8 ff. Zur neu eingeführten Gewinnermittlung nach § 5a EStG vgl. *Kranz, M.*, 2000, S. 1215 ff. *Kruse, H. W.*, 1997, S. 422 spricht hier vom „Pluralismus der Gewinnermittlung", dessen Notwendigkeit *Kanzler, H.-J.*, 1998, S. 234 bezweifelt. Die Schätzung nach § 162 AO wird nach h. M. nicht als eigenständige Gewinnermittlungsmethode aufgefaßt. Vgl. *Tipke, K./Lang, J.*, 1998, S. 283; *Rose, G.*, 1997, S. 59; *Scheffler, W.*, 1998, S. 72. A. A. *Wöhe, G.*, 1988, S. 144; *Schult, E.*, 1998, S. 36.

218 Vgl. § 4 Abs. 3 Satz 1 EStG. Betriebseinnahmen i. S. v. § 4 Abs. 3 EStG sind nach BFH v. 16.01.1975, in: BStBl. II 1975, S. 527 in Anlehnung an den Betriebsausgabenbegriff in § 4 Abs. 4 EStG „alle Zugänge von Wirtschaftsgütern in der Form von Geld oder von Geldeswert ... die durch den Betrieb veranlaßt sind". Vgl. auch BFH v. 01.10.1993, in: BStBl. II 1994, S. 180; *Birk, D.*, 1996, § 11, Anm. 15. Nach verbreiteter Literaturmeinung sollten Sachwerte jedoch nicht unter den Begriff subsumiert werden, um den Charakter der Überschußrechnung als Geldrechnung nicht zu beeinträchtigen. Vgl. z. B. *Bergkemper, W.*, 1996, § 4, Anm. 560; *Tiedtke, K.*, 1995, S. 428 f.; *Biergans, E.*, 1992, S. 674 f. A. A. *Heinicke, W.*, 2000, § 4, Rz. 427 f. Die US-amerikanische Definition umfaßt hingegen grundsätzlich auch Sachwerte.

219 Die constructive receipt of income-Doktrin gilt nur für Einnahmen, nicht für Ausgaben.

220 Nach dem Zuflußprinzip des § 11 Abs. 1 EStG sind Einnahmen zugeflossen, wenn beim Steuerpflichtigen eine objektive Bereicherung im Sinne einer Vermögensmehrung erfolgt ist, der Steuerpflichtige die wirtschaftliche Verfügungsmacht über die Einnahme erlangt hat und eine Vermögensverschiebung von außen auf den Steuerpflichtigen stattgefunden hat. In Fällen der Entgegennahme durch Dritte ist die Erlangung der wirtschaftlichen Verfügungsmacht das entscheidende Kriterium. Vgl. dazu *Birk, D.*, 1996, § 11, Anm. 18 ff.; *Tiedtke, K.*, 1995, S. 427; *Trzaskalik, C.*, 1985, S. 222 ff.; *Schurmann, W.*, 1992, S. 83 ff. Ausgaben sind nach dem Abflußprinzip des § 11 Abs. 2 EStG in analoger Anwendung der Kriterien des Zuflußprinzips abgeflossen, wenn eine objektive Entreicherung des Steuerpflichtigen erfolgt ist, der Steuerpflichtige keine wirtschaftliche Verfügungsmacht mehr hat und eine Vermögensverschiebung vom Steuerpflichtigen nach außen stattgefunden hat. Vgl. *Birk, D.*, 1996, § 11, Anm. 105 ff.; *Tiedtke, K.*, 1995, S. 430 f.; *Schurmann, W.*, 1992, S. 83 ff.

Abflusses innerhalb der deutschen Überschußrechnung nach § 4 Abs. 3 EStG.[221] Ausgaben für Wirtschaftsgüter mit einer Nutzungsdauer von mehr als einem Jahr werden in Deutschland in Übereinstimmung mit der US-amerikanischen Vorgehensweise aktiviert und – sofern es sich um abnutzbare Wirtschaftsgüter handelt – zeitanteilig abgeschrieben.[222] Forderungen erfaßt die Überschußrechnung nach § 4 Abs. 3 EStG generell erst im Zuflußzeitpunkt,[223] während die *cash method* hier weniger eindeutig ist, und auch die Sonderbehandlung vorausgezahlter Zinsen nach Sec. 461(g) IRC findet keine Entsprechung im deutschen Steuerrecht. Den Anwendungsbereich der Überschußrechnung nach § 4 Abs. 3 EStG begrenzt das deutsche Steuerrecht ähnlich wie das US-amerikanische auf ‚kleinere' Steuerpflichtige, meist Freiberufler und Kleingewerbetreibende, geht zu diesem Zweck jedoch deutlich systematischer vor.[224] Insgesamt ist die *cash method* damit ihrem Wesen nach der deutschen Überschußrechnung nach § 4 Abs. 3 EStG durchaus vergleichbar.[225]

Die US-amerikanische *accrual method* ist ebenso wie der Betriebsvermögensvergleich nach § 4 Abs. 1 EStG bzw. § 4 Abs. 1 i. V. m. § 5 EStG eine Zahlungen periodisierende Gewinnermittlungsmethode.[226] Während erstere jedoch einer eher dynamischen Einkommenskonzeption folgt, definiert § 4 Abs. 1 Satz 1 EStG den Gewinn eher statisch als Unterschiedsbetrag zwischen dem Betriebsvermögen am Schluß des Wirtschaftsjahres und dem Betriebsvermögen am Schluß des vorangegangenen Wirtschaftsjahres[227]. Außerdem hat der Betriebsvermögensvergleich des deutschen Steuerrechts im Vergleich zur *accrual method*, die grund-

---

221 Allerdings sind im Unterschied zur cash method regelmäßig wiederkehrende Einnahmen oder Ausgaben, die kurze Zeit vor Beginn oder kurze Zeit nach Beendigung des Kalenderjahres, dem sie wirtschaftlich zugehören, zu- oder abgeflossen sind gem. §§ 11 Abs. 1 Satz 2 und 11 Abs. 2 Satz 2 EStG diesem Kalenderjahr zuzurechnen. Vgl. dazu z. B. *Biergans, E.*, 1992, S. 677 f.; *Tiedtke, K.*, 1995, S. 427.

222 Ausgaben für nicht abnutzbare Wirtschaftsgüter werden erst bei ihrer Veräußerung als Betriebsausgaben erfaßt und sind bis dahin in ein besonderes Verzeichnis aufzunehmen. Vgl. § 4 Abs. 3 Satz 3 bis 5 EStG. Siehe auch *Scheffler, W.*, 1998, S. 71; *Biergans, E.*, 1992, S. 679 ff.; *Tiedtke, K.*, 1995, S. 431; *Jakob, W.*, 1996, S. 265 f.

223 Vgl. *Bergkemper, W.*, 1996, § 4, Anm. 559; *Tiedtke, K.*, 1995, S. 434. Siehe auch BFH v. 16.01.1975, in: BStBl. II 1975, S. 527.

224 Anstelle des komplexen US-amerikanischen Systems, das die Anwendung der cash method sowohl von rechtsform- und größenbezogenen Kriterien als auch vom Vorhandensein von Vorratsvermögen abhängig macht, kommt die Überschußrechnung nach § 4 Abs. 3 EStG nur für Steuerpflichtige in Betracht, die Einkünfte aus einer der Gewinneinkunftsarten erzielen und keine Bücher führen und Abschlüsse erstellen. Konkret bezeichnet dies Land- und Forstwirte, die nicht nach § 141 AO buchführungspflichtig sind und auch nicht freiwillig Bücher führen und Abschlüsse erstellen oder ihren Gewinn nach § 13a EStG ermitteln, Gewerbetreibende, die nicht nach § 141 AO buchführungspflichtig sind und ebenfalls nicht freiwillig Bücher führen und Abschlüsse erstellen sowie Selbständige, die nicht freiwillig Bücher führen und Abschlüsse erstellen. Vgl. dazu *Bergkemper, W.*, 1996, § 4, Anm. 543 ff.; *Tipke, K./Lang, J.*, 1998, S. 371; *Biergans, E.*, 1992, S. 671 f.; *Tiedtke, K.*, 1995, S. 426.

225 So auch *Ault, H. J.*, 1997, S. 250; *Kahle, H.*, 1996, S. 76; *Haueisen, B.*, 1990, S. 178; *Zschiegner, H.*, 1998a, S. 944; *Thiele, C.*, 1998, S. 64; *Small, D. G.*, 1995, S. 158.

226 So auch *Dreissig, H.*, 1984, S. 192.

227 Letztlich ist natürlich die materielle Definition des Betriebsvermögens für den Charakter des Gewinnbegriffs entscheidend.

sätzlich allen Steuerpflichtigen zur Verfügung steht, einen deutlich engeren Anwendungsbereich.[228] In der deutschen steuerwissenschaftlichen Literatur wird die *accrual method* dennoch häufig dem Betriebsvermögensvergleich gleichgesetzt.[229] Dies erscheint trotz der primären Orientierung der *accrual method* an der Aufwands- und Ertragsverrechnung aufgrund der implizit vorhandenen bilanziellen Ansatz- und Bewertungsvorschriften grundsätzlich gerechtfertigt, wenn auch keine vollständige systematische Identität besteht.[230] Damit konkretisiert sich der Untersuchungsgegenstand der vorliegenden Arbeit, der eingangs allgemein als Steuerrecht der bilanziellen Gewinnermittlung definiert wurde, nunmehr auf die US-amerikanische *accrual method* und den deutschen Betriebsvermögensvergleich.[231]

Die *hybrid methods* als dritte *overall method of accounting* des US-amerikanischen Steuerrechts finden im deutschen Steuerrecht ebensowenig eine Entsprechung wie die deutsche Gewinnermittlung nach Durchschnittssätzen und die Tonnagebesteuerung in den USA.

228 Der Betriebsvermögensvergleich nach § 4 Abs. 1 i. V. m. § 5 EStG kommt grundsätzlich nur für Gewerbetreibende, die gesetzlich zur Buchführung und Abschlußerstellung verpflichtet sind oder dies freiwillig tun in Betracht. Der Betriebsvermögensvergleich nach § 4 Abs. 1 EStG ist Land- und Forstwirten, die nach § 141 AO buchführungspflichtig sind oder freiwillig Bücher führen und Abschlüsse erstellen sowie Selbständigen, die freiwillig Bücher führen und Abschlüsse erstellen oder nach § 140 AO buchführungspflichtig sind, vorbehalten. Vgl. z. B. *Arndt, H.-W./Piltz, D. J.*, 1996, S. 74 f.; *Rose, G.*, 1997, S. 57.

229 Vgl. *Zschiegner, H.*, 1998a, S. 944; *Small, D. G.*, 1995, S. 158; *Haueisen, B.*, 1990, S. 179; *Thiele, C.* 1998, S. 65; *Siebert, H.*, 1996, S. 381; *Kahle, H.*, 1996, S. 76; *Dreissig, H.*, 1984, S. 192.

230 So im Ergebnis auch *Dreissig, H.*, 1984, S. 193. Siehe dazu auch GP 3112.

231 Auf deutscher Seite erfolgt dabei wegen dessen ungleich größerer Bedeutung eine Fokussierung auf der Betriebsvermögensvergleich nach § 4 Abs. 1 i. V. m. § 5 EStG.

Abb. 3: Steuerliche Gewinnermittlungsmethoden in Deutschland und den USA

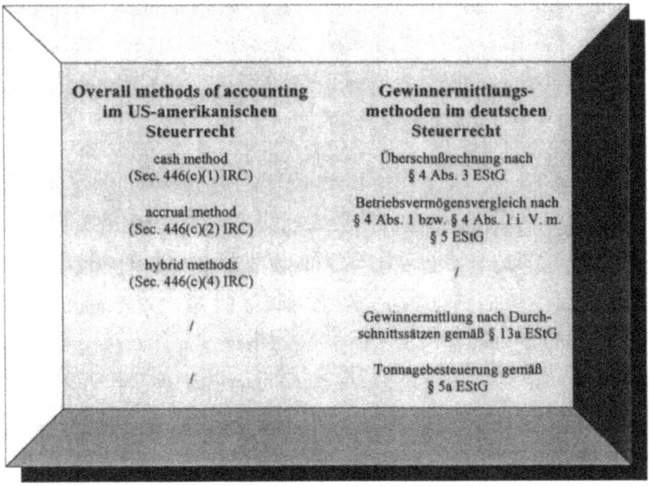

Ein Wechsel der Gewinnermittlungsmethode bedeutet im deutschen Steuerrecht zwar ebenso wie in den USA den Übergang von einer zulässigen Gewinnermittlungsmethode auf eine andere.[232] Die aus der weiten Definition des Begriffs der *accounting method* in den USA resultierende Problematik der Abgrenzung eines solchen Wechsels tritt aufgrund der engeren Auslegung des Terminus im deutschen Steuerrecht jedoch nicht auf. Zudem wird der Wechsel nicht wie in den USA durch die prinzipielle Zustimmungserfordernis der Finanzverwaltung verfahrenstechnisch erschwert.[233] Im Gegensatz zu den vergleichsweise strengen Voraussetzungen, unter denen der IRS in den USA einen Wechsel der *accounting method* genehmigt, kann ein Steuerpflichtiger in Deutschland, sofern er nicht zur Anwendung einer bestimmten Gewinnermittlungsmethode verpflichtet ist, eine andere, für seine individuellen Verhältnisse zulässige Methode frei wählen.[234] Mit dem US-amerikanischen Stetigkeitsgebot korrespondiert dabei im deutschen Steuerrecht ein Willkürverbot, so daß in keinem der beiden Länder

232 Vgl. *Tiedtke, K.*, 1995, S. 443. Der Wechsel der Gewinnermittlungsmethode ist in der Bundesrepublik nicht gesetzlich geregelt. Vgl. *Kanzler, H.-J.*, 1999, S. 226.

233 Vgl. *Holler, G.*, 1992, S. 50 ff.; *Drüen, K.-D.*, 1999, S. 1589 ff.; *Pickert, G.*, 1994, S. 1581 ff.

234 Vgl. *Tiedtke, K.*, 1995, S. 443; *Holler, G.*, 1992, S. 50 ff.; *Kanzler, H.-J.*, 1998, S. 244 ff.; *Kanzler, H.-J.*, 1999, S. 229. *Drüen, K.-D.*, 1999, S. 1590 sieht in der Wahl der Gewinnermittlungsmethode einen wesentlichen betrieblichen Entscheidungsparameter, da die Methodenwahl wegen der progressiven Abschnittsbesteuerung die Gesamtsteuerlast des Unternehmens beeinflusse.

ein beliebiger Wechsel der Gewinnermittlungsmethode möglich ist.[235] Während in den USA die meisten Methodenwechsel vom IRS angeordnet werden, kann in Deutschland lediglich eine gesetzliche Verpflichtung zum Wechsel der Gewinnermittlungsmethode vorliegen.[236] Das deutsche Steuerrecht verhindert aus dem Methodenwechsel resultierende Doppel- oder Nichterfassungen einzelner Positionen durch den Ansatz von Korrekturposten, was ebenso wie in den USA zu einem anpassungsbedingten Übergangsgewinn oder -verlust führen kann.[237] Dieser Unterschiedsbetrag wirkt sich bis auf eine Ausnahme[238] grundsätzlich auf den Gewinn des ersten auf den Methodenwechsel folgenden Wirtschaftsjahres aus.[239] Eine Milderungsvorschrift für anpassungsbedingte Steuermehrbelastungen wie Sec. 481(b) IRC gibt es im deutschen Steuerrecht indes nicht. Damit bleibt festzuhalten, daß die USA im Vergleich zum deutschen Steuerrecht zwar strengere Maßstäbe an die Zulässigkeit eines Methodenwechsels anlegen, dafür aber sowohl bei der Verteilung von Übergangsgewinnen und -verlusten als auch bei der Milderung anpassungsbedingter Steuermehrbelastungen großzügiger verfahren.

---

235 Vgl. RFH v. 17.12.1930, in: RStBl. 1931, S. 451; BFH v. 02.03.1978, in: BStBl. II 1978, S. 431; BFH v. 29.04.1982, in: BStBl. II 1982, S. 594. Nach BFH v. 09.11.2000, in: DB 2001, S. 307 ist ein „beliebiges Hin und Her zwischen den Gewinnermittlungsarten unzulässig". Kritisch zu dieser Einschränkung *Kanzler, H.-J.*, 1999, S. 229. Lediglich die Tonnagebesteuerung bindet den Steuerpflichtigen gem. § 5a Abs. 3 Satz 3 EStG für 10 Jahre und die Gewinnermittlung nach § 13a EStG für vier Jahre. Vgl. § 13a Abs. 2 EStG.

236 Dies ist der Fall, wenn die Anwendungsvoraussetzungen der verwendeten Gewinnermittlungsmethode nicht mehr erfüllt sind, wie z. B. wenn ein Gewerbebetrieb in einen land- und forstwirtschaftlichen Betrieb übergeht. Hier ist ein Wechsel vom Betriebsvermögensvergleich nach § 4 Abs. 1 i. V. m. § 5 EStG zum Betriebsvermögensvergleich nach § 4 Abs. 1 EStG erforderlich, da die Voraussetzungen für einen qualifizierten Betriebsvermögensvergleich nicht mehr gegeben sind. Gleiches gilt natürlich im umgekehrten Fall. Als weiteres Beispiel ist ein Steuerpflichtiger zum Wechsel von der Überschußrechnung nach § 4 Abs. 3 EStG zum Betriebsvermögensvergleich verpflichtet, wenn er buchführungspflichtig wird oder seinen Betrieb veräußert oder aufgibt. Vgl. dazu *Holler, G.*, 1992, S. 55 ff.; *Tiedtke, K.*, 1995, S. 444; *Kleine-Rosenstein, C.*, 1999, S. 4238; *Kanzler, H.-J.*, 1999, S. 230 f., der auf die Rechtsprechung als zweite Quelle zwingender Methodenwechsel hinweist.

237 Die Anpassungen folgen insbesondere dem Prinzip der Gesamtgewinngleichheit. Vgl. *Kanzler, H.-J.*, 1999, S. 227 mit kritischen Anmerkungen. Siehe auch eingehend *Holler, G.*, 1992, S. 77 ff.; *Tiedtke, K.*, 1995, S. 445 ff.

238 Beim Wechsel von der Überschußrechnung nach § 4 Abs. 3 EStG zum Betriebsvermögensvergleich kann ein Übergangsgewinn zur Vermeidung besonderer Härten auf Antrag gleichmäßig auf das Jahr des Wechsels und das folgende oder die folgenden zwei Jahre verteilt werden, sofern der Methodenwechsel nicht aufgrund einer Betriebsveräußerung oder -aufgabe verpflichtend war. Vgl. R 17 Abs. 1 Satz 4 EStR; BFH v. 03.08.1967, in: BStBl. III 1967, S. 755. Übergangsverluste sind davon nicht erfaßt, es gelten hier die allgemeinen Verlustverrechnungsvorschriften. Vgl. *Kanzler, H.-J.*, 1999, S. 236 ff.; *Tiedtke, K.*, 1995, S. 453; *Holler, G.*, 1992, S. 143 f.; *Ritzrow, M.*, 1995a, S. 491; *Kleine-Rosenstein, C.*, 1999, S. 4244.

239 Vgl. *Kanzler, H.-J.*, 1999, S. 235 ff. mit umfangreichen Nachweisen aus Rechtsprechung und Schrifttum. Siehe auch *Holler, G.*, 1992, S. 143, 176; *Tiedtke, K.*, 1995, S. 452; *Kleine-Rosenstein, C.*, 1999, S. 4246; R 17 Abs. 2 EStR.

313. Verhältnis von steuerrechtlicher Rechnungslegung und Financial Accounting

3131. Maßgeblichkeit und Clear Reflection of Income

Die steuerrechtliche Rechnungslegung ist in den USA weitgehend unabhängig vom *financial accounting*.[240] Diese Trennung wird vornehmlich mit der unterschiedlichen Zielsetzung beider Rechenwerke begründet. Denn während das *financial accounting* primär der *decision usefulness*, also der Vermittlung entscheidungsrelevanter Informationen an gegenwärtige und künftige Investoren verpflichtet ist, dient die steuerrechtliche Rechnungslegung in erster Linie der Ermittlung der ertragsteuerlichen Bemessungsgrundlage. Das im *financial accounting* zwar eher nachrangig zu beachtende Vorsichtsprinzip führt dabei dennoch zu einem tendenziell niedrigeren Gewinnausweis, was mit den fiskalischen Zielen der steuerrechtlichen Rechnungslegung nicht zu vereinbaren ist.[241] Zudem verfolgt die Besteuerung in hohem Maße auch nichtfiskalische Lenkungszwecke, die durch eine entsprechende Ausgestaltung der steuerrechtlichen Rechnungslegungsvorschriften umgesetzt werden.[242] Die Verknüpfung der steuerrechtlichen Rechnungslegung mit dem *financial accounting* führte nach US-amerikanischer Auffassung dazu, daß der Zweck eines oder gar beider Rechenwerke nicht mehr in befriedigender Weise erreicht werden könnte.[243] Daher wird eine Kopplung beider Rechenwerke

---

240 Vgl. z. B. *Kahle, H.*, 1997, S. 325; *Haller, A.*, 1988, S. 725; *Haller, A.*, 1994, S. 246; *Small, D. G.*, 1995, S. 156; *Zschiegner, H.*, 1998a, S. 943; *OECD*, 1987, S. 9; *Ault, H. J.*, 1997, S. 149 f.

241 Vgl. dazu das Grundsatzurteil in Thor Power Tool Co. v. Commissioner, 439 U. S. 542 (1979) mit der häufig zitierten Aussage des Supreme Court, das dem financial accounting eigene „understatement of income" sei im Verhältnis zur steuerrechtlichen Rechnungslegung „not destined to be its guiding light" sowie jüngst Straight v. Commissioner, 74 T. C. M. 1464 (1997). *Coplan, K. S.*, 1983, S. 403 formuliert den Zielkonflikt wie folgt: „financial income is intended to be a comparative measure of a year's results, allowing an outside ... to compare the results of different periods or different organizations. Tax ‚income', on the other hand, is intended to be an index of a taxpayer's current ability to pay tax." Vgl. auch *Haller, A.*, 1988, S. 725; *Small, D. G.*, 1995, S. 156; *Kahle, H.*, 1996, S. 80 ff.; *Bippus, B. E.*, 1998, S. 646; *Schreiber, U.*, 2000, S. 66; *Bittker, B. I./Lokken, L.*, 1999d, S. 105-18 f.; *Raby, W. L./Richter, R. F.*, 1975, S. 44; *Porcano, T. M./Shull, D. M./Tran, A. V.*, 1993, S. 478 ff. sowie *Dubroff, H./Cahill, M. C./Norris, M. D.*, 1983, S. 377 ff., 387 f.; *Lischer, H. J./Märkl, P. N.*, 1997, S. 103 f. und *Siebert, H.*, 1996, S. 384 ff., die ebenso wie *Haller, A.*, 1994, S. 246 zusätzlich auf die historische Begründung der Trennung beider Rechenwerke hinweisen: Die wesentlichen Grundsätze der steuerlichen Gewinnermittlung seien zu einer Zeit entstanden, in der das financial accounting noch weitgehend ungeregelt war und deshalb für steuerliche Zwecke nicht übernommen werden konnte.

242 Vgl. *Haller, A.*, 1988, S. 725; *Raby, W. L./Richter, R. F.*, 1975, S. 44; *Lischer, H. J./Märkl, P. N.*, 1997, S. 104; *Porcano, T. M./Shull, D. M./Tran, A. V.*, 1993, S. 478; *Porcano, T. M./Tran, A. V.*, 1998, S. 446; *Streer, P. J.*, 1979, S. 330 sowie ausführlich *Simonetti, G.*, 1968, S. 66 ff. *Lent, G. E.*, 1962, S. 479 ff. sieht daher kaum Vereinheitlichungspotential.

243 Vgl. *Haller, A.*, 1988, S. 725. Diesen Zielkonflikt stellt Judge Clark in seiner abweichenden Meinung zu Consolidated Edison Co. of New York v. United States, 279 F. 2d 157 (2d Cir., 1960) besonders prägnant heraus: „[C]orporate balance sheets must deal with many fluid items, representing of course much factual information, but also a certain amount of prophecy, of hope, and of sheer argumentation. Because of this ... the result will naturally reflect the needs and desires of the client more than the appropriate demands of the tax collector".

grundsätzlich nur dann als akzeptabel angesehen, wenn keine Einbußen in der jeweiligen Zielerreichung entstehen.[244]

Diese Grundüberlegung reflektiert auch der *Internal Revenue Code*. So statuiert Sec. 446(a) IRC zwar zunächst eine prinzipielle Abhängigkeit der steuerlichen Gewinnermittlung von der im Rahmen der Buchführung verwendeten Methode:[245]

> „Taxable income shall be computed under the method of accounting on the basis of which the taxpayer regularly computes his income in keeping his books."[246]

Dieses Grundprinzip wird jedoch durch die zentrale Vorschrift in Sec. 446(b) IRC wieder relativiert, wonach die steuerliche Gewinnermittlung in jedem Fall das Einkommen klar widerspiegeln muß (*clearly reflect income*):

> „If no method of accounting has been regularly used by the taxpayer, or if the method used does not clearly reflect income, the computation of taxable income shall be made under such method as, in the opinion of the Secretary, does clearly reflect income."[247]

Durch ihre zentrale Rolle bei der Entscheidung der Finanzverwaltung über die Geeignetheit einer Gewinnermittlungsmethode[248] ist die *clear reflection of income*-Doktrin von elementarer Bedeutung für die Reichweite der Maßgeblichkeit (*conformity*) des *financial accounting* für die steuerrechtliche Rechnungslegung in den USA. Daher wird sie in der Literatur auch teilweise als steuerliche Generalnorm bezeichnet.[249]

Weder die Finanzverwaltung noch der Gesetzgeber haben bisher abschließend definiert, welche konkreten Voraussetzungen erfüllt sein müssen, damit eine Gewinnermittlungsmethode

---

244 Vgl. *Haller, A.*, 1988, S. 725.

245 Insofern handelt es sich bei Sec. 446(a) IRC um einen indirekten Verweis. Es wird nicht direkt auf das financial accounting, sondern lediglich indirekt auf die Buchführung Bezug genommen. Das hier zu untersuchende Verhältnis von steuerrechtlicher Rechnungslegung und financial accounting ist von diesem Verweis jedoch in jedem Fall erfaßt, da letzteres naturgemäß auf der Buchführung basiert.

246 Sec. 446(a) IRC. Das hierin statuierte sog. book conformity requirement wurde erstmals im Jahr 1918 gesetzlich verankert. Vgl. *Gertzman, S. F.*, 1999, S. 2-8. Gemäß Sec. 6001 IRC und Reg. § 6001-1(a) ist jeder Steuerpflichtige zur Führung von Büchern verpflichtet, soweit es zur ordnungsgemäßen Erklärung seiner Einkünfte erforderlich ist. Siehe auch Reg. § 1.446-1(a)(4). Vgl. ausführlich *Bittker, B. I./Lokken, L.*, 1999d, S. 105-22 ff. sowie *Bippus, B. E.*, 1998, S. 646; *Hahn, J. G.*, 1960, S. 37; *Gertzman, S. F.*, 1999, S. 2-6. Zu den Zulässigkeitsvoraussetzungen elektronischer Speichermedien siehe Rev. Proc. 97-22, 1997-1 C. B. 652. Bezieht der Steuerpflichtige jedoch nur Einkünfte aus unselbständiger Arbeit, ist er gem. Reg. § 1.446-1(b)(2) von der Buchführungspflicht befreit.

247 Sec. 446(b) IRC.

248 Die Verpflichtung zum Wechsel der Gewinnermittlungsmethode resultiert in aller Regel aus der Erkenntnis der Finanzverwaltung, daß die vom Steuerpflichtigen verwendete Methode das Einkommen nicht klar widerspiegelt. Vgl. dazu auch GP 3123. In diesem Fall kann die Finanzverwaltung nach dem Wortlaut von Sec. 446(b) IRC eine beliebige Methode vorgeben, die nach ihrer Auffassung zu einer clear reflection of income führt. Vgl. z. B. *Dubroff, H./Cahill, M. C./Norris, M. D.*, 1983, S. 363.

249 Vgl. z. B. *Kahle, H.*, 1997, S. 325; *Haller, A.*, 1994, S. 249. Diese Generalnorm fand im Jahr 1916 erstmalig Eingang in den Internal Revenue Code. Vgl. *Seago, W. E.*, 1994a, S. 357; *Malman, L. L.*, 1981, S. 106. Damals erfolgte jedoch keine nähere Begründung oder Erläuterung der Doktrin. Vgl. *Dubroff, H./Cahill, M. C./Norris, M. D.*, 1983, S. 356 f.

das Einkommen des Steuerpflichtigen klar widerspiegelt.[250] Der IRC bzw. die *Regulations* legen zwar für verschiedene Fälle die anzuwendende *accounting method* fest. Dennoch hat der IRS auf der Grundlage von Sec. 446(b) IRC einen sehr weiten Ermessensspielraum, der in Abhängigkeit von den jeweiligen Umständen zu deutlich variierenden Einzelfallentscheidungen führt.[251] Die daraus folgende Rechtsunsicherheit wird durch die der *clear reflection of income*-Doktrin inhärente Tautologie zusätzlich verstärkt, die darin besteht, daß die Gewinnermittlungsmethode das Einkommen, welches mittels dieser Methode zu bestimmen ist, klar widerspiegeln soll.[252] Die Unbestimmtheit der Doktrin gibt dem Fiskus ein universell und variabel einsetzbares Instrument zur Beeinflussung des Steueraufkommens an die Hand.[253]

Die mit der weiten Entscheidungsbefugnis des IRS einhergehende Rechtsunsicherheit führt naturgemäß zu zahlreichen gerichtlichen Auseinandersetzungen, so daß eine umfangreiche Judikatur zur Auslegung der *clear reflection of income*-Doktrin in Einzelfällen vorliegt, die zur Konkretisierung der Generalnorm herangezogen werden kann.[254] Dabei ist jedoch zu beachten, daß die Gerichte nach h. M. lediglich darüber befinden können, ob der IRS das ihm zustehende Ermessen überschritten hat (*rational basis standard*). Die Anwendung einer bestimmten Gewinnermittlungsmethode (*substitution standard*) können sie danach nicht vorschreiben.[255]

Die Maßgeblichkeit in der US-amerikanischen Rechnungslegung wird somit in ihrer Reichweite durch das steuerrechtliche Kriterium der klaren Einkommenswiderspiegelung determiniert. Die steuerrechtliche Rechnungslegung beruht so lange auf dem *financial accounting*

---

250 Vgl. *Gertzman, S. F.*, 1999, S. 2-22; *Haller, A.*, 1988, S. 725; *Haller, A.*, 1994, S. 248; *Siebert, H.*, 1996, S. 384; *Kahle, H.*, 1996, S. 77; *Geier, D. A.*, 1998, S. 21; *Porcano, T. M./Tran, A. V.*, 1998, S. 436. *Dubroff, H./Cahill, M. C./Norris, M. D.*, 1983, S. 356 führen dies etwas sarkastisch darauf zurück, daß der Gesetzgeber die clear reflection of income-Doktrin als „either self-evident or so esoteric that its definition is beyond the capacities of a legislative body" erachtet.

251 Siehe *Gertzman, S. F.*, 1999, S. 2-22; *Haller, A.*, 1988, S. 725; *Siebert, H.*, 1996, S. 385; *Lischer, H. J./Märkl, P. N.*, 1997, S. 94; *Bauernfeind, G. G.*, 1994, S. 7-2. In Thor Power Tool Co. v. Commissioner, 439 U. S. 540 (1979) hat der Supreme Court den weiten Ermessensspielraum des IRS nochmals bestätigt. Siehe auch *Dubroff, H./Cahill, M. C./Norris, M. D.*, 1983, S. 363 f. mit weiteren Nachweisen aus der Rechtsprechung. Analog zu der Restriktion beim Wechsel der steuerlichen Gewinnermittlungsmethode kann der IRS jedoch eine mit dem financial accounting konforme Rechnungslegungsmethode, die das Einkommen klar widerspiegelt, nicht mit dem Hinweis auf eine in seinen Augen geeignetere Methode verwerfen. Vgl. *Kahle, H.*, 1997, S. 326; *Gertzman, S. F.*, 1999, S. 2-38 f.; *Raby, W. L./Raby, B. J. W.*, 1996, S. 228.

252 Vgl. *Kahle, H.*, 1997, S. 326; *Bittker, B. I./Lokken, L.*, 1999d, S. 105-17; *Schapiro, D.*, 1975, S. 135 f.; *Lischer, H. J./Märkl, P. N.*, 1997, S. 94.

253 Siehe *Haller, A.*, 1988, S. 725; *Raby, W. L./Raby, B. J. W.*, 1996, S. 227 ff.

254 Vgl. dazu die umfangreichen Nachweise bei *Nolan, L. F.*, 1997, S. 1175 ff. Siehe auch *Haller, A.*, 1988, S. 726; *Haller, A.*, 1994, S. 248 f.

255 Vgl. *Seago, W. E.*, 1994a, S. 355 ff.; *Kahle, H.*, 1997, S. 326; *Schreiber, U.*, 2000, S. 66. In RCA Corp. v. United States, 664 F. 2d 886 (2d Cir., 1981) führt der Court of Appeals dazu aus: „The task of a reviewing court, therefore, is not to determine whether in its own opinion .. [the] method of accounting ... ‚clearly reflect[ed] income', but to determine whether there is an adequate basis in law for the Commissioner's conclusion that it did not." (Klammerzusätze durch den Verfasser).

und damit den *US-Generally Accepted Accounting Principles* (US-GAAP),[256] wie eine *clear reflection of income* vorliegt. Der nach US-GAAP ermittelte Gewinn muß dazu weitestgehend identisch mit dem nicht eindeutig definierten und politischen Erwägungen unterworfenen steuerlichen Gewinnkonzept sein.[257] Diesbezüglich läßt sich aus der Existenz von Sec. 446(b) IRC folgern, daß eine deutliche Abweichung vom Gewinnbegriff des *financial accounting* bestehen muß, hätte es doch sonst der Kodifikation einer solchen Einschränkung nicht bedurft.[258] Demnach ist eine GAAP-konforme steuerrechtliche Rechnungslegung geboten, solange keine abweichenden steuerlichen Vorschriften bereits vorliegen oder vom Fiskus für den speziellen Fall erlassen werden.[259]

Diese Auslegung deckt sich auch mit den *Regulations*, die bei stetiger Anwendung der US-GAAP für Zwecke der steuerlichen Gewinnermittlung gewöhnlich eine *clear reflection of income* unterstellen.[260] Dadurch kommt den GAAP jedoch keine generelle Richtigkeitsver-

---

256 Die Pflicht zur Erstellung eines Jahresabschlusses ergibt sich für amerikanische Unternehmen in erster Linie aus den Vorschriften der Securities and Exchange Commission (SEC) als US-amerikanischer Wertpapieraufsichtsbehörde. Daneben können auch noch die Vorgaben anderer Bundes-Aufsichtsbehörden, der Aufsichtsbehörden einzelner Bundesstaaten, in gewissen Grenzen auch deren Corporation Acts sowie privatrechtliche Verpflichtungen Rechnungslegungspflichten auslösen. Die auf diese Weise zur Rechnungslegung verpflichteten Unternehmen, also in erster Linie börsennotierte Gesellschaften, die der Aufsicht der SEC unterliegen, haben ihren Jahresabschluß nach den US-GAAP zu erstellen. Diese Bindung an die US-GAAP ist jedoch nur indirekt, da die SEC vorschreibt, daß die bei ihr einzureichenden financial statements mit dem uneingeschränkten Bestätigungsvermerk eines Wirtschaftsprüfers versehen sein müssen, der diesen nur bei GAAP-konformen Abschlüssen erteilen kann. Vgl. dazu z. B. *Haller, A.*, 1988, S. 723; *Haller, A.*, 1994, S. 233 ff.; *Sjogren, W. R.*, 1988, S. 227. Für die Zwecke der vorliegenden Untersuchung soll aus Vereinfachungsgründen ein financial accounting in Übereinstimmung mit den US-GAAP unterstellt werden.

257 Vgl. *Bittker, B. I./Lokken, L.*, 1999d, S. 105-17; *Haller, A.*, 1988, S. 726; *Kahle, H.*, 1997, S. 325. Zur historischen Entwicklung der conformity in den USA vgl. *Lischer, H. J./Märkl, P. N.*, 1997, S. 94 ff. und *Porcano, T. M./Shull, D. M./Tran, A. V.*, 1993, S. 481 ff.

258 So *Haller, A.*, 1988, S. 725; *Haller, A.*, 1994, S. 248.

259 Vgl. *Kahle, H.*, 1997, S. 325; *Kahle, H.*, 1996, S. 77 f.; *Nolan, L. F.*, 1997, S. 1189 f.; *Haller, A.*, 1988, S. 726; *Haller, A.*, 1994, S. 249; *Bauernfeind, G. G.*, 1994, S. 7-5. Reg. § 1.446-1(a)(1) gestattet daher explizit auch vom financial accounting abweichende Rechnungslegungsmethoden, sofern sie steuerlich zulässig oder erforderlich sind. Die Bedeutung der steuerlichen Zulässigkeit hat der Court of Appeals in Challenge Publications, Inc. v. Commissioner, 845 F. 2d 1541 (9th Cir., 1988) nochmals hervorgehoben, indem er feststellte, daß Sec. 446(a) IRC keinesfalls zu Abzügen berechtigt, die zwar mit den US-GAAP, nicht aber mit dem geltenden Steuerrecht in Einklang stehen. So z. B. auch PNC Bancorp, Inc. v. Commissioner, 110 T. C. 349 (1998) zur Irrelevanz des Aufwandscharakters einer Position im Rahmen des financial accounting für Zwecke der steuerrechtlichen Rechnungslegung. *Small, D. G.*, 1995, S. 156 spricht den GAAP insgesamt dennoch eine hohe praktische Bedeutung zu. Ähnlich auch *Bittker, B. I./Lokken, L.*, 1999d, S. 105-19 und *Lischer, H. J./Märkl, P. N.*, 1997, S. 104, die deutlich mehr Überschneidungen zwischen steuerrechtlicher Rechnungslegung und financial accounting als Abweichungen sehen. *Lamb, M./Nobes, C./Roberts, A.*, 1995, S. 16 gehen sogar soweit, von einer „de facto"-Maßgeblichkeit zu sprechen, was angesichts der zahlreichen Abweichungen zwischen beiden Rechenwerken, die die Autoren auch selbst aufzeigen, begrifflich irreführend erscheint.

260 Vgl. Reg. § 1.446-1(a)(2): „A method of accounting which reflects the consistent application of generally accepted accounting principles in a particular trade or business in accordance with accepted conditions or practices in that trade or business will ordinarily be regarded as clearly reflecting income, provided all items of gross income and expense are treated consistently from year to year." Siehe auch Reg. § 1.446-1(c)(1)(ii)(C) sowie *Kahle, H.*, 1997, S. 325; *Bippus, B. E.*, 1998, S. 646; *Schreiber, U.*, 2000, S. 64; *Stanger, A. M./Vander Kam, H. P./Polifka, P.*, 1980, S. 403.

mutung zu.[261] Die Bedingung der klaren Widerspiegelung des Einkommens bleibt unverändert bestehen, so daß auch die *Regulations* nur dann die US-GAAP als akzeptabel für die steuerrechtliche Rechnungslegung ansehen, wenn diesen keine steuerlichen Vorschriften entgegenstehen.[262] Doch selbst dann hält der *US Supreme Court* die Übereinstimmung mit den GAAP nicht in jedem Fall für bindend hinsichtlich der klaren Widerspiegelung des Einkommens.[263] Entscheidend ist insbesondere auch die Stetigkeit der verwendeten Methode.[264] Letztlich bleibt die Entscheidung, ob eine auf den US-GAAP basierende steuerrechtliche Rechnungslegungsmethode das Einkommen klar widerspiegelt, im Ermessen des IRS, welches natürlich Gegenstand gerichtlicher Überprüfung sein kann.[265]

Die Bedeutung der GAAP für die steuerrechtliche Rechnungslegung erfährt auf den ersten Blick dadurch Unterstützung, daß die Gerichte das dem *financial accounting* immanente *matching principle*, also die periodengerechte Zuordnung von Aufwendungen und mit ihnen zusammenhängenden Erträgen, als wesentliches Indiz für die *clear reflection of income* ansehen.[266] Dies wird jedoch vor dem Hintergrund der teilweisen Durchsetzung der *accrual*

---

261 Reg. § 1.446-1(a)(2) stellt ausdrücklich fest, daß „no method of accounting is acceptable unless, in the opinion of the Commissioner, it clearly reflects income". *Carnes, G. A./Englebrecht, T. D.*, 1992, S. 456 stellen diesbezüglich besonders auf die Formulierung in Reg. § 1.446-1(a)(2) ab, daß bei stetiger Anwendung der GAAP eine klare Einkommenswiderspiegelung gewöhnlich, und infolgedessen nicht grundsätzlich, angenommen wird.

262 Vgl. *Siebert, H.*, 1996, S. 385; *Bippus, B. E.*, 1998, S. 646; *Kahle, H.*, 1997, S. 325.

263 In American Automobile Assn. v. United States, 367 U. S. 693 (1961) erklärte der Supreme Court die method of accounting des Klägers trotz ihrer Übereinstimmung mit den US-GAAP für nicht angemessen: „It is not hold that for income tax purposes it so clearly reflects income as to be binding on the Treasury." Zu einem analogen Ergebnis kam das höchste Gericht bereits in Automobile Club of Michigan v. Commissioner, 353 U. S. 180 (1957) und später in Schlude v. Commissioner, 372 U. S. 128 (1963). Der Tenor dieser häufig als Trilogie bezeichneten Urteile wurde dann nochmals in Thor Power Tool Co. v. Commissioner, 439 U. S. 523 (1979) bestätigt: „There is no presumption that an inventory practice conformable to ‚generally accepted accounting principles' is valid for tax purposes." Siehe auch *Kahle, H.*, 1997, S. 325; *Haller, A.*, 1994, S. 248; *Seago, W. E.*, 1994a, S. 359; *Dubroff, H./Cahill, M. C./Norris, M. D.*, 1983, S. 376 f. sowie ausführlich *Siebert, H.*, 1996, S. 384 ff.

264 Vgl. *Kahle, H.*, 1997, S. 326; *Gertzman, S. F.*, 1999, S. 2-30 f. Die besondere Bedeutung der Stetigkeit wird teilweise damit begründet, daß über die Totalperiode jede Gewinnermittlungsmethode bei stetiger Anwendung zu demselben Gesamtergebnis führe, was von den Gerichten und dem IRS, die eine korrekte Periodisierung verlangen, nicht akzeptiert wird. Vgl. *Bauernfeind, G. G.*, 1994, S. 7-2. Hinsichtlich der Stetigkeit bestehen auch Bedenken bei der Anwendung der US-GAAP für die steuerrechtliche Rechnungslegung, da erstere nach Ansicht des Supreme Court in Thor Power Tool Co. v. Commissioner, 439 U. S. 544 (1979) diese nicht gewährleisten können: „Accountants long have recognized that ‚generally accepted accounting principles' are far from being a canonical set of rules that will ensure identical accounting treatment of identical transactions." Siehe auch *Schreiber, U.*, 2000, S. 64; *Dubroff, H./Cahill, M. C./Norris, M. D.*, 1983, S. 380 ff., 394 ff. *Gertzman, S. F.*, 1999, S. 2-17 f. nennt Beispiele aus der Rechtsprechung, in denen steuerliche Gewinnermittlungsmethoden trotz der Abweichung vom financial accounting aufgrund ihrer stetigen Anwendung für zulässig befunden wurden.

265 Vgl. auch *Schreiber, U.*, 2000, S. 64.

266 In United States v. Anderson, 269 U. S. 440 (1926) führt der Supreme Court aus, daß die accrual method eingeführt wurde, um dem Steuerpflichtigen eine steuerrechtliche Rechnungslegung „according to scientific accounting principles, by charging against income earned during the taxable period, the expenses incurred in and properly attributable to the process of earning income during that period" zu ermöglichen. Diese Auffassung hat das höchste Gericht in INDOPCO, Inc. v. Commissioner, 503 U. S. 84 (1992) nochmals bestätigt: „the Code endeavors to match expenses with the revenues of the taxable period to which

method mit Elementen der *cash method* wieder relativiert, da hierdurch der Anwendungsbereich des *matching principle* von vornherein beschränkt ist.[267] Die Beachtung des *matching principle* ist daher als ein Indiz für die *clear reflection of income* anzusehen, nicht jedoch als notwendige Voraussetzung.

Die geringe Bindung der steuerrechtlichen Rechnungslegung an das *financial accounting* ist teilweise auch durch den unterschiedlichen Charakter der diesen Rechenwerken zugrundeliegenden Normen zu erklären. Bei den US-GAAP handelt es sich um ein Regelsystem, das auf praktizierte Rechnungslegungsverfahren abstellt und somit induktiv ermittelt wird.[268] Die GAAP sind nicht von der staatlichen Legislative erlassen und somit keine Rechtsnormen wie die für die steuerrechtliche Rechnungslegung einschlägigen Vorschriften des IRC. Es handelt sich vielmehr um offiziell anerkannte und gültige Regelmechanismen, denen quasi Gesetzescharakter zukommt. Dieser resultiert aus der Verpflichtung US-amerikanischer Wirtschaftsprüfer, ein Testat nur im Fall der Übereinstimmung mit den US-GAAP zu erteilen. Die GAAP ersetzen somit die in den USA fehlenden gesetzlichen Vorschriften zum *financial accounting*, wobei ihr Rechtsnormcharakter allerdings nur für prüfungspflichtige bzw. freiwillig geprüfte Unternehmen besteht.[269] Die Zuständigkeit für den Erlaß der GAAP hat die US-amerikanische Wertpapieraufsichtsbehörde SEC weitgehend an das *Financial Accounting Standards Board* (FASB) delegiert, welches 1973 als unabhängige private Organisation vom *American Institute of Certified Public Accountants* (AICPA) gegründet wurde.[270] Die Folge einer konsequent durchgehaltenen Maßgeblichkeit wäre also, daß die steuerrechtliche Rechnungs-

they are properly attributable, thereby resulting in a more accurate calculation of net income for tax purposes". Siehe auch Lincoln Electric Co. v. Commissioner, 54 T. C. 926 (1970) sowie Boise Cascade Corp. v. United States, 530 F. 2d 1367 (Ct. Cl., 1976), die beide die Bedeutung des matching principle für die Beurteilung der clear reflection of income hervorheben. Vgl. auch *Seago, W. E.*, 1994a, S. 361, der eine Partei, die vor Gericht nicht die Anwendung des matching principle für sich in Anspruch nehmen kann, zunächst für grundsätzlich benachteiligt hält. Die Bedeutung des matching principle für Zwecke der steuerrechtlichen Rechnungslegung stellt schon *Lent, G. E.*, 1962, S. 481 heraus. Siehe auch *Malman, L. L.*, 1981, S. 104 f.; *Dubroff, H./Cahill, M. C./Norris, M. D.*, 1983, S. 394, 400 ff. *Gunn, A.*, 1984, S. 1 ff. und *Geier, D. A.*, 1998, S. 17 ff. argumentieren jedoch nachdrücklich gegen eine herausragende Bedeutung des matching principle im Rahmen der Besteuerung und *Gertzman, S. F.*, 1999, S. 2-31 ff. ist hier ebenfalls deutlich zurückhaltender.

267 Vgl. *Kahle, H.*, 1997, S. 326. Zudem würde die untrennbare Verknüpfung von clear reflection of income, die für das gesamte tax accounting gilt, und matching principle zur generellen Unzulässigkeit der cash method führen. Vgl. *Nolan, L. F.*, 1997, S. 1177 f.

268 Vgl. *Haller, A.*, 1994, S. 57 ff.; *Pellens, B.*, 1999, S. 116 f.; *Kahle, H.*, 1996, S. 82 f.

269 Vgl. *Haller, A.*, 1990, S. 753 f.; *Haller, A.*, 1994, S. 57 f.; *Kahle, H.*, 1996, S. 79 f.; *KPMG*, 1999, S. 1 f.

270 Vgl. *Pellens, B.*, 1999, S. 101 ff.; *Haller, A.*, 1994, S. 42 ff.; *Siebert, H.*, 1996, S. 43 ff.; *KPMG*, 1999, S. 6 f.

legung und damit auch das Steueraufkommen von Prinzipien abhängig wäre, auf deren Ausgestaltung der Gesetzgeber keinen direkten Einfluß hat.[271]

Im Fall einer weitgehenden Maßgeblichkeit des *financial accounting* für die steuerrechtliche Rechnungslegung wird zudem befürchtet, daß die US-GAAP zu stark von steuerlichen Erwägungen beeinflußt würden und damit ihrer primären Informationsfunktion nicht mehr hinreichend gerecht werden könnten. Daneben wäre eine Beeinträchtigung der Flexibilität der US-GAAP in der Anpassung an veränderte wirtschaftliche Sachverhalte wahrscheinlich.[272]

Eine Sonderregelung gilt indes für den Fall der Abweichung von steuerrechtlichen Rechnungslegungsvorschriften ohne wesentliche materielle Konsequenzen. Sofern die abweichende *financial accounting method* zu einer Steuerlast führt, die im wesentlichen der Belastung entspricht, die aus der eigentlich anzuwendenden Vorschrift resultiert, wird der IRS die Abweichung aus Vereinfachungsgründen akzeptieren (*substantial identity of results test*). Problematisch ist in diesem Zusammenhang allerdings die Abgrenzung, wann wesentliche Belastungsunterschiede vorliegen, welche die Akzeptanz der *financial accounting method* unmöglich machen.[273]

Zusammenfassend kann also auch in der US-amerikanischen Rechnungslegung „in einem gewissen Sinn"[274] von einer – wenn auch nur sehr schwach ausgeprägten – Maßgeblichkeit des *financial accounting* für die steuerrechtliche Rechnungslegung gesprochen werden, die

---

[271] Vgl. *Siebert, H.*, 1996, S. 386 mit Verweis auf Thor Power Tool Co. v. Commissioner, 439 U. S. 544 (1979). Siehe auch *Bippus, B. E.*, 1998, S. 649; *Raby, W. L./Richter, R. F.*, 1975, S. 43 f.; *Lent, G. E.*, 1962, S. 484 f.

[272] Vgl. *Kahle, H.*, 1996, S. 83; *Bippus, B. E.*, 1998, S. 649; *Dubroff, H./Cahill, M. C./Norris, M. D.*, 1983, S. 388 f. *Raby, W. L./Richter, R. F.*, 1975, S. 43 f. betrachten daher die Maßgeblichkeit als Wegbereiter einer legislativen Festlegung von Grundsätzen des financial accounting. Nach *Bittker, B. I./Lokken, L.*, 1999d, S. 105-20 erfolgt bereits im geltenden System zuweilen eine solche Beeinflussung, indem Abweichungen zwischen steuerrechtlichen Rechnungslegungsvorschriften und GAAP teilweise von der accounting profession durch Übernahme der entsprechenden steuerlichen Norm beseitigt werden.

[273] Vgl. *Seago, W. E.*, 1994a, S. 366; *Kahle, H.*, 1997, S. 326. Der Test wurde vom Court of Appeals in Wilkinson-Beane, Inc. v. Commissioner, 420 F. 2d 356 (1st Cir., 1970) entwickelt: „the taxpayer must demonstrate substantial identity of results between his method and the method selected by the Commissioner". Siehe dazu *Nolan, L. F.*, 1997, S. 1180, der auf die enge Auslegung des substantial identity of results tests durch die Gerichte hinweist. *Gertzman, S. F.*, 1999, S. 2-35 f. hält diese Ausnahmeregelung nur dann für sinnvoll, wenn der Steuerpflichtige von der einzig zulässigen Methode abgewichen ist. Im Fall mehrerer zulässiger Methoden würde der substantial identity of results test letztlich zur Aufhebung des Wahlrechts führen.

[274] *Haller, A.*, 1994, S. 249.

jedoch in den allermeisten Fällen durch steuerliche Sondervorschriften oder den Vorrang übergeordneter steuerlicher Prinzipien[275] ausgehebelt wird.[276]

3132. Umgekehrte Maßgeblichkeit

Grundsätzlich kommt es in der US-amerikanischen Rechnungslegung zu keiner Beeinflussung des *financial accounting* durch steuerrechtliche Rechnungslegungsvorschriften im Sinne einer umgekehrten Maßgeblichkeit. Lediglich im Rahmen der Vorratsbewertung gibt es eine Ausnahme von dieser Regel, indem Sec. 472(c) IRC die *last-in, first-out* (LIFO)-Verbrauchsfolge nur dann für die steuerrechtliche Rechnungslegung zuläßt, wenn sie für die entsprechenden Wirtschaftsgüter im *financial accounting*[277] ebenfalls zur Anwendung kommt.[278] Bis heute sind die Gründe für diese einzige gesetzliche Kodifikation einer Umkehrmaßgeblichkeit nicht abschließend geklärt, da während des Gesetzgebungsprozesses im Jahr 1939 keine offizielle Begründung für die Bindung erfolgte.[279]

Neben dieser einzigen direkten Form von umgekehrter Maßgeblichkeit sieht *Haller* eine deutliche indirekte Einflußnahme der steuerrechtlichen Rechnungslegung auf das *financial*

---

275 Vgl. hierzu beispielsweise Geometric Stamping Co. v. Commissioner, 26 T. C. 306 (1956), wo der Tax Court die Stetigkeit der steuerlichen Gewinnermittlungsmethode explizit als höherrangig im Vergleich zu ihrer Übereinstimmung mit dem financial accounting einstufte.

276 Vgl. *Haller, A.*, 1988, S. 726; *Bippus, B. E.*, 1998, S. 646; *Lischer, H. J./Märkl, P. N.*, 1997, S. 103 ff. *Kahle, H.*, 1997, S. 325 sieht aufgrund der überragenden Bedeutung der clear reflection of income-Doktrin und der großen Zahl der von den GAAP abweichenden steuerrechtlichen Rechnungslegungsvorschriften keine Kopplung zwischen beiden Rechenwerken mehr. Nach *Summa, D. J./Goodman, L.*, 1987, S. 260 ff. ist die Kluft zwischen steuerrechtlicher Rechnungslegung und financial accounting durch den fundamentalen Tax Reform Act of 1986 noch deutlich vertieft worden. Siehe auch *Plat, J. M./Peter, A. P.*, 1987, S. 48 ff. In Fidelity Associates, Inc. v. Commissioner, 63 T. C. M. 2332 (1992) hat der Tax Court die weitgehende Unabhängigkeit von financial accounting und steuerrechtlicher Rechnungslegung nochmals ausdrücklich betont. Zu den Gründen für die weitgehende Trennung beider Rechenwerke *Carley, J. A.*, 1968, S. 541 ff. Kritisch *Weinmann, H. M.*, 1981, S. 419 ff., der für eine völlige Unabhängigkeit von steuerrechtlicher Rechnungslegung und financial accounting eintritt. Ähnlich *Geier, D. A.*, 1998, S. 18, die das Steuerrecht bereits teilweise vom financial accounting ‚unterwandert' sieht. A. A. *Raby, W. L./Raby, B. J. W.*, 1996, S. 227 ff. sowie *Dubroff, H./Cahill, M. C./Norris, M. D.*, 1983, S. 359, 389, die für eine weitgehende Maßgeblichkeit des financial accounting für die steuerrechtliche Rechnungslegung eintreten. Zur Diskussion der US-amerikanischen conformity vgl. auch *Arnett, H. E.*, 1969, S. 482 ff.

277 Sec. 472(c) IRC verwendet nicht direkt den Begriff ‚financial accounting', sondern spricht von einem „report or statement ... to shareholders, partners, or other proprietors, or to beneficiaries, or .. for credit purposes". Diese Formulierung ist jedoch nach h. M. weit auszulegen und umfaßt letztlich das gesamte financial accounting. Vgl. *Gertzman, S. F.*, 1999, S. 7-16.

278 Vgl. *Gertzman, S. F.*, 1999, S. 2-19, 7-14 ff.; *Haller, A.*, 1988, S. 728; *Haller, A.*, 1994, S. 253; *Lischer, H. J./Märkl, P. N.*, 1997, S. 100 f.; *Weinman, H. M.*, 1981, S. 423; *Raby, W. L./Richter, R. F.*, 1975, S. 45. Siehe auch Reg. § 1.472-2(e)(1). Einige Ausnahmen vom grundsätzlichen LIFO-conformity requirement sind in Reg. § 1.472-2(e)(1)(i) bis (viii) statuiert. Vgl. dazu *Unselt, K.*, 1996, S. 929 f.

279 Vgl. *Gertzman, S. F.*, 1999, S. 7-15; *Porcano, T. M./Tran, A. V.*, 1998, S. 436. *Barker, R. B.*, 1952, S. 512 f. vermutet, daß durch die umgekehrte Maßgeblichkeit einerseits die Steuerpflichtigen von der Anwendung der LIFO-Methode innerhalb ihrer steuerrechtlichen Rechnungslegung abgehalten werden sollten und andererseits Druck auf die accounting profession hinsichtlich der Akzeptanz von LIFO für Zwecke des financial accounting ausgeübt werden sollte.

accounting. Diese liegt in dem Bestreben vornehmlich kleiner und mittlerer Unternehmen begründet, die Kosten der Abschlußerstellung zu reduzieren, indem sie die gesetzlich kodifizierten steuerrechtlichen Rechnungslegungsvorschriften auch weitestmöglich im Rahmen des *financial accounting* anwenden. Unternehmen, die zur Anwendung der US-GAAP verpflichtet sind, sehen sich diesbezüglich mit weitaus größeren Vereinheitlichungsproblemen konfrontiert als jene, die dieser Verpflichtung nicht unterliegen.[280] Eine weitere indirekte Beeinflussung kann aus Sec. 446(a) IRC resultieren, indem ein Steuerpflichtiger im Bewußtsein dieser Vorschrift aus rein steuerlichen Erwägungen bereits im *financial accounting* eine Rechnungslegungsmethode wählt, die er eigentlich nur im Rahmen seiner steuerrechtlichen Rechnungslegung anwenden möchte.[281]

Aufgrund der deutlichen Tendenz US-amerikanischer Unternehmen zur Vereinheitlichung ihrer Rechnungslegung wurde von der *National Society of Public Accountants* (NSPA) Mitte der achtziger Jahre ein System von *Generally Accepted Tax Accounting Principles* (GATAP) entwickelt. Die GATAP basieren auf den steuerrechtlichen Rechnungslegungsvorschriften und sollen Unternehmen, die im Rahmen ihres *financial accounting* nicht zur Anwendung der GAAP verpflichtet sind, die Erstellung einer Einheitsbilanz ermöglichen.[282] Die verschwindend geringe Erwähnung dieses Normensystems in der US-amerikanischen Literatur legt jedoch die Vermutung nahe, daß den GATAP der gewünschte Durchbruch bisher nicht geglückt ist.

Im Ergebnis ist damit die Erstellung einer Einheitsbilanz in den USA, zumindest für Unternehmen, die zur Anwendung der US-GAAP im Rahmen ihres *financial accounting* verpflichtet sind, grundsätzlich nicht möglich.[283]

---

280 Vgl. *Haller, A.*, 1994, S. 253 f.; *Haller, A.*, 1988, S. 728 f., der hier auf einen gewissen Ermessensspielraum des Abschlußprüfers in der Anerkennung von nicht GAAP-konformen Rechnungslegungsmethoden, die zu keinen wesentlichen Ergebnisbeeinträchtigungen führen, hinweist. Vgl. zu diesen Bestrebungen auch *Robbins, B. P.*, 1985, S. 90 ff., der ausführlich auf die Problematik der Anwendung steuerrechtlicher Rechnungslegungsvorschriften für Zwecke des financial accounting eingeht.

281 Vgl. *Gertzman, S. F.*, 1999, S. 2-6.

282 Vgl. *Williamson, J. O.*, 1987, S. 60; *Haller, A.*, 1994, S. 247. Das AICPA ging in seiner Ablehnung der GATAP sogar so weit, vor deren Anwendung regelrecht zu warnen. Vgl. *Kelley, T. P.*, 1984, S. 13 f. Siehe auch *Robbins, B. P.*, 1985, S. 89.

283 Vgl. *Haller, A.*, 1994, S. 254.

3133. Vergleich mit dem deutschen Maßgeblichkeitsprinzip

Das deutsche Steuerrecht kodifiziert in § 5 Abs. 1 Satz 1 EStG eine direkte Maßgeblichkeit[284] der handelsrechtlichen GoB für die steuerliche Gewinnermittlung von Gewerbetreibenden, die gesetzlich zur Buchführung und Abschlußerstellung verpflichtet sind oder dies freiwillig tun.[285] Der Umfang der direkten Maßgeblichkeit war in der Wissenschaft lange Zeit umstritten, jedoch hat sich mittlerweile die formelle Maßgeblichkeit[286] gegenüber einer Auslegung im Sinne der materiellen Maßgeblichkeit[287] durchgesetzt.[288] Mit § 5 Abs. 1 Satz 1 EStG korrelieren systematisch im US-amerikanischen Steuerrecht Sec. 446(a) und (b) IRC. Zur umgekehrten Maßgeblichkeit gemäß § 5 Abs. 1 Satz 2 EStG, welche die Ausübung steuerlicher Wahlrechte in Übereinstimmung mit der handelsrechtlichen Jahresbilanz verlangt,[289] gibt es im US-amerikanischen Steuerrecht hingegen keine Entsprechung. Lediglich die Einzelregelung in Sec. 472(c) IRC bezüglich der LIFO-Methode entspricht einer umgekehrten Maßgeblichkeit nach deutschem Verständnis.[290]

---

284 Die Terminologie in der deutschen steuerwissenschaftlichen Literatur ist uneinheitlich. So weicht insbesondere *Weber-Grellet, H.*, 2000a, § 5, Rz. 26 von den hier verwendeten Bezeichnungen ab und spricht von materieller statt direkter und formeller statt umgekehrter Maßgeblichkeit. Vgl. dazu auch *Ley, T.*, 1998, S. 172; *Loitz, R./Klein, B.*, 2001, S. 48 f.

285 Für diesen Kreis von Steuerpflichtigen wird die allgemeine Maßgeblichkeit in § 140 AO überlagert, welche die Erfüllung von nach anderen Gesetzen vorgeschriebenen Buchführungspflichten auch für steuerliche Zwecke verlangt. Vgl. dazu *Krawitz, N.*, 1992, S. 3; *Vogt, S.*, 1991, S. 135 f.; *Tipke, K.*, 1993, S. 614; *Lippek, V.*, 1998, S. 6197.

286 Die Auslegung von § 5 Abs. 1 Satz 1 EStG im Sinne der formellen Maßgeblichkeit geht über den reinen Wortlaut der Vorschrift hinaus und verlangt die Übernahme des konkreten Handelsbilanzansatzes in die steuerrechtliche Rechnungslegung. D. h. Ansatz und Bewertung von Wirtschaftsgütern in der Steuerbilanz richten sich nach der konkreten Anwendung des Handelsrechts innerhalb der Handelsbilanz, wobei jedoch nicht gegen zwingendes Steuerrecht verstoßen werden darf. Im Bereich des Ansatzes ist zudem der Beschluß des Großen Senats des BFH v. 03.02.1969, in: BStBl. II 1969, S. 293 zu berücksichtigen, wonach handelsrechtliche Aktivierungs- und Passivierungsgebote und -verbote auch steuerlich zu beachten sind, während handelsrechtliche Aktivierungswahlrechte zu steuerlichen Aktivierungsgeboten und handelsrechtliche Passivierungswahlrechte zu steuerlichen Passivierungsverboten werden, denn der Kaufmann soll sich nicht ärmer rechnen, als er tatsächlich ist. Vgl. dazu *Krawitz, N.*, 1992, S. 11 ff.; *Knobbe-Keuk, B.*, 1993, S. 22 f.; *Bossert, R.*, 1997, S. 108; *Loitz, R./Klein, B.*, 2001, S. 49.

287 Dabei handelt es sich um eine wörtliche Auslegung von § 5 Abs. 1 Satz 1 EStG, wonach lediglich die handelsrechtlichen GoB für die steuerrechtliche Rechnungslegung maßgeblich sind. Die materielle Maßgeblichkeit umfaßt nach h. M. die Vorschriften des Handelsrechts, die kodifizierte GoB darstellen oder als Ausfluß von GoB anzusehen sind sowie die nicht kodifizierten GoB, jedoch nicht die rechtsformspezifischen Vorschriften des Handelsrechts. Vgl. dazu *Krawitz, N.*, 1992, S. 8 ff.; *Knobbe-Keuk, B.*, 1993, S. 21; *Bossert, R.*, 1997, S. 107. *Weber-Grellet, H.*, 1996a, S. 69 f. definiert den Umfang des Verweises auf die GoB hingegen deutlich enger.

288 Vgl. *Krawitz, N.*, 1992, S. 8; *Knobbe-Keuk, B.*, 1993, S. 22; *Wöhe, G.*, 1992, S. 68; *Federmann, R.*, 1994, S. 166. A. A. *Weber-Grellet, H.*, 2000a, § 5, Rz. 26.

289 Dies gilt jedoch nicht, wenn die entsprechende steuerliche Vorschrift ausdrücklich von einem korrespondierenden Ansatz in der Handelsbilanz befreit. Vgl. ausführlich zum deutschen Prinzip der umgekehrten Maßgeblichkeit *Krawitz, N.*, 1998, S. 197 ff.; *Knobbe-Keuk, B.*, 1993, S. 28 ff.; *Vogt, S.*, 1991, S. 214 ff.; *Weber-Grellet, H.*, 1996a, S. 71 f.; *Lippek, V.*, 1998, S. 6206 f.

290 Ebenso *Haller, A.*, 1994, S. 253; *Haller, A.*, 1988, S. 728; *Unselt, K.*, 1996, S. 929.

Die korrespondierenden Vorschriften von Sec. 446(a) und (b) IRC und § 5 Abs. 1 Satz 1 EStG weisen zwar durchaus Ähnlichkeiten in der systematischen Vorgehensweise auf,[291] in ihrer tatsächlichen Wirkungsweise unterscheiden sie sich jedoch fundamental.[292] Dieser Unterschied kommt – bei einem engeren Anwendungsbereich des deutschen Maßgeblichkeitsprinzips[293] – durch den Grad der Übereinstimmung von steuerrechtlicher Rechnungslegung und Handelsbilanz bzw. *financial accounting* in den Vergleichsländern zum Ausdruck. Während die *clear reflection of income*-Doktrin in den USA zu einer nahezu vollständigen Trennung der steuerrechtlichen Rechnungslegung vom *financial accounting* und damit zu einem weitgehend selbständigen Bilanzsteuerrecht geführt hat,[294] besteht in der Bundesrepublik trotz der jüngeren Abkopplungstendenzen[295] nach wie vor eine vergleichsweise starke Abhängigkeit zwischen beiden Rechenwerken.[296] Dies ermöglicht im Gegensatz zu den USA kleinen und mittleren deutschen Unternehmen – wenn auch mit deutlich zunehmenden Schwierigkeiten – die Erstellung einer Einheitsbilanz.[297]

Die aufgezeigten Unterschiede lassen sich zum Teil historisch begründen: Während in der Bundesrepublik bei der Entwicklung der steuerlichen Gewinnermittlung bereits auf ein existierendes Handelsrecht zurückgegriffen werden konnte, war das *financial accounting* der USA zur Zeit der Entstehung der steuerlichen Gewinnermittlung noch weitgehend ungeregelt. Daher hat sich der deutsche Gesetzgeber aus Gründen der Vereinfachung und Rationalisierung für die Kopplung der beiden Rechenwerke entschieden, wenn auch die zunehmenden

---

[291] So zeigt der in Sec. 446(a) IRC statuierte grundsätzliche Verweis auf die Buchführungsmethode, die zwar nicht notwendigerweise, aber doch häufig den US-GAAP entspricht, wie z. B. *Gertzman, S. F.*, 1999, S. 2-19 feststellt, deutliche Parallelen zur materiellen Maßgeblichkeit nach deutschem Verständnis. Auch der durch Sec. 446(b) IRC erreichte Vorrang des Steuerrechts erinnert an die Systematik des deutschen Maßgeblichkeitsprinzips. So im Ergebnis auch *Lischer, H. J./Märkl, P. N.*, 1997, S. 92, 119.

[292] Ebenso *Ault, H. J.*, 1997, S. 253; *Lischer, H. J./Märkl, P. N.*, 1997, S. 92.

[293] Während § 5 Abs. 1 Satz 1 EStG nur für buchführende Gewerbetreibende gilt, entfaltet Sec. 446 IRC Bedeutung für alle buchführenden Steuerpflichtigen.

[294] Nach einer Untersuchung unter den Mitgliedstaaten der OECD ist die Trennung von steuerrechtlicher Rechnungslegung und financial accounting in den USA am weitesten fortgeschritten. Vgl. *OECD*, 1987, S. 10.

[295] Hier sind insbesondere die Abschaffung der steuerlichen Rückstellung für drohende Verluste aus schwebenden Geschäften durch das Gesetz zur Fortsetzung der Unternehmenssteuerreform (§ 5 Abs. 4a EStG) sowie die durch das Steuerentlastungsgesetz 1999/2000/2002 bewirkte Einführung eines strikten Wertaufholungsgebots (§ 6 Abs. 1 Nr. 1 EStG), die Verschärfung der Teilwertabschreibung (§ 6 Abs. 1 Nr. 1 und 2 EStG) und das Abzinsungsgebot für Verbindlichkeiten (§ 6 Abs. 1 Nr. 3 EStG) zu nennen. Vgl. dazu *Groh, M.*, 1998a, S. 190; *Kemper, N./Beyschlag, G.*, 1999, S. 737 ff.; *Schmitz, T.*, 1999, S. 1974 f.; *Schneider, D.*, 1999, S. 105 ff.; *Weber-Grellet, H.*, 1999, S. 2662; *Loitz, R./Klein, B.*, 2001, S. 49 f.

[296] So auch *Lischer, H. J./Märkl, P. N.*, 1997, S. 92. Insofern kann durchaus von zwei diametralen Konzepten hinsichtlich der Verknüpfung von steuerrechtlicher Rechnungslegung und Handelsbilanz bzw. financial accounting in Deutschland und den USA gesprochen werden.

[297] Vgl. auch *Bippus, B. E.*, 1998, S. 649; *Krawitz, N.*, 1992, S. 26. *Lauth, B.*, 2000, S. 1366 f. hält die Möglichkeiten deutscher Unternehmen zur Erstellung einer Einheitsbilanz mittlerweile für stark eingeschränkt. A. A. *Reck, R.*, 2000, S. 906, nach dem „die Bedeutung der Einheitsbilanz zwar etwas abnimmt, sie aber keinesfalls der Vergangenheit angehört“.

Durchbrechungen der Maßgeblichkeit dieses ursprüngliche Ziel mehr und mehr konterkarieren.[298]

Die zentralen Argumente der deutschen und US-amerikanischen steuerwissenschaftlichen Diskussion um das Maßgeblichkeitsprinzip stimmen weitgehend überein,[299] wenn sie auch zu unterschiedlichen Konsequenzen geführt haben. So wird der aus der unterschiedlichen Zielsetzung von Handels- und Steuerbilanz resultierende Konflikt,[300] welcher in den USA den Hauptgrund für die Trennung der Rechenwerke darstellt, auch in Deutschland als zentrales Problem erkannt.[301] Auch der durch die umgekehrte Maßgeblichkeit bedingte Eingang steuerrechtlicher Lenkungsnormen in das Handelsrecht über entsprechende Öffnungsklauseln, der in den USA als weitere Begründung für ein eigenständiges Bilanzsteuerrecht dient, wird in der Bundesrepublik kritisiert.[302] Das in den Vereinigten Staaten gegen eine Maßgeblichkeit vorgebrachte Argument, die US-GAAP würden durch ein privatrechtliches Gremium normiert, gewinnt durch die Einsetzung des DRSC nun auch in der Bundesrepublik aktuelle Relevanz.[303] Bisher haben diese Argumente den deutschen Gesetzgeber aber nicht zu einer Abkehr vom Maßgeblichkeitsprinzip bewogen, wenn auch in den letzten Jahren eine zu-

---

298 Vgl. *Krawitz, N.*, 1992, S. 5, 25 f.; *Lauth, B.*, 2000, S. 1367 f.; *Weber-Grellet, H.*, 1999, S. 2659; *Weber-Grellet, H.*, 1996a, S. 69; *Federmann, R.*, 1994, S. 165; *Schneider, D.*, 1999, S. 107. Daher sieht auch *Schreiber, U.*, 2000, S. 94 einen wesentlichen Grund für den US-amerikanischen Verzicht auf eine Maßgeblichkeit in dem Fehlen eines kodifizierten Bilanzrechts.

299 So auch *Bippus, B. E.*, 1998, S. 649. Jedoch kann der weitgehende Verzicht auf die Maßgeblichkeit in den USA als allgemein akzeptiert bezeichnet werden, während in Deutschland kaum ein Bilanzrechtsprinzip derart im Kreuzfeuer der Kritik steht. Daher kann im Rahmen dieses Vergleichs nur auf einige Argumente der umfangreichen Diskussion eingegangen werden. Zu einer ausführlichen Diskussion des Grundsatzes vgl. z. B. *Vogt, S.*, 1991, S. 255 ff.; *Krawitz, N.*, 1992, S. 25 ff.; *Krawitz, N.*, 1998, S. 197 ff.; *Groh, M.*, 1998a, S. 177 ff.; *Wöhe, G.*, 1992, S. 82 ff.; *Hennrichs, J.*, 1999, S. 138 ff.; *Wichmann, G.*, 1996, S. 107 ff.

300 Während die deutsche Handelsbilanz primär der Information und Zahlungsbemessung mit der hieraus resultierenden Dominanz des Gläubigerschutzes und des daraus abgeleiteten Vorsichtsprinzips dient, ist die Steuerbilanz ausschließlich auf die verursachungsgerechte, den steuerlichen Prinzipien entsprechende Ermittlung des besteuerungsfähigen Ertrags ausgerichtet, was zu Konflikten mit den Prinzipien kaufmännischer Vorsicht führt. Vgl. auch *Krawitz, N.*, 1992, S. 26; *Krawitz, N.*, 1998, S. 207; *Knobbe-Keuk, B.*, 1993, S. 18 f.; *Wöhe, G.*, 1992, S. 83; *Vogt, S.*, 1991, S. 23 ff.

301 Vgl. *Krawitz, N.*, 1992, S. 26 f.; *Schneider, D.*, 2000, S. 1245; *Weber-Grellet, H.*, 2000a, § 5, Rz. 27; *Lischer, H. J./Märkl, P. N.*, 1997, S. 118; *Wöhe, G.*, 1992, S. 82; *Loitz, R./Klein, B.*, 2001, S. 49; *Bippus, B. E.*, 1998, S. 649 hält den Zielkonflikt in Deutschland aufgrund der größeren Bedeutung des Vorsichtsprinzips sogar für wesentlich stärker als in den USA. Während in den Vereinigten Staaten jedoch die Konsequenz eines weitgehenden Verzichts auf eine Maßgeblichkeit gezogen wurde, versuchte man in der Bundesrepublik, die Rechenwerke unter Wahrung der jeweiligen Zielsetzung zu vereinheitlichen. Vgl. auch *Krawitz, N.*, 1998, S. 218.

302 In Deutschland wird jedoch die Möglichkeit der Korrektur solcher Verfälschungen durch entsprechende Anhangsangaben diskutiert, wobei dem Argument der hieraus resultierenden Verlagerung der Informationsfunktion auf den Anhang, während der Bilanz nur noch die Zahlungsbemessungsfunktion bliebe, besonderes Gewicht zukommt. *Moxter, A.*, 1978, S. 1630 f. spricht in diesem Zusammenhang von der „Abkopplung“ des Anhangs von der Bilanz. Vgl. auch *Börner, D.*, 1987, S. 205; *Krawitz, N.*, 1992, S. 27; *Krawitz, N.*, 1998, S. 203 f., 207 f.; *Wöhe, G.*, 1992, S. 82; *Lauth, B.*, 2000, S. 1369; *Loitz, R./Klein, B.*, 2001, S. 49.

303 Kritik an der Maßgeblichkeit vor dem Hintergrund der Einführung des DRSC äußert z. B. *Lauth, B.*, 2000, S. 1367.

nehmende Erosion des Prinzips festzustellen ist.[304] Denn nach wie vor werden in der Literatur neben der bereits erwähnten Vereinfachung noch weitere Argumente für die Maßgeblichkeit angeführt, wie der Schutz vor übermäßiger Besteuerung,[305] die Gewährleistung einer leistungsfähigkeitsgerechten Besteuerung[306] und die Einheit der Rechtsordnung[307]. Neben diesen vor dem Hintergrund der gegenwärtigen Verfassung des Maßgeblichkeitsprinzips zunehmend kritisch zu beurteilenden Argumenten läßt sich für die Maßgeblichkeit noch die Tatsache anführen, daß ein selbständiges Bilanzsteuerrecht nie vollständig von der handelsrechtlichen Rechnungslegung abgekoppelt werden kann, da in Zweifelsfällen immer ein Rückgriff erforderlich sein wird.[308] Die umgekehrte Maßgeblichkeit wird noch mit dem Argument begründet, daß sie die Ausschüttung der steuerlich gewährten Subventionen verhindere.[309] Im Ergebnis läßt sich in der Bundesrepublik aber ein verstärktes Auseinanderdriften von handels- und steuerrechtlicher Rechnungslegung nach US-amerikanischem Vorbild konstatieren, so daß die aufgezeigten Unterschiede zunehmend verschwimmen.[310]

304 Vgl. *Groh, M.*, 1998a, S. 180, 191; *Lauth, B.*, 2000, S. 1366 f.; *Kemper, N./Beyschlag, G.*, 1999, S. 742; *Schneider, D.*, 1999, S. 105 ff.; *Weber-Grellet, H.*, 1999, S. 2659 ff. Auch *Bippus, B. E.*, 1998, S. 648 will nicht ausschließen, daß die Maßgeblichkeit „im Zuge der internationalen Entwicklungen der unternehmerischen Rechnungslegungspraxis zur Disposition steht".

305 Vgl. *Beisse, H.*, 1994, S. 23; *Kahle, H.*, 1997, S. 323; *Bippus, B. E.*, 1998, S. 649; *Kußmaul, H./Klein, N.*, 2001, S. 550. Kritisch dazu *Schneider, D.*, 1999, S. 106; *Schneider, D.*, 2000, S. 1244 f. und *Lauth, B.*, 2000, S. 1368 f., die in den Durchbrechungen der Maßgeblichkeit, die der Steuergesetzgeber in der Vergangenheit vorgenommen hat und in der Zukunft jederzeit fortführen kann, wohl zu Recht eine Widerlegung dieses Arguments sehen.

306 Der handelsrechtliche Gewinn wird als überzeugender Maßstab der steuerlichen Leistungsfähigkeit des Kaufmanns angesehen. Vgl. *IDW*, 1998, S. 1071. Siehe auch *Oestreicher, A./Spengel, C.*, 1999b, S. 593 m. w. N. Kritisch dazu *Lauth, B.*, 2000, S. 1367 f. der sich gegen die Gleichstellung von Gesellschaftern und Fiskus wendet sowie *Schneider, D.*, 2000, S. 1245; *Schneider, D.*, 1999, S. 106, der hier gar von „Unfug" spricht.

307 Vgl. *Kahle, H.*, 1997, S. 323 und befürwortend *Döllerer, G.*, 1971, S. 1335. Kritisch zu diesem Argument *Schneider, D.*, 1999, S. 106; *Schneider, D.*, 2000, S. 1245; *Tipke, K.*, 1993, S. 612; *Lauth, B.*, 2000, S. 1367 aufgrund der divergierenden Ziele von Handels- und Steuerrecht.

308 Dies zeigt auch das Beispiel der USA, die bei einem weitgehend selbständigen Bilanzsteuerrecht dennoch keine restlose Abnabelung vom financial accounting vorgenommen haben. Vgl. auch *Groh, M.*, 1998a, S. 181.

309 Vgl. z. B. *Groh, M.*, 1998a, S. 183; kritisch *Lauth, B.*, 2000, S. 1368.

310 Ebenso *Krawitz, N.*, 1998, S. 218; *Groh, M.*, 1998a, S. 191 f.; *Wagner, F. W.*, 1998, S. 2073 ff.; *IDW*, 1998, S. 1072; *Lauth, B.*, 2000, S. 1369 ff., der daher für die Abschaffung der Maßgeblichkeit zugunsten einer steuerlichen Gewinnermittlung auf Basis der Überschußrechnung plädiert. Dies erwägt auch *Weber-Grellet, H.*, 1999, S. 2666.

314. Gewinnermittlungszeitraum

3141. Alternative Wirtschaftsjahre

Gemäß Sec. 441(a) IRC erfolgt die steuerrechtliche Rechnungslegung in den USA für ein Wirtschaftsjahr (*taxable year*), welches nach den Vorschriften des IRC verschiedene Zeitabschnitte umfassen kann.[311]

In der Regel entspricht das Wirtschaftsjahr dem jährlichen Gewinnermittlungszeitraum (*annual accounting period*), der auch Grundlage der Buchführung des Steuerpflichtigen ist.[312] Als *annual accounting period* kommen gemäß Sec. 441(b)(1) IRC sowohl das Kalenderjahr (*calendar year*) als auch ein abweichendes Wirtschaftsjahr (*fiscal year*) in Betracht. Dabei umfaßt das Kalenderjahr zwölf aufeinanderfolgende Monate und endet am 31. Dezember.[313] Das *fiscal year* bezeichnet nach Sec. 441(e) IRC entweder einen Zeitraum von 12 aufeinanderfolgenden Monaten, der am letzten Tag eines beliebigen Monats ausgenommen Dezember endet oder alternativ das sogenannte *52-53 week year*.[314] Bei letzterem handelt es sich um ein abweichendes Wirtschaftsjahr, welches immer an demselben Wochentag endet. Dieser Tag ist entweder der letzte derartige Wochentag eines zuvor festgelegten Monats oder aber der dem Ende dieses Monats nächstgelegene solche Wochentag. Bei der ersten Alternative endet das Wirtschaftsjahr immer in demselben Monat, während es bei der zweiten Alternative auch spätestens am dritten Tag des Folgemonats enden kann. Die einmal gewählte Variante ist stetig beizubehalten.[315]

Mit Ausnahme des *52-53 week year* muß das Wirtschaftsjahr in jedem Fall am letzten Tag eines Monats enden. Entspricht die Buchführung des Steuerpflichtigen nicht dieser Anforderung oder existiert keine Buchführung oder kein jährlicher Gewinnermittlungszeitraum im Sinne von Sec. 441(c) IRC, kommt gemäß Sec. 441(g) IRC das Kalenderjahr zur Anwendung.[316] Daher ist zur Annahme eines abweichenden Wirtschaftsjahres eine entsprechende Buchführung unabdingbar.[317]

---

311 Zu einem Vorschlag zur Verdopplung des Gewinnermittlungszeitraums auf zwei Jahre vgl. *Soled, J. A.*, 1997, S. 35 ff.

312 Vgl. Sec. 441(c) IRC. Zu den unterschiedlichen Abgrenzungen der annual accounting period in der Vergangenheit vgl. *Hahn, J. G.*, 1960, S. 2 ff.

313 Vgl. Sec. 441(d) IRC.

314 Vgl. *Gertzman, S. F.*, 1999, S. 10-4 f.; *CCH*, 1998b, S. 9; *Bauernfeind, G. G.*, 1994, S. 101-9.

315 Vgl. Sec. 441(f)(1) IRC; Temp. Reg. § 1.441-2T sowie *CCH*, 1998a, S. 407; *Gertzman, S. F.*, 1999, S. 10-6 f.; *Bauernfeind, G. G.*, 1994, S. 101-11 f.; *CCH*, 1998b, S. 9; *Haueisen, B.*, 1990, S. 182. Temp. Reg. § 1.441-2T(a)(3)(ii) enthält ein Beispiel, wonach entweder der letzte Samstag im November oder alternativ der dem 30. November am nächsten liegende Samstag gewählt werden kann.

316 Siehe auch Sec. 441(b)(2) IRC sowie *Gertzman, S. F.*, 1999, S. 10-5; *Haueisen, B.*, 1990, S. 182; *CCH*, 1998a, S. 405; *CCH*, 1998b, S. 13; *Bauernfeind, G. G.*, 1994, S. 101-3 f.

317 Vgl. *Gertzman, S. F.*, 1999, S. 10-5; *CCH*, 1998a, S. 405; *CCH*, 1998b, S. 9; *Willis, E. u. a.*, 1999, S. 15-2 f.

Ebenfalls zulässig ist nach Sec. 441(b)(3) IRC ein Rumpfwirtschaftsjahr (*short period*) von weniger als 12 Monaten. Dieses ist erforderlich bei einem Wechsel des jährlichen Gewinnermittlungszeitraums,[318] wenn das Steuersubjekt nicht über das gesamte Wirtschaftsjahr hinweg besteht[319] oder im Fall eines *jeopardy assessment* gemäß Sec. 6851 IRC[320]. Im Fall eines Wechsels der Gewinnermittlungsperiode endet das Rumpfwirtschaftsjahr gemäß Sec. 443(a)(1) IRC am Tag vor dem Beginn des neuen Wirtschaftsjahres. Ein Rumpfwirtschaftsjahr ist jedoch nicht erforderlich für Zeiträume von weniger als sechs bzw. mehr als 359 Tagen, die aus einem Wechsel zum *52-53 week year* resultieren. Erstere werden in diesem Fall dem folgenden Wirtschaftsjahr zugerechnet, während letztere als vollständiges Wirtschaftsjahr gelten.[321] Ist die Lebensdauer des Steuersubjekts geringer als 12 Monate, umfaßt die *short period* dessen gesamte Existenz.[322] Schließlich, für den Fall eines *jeopardy assessment*, reicht das Rumpfwirtschaftsjahr vom Ende des vorangegangenen Wirtschaftsjahres bis zu dem Zeitpunkt, in dem der IRS die Veranlagung ansetzt.[323]

Grundsätzlich ist der Steuerpflichtige in der erstmaligen Auswahl seines Wirtschaftsjahres frei.[324] Die Wahl erfolgt mit der Annahme einer Gewinnermittlungsperiode innerhalb der Buchführung, welche dann für steuerliche Zwecke übernommen werden kann.[325] Natürliche Personen können mithin jedes der genannten Wirtschaftsjahre verwenden, sofern sie die entsprechenden Voraussetzungen erfüllen und alle Einkunftsarten gleichermaßen abgrenzen.[326] Entsprechendes gilt für *Corporations*, die dieses Wirtschaftsjahr dann einheitlich für alle Geschäftsbereiche verwenden müssen.[327] Eine Personengesellschaft (*partnership*) wird für Zwecke der Festlegung des Wirtschaftsjahres gemäß Sec. 706(b)(1)(A) IRC als selbständiges Steuersubjekt betrachtet, wobei jedoch spezielle Einschränkungen der Wahlfreiheit, insbesondere die Maßgeblichkeit der Wirtschaftsjahre beherrschender Gesellschafter, meistens zur

---

318 Vgl. Sec. 443(a)(1) IRC.

319 Vgl. Sec. 443(a)(2) IRC.

320 Sec. 6851(a)(1) IRC gestattet dem IRS die sofortige Veranlagung eines Steuerpflichtigen, sofern er zu der Überzeugung kommt, daß der Steuerpflichtige zur Erschwerung der Steuererhebung beabsichtigt, das Land zu verlassen oder Vermögenswerte ins Ausland zu transferieren.

321 Vgl. Reg. § 1.443-1(a)(1) sowie Temp. Reg. § 1.441-2T(c)(5).

322 Vgl. Sec. 443(a)(2) IRC; Reg. § 1.443-1(a)(2).

323 Vgl. Reg. § 1.6851-1(a)(2) sowie insgesamt *Gertzman, S. F.*, 1999, S. 10-7 ff.; *Bittker, B. I./Lokken, L.*, 1999d, S. 105-45 f.

324 Vgl. *Bauernfeind, G. G.*, 1994, S. 101-2; *Gertzman, S. F.*, 1999, S. 10-11, 10-14; *CCH*, 1998a, S. 405; *CCH*, 1998b, S. 10; *Haueisen, B.*, 1990, S. 182.

325 Vgl. *Gertzman, S. F.*, 1999, S. 10-11, 10-16. Ist keine Buchführung vorhanden, ist die Anwendung des Kalenderjahres obligatorisch.

326 Üblicherweise wird eine natürliche Person jedoch nicht die für ein fiscal year notwendigen Bücher führen. Vgl. *Gertzman, S. F.*, 1999, S. 10-16.

327 Vgl. *Gertzman, S. F.*, 1999, S. 10-17; *Bauernfeind, G. G.*, 1994, S. 102-9; *Marchbein, J.*, 1997, S. 474.

Annahme des Kalenderjahres führen.[328] *S Corporations*[329] dürfen gemäß Sec. 1378 IRC entweder das Kalenderjahr oder einen anderen Gewinnermittlungszeitraum, für den hinreichende betriebliche Gründe vorliegen, anwenden.[330] Durch die 1987 eingefügte Sec. 444 IRC sind zwar die grundsätzlichen Möglichkeiten von Personengesellschaften und *S Corporations* zur Wahl eines *fiscal year* ausgeweitet worden. Der aus dem abweichenden Wirtschaftsjahr rechnerisch resultierende Steuervorteil muß jedoch durch Sonderzahlungen[331] an das Finanzamt ausgeglichen werden, was die Annahme eines *fiscal year* für diese Gesellschaften wirtschaftlich unattraktiv macht.[332] Besondere Vorschriften gelten für eine *Foreign Sales Corporation* (FSC) oder eine *Domestic International Sales Corporation* (DISC).[333] Hier entspricht das Wirtschaftsjahr demjenigen des Aktionärs oder der Aktionärsgruppe mit übereinstimmendem Wirtschaftsjahr, die über den höchsten Anteil der Stimmrechte verfügen.[334] Haben zwei Aktionäre oder Aktionärsgruppen identische höchste Anteile an den Stimmrechten, so kann zwischen den Wirtschaftsjahren beider gewählt werden.[335]

3142. Wechsel des Gewinnermittlungszeitraums

Ein Wechsel des jährlichen Gewinnermittlungszeitraums für Zwecke der steuerrechtlichen Rechnungslegung bedarf gemäß Sec. 442 IRC grundsätzlich der Zustimmung des IRS. Damit wird klargestellt, daß der Wechsel der Gewinnermittlungsperiode innerhalb der Buchführung

---

328 Sec. 706(b)(1) IRC regelt die hierarchische Vorgehensweise bei der Festlegung des Wirtschaftsjahres der Personengesellschaft, basierend auf den Wirtschaftsjahren der dominierenden Gesellschafter. Sec. 706(b)(1)(C) IRC sieht Abweichungen hiervon lediglich bei Vorliegen einer besonderen betrieblichen Veranlassung vor, wovon steuerlich motivierte Verschiebungen des Gewinnausweises explizit ausgenommen sind. Vgl. ausführlich *Hanna, C. H.*, 1992, S. 686 ff. Siehe auch *Gertzman, S. F.*, 1999, S. 10-19 f.; *Haueisen, B.*, 1990, S. 182; *CCH*, 1998a, S. 406; *CCH*, 1998b, S. 11; *Bittker, B. I./Lokken, L.*, 1999d, S. 105-28 f.; *Willis, E. u. a.*, 1999, S. 15-3 ff.

329 Zur Definition einer S Corporation siehe Fn. 182.

330 Vgl. *Gertzman, S. F.*, 1999, S. 10-24 f.; *CCH*, 1998a, S. 406; *Bittker, B. I./Lokken, L.*, 1999d, S. 105-28 ff.

331 Diese Zahlungen sind in Sec. 7519 IRC geregelt. Siehe auch Temp. Reg. § 1.7519-2T sowie *Hanna, C. H.*, 1992, S. 711 ff.; *Gertzman, S. F.*, 1999, S. 10-59 ff.; *Willis, E. u. a.*, 1999, S. 15-5. Letztlich handelt es sich bei dieser Zahlung um die Differenz zu jener Steuerlast, die im Fall der Anwendung des auf der Basis der Gewinnermittlungsperioden der Gesellschafter bestimmten Wirtschaftsjahres angefallen wäre. Siehe auch *CCH*, 1998a, S. 406; *Rosenthal, E.*, 1988, S. 103; *Bittker, B. I./Lokken, L.*, 1999d, S. 105-28, 105-34 ff.

332 Vgl. *Hanna, C. H.*, 1992, S. 709 ff.; *Gertzman, S. F.*, 1999, S. 10-53 ff.; *Haueisen, B.*, 1990, S. 183; *Small, D. G.*, 1995, S. 157; *Bittker, B. I./Lokken, L.*, 1999d, S. 105-28, 105-34 ff. Die Verwendung eines fiscal year durch Personengesellschaften, S Corporations oder Personal Service Corporations ist in den umfangreichen Temporary Regulations Temp. Reg. § 1.444-0T bis Temp. Reg. § 1.444-3T aus dem Jahr 1988 detailliert geregelt.

333 Vgl. ausführlich zu diesen privilegierten Exportgesellschaften *Metzner, B.*, 1999, S. 94 ff. Mittlerweile wurde vom House of Representatives jedoch die Abschaffung der FSC-Vorschriften beschlossen, was nicht zuletzt auf den Druck der WTO zurückzuführen ist, die hier eine illegale Exportsubvention sieht. Vgl. *Melone, M. A.*, 2001, S. 25.

334 Vgl. Sec. 441(h)(1) IRC.

335 Vgl. Sec. 441(h)(2) IRC. Siehe insgesamt auch *Bauernfeind, G. G.*, 1994, S. 2S-102 f.; *Gertzman, S. F.*, 1999, S. 10-11; *CCH*, 1998a, S. 406.

jederzeit möglich ist, und nur dessen Übernahme für steuerliche Zwecke der Zustimmungspflicht unterliegt.[336]

Um die Zustimmung des IRS zu erhalten, muß der Steuerpflichtige insbesondere eine wesentliche betriebliche Veranlassung (*substantial business purpose*) nachweisen. Bei der Prüfung dieser Veranlassung berücksichtigt die Finanzverwaltung neben den Fakten und Begleitumständen mit Bezug zu dem Wechsel einschließlich der steuerlichen Konsequenzen auch eventuelle Auswirkungen auf den jährlichen Zyklus der Geschäftstätigkeit des Steuerpflichtigen.[337] Eine nähere Konkretisierung dieser Kriterien enthalten die *Regulations* nicht.[338] Lediglich im Fall des Wechsels auf ein *natural business year* hat der IRS angekündigt, regelmäßig einen *substantial business purpose* anzunehmen.[339] Dient der Wechsel jedoch ausschließlich der Sicherung von Steuervorteilen, ist regelmäßig keine wesentliche betriebliche Veranlassung gegeben.[340] Zudem wird dem Antrag auf Wechsel des Wirtschaftsjahres üblicherweise nicht stattgegeben, wenn der letzte Wechsel weniger als 10 Jahre zurückliegt, es sei denn, es liegen außergewöhnliche Umstände vor.[341]

Um eine wesentliche Beeinträchtigung des ermittelten Gewinns durch den veränderten Gewinnermittlungszeitraum zu vermeiden, ist eine verbindliche Einigung des Steuerpflichtigen mit der Finanzverwaltung über die Bedingungen und notwendigen Anpassungen in Verbindung mit dem Wechsel vorgesehen.[342] Letztlich dienen die Prämissen, die für eine Zustimmung des IRS notwendig sind, der Verhinderung von Mißbrauch und Steuervermeidung[343] und damit der Gewährleistung einer gleichmäßigen Besteuerung.

---

336 Vgl. *Gertzman, S. F.*, 1999, S. 10-29.

337 Vgl. Reg. § 1.442-1(b)(1). Siehe auch *CCH*, 1998b, S. 13; *CCH*, 1998a, S. 409; *Bauernfeind, G. G.*, 1994, S. 103-12. Zum Einfluß auf den Geschäftszyklus vgl. Rev. Proc. 74-33, 1974-2 C. B. 489.

338 Vgl. *Bittker, B. I./Lokken, L.*, 1999d, S. 105-32. *Gertzman, S. F.*, 1999, S. 10-30 f. erachtet die Reduzierung der Abschlußerstellungskosten sowie Branchenvergleiche für entscheidungserheblich, sieht aber aufgrund der Unbestimmtheit des Kriteriums der betrieblichen Veranlassung schwerwiegende praktische Abgrenzungsprobleme. Die wenigen auf diesem Gebiet vorhandenen Revenue Rulings enthalten zudem vornehmlich Beispiele für nicht wesentliche betriebliche Veranlassungen, wie z. B. Rev. Rul. 76-497, 1976-2 C. B. 128. Dort wurde einer Kapitalgesellschaft der Wechsel des Wirtschaftsjahres verwehrt, da er lediglich dazu dienen sollte, den Gewinn besser an die Aktionäre ausschütten zu können.

339 Vgl. Rev. Proc. 74-33, 1974-2 C. B. 489; Rev. Proc. 87-32, 1987-2 C. B. 396. Siehe dort auch zur Definition des natural business year, welches der IRS zwar vornehmlich vom Einzelfall abhängig macht, aber bei saisonalen Schwankungen innerhalb der Geschäftstätigkeit des Unternehmens grundsätzlich als gegeben ansieht. Das natural business year endet dann am oder kurz nach dem Ende der Periode mit besonders intensiver Geschäftstätigkeit. Nach Rev. Rul. 87-57, 1987-2 C. B. 117 wird die vom AICPA entwickelte Liste mit den natural business years von zahlreichen Branchen jedoch nicht pauschal anerkannt.

340 Vgl. *Gertzman, S. F.*, 1999, S. 10-32; *CCH*, 1998a, S. 409.

341 Vgl. Rev. Proc. 74-33, 1974-2 C. B. 489, die aber keine nähere Beschreibung der erforderlichen außergewöhnlichen Umstände enthält.

342 Vgl. Reg. § 1.442-1(b)(1), die auch einige Beispiele für eine wesentliche Beeinträchtigung des ermittelten Gewinns enthält. Siehe auch *Gertzman, S. F.*, 1999, S. 10-32 f.; *CCH*, 1998a, S. 409; *Bauernfeind, G. G.*, 1994, S. 103-16 ff.

343 Vgl. *Bittker, B. I./Lokken, L.*, 1999d, S. 105-28 f.; *Gertzman, S. F.*, 1999, S. 10-33.

Hat der IRS seine Zustimmung zu dem Wechsel erteilt, wird dieser formal wirksam, wenn der Steuerpflichtige eine Steuererklärung für das resultierende Rumpfwirtschaftsjahr einreicht. Wird eine solche Erklärung nicht eingereicht, bleibt das ursprüngliche Wirtschaftsjahr in Kraft.[344]

Von der generellen Zustimmungserfordernis der Finanzverwaltung gibt es einige Ausnahmen. Verwendet der Steuerpflichtige fälschlicherweise eine von der Buchführung abweichende steuerliche Gewinnermittlungsperiode, ist der Wechsel auf das stetig den Büchern zugrundeliegende Wirtschaftsjahr nicht zustimmungspflichtig.[345] Ebenfalls ohne Zustimmung kann in manchen Fällen auf ein *52-53 week year* gewechselt werden, sofern es im selben Kalendermonat endet wie das bisherige Wirtschaftsjahr und die Buchführung entsprechend ausgelegt ist.[346] Auch für *Corporations* sehen die *Regulations* unter bestimmten Voraussetzungen einen zustimmungsfreien Wechsel des Wirtschaftsjahres vor.[347] Personengesellschaften und *S Corporations* sehen sich besonders strikten Regeln hinsichtlich des Wechsels des Wirtschaftsjahres ausgesetzt, da die Gewinnanteile der Gesellschafter und Aktionäre mit dem Ende des Wirtschaftsjahres der Gesellschaft besteuert werden, was ein beträchtliches Steuerverschiebungspotential beinhaltet.[348] Im Ergebnis kommt daher für die genannten Rechtsformen ein zustimmungsfreier Wechsel des Wirtschaftsjahres kaum in Betracht.[349]

Von wesentlicher Bedeutung ist die Steuerberechnung für das aus dem Wechsel der Gewinnermittlungsperiode resultierende Rumpfwirtschaftsjahr, denn üblicherweise sind Gewinne nicht gleichmäßig über das Wirtschaftsjahr verteilt. Daher wurde ein progressionsmildernder Mechanismus eingeführt, der den Gewinn des Rumpfwirtschaftsjahres glättet, als ob er auf

---

344 Der Steuerpflichtige kann somit auch nach Antragstellung noch über den Wechsel entscheiden. Vgl. *Gertzman, S. F.*, 1999, S. 10-37.

345 Vgl. *Bauernfeind, G. G.*, 1994, S. 103-2; *Gertzman, S. F.*, 1999, S. 10-34.

346 Vgl. Temp. Reg. § 1.441-2T(c)(2). Für Personengesellschaften, S Corporations, Personal Service Corporations sowie deren Gesellschafter oder Anteilseigner gelten hier gem. Temp. Reg. § 1.441-3T besondere Einschränkungen.

347 Reg. § 1.442-1(c)(2) verlangt zu diesem Zweck, daß das Wirtschaftsjahr in den vergangenen 10 Jahren nicht geändert wurde und das resultierende Rumpfwirtschaftsjahr keinen Verlust im Sinne von Sec. 172 IRC, sondern einen Gewinn ausweist, der, hochgerechnet auf 12 Monate, mindestens 80 % des Vorjahresgewinns ausmacht. Außerdem muß ein eventuell vorhandener spezieller Steuerstatus der Corporation einheitlich im Rumpfwirtschaftsjahr und im vorangegangenen Wirtschaftsjahr vorliegen und im ersten neuen Wirtschaftsjahr darf kein Wechsel der Rechtsform auf eine S Corporation erfolgen. Sollten diese Voraussetzungen nicht erfüllt sein, kann die Corporation noch für ein beschleunigtes Zustimmungsverfahren nach Rev. Proc. 84-34, 1984-1 C. B. 508; Rev. Proc. 92-13, 1992-1 C. B. 665 sowie Rev. Proc. 92-13A, 1992-1 C. B. 668 in Frage kommen. Vgl. dazu *Gertzman, S. F.*, 1999, S. 10-40 ff.; *Marchbein, J.*, 1997, S. 474. Siehe auch *CCH*, 1998b, S. 14; *CCH*, 1998a, S. 410.

348 Vgl. Reg. § 1.706-1(a). Vgl. z. B. auch *Willis, E. u. a.*, 1999, S. 15-4.

349 Die bis 1986 vorhandenen Möglichkeiten zur zustimmungsfreien Änderung des Wirtschaftsjahres wurden durch den Tax Reform Act of 1986 abgeschafft. Vgl. *Gertzman, S. F.*, 1999, S. 10-43 ff.; *Bittker, B. I./Lokken, L.*, 1999d, S. 105-28. Siehe auch Rev. Rul. 87-57, 1987-2 C. B. 117 sowie Rev. Proc. 87-32, 1987-2 C. B. 396.

einer Basis von 12 Monaten beruhen würde (*annualization*).[350] Der IRC sieht nur eine Glättung der Gewinne vor, eine Glättung von Verlusten für Zwecke des Vor- oder Rücktrags existiert nicht.[351]

Normalerweise erfolgt die *annualization* gemäß Sec. 443(b)(1) IRC durch Division des *modified taxable income* des Rumpfwirtschaftsjahres durch die Anzahl der Monate im Rumpfwirtschaftsjahr und anschließende Multiplikation mit dem Faktor 12.[352] Das *modified taxable income* ist dabei in Sec. 443(b)(3) IRC als Bruttogewinn einer beliebigen Periode vermindert um die für diese Periode zulässigen anteiligen Abzüge definiert. Die auf den so geglätteten Gewinn entfallende Steuer wird nach Sec. 443(b)(1) IRC mit der Anzahl der Monate des Rumpfwirtschaftsjahres multipliziert und anschließend durch den Faktor 12 dividiert, was die letztlich abzuführende Steuer der *short period* ergibt.[353]

Treten in der *short period* außergewöhnliche Erträge auf, würde die Anwendung der regulären Glättungsmethode zu Verzerrungen führen. Daher sieht Sec. 443(b)(2) IRC auf Antrag[354] eine alternative Glättungsmethode vor.[355] Voraussetzung dafür ist, daß der Steuerpflichtige die Einkünfte für einen kompletten 12-Monats-Zeitraum nachweisen kann.[356] Dieser Zeitraum beginnt definitionsgemäß am ersten Tag des Rumpfwirtschaftsjahres.[357] Falls das Steuersubjekt am Ende der so definierten Periode nicht mehr existiert oder nahezu liquidiert ist, kommt alternativ der Zeitraum von 12 Monaten vor dem letzten Tag des Rumpfwirtschaftsjahres zur Anwendung.[358] Der Gewinn für diese Perioden ist so zu ermitteln, als würde es sich um ein reguläres Wirtschaftsjahr handeln, womit auch außerordentliche Erträge einzubeziehen sind.[359] Die für das Rumpfwirtschaftsjahr zu entrichtende Steuer entspricht dann dem höheren Ergebnis der folgenden beiden Berechnungen: Die auf die gesamte 12-Monats-Periode entfallende Steuer wird mit dem Quotienten aus dem *modified taxable income* des Rumpfwirtschaftsjahres und dem *modified taxable income* der 12-Monats-Periode multipliziert.[360] Parallel dazu wird die auf das *modified taxable income* der *short period* entfallende Steuer

---

350 Vgl. *Gertzman, S. F.*, 1999, S. 10-47; *CCH*, 1998a, S. 407; *Bauernfeind, G. G.*, 1994, S. 103-26 ff.

351 Siehe Rev. Rul. 56-463, 1956-2 C. B. 297.

352 Vgl. Reg. § 1.443-1(b) IRC.

353 Vgl. auch *Gertzman, S. F.*, 1999, S. 10-48 f.; *CCH*, 1998a, S. 407; *CCH*, 1998b, S. 16; *Willis, E. u. a.*, 1999, S. 15-8. Eine leicht modifizierte Berechnung ist im Fall des Wechsels von oder auf ein 52-53 week year erforderlich, da hier die monatliche Basis durch eine Tagesbasis ersetzt werden muß. Vgl. Sec. 441(f)(2)(B)(iii) IRC.

354 Vgl. Reg. § 1.443-1(b)(2)(v)(a).

355 Siehe auch *Gertzman, S. F.*, 1999, S. 10-50; *Bittker, B. I./Lokken, L.*, 1999d, S. 105-46; *Bauernfeind, G. G.*, 1994, S. 103-28.

356 Vgl. Sec. 443(b)(2)(A) IRC.

357 Vgl. Sec. 443(b)(2)(B)(i) IRC.

358 Vgl. Sec. 443(b)(2)(B)(ii) IRC.

359 Vgl. Sec. 443(b)(2)(A) IRC; Reg. § 1.443-1(b)(2)(iii)(a).

360 Vgl. Sec. 443(b)(2)(A)(i) IRC.

berechnet.[361] Führt keine der beiden Berechnungen zu einer geringeren Steuerlast als die Regelmethode, so ist die nach der Regelmethode berechnete Steuer zu entrichten.[362]

Abb. 4: Steuerberechnung im Rumpfwirtschaftsjahr

I. Regelmethode

1. Schritt: Gewinnglättung

$$\frac{\text{MTI des RWJ} \cdot 12}{\text{Anzahl der Monate des RWJ}} = \text{geglätteter Gewinn}$$

2. Schritt: Steuerberechnung

$$\frac{\text{geglätteter Gewinn} \cdot \text{anzuwendender Steuersatz} \cdot \text{Monate im RWJ}}{12} = \text{Steuer des RWJ}$$

II. Alternativmethode

Die Steuer des Rumpfwirtschaftsjahres entspricht dem höheren Ergebnis von:

a) $\text{MTI der 12-Monats-Periode} \cdot \text{anzuwendender Steuersatz} \cdot \dfrac{\text{MTI des RWJ}}{\text{MTI der 12-Monats-Periode}}$ oder

b) $\text{MTI des RWJ} \cdot \text{anzuwendender Steuersatz}$

MTI = modified taxable income
RWJ = Rumpfwirtschaftsjahr

Ist weder das Ergebnis von II. a) noch von II. b) kleiner als das von I., richtet sich die für das Rumpfwirtschaftsjahr zu entrichtende Steuer nach der Regelmethode. Übersteigt das Ergebnis von I. jedoch die nach der Alternativmethode ermittelte Steuer, ist letztere für das Rumpfwirtschaftsjahr zu entrichten.

3143. Vergleich mit der deutschen Abgrenzung des Gewinnermittlungszeitraums

Die deutsche Einkommensteuer ist wie die *federal income tax* als Jahressteuer ausgestaltet.[363] Während in der Bundesrepublik jedoch der Ermittlungszeitraum des zu versteuernden Einkommens regelmäßig dem Kalenderjahr entspricht, kann der hier zu betrachtende Gewinnermittlungszeitraum auch vom Kalenderjahr abweichen.[364] In den USA hingegen wird der Ermittlungszeitraum des zu versteuernden Einkommens nicht vom Gewinnermittlungszeitraum separiert. Beide sind von dem Terminus *taxable year* erfaßt und können durchaus vom Kalenderjahr abweichen. Damit entfällt in den USA die Notwendigkeit, wie in Deutschland

---

361 Vgl. Sec. 443(b)(2)(A)(ii) IRC.

362 Vgl. Reg. § 1.443-1(b)(2)(i) sowie insgesamt Reg. § 1.443-1(b)(2) sowie *Gertzman, S. F.*, 1999, S. 10-50; *CCH*, 1998b, S. 17 f.; *CCH*, 1998a, S. 408 f.; *Bittker, B. I./Lokken, L.*, 1999d, S. 105-46; *Bauernfeind, G. G.*, 1994, S. 103-26 ff.

363 Vgl. § 2 Abs. 7 Satz 1 EStG.

364 Vgl. § 2 Abs. 7 Satz 2 EStG. Der materiell-rechtliche Ermittlungszeitraum des zu versteuernden Einkommens ist vom verfahrensrechtlichen Veranlagungszeitraum zu unterscheiden, der gem. § 25 Abs. 1 EStG ebenfalls dem Kalenderjahr entspricht. Vgl. dazu *Tipke, K./Lang, J.*, 1998, S. 233; *Heinicke, W.*, 2000, § 4a, Rz. 1; *Weber-Grellet, H.*, 2000b, § 4a, Rn. A1 ff.; *Jakob, W.*, 1996, S. 73.

die Einkünfte eines vom Kalenderjahr abweichenden Gewinnermittlungszeitraums einem Ermittlungszeitraum nach § 2 Abs. 7 Satz 2 EStG zuzuweisen.[365]

US-amerikanische Steuerpflichtige sind in der erstmaligen Wahl ihres Gewinnermittlungszeitraums grundsätzlich frei. Demgegenüber sieht das deutsche Steuerrecht ein vom Kalenderjahr abweichendes Wirtschaftsjahr für Land- und Forstwirte zwingend vor[366] und gestattet ein abweichendes Wirtschaftsjahr darüber hinaus nur Gewerbetreibenden, deren Firma im Handelsregister eingetragen ist und die ihren Gewinn durch qualifizierten Betriebsvermögensvergleich ermitteln[367]. Das abweichende Wirtschaftsjahr umfaßt nach deutschem wie nach amerikanischem Recht einen Zeitraum von 12 Monaten, der in der Bundesrepublik aber nicht wie in den USA notwendigerweise am letzten Tag eines Monats enden muß.[368] Eine dem *52-53 week year* entsprechende Gestaltung des abweichenden Wirtschaftsjahres ist in der Bundesrepublik nicht möglich. Hinsichtlich der Wahl und Ausgestaltung des Wirtschaftsjahres eröffnet das deutsche Steuerrecht demnach geringere Gestaltungsmöglichkeiten als das US-amerikanische.

Neben diesen Alternativen sehen beide Steuersysteme im Fall eines Wechsels des Wirtschaftsjahres oder bei Eröffnung oder Aufgabe eines Betriebs ein Rumpfwirtschaftsjahr von weniger als 12 Monaten vor.[369] Weil der Ermittlungszeitraum des zu versteuernden Einkommens in der Bundesrepublik aber stets dem Kalenderjahr entspricht, sind keine progressionsmildernden Maßnahmen zur Gewinnglättung nach US-amerikanischem Vorbild nötig.[370]

---

365 Einkünfte aus Land- und Forstwirtschaft sind gem. § 4a Abs. 2 Nr. 1 EStG aufzuteilen und Einkünfte aus Gewerbebetrieb werden gem. § 4a Abs. 2 Nr. 2 EStG dem Kalenderjahr, in dem der Gewinnermittlungszeitraum endet, zugeordnet. Vgl. auch *Weber-Grellet, H.*, 2000b, § 4a, Rn. C1 ff.; *Tipke, K./Lang, J.*, 1998, S. 234; *Heinicke, W.*, 2000, § 4a, Rz. 20 ff.; *Arndt, H.-W./Piltz, D. J.*, 1996, S. 43; *Rose, G.*, 1997, S. 56.

366 Nach § 4a Abs. 1 Nr. 1 EStG ist das Wirtschaftsjahr für Land- und Forstwirte der Zeitraum vom 1. Juli bis 30. Juni, eine Abweichung ist nur auf der Grundlage einer Rechtsverordnung oder für bestimmte land- und forstwirtschaftliche Betriebe gem. § 8c Abs. 2 EStDV möglich. Siehe auch *Biergans, E.*, 1992, S. 559 f.; *Weber-Grellet, H.*, 2000b, § 4a, Rn. B40 ff.

367 Vgl. § 4a Abs. 1 Nr. 2 EStG. Siehe auch *Heinicke, W.*, 2000, § 4a, Rz. 5; *Weber-Grellet, H.*, 2000b, § 4a, Rn. B50 ff. Das abweichende Wirtschaftsjahr entspricht dann dem der Handelsbilanz zugrunde gelegten Zeitraum. Vgl. *Rose, G.*, 1997, S. 56; *Bauer, K.-H.*, 1996, § 4a, Anm. 46, was insoweit eine Analogie zu dem generellen Verweis auf die Buchführung durch Sec. 441(c) IRC darstellt.

368 Vgl. *Heinicke, W.*, 2000, § 4a, Rz. 2, 5; *Rose, G.*, 1997, S. 56 und wohl auch *Weber-Grellet, H.*, 2000b, § 4a, Rn. B27. A. A. *Biergans, E.*, 1992, S. 557, der einen Stichtag zum Monatsende für zwingend hält.

369 Vgl. § 8b EStDV. Das deutsche Steuerrecht verfügt zwar nicht über ein dem US-amerikanischen jeopardy assessment vergleichbares Instrument, jedoch kann der Wechsel von unbeschränkter zu beschränkter Steuerpflicht ein Rumpfwirtschaftsjahr erfordern. Vgl. auch *Weber-Grellet, H.*, 2000b, § 4a, Rn. B2, B25; *Heinicke, W.*, 2000, § 4a, Rz. 2; *Orth, M.*, 2000, S. 2136; *Biergans, E.*, 1992, S. 556; *Arndt, H.-W./Piltz, D. J.*, 1996, S. 43; *Rose, G.*, 1997, S. 56.

370 In Deutschland kann der Wechsel des Wirtschaftsjahres aufgrund der Verteilungsvorschrift von § 4a Abs. 2 Nr. 2 EStG aber zu einer Steuerpause führen, der bei Betriebsbeendigung oder Rückkehr zum Kalenderjahr dann eine erhöhte Belastung gegenübersteht. Dies wirkt sich bei steigenden Gewinnen vorteilhaft aus. Vgl. *Weber-Grellet, H.*, 2000b, § 4a, Rn. A73.

Ist die erstmalige Annahme eines Gewinnermittlungzeitraums in beiden Vergleichsländern noch zustimmungsfrei, so erfordert in den USA jeder Wechsel des Wirtschaftsjahres und in der Bundesrepublik der Wechsel auf ein abweichendes Wirtschaftsjahr die Zustimmung der Finanzverwaltung.[371] Sowohl der IRS als auch die deutsche Finanzverwaltung erteilen ihre Zustimmung nur bei Vorliegen wesentlicher wirtschaftlicher Gründe, welche beide regelmäßig als nicht gegeben ansehen, wenn der Antrag auf den Wechsel des Gewinnermittlungszeitraums von rein steuerlichen Erwägungen getragen wird.[372] Eine Orientierung an *natural business years* ist der deutschen Finanzverwaltung dabei ebenso unbekannt wie die in den USA vorgesehenen Ausnahmen von der Zustimmungspflicht.

315. Verrechnung von Verlusten

3151. Abzug und Ausgleich von Verlusten

Nach Sec. 165(a) IRC ist grundsätzlich die Verrechnung[373] von „any loss sustained during the taxable year"[374] möglich. Bei natürlichen Personen gilt jedoch die Einschränkung, daß diese Verluste im Rahmen ihres gewöhnlichen Geschäftsbetriebs oder sonstiger mit Gewinnerzielungsabsicht eingegangener Transaktionen oder durch Katastrophen oder Diebstahl entstanden sein müssen.[375] Zur Gewährleistung der Verrechenbarkeit muß der Verlust auf abgeschlossenen Transaktionen beruhen und darf nicht bewußt zu Steuerminderungszwecken erwirtschaftet worden sein.[376] Die Hauptproblematik der Verlustverrechnung besteht mithin in den Nachweisen, daß der Verlust im Jahr der Geltendmachung entstanden ist und daß die ihn begründenden Transaktionen abgeschlossen sind.[377]

---

371 Vgl. Sec. 442 IRC; § 4a Abs. 1 Nr. 2 EStG. Vgl. auch *Heinicke, W.*, 2000, § 4a, Rz. 11 ff.; *Biergans, E.*, 1992, S. 557; *Weber-Grellet, H.*, 2000b, § 4a, Rn. B80; *Arndt, H.-W./Piltz, D. J.*, 1996, S. 43 f. Zum Wechsel des Wirtschaftsjahres als Gestaltungsinstrument im Rahmen des Steuersenkungsgesetzes vgl. *Orth, M.*, 2000, S. 2136 ff.

372 Vgl. *Weber-Grellet, H.*, 2000b, § 4a, Rn. B127; *Heinicke, W.*, 2000, § 4a, Rz. 15; *Biergans, E.*, 1992, S. 558; *Bauer, K.-H.*, 1996, § 4a, Anm. 64 ff. Siehe auch BFH v. 24.04.1980, in: BStBl. II 1981, S. 50; BFH v. 15.06.1983, in: BStBl. II 1983, S. 672.

373 Unter Verlustverrechnung wird hier sowohl der innerperiodische Verlustausgleich als auch der interperiodische Verlustabzug verstanden.

374 Sec. 165(a) IRC; Reg. § 1.165-1(a).

375 Vgl. Sec. 165(c) IRC; Reg. § 1.165-1(e). Während die erstgenannten Verluste grundsätzlich in voller Höhe verrechenbar sind, greifen für Verluste aus Katastrophen oder Diebstahl die Beschränkungen von Sec. 165(h) IRC. Danach können nur solche Verluste verrechnet werden, die bestimmte Sockelbeträge übersteigen. Vgl. dazu Reg. § 1.165-7 sowie *Bittker, B. I./Lokken, L.*, 1999b, S. 34-1 ff.

376 Zudem gilt bei der Bestimmung des Verlusts das Prinzip der substance over form. Vgl. Reg. § 1.165-1(b) Reg. § 1.165-1(d)(1). Siehe auch *Bittker, B. I./Lokken, L.*, 1999a, S. 25-12. Diese Voraussetzungen dienen dazu, die Verrechnung auf Verluste zu beschränken, die „economically genuine realizations of loss" darstellen. Vgl. McWilliams v. Commissioner, 331 U. S. 699 (1947).

377 Vgl. *Bittker, B. I./Lokken, L.*, 1999a, S. 25-12 f.

Bedeutende Einschränkungen in den Gestaltungsmöglichkeiten ergeben sich aus der Nichtverrechenbarkeit von Verlusten aus Veräußerungsgeschäften zwischen verbundenen Unternehmen oder Personen[378] sowie aus sogenannten *wash sales*. Bei letzteren handelt es sich um Veräußerungen von Wertpapieren, wobei der Veräußerer innerhalb von 30 Tagen vor oder nach dem Verkauf im wesentlichen gleichartige Wertpapiere wieder erwirbt.[379] Speziell gegen Verlustzuweisungsgesellschaften richten sich die Beschränkungen von Sec. 465 IRC (*at risk limitation*) und Sec. 469 IRC (*passive activity limitation*). Natürliche Personen und bestimmte Kapitalgesellschaften[380] dürfen gemäß Sec. 465 IRC Verluste nur bis zur Höhe des im Rahmen der verlustgenerierenden Tätigkeit haftenden Kapitals geltend machen.[381] Diese Beschränkung greift für Verluste aus der Produktion oder dem Vertrieb von Filmen oder Videobändern, landwirtschaftlicher Tätigkeit, bestimmten Leasinggeschäften sowie der Erforschung oder Ausbeutung von Öl- und Gasvorkommen oder sonstigen natürlichen Energieträgern, sofern die jeweilige Tätigkeit gewerblich betrieben wird.[382] Den Anwendungsbereich von Sec. 465 IRC um *personal service corporations* erweiternd versagt Sec. 469 IRC die Verrechnung von Verlusten aus passiven Tätigkeiten mit anderen Einkünften.[383] Unter passiver Tätigkeit ist jede gewerbliche Betätigung zu verstehen, an der der Steuerpflichtige nicht wesentlich teilnimmt.[384] Das Kriterium der wesentlichen Teilnahme (*material participation*) setzt dabei den Einbezug des Steuerpflichtigen in den Geschäftsbetrieb auf einer regelmäßigen, fortlaufenden und substantiellen Basis voraus.[385]

Um sicherzustellen, daß Verluste nur dann steuermindernd geltend gemacht werden können, wenn der Steuerpflichtige auch tatsächlich einen finanziellen Nachteil erlitten hat, sind nach Sec. 165(a) IRC nur Verluste verrechenbar, die nicht durch Versicherungen oder in sonstiger

---

378 Vgl. Sec. 267(a) IRC sowie grundlegend *Keller, R. I.*, 1991, S. 445 ff.; *CCH*, 1998a, S. 448 f.

379 Vgl. Sec. 1091 IRC sowie eingehend *Krane, J.*, 1977, S. 226 ff.; *Emmel, D. M.*, 1989, S. 1073 ff. Daneben beschränkt der IRC die Verlustverrechnung in diversen weiteren Fällen. Vgl. z. B. Sec. 165(d) IRC zu Wettverlusten, Sec. 271 IRC zu Verlusten aus Schuldverschreibungen politischer Parteien oder Sec. 165(j) IRC zu Verlusten aus bestimmten Inhaberobligationen.

380 Dabei handelt es sich um C Corporations, deren Stammkapital während der letzten sechs Monate mindestens zur Hälfte direkt oder indirekt von nicht mehr als fünf natürlichen Personen gehalten wurde. Vgl. Sec. 465(a)(1)(B) IRC i. V. m. Sec. 542(a)(2) IRC.

381 Dann gilt aber ein unbeschränkter Verlustvortrag. Vgl. Sec. 465(a) IRC.

382 Vgl. Sec. 465(c) IRC. Vgl. grundlegend *Byrne, O. S.*, 1988, S. 364 ff.; *Kahn, D. A.*, 1999, S. 472 ff.; *Bittker, B. I./Lokken, L.*, 1999a, S. 28-8 ff.

383 Verluste aus passiver Tätigkeit dürfen nur mit Gewinnen aus ebensolcher Tätigkeit verrechnet werden. Vgl. Sec. 469(a) IRC; Sec. 469(d)(1) IRC. Zu diesem Zweck ist ein unbeschränkter Verlustvortrag möglich. Vgl. Sec. 469(b) IRC. Personal service corporations sind Kapitalgesellschaften, die vorwiegend Dienstleistungen freiberuflicher Natur erbringen. Vgl. z. B. *Kroschel, J.*, 2000a, S. 464 ff.

384 Vgl. Sec. 469(c)(1) IRC.

385 Vgl. Sec. 469(h)(1) IRC. Vgl. grundlegend *Bailey, L. D.*, 1988, S. 389 ff.; *Kahn, D. A.*, 1999, S. 304 ff.; *Bittker, B. I./Lokken, L.*, 1999a, S. 28-26 ff.

Weise abgedeckt sind.[386] Sollte der Steuerpflichtige nachträglich für einen bereits verrechneten Verlust entschädigt werden, wird der ursprüngliche Ansatz nicht korrigiert, sondern die Entschädigungssumme als Einkommen im Jahr des Erhalts gewinnerhöhend erfaßt.[387]

Ein Verlust kann nur in Höhe des Buchwerts (*adjusted basis*) im Sinne von Sec. 1011 IRC berücksichtigt werden.[388] Damit gehen weder unrealisierte Wertänderungen noch bereits vorgenommene Abschreibungen in die Verlustverrechnung ein.[389]

Übersteigen die abzugsfähigen Aufwendungen am Ende eines Wirtschaftsjahres die Erträge, entsteht ein *net operating loss* (NOL),[390] wobei diese Berechnung eventuelle NOL aus anderen Wirtschaftsjahren unberücksichtigt läßt[391]. Ein solcher NOL kann bis zur Höhe des zu versteuernden Einkommens der Vor- oder Rücktragsperiode auf die vorangegangenen zwei Wirtschaftsjahre zurückgetragen und auf die folgenden 20 Wirtschaftsjahre vorgetragen werden, sofern spezielle Vorschriften keine Abweichungen vorsehen.[392] Der Steuerpflichtige hat ein Wahlrecht, auf den Verlustrücktrag zu verzichten und entstandene Verluste umgehend auf die folgenden Wirtschaftsjahre vorzutragen.[393] Wird das Wahlrecht nicht ausgeübt, erfolgt regelmäßig zunächst ein Rücktrag auf das frühestmögliche Wirtschaftsjahr. Übersteigt der zurückgetragene Verlust das steuerpflichtige Einkommen dieses Jahres, wird der verbleibende Verlust in dem unmittelbar nachfolgenden Jahr abgezogen. Dieses Verfahren wird solange

---

386 Vgl. Horne v. Commissioner, 5 T. C. 254 (1945): „Underlying all of the loss deduction provisions of the statute is the concept of a financial detriment actually suffered by the taxpayer." Nach diesem Prinzip sind Verluste auch dann zu berücksichtigen, wenn zwar ein Versicherungsschutz besteht, dieser aber aus nicht primär steuerlichen Erwägungen nicht in Anspruch genommen wird. Vgl. Miller v. Commissioner, 733 F. 2d 404 (6th Cir., 1984). Der IRS verweigert in diesen Fällen dennoch häufig die Verlustverrechnung. Vgl. z. B. Rev. Rul. 78-141, 1978-1 C. B. 58, was bereits zu zahlreichen gerichtlichen Auseinandersetzungen auf diesem Gebiet führte.

387 Vgl. Reg. § 1.165-1(d)(2)(iii).

388 Vgl. Sec. 165(b) IRC.

389 Vgl. *Bittker, B. I./Lokken, L.*, 1999a, S. 25-30 ff.

390 Vgl. Sec. 172(c) IRC.

391 Vgl. Sec. 172(d)(1) IRC. Indem der NOL eines Wirtschaftsjahres keine Verluste aus anderen Jahren einbezieht, wird die Einhaltung des maximalen Abzugszeitraums von NOL gewährleistet. Vgl. *Bittker, B. I./Lokken, L.*, 1999a, S. 25-45. Daneben sieht Sec. 172(d) IRC weitere rechtsformspezifische Modifikationen vor, wie z. B. die nicht für Kapitalgesellschaften geltende Beschränkung der Abzugsfähigkeit von Aufwendungen, die nicht dem gewöhnlichen Geschäftsbetrieb des Steuerpflichtigen zuzurechnen sind, auf entsprechende Erträge. Vgl. Sec. 172(d)(4) IRC.

392 Vgl. Sec. 172(b)(1)(A) IRC. Siehe auch *Zschiegner, H.*, 1998a, S. 957. Die Vor- und Rücktragszeiträume gelten für Wirtschaftsjahre, die nach dem 05.08.1997 begonnen haben. Vor den Änderungen durch den Taxpayer Relief Act of 1997 betrug der Rücktragszeitraum drei Jahre und der Vortragszeitraum 15 Jahre. Vgl. *Kroschel, J./Wellisch, D.*, 1998, S. 499. Die Sondervorschriften sind in Sec. 172(b)(1)(B) bis (G) IRC geregelt und betreffen eng abgegrenzte Verlustarten, wie z. B. im Rahmen von real estate investment trusts (REITs) erwirtschaftete NOL. Die Verteilungsvorschrift soll die Folgen eines strikt auf Jahresbasis operierenden Steuersystems mildern, indem die Gewinne aus erfolgreichen Wirtschaftsjahren mit den Verlusten aus weniger erfolgreichen Perioden verrechnet werden können. Vgl. Libson Shops, Inc. v. Koehler, 353 U. S. 386 (1957): „Those provisions were enacted to ameliorate the unduly drastic consequences of taxing income strictly on an annual basis."; United States v. Foster Lumber Co., Inc., 429 U. S. 42 (1976).

393 Vgl. Sec. 172(b)(3) IRC. Das Wahlrecht kann gesondert für die NOL jedes Wirtschaftsjahres ausgeübt werden. Vgl. *Bittker, B. I./Lokken, L.*, 1999a, S. 25-51; *Zschiegner, H.*, 1998a, S. 957.

wiederholt, bis der Verlust vollständig aufgezehrt ist, wobei mehrere, auf dasselbe Wirtschaftsjahr vor- oder zurückzutragende NOL kumuliert werden.[394] Der Verlustabzug innerhalb einer Rechnungsperiode setzt sich demnach aus den in dieses Wirtschaftsjahr vor- oder zurückgetragenen NOL zusammen und kann bis zur Höhe des steuerpflichtigen Einkommens verrechnet werden.[395]

Grundsätzlich kennt das US-amerikanische Steuerrecht keine nach verschiedenen Einkunftsarten differenzierte Besteuerung.[396] Eine Ausnahme von dieser Regel bilden die Ergebnisse aus der Veräußerung von *capital assets* (*capital gains and losses*), die im Fall von *capital gains* abweichenden Tarifvorschriften[397] und im Fall von *capital losses* abweichenden Verlustverrechnungsvorschriften unterliegen[398] und insoweit Elemente einer Schedulensteuer verwirklichen.

Die Sondervorschriften für *capital gains and losses* greifen, sobald durch die Veräußerung oder den Tausch (*sale or exchange*)[399] eines *capital asset* ein Gewinn oder Verlust entsteht, welcher als Differenz zwischen dem Veräußerungserlös und dem Buchwert des jeweiligen *capital asset* ermittelt wird.[400] Nach Sec. 1221 IRC zählen alle Vermögenswerte, die sich in der Verfügungsgewalt des Steuerpflichtigen befinden, unabhängig von ihrer Zugehörigkeit zu dessen Geschäftsbetrieb, zu den *capital assets*, sofern sie nicht explizit ausgeschlossen

---

394 Vgl. Reg. § 1.172-4(b). Siehe auch *Bittker, B. I./Lokken, L.*, 1999a, S. 25-52 ff.

395 Vgl. Sec. 172(a) IRC; Reg. § 1.172-1(a). Um die Einhaltung des höchstzulässigen Abzugszeitraums zu gewährleisten, muß der Verlustvortrag eines Wirtschaftsjahres nach den Entstehungsjahren der jeweiligen NOL aufgegliedert werden.

396 Vgl. auch *Kraft, C.*, 1991, S. 162; *Kahle, H.*, 1996, S. 71; *Müssener, I.*, 1997, Rn. 54.

397 Sec. 1(h) IRC als Tarifvorschrift für von Nicht-Kapitalgesellschaften erzielte capital gains geht in ihrer geltenden Fassung auf den Taxpayer Relief Act von 1997 sowie den IRS Restructuring and Reform Act of 1998 zurück. Danach werden capital gains je nach Haltedauer des veräußerten capital asset mit einem Spitzensteuersatz zwischen 20 v. H. und 39,6 v. H. belegt. Der Höchststeuersatz für ordinary income beträgt 39,6 v. H. (Die Steuerreform von Präsident Bush sieht eine schrittweise Reduktion des Spitzensteuersatzes auf 35 v. H. bis 2006 vor. Vgl. die vom US-Congress beschlossene Fassung des Restoring Earnings To Lift Individuals and Empower Families (RELIEF) Act vom 23.05.2001, in: HR Rep. No. 1836, 107th Cong., 1st Sess. (2001)). Für Kapitalgesellschaften gilt grundsätzlich ein Spitzensteuersatz von 35 v. H., die tariflichen Besonderheiten für capital gains entfalten hier keine Wirkung. Vgl. dazu *Auster, R.*, 1998, S. 19 ff.; *CCH*, 1998a, S. 26 ff.; *CCH*, 1998c, S. 94 f.; *Harmelink, P. J./Copeland, P. V.*, 1998, S. 360 ff.; *Kroschel, J./Wellisch, D.*, 1998, S. 495; *Jakob, D.*, 1998, S. 130 sowie kritisch bezüglich der Komplexität von Sec. 1(h) IRC *Dilley, S. C./Orbach, K. N.*, 1999, S. 1562; *Koch, B. S./Karlinsky, S. S.*, 1999, S. 1369 f.; *Handler, H. R.*, 1999, S. 737 ff. Die bevorzugte Behandlung von capital gains wird in der US-amerikanischen Literatur umfangreich und kontrovers diskutiert. Vgl. z. B. befürwortend *Cunningham, N. B./Schenk, D. H.*, 1993, S. 319 ff. sowie ablehnend *Halperin, D. I.*, 1993, S. 381 ff.; *Peel, F. W.*, 1988, S. 418 f.

398 Siehe auch *Kahle, H.*, 1996, S. 71. Zu den Motiven des Gesetzgebers für die Sonderbehandlung dieser Veräußerungsergebnisse vgl. HR Rep. No. 1388, 67th Cong., 4th Sess. (1923).

399 Das sale or exchange-Kriterium ist weder im IRC noch in den Regulations abschließend definiert, so daß es in Grenzfällen häufig zu Abgrenzungsproblemen kommt. Vgl. *Bittker, B. I.*, 1981, S. 743 ff.; *Raby, B. J. W./Raby, W. L.*, 1998, S. 749 ff.

400 Vgl. Sec. 1001(a) IRC.

sind.[401] Diese Ausnahmen umfassen das Vorratsvermögen und sonstige zur Veräußerung bestimmte Wirtschaftsgüter[402] sowie unbewegliche und abnutzbare bewegliche Wirtschaftsgüter in gewerblicher Nutzung[403]. Ebenfalls ausgenommen sind Copyrights, Kunstwerke, schriftliche Abhandlungen oder vergleichbare Vermögenswerte, sofern der Steuerpflichtige sie selbst geschaffen hat oder in letzteren beiden Fällen auch wenn sie für den Steuerpflichtigen angefertigt wurden.[404] Weitere Ausnahmen betreffen Forderungen aus erbrachten Dienstleistungen oder Veräußerungen von Wirtschaftsgütern im Sinne von Sec. 1221(1) IRC[405] sowie Veröffentlichungen der Bundesregierung der Vereinigten Staaten[406].[407]

Nach dieser Abgrenzung entstandene *capital gains or losses* werden in kurzfristige (*short-term*) und langfristige (*long-term*) Veräußerungsergebnisse differenziert. Bei *short-term capital gains/losses* befand sich das veräußerte *capital asset* nicht länger als ein Jahr im Eigentum des Steuerpflichtigen.[408] Überschreitet die Haltedauer (*holding period*)[409] diesen Zeitraum, liegen *long-term capital gains/losses* vor.[410] Dies gilt jedoch nur, soweit die jeweiligen *gains or losses* in die Ermittlung des steuerpflichtigen Einkommens eingehen.[411]

Die für jede Transaktion gesondert ermittelten kurz- und langfristigen Veräußerungsergebnisse werden zu aggregierten Nettogrößen zusammengefaßt (*netting*). Dabei werden die

---

401 In Arkansas Best Corp. v. Commissioner, 485 U. S. 212 (1988) entschied der Supreme Court, daß die Definition von capital assets streng auszulegen und Ausnahmen auf die explizit vom IRC vorgesehenen zu beschränken seien. Damit engte der Supreme Court seine eigene Begriffsabgrenzung in Corn Products Co. v. Commissioner, 350 U. S. 46 (1955) deutlich ein. Damals hatte das Gericht durch die Berücksichtigung des Einsatzzwecks des jeweiligen Guts noch eine weite Auslegung der Ausnahmen von den capital assets vorgenommen. Vgl. auch *Schnee, E. J./Burton, H. A.*, 1992, S. 309 ff.; *Sarcone, S. G.*, 1988, S. 943 ff.; *Soled, J. A.*, 1999, S. 940 ff.

402 Vgl. Sec. 1221(1) IRC. Siehe auch *Soled, J. A.*, 1999, S. 933 ff.; *Bernstein, R. A.*, 1968, S. 1093 ff. sowie Case v. United States, 633 F. 2d 1245 (6th Cir., 1980). Der Ausschluß des Vorratsvermögens erfolgte nach der Auslegung des Supreme Court in Malat v. Riddell, 383 U. S. 572 (1966) um zwischen „the ‚profits and losses arising from the everyday operation of a business‘ on the one hand ... and ‚the realization of appreciation in value accrued over a substantial period of time‘ on the other“ zu differenzieren.

403 Vgl. Sec. 1221(2) IRC. Vgl. auch *Bittker, B. I./Lokken, L.*, 1999b, S. 51-26 ff.

404 Vgl. Sec. 1221(3) IRC. Siehe auch *Beghe, R.*, 1974, S. 491 ff.; *Linton, J. A.*, 1967, S. 240 ff.; *Soled, J. A.*, 1999, S. 939 f.

405 Vgl. Sec. 1221(4) IRC.

406 Diese Ausnahme greift nur, wenn die entsprechende Veröffentlichung nicht zu ihrem regulären Verkaufspreis erworben wurde. Vgl. Sec. 1221(5) IRC.

407 Solchermaßen ausgeschlossene Vermögenswerte können aber durch die Sonderregelung in Sec. 1231 IRC dennoch erfaßt werden. Vgl. dazu weiter unten in diesem GP.

408 Vgl. Sec. 1222(1) und (2) IRC.

409 Die Haltedauer bezeichnet den Zeitraum zwischen Erwerb und Veräußerung des capital asset, wobei der Tag des Erwerbs unberücksichtigt bleibt, der Veräußerungstag jedoch einbezogen wird. Vgl. Rev. Rul. 70-598, 1970-2 C. B. 168; Fogel v. Commissioner, 203 F. 2d 347 (5th Cir., 1953). Besonderheiten hinsichtlich der holding period sind in Sec. 1223 IRC geregelt. Vgl. auch *CCH*, 1998c, S. 92 ff.; *CCH*, 1998a, S. 467 ff.; *Kahle, H.*, 1996, S. 72 sowie ausführlich *Bittker, B. I./Lokken, L.*, 1999b, S. 53-1 ff.

410 Vgl. Sec. 1222(3) und (4) IRC.

411 Vgl. Sec. 1222(1) bis (4) IRC. Damit sind beispielsweise Gewinne oder Verluste aus Veräußerungsgeschäften zwischen verbundenen Personen oder Unternehmen, die nach Sec. 267(a)(1) IRC nicht angesetzt werden dürfen, von der Definition ausgeschlossen. Vgl. auch *Bittker, B. I./Lokken, L.*, 1999b, S. 50-9.

während des Wirtschaftsjahres erzielten *short-term capital gains* mit den *short-term capital losses* des gleichen Zeitraums zum *net short-term capital gain or loss* aufgerechnet.[412] Analog wird ein *net long-term capital gain or loss* aus der Differenz zwischen *long-term capital gains* und *long-term capital losses* ermittelt.[413] Die solchermaßen zusammengefaßten kurz- und langfristigen Veräußerungsergebnisse werden gegeneinander aufgerechnet. Verbleibt insgesamt ein Verlust, können bis zu US-$ 3.000 mit *ordinary income*[414] ausgeglichen werden. Darüber hinausgehende Verluste können nur von *capital gains* anderer Wirtschaftsjahre abgezogen werden.[415] Zu diesem Zweck können verbleibende *capital losses* unbegrenzt auf nachfolgende Wirtschaftsjahre vorgetragen werden.[416] Zusätzlich können Verluste aus sogenannten *section 1256 contracts*[417] drei Jahre zurückgetragen werden, wobei allerdings nur ein Ausgleich mit Gewinnen aus *section 1256 contracts* möglich ist.[418] Vorgetragene Verluste behalten ihren ursprünglichen Charakter als *short-term* oder *long-term capital loss* und werden dem Wirtschaftsjahr zugerechnet, in welches sie vorgetragen wurden. Dort erfolgt erneut ihre Aggregation zu Nettogrößen, gemeinsam mit den in dem betreffenden Wirtschaftsjahr hinzugekommenen Veräußerungsergebnissen. Die Verluste müssen in jedem Wirtschaftsjahr vollständig gegen vorhandene Gewinne aufgerechnet werden. Ein Vortrag ist erst möglich, wenn im Wirtschaftsjahr der Entstehung keine ausgleichsfähigen Gewinne mehr vorhanden sind.[419] Dabei greift eine Verwendungsfiktion, nach der die *short-term losses* als zuerst ausgeglichen gelten.[420]

Diese Verrechnungsvorschriften gelten für alle Steuersubjekte außer Kapitalgesellschaften, auf die spezielle Vorschriften Anwendung finden. Kapitalgesellschaften sind von der Möglichkeit ausgeschlossen, *capital losses* bis zu US-$ 3.000 mit *ordinary income* auszugleichen; es kommt nur ein Ausgleich mit *capital gains* in Betracht.[421] Verbleiben der Kapitalgesell-

---

412 Vgl. Sec. 1222(5) und (6) IRC. Vgl. auch *CCH*, 1998c, S. 95; *Handler, H. R.*, 1999, S. 738.

413 Vgl. Sec. 1222(7) und (8) IRC.

414 Unter ordinary income werden alle nicht den Sondervorschriften für capital gains or losses unterliegenden Einkünfte verstanden.

415 Vgl. Sec. 1211 IRC. Siehe auch *CCH*, 1998c, S. 85; *CCH*, 1998a, S. 463. Für die Möglichkeit des vollständigen Ausgleichs von capital losses mit ordinary income plädieren *Peel, F. W.*, 1988, S. 418 ff. und *Warren, A. C.*, 1973, S. 291 ff., der als Gründe für die Beschränkung der Ausgleichsmöglichkeit von capital losses im geltenden Recht ebenso wie *Baker, W. K.*, 1987, S. 162 ff. die Sicherung des Steueraufkommens, die Einschränkung von Gestaltungsmöglichkeiten durch gezielte Gewinn- oder Verlustrealisation sowie die niedrigere Besteuerung von capital gains nennt.

416 Vgl. Sec. 1212(b) IRC. Siehe auch *CCH*, 1998a, S. 463; *Baker, W. K.*, 1987, S. 161.

417 Dabei handelt es sich um Fremdwährungsgeschäfte und andere, in Sec. 1256 IRC abschließend aufgezählte Transaktionen.

418 Vgl. Sec. 1212(c) IRC. Siehe auch *CCH*, 1998a, S. 464.

419 Vgl. Rev. Rul. 76-177, 1976-1 C. B. 224. Siehe auch *Bittker, B. I./Lokken, L.*, 1999b, S. 50-14.; *CCH*, 1998c, S. 95; *CCH*, 1998a, S. 463.

420 Vgl. Sec. 1212(b)(2) IRC; *Bittker, B. I./Lokken, L.*, 1999b, S. 50-14; *CCH*, 1998a, S. 457.

421 Vgl. Sec. 1211(a) IRC. Siehe auch *CCH*, 1998c, S. 96; *Peel, F. W.*, 1988, S. 418; *Baker, W. K.*, 1987, S. 161.

schaft nach dem Ausgleich innerhalb des Wirtschaftsjahres noch Verluste (*net capital losses*), können diese bis zu drei Jahre zurück- und fünf Jahre vorgetragen werden.[422] Um die Einhaltung der maximalen Abzugszeiträume zu gewährleisten, gehen Verlustvor- und -rückträge nicht in die Berechnung des *net capital loss* ein. Zu diesem Zweck werden die Vor- und Rückträge in dem Wirtschaftsjahr, auf welches sie übertragen werden, als *short-term capital losses* eingestuft, die definitionsgemäß nicht zu den *net capital losses* zählen.[423] Die Verluste sind in das frühestmögliche Wirtschaftsjahr zurückzutragen und dort vollständig von den ausgleichsfähigen Gewinnen abzuziehen. Der Verlustabzug in späteren Jahren ist erst möglich, wenn im vorangegangenen Wirtschaftsjahr keine ausgleichsfähigen Gewinne mehr vorhanden sind.[424] Durch den Verlustrücktrag darf kein NOL im Sinne von Sec. 172 IRC geschaffen oder erhöht werden.[425] Da Verlustvor- und rückträge als *short-term capital losses* gelten, werden diese analog zur Verwendungsfiktion bei Nicht-Kapitalgesellschaften als zuerst ausgeglichen angesehen.[426]

Nach den Sonderregeln von Sec. 1231 IRC können in einigen Fällen Gewinne in den Vorzug der niedrigeren Besteuerung von *capital gains* kommen und gleichzeitig Verluste nicht den Verrechnungsbeschränkungen von *capital losses* unterworfen werden. Dies wird durch die Zusammenfassung aller Gewinne und Verluste des Wirtschaftsjahres aus dem Tausch oder der Veräußerung von gewerblich genutzten Wirtschaftsgütern[427] sowie aus der unfreiwilligen Liquidation solcher Wirtschaftsgüter oder von *capital assets*[428] erreicht. Ergibt sich bei deren Saldierung insgesamt ein Gewinn, werden alle auf diese Weise zusammengefaßten Gewinne und Verluste als *long-term capital gains or losses* eingestuft. Ergibt sich insgesamt ein

---

422 Vgl. Sec. 1222(10) IRC; Sec. 1212(a)(1) IRC. In einigen Sonderfällen gelten abweichende Abzugszeiträume: Nach Sec. 1212(a)(1)(C)(i) IRC wird der Verlustvortrag für bestimmte regulierte Investmentgesellschaften auf 8 Jahre erweitert. Verluste aus Enteignungen im Ausland können nicht zurück-, aber über 10 Jahre vorgetragen werden. Vgl. Sec. 1212(a)(1)(A)(i) und 1212(a)(1)(C)(ii) IRC. Zudem schließt Sec. 1212(a)(3) IRC den Verlustrücktrag in Wirtschaftsjahre aus, in denen der Kapitalgesellschaft der Status einer foreign personal holding company i. S. v. Sec. 552 IRC, einer regulated investment company gem. Sec. 851 IRC, eines real estate investment trust nach Sec. 856 IRC oder einer foreign investment company, die eine Ausschüttung nach Sec. 1247 IRC vorgenommen hat, zukommt. Vgl. auch *CCH*, 1998c, S. 96 f.; *Baker, W. K.*, 1987, S. 161.

423 Vgl. Sec. 1222(10) IRC; *Bittker, B. I. /Lokken, L.*, 1999b, S. 50-16; *CCH*, 1998a, S. 464.

424 Vgl. Sec. 1212(a)(1) IRC; Rev. Rul. 76-177, 1976-1 C. B. 224.

425 Vgl. Sec. 1212(a)(1)(A)(ii) IRC. Siehe auch *CCH*, 1998a, S. 464.

426 Vgl. *Bittker, B. I./Lokken, L.*, 1999b, S. 50-16.

427 Unter gewerblich genutzten Wirtschaftsgütern sind grundsätzlich abnutzbare bewegliche Wirtschaftsgüter und Immobilien zu verstehen, die länger als ein Jahr gehalten wurden und betrieblichen Zwecken dienten sowie Holz, Kohle und Eisenerz, ungeerntetes Getreide und bestimmte Viehbestände. Ausgenommen sind die vom capital asset-Begriff ausgeschlossenen zur Veräußerung bestimmten Wirtschaftsgüter und das Vorratsvermögen ebenso wie Copyrights, Kunstwerke, schriftliche Abhandlungen oder vergleichbare Vermögenswerte sowie Veröffentlichungen der Bundesregierung der Vereinigten Staaten. Vgl. Sec. 1231(b) IRC.

428 Voraussetzung ist, daß die capital assets wenigstens ein Jahr in Verbindung mit dem Gewerbebetrieb oder sonstigen mit Gewinnerzielungsabsicht betriebenen Aktivitäten gehalten wurden. Vgl. dazu Sec. 1231(a)(3)(A)(ii)(II) IRC.

Verlust, gelten die zusammengefaßten Gewinne und Verluste vollständig als *ordinary income or losses*. Nachdem auf diese Weise eine Zuordnung zu den *capital gains or losses* oder dem *ordinary income* erfolgt ist, werden die jeweiligen Gewinne oder Verluste nach den oben beschriebenen Grundsätzen behandelt.[429]

3152. Vergleich mit der Verlustverrechnung im deutschen Steuerrecht

Die grundsätzliche Verrechenbarkeit von Verlusten nach Sec. 165(a) IRC findet sich auch im deutschen Steuerrecht als Ausfluß des objektiven Nettoprinzips wieder.[430] Den kasuistischen Beschränkungen dieser generellen Verrechenbarkeit im US-amerikanischen Steuerrecht steht dabei auf deutscher Seite der prinzipielle Ausschluß der Verrechnung von Verlusten, die keinen Einkünftetatbestand im Sinne des § 2 Abs. 1 EStG verwirklichen[431] sowie von Verlusten, die mit steuerfreien Einnahmen in unmittelbarem wirtschaftlichen Zusammenhang stehen,[432] gegenüber. Hinzu kommen die auch in Deutschland anzutreffenden kasuistischen Beschränkungen der Verlustverrechnung,[433] so daß keines der Vergleichsländer die uneingeschränkte Verrechnung von Verlusten aus steuerpflichtigen Einkunftsquellen gestattet.

Durch die in den USA ausnahmsweise vorgenommene Unterscheidung zweier Einkunftsarten ist eine systematische Vergleichbarkeit mit der deutschen Verlustverrechnungstechnik gewährleistet. So ist in beiden Vergleichsländern ein unbegrenzter Ausgleich von Verlusten[434] innerhalb einer Einkunftsart (horizontaler Verlustausgleich) möglich.[435] Der Ausgleich von

---

429 Vgl. Sec. 1231 IRC. Siehe auch *Harmelink, P. J./Copeland, P. V.*, 1987, S. 176 ff.; *Bittker, B. I./Lokken, L.*, 1999b, S. 54-2 ff.; *CCH*, 1998c, S. 99 ff.; *CCH*, 1998a, S. 461 ff.; *Peel, F. W.*, 1988, S. 428. Mögliche Ungerechtigkeiten aus dieser Sonderregelung werden durch die depreciation recapture rules verhindert: Sec. 1245 und 1250 IRC sehen vor, daß Gewinne, die auf bereits vorgenommenen Abschreibungen beruhen, in dieser Höhe als ordinary income behandelt werden, ungeachtet der Zuordnung von Sec. 1231 IRC. Vgl. z. B. *Baker, W. K.*, 1987, S. 176 ff.

430 Vgl. *Tipke, K./Lang, J.*, 1998, S. 240; *Wöhe, G./Bieg, H.*, 1995, S. 21.

431 Dabei handelt es sich überwiegend um Liebhabereiverluste. Vgl. z. B. *Tipke, K./Lang, J.*, 1998, S. 242; *Schulze-Osterloh, J.*, 1985, S. 270 ff.; *Seeger, S. F.*, 2000, § 2, Rz. 61.

432 Vgl. § 3c EStG. Siehe auch *Tipke, K./Lang, J.*, 1998, S. 242.

433 So z. B. § 2a EStG für negative Einkünfte mit Auslandsbezug, § 15a EStG für Verluste bei beschränkter Haftung oder § 15 Abs. 4 EStG für Verluste aus gewerblicher Tierzucht oder gewerblicher Tierhaltung. Vgl. *Seeger, S. F.*, 2000, § 2, Rz. 61. Weitere Beispiele nennen *Schulze-Osterloh, J.*, 1985, S. 285 ff.; *Tipke, K./Lang, J.*, 1998, S. 242; *Raupach, A./Böckstiegel, M.*, 1999, S. 569.

434 Nachfolgend wird von Verlusten ausgegangen, die keiner der genannten Verrechnungsbeschränkungen unterliegen.

435 In den USA erfolgt dies beim ordinary income auf direktem Wege, während beim capital income erst innerhalb der verschiedenen Stufen des netting ein vollständiger horizontaler Verlustausgleich erreicht wird. In der Bundesrepublik ist gem. § 2 Abs. 3 Satz 2 EStG nach wie vor ein unbegrenzter horizontaler Verlustausgleich möglich, die fundamentalen Einschnitte des Steuerentlastungsgesetzes 1999/2000/2002 zur Einführung einer Mindestbesteuerung haben diesen Bereich unberührt gelassen. Vgl. auch *Seeger, S. F.*, 2000, § 2, Rz. 62; *Raupach, A./Böckstiegel, M.*, 1999, S. 487, die auch ausführlich auf die Entstehungsgeschichte des Mindestbesteuerungskonzepts eingehen; *Günkel, M./Fenzl, B.*, 1999, S. 658; *Breithecker, V./Klapdor, R./Zisowski, U.*, 1999, S. 67; *Risthaus, A./Plenker, J.*, 1999, S. 605.

Verlusten zwischen verschiedenen Einkunftsarten (vertikaler Verlustausgleich) ist hingegen in beiden Ländern deutlich beschränkt. So kommt in den USA ein vertikaler Verlustausgleich für Kapitalgesellschaften gar nicht und für Nicht-Kapitalgesellschaften nur bis maximal US-$ 3.000 in Betracht. Der durch das Steuerentlastungsgesetz 1999/2000/2002 eingeführte § 2 Abs. 3 EStG sieht für Steuerpflichtige in der Bundesrepublik, die keine Kapitalgesellschaft oder gewerblich geprägte Personengesellschaft sind,[436] nur noch einen unbeschränkten vertikalen Verlustausgleich bis zu DM 100.000 vor. Übersteigende Verluste dürfen nur bis zur Höhe der Hälfte der DM 100.000 übersteigenden Summe der positiven Einkünfte ausgeglichen werden.[437] Die Minderung ist dabei in dem Verhältnis vorzunehmen, in dem die positiven Summen der Einkünfte aus verschiedenen Einkunftsarten zur Summe der positiven Einkünfte stehen, oder, falls die Summe der negativen Einkünfte den ausgleichsfähigen Betrag übersteigt, in dem Verhältnis, in dem die negativen Summen der Einkünfte aus verschiedenen Einkunftsarten zur Summe der negativen Einkünfte stehen.[438]

Auf den ersten Blick muten die Vorschriften zum vertikalen Verlustausgleich in der Bundesrepublik trotz ihrer Komplexität großzügiger an als die korrespondierenden US-amerikanischen Regeln. Dieses Ergebnis wird jedoch angesichts der nur zwei US-amerikanischen Einkunftsarten, unter denen dem *capital income* eine weitaus geringere Bedeutung zukommt, relativiert. Denn aus diesem Grund hat der vertikale Verlustausgleich in den Vereinigten Staaten bei weitem keine dem deutschen Steuerrecht vergleichbare Bedeutung, weil das Gros der Verluste in den USA horizontal innerhalb des *ordinary income* ausgeglichen werden kann.

Der Verlustabzug ist in den USA einkunftsarten- und rechtsformspezifisch differenziert und meist zeitlich, nie jedoch betragsmäßig begrenzt, wobei ein zweijähriger Verlustrücktrag und ein zwanzigjähriger Verlustvortrag den Regelfall darstellen. Demgegenüber können deutsche

---

436 Inländische Kapitalgesellschaften, die gem. § 8 Abs. 2 KStG stets Einkünfte aus Gewerbebetrieb erzielen, können ebenso wie gewerblich geprägte Personengesellschaften gem. § 15 Abs. 3 EStG naturgemäß keinen vertikalen, sondern nur einen horizontalen Verlustausgleich vornehmen. Vgl. auch *Günkel, M./Fenzl, B.*, 1999, S. 658; *Breithecker, V./Klapdor, R./Zisowski, U.*, 1999, S. 74.

437 Vgl. § 2 Abs. 3 Satz 3 EStG.

438 Vgl. § 2 Abs. 3 Satz 4 und 5 EStG. Vgl. aus der umfangreichen Literatur zur Neuregelung des vertikalen Verlustausgleichs sowie zur ausgiebigen Kritik an diesem Konzept z. B. *Raupach, A./Böckstiegel, M.*, 1999, S. 491 f., S. 618 ff. mit einer umfangreichen Analyse der Verfassungswidrigkeit der Neuregelung; *Günkel, M./Fenzl, B.*, 1999, S. 658 f., die vor dem Hintergrund der Entscheidung des BVerfG v. 30.09.1998, in: BVerfGE 99, S. 88 verfassungsrechtliche Bedenken gegen das Konzept der Mindestbesteuerung äußern; *Seeger, S. F.*, 2000, § 2, Rz. 65 ff., nach dem das zu versteuernde Einkommen seine Funktion als Maßstab der Leistungsfähigkeit verliert sowie *Breithecker, V./Klapdor, R./Zisowski, U.*, 1999, S. 67 ff.; *Risthaus, A./Plenker, J.*, 1999, S. 605 ff.; *Hüsing, S.*, 2000, S. 1149 f. Vgl. auch die amtlichen Beispiele in H 3 EStH.

Steuerpflichtige Verluste grundsätzlich bis zur Höhe von DM 1 Mio.[439] auf das unmittelbar vorangegangene Jahr zurücktragen und einen der Höhe und der Zeit nach unbegrenzten Verlustvortrag vornehmen, wobei zu § 2 Abs. 3 EStG analoge Beschränkungen des vertikalen Verlustausgleichs zu beachten sind.[440] Vereinfachend zusammengefaßt stehen den strengeren deutschen Verlustrücktragsvorschriften strengere US-amerikanische Regeln hinsichtlich des Verlustvortrags gegenüber.[441] In beiden Vergleichsländern besteht zudem ein Wahlrecht zum Verzicht auf den Verlustrücktrag zugunsten eines unmittelbaren Verlustvortrags.[442]

Neben diesen Beschränkungen des Verlustausgleichs und -abzugs verfügen beide Staaten über Sondervorschriften zur Bekämpfung von Verlustzuweisungsgesellschaften. Eine Sec. 469 IRC vergleichbare Differenzierung zwischen aktiven und passiven Einkünften zur Begrenzung des Verlustausgleichs war zwar im ursprünglichen Entwurf des Steuerentlastungsgesetzes 1999/2000/2002 vorgesehen,[443] wurde dann aber aufgrund der heftigen Kritik[444] nicht in die endgültige Fassung übernommen.[445] Vielmehr kodifizierte der Gesetzgeber mit § 2b EStG eine Vorschrift, die den Ausgleich und den Abzug von negativen Einkünften aus der Beteiligung an Verlustzuweisungsgesellschaften oder ähnlichen Modellen[446] auf positive Einkünfte aus solchen Einkunftsquellen beschränkt und die Verrechnung mit anderen Ein-

439 Durch das Steuersenkungsgesetz wurde die Höchstgrenze von bisher DM 2 Mio. mit erstmaliger Wirkung für den Veranlagungszeitraum 2001 halbiert. Dabei handelt es sich um die redaktionelle Übernahme einer bereits in § 52 Abs. 25 EStG enthaltenen Regelung.

440 Vgl. § 10d Abs. 1 und 2 EStG. Siehe auch *Raupach, A./Böckstiegel, M.*, 1999, S. 492 f.; *Risthaus, A./Plenker, J.*, 1999, S. 608 f.; *Breithecker, V./Klapdor, R./Zisowski, U.*, 1999, S. 76 ff.; *Heinicke, W.*, 2000, § 10d, Rz. 30 f., 41; *Günkel, M./Fenzl, B.*, 1999, S. 659 f. sowie die Übersichten bei *Hüsing, S.*, 2000, S. 1150 ff.

441 So im Ergebnis auch *Grotherr, S.*, 1998, S. 2342.

442 Vgl. § 10d Abs. 1 Satz 7 EStG.

443 Vgl. BT-Drcks. 14/23 v. 09.11.1998.

444 Vgl. z. B. *IDW*, 1999, S. 28; *Herzig, N./Briesemeister, S.*, 1999a, S. 299 ff.; *Schneider, D.*, 1999, S. 109 f.; *Günkel, M./Fenzl, B.*, 1999, S. 658.

445 Vgl. *Raupach, A./Böckstiegel, M.*, 1999, S. 488 f.; *Breithecker, V./Klapdor, R./Zisowski, U.*, 1999, S. 67; *Günkel, M./Fenzl, B.*, 1999, S. 657 f.

446 Eine Verlustzuweisungsgesellschaft oder ein ähnliches Modell liegt vor, wenn beim Erwerb oder der Begründung der Einkunftsquelle die Erzielung eines steuerlichen Vorteils im Vordergrund steht. Dies ist insbesondere dann der Fall, wenn nach dem Betriebskonzept der Gesellschaft oder des Modells die Rendite auf das einzusetzende Kapital nach Steuern mehr als das Doppelte dieser Rendite vor Steuern beträgt und die Betriebsführung überwiegend auf diesem Umstand beruht, oder wenn Kapitalanlegern Steuerminderungen durch Verlustzuweisungen in Aussicht gestellt werden. Vgl. § 2b Satz 1 und 3 EStG. Kritisch hierzu *Raupach, A./Böckstiegel, M.*, 1999, S. 561 ff.; *Günkel, M./Fenzl, B.*, 1999, S. 660. Der Gesetzeswortlaut wird insoweit durch das kürzlich ergangene BMF-Schr. v. 05.07.2000, in: BStBl. I 2000, S. 1148, Rz. 8 ff. konkretisiert. Vgl. dazu *Meyer-Scharenberg, D./Fleischmann, H. G.*, 2000, S. 1373 ff. sowie *Marx, F. J./Löffler, C.*, 2000, S. 1665 ff. mit kritischen Anmerkungen zur Konkretisierung des Vergleichs von Vorsteuerrendite und Nachsteuerrendite in besagtem BMF-Schreiben. Zu rechtlichen Bedenken gegen die dort vorgenommene Auslegung von § 2b EStG vgl. *Söffing, G.*, 2000, S. 2341 ff.

künften versagt.[447] Eine Beschränkung der Verlustverrechnung auf das haftende Kapital im Sinne von Sec. 465 IRC ist im deutschen Steuerrecht daher nicht vorgesehen. Der generelle Ausschluß der Verrechnung von bewußt zu Steuerminderungszwecken erwirtschafteten Verlusten durch Reg. § 1.165-1(b) schafft aufgrund seines allgemeinen Charakters keine zu § 2b EStG gleichwertige Regelung.

Zusammenfassend kann festgestellt werden, daß die Verlustverrechnung in den Vereinigten Staaten geringeren Beschränkungen unterliegt als in Deutschland. Zwar sehen auch die USA Verlustverrechnungsbeschränkungen vor, diese beziehen sich jedoch meist auf den relativ eng abgegrenzten Bereich der *capital losses* und auch die Vorschriften für Verlustzuweisungsgesellschaften in Sec. 465 IRC und 469 IRC haben einen relativ engen Anwendungsbereich. Die durch das Steuerentlastungsgesetz 1999/2000/2002 eingeführten oder geänderten §§ 2 Abs. 3, 2b und 10d EStG führen wegen ihres umfassenderen Wirkungsbereichs demgegenüber zu deutlich weitreichenderen Beschränkungen der Verlustverrechnung.[448]

32. Allgemeine bilanzsteuerrechtliche Vorschriften

321. Bilanzsteuerrechtliche Ansatzvorschriften

3211. Umfang des Bilanzansatzes

32111. Aktivierungsumfang

321111. Capital Expenditures

Die primäre Orientierung der bilanziellen steuerlichen Gewinnermittlung der Vereinigten Staaten von Amerika an der Aufwands- und Ertragsverrechnung hat zur Folge, daß der *Internal Revenue Code* keine direkten Vorschriften zur Abgrenzung des Aktivierungsumfangs

---

447 Vgl. § 2b Satz 1, 2 und 5 EStG. Vgl. dazu auch *Günkel, M./Fenzl, B.*, 1999, S. 660; *Breithecker, V./Klapdor, R./Zisowski, U.*, 1999, S. 74 ff.; *Risthaus, A./Plenker, J.*, 1999, S. 609 f.; *Meyer-Scharenberg, D./Fleischmann, H. G.*, 2000, S. 1373 ff. sowie *Raupach, A./Böckstiegel, M.*, 1999, S. 567 ff., S. 623 ff.; *Seeger, S. F.*, 2000, § 2b, Rz. 21 ff., die die Vorschrift für unanwendbar und verfassungswidrig halten. Zum Verhältnis des § 2b EStG zu der bisherigen Rechtsprechung des BFH zu Verlustzuweisungsgesellschaften vgl. *Kohlhaas, K.-F.*, 1999, S. 504 ff. Vgl. auch die Erläuterungen zur Anwendung von § 2b EStG im BMF-Schr. v. 05.07.2000, in: BStBl. I 2000, S. 1148. *Söffing, G.*, 2000, S. 2340 ff. macht erhebliche verfassungsrechtliche Bedenken gegen § 2b EStG geltend und hält zudem den § 2b-Erlaß in großen Teilen für rechtswidrig.

448 An dieser Stelle sei noch auf den jüngst ergangenen Beschluß des FG Münster v. 07.09.2000, in: FR 2000, S. 1204 hingewiesen, in dem die Finanzrichter die Vereinbarkeit des § 2 Abs. 3 EStG in der Fassung des Steuerentlastungsgesetzes 1999/2000/2002 mit dem verfassungsrechtlichen Gleichheitsgebot ernstlich bezweifeln. Siehe dazu auch *o. V.*, 2000a, S. 17; *Ashauer, E.*, 2000, S. 1218 f. sowie zustimmend *Stapperfend, T.*, 2000, S. 1207 ff. und kritisch *Altfelder, S.*, 2000, S. 1209 f.; *Altfelder, S.*, 2001, S. 350 ff., der die grundsätzliche Kritik am Konzept der Mindestbesteuerung zwar teilt, deren Verfassungswidrigkeit aber bezweifelt.

enthält. Dieser ergibt sich vielmehr indirekt aus der Definition von Ausgaben, die keinen Periodenaufwand darstellen (*capital expenditures*) und somit aktiviert werden müssen[449] [450].

Capital expenditures im Sinne von Sec. 263(a) IRC sind Ausgaben für die Anschaffung oder Herstellung von Gebäuden oder sonstigen Vermögenswerten mit einer deutlich über das Ende des Wirtschaftsjahres hinausgehenden Nutzungsdauer. Ausgaben für die nachhaltige wertsteigernde Verbesserung oder Veränderung sowie für die wesentliche Verlängerung der Nutzungsdauer vorhandener Vermögenswerte sind ebenfalls unter den Begriff zu subsumieren.[451]

Diese Abgrenzung stimmt im Grundsatz mit der Definition eines Vermögensgegenstands (*asset*) im *financial accounting* überein, welche damit auf der Basis von Sec. 446(a) IRC subsidiär zur Konkretisierung des steuerlichen Wirtschaftsgutbegriffs herangezogen werden kann.[452] Nach SFAC No. 6 verkörpert ein Vermögensgegenstand einen wahrscheinlichen zukünftigen wirtschaftlichen Vorteil, über den das Unternehmen aufgrund vergangener Transaktionen oder Ereignisse die rechtliche Verfügungsgewalt besitzt.[453] Für die Existenz eines künftigen wirtschaftlichen Vorteils spricht insbesondere das Vorliegen eines Marktpreises[454], aber auch die Erlangung durch Ausgaben[455]. Letzteres ist jedoch ausdrücklich kein zwingender Beweis.[456]

---

449 Die Aktivierungspflicht für capital expenditures hat der Supreme Court in Commissioner v. Idaho Power Co., 418 U. S. 16 (1974) deutlich herausgestellt: „The purpose of § 263 is to reflect the basic principle that a capital expenditure may not be deducted from current income. It serves to prevent a taxpayer from utilizing currently a deduction properly attributable, through amortization, to later tax years when the capital asset becomes income producing."

450 Vgl. *Kraft, C.*, 1991, S. 165; *Kahle, H.*, 1996, S. 93. Capital expenditures determinieren die Grenzziehung zwischen aktivierungspflichtigen Vermögenswerten und sofortabzugsfähigen business und personal expenses. Sie sind als solche streng zu unterscheiden von capital assets i. S. v. Sec. 1221 IRC, welche zur Bestimmung des Anwendungsbereichs der Sondervorschriften für capital gains and losses dienen.

451 Vgl. Sec. 263(a) IRC; Reg. § 1.263(a)-1(a) und (b); Reg. § 1.263(a)-2(a); *Bittker, B. I./Lokken, L.*, 1999a, S. 20-71; *Kahle, H.*, 1996, S. 93 f.; *Kraft, C.*, 1991, S. 165; *Willis, E. u. a.*, 1999, S. 5-25; *Bauernfeind, G. G.*, 1994, S. 63-1 f.; *Gunn, A.*, 1974, S. 443 ff. Siehe auch Reg. § 1.446-1(a)(4)(ii); Reg. § 1.461-1(a)(2)(i). *Lee, J. W./Murphy, N. R.*, 1981, S. 473 f. sehen die zentrale Ratio der Abgrenzung von capital expenditures in der korrekten Zuordnung von Aufwendungen und Erträgen im Sinne des matching principle.

452 So auch *Kahle, H.*, 1996, S. 95; *Kraft, C.*, 1991, S. 165.

453 Vgl. *FASB*, 1999a, SFAC No. 6, Tz. 25 f. Siehe auch *Kieso, D. E./Weygandt, J. J.*, 1998, S. 40; *Weygandt, J. J./Kieso, D. E./Kimmel, P. D.*, 2000, S. 12; *KPMG*, 1999, S. 18; *Siebert, H.*, 1996, S. 168; *Haller, A.*, 1994, S. 211, der ebenso wie *Pellens, B.*, 1999, S. 144 den dynamischen Charakter dieser Definition hervorhebt. Ein künftiger wirtschaftlicher Vorteil ist wahrscheinlich, wenn er vernünftigerweise auf der Basis vorhandener Informationen erwartet werden kann, aber weder gewiß noch bewiesen ist. Damit wird die grundsätzliche Ungewißheit wirtschaftlicher Entscheidungen anerkannt. Vgl. *FASB*, 1999a, SFAC No. 6, Tz. 25; *KPMG*, 1999, S. 21. Die SFAC werden vom FASB ausdrücklich nicht zu den GAAP gezählt, sondern dienen als konzeptioneller Rahmen (conceptual framework) für die Entwicklung von GAAP. Vgl. z. B. *Haller, A.*, 1998, S. 128. Damit sind sie aber dennoch von dem grundsätzlichen Verweis in Sec. 446(a) IRC erfaßt.

454 Vgl. *FASB*, 1999a, SFAC No. 6, Tz. 173. Vgl. auch *Siebert, H.*, 1996, S. 169.

455 Vgl. *FASB*, 1999a, SFAC No. 6, Tz. 180. Vgl. auch *Siebert, H.*, 1996, S. 169.

456 Vgl. *FASB*, 1999a, SFAC No. 6, Tz. 180. Siehe auch *KPMG*, 1999, S. 18.

Der durch die *capital expenditures* determinierte Aktivierungsumfang der US-amerikanischen steuerrechtlichen Rechnungslegung läßt sich daher grob umreißen als Ausgaben, die mit einer gewissen Wahrscheinlichkeit in einem künftigen wirtschaftlichen Vorteil resultieren werden.[457]

Bei strikter Anwendung der Definitionsmerkmale von *capital expenditures* wären auch geringwertige Wirtschaftsgüter aktivierungspflichtig. Daher sehen die *Regulations* und die Judikatur zahlreiche diesbezügliche Ausnahmen von der Aktivierungspflicht vor,[458] eine generelle Geringfügigkeitsgrenze existiert jedoch nicht.[459]

Aus der Definition von *capital expenditures* entstehen zwangsläufig Abgrenzungsprobleme zum sofort abzugsfähigen Periodenaufwand. Die *capital expenditures* sind daher insbesondere von Betriebsausgaben (*business expenses*) zu unterscheiden.[460] Als bedeutsames Abgrenzungskriterium in diesem Zusammenhang dient das Vorliegen eines einzeln abgrenzbaren Vermögenswerts.[461] In einem *Supreme Court*-Urteil aus dem Jahr 1992 wurde dies allein zwar als hinreichend, nicht aber notwendig für eine *capital expenditure* bezeichnet und der

---

457 So auch *Bittker, B. I./Lokken, L.*, 1999a, S. 20-71.

458 Reg. § 1.162-12 gestattet Land- und Forstwirten den sofortigen Abzug von Ausgaben für Werkzeuge mit kurzer Nutzungsdauer oder geringen Anschaffungskosten. Freiberufler brauchen nach Reg. § 1.162-6 Bücher, Einrichtungsgegenstände und für die Berufsausübung erforderliche Ausstattungen mit kurzer Nutzungsdauer nicht zu aktivieren. Ebenso darf eine Eisenbahngesellschaft unter gewissen einschränkenden Bedingungen Ausgaben für Gegenstände mit Anschaffungskosten unter US-$ 500 unbeachtlich ihrer Nutzungsdauer sofort abziehen. Vgl. Cincinnati, New Orleans and Texas Pacific Railway Co. v. United States, 424 F. 2d. 563 (Ct. Cl., 1970).

459 Vgl. *Bittker, B. I./Lokken, L.*, 1999a, S. 20-73.

460 Vgl. *Graetz, M. J./Schenk, D. H.*, 1999, S. 302; *Greene, S. J.*, 1986, S. 711 ff.; *Pavano, B.*, 1997, S. 253 ff.; *Bittker, B. I./Lokken, L.*, 1999a, S. 20-72: „Thus, the basic difference between business expenses and capital expenditures is that expenses are deducted when paid or incurred, while capital expenditures are written off over a period of time." Ähnlich auch *Lyke, S. R.*, 1994, S. 1239 f. *Lee, J. W./Murphy, N. R.*, 1981, S. 473 stufen diese Unterscheidung als eine der kompliziertesten Abgrenzungen auf dem Gebiet unternehmerischer Absetzungen ein. So auch Supreme Court Richter Cardozo, der in Welch v. Helvering, 290 U. S. 115 (1933) den seither häufig zitierten Satz prägte, daß „[l]ife in all its fullness must supply the answer to the riddle". Zu den Konsequenzen einer fehlerhaften Zuordnung siehe *Geier, D. A.*, 1998, S. 42 ff. Der Supreme Court bezeichnet in INDOPCO, Inc. v. Commissioner, 503 U. S. 84 (1992) abzugsfähige Ausgaben als Ausnahmen vom Regelfall der Aktivierung. Ein bedeutsamer Aspekt in diesem Zusammenhang sind Reparaturausgaben. Sie stellen nach Reg. § 1.162-4 reinen Periodenaufwand dar, sofern sie lediglich zur Erhaltung eines Guts, nicht aber zu dessen wesentlicher Verbesserung oder zur deutlichen Verlängerung seiner Nutzungsdauer beitragen. Vgl. hierzu schon Illinois Merchants Trust Co. v. Commissioner, 4 B. T. A. 106 (1926). Siehe auch *Bauernfeind, G. G.*, 1994, S. 63-2 f.; *CCH*, 1998a, S. 262; *Geier, D. A.*, 1998, S. 50 f.; *Willis, E. u. a.*, 1999, S. 5-25.

461 Vgl. Commissioner v. Lincoln Savings & Loan Assn., 403 U. S. 354 (1971). Siehe auch *Kahn, D. A.*, 1999, S. 398 f.; *Lee, J. W.*, 1992, S. 674 ff.; *Faber, P. L.*, 1994, S. 610; *Adams, J. P./Hinderliter, J. D.*, 1992, S. 95; *Greene, S. J.*, 1986, S. 718 ff. sowie ausführlich *Lee, J. W./Murphy, N. R.*, 1981, S. 475 ff. und *Gunn, A.*, 1974, S. 443 ff., der die Entscheidung des Supreme Court in Lincoln Savings lediglich als konsequente Anwendung geltenden Rechts betrachtet. Ebenso *Johns, T. E.*, 1984, S. 775 f.

aus der Ausgabe resultierende künftige Nutzen als Abgrenzungskriterium hervorgehoben.[462] Betriebsausgaben grenzen sich insbesondere mit dem Tatbestandsmerkmal ‚ordinary' in Sec. 162 IRC[463] durch die Betonung des im Rahmen der Geschäftstätigkeit der Unternehmung üblichen Charakters einer Betriebsausgabe von einer *capital expenditure* ab.[464]

321112. Vergleich mit dem Begriff des aktiven Wirtschaftsguts im deutschen Bilanzsteuerrecht

Der Aktivierungsumfang des deutschen Bilanzsteuerrechts wird durch den Begriff des Wirtschaftsguts determiniert.[465] Im Gegensatz zu den *capital expenditures*, die in Sec. 263 IRC gesetzlich definiert sind und daher nur subsidiär durch die Vorschriften des *financial accounting* konkretisiert werden, ist der Begriff des Wirtschaftsguts in den Steuergesetzen der Bundesrepublik Deutschland nicht definiert. Infolgedessen hat die Rechtsprechung mittlerweile eine eigene Lehre vom Wirtschaftsgut entwickelt,[466] wobei nach h. M. eine grundsätzliche

---

462 Vgl. INDOPCO, Inc. v. Commissioner, 503 U. S. 87 (1992): „Nor does our statement in Lincoln Savings ... prohibit reliance on future benefit as a means of distinguishing an ordinary business expense from a capital expenditure. ... a taxpayer's realization of benefits beyond the year in which the expenditure is incurred is undeniably important in determining whether the appropriate tax treatment is immediate deduction or capitalization" (Im Original z. T. hervorgehoben). In U.S. Bancorp & Consol. Subs. v. Commissioner, 111 T. C. 237 (1998) ist der Tax Court erneut dieser Abgrenzung gefolgt. Siehe auch *Kahn, D. A.*, 1999, S. 399; *Flick, H. F. W.*, 1993, S. 420; *Lyke, S. R.*, 1994, S. 1239 ff.; *Adams, J. P./Hinderliter, J. D.*, 1992, S. 93 ff.; *Lee, J. W.*, 1992, S. 669 ff.; *Faber, P. L.*, 1994, S. 607 ff.; *Johnson, C. H.*, 1994, S. 1323 ff.; *Pavano, B.*, 1997, S. 261 ff. sowie kritisch *Mattingly, B.*, 1993, S. 801 ff. *Geier, D. A.*, 1998, S. 45 betrachtet die zukünftige Nutzenstiftung gar als „sine qua non" einer capital expenditure im steuerlichen Sinne. Diese Umorientierung hinsichtlich der Definitionsmerkmale von capital expenditures im Unterschied zu business expenses hat zu großer Verunsicherung geführt, da eine deutlich verschärfte Praxis des IRS im Hinblick auf die Anerkennung von Betriebsausgaben befürchtet wurde. Vgl. z. B. *Raby, B. J. W./Raby, W. L.*, 1996, S. 1581.

463 Sec. 162(a) IRC lautet: „There shall be allowed as a deduction all the ordinary and necessary expenses paid or incurred during the taxable year in carrying on any trade or business".

464 Ebenso der Supreme Court in Commissioner v. Tellier, 383 U. S. 689 (1966). Vgl. auch *Bittker, B. I./Lokken, L.*, 1999a, S. 20-72; *Gunn, A.*, 1974, S. 448 f.

465 Vgl. § 6 Abs. 1 EStG. *Jacobs, O. H.*, 1971, S. 9 spricht hier von „dem zentralen Begriff der Steuerbilanz" und *Weber-Grellet, H.*, 1996a, S. 89 von der „bilanzsteuerrechtliche[n] Grundeinheit" (Klammerzusatz durch den Verfasser). Die steuerbilanziellen Aktiva werden häufig als aktive oder positive Wirtschaftsgüter bezeichnet, während auf der Passivseite von passiven oder negativen Wirtschaftsgütern die Rede ist. Vgl. z. B. *Coenenberg, A. G.*, 2000, S. 96; *Tipke, K./Lang, J.*, 1998, S. 335; *Bitz, M./Schneeloch, D./Wittstock, W.*, 2000, S. 313; *Arndt, H.-W./Piltz, D. J.*, 1996, S. 351; *Plückebaum, R.*, 2000, § 4, Rn. B42.

466 Der Ursprung des Wirtschaftsgutbegriffs ist in der Rechtsprechung des Reichsfinanzhofs zu sehen. Vgl. RFH v. 27.03.1928, in: RStBl. 1928, S. 260. Die Übernahme in das EStG erfolgte erst 1934. Vgl. grundlegend *Jacobs, O. H.*, 1971, S. 72 ff. sowie *Knobbe-Keuk, B.*, 1993, S. 86; *Weber-Grellet, H.*, 1996a, S. 91; *Meyer-Scharenberg, D. E.*, 1988, S. 300.

Übereinstimmung mit dem handelsrechtlichen Begriff des Vermögensgegenstands besteht.[467] Nach dieser Lehre sind Wirtschaftsgüter Sachen und Rechte im zivilrechtlichen Sinn sowie sonstige wirtschaftliche Vorteile, die durch abgrenzbare Aufwendungen erlangt wurden,[468] mit einer gewissen Wahrscheinlichkeit einen über das Wirtschaftsjahr hinausreichenden Nutzen stiften[469] und selbständig bewertbar sind[470].[471] Dabei wird keine Einzelveräußerbarkeit, sondern lediglich die Übertragbarkeit zusammen mit dem Betrieb verlangt.[472] Im Vergleich zu den USA führt dabei insbesondere das dritte Kriterium der selbständigen Bewertbarkeit zu einer engeren Abgrenzung des deutschen Wirtschaftsgutbegriffs.

Wurde der Wirtschaftsgutbegriff in der Bundesrepublik anfangs noch stark dynamisch interpretiert, um wie in den USA den sofortigen Abzug von Ausgaben, die auch in späteren Perioden noch wirtschaftlichen Nutzen stiften, zu verhindern und statt dessen eine Verteilung auf die Jahre der Nutzung zu erreichen, so dominiert mittlerweile eine eher statische Betrachtungsweise, die den künftigen Nutzen weniger stark in den Vordergrund stellt.[473] Die Vereinigten Staaten weisen indes eine inverse Entwicklung auf, indem von einer eher statischen, durch die Betonung des einzeln abgrenzbaren Vermögenswerts geprägten Interpretation zu einem deutlich dynamischeren Verständnis übergegangen wurde, welches den zukünftigen Nutzen stärker in den Vordergrund stellt. Dies führt zu Abgrenzungsproblemen zwischen

---

467 Vgl. z. B. *Knobbe-Keuk, B.*, 1993, S. 87; *Tipke, K./Lang, J.*, 1998, S. 335; *Moxter, A.*, 1999b, S. 12; *Niemann, U.*, 1999, S. 22; *Crezelius, G.*, 1994, S. 136 f.; *Kußmaul, H.*, 1989, S. 257 ff.; *Tiedchen, S.*, 1996, Vor §§ 4-7, Anm. 116. Auch der BFH geht von der inhaltlichen Übereinstimmung von Vermögensgegenstand und Wirtschaftsgut aus. Vgl. BFH v. 26.10.1987, in: BStBl. II 1988, S. 352 sowie jüngst BFH v. 07.08.2000, in: DB 2000, S. 1994. *Coenenberg, A. G.*, 2000, S. 97 hingegen beschreibt die Reichweite des Wirtschaftsgutbegriffs als umfassender und auch *Weber-Grellet, H.*, 1996a, S. 91 sieht keine zwingende Übereinstimmung.

468 Vgl. BFH v. 13.08.1957, in: BStBl. III 1957, S. 351.

469 Vgl. BFH v. 28.01.1954, in: BStBl. III 1954, S. 110; BFH v. 13.09.1989, in: BStBl. II 1990, S. 48.

470 Vgl. BFH v. 15.04.1958, in: BStBl. III 1958, S. 260; BFH v. 09.02.1978, in: BStBl. II 1978, S. 371; BFH v. 13.09.1989, in: BStBl. II 1990, S. 47. Siehe auch *Weber-Grellet, H.*, 1996a, S. 94 ff.; *Knobbe-Keuk, B.*, 1993, S. 88; *Moxter, A.*, 1999b, S. 13 f.

471 Vgl. insgesamt zu diesen Kriterien BFH v. 06.12.1990, in: BStBl. II 1991, S. 347; BFH v. 16.02.1990, in: BStBl. II 1990, S. 795; BFH v. 08.04.1992, in: BStBl. II 1992, S. 894 sowie *Jacobs, O. H.*, 1971, S. 74 ff., 78, 79 ff. Siehe auch *Coenenberg, A. G.*, 2000, S. 97; *Bitz, M./Schneeloch, D./Wittstock, W.*, 2000, S. 313; *Kußmaul, H.*, 1989, S. 256; *Crezelius, G.*, 1994, S. 136; *Niemann, U.*, 1999, S. 24; *Arndt, H.-W./Piltz, D. J.*, 1996, S. 351; *Tiedchen, S.*, 1996, Vor §§ 4-7, Anm. 116; *Plückebaum, R.*, 2000, § 4, Rn. B57 ff.

472 Vgl. BFH v. 26.02.1975, in: BStBl. II 1976, S. 14; BFH v. 26.08.1992, in: BStBl. II 1992, S. 978 sowie *Jacobs, O. H.*, 1971, S. 75; *Bitz, M./Schneeloch, D./Wittstock, W.*, 2000, S. 313; *Arndt, H.-W./Piltz, D. J.*, 1996, S. 352; *Tipke, K./Lang, J.*, 1998, S. 336; *Tiedchen, S.*, 1996, Vor §§ 4-7, Anm. 116; *Meyer-Scharenberg, D. E.*, 1988, S. 300 f.; *Costede, J.*, 1995, S. 116. Dieser Unterschied zwischen dem handelsrechtlichen Begriff des Vermögensgegenstands und dem steuerlichen Wirtschaftsgutbegriff hat jedoch keine materiellen Konsequenzen. Vgl. *Crezelius, G.*, 1994, S. 136 f.

473 Vgl. *Knobbe-Keuk, B.*, 1993, S. 86 f.; *Weber-Grellet, H.*, 1996a, S. 90; *Moxter, A.*, 1999b, S. 11 ff. Siehe auch BFH v. 18.06.1975, in: BStBl. II 1975, S. 811: „Die Greifbarkeit erst erweist das Wirtschaftsgut".

capital expenditures und *business expenses*, die dem deutschen Bilanzsteuerrecht in dieser Form fremd sind.[474]

Den kasuistischen Ausnahmeregelungen für geringwertige Wirtschaftsgüter innerhalb des US-amerikanischen Steuerrechts steht § 6 Abs. 2 EStG gegenüber, wonach die Anschaffungs- oder Herstellungskosten selbständig nutzbarer abnutzbarer beweglicher Wirtschaftsgüter des Anlagevermögens generell sofort als Betriebsausgabe abzugsfähig sind, sofern sie DM 800 ohne Vorsteuer nicht übersteigen.[475]

32112. Passivierungsumfang

321121. Liabilities

Aufgrund der primären Fokussierung auf die Erfolgsrechnung enthält der *Internal Revenue Code* wie auch schon im Fall der Aktivierung keine Vorschriften bezüglich des Passivierungsumfangs. Für die Abgrenzung der den *capital expenditures* gegenüberzustellenden Schuldposten sind daher auf der Grundlage des Verweises von Sec. 446(a) IRC die entsprechenden Regelungen des *financial accounting* einschlägig.[476]

SFAC No. 6 definiert die den Vermögensgegenständen gegenüberzustellenden Schulden (*liabilities*) als wahrscheinliche zukünftige Verluste von wirtschaftlichen Vorteilen, die aus gegenwärtigen Verpflichtungen des Unternehmens zur künftigen Übertragung von Vermögensgegenständen oder Erbringung von Dienstleistungen an Dritte resultieren und auf vergangenen Transaktionen oder Ereignissen beruhen.[477] Analog zur Definition von *assets* ist der zukünftige Verlust wirtschaftlicher Vorteile wahrscheinlich, wenn er vernünftigerweise auf

---

474 Dennoch zählt *Costede, J.*, 1995, S. 115 die Aktivierung „noch immer zu den Geheimnissen des Steuerbilanzrechts". Den Interessenkonflikt zwischen den Steuerpflichtigen, die an einem sofortigen Betriebsausgabenabzug interessiert sind und dem Fiskus, dem an einer Aktivierung gelegen ist, heben *Crezelius, G.*, 1994, S. 136 und *Arndt, H.-W./Piltz, D. J.*, 1996, S. 352 hervor.

475 Vgl. auch R 86 Abs. 4 EStR; *Weber-Grellet, H.*, 1996a, S. 272; *Bitz, M./Schneeloch, D./Wittstock, W.*, 2000, S. 346 f.; *Tipke, K./Lang, J.*, 1998, S. 357; *Wöhe, G.*, 1996, S. 280.

476 So auch *Kraft, C.*, 1991, S. 169; *Smith, J. K.*, 1991, S. 43.

477 Vgl. *FASB*, 1999a, SFAC No. 6, Tz. 35. Vgl. auch *White, G. I./Sondhi, A. C./Fried, D.*, 1998, S. 16 f. mit kritischen Anmerkungen zu nicht von der Definition erfaßten Schulden sowie *Anthony, R. N./Hawkins, D. F./Merchant, K. A.*, 1999, S. 38; *Murray, D./Neumann, B. R./Elgers, P.*, 1997, S. 32; *Pellens, B.*, 1999, S. 144. Zur Entstehung dieser Definition vgl. *Carmichael, D. R./Lilien, S. B./Mellman, M.*, 1996, S. 1-48 ff.

der Basis vorhandener Informationen erwartet werden kann, aber weder gewiß noch bewiesen ist.[478] Unter die erwähnten Verpflichtungen sind neben juristischen und sozialen Verpflichtungen auch vertragliche, moralische oder sonstige Bindungen zu subsumieren.[479]

Zur Konkretisierung des *liability*-Begriffs hebt SFAC No. 6 folgende drei Charakteristika hervor:

(a) Die Schuld verkörpert die gegenwärtige Verpflichtung gegenüber Dritten zu einer möglichen künftigen Übertragung oder Nutzungsüberlassung von Vermögensgegenständen zu einem festgelegten oder noch zu bestimmenden Zeitpunkt, bei Eintritt eines zuvor festgelegten Ereignisses oder auf Verlangen,

(b) die Verpflichtung bindet eine bestimmte Rechtspersönlichkeit, der kein oder nur ein geringer Spielraum zur Vermeidung des künftigen Nachteils verbleibt und

(c) die die Verpflichtung begründenden Ereignisse oder Transaktionen haben bereits stattgefunden.[480]

Die juristische Einklagbarkeit wird ausdrücklich als nicht zwingendes Definitionsmerkmal von *liabilities* eingestuft.[481] Die *liability* besteht so lange, bis die Unternehmung sie erfüllt hat oder andere Ereignisse zur Entbindung von der Verpflichtung führen.[482]

Dieses Verständnis von *liabilities*, insbesondere die Voraussetzung des Basierens auf vergangenen Ereignissen oder Transaktionen, führt dazu, daß erfüllungsbedürftige Verträge keine passivierungsfähigen Verbindlichkeiten begründen. Ein erfüllungsbedürftiger Vertrag liegt vor, wenn lediglich ein Austausch von Willenserklärungen stattgefunden hat, jedoch noch keine Partei ihrer vertraglichen Verpflichtung nachgekommen ist.[483]

Der durch die *liabilities* determinierte weite Passivierungsumfang der steuerrechtlichen Rechnungslegung wird allerdings durch die vergleichsweise restriktiven Realisationsgrundsätze deutlich eingeschränkt.

---

478 Damit wird, analog zur asset-Definition, die grundsätzliche Ungewißheit wirtschaftlicher Entscheidungen anerkannt. Vgl. *FASB*, 1999a, SFAC No. 6, Tz. 35 und 44 ff. Siehe auch *Murray, D./Neumann, B. R./Elgers, P.*, 1997, S. 32.

479 Vgl. *FASB*, 1999a, SFAC No. 6, Tz. 35 und 37 ff.

480 Vgl. *FASB*, 1999a, SFAC No. 6, Tz. 36. Siehe auch *Siebert, H.*, 1996, S. 171; *KPMG*, 1999, S. 18; *Pellens, B.*, 1999, S. 144 f.

481 Vgl. *FASB*, 1999a, SFAC No. 6, Tz. 36. Vgl. auch *Siebert, H.*, 1996, S. 171.

482 Vgl. *FASB*, 1999a, SFAC No. 6, Tz. 42. Siehe auch *Siebert, H.*, 1996, S. 171.

483 Vgl. *Murray, D./Neumann, B. R./Elgers, P.*, 1997, S. 33, die als Beispiel die Unterzeichnung eines Arbeitsvertrags anführen. Solange weder der Arbeitnehmer seine Tätigkeit aufgenommen noch der Arbeitgeber eine Gehaltszahlung geleistet hat, liegt keine liability vor, da beide Parteien ihre vertraglichen Verpflichtungen noch nicht erfüllt haben.

321122. Vergleich mit dem Begriff des passiven Wirtschaftsguts im deutschen Bilanzsteuerrecht

Mit den US-amerikanischen *liabilities* korrespondieren im deutschen Bilanzsteuerrecht die passiven Wirtschaftsgüter, welche nach h. M. inhaltlich mit den handelsrechtlichen Schulden übereinstimmen.[484] Schulden werden allgemein definiert als bestehende oder hinreichend sichere Vermögensbelastungen, die auf einer rechtlichen oder wirtschaftlichen Leistungsverpflichtung des Unternehmens beruhen und selbständig bewertbar sind.[485] Damit erfassen sowohl die *liabilities* als auch die passiven Wirtschaftsgüter neben Verbindlichkeiten auch Rückstellungen. Da die US-amerikanische Definition im Gegensatz zur deutschen jedoch das Vorliegen einer Außenverpflichtung verlangt, ist sie insoweit enger gefaßt. Denn dieses Kriterium schließt die Subsumtion von aus Innenverpflichtungen resultierenden Rückstellungen, wie z. B. bestimmten Aufwandsrückstellungen aus, welche vom deutschen Begriff des passiven Wirtschaftsguts erfaßt werden.[486]

3212. Realisationszeitpunkt

32121. Realisation von Erträgen

321211. Regelfall der Ertragsrealisation

Nach der allgemeinen Vorschrift in Sec. 451 IRC sind Erträge im Zeitpunkt ihres Zuflusses zu berücksichtigen, sofern die verwendete Rechnungslegungsmethode nicht den Ansatz in einem abweichenden Zeitpunkt erfordert. Letzteres trifft für die *accrual method* zu, welche als Zahlungen periodisierende Gewinnermittlungsmethode nicht auf den Zuflußzeitpunkt ab-

---

484 Vgl. *Jacobs, O. H./Scheffler, W.*, 1993, Sp. 2196; *Coenenberg, A. G.*, 2000, S. 96; *Sigloch, J.*, 1993, Sp. 1773; *Arndt, H.-W./Piltz, D. J.*, 1996, S. 360; *Kußmaul, H.*, 1989, S. 255 und wohl auch *Wagner, F. W.*, 1993, Sp. 1872. Vgl. auch BFH v. 15.04.1958, in: BStBl. III 1958, S. 260. Daher wird der Begriff passives oder negatives Wirtschaftsgut zunehmend von dem handelsrechtlichen Terminus Schulden verdrängt. Vgl. *Tipke, K./Lang, J.*, 1998, S. 335 sowie grundlegend zum negativen Wirtschaftsgut *Jacobs, O. H.*, 1971, S. 91 ff.

485 Vgl. *Coenenberg, A. G.*, 2000, S. 96; *Sigloch, J.*, 1993, Sp. 1770 f.; *Jacobs, O. H./Scheffler, W.*, 1993, Sp. 2195.

486 Vgl. *Pellens, B.*, 1999, S. 145; *Küting, K./Eidel, U.*, 1996, S. 841; *Haller, A.*, 2000, S. 17 f.; *Selchert, F. W./Erhardt, M.*, 1998, S. 43; *Kühne, E.*, 1997, S. 41; *Glaum, M./Mandler, U.*, 1996, S. 114; *Born, K.*, 1997, S. 197, die den liability-Begriff mit dem handelsrechtlichen Schuldenbegriff vergleichen. Dessen inhaltliche Übereinstimmung mit den passiven Wirtschaftsgütern des deutschen Bilanzsteuerrechts macht die Übertragung dieses Ergebnisses jedoch problemlos möglich.

stellt. Daher legen die *Regulations* den Ansatzzeitpunkt in diesem Fall wie folgt fest:

> „Under an accrual method of accounting, income is includible in gross income when all the events have occurred which fix the right to receive such income and the amount thereof can be determined with reasonable accuracy."[487]

Dieser sogenannte *all events test* wurde zunächst vom *Supreme Court* entwickelt und später auch in die *Regulations* übernommen.[488] Demnach sind zwei Voraussetzungen für den Ansatzzeitpunkt von Erträgen maßgeblich: Alle Ereignisse, die die zugrundeliegende Forderung entstehen lassen, müssen eingetreten sein und ihre Höhe muß mit angemessener Genauigkeit bestimmt werden können.

Im Hinblick auf das erste Kriterium ist es nicht erforderlich, daß alle Ereignisse in demselben Wirtschaftsjahr eintreten. Sind sie über mehrere Perioden verteilt, entsteht die zugrundeliegende Forderung in dem Jahr, in dem das letzte Ereignis stattgefunden hat.[489] Auch ist die juristische Einklagbarkeit der Forderung keine zwingende Voraussetzung.[490] Die zugrundeliegende Forderung ist nicht entstanden, wenn sie mit zusätzlichen Bedingungen belegt oder weiteren Eventualitäten unterworfen ist.[491] Hierzu zählen anhängige gerichtliche Auseinandersetzungen über die Rechtmäßigkeit der Forderung[492] ebenso wie noch ausstehende, aber notwendige Zustimmungen von Dritten, insbesondere Regierungsbehörden[493]. Die bloße Möglichkeit eventueller späterer Rückforderungen, die nicht in bereits verwirklichten Sachverhalten begründet ist, verhindert aber nicht die Entstehung der Forderung.[494] Sollte der Steuerpflichtige von der Entstehung der Forderung nicht oder erst nach Abschluß der Rechnungsperiode Kenntnis erlangen, tangiert dies nicht die Ansatzpflicht im Zeitpunkt der Entstehung.[495] Haben die Vertragsparteien einvernehmlich einen bestimmten, vor der eigentli-

---

487 Reg. § 1.451-1(a). Siehe auch Reg. § 1.446-1(c)(1)(ii)(A). Vgl. ebenfalls *Bauernfeind, G. G.*, 1994, S. 4-4 f.; *Willis, E. u. a.*, 1999, S. 15-12 f.; *Graetz, M. J./Schenk, D. H.*, 1999, S. 738 f.; *Dodge, J. M./Fleming, J. C./Geier, D. A.*, 1999, S. 733; *McDaniel, P. R. u. a.*, 1999, S. 1005.

488 Der Ursprung des all events test ist das Supreme Court-Urteil in United States v. Anderson, 269 U. S. 441 (1926), welches zunächst den Realisationszeitpunkt von Aufwendungen unter der accrual method auf diese Weise festlegte. Später übernahm das höchste Gericht in Spring City Foundry Co. v. Commissioner, 292 U. S. 184 (1934) dieselben Maßstäbe zur Festlegung des Ansatzzeitpunkts von Erträgen. Die Übernahme in die Regulations erfolgte 1957. Vgl. *Gertzman, S. F.*, 1999, S. 4-10. Siehe auch *Graetz, M. J./Schenk, D. H.* 1999, S. 738 f.; *Hawekotte, J. W.*, 1977, S. 70 f.

489 Vgl. *Gertzman, S. F.*, 1999, S. 4-3.

490 Vgl. z. B. Flamingo Resort, Inc. v. United States, 664 F. 2d 1387 (9th Cir., 1982).

491 Vgl. *Gertzman, S. F.*, 1999, S. 4-11 f.; Ringmaster, Inc. v. Commissioner, 21 T. C. M. 1024 (1962); Hallmark Cards, Inc. v. Commissioner, 90 T. C. 26 (1988).

492 Vgl. Continental Tie & Lumber Co. v. United States, 286 U. S. 290 (1932); Burnet v. Sandford & Brooks Co., 282 U. S. 359 (1931). Siehe auch *Willis, E. u. a.*, 1999, S. 15-13; *Schreiber, U.*, 2000, S. 68.

493 Vgl. z. B. Yapp Corp. v. Commissioner, 63 T. C. M. 3155 (1992).

494 Vgl. insgesamt *Gertzman, S. F.*, 1999, S. 4-12 f. m. w. N. aus der Rechtsprechung.

495 Siehe *Gertzman, S. F.*, 1999, S. 4-13 f.

chen Leistungserbringung liegenden Zeitpunkt für die Entstehung der Forderung vereinbart, ist dieser maßgebend für den Ansatz.[496]

Da der *all events test* für das zweite Kriterium, die Höhe der Forderung, lediglich eine angemessene Genauigkeit, jedoch keine Gewißheit über den endgültigen Betrag verlangt, sind nachträgliche Anpassungen teilweise unvermeidlich, sobald die Höhe endgültig feststeht. Kann der Betrag erst im folgenden Wirtschaftsjahr abschließend festgestellt werden, wird die Anpassung in dieser Rechnungsperiode vorgenommen, eine rückwirkende Änderung des ursprünglichen Ansatzes erfolgt nicht.[497] Für die Beurteilung, ob die Forderungshöhe mit angemessener Genauigkeit bestimmt werden kann, sind alle verfügbaren Informationen zu berücksichtigen. Sollte die Höhe der Forderung analog zum ersten Kriterium von Bedingungen abhängig oder weiteren Eventualitäten unterworfen sein, ist keine angemessen genaue Bestimmung möglich und somit auf einen Ansatz zu verzichten.[498]

Unter den Voraussetzungen des *all events test* ist der Abschluß eines Vertrags, aus dem die Höhe der Forderung hervorgeht, allein nicht hinreichend für einen Ansatz, da die Erfüllung der vertraglichen Pflichten typischerweise zu den Ereignissen zählt, die die zugrundeliegende Forderung entstehen lassen.[499]

Um den bilanzsteuerrechtlichen Ansatzzeitpunkt von Erträgen weiter zu konkretisieren, kann auf das *financial accounting* zurückgegriffen werden. Die *Regulations* erklären zu diesem Zweck die US-GAAP ausdrücklich für zulässig.[500]

Das *financial accounting* verwendet einen prinzipiell mit dem *all events test* konformen Ansatzzeitpunkt von Erträgen, der vom Realisationsprinzip bestimmt wird. Danach sind Erträge grundsätzlich dann zu berücksichtigen, wenn sie realisiert oder realisierbar und verdient sind (*realization principle*).[501] Eine Realisation liegt vor, wenn Produkte (Güter oder Dienstleistungen), Handelswaren oder andere Vermögensgegenstände gegen Barmittel oder den An-

---

496 Vgl. Bell Federal Savings and Loan Assn. v. Commissioner, 62 T. C. M. 376 (1991).

497 Vgl. *Bittker, B. I./Lokken, L.*, 1999d, S. 105-68. Siehe auch Reg. § 1.451-1(a).

498 Vgl. *Gertzman, S. F.*, 1999, S. 4-15 f. Kritisch *Graetz, M. J./Schenk, D. H.*, 1999, S. 739 mit Blick auf die Abgrenzung von angemessener und nicht mehr angemessener Genauigkeit.

499 Siehe *Bittker, B. I./Lokken, L.*, 1999d, S. 105-68.

500 Reg. § 1.446-1(c)(1)(ii)(C) lautet: „The method used by the taxpayer in determining when income is to be accounted for will generally be acceptable if it accords with generally accepted accounting principles, is consistently used by the taxpayer from year to year, and is consistent with the Income Tax Regulations." Vgl. auch Reg. § 1.446-1(a)(2). In diesem Kontext ist zudem der Hintergrund der Entwicklung des all events test in United States v. Anderson, 269 U. S. 441 (1926) zu beachten. In namentlichem Urteil stellt der Supreme Court ausdrücklich fest, daß es Zweck der accrual method sei „to enable taxpayers to keep their books and make their returns according to scientific accounting principles". Vgl. auch *Bittker, B. I./Lokken, L.*, 1999d, S. 105-66; *Gertzman, S. F.*, 1999, S. 4-6 f.; *Gunn, A.*, 1984, S. 6 ff.

501 Vgl. *FASB*, 1999a, SFAC No. 5, Tz. 83 sowie *Kieso, D. E./Weygandt, J. J.*, 1998, S. 44; *KPMG*, 1999, S. 22; *Haller, A.*, 1994, S. 215; *Siebert, H.*, 1996, S. 162; *Pellens, B.*, 1999, S. 161.

spruch auf solche hingegeben werden. Die Realisierbarkeit von Erträgen ist gegeben, wenn Vermögensgegenstände jederzeit zu einem feststehenden Preis veräußert werden können.[502] Erträge werden als verdient angesehen, wenn das Unternehmen alle wesentlichen Leistungen erbracht hat, die den Anspruch auf die Gegenleistung begründen.[503] Beide Voraussetzungen sind üblicherweise im Zeitpunkt der Lieferung oder Leistungserbringung erfüllt.[504] Dementsprechend werden Erträge aus der Veräußerung und/oder Bezahlung eines Produkts, die dessen Fertigstellung und Lieferung zeitlich vorgelagert ist, erst dann angesetzt, wenn die Produktion und Auslieferung abgeschlossen ist.[505] Erträge aus Dauerschuldverhältnissen werden kontinuierlich im Zeitverlauf erfaßt.[506] Im Konfliktfall genießen die steuerlichen Grundsätze jedoch Vorrang.

Sowohl im Bilanzsteuerrecht als auch im *financial accounting* werden somit Erträge regelmäßig im Zeitpunkt der Erbringung der ihnen zugrundeliegenden Leistung angesetzt.[507] Dieser Grundsatz wird jedoch nicht durchgängig eingehalten, wie die nachfolgend behandelten Sonderfälle demonstrieren.

321212. Wesentliche Sonderfälle der Ertragsrealisation

3212121. Vorauszahlungen und die Claim of Right Doctrine

Eine wesentliche Ausnahme vom *all events test* verkörpert die vom *Supreme Court* entwickelte *claim of right doctrine*, die zu einer vorgezogenen Ertragsrealisation führt. Danach sind Erträge bereits erfolgswirksam zu erfassen, sobald die uneingeschränkte Verfügungsgewalt über die finanziellen Mittel erlangt wird, unbeachtlich der Tatsache, ob die Lieferung

---

502 Vgl. *FASB*, 1999a, SFAC No. 5, Tz. 83 a. Siehe auch *Kieso, D. E./Weygandt, J. J.*, 1998, S. 44; *KPMG*, 1999, S. 22; *Haller, A.*, 1994, S. 215; *Siebert, H.*, 1996, S. 162.

503 Vgl. *FASB*, 1999a, SFAC No. 5, Tz. 83 b sowie *Kieso, D. E./Weygandt, J. J.*, 1998, S. 44; *KPMG*, 1999, S. 22; *Siebert, H.*, 1996, S. 163.

504 Vgl. *FASB*, 1999a, SFAC No. 5, Tz. 84 a. Siehe auch *Weygandt, J. J./Kieso, D. E./Kimmel, P. D.*, 2000, S. 93; *Siebert, H.*, 1996, S. 163; *Pellens, B.*, 1999, S. 161.

505 Vgl. *FASB*, 1999a, SFAC No. 5, Tz. 84 b, wo als Beispiel Zeitschriftenabonnements angeführt werden.

506 Vgl. *FASB*, 1999a, SFAC No. 5, Tz. 84 d; *Siebert, H.*, 1996, S. 163; *Pellens, B.*, 1999, S. 161.

507 Siehe aber *Bauernfeind, G. G.*, 1994, S. 4-5, der den Zeitpunkt der Rechnungsstellung stärker in den Vordergrund stellt. Kritisch auch *Gunn, A.*, 1984, S. 6 ff., der dem all events test lediglich eine untergeordnete Bedeutung zuschreibt.

oder Leistung bereits erfolgt ist.[508] Die Ansatzpflicht wird nicht durch eventuelle Rückerstattungsverpflichtungen oder anhängige Rechtsstreitigkeiten beeinträchtigt.[509] Kommt es tatsächlich zur Rückerstattung, wird der ursprüngliche Ansatz nicht nachträglich korrigiert, sondern ein Abzug im Jahr der Erstattung vorgenommen.[510] Der daraus resultierende Nachteil für den Steuerpflichtigen wird als unvermeidliche Folge eines auf Jahresbasis operierenden Steuersystems akzeptiert,[511] aber durch die Steuerberechnungsvorschrift in Sec. 1341 IRC zumindest teilweise gemildert[512].

508 Der Ursprung der claim of right doctrine ist das Supreme Court-Urteil in North American Oil v. Burnet, 286 U. S. 424 (1932). Dort heißt es: „If a taxpayer receives earnings under a claim of right and without restriction as to its disposition, he has received income which he is required to return, even though it may still be claimed that he is not entitled to retain the money, and even though he may still be adjudged liable to restore its equivalent." Im Ergebnis gleich Brown v. Helvering, 291 U. S. 193 (1934). Siehe auch *Stanger, A. M./Vander Kam, H. P./Polifka, P.*, 1980, S. 406; *Wootton, R. R.*, 1981, S. 298 ff.; *Maydew, G. L.*, 1999, S. 26 f.; *Kraft, C.*, 1991, S. 175; *Willis, E. u. a.*, 1999, S. 15-10; *CCH*, 1998b, S. 63; *Bittker, B. I./Lokken, L.*, 1999a, S. 6-10; *Gertzman, S. F.*, 1999, S. 12-14 ff.; *Malman, L. L.*, 1981, S. 107 f. Uneingeschränkte Verfügungsgewalt über die finanziellen Mittel im Sinne dieser Definition liegt beispielsweise nicht vor bei Einzahlungen auf ein Gemeinschaftskonto und ungeklärten Anteilsrechten der Kontoinhaber. Vgl. zu diesem und weiteren Beispielen *Dubroff, H.*, 1985, S. 742 ff.

509 Vgl. North American Oil v. Burnet, 286 U. S. 424 (1932). Basierend auf diesem Grundsatz erklärte der Court of Appeals nur wenig später einen unter einer verbindlichen Rückzahlungsverpflichtung empfangenen Betrag für ansatzpflichtig unter der claim of right doctrine. Vgl. Commissioner v. Brooklyn Union Gas Co., 62 F. 2d 505 (2d Cir., 1933). Vgl. auch Michael R. Schmitt v. Commissioner, 76 T. C. M. 147 (1998), wo der Tax Court die vorausgezahlten Kursgebühren eines Repetitoriums für ansatzpflichtig erklärte, obwohl eine Verpflichtung zur Rückerstattung der Gebühren bei nicht bestandener Prüfung eingegangen wurde. Siehe auch *Bittker, B. I./Lokken, L.*, 1999a, S. 6-13 f. mit zahlreichen Nachweisen aus der Rechtsprechung sowie *Gertzman, S. F.*, 1999, S. 12-14; *Dubroff, H.*, 1985, S. 741 ff.; *Maydew, G. L.*, 1999, S. 26 ff.

510 So ausdrücklich der Supreme Court in North American Oil v. Burnet, 286 U. S. 424 (1932). Siehe auch United States v. Lewis, 340 U. S. 590 (1951), wo die nachträgliche Korrektur eines überhöhten Bonus im Jahr des Empfangs durch den Arbeitnehmer verwehrt und statt dessen ein Abzug im Jahr der Rückerstattung der Überzahlung gewährt wurde. In Sundstrand Corp v. Commissioner, 17 F. 3d 966 (7th Cir., 1994) stellt der Court of Appeals eindeutig klar: „Ordinarily when a taxpayer repays money that he had previously received as income and included in his gross income in the year of receipt, he can deduct the payment from his current income in figuring his current income tax liability but he cannot go back and recompute his tax liability for the year in which he received the money that he is now repaying." In Ermangelung einer expliziten Vorschrift für die Abzugsfähigkeit der Rückerstattungen werden diese meist unter den Anwendungsbereich der Vorschriften für Betriebsausgaben und Verluste in Sec. 162 IRC bzw. Sec. 165 IRC subsumiert. Vgl. dazu *Bittker, B. I./Lokken, L.*, 1999a, S. 6-17 ff.; *Dubroff, H.*, 1985, S. 747 ff. Siehe auch *Graetz, M. J./Schenk, D. H.*, 1999, S, 703; *Maydew, G. L.*, 1999, S. 26 ff.; *Gertzman, S. F.*, 1999, S. 12-26 und *Wootton, R. R.*, 1981, S. 305 ff. m. w. N. aus der Rechtsprechung.

511 Vgl. United States v. Skelly Oil Co., 394 U. S. 681 (1969): „as the doctrine was originally formulated, these discrepancies were accepted as an unavoidable consequence of the annual accounting system".

512 Nach Sec. 1341 IRC entspricht die im Jahr der Erstattung zu entrichtende Steuer dem niedrigeren Ergebnis folgender alternativer Berechnungen: Einerseits wird die Steuer unter Berücksichtigung eines Abzugs im Jahr der Erstattung berechnet. Parallel dazu wird die Steuer im Erstattungsjahr ohne den Abzug ermittelt, aber um die Steuerminderung verringert, die sich bei einem Abzug des erstatteten Betrags im Jahr des ursprünglichen Erhalts ergeben hätte. Zinsen bleiben bei dieser Berechnung jedoch unberücksichtigt. Vgl. hierzu *Maydew, G. L.*, 1999, S. 27 ff.; *Bittker, B. I./Lokken, L.*, 1999a, S. 6-20 ff.; *Emanuel, D.*, 1975, S. 644 ff.; *Dubroff, H.*, 1985, S. 756 ff.; *Gertzman, S. F.*, 1999, S. 12-26 ff.; *Dodge, J. M./Fleming, J. C./Geier, D. A.*, 1999, S. 786 f.; *Wootton, R. R.*, 1981, S. 322 ff.

Der Ansatzzeitpunkt von Vorauszahlungen (*prepaid income*) wird im US-amerikanischen Bilanzsteuerrecht grundsätzlich auch durch die *claim of right doctrine* bestimmt.[513] Demnach sind erhaltene Vorauszahlungen für Lieferungen oder Leistungen prinzipiell in dem Wirtschaftsjahr ihres Zuflusses gewinnerhöhend zu erfassen, ungeachtet der Kriterien des *all events test*.[514] Der korrespondierende Ansatz einer Lieferungs- oder Leistungsverpflichtung wird jedoch durch das den Ansatzzeitpunkt von Aufwendungen determinierende Kriterium der wirtschaftlichen Leistungserbringung (*economic performance*) verhindert.[515]

Von dem Grundsatz der erfolgswirksamen Erfassung von Vorauszahlungen bei Vereinnahmung existieren jedoch bedeutende Ausnahmen, die wieder zu einer dem *all events test* und dem *financial accounting* entsprechenden Behandlung zurückführen. Für deren nähere Betrachtung ist zwischen erhaltenen Vorauszahlungen für künftige Lieferungen und solchen für zu erbringende Leistungen zu unterscheiden.

Der Ansatz von Vorauszahlungen für zu liefernde Güter kann entweder im Wirtschaftsjahr der Vereinnahmung[516] erfolgen oder in dem sich nach der steuerlichen Gewinnermittlungsmethode ergebenden Zeitpunkt. In letzterem Fall ist der Ansatzzeitpunkt des *financial accounting* zwingend zu übernehmen, sofern er zu einem früheren Ertragsausweis führt als die steuerrechtliche Methode.[517] Wird eine die Anschaffungs- oder Herstellungskosten des Wirtschaftsguts übersteigende Anzahlung (*substantial payment*) geleistet, und handelt es sich bei dem Wirtschaftsgut um bereits vorhandenes Vorratsvermögen, sind die Vorauszahlungen

---

513 Die gerichtliche Argumentation stützt sich zwar inzwischen stärker auf die clear reflection of income doctrine, kommt auf diesem Weg aber zu demselben Ergebnis. Vgl. z. B. *Seago, E./Callihan, D.*, 1997, S. 359.

514 Vgl. Reg. § 1.446-1(c)(1)(ii)(B). Siehe auch *Bauernfeind, G. G.*, 1994, S. 52-1; *CCH*, 1998b, S. 63; *Kraft, C.*, 1991, S. 175; *Ault, H. J.*, 1997, S. 257; *Malman, L. L.*, 1981, S. 130 f.; *Tessler, A. R.*, 1962, S. 478. Den Ausgangspunkt des Ansatzes von Vorauszahlungen bei ihrer Vereinnahmung statt bei Lieferung oder Leistung bildet die sogennante Trilogie von Supreme Court-Urteilen in Automobile Club of Michigan v. Commissioner, 353 U. S. 180 (1957), American Automobile Assn. v. United States, 367 U. S. 693 (1961) und Schlude v. Commissioner, 372 U. S. 128 (1963). In allen drei Fällen verpflichtete der Supreme Court die Steuerpflichtigen zum Ansatz von empfangenen Vorauszahlungen im Zeitpunkt ihres Zuflusses, ungeachtet der späteren Leistungserbringung, vornehmlich mit dem Argument der clear reflection of income.

515 Vgl. *Kahle, H.*, 1996, S. 88; *Kraft, C.*, 1991, S. 175; *Schreiber, U.*, 2000, S. 70 f.

516 Die Vereinnahmung umfaßt auch fällige und zahlbare Beträge. Vgl. Reg. § 1.451-5(a)(2)(ii).

517 Vgl. Reg. § 1.451-5(b)(1). Siehe auch *Willis, E. u. a.*, 1999, S. 3-14; *Bittker, B. I./Lokken, L.*, 1999d, S. 105-89; *Gertzman, S. F.*, 1999, S. 4-37; *Bauernfeind, G. G.*, 1994, S. 52-9 f.; *McDaniel, P. R. u. a.*, 1999, S. 1021. *Schreiber, U.*, 2000, S. 70 weist zutreffend darauf hin, daß die Bindung zwischen financial accounting und steuerrechtlicher Rechnungslegung hier sehr locker ist, da ein früherer steuerlicher Ansatzzeitpunkt jederzeit zulässig ist. Zur Behandlung von in Verbindung mit dem Verkauf von Gütern abgeschlossenen mehrjährigen Instandhaltungsverträgen vgl. Rev. Proc. 97-38, 1997-2 C. B. 479, die hier grundsätzlich eine gleichmäßige Verteilung der Erträge aus dem Servicevertrag über dessen Laufzeit vorsieht.

spätestens am Ende des zweiten auf den Zahlungseingang folgenden Jahres als Ertrag zu erfassen.[518]

Vorauszahlungen für zu erbringende Leistungen sind grundsätzlich im Zeitpunkt ihrer Vereinnahmung[519] als Ertrag zu erfassen.[520] Ist die Leistungserbringung jedoch für einen bestimmten Zeitpunkt vor dem Ende des folgenden Wirtschaftsjahres vereinbart, kann der Ertrag auch erst im Zeitpunkt der Erbringung angesetzt werden.[521] Im Fall eines nicht näher spezifizierten Zeitpunkts, der die Leistungserbringung auch nach dem Ende des auf die Vorauszahlung folgenden Wirtschaftsjahres zuläßt, muß die Vorauszahlung bereits bei ihrer Vereinnahmung angesetzt werden.[522] Gesetzlich kodifizierte Sonderregelungen gelten für vorausgezahlte Abonnementbeiträge für Zeitungen oder Zeitschriften sowie vorausgezahlte Mitgliedsbeiträge, die über den Zeitraum der Leistungserbringung verteilt werden können.[523] Vorausgezahlte Mieten oder Zinsen sind von den Sonderregelungen ausgenommen und müssen entsprechend der *claim of right doctrine* im Zuflußzeitpunkt angesetzt werden.[524]

Die Ausnahmen von der *claim of right doctrine*, die einen Ansatz von Vorauszahlungen erst bei Lieferung oder Leistung ermöglichen, werden insbesondere mit der Annäherung der steuerrechtlichen Rechnungslegung an das *financial accounting* begründet.[525]

---

518 Vgl. Reg. § 1.451-5(c). Siehe auch *Small, D. G.*, 1995, S. 158; *CCH*, 1998b, S. 65; *Gertzman, S. F.*, 1999, S. 4-37; *Bauernfeind, G. G.*, 1994, S. 52-10 f.

519 Analog zu den Vorauszahlungen für künftige Lieferungen sind fällige und zahlbare Beträge als vereinnahmt anzusehen. Vgl. Rev. Proc. 71-21, 1971-2 C. B. 549.

520 Kritisch hierzu *Seago, E./Callihan, D.*, 1997, S. 359 ff., die in der Besteuerung von Vorauszahlungen für zu erbringende Leistungen im Zeitpunkt der Vereinnahmung eine unnötige Verletzung des Neutralitätspostulats im Hinblick auf die Vertragsgestaltung sowie eine vermeidbare Komplizierung des Steuerrechts sehen. A. A. *Johnson, C. H.*, 1995, S. 373 ff., nach dem ein Besteuerungsaufschub bis zur Lieferung oder Leistung nicht gerechtfertigt ist und lediglich auf einer grundsätzlich zu vermeidenden Bezugnahme auf das financial accounting beruht.

521 Vgl. Rev. Proc. 71-21, 1971-2 C. B. 549. Siehe auch *CCH*, 1998b, S. 63; *Kraft, C.*, 1991, S. 175; *Small, D. G.*, 1995, S. 158; *Willis, E. u. a.*, 1999, S. 3-14; *Bittker, B. I./Lokken, L.*, 1999d, S. 105-87; *Gertzman, S. F.*, 1999, S. 4-33; *McDaniel, P. R. u. a.*, 1999, S. 1020; *Kelley, C. L./Lieberman, A. H.*, 1997, S. 167.

522 Vgl. *CCH*, 1998b, S. 64; *Willis, E. u. a.*, 1999, S. 3-14; *Bittker, B. I./Lokken, L.*, 1999d, S. 105-87; *Graetz, M. J./Schenk, D. H.*, 1999, S. 755; *Bauernfeind, G. G.*, 1994, S. 52-14. Strittig ist bisher die Behandlung von mehrjährigen Verträgen, die wiederkehrende Vorauszahlungen für wiederkehrende Leistungen vor dem Ende des auf die Vorauszahlung folgenden Wirtschaftsjahres beinhalten. Noch verweigert der IRS die Anwendung von Rev. Proc. 71-21, 1971-2 C. B. 549 auf diese Fälle, was weithin als inkonsequent angesehen wird. Vgl. *Gertzman, S. F.*, 1999, S. 4-33.

523 Vgl. Sec. 455 und 456 IRC. Siehe auch *CCH*, 1998b, S. 65 f.; *Bittker, B. I./Lokken, L.*, 1999d, S. 105-90 f.; *Small, D. G.*, 1995, S. 160; *Gertzman, S. F.*, 1999, S. 4-32 f.; *McDaniel, P. R. u. a.*, 1999, S. 1021 f. sowie ausführlich *Bauernfeind, G. G.*, 1994, S. 52-18 ff.

524 Vgl. Rev. Proc. 71-21, 1971-2 C. B. 550. Siehe auch *Kraft, C.*, 1991, S. 175; *CCH*, 1998b, S. 64; *Gertzman, S. F.*, 1999, S. 4-34 f.; *Kelley, C. L./Lieberman, A. H.*, 1997, S. 167; *Bauernfeind, G. G.*, 1994, S. 52-15. Kritisch dazu *Willis, E. u. a.*, 1999, S. 3-14 f., die für diese Ausnahme keine Rechtfertigung sehen.

525 So ausdrücklich die Begründung in Rev. Proc. 71-21, 1971-2 C. B. 549. Gleiches gilt auch für Reg. § 1.451-5. Vgl. *Graetz, M. J./Schenk, D. H.*, 1999, S. 755; *Gertzman, S. F.*, 1999, S. 4-33.

Insgesamt stellt die *claim of right doctrine*, trotz der beschriebenen Ausnahmefälle, eine deutliche Abweichung vom Regelfall der Ertragsrealisation nach dem *all events test* und damit auch vom *financial accounting* dar, die neben den Vorauszahlungen für eine Vielzahl von Einzelbereichen letztlich zu einer der *cash method* entsprechenden Erfassung führt.[526]

3212122. Langfristige Auftragsfertigung

Die Gewinnrealisation bei langfristiger Auftragsfertigung (*long-term contracts*) ist im wesentlichen in Sec. 460 IRC geregelt. Unter *long-term contracts* sind generell jegliche Verträge über die Herstellung, Errichtung, den Einbau oder die Konstruktion von Gütern zu verstehen, die nicht bereits im Wirtschaftsjahr der Vertragsschließung vollständig erfüllt werden.[527] Herstellungsverträge (*manufacturing contracts*) werden jedoch nur als *long-term contracts* angesehen, wenn sie die Fertigung eines außergewöhnlichen Produkts, das üblicherweise nicht zum Vorratsvermögen des Unternehmens zählt, oder eines Produkts, dessen Fertigstellung regelmäßig mehr als 12 Kalendermonate in Anspruch nimmt, beinhalten.[528] Ein Produkt gilt als außergewöhnlich, wenn es speziell auf die Bedürfnisse des Abnehmers zugeschnitten und damit für Dritte unbrauchbar ist.[529] Dienstleistungsverträge erfüllen nicht die Voraussetzungen zur Qualifizierung als *long-term contract*.[530]

---

526 Vgl. *McDaniel, P. R. u. a.*, 1999, S. 1022, die für die Abweichung von einer periodengerechten Gewinnermittlung im Sinne der accrual method vorwiegend fiskalische und administrative Gründe sehen. Siehe auch *Stanger, A. M./Vander Kam, H. P./Polifka, P.*, 1980, S. 416; *Willis, E. u. a.*, 1999, S. 3-4 f. Zu den verschiedenen Bereichen, die von der claim of right doctrine bzw. den steuergestalterischen Ansätzen zu ihrer Umgehung tangiert sind, wie z. B. Treuhandverhältnisse oder illegale Einkünfte vgl. *Bittker, B. I./Lokken, L.*, 1999a, S. 6-14 ff.; *Gertzman, S. F.*, 1999, S. 12-19 ff.

527 Vgl. Sec. 460(f)(1) IRC: „any contract for the manufacture, building, installation, or construction of property if such contract is not completed within the taxable year in which such contract is entered into". Siehe auch Reg. § 1.451-3(b)(1)(i). Kritisch hierzu *Seago, W. E.*, 1989, S. 29, der schwerwiegende Abgrenzungsprobleme aufgrund der vagen Terminologie sieht. Mit dieser Definition ist aber nicht zwingend eine Mindestvertragslaufzeit von einem Jahr verbunden, es ist lediglich eine Dauer über das Ende des Wirtschaftsjahres hinaus erforderlich. Vgl. *Bauernfeind, G. G.*, 1994, S. 54-2.

528 Vgl. Sec. 460(f)(2) IRC; Reg. § 1.451-3(b)(1)(ii). Siehe auch *CCH*, 1998a, S. 420; *Evans, T. L.*, 1991 S. 1130; *Tucker, M. J./Quarles, R.*, 1991, S. 30.

529 Vgl. *Willis, E. u. a.*, 1999, S. 15-25 sowie ausführlich *Bauernfeind, G. G.*, 1994, S. 54-7 ff. Der Tax Court hat zusätzlich noch unvorhersehbare Risiken aus dem Vertrag, die die zwischenzeitliche Ermittlung eines Gewinns oder Verlusts erschweren, als Kriterium zur Abgrenzung außergewöhnlicher Produkte herangezogen. Vgl. Sierracin Corp. v. Commissioner, 90 T. C. 341 (1988). Vgl. hierzu *Seago, W. E.*, 1989, S. 29 f. sowie eingehend *Maples, L.*, 1988, S. 34 ff. Siehe auch Letter Rul. 8941003, wo der IRS insgesamt vier Abgrenzungskriterien entwickelt. Letztlich ist die Frage der Einstufung als außergewöhnliches Produkt abhängig vom jeweiligen Einzelfall.

530 Vgl. *Bauernfeind, G. G.*, 1994, S. 54-3 ff.; *McDaniel, P. R. u. a.*, 1999, S. 1044; *Willis, E. u. a.*, 1999, S. 15-25 sowie ausführlich *Maples, L.*, 1987, S. 80 ff. Außerdem fällt auch die Softwareentwicklung nicht unter die langfristige Auftragsfertigung. Vgl. hierzu ausdrücklich Letter Rul. 8109015 sowie Letter Rul. 8545007.

Die Realisation des Gewinns aus langfristiger Auftragsfertigung erfolgt in der Regel nach der *percentage of completion method*.[531] Nach dieser Methode setzt das Unternehmen in jedem Wirtschaftsjahr einen Teil des veranschlagten Gesamterlöses aus dem Fertigungsvertrag entsprechend dem Fertigungsfortschritt in der betreffenden Periode an.[532] Der Fertigungsfortschritt wird aus dem Verhältnis von in der Rechnungsperiode angefallenen Kosten zu den geschätzten Gesamtkosten der Fertigung berechnet.[533] Damit ergibt sich der Periodenertrag aus dem langfristigen Fertigungsvertrag wie folgt:

$$\text{Periodenertrag} = \frac{\text{im Wirtschaftsjahr angefallene Kosten}}{\text{geschätzte Gesamtkosten}} \cdot \text{veranschlagter Gesamterlös}$$ [534]

Dem so ermittelten Periodenertrag ist der dem *long-term contract* zurechenbare Periodenaufwand gegenüberzustellen, sofern dieser den allgemeinen Voraussetzungen zur Aufwandsrealisation genügt.[535] Alle Gewinne, die nicht auf diese Weise während der Vertragslaufzeit realisiert werden, kommen in dem auf die Fertigstellung folgenden Wirtschaftsjahr zum Ansatz.[536]

Die Vereinfachungsvorschrift in Sec. 460(b)(5) IRC gestattet den Aufschub der Gewinnrealisation für einen *long-term contract* unter der *percentage of completion method*, wenn am Ende eines Wirtschaftsjahres insgesamt weniger als 10 % der veranschlagten Gesamtkosten angefallen sind. Das Unternehmen kann die Realisation des Gewinns bis zu dem Wirtschaftsjahr aufschieben, in dem die kumulierten Kosten aus der Langfristfertigung wenigstens 10 % der voraussichtlichen Gesamtkosten ausmachen.[537]

---

531 Siehe Sec. 460(a) IRC. Damit befindet sich das Bilanzsteuerrecht im Hinblick auf long-term contracts in weitgehender Übereinstimmung mit dem financial accounting. Vgl. dazu *Evans, T. L.*, 1991, S. 1131 ff. Die Anwendung der percentage of completion method ist unabhängig von eventuell vereinbarten Teilleistungen oder -abrechnungen oder bereits empfangenen Entgelten. Vgl. *Small, D. G.*, 1995, S. 159; *Kraft, C.*, 1991, S. 176.

532 Vgl. *Willis, E. u. a.*, 1999, S. 15-28; *Graetz, M. J./Schenk, D. H.*, 1999, S. 783; *CCH*, 1998a, S. 420; *Evans, T. L.*, 1991, S. 1130; *McDaniel, P. R. u. a.*, 1999, S. 1044.

533 Vgl. Sec. 460(b)(1)(A) IRC. Siehe auch *Graetz, M. J./Schenk, D. H.*, 1999, S. 783; *Bauernfeind, G. G.*, 1994, S. 54-38. Diese Methode der Bestimmung des Fertigungsfortschritts wird als cost-to-cost method bezeichnet. Vgl. *CCH*, 1998a, S. 420. Vor der Einfügung von Sec. 460 IRC stand noch eine alternative Bestimmungsmethode nach dem Verhältnis von im Wirtschaftsjahr geleistetem und voraussichtlich insgesamt erforderlichem Arbeitsaufwand zur Verfügung. Vgl. *Bittker, B. I./Lokken, L.*, 1999d, S. 106-58.

534 Zur Bestimmung des Periodenertrags in den folgenden Wirtschaftsjahren sind die in der Rechnungsperiode angefallenen Kosten um die in den vorangegangenen Perioden angefallenen Kosten zu erhöhen und das Produkt um die in Vorperioden bereits ausgewiesenen Erträge zu verringern.

535 Vgl. Notice 89-15, 1989-1 C. B. 642; *Willis, E. u. a.*, 1999, S. 15-28; *Graetz, M. J./Schenk, D. H.*, 1999, S. 783; *CCH*, 1998a, S. 420; *Evans, T. L.*, 1991, S. 1130 f.; *McDaniel, P. R. u. a.*, 1999, S. 1044. Zur Abgrenzung der zurechenbaren contract costs siehe Sec. 460(c) IRC.

536 Vgl. Sec. 460(b)(1) IRC.

537 Vgl. auch *Willis, E. u. a.*, 1999, S. 15-29; *Bauernfeind, G. G.*, 1994, S. 54-40. Wird das Wahlrecht in Sec. 460(b)(5) IRC einmal ausgeübt, ist es stetig für alle im Wirtschaftsjahr der Ausübung und in späteren Jahren eingegangenen long-term contracts anzuwenden. Vgl. *Tucker, M. J./Quarles, R.*, 1991, S. 29.

Da die *percentage of completion method* Schätzungen einbezieht, kann sie den Ausweis eines zu hohen oder zu niedrigen Periodenergebnisses zur Folge haben. Solche Verzerrungen werden nach Abschluß des Fertigungsprozesses durch die sogenannten *look-back provisions* korrigiert. Danach werden die tatsächlich während der Fertigungszeit gezahlten Steuern mit der Steuerlast verglichen, die unter Verwendung der endgültig angefallenen Aufwendungen und Erträge entstanden wäre. Auf diese Weise ermittelte Unterzahlungen in einer oder mehreren Perioden sind durch das Unternehmen zu verzinsen, auf Überzahlungen hat es einen Verzinsungsanspruch.[538]

Bis zur Einführung von Sec. 460 IRC konnte die Gewinnrealisation aus langfristigen Fertigungsverträgen alternativ auch nach der *completed contract method* erfolgen. Diese Methode führt zum vollständigen Ausweis des Bruttoertrags aus dem *long-term contract* im Wirtschaftsjahr der Lieferung und Abnahme.[539] Die korrespondierenden Aufwendungen werden ebenfalls erst bei Lieferung und Abnahme angesetzt.[540] Sollte der vom Abnehmer zu zahlende Betrag strittig oder Nachbesserungen erforderlich sein, so daß noch nicht festgestellt werden kann, ob aus dem Vertrag ein Gewinn oder Verlust resultieren wird, ist der Gewinn erst zu realisieren, wenn er mit Sicherheit feststeht.[541] Durch Sec. 460 IRC wird der Anwendungsbereich der *completed contract method* jedoch drastisch eingeschränkt.[542] Ihre Anwendung ist danach neben bestimmten Wohnungsbauprojekten[543] nur noch bei Baumaßnahmen, die vor-

538 Vgl. Sec. 460(b)(2), Sec. 460(b)(6) und Sec. 460(b)(1)(B) IRC; Reg. § 1.460-6. Die look-back provisions finden keine Anwendung, wenn der endgültige Erlös aus dem long-term contract nicht entweder ein Prozent des durchschnittlichen Bruttoumsatzes der drei der Fertigstellung vorangegangenen Jahre oder US-$ 1 Mio. übersteigt und die Fertigstellung innerhalb von 2 Jahren ab dem vertraglichen Fertigungsbeginn erfolgt. Vgl. Sec. 460(b)(3)(B) IRC. Siehe auch *Graetz, M. J./Schenk, D. H.*, 1999, S. 783; *Willis, E. u. a.*, 1999, S. 15-29; *Bauernfeind, G. G.*, 1994, S. 54-44 f.; *CCH*, 1998a, S. 421; *Evans, T. L.*, 1991, S. 1130 f.

539 Ein Unternehmen darf die Lieferung jedoch nicht aus steuerlichen Erwägungen verzögern. Vgl. Reg. § 1.451-3(d)(1); Reg. § 1.451-3(b)(2)(i)(A); *Willis, E. u. a.*, 1999, S. 15-26; *Graetz, M. J./Schenk, D. H.*, 1999, S. 783; *CCH*, 1998a, S. 420. Der aus der Anwendung der completed contract method resultierende Besteuerungsaufschub veranlaßte den Kongreß zur Einführung der gegenwärtigen Sec. 460 IRC und damit zur weitgehenden Abschaffung der Methode. Vgl. *Bittker, B. I./Lokken, L.*, 1999d, S. 106-51.

540 Vgl. Reg. § 1.451-3(d)(1); Reg. § 1.451-3(b)(2)(i)(A). Da nur der Ansatz von sog. contract costs, die dem Fertigungsvertrag zugeordnet werden können, bis zur Lieferung und Abnahme aufgeschoben wird, ergibt sich der größte Steuervorteil für das Unternehmen, wenn es möglichst viele Aufwendungen dem gewöhnlichen Periodenaufwand anstelle den contract costs zuordnen kann. Vgl. dazu *Bauernfeind, G. G.*, 1994, S. 54-21; *CCH*, 1998a, S. 420; *McDaniel, P. R. u. a.*, 1999, S. 1044 f.; *Tucker, M. J./Quarles, R.*, 1991, S. 29. Zur Abgrenzung der contract costs siehe Reg. § 1.451-3(d)(5).

541 Vgl. Reg. § 1.451-3(d)(2). Andererseits, wenn die Entstehung eines Gewinns oder Verlusts aus dem Vertrag bereits teilweise sicher ist, wird der feststehende Gewinn realisiert und nur der strittige Betrag erst dann angesetzt, wenn seine Höhe durch eine Einigung der Vertragsparteien feststeht.

542 Die Einführung von Sec. 460 IRC durch den Tax Reform Act of 1986 diente vornehmlich dem Ziel, die completed contract method und die ihr vom Kongreß zugeschriebene ungerechtfertigte Verschiebung von steuerpflichtigen Gewinnen in die Zukunft weitestgehend abzuschaffen. Vgl. dazu *Bittker, B. I./Lokken, L.*, 1999d, S. 106-51.

543 Mindestens 80 % der voraussichtlichen Gesamtkosten müssen der Erstellung oder Verbesserung von Wohnungen in Gebäuden mit vier oder weniger Wohneinheiten zurechenbar sein. Vgl. Sec. 460(e)(6)(A) IRC. Vgl. auch *Tucker, M. J./Quarles, R.*, 1991, S. 29; *CCH*, 1998a, S. 421; *Willis, E. u. a.*, 1999, S. 15-26.

aussichtlich innerhalb von zwei Jahren abgeschlossen und von Unternehmen mit einem durchschnittlichen Bruttoumsatz unter US-$ 10 Mio. ausgeführt werden, zulässig.[544]

Im Rahmen von langfristigen Auftragsfertigungen erhaltene Vorauszahlungen sind grundsätzlich wie erhaltene Vorauszahlungen für zu liefernde Güter zu behandeln. Damit kommt ein Ansatz im Wirtschaftsjahr der Vereinnahmung oder alternativ in dem sich nach der steuerrechtlichen Rechnungslegungsmethode ergebenden Zeitpunkt in Betracht, wobei hier der Ansatzzeitpunkt des *financial accounting* jedoch nicht beachtet werden muß.[545]

Die Gewinnrealisation weicht im Fall langfristiger Auftragsfertigung insofern vom Regelfall nach dem *all events test* ab, als die *percentage of completion method* eine Teilgewinnrealisation bereits vor der vollständigen Lieferung oder Leistungserbringung bewirkt.

3212123. Veräußerungen gegen Kaufpreisraten

Die Erfassung von Gewinnen aus der Veräußerung von Wirtschaftsgütern gegen Kaufpreisraten (*installment sales*) erfolgt nach der in Sec. 453 IRC verankerten *installment method.*[546] Voraussetzung ist, daß mindestens eine Ratenzahlung nach dem Ende des Wirtschaftsjahres der Veräußerung erfolgt[547] und daß ein Gewinn aus dem Ratenkaufvertrag entsteht[548].

Unter der *installment method* wird der Gewinn nicht vollständig im Jahr der Veräußerung erfaßt, vielmehr erfolgt die Realisation eines anteiligen Periodengewinns aus dem Veräuße-

544 Vgl. Sec. 460(e)(1) IRC. Die Zweijahresfrist wird ab vertraglichem Baubeginn bemessen und der durchschnittliche Umsatz bezieht sich auf die drei dem Abschluß des langfristigen Fertigungsvertrags vorausgehenden Jahre. Siehe auch *Hammerschmidt, P. E./Luchs, L. D.*, 1994, S. 296; *Bittker, B. I./Lokken, L.*, 1999d, S. 106-69; *Willis, E. u. a.*, 1999, S. 15-26; *Tucker, M. J./Quarles, R.*, 1991, S. 30; *Schreiber, U.*, 2000, S. 71.

545 Vgl. Reg. § 1.451-5(b)(3). Vgl. auch *Willis, E. u. a.*, 1999, S. 15-28; *Kahle, H.*, 1996, S. 90; *Schreiber, U.*, 2000, S. 72.

546 Durch den Tax Relief Extension Act v. 17.12.1999, Pub. L. No. 106-170, in: 113 Stat. 1860 wurde die installment method für Anwender der accrual method mit Wirkung zum 16.12.1999 abgeschafft. Vgl. dazu *Sair, E./Giannattasio, J./Perry, J.*, 2000, S. 203 ff.; *Melone, M. A.*, 2001, S. 25; *Lipton, R. M.*, 2000, S. 134 ff. sowie Notice 2000-26, 2000-1 C. B. 954. Aufgrund der massiven Kritik an dieser Maßnahme wurde die installment method jedoch durch den Installment Tax Correction Act v. 28.12.2000, Pub. L. No. 106-573, in: 114 Stat. 3061 in der ursprünglichen Fassung wieder eingeführt.

547 Vgl. Sec. 453(a) und Sec. 453(b)(1) IRC; Temp. Reg. § 15a.453-1(b)(1). Die Definition umfaßt damit auch Veräußerungen gegen Einmalzahlungen, sofern diese in einem späteren Wirtschaftsjahr erfolgt. Der Ansatz von Ratenzahlungen für erbrachte Dienstleistungen nach der installment method ist jedoch definitionsgemäß ausgeschlossen. Vgl. *Soled, J. A.*, 1999, S. 927. Siehe auch *Shores, D. F.*, 1990, S. 311; *Willis, E. u. a.*, 1999, S. 15-18; *Bittker, B. I./Lokken, L.*, 1999d, S. 106-6; *Kahn, D. A.*, 1999, S. 711; *CCH*, 1998a, S. 473.

548 Die installment method kann nicht für Verluste aus Ratenkaufverträgen angewendet werden. Solche Verluste sind vollständig im Wirtschaftsjahr der Veräußerung gewinnmindernd zu erfassen. Vgl. Rev. Rul. 70-430, 1970-2 C. B. 51.

rungsgeschäft jeweils mit dem Eingang der Ratenzahlungen. Der Periodengewinn wird dabei wie folgt berechnet:[549]

$$\text{Periodengewinn} = \text{im WJ erhaltene Ratenzahlungen} \cdot \frac{\text{Bruttogewinn aus dem Veräußerungsgeschäft}}{\text{Verkaufspreis}}$$

WJ = Wirtschaftsjahr

Die anteilige Gewinnrealisation nach Maßgabe der eingegangenen Raten trägt dem Liquiditätsaspekt Rechnung, da der Steuerpflichtige im Zeitpunkt der Veräußerung noch nicht die finanziellen Mittel als solche, sondern lediglich eine Forderung erworben hat.[550]

Sec. 453 IRC schließt in einer Reihe von Fällen die Anwendung der *installment method* aus, was regelmäßig die Realisation der Gewinne aus den betreffenden Veräußerungsgeschäften im Zeitpunkt der Veräußerung in Übereinstimmung mit dem *all events test* zur Folge hat.[551] So ist die *installment method* bei sogenannten *dealer dispositions* ausgeschlossen. Dabei handelt es sich um Veräußerungen von Immobilien im Rahmen des gewöhnlichen Geschäftsbetriebs des Steuerpflichtigen sowie um regelmäßig stattfindende Veräußerungen gleichartiger Wirtschaftsgüter auf Ratenzahlungsbasis.[552] Die Methode steht zudem bei der Veräußerung von Wirtschaftsgütern, die dem Vorratsvermögen zuzurechnen sind, nicht zur Verfügung.[553] Weiterhin ausgenommen sind Ratenzahlungen aus dem Verkauf von börsengehandelten Wertpapieren oder von Wirtschaftsgütern unter einem revolvierenden Kreditplan.[554] Außerdem werden Ratenzahlungen aus dem Verkauf von abnutzbaren Wirtschaftsgütern an verbundene Unternehmen nicht nach der *installment method* erfaßt.[555]

---

549 Vgl. Sec. 453(c) IRC; Temp. Reg. § 15a.453-1(b)(2). Siehe auch *Gertzman, S. F.*, 1999, S. 5-51 ff.; *Willis, E. u. a.*, 1999, S. 15-18 f.; *Graetz, M. J./Schenk, D. H.*, 1999, S. 785 f.; *Habert, U./Small, D. G.*, 1989, S. 29; *Haueisen, B.*, 1990, S. 180. Die installment method hat faktisch die Erfassung von empfangenen Ratenzahlungen nach den Grundsätzen der cash method zur Folge.

550 So ausdrücklich der Supreme Court in Commissioner v. South Texas Lumber Co., 333 U. S. 503 (1948): „The installment basis of reporting was enacted ... to relieve taxpayers who adopted it from having to pay an income tax in the year of sale based on the full amount of anticipated profits when in fact they had received in cash only a small portion of the sales price." Vgl. auch *Willis, E. u. a.*, 1999, S. 15-18; *Shores, D. F.*, 1990, S. 311; *Graetz, M. J./Schenk, D. H.*, 1999, S. 784; *CCH*, 1998b, S. 76.

551 Vgl. *Kahle, H.*, 1996, S. 91; Temp. Reg. § 15a.453-1(d)(2). Grundlegend zu diesen Ausnahmen *Bittker, B. I./Lokken, L.*, 1999d, S. 106-34 ff.

552 Vgl. Sec. 453(b)(2)(A) und Sec. 453(l)(1) IRC. Wird die Immobilienveräußerung jedoch nicht gewerblich betrieben oder handelt es sich nur um die gelegentliche Veräußerung eines Wirtschaftsguts, kommt die installment method zur Anwendung. Vgl. Temp. Reg. § 15a.453-1(a) sowie *Kahn, D. A.*, 1999, S. 712; *Graetz, M. J./Schenk, D. H.*, 1999, S. 785; *CCH*, 1998a, S. 474.

553 Vgl. Sec. 453(b)(2)(B) IRC. Vgl. auch *Kahn, D. A.*, 1999, S. 712.

554 Vgl. Sec. 453(k) IRC. Siehe auch *Graetz, M. J./Schenk, D. H.*, 1999, S. 785; *Kahn, D. A.*, 1999, S. 711 f.; *CCH*, 1998a, S. 474.

555 Vgl. Sec. 453(g) IRC. Vgl. auch die speziellen Regeln zum Ansatz von Gewinnen aus Ratenveräußerungen zwischen verwandten oder in anderer Weise verbundenen Parteien in Sec. 453(e) IRC sowie *Willis, E. u. a.*, 1999, S. 15-23; *Kahn, D. A.*, 1999, S. 712.

Wenn der Verkaufspreis des Wirtschaftsguts US-$ 3.000 übersteigt und die Ratenzahlungsvereinbarung keine angemessene Verzinsung vorsieht, wird für steuerliche Zwecke ein solcher Zins unterstellt und ein entsprechender Teil der Ratenzahlung als Zinseinkünfte behandelt.[556] Zudem verlangt der IRS eine Verzinsung des aus der Anwendung der *installment method* resultierenden Steueraufschubs. Dies gilt jedoch nur für im Wirtschaftsjahr veräußerte Wirtschaftsgüter, deren Verkaufspreis US-$ 150.000 übersteigt unter der zusätzlichen Voraussetzung, daß der aggregierte Nennbetrag aller im Wirtschaftsjahr verdienten und zum Abschlußstichtag noch ausstehenden Ratenzahlungen höher als US-$ 5 Mio. ist.[557]

Sec. 453(d) IRC eröffnet ein Wahlrecht zum Verzicht auf die *installment method* und damit zur Realisation des Veräußerungsgewinns aus Ratenzahlungsgeschäften nach dem *all events test* im Zeitpunkt der Leistungserbringung.[558]

3212124. Tauschgeschäfte

Grundsätzlich wird beim Tausch von Wirtschaftsgütern ein Gewinn oder Verlust in Höhe der Differenz zwischen dem Marktwert (*fair market value*)[559] des erhaltenen und dem Buchwert des hingegebenen Guts im Zeitpunkt der Übertragung realisiert.[560] Werden aber Wirtschaftsgüter, die der betrieblichen Leistungserstellung oder Investition dienen, ausschließlich gegen gleichartige Wirtschaftsgüter derselben Zwecksetzung (*like-kind property*) getauscht,[561] wird ein solcher Gewinn oder Verlust zwar als realisiert angesehen, aber in der steuerrechtlichen Rechnungslegung im Zeitpunkt des Tauschs nicht angesetzt (*nonrecognition*).[562] Vielmehr wird die Besteuerung dieser Gewinne durch die Übertragung des Buchwerts des hingegebe-

---

556 Vgl. Sec. 483 und 1274 IRC. Zur Bestimmung des angemessenen Zinssatzes wird auf die Rendite von Bundesobligationen zurückgegriffen. Siehe auch *Willis, E. u. a.*, 1999, S. 15-20 f.; *CCH*, 1998a, S. 479 ff.

557 Vgl. Sec. 453A(a) und (b) IRC. Siehe auch *Bittker, B. I./Lokken, L.*, 1999d, S. 106-28; *Kahn, D. A.*, 1999, S. 713 f.; *Shores, D. F.*, 1990, S. 319 f.; *Habert, U./Small, D. G.*, 1989, S. 30 sowie grundlegend *Olchyk, S.*, 1989, S. 132 ff.

558 Vgl. Temp. Reg. § 15a.453-1(d)(2)(ii)(A); *Hudson, B. D.*, 1997, S. 6; *Graetz, M. J./Schenk, D. H.*, 1999, S. 785; *Willis, E. u. a.*, 1999, S. 15-24 f.; *CCH*, 1998a, S. 474; *Schreiber, U.*, 2000, S. 72 f.

559 Der fair market value ist in Reg. § 20.2031-1(b) definiert als „the price at which the property would change hands between a willing buyer and a willing seller, neither being under any compulsion to buy or to sell and both having reasonable knowledge of relevant facts".

560 Vgl. Sec. 1001(c) und (a) IRC: „The gain from the sale or other disposition of property shall be the excess of the amount realized therefrom over the adjusted basis". Der amount realized ist gem. Sec. 1001(b) IRC „the sum of any money received plus the fair market value of the property (other than money) received". Zur Bestimmung der adjusted basis ist gem. Sec. 1011 IRC die basis, welche in Sec. 1012 IRC als „the cost of such property" definiert ist, nach den Vorgaben von Sec. 1016 IRC anzupassen.

561 Es kann auch ein Investitionszwecken dienendes Wirtschaftsgut gegen ein für die betriebliche Leistungserstellung bestimmtes Gut getauscht werden und umgekehrt. Vgl. Reg. § 1.1031(a)-1(a)(1). Ausführlich zur Zweckbindung der getauschten Wirtschaftsgüter *Wasserman, W. P.*, 1987, S. 988 ff.

562 Vgl. Sec. 1031(a)(1) IRC; Reg. § 1.1031(a)-1(a)(1). Siehe auch *Bittker, B. I./Lokken, L.*, 1999b, S. 44-4, 44-8; *Graetz, M. J./Schenk, D. H.*, 1999, S. 664. Sec. 1031 IRC stellt kein Wahlrecht dar, sondern ist bei Vorliegen der Voraussetzungen zwingend anzuwenden. Vgl. *Wasserman, W. P.*, 1987, S. 978.

nen Wirtschaftsguts auf das empfangene Wirtschaftsgut aufgeschoben, bis letztlich die Veräußerung des Guts oder dessen Tausch gegen nicht gleichartige Güter die Besteuerung auslöst.[563] Der Tausch muß innerhalb von 180 Tagen oder, falls das Wirtschaftsjahr früher endet, an dessen Abschlußstichtag vollzogen sein, um für eine *nonrecognition* unter Sec. 1031 IRC zu qualifizieren.[564]

Von wesentlicher Bedeutung ist die Abgrenzung von *like-kind property*, wofür sowohl der IRC als auch die *Regulations* detaillierte Vorschriften enthalten. Grundsätzlich bezieht sich das Kriterium der Gleichartigkeit auf Art und Charakter des Wirtschaftsguts, nicht auf seine jeweilige Güte oder Qualität.[565]

Werden im Rahmen des Tauschgeschäfts aus Gründen des Wertausgleichs zusätzlich auch nicht gleichartige Wirtschaftsgüter (*boot*) übertragen, gelten die *nonrecognition*-Regelungen von Sec. 1031 IRC nicht für diesen Teil des Tauschs. Der aus dem Erhalt des *boot* realisierte Gewinn[566] ist im Zeitpunkt des Tauschs anzusetzen, ein eventueller Verlust hieraus bleibt aber unberücksichtigt.[567] Der auf das erhaltene Wirtschaftsgut übertragene Buchwert des hingegebenen Wirtschaftsguts wird dann um erhaltene Barmittel vermindert bzw. um gezahlte

563 Vgl. Sec. 1031(d) IRC. Als Motiv für den Besteuerungsaufschub sah der Court of Appeals in Century Electric Co. v. Commissioner, 192 F. 2d 159 (8th Cir., 1951), daß „in theory the taxpayer may have realized gain or loss but .. in fact his economic situation is the same after as it was before the transaction". Siehe auch *Bittker, B. I./Lokken, L.*, 1999b, S. 44-4, 44-17 f., 44-25; *Ramsey Roose, K. E.*, 1999, S. 667 f.; *Willis, E. u. a.*, 1999, S. 12-26 ff. Kritisch *Kornhauser, M. E.*, 1987, S. 397 ff., die die Berechtigung von Sec. 1031 IRC in Frage stellt. Zur gleichzeitigen Übertragung mehrerer Wirtschaftsgüter innerhalb desselben Tauschgeschäfts (multiple-property like-kind exchange) vgl. Reg. § 1.1031(j)-1 sowie ausführlich *Parr, J. J.*, 1998, S. 162 ff.

564 Vgl. Sec. 1031(a)(3) IRC. Vgl. auch *Wise, S. L.*, 1994, S. 562 f.; *Wasserman, W. P.*, 1987, S. 998 ff.; *Ramsey Roose, K. E.*, 1999, S. 669.

565 Vgl. grundsätzlich Reg. § 1.1031(a)-1(b) und (c); Rev. Rul. 72-515, 1972-2 C. B. 466. Siehe auch Sec. 1031(h) IRC, die innerhalb und außerhalb der USA belegenes Grundvermögen als nicht zum like-kind property zählend differenziert. Abnutzbare materielle Wirtschaftsgüter werden in Reg. § 1.1031(a)-2(b) in 13 Klassen von like-kind property unterteilt. Für nicht abnutzbare oder immaterielle Wirtschaftsgüter existieren keine speziellen Richtlinien, so daß hier allgemein nach Art und Charakter des jeweiligen Wirtschaftsguts entschieden werden muß. Vgl. *Wasserman, W. P.*, 1987, S. 994 ff.; *Graetz, M. J./Schenk, D. H.*, 1999, S. 665; *Parr, J. J.*, 1998, S. 163; *Bittker, B. I./Lokken, L.*, 1999b, S. 44-12 ff.; *Ramsey Roose, K. E.*, 1999, S. 669. Siehe z. B. California Federal Life Insurance Co. v. Commissioner, 680 F. 2d 85 (9th Cir. 1982) zur Ungleichartigkeit von Goldmünzen und gültigen Geldmünzen.

566 Die Gewinnrealisierung ist in ihrer Höhe im Fall eines Barausgleichs auf dessen Nennbetrag und bei sonstigen Wirtschaftsgütern auf deren Marktwert begrenzt. Vgl. Sec. 1031(b) IRC.

567 Vgl. Sec. 1031(b) und (c) IRC. Die Vorschriften beziehen sich nur auf erhaltenen boot, wird ein solcher im Rahmen des Tauschgeschäfts hingegeben, ist der entstandene Gewinn oder Verlust in jedem Fall anzusetzen. Vgl. auch *Bittker, B. I./Lokken, L.*, 1999b, S. 44-5 f., 44-17; *Graetz, M. J./Schenk, D. H.*, 1999, S. 664; *Ramsey Roose, K. E.*, 1999, S. 668 f.

Barmittel erhöht und gleichzeitig um den im Wirtschaftsjahr aus dem Tausch anzusetzenden Gewinn erhöht oder im Fall eines anzusetzenden Verlusts[568] entsprechend vermindert.[569]

Sec. 1031 IRC findet keine Anwendung auf den Tausch von Wertpapieren, Beteiligungen, sonstigen Schuldverschreibungen und Wirtschaftsgütern, die zu Veräußerungszwecken gehalten werden.[570] Bei mittelbaren Tauschgeschäften, an denen mehr Parteien als die eigentlichen Tauschpartner beteiligt sind (*multiparty like-kind exchanges*), kommt in der Regel keine *nonrecognition* nach Sec. 1031 IRC in Betracht, wenn der Tausch formal wie eine Veräußerung mit anschließender Reinvestition des Gewinns erscheint.[571] Wenn die Tauschpartner miteinander verwandt sind, es sich um verbundene Unternehmen handelt oder sie in einer sonstigen Verbindung zueinander stehen, scheidet die *nonrecognition* nach Sec. 1031 IRC aus, sofern einer der Tauschpartner das erhaltene Wirtschaftsgut innerhalb von zwei Jahren veräußert.[572]

321213. Vergleich mit der Ertragsrealisation im deutschen Bilanzsteuerrecht

Richtet sich die Realisation von Erträgen im US-amerikanischen Bilanzsteuerrecht primär nach dem steuerlichen *all events test* und nur subsidiär nach dem – inhaltlich jedoch weitgehend analogen – *realization principle* des *financial accounting*, so ist im deutschen Bilanzsteuerrecht mangels eines originär steuerlichen Grundsatzes das handelsrechtliche Realisationsprinzip des § 252 Abs. 1 Nr. 4 HGB einschlägig. Nach diesem aus dem Vorsichtsprinzip abgeleiteten Grundsatz werden Erträge grundsätzlich im Zeitpunkt der Leistungserbringung realisiert, weil dann der Anspruch auf die Gegenleistung entstanden und die Gefahr überge-

568 Weil Verluste auch im Fall von erhaltenem boot nach Sec. 1031(c) IRC nicht angesetzt werden, kommt die Reduktion des Buchwerts um anzusetzende Verluste nur zum Tragen, wenn nicht monetärer boot hergegeben wird und daraus ein Verlust entsteht, was nicht von Sec. 1031(c) IRC erfaßt ist. Die Übertragung des boot im Rahmen des Tauschgeschäfts wird dann wie eine normale Veräußerung behandelt und entstehende Verluste sind im Zeitpunkt des Tauschs zu berücksichtigen. Vgl. auch *Bittker, B. I./Lokken, L.*, 1999b, S. 44-26.

569 Vgl. Sec. 1031(d) IRC; Reg. § 1.1031(d)-1(e); *Bittker, B. I./Lokken, L.*, 1999b, S. 44-6, 44-25 ff.

570 Vgl. Sec. 1031(a)(2) IRC; *Wasserman, W. P.*, 1987, S. 993 f.; *Graetz, M. J./Schenk, D. H.*, 1999, S. 664; *Ramsey Roose, K. E.*, 1999, S. 670 f.

571 Diese Regel wird jedoch nicht sehr strikt angewendet. Vgl. z. B. Rev. Rul. 77-297, 1977-2 C. B. 304, die den Tausch von Immobilien mit drei beteiligten Parteien unter bestimmten Bedingungen nach Sec. 1031 IRC gestattet. Ähnlich der Court of Appeals in Biggs v. Commissioner, 632 F. 2d 1171 (5th Cir., 1980). Siehe auch *Graetz, M. J./Schenk, D. H.*, 1999, S. 667; *Wasserman, W. P.*, 1987, S. 981 ff.; *Ramsey Roose, K. E.*, 1999, S. 671 f.

572 Vgl. Sec. 1031(f) IRC; *Bittker, B. I./Lokken, L.*, 1999b, S. S44-21 ff.

gangen ist.[573] Folglich weisen die bilanzsteuerrechtlichen Grundsätze der Ertragsrealisation in beiden Vergleichsländern starke Übereinstimmungen auf.

Eine der US-amerikanischen *claim of right doctrine* entsprechende Ausnahme von der Ertragsrealisation nach dem Realisationsprinzip ist dem deutschen Bilanzsteuerrecht allerdings fremd. Denn das im hiesigen Bilanzrecht dominierende Vorsichtsprinzip verbietet die erfolgswirksame Erfassung von Erträgen, solange die Leistung noch nicht erbracht ist und die damit verbundenen Aufwendungen nicht feststehen.[574] Demnach können auch erhaltene Vorauszahlungen wegen des Realisationsprinzips grundsätzlich erst im Zeitpunkt der Leistungserbringung als Ertrag erfaßt werden und müssen bis dahin durch die Passivierung als erhaltene Anzahlungen erfolgsneutral behandelt werden.[575] Dies steht einerseits im Gegensatz zur US-amerikanischen Ertragsrealisation im Zahlungszeitpunkt gemäß der *claim of right doctrine* und deckt sich andererseits im Ergebnis wieder mit den erwähnten Ausnahmen, wonach in den USA Vorauszahlungen für zu liefernde Güter und zu erbringende Leistungen unter bestimmten Voraussetzungen auch im Leistungszeitpunkt realisiert werden können.

Auch im Bereich der langfristigen Auftragsfertigung zeigen sich Unterschiede zwischen den beiden Vergleichsländern. Während das US-amerikanische Steuerrecht diesen Aspekt in Sec. 460 IRC autark regelt, ist im deutschen Steuerrecht in Ermangelung einer originär steuerlichen Kodifikation die entsprechende Vorgehensweise in der Handelsbilanz maßgeblich. Die Definition von *long-term contracts* in Sec. 460(f) IRC ist dabei trotz der grundsätzlichen Übereinstimmung mit dem in der Bundesrepublik vorherrschenden Verständnis aufgrund der zusätzlichen Einschränkungen für Herstellungsverträge sowie des Ausschlusses von Dienstleistungsverträgen und der Softwareentwicklung in den USA merklich enger gefaßt.[576] Die Gewinnrealisation bei langfristiger Auftragsfertigung ist im HGB nicht eigens geregelt, sondern richtet sich nach den Rechnungslegungszwecken und allgemeinen Bilanzierungs-

---

573 Vgl. *Budde, W. D./Geißler, H.*, 1999, § 252, Anm. 45; *Adler, H./Düring, W./Schmaltz, K.*, 1995, § 252, Tz. 82; *Leffson, U.*, 1987, S. 247 ff.; *Baetge, J.*, 1996, S. 86 f.; *Moxter, A.*, 1999b, S. 48 ff. Siehe auch BFH v. 22.08.1984, in: BStBl. II 1985, S. 128; BFH v. 12.05.1993, in: BStBl. II 1993, S. 787 m. w. N.

574 Vgl. z. B. *Budde, W. D./Geißler, H.*, 1999, § 252, Anm. 44.

575 Alternativ können erhaltene Anzahlungen auf Vorräte gem. § 268 Abs. 5 Satz 2 HGB auch offen von den aktivierten Vorräten abgesetzt und auf diese Weise erfolgsneutral behandelt werden. Vgl. *Baetge, J.*, 1996, S. 337; *Lüders, J.*, 1987, S. 3, 66; *Horschitz, H./Groß, W./Weidner, W.*, 1997, S. 453; *Knobbe-Keuk, B.*, 1993, S. 146; *Heinhold, M.*, 1996, S. 171. Siehe auch BFH v. 03.07.1980, in: BStBl. II 1980, S. 650 m. w. N.

576 Unter langfristiger Auftragsfertigung wird in der Bundesrepublik ein Herstellungsprozeß verstanden, der sich über mindestens zwei Wirtschaftsjahre erstreckt, so daß der Beginn und das Ende der Leistungserbringung in unterschiedliche Rechnungsperioden fallen. Dienstleistungen sind ebenso wie die Softwareentwicklung von dieser Definition erfaßt, weitere Einschränkungen wie in Sec. 460(f)(2) IRC werden nicht vorgenommen. Vgl. *Forster, M.*, 1999, Rz. 1 ff.; *Krawitz, N.*, 1997, S. 886; *Kümpel, T.*, 2000, S. 59 ff.; *Kölblinger-Engelmann, E./Müller, N./Pirker, S.*, 1997, S. 102.

grundsätzen, insbesondere dem Realisationsprinzip.[577] Daher erfolgt die Gewinnrealisation in der Bundesrepublik im Regelfall nach der *completed contract method*,[578] welche in den USA lediglich den Ausnahmefall darstellt. Um die aus der Anwendung der *completed contract method* resultierenden progressionswirksamen Verzerrungen des Periodenergebnisses zu mildern, wird in der Bundesrepublik allerdings im Fall von echten Teilabnahmen eine Teilgewinnrealisation für möglich gehalten.[579] Die deutlich weitergehende *percentage of completion method* nach US-amerikanischem Vorbild, die keine Bedingungen an die Teilleistungen stellt, verstößt indes gegen das Realisationsprinzip und wird folglich in der Bundesrepublik mehrheitlich abgelehnt.[580]

Der Ansatz von Erträgen im Zeitpunkt der Leistungserbringung nach dem Realisationsprinzip gilt in der Bundesrepublik auch für Veräußerungen gegen Kaufpreisraten. Folglich ist eine zuflußorientierte Erfassung im Sinne der US-amerikanischen *installment method* im deutschen Bilanzsteuerrecht unzulässig.

Beim Tausch von Wirtschaftsgütern entspricht die Gewinnrealisation in beiden Vergleichsländern grundsätzlich dem Fall der Veräußerung gegen Geld. Die Realisation fällt damit auf den Zeitpunkt der Leistungserbringung, hier also auf die Übertragung des hingegebenen Wirtschaftsguts.[581] Lediglich bei der Ermittlung des Gewinns aus dem Tauschgeschäft bestehen

---

577 Vgl. *Krawitz, N.*, 1997, S. 886; *Forster, M.*, 1999, Rz. 11; *Richter, M.*, 2000, S. 147.

578 Vgl. *Krawitz, N.*, 1997, S. 888; *Kümpel, T.*, 2000, S. 108; *Forster, M.*, 1999, Rz. 28; *Backhaus, K.*, 1996, S. 25. *Richter, M.*, 2000, S. 147 spricht hier vom „Normalfall der Bilanzierung".

579 Hier wird der Gesamtauftrag in mehrere qualifizierte Teilerfüllungen mit jeweils separaten Realisationszeitpunkten zerlegt, um bereits im Lauf des Herstellungsprozesses Teilgewinnrealisationen zu ermöglichen. In der Literatur wird das Vorliegen echter Teilabnahmen jedoch an stark divergierende Kriterien geknüpft, unter denen insbesondere die vertragliche Vereinbarung selbständig abgrenzbarer und abrechnungsfähiger Teilabschnitte des Auftrags sowie deren verbindliche Abnahme durch den Auftraggeber hervorzuheben sind. Darüber hinaus sollten aus dem Gesamtauftrag weder Verluste drohen, noch sollte er mit nennenswerten Risiken behaftet sein. Die rein abrechnungstechnische Aufteilung des Gesamtauftrags ist keinesfalls hinreichend für eine Teilgewinnrealisierung. Vgl. *Krawitz, N.*, 1997, S. 890 f.; *Kümpel, T.*, 2000, S. 112 ff.; *Forster, M.*, 1999, Rz. 42 ff.; *Richter, M.*, 2000, S. 151. Unter den genannten Voraussetzungen erkennt der BFH die Teilgewinnrealisation aus dem langfristigen Fertigungsauftrag auch steuerlich an. Vgl. BFH v. 18.12.1956, in: BStBl. III 1957, S. 27; BFH v. 08.12.1982, in: BStBl. II 1983, S. 369. Siehe auch FG Berlin v. 29.04.1991, in: EFG 1992, S. 62.

580 Vgl. *Krawitz, N.*, 1997, S. 891; *Forster, M.*, 1999, Rz. 65; *Richter, M.*, 2000, S. 152 f.; *Backhaus, K.*, 1996, S. 25. Die von Teilen der Literatur, wie z. B. *Adler, H./Düring, W./Schmaltz, K.*, 1995, § 252, Tz. 86 ff. und *Selchert, F. W.*, 1990, S. 801, für möglich gehaltene Anwendung der percentage of completion method unter restriktiven Voraussetzungen auf der Grundlage von § 252 Abs. 2 HGB vermag indes nicht zu überzeugen. Denn mit der Durchbrechung des Realisationsprinzips ginge durch die Realisation des anteiligen Gewinnaufschlags ein Verstoß gegen das Anschaffungswertprinzip einher, der sich auch nicht mit der Generalnorm des § 264 Abs. 2 HGB rechtfertigen ließe. Vgl. ebenfalls *Krawitz, N.*, 1997, S. 891 f. Die steuerliche Unzulässigkeit der percentage of completion method ergibt sich auch bereits daraus, daß die vom BFH aufgestellten Kriterien für die Teilgewinnrealisation in keiner Weise erfüllt sind. In BFH v. 05.05.1976, in: BStBl. II 1976, S. 543 äußerte das Gericht dementsprechend auch „erhebliche Bedenken" gegen eine weitergehende Teilgewinnrealisierung.

581 Vgl. *Weber-Grellet, H.*, 2000a, § 5, Rz. 631; *Woerner, L.*, 1984, S. 496; *Arndt, H.-W./Piltz, D. J.*, 1996, S. 390 f.; BFH v. 14.12.1982, in: BStBl. II 1983, S. 303.

Unterschiede: Während die USA auf die Differenz zwischen dem Marktwert des erhaltenen und dem Buchwert des hingegebenen Wirtschaftsguts abstellen, bemißt sich der Gewinn im deutschen Bilanzsteuerrecht als Differenz aus dem gemeinen Wert und dem Buchwert des hingegebenen Wirtschaftsguts.[582] Als dem Wesen nach der *nonrecognition* beim Tausch von *like-kind property* in den Vereinigten Staaten vergleichbare Regelung fungierte im deutschen Steuerrecht das sogenannte Tauschgutachten, welches bis zu seiner Aufhebung durch das Steuerentlastungsgesetz 1999/2000/2002[583] den Tausch wert-, art- und funktionsgleicher Anteile an Kapitalgesellschaften steuerfrei stellte.[584] Seither löst im deutschen Steuerrecht nur noch der zwangsweise Tausch von wertgleichen Grundstücken im Rahmen von Flurbereinigungsverfahren keine Gewinnrealisation mehr aus.[585]

Die folgende Tabelle faßt die Ergebnisse nochmals zusammen:

Tab. 1: Ertragsrealisation im deutschen und US-amerikanischen Bilanzsteuerrecht

	USA	Deutschland
Regelfall der Ertragsrealisation	*all events test* Realisation im Zeitpunkt der Leistungserbringung	Realisationsprinzip Realisation im Zeitpunkt der Leistungserbringung
Vorauszahlungen	*claim of right doctrine* Realisation im Zahlungszeitpunkt, z. T. Wahlrecht zur Realisation im Zeitpunkt der Leistungserbringung	Realisationsprinzip Realisation im Zeitpunkt der Leistungserbringung
Langfristige Auftragsfertigung	Sec. 460 IRC *percentage of completion method*	Realisationsprinzip *completed contract method*, Teilgewinnrealisation bei echten Teilabnahmen
Veräußerung gegen Kaufpreisraten	*installment method* Teilgewinnrealisation mit Eingang der Ratenzahlungen	Realisationsprinzip Realisation im Zeitpunkt der Leistungserbringung
Tauschgeschäfte	Realisation bei Leistungserbringung, *nonrecognition* beim Tausch von *like-kind property*	Realisationsprinzip Realisation im Zeitpunkt der Leistungserbringung

582 Vgl. § 6 Abs. 6 Satz 1 EStG. Siehe auch *Weber-Grellet, H.*, 2000a, § 5, Rz. 633; *Lüders, J.*, 1987, S. 132; *Hörger, H./Mentel, T./Schulz, A.*, 1999, S. 574; BFH v. 25.01.1984, in: BStBl. II 1984, S. 423; BFH v. 02.02.1990, in: BStBl. II 1990, S. 497.

583 Vgl. § 6 Abs. 6 Satz 1 EStG. Vgl. dazu auch BT-Drcks. 14/23 v. 09.11.1998, S. 172 f.; *Kroschel, J./Löbl, J./Wellisch, D.*, 1998, S. 2390; *Hörger, H./Mentel, T./Schulz, A.*, 1999, S. 573 f. sowie kritisch *IDW*, 1999, S. 31.

584 Das Tauschgutachten wurde vom BFH in dem Gutachten v. 16.12.1958, in: BStBl. III 1959, S. 30 entwickelt und erst kürzlich im BMF-Schr. v. 09.02.1998, in: BStBl. I 1998, S. 163 in seiner Anwendung konkretisiert. Siehe dazu z. B. *Rödder, T.*, 1998, S. 474 ff.; *Honert, J./Neumayer, J.*, 1998, S. 1101 ff.; *Kupka, W.*, 1998, S. 229 ff. sowie kritisch *Wassermeyer, F.*, 1990, S. 855, nach dem sich der BFH „als Gesetzgeber geriert" hat.

585 Vgl. BFH v. 13.03.1986, in: BStBl. II 1986, S. 711. Siehe auch *Mathiak, W.*, 1987, S. 55 ff.; *Weber-Grellet, H.*, 2000a, § 5, Rz. 635; *Horschitz, H./Groß, W./Weidner, W.*, 1997, S. 241; H 35(2) EStH.

Die Gegenüberstellung verdeutlicht, daß die Grundsätze der Ertragsrealisation in beiden Vergleichsländern zwar im wesentlichen übereinstimmen, daß aber bedeutende Sonderfälle dennoch sehr unterschiedlich behandelt werden. Dies ist auf die deutlich konsequentere Anwendung des Realisationsprinzips im deutschen Bilanzsteuerrecht zurückzuführen, während in den USA der *all events test* häufig zugunsten einer zuflußorientierten Gewinnermittlung durchbrochen wird.

32122. Realisation von Aufwendungen

321221. Grundsätze der Aufwandsrealisation

Die Realisation von Aufwendungen weicht im Bilanzsteuerrecht der USA insofern von den Regeln der Ertragsrealisation ab, als der *all events test* um das Kriterium der wirtschaftlichen Leistungserbringung (*economic performance*) erweitert wird. Die *Regulations* legen daher den Ansatzzeitpunkt von Aufwendungen wie folgt fest:

> „Under an accrual method of accounting, a liability ... is incurred, and generally is taken into account for Federal income tax purposes, in the taxable year in which all the events have occurred that establish the fact of the liability, the amount of the liability can be determined with reasonable accuracy, and economic performance has occurred with respect to the liability."[586]

Aufwendungen sind somit erfolgswirksam zu erfassen, sobald alle Ereignisse eingetreten sind, welche die zugrundeliegende Verbindlichkeit entstehen lassen, ihre Höhe mit angemessener Genauigkeit bestimmt werden kann und die zugrundeliegende Leistung wirtschaftlich erbracht wurde. Dabei handelt es sich um voneinander unabhängige und kumulativ zu erfüllende Voraussetzungen, so daß die Realisation erst in dem Wirtschaftsjahr eintritt, in dem alle Voraussetzungen vollständig erfüllt sind.[587]

Ob die Verbindlichkeit im Sinne des ersten Kriteriums des *all events test* endgültig feststeht, ist auf der Basis der am Abschlußstichtag bekannten Sachverhalte zu beurteilen.[588] Damit eine Verbindlichkeit im Sinne des *all events test* hinreichend begründet ist, muß der jeweilige

586 Reg. § 1.461-1(a)(2). Vgl. auch Sec. 461 (h)(1) und (4) IRC sowie zum all events test GP 321211. Dies gilt natürlich nur für abzugsfähige Erwerbsaufwendungen im Unterschied zu capital expenditures oder der Privatsphäre zuzurechnenden Ausgaben. Der Begriff der liability ist nicht auf Verbindlichkeiten beschränkt, sondern umfaßt hier gem. Reg. § 1.446-1(c)(1)(ii)(B) alle steuerlich abzugsfähigen Posten.

587 Vgl. *Gertzman, S. F.*, 1999, S. 4-40, 4-61. Siehe auch Challenge Publications, Inc. v. Commissioner, 845 F. 2d (9th Cir., 1988) sowie jüngst Chernin v. United States, 149 F. 3d 805 (8th Cir., 1998) und Gold Coast Hotel & Casino v. United States, 158 F. 3d 484 (9th Cir., 1998).

588 Dies umfaßt auch Sachverhalte, die zu diesem Zeitpunkt vernünftigerweise hätten bekannt sein müssen. Vgl. *Gertzman, S. F.*, 1999, S. 4-42; *MacNeil, C. E./Levy, M. D./Prescott, P. D.*, 1992, S. 672.

Zahlungsempfänger nicht zwingend bereits feststehen.[589] Ebenfalls ist keine absolute Gewißheit darüber erforderlich, ob die Verbindlichkeit später tatsächlich erfüllt werden muß, solange diesbezüglich hinreichende Sicherheit besteht.[590] Hängt die Entstehung der Verbindlichkeit aber noch von Vorbedingungen ab (*contingent liability*), oder bestehen Streitigkeiten zwischen den Beteiligten über deren Höhe oder Berechtigung (*contested liability*), ist die Verbindlichkeit nicht endgültig entstanden, bis die entsprechenden Vorbedingungen erfüllt oder die Streitigkeiten beigelegt sind.[591] Werden zur Erfüllung einer *contested liability* finanzielle Mittel oder Wirtschaftsgüter übertragen, wobei der Disput auch nach deren Übertragung fortbesteht, und wird die Realisation ausschließlich durch diese Streitigkeit verhindert, kann der Aufwand jedoch bereits im Zeitpunkt der Übertragung erfolgswirksam erfaßt werden.[592] Nach diesen Grundsätzen ist die Antizipation von auf Schätzungen oder Erfahrungswerten beruhenden künftigen Aufwendungen (*estimated expenses*) ausgeschlossen, da noch nicht alle

---

589 Vgl. *Gertzman, S. F.*, 1999, S. 4-44; *Jensen, E. M.*, 1986, S. 914; *MacNeil, C. E./Levy, M. D./Prescott, P. D.*, 1992, S. 672. In United States v. Hughes Properties, Inc., 476 U. S. 594 (1986) urteilte der Supreme Court, daß ein Spielcasino Aufwendungen für im Gewinnfall auszuzahlende ‚jackpots' von Spielautomaten nach dem all events test steuermindernd geltend machen kann, ohne daß die jeweiligen ‚jackpots' bereits gewonnen und deren Gewinner bekannt sind. Die Zahlungsverpflichtung sei aufgrund des Rechts des Bundesstaates Nevada, der die Reduzierung solcher ‚jackpots' durch Casinos untersagt, hinreichend begründet und der endgültige Empfänger insoweit irrelevant.

590 Vgl. bereits Helvering v. Russian Finance & Construction Corp., 77 F. 2d 327 (2d Cir., 1935), wo der Court of Appeals feststellte: „The test is whether a taxpayer is justified in entertaining a reasonable expectation that an expense will be incurred." In Gold Coast Hotel & Casino v. United States, 158 F. 3d 484 (9th Cir., 1998) gestattete der Court of Appeals jüngst einem Casino die gewinnmindernde Erfassung vergebener Preise, ungeachtet der Tatsache, daß die Gewinner diese Preise möglicherweise nicht einlösen könnten. Der Court of Appeals urteilte auch hier, daß eine absolute Gewißheit nicht erforderlich sei, um dem ersten Kriterium des all events test zu genügen und im vorliegenden Fall diesbezüglich hinreichende Sicherheit bestünde. Siehe auch *Jensen, E. M.*, 1986, S. 913 ff.; *Gunter, D. E.*, 1988, S. 811.

591 In Dixie Pine Co. v. Commissioner, 320 U. S. 516 (1944) wurde eine gerichtlich angefochtene Steuerverbindlichkeit erst zum Ansatz zugelassen, nachdem die Gerichte sie endgültig festgesetzt hatten. Die gewinnmindernde Erfassung von zu erbringenden Leistungen wurde in Simplified Tax Records, Inc. v. Commissioner, 41 T. C. 75 (1963) solange verweigert, bis die entsprechenden Dienstleistungen tatsächlich angefordert wurden. Siehe bereits Brown v. Helvering, 291 U. S. 193 (1934). Vgl. auch United States v. General Dynamics Corp., 481 U. S. 239 (1987); Reg. § 1.461-2(b)(2) sowie *Gertzman, S. F.*, 1999, S. 4-48 f. und 4-52 ff.; *Gunter, D. E.*, 1988, S. 806 ff.; *CCH*, 1998b, S. 32; *Dubetz, M.*, 1989, S. 1441; *Geier, D. A.* 1998, S. 84 ff.; *Jensen, E. M.*, 1985, S. 453 ff. Eine solche Streitigkeit muß zwar nicht notwendigerweise gerichtlich ausgetragen werden, um die gewinnmindernde Aufwandserfassung zu verhindern, jedoch ist eine enge Auslegung des Kriteriums notwendig. Vgl. insbesondere Dravo Corp. v. United States, 348 F. 2d 546 (Ct. Cl., 1965). Generell unterliegt jede Verbindlichkeit einer gewissen Unsicherheit. Daher ist bei der Unterscheidung von nicht anzusetzenden contingent liabilities und noch anzusetzenden, weil hinreichend sicheren Verbindlichkeiten auf den Grad der Unsicherheit abzustellen. Die Beantwortung der Frage „How contingent is too contingent?" kann dabei zu erheblichen Abgrenzungsproblemen führen. Vgl. *Jensen, E. M.*, 1988, S. 233. *Bittker, B. I./Lokken, L.*, 1999d, S. 105-98 weisen aber zutreffend darauf hin, daß bei Versagung der Aufwandsrealisation bereits bei geringfügigen Unsicherheiten „any hope of matching expenses against revenues" vergebens wäre.

592 Vgl. Sec. 461(f) IRC; Reg. § 1.461-2; Chernin v. United States, 149 F. 3d 805 (8th Cir., 1998) sowie *CCH*, 1998b, S. 32.

Ereignisse, welche die Verbindlichkeit entstehen lassen, eingetreten sind.[593] Dies steht im Kontrast zu der nach den Sonderregeln für *prepaid income* möglichen vorgezogenen erfolgswirksamen Erfassung empfangener Vorauszahlungen nach der *claim of right doctrine*.[594]

Die Aufwandsrealisation ist nach dem zweiten Kriterium des *all events test* ausgeschlossen, wenn die Verbindlichkeit nicht mit angemessener Genauigkeit (*reasonable accuracy*) der Höhe nach bestimmt werden kann. Gewißheit über den Betrag ist jedoch nicht erforderlich.[595] Ist die Verbindlichkeit nur teilweise ungewiß, kann sie in Höhe des mit hinreichender Sicherheit zu bewertenden Anteils als Aufwand erfaßt werden.[596] Allein die Möglichkeit einer späteren betragsmäßigen Anpassung verhindert die Realisation nicht. Entsprechend wird im Fall eines mit angemessener Genauigkeit bewerteten und angesetzten Aufwands, der sich

---

593 So hat der Supreme Court in United States v. General Dynamics Corp., 481 U. S. 243 (1987) einem Unternehmen die gewinnmindernde Erfassung der gegenüber seinen Arbeitnehmern eingegangenen Verpflichtung zur Übernahme von Krankheitskosten versagt, sofern noch keine konkreten Ansprüche seitens der Arbeitnehmer geltend gemacht oder Zahlungen geleistet wurden: „Nor may a taxpayer deduct an estimate of an anticipated expense, no matter how statistically certain, if it is based on events that have not occurred by the close of the taxable year." Das Gericht hob in diesem Zusammenhang explizit den Unterschied zum financial accounting hervor: „A reserve based on the proposition that a particular set of events is likely to occur in the future may be an appropriate conservative accounting measure, but does not warrant a tax deduction." In dem ähnlich gelagerten und nur ein Jahr zuvor entschiedenen Fall United States v. Hughes Properties, Inc., 476 U. S. 593 (1986) hatte der Supreme Court hingegen eine Aufwandsrealisation zugelassen, da er die Verbindlichkeit als hinreichend begründet ansah. Vgl. zum Sachverhalt Fn. 589. Beide Urteile beziehen sich nur auf den all events test, da die zu beurteilenden Sachverhalte vor 1984 verwirklicht waren. Die zusätzliche Berücksichtigung der economic performance hätte zumindest im Hughes Properties Urteil unter Reg. § 1.461-4(g)(4) zu einem anderen Ergebnis geführt. Vgl. *Geier, D. A.*, 1998, S. 103; *Bauernfeind, G. G.*, 1994, S. 4-11. Die abweichenden Ergebnisse wurden teilweise heftig kritisiert mit dem Argument, die Sachverhalte in General Dynamics wichen nicht hinreichend von jenen in Hughes Properties ab, um zu derart konträren Ergebnissen zu gelangen. Vgl. dazu die abweichende Meinung der Justices O'Connor, Blackmun und Stevens in United States v. General Dynamics Corp., 481 U. S. 247 (1987) sowie *Dubetz, M.*, 1989, S. 1447 ff. *Jensen, E. M.*, 1988, S. 231 sieht im General Dynamics Urteil einen „astonishing lack of both research and analysis". Nach *Gunter, D. E.*, 1988, S. 797 ff. hat die Rechtsprechung des Supreme Court sogar einen faktischen Wechsel zur cash method zur Folge. Vgl. zur Behandlung von estimated expenses auch *Stanger, A. M./Vander Kam, H. P./Polifka, P.*, 1980, S. 417 ff.; *CCH*, 1998b, S. 31 f.; *CCH*, 1998a, S. 419; *Reaves, C. F.*, 1988, S. 523 ff.; *Kahle, H.*, 1996, S. 102. In Simplified Tax Records, Inc. v. Commissioner, 41 T. C. 82 (1963) stellte der Tax Court fest: „Where the operative facts giving rise to the future expenses have not occurred in the year of accrual, the estimated expenses cannot be deducted even though they can be estimated with reasonable certainty and even though prudent business requires that a reserve be set up."

594 Vgl. dazu GP 3212121. Im Jahr 1954 wurde Sec. 462 IRC erlassen, welche die Bildung einer gewinnmindernden Rückstellung für estimated expenses erlaubte, insbesondere unter dem Argument der Annäherung von steuerrechtlicher Rechnungslegung und financial accounting. Nur ein Jahr später wurde Sec. 462 IRC rückwirkend wieder aufgehoben, da man breite Steuerausfälle befürchtete. Die inkonsistente Behandlung von prepaid income und estimated expenses bildet seitdem einen der wesentlichen Kritikpunkte am US-amerikanischen Bilanzsteuerrecht. Vgl. z. B. *Stanger, A. M./Vander Kam, H. P./Polifka, P.*, 1980, S. 403 ff.

595 Vgl. Reg. § 1.461-1(a)(2)(ii). In der Regel haben die Gerichte das Kriterium der angemessenen Genauigkeit relativ großzügig ausgelegt und beispielsweise auf Branchenerfahrungen basierende Schätzungen akzeptiert. Vgl. *Gertzman, S. F.*, 1999, S. 4-56 ff. Grobe Schätzungen sind jedoch nicht hinreichend. Vgl. *Jensen, E. M.*, 1988, S. 233; *Jensen, E. M.*, 1985, S. 462 ff.; *Gunter, D. E.*, 1988, S. 813; *Hawekotte, J. W.*, 1977, S. 78 ff.; *Aidinoff, M. B./Lopata, B. B.*, 1980, S. 795 f.

596 Vgl. Reg. § 1.461-1(a)(2)(ii). Siehe auch *Bauernfeind, G. G.*, 1994, S. 4-9.

später als betragsmäßig unzutreffend erweist, die Differenz in dem Wirtschaftsjahr angesetzt, in dem seine Höhe endgültig feststeht.[597]

Das Kriterium der *economic performance* wurde 1984 dem *all events test* durch Sec. 461(h) IRC hinzugefügt, um das bis dato bestehende Steuerverschiebungspotential zu reduzieren.[598] Danach kann eine nach dem *all events test* anzusetzende Aufwendung nur gewinnmindernd erfaßt werden, wenn die ihr zugrundeliegende Leistung wirtschaftlich erbracht wurde.[599] Dies hat zur Folge, daß Aufwendungen nach dem *economic performance*-Kriterium auch dann nicht realisiert sind, wenn die Lieferung oder Leistung zwar bezahlt, aber noch nicht erbracht ist. Insofern kommt regelmäßig auch dann keine Aufwandsrealisation in Betracht, wenn entsprechende Vorauszahlungen nach den Sonderregeln für *prepaid income* bereits angesetzt wurden, oder wenn Vorauszahlungen geleistet wurden.[600]

Der Zeitpunkt der wirtschaftlichen Leistungserbringung ist in Sec. 461(h)(2) IRC und den *Regulations* für verschiedene Aufwandskategorien festgelegt.[601] Resultiert der Aufwand aus der Vergütung von erhaltenen Wirtschaftsgütern oder empfangenen Leistungen, wird die *economic performance* jeweils im Zeitpunkt der Lieferung oder Leistung angenommen.[602]

---

597 Vgl. Reg. § 1.461-1(a)(3) sowie *Gertzman, S. F.*, 1999, S. 4-56 ff.

598 Vor 1984 konnte z. B. eine Verpflichtung zur künftigen Leistungserbringung unter Umständen bereits bei Entstehung der Verpflichtung steuermindernd geltend gemacht werden, ohne daß die Leistung erbracht oder entgolten war. Vgl. *Gertzman, S. F.*, 1999, S. 4-41, 4-58 f. Als Argument für die Kodifizierung von Sec. 461(h) IRC wird häufig das Urteil des Court of Appeals in Burnham Corp. v. Commissioner, 878 F. 2d 86 (2d Cir., 1989) angeführt, welches sich noch auf die Rechtslage vor 1984 bezog. Dort wurde einem Steuerpflichtigen basierend auf dem all events test der vollständige Abzug einer Verpflichtung aus Patentverletzungen bereits im Zeitpunkt des Entstehens gestattet. Da die Verpflichtung aber in monatlichen Raten über die nächsten 16 Jahre zu begleichen war, entstand eine enorme Steuerersparnis, die nach der Einführung des economic performance test nun ausgeschlossen ist. Vgl. dazu *Kahle, H.*, 1996, S. 103. In Extremfällen kam es sogar zu Steuerersparnissen, die die eigentliche Verbindlichkeit überstiegen. Vgl. *Jensen, E. M.*, 1988, S. 253 f. Siehe auch *MacNeil, C. E./Levy, M. D./Prescott, P. D.*, 1992, S. 672.

599 Vgl. Sec. 461(h)(1) IRC. Unter der zugrundeliegenden Leistung sind sowohl dem Steuerpflichtigen erbrachte Dienstleistungen oder gelieferte Güter als auch von diesem erbrachte Dienstleistungen oder gelieferte Güter zu verstehen. Vgl. *Gertzman, S. F.*, 1999, S. 4-59 f.

600 Diese Konsequenz wird durch Sondervorschriften in den Regulations teilweise gemindert, die die Bezahlung in einigen Fällen als hinreichend für die economic performance einstufen, auch wenn die eigentliche Leistung noch nicht erbracht wurde. Siehe dazu *Bittker, B. I./Lokken, L.*, 1999d, S. 105-106 ff.; *Gertzman, S. F.*, 1999, S. 4-71 ff. Vgl. auch *Kraft, C.*, 1991, S. 179 f.

601 Die Auffangvorschrift in Reg. § 1.461-4(g)(7) legt die economic performance für alle Aufwendungen, die nicht vom IRC, den Regulations oder sonstigen Verlautbarungen erfaßt sind, auf den Zahlungszeitpunkt fest.

602 Vgl. Sec. 461(h)(2)(A)(i) und (ii) IRC; Reg. § 1.461-4(d)(2)(i). Geht im Fall von long-term contracts, auf die die percentage of completion method angewendet wird, die Bezahlung der Lieferung oder Leistung voraus, ist economic performance hingegen bereits im Zahlungszeitpunkt gegeben. Vgl. Reg. § 1.461-4(d)(2)(ii). Als weitere Ausnahme kann die wirtschaftliche Leistungserbringung schon im Zahlungszeitpunkt angenommen werden, wenn der Steuerpflichtige vernünftigerweise davon ausgehen kann, daß die Lieferung oder Leistung innerhalb von dreieinhalb Monaten nach Bezahlung erfolgt. Vgl. Reg. § 1.461-4(d)(6)(ii). In Johnson v. Commissioner, 108 T. C. 448 (1997) wurde dem Steuerpflichtigen die zeitanteilige Erfassung der Einmalzahlung für eine mehrjährige Serviceleistung gestattet. Vgl. auch *McDaniel, P. R. u. a.*, 1999, S. 1040; *Small, D. G.*, 1995, S. 158 f.; *CCH*, 1998a, S. 416 f.; *Jensen, E. M.*, 1986, S. 916 f.; *Butler, G. T.*, 1995, S. 108; *MacNeil, C. E./Levy, M. D./Prescott, P. D.*, 1992, S. 673.

Wurden dem Steuerpflichtigen Güter zur Nutzung überlassen, gilt die Leistung über den Zeitraum der Nutzungsberechtigung als wirtschaftlich erbracht.[603] *Economic performance* wird zudem bei Lieferung oder Leistung angenommen, wenn der Aufwand aus Güterlieferungen oder Leistungserbringungen durch den Steuerpflichtigen entsteht.[604] Demgegenüber ist bei Aufwendungen aufgrund von Schadensersatzverpflichtungen sowie Entschädigungen oder Abfindungen von Arbeitnehmern die *economic performance* im Zeitpunkt der entsprechenden Zahlung gegeben.[605] Ebenfalls als im Zahlungszeitpunkt wirtschaftlich erbracht gelten Nachlässe und Erstattungen,[606] Lotteriegewinne und sonstige Preise,[607] Garantie- und Versicherungsleistungen[608] sowie Steuerzahlungen[609].[610]

Der IRC ermöglicht die Aufwandsrealisation in bestimmten Fällen unter der Voraussetzung der Stetigkeit auch vor der wirtschaftlichen Leistungserbringung. Aufwendungen können danach bereits in dem Wirtschaftsjahr gewinnmindernd erfaßt werden, in welchem sie den Kriterien des *all events test* genügen. Dazu muß es sich um wiederkehrende Aufwendungen (*recurring items*) handeln,[611] die innerhalb einer angemessenen Zeit nach dem Ende des Wirtschaftsjahres,[612] spätestens aber nach achteinhalb Monaten als wirtschaftlich erbracht anzusehen sind. Außerdem muß dieser Ansatz zu einer periodengerechteren Zuordnung von Auf-

603 Vgl. Sec. 461(h)(2)(A)(iii) IRC. Die zunächst bestehende Unsicherheit, ob ein überlassenes, aber (noch) nicht genutztes Wirtschaftsgut nicht zu einer Aufwandsrealisation berechtige, wurde durch die Regulations beseitigt, wonach die wirtschaftliche Leistungserbringung zeitanteilig über die Gesamtlaufzeit der Nutzungsberechtigung, nicht der tatsächlichen Nutzung, erfolgt. Vgl. Reg. § 1.461-4(d)(3). Siehe auch *CCH*, 1998a, S. 416; *Jensen, E. M.*, 1986, S. 917.

604 Vgl. Sec. 461(h)(2)(B) IRC; Reg. § 1.461-4(d)(4)(i). Siehe auch *CCH*, 1998a, S. 417; *Bowers, W. P./Stone, M. K.*, 1986, S. 354; *Butler, G. T.*, 1995, S. 109; *Jensen, E. M.*, 1985, S. 478; *MacNeil, C. E./Levy, M. D./Prescott, P. D.*, 1992, S. 673.

605 Vgl. Sec. 461(h)(2)(C) IRC; Reg. § 1.461-4(g)(2). Dies gilt auch für sonstige Vertrags- oder Rechtsverletzungen. Vgl. *Small, D. G.*, 1995, S. 159; *Jensen, E. M.*, 1988, S. 253; *Bowers, W. P./Stone, M. K.*, 1986, S. 354; *Butler, G. T.*, 1995, S. 110 ff.

606 Vgl. Reg. § 1.461-4(g)(3).

607 Vgl. Reg. § 1.461-4(g)(4).

608 Vgl. Reg. § 1.461-4(g)(5).

609 Vgl. Reg. § 1.461-4(g)(6).

610 Zur Bestimmung des Zeitpunkts der wirtschaftlichen Leistungserbringung in weiteren Fällen ermächtigt Sec. 461(h)(2)(D) IRC ausdrücklich zum Erlaß von Regulations, wie z. B. Reg. § 1.461-4(d)(4)(ii) für Tauschgeschäfte. Vgl. auch *McDaniel, P. R. u. a.*, 1999, S. 1040 f.; *CCH*, 1998a, S. 417; *Jensen, E. M.*, 1988, S. 253; *MacNeil, C. E./Levy, M. D./Prescott, P. D.*, 1992, S. 674. Unter bestimmten Voraussetzungen ist die unwiderrufliche Einzahlung in einen gerichtlich angeordneten Fonds, der zur endgültigen Begleichung spezieller Schadensersatzverpflichtungen dient, hinreichend für die economic performance. Vgl. Sec. 468B IRC.

611 Eine Aufwendung ist wiederkehrend, wenn erwartet werden kann, daß sie in den folgenden Wirtschaftsjahren regelmäßig getätigt werden wird. Vgl. Reg. § 1.461-5(b)(3); *CCH*, 1998a, S. 417 f.

612 Der angemessene Zeitraum endet mit dem verbindlichen Einreichungstermin der Steuererklärung inklusive zulässiger Aufschübe. Vgl. Reg. § 1.461-5(b)(1)(ii)(A).

wendungen und Erträgen führen, oder, wenn dies nicht der Fall ist, darf es sich nicht um einen wesentlichen Posten handeln.[613]

Zur Konkretisierung des Realisationszeitpunkts von Aufwendungen kann analog zur Bestimmung des Realisationszeitpunkts von Erträgen subsidiär auf das *financial accounting* zurückgegriffen werden.[614] Dort werden Aufwendungen nach dem *matching principle* in derselben Rechnungsperiode angesetzt, in der die ihnen zuzuordnenden Erträge realisiert werden.[615] Sofern die Aufwendungen keinen Erträgen zugeordnet werden können und sie auch keinen künftigen wirtschaftlichen Nutzen mehr generieren werden, kommen sie in dem Wirtschaftsjahr zum Ansatz, in dem die entsprechende Ausgabe getätigt wurde.[616] Zeitraumbezogene Aufwendungen werden pro rata temporis auf die betreffenden Perioden verteilt.[617] Im Konfliktfall genießen die steuerlichen Grundsätze jedoch Vorrang.

Damit werden sowohl im Bilanzsteuerrecht als auch im *financial accounting* der USA Aufwendungen regelmäßig im Zeitpunkt der Erbringung der ihnen zugrundeliegenden Leistung gewinnmindernd erfaßt,[618] wobei sich das Kriterium der *economic performance* im Vergleich zur Ertragsrealisation verschärfend auswirkt und Durchbrechungen in Analogie zur *claim of right doctrine* verhindert.

---

613 Vgl. Sec. 461(h)(3) IRC, welche nicht als Wahlrecht, sondern als zwingende Vorschrift konzipiert ist und primär zu Vereinfachungszwecken kodifiziert wurde sowie Reg. § 1.461-5. Zur Beurteilung der Wesentlichkeit und der periodengerechten Zuordnung wird explizit auf das financial accounting verwiesen. Vgl. Sec. 461(h)(3)(B) IRC. Reg. § 1.461-5(b)(4) statuiert hinsichtlich des Wesentlichkeitskriteriums aber eine einseitige Maßgeblichkeit, indem ein im financial accounting wesentlicher Posten zwar auch in der steuerrechtlichen Rechnungslegung als solcher angesehen wird, umgekehrt jedoch auch ein Posten für steuerliche Zwecke wesentlich sein kann, der im financial accounting als unwesentlich gilt. Hinsichtlich des matching werden die US-GAAP zwar als wichtig, aber nicht entscheidend eingestuft. Vgl. Reg. § 1.461-5(b)(5). Siehe auch *McDaniel, P. R. u. a.*, 1999, S. 1041; *MacNeil, C. E./Levy, M. D./Prescott, P. D.*, 1992, S. 676 f.; *Bowers, W. P./Stone, M. K.*, 1986, S. 356 ff.; *CCH*, 1998b, S. 35; *Jensen, E. M.*, 1988, S. 252 f. sowie ausführlich *Gertzman, S. F.*, 1999, S. 4-77 ff. Diese Sondervorschrift gilt nicht für Verlustzuweisungsgesellschaften. Vgl. Sec. 461(i)(1) IRC.

614 Vgl. Reg. § 1.446-1(c)(1)(ii)(C) sowie United States v. Anderson, 269 U. S. 441 (1926).

615 Vgl. *FASB*, 1999a, SFAC No. 6, Tz. 144 ff.; *FASB*, 1999a, SFAC No. 5, Tz. 86. Vgl. auch *Kieso, D. E./Weygandt, J. J.*, 1998, S. 46; *Pellens, B.*, 1999, S. 162; *KPMG*, 1999, S. 22; *Haller, A.*, 1994, S. 216; *Siebert, H.*, 1996, S. 164. Das financial accounting folgt hier dem Grundsatz: „let the expense follow the revenues". Vgl. *Weygandt, J. J./Kieso, D. E./Kimmel, P. D.*, 2000, S. 292 f. Die steuerliche Rechtsprechung mißt diesem zentralen Grundsatz des financial accounting in der Beurteilung bilanzsteuerrechtlicher Sachverhalte hohe Bedeutung zu. Vgl. z. B. United States v. Anderson, 269 U. S. 441 (1926); Consolidated Edison Co. of New York v. United States, 135 F. Supp. 884 (Ct. Cl., 1955); Dravo Corp. v. United States, 348 F. 2d 544 (Ct. Cl., 1965). *Gertzman, S. F.*, 1999, S. 4-51 weist abschwächend auf den Vorrang steuerlicher Kriterien hin. Besonders kritisch zur Bedeutung des matching principle im Rahmen des Bilanzsteuerrechts *Geier, D. A.*, 1998, S. 17 ff. Vgl. zu dieser Diskussion auch GP 3131.

616 Vgl. *FASB*, 1999a, SFAC No. 6, Tz. 148 und *FASB*, 1999a, SFAC No. 5, Tz. 85 ff. sowie *Kieso, D. E./Weygandt, J. J.*, 1998, S. 46; *Pellens, B.*, 1999, S. 162; *KPMG*, 1999, S. 22; *Haller, A.*, 1994, S. 216; *Siebert, H.*, 1996, S. 164.

617 Vgl. *FASB*, 1999a, SFAC No. 5, Tz. 85 f.; *FASB*, 1999a, SFAC No. 6, Tz. 146 f. Siehe auch *Kieso, D. E./Weygandt, J. J.*, 1998, S. 46; *Pellens, B.*, 1999, S. 162.

618 So auch *Kahle, H.*, 1996, S. 92; *Kraft, C.*, 1991, S. 179 f.

321222. Vergleich mit der Aufwandsrealisation im deutschen Bilanzsteuerrecht

Die Aufwandsrealisation wird im deutschen Bilanzsteuerrecht zunächst ebenso wie der Ansatz von Erträgen vom Realisationsprinzip bestimmt, da in § 252 Abs. 1 Nr. 4 HGB von der Saldogröße ‚Gewinn' die Rede ist.[619] Aufwendungen sind demnach zusammen mit den korrespondierenden Erträgen im Zeitpunkt der Leistungserbringung gewinnmindernd zu berücksichtigen, wobei auch künftige Aufwendungen eingeschlossen sind, sofern sie im abgelaufenen Wirtschaftsjahr durch die Ertragserzielung wirtschaftlich verursacht wurden.[620] Allerdings ist im deutschen Bilanzsteuerrecht auch das Imparitätsprinzip zu beachten, welches anstelle des Realisationsprinzips für die erfolgswirksame Erfassung von Verlusten gilt. Das Imparitätsprinzip verlangt, daß zum Abschlußstichtag bereits absehbare oder erst zwischen dem Stichtag und dem Tag der Aufstellung des Jahresabschlusses bekanntgewordene unrealisierte negative Erfolgsbeiträge als Aufwand zu berücksichtigen sind.[621]

Das Zusammenwirken von Realisations- und Imparitätsprinzip hat mithin im deutschen Bilanzsteuerrecht eine im Vergleich zu den USA vorgezogene Aufwandsrealisation zur Folge, die sich mit dem größeren Gewicht des Vorsichtsprinzips im deutschen Bilanzrecht erklären läßt. Sie manifestiert sich in der hierzulande gebotenen gewinnmindernden Erfassung sowohl unrealisierter als auch im abgelaufenen Wirtschaftsjahr verursachter künftiger Aufwendungen, welche im US-amerikanischen Bilanzsteuerrecht als *estimated expenses* und *contingent liabilities* grundsätzlich nicht berücksichtigungsfähig sind.

---

619 Vgl. grundlegend *Moxter, A.*, 1983, S. 304 ff. sowie *Clemm, H./Erle, B.*, 1999, § 249, Anm. 36; *Groh, M.*, 1999, S. 978; *Leffson, U.*, 1987, S. 301; *Kraft, C.*, 1991, S. 134; *Schulze-Osterloh, J.*, 1992, S. 656. A. A. *Siegel, T.*, 1992, S. 596; *Knobbe-Keuk, B.*, 1993, S. 49.

620 Vgl. *Weber-Grellet, H.*, 2000a, § 5, Rz. 80; *Clemm, H./Erle, B.*, 1999, § 249, Anm. 36; *Kraft, C.*, 1991, S. 135; BFH v. 19.08.1998, in: BStBl. II 1999, S. 19; BFH v. 25.08.1989, in: BStBl. II 1989, S. 895.

621 Im Unterschied zur Gewinnrealisation im Zeitpunkt der Leistungserbringung schreibt das Imparitätsprinzip somit eine Verlustantizipation vor. Vgl. § 252 Abs. 1 Nr. 4 HGB. *Adler, H./Düring, W./Schmaltz, K.*, 1995, § 252, Tz. 93 ziehen daher den Begriff „Verlustantizipationsprinzip" vor. Vgl. auch *Budde, W. D./Geißler, H.*, 1999, § 252, Anm. 34 ff.; *Baetge, J.*, 1996, S. 196; *Groh, M.*, 1999, S. 978 ff.; *Eisele, W.*, 1993, S. 30; *Bitz, M./Schneeloch, D./Wittstock, W.*, 2000, S. 182 f.

322. Bilanzsteuerrechtliche Bewertungsvorschriften

3221. Allgemeine Bewertungsmaßstäbe

32211. Anschaffungskosten

322111. Anschaffungskosten im Anlagevermögen

Die Bewertung erworbener Wirtschaftsgüter des Anlagevermögens erfolgt grundsätzlich zu Anschaffungskosten.[622] Der in Sec. 1012 IRC verwendete Begriff *cost* wird durch die *Regulations* als „amount paid for such property“[623] definiert, auf eine weitere Präzisierung des bereits 1918 in den IRC aufgenommenen Terminus hat der Gesetzgeber für den Bereich des Anlagevermögens bis heute verzichtet. Die Festlegung der unter die *costs* zu subsumierenden Bestandteile bleibt damit der Rechtsprechung und einzelfallbezogenen Verwaltungsanweisungen überlassen, was zu vergleichsweise unscharfen Konturen des Anschaffungskostenbegriffs im Anlagevermögen führt.[624]

Den Kern der Anschaffungskosten bildet der Anschaffungspreis.[625] Dieser wird unabhängig vom tatsächlichen Marktwert (*fair market value*) des betreffenden Wirtschaftsguts herangezogen. Gewinne oder Verluste aufgrund von Differenzen zum *fair market value* kommen erst bei einer späteren Weiterveräußerung zum Ansatz.[626] Bei ganz oder teilweise fremdfinanziertem Erwerb ist das entsprechende Finanzierungsinstrument unter der Voraussetzung an-

---

622 Vgl. Sec. 1012 IRC: „The basis of property shall be the cost of such property“. Insoweit stimmt das Bilanzsteuerrecht mit dem financial accounting überein. Vgl. *FASB*, 1999a, SFAC No. 5, Tz. 67 a sowie *Kieso, D. E./Weygandt, J. J.*, 1998, S. 43 f.; *Haller, A.*, 1994, S. 313 ff.; *KPMG*, 1999, S. 25; *Pellens, B.*, 1999, S. 153.

623 Reg. § 1.1012-1(a). Zu Überlegungen der Bush-Administration aus dem Jahr 1992, diese Definition um eine Inflationsanpassung zu ergänzen vgl. *Geier, D. A.*, 1993, S. 479 ff. sowie befürwortend *Cooper, C. J./Carvin, M. A./Colatriano, V. J.*, 1993, S. 631 ff. und ablehnend *Zelenak, L.*, 1992, S. 841 ff.

624 Siehe auch *Bittker, B. I./Lokken, L.*, 1999b, S. 41-7; *Smith, J. K.*, 1991, S. 47; *Cooper, C. J./Carvin, M. A./Colatriano, V. J.*, 1993, S. 633; *Goldberg, D. S.*, 1997, S. 43.

625 Vgl. *Kahle, H.*, 1996, S. 107; *Kraft, C.*, 1991, S. 190; *CCH*, 1998c, S. 9; *Graetz, M. J./Schenk, D. H.*, 1999, S. 153; *Smith, J. K.*, 1991, S. 46; *Westin, R. A.*, 1987, S. 8; *Wurzel, H.*, 1964, S. 174 f.; *Cooper, C. J./Carvin, M. A./Colatriano, V. J.*, 1993, S. 640.

626 Dies gilt jedoch nicht, wenn die Differenz als versteckte Dividende, Vergütung oder Schenkung einzustufen ist. In diesem Fall geht der entsprechende Betrag mit in die Anschaffungskosten ein. Vgl. *Greenbaum, M. C.*, 1948, S. 352 f., 359 ff.; *Willis, E. u. a.*, 1999, S. 12-9; *Wurzel, H.*, 1964, S. 175 f. Siehe auch Reg. § 1.61-2(d)(2)(i); Reg. § 1.301-1(j). Nach Rev. Rul. 89-102, 1989-2 C. B. 202 werden überhöhte Anschaffungskosten auf den fair market value reduziert, sofern ein Gegengeschäft zu ebenfalls den Marktwert übersteigenden Preisen unter Einschaltung verbundener Unternehmen getätigt wird. Grundsätzlich trifft den Steuerpflichtigen die Nachweispflicht, daß die Transaktion den Prinzipien des Fremdvergleichs (dealing at arm's length) genügt. Vgl. *Bittker, B. I./Lokken, L.*, 1999b, S. 41-7 f.

gemessener Verzinsung zum Nennbetrag in den Anschaffungspreis einzubeziehen.[627] Dabei ist es unerheblich, ob eine persönliche Haftung des Erwerbers vorliegt.[628]

Ebenfalls zu den Anschaffungskosten zählen die Anschaffungsnebenkosten, sofern sie in direktem Zusammenhang mit dem Erwerb stehen.[629] Hierunter sind beispielsweise Schlichtungsgebühren, Kosten im Rahmen der vertraglichen Einigung,[630] Anschlußgebühren sowie vom Erwerber übernommene Verbindlichkeiten des Veräußerers[631] zu subsumieren. Mit der Anschaffung direkt in Verbindung stehende Material-, Lohn- oder Verwaltungskosten zählen ebenso wie Transportkosten[632] zu den Anschaffungsnebenkosten.[633] Mit dem Erwerb zusammenhängende Gemeinkosten und Zinsen sind nicht in die Anschaffungskosten für Wirtschaftsgüter des Anlagevermögens einzubeziehen.[634] Gleiches gilt beim Erwerb von Grundvermögen für nach Sec. 164(d) IRC auf den Veräußerer entfallende Grundsteuern (*real property* oder *real estate taxes*), sofern diese nicht vom Käufer beglichen werden.[635]

Als unmittelbare Konsequenz aus der Terminologie *amount paid* in Reg. § 1.1012-1(a) folgt, daß eventuelle Boni, Skonti oder sonstige Rabatte als Anschaffungspreisminderungen die Anschaffungskosten des jeweiligen Wirtschaftsguts reduzieren.[636]

---

627 Vgl. Reg. § 1.1012-1(g)(1)(a). Die Definition von costs als amount paid ließ dies zunächst zweifelhaft erscheinen, was den Gesetzgeber zu der Klarstellung in den Regulations veranlaßte. Als Maßstab für die angemessene Verzinsung wird in der Regel die applicable federal rate gemäß Sec. 1274(d) IRC verwendet. Der Einbezug in den Anschaffungspreis erfolgt unabhängig davon, ob das Fremdkapital vom Verkäufer oder von Dritten stammt. Vgl. *Goldberg, D. S.*, 1997, S. 43.

628 In Crane v. Commissioner, 331 U. S. 1 (1947) hat der Supreme Court diesbezüglich ausdrücklich die Fremdfinanzierung bei persönlicher Haftung (recourse debt) mit jener unter Haftungsbeschränkung auf das fremdfinanzierte Wirtschaftsgut (nonrecourse debt) gleichgesetzt. Siehe dazu auch *Greenbaum, M. C.*, 1948, S. 355; *Bittker, B. I./Lokken, L.*, 1999b, S. 41-8 ff.; *Goldberg, D. S.*, 1997, S. 43; *Taggart, J. Y.*, 1992, S. 264 sowie ausführlich *Sugin, L.*, 1995, S. 118 ff. Zur Problematik einer den fair market value des fremdfinanzierten Wirtschaftsguts übersteigenden nonrecourse debt vgl. *Johnson, C. H.*, 1990, S. 594.

629 Vgl. *Kahle, H.*, 1996, S. 107; *Kraft, C.*, 1991, S. 190; *CCH*, 1998c, S. 9; *Smith, J. K.*, 1991, S. 46 f.; *Westin, R. A.*, 1987, S. 4.

630 Hierunter sind insbesondere Kommissions- und Vermittlungsgebühren, Rechtsberatungskosten und Kosten für erwerbsbezogene Untersuchungen und Studien zu subsumieren. Vgl. *CCH*, 1998c, S. 9; *Haueisen, B.*, 1990, S. 183. Siehe auch Reg. § 1.263(a)-2(c) und (e) sowie Helvering v. Winmill, 305 U. S. 79 (1938).

631 Vgl. *CCH*, 1998c, S. 9; *Haueisen, B.*, 1990, S. 183.

632 Vgl. *Bittker, B. I./Lokken, L.*, 1999d, S. S105-37; *Haueisen, B.*, 1990, S. 183.

633 Vgl. Paul Porganan v. Commissioner, 28 T. C. M. 832 (1969); Estate of Edwin H. Johnson v. Commissioner, 42 T. C. 444 (1964).

634 Vgl. Kaufman's, Inc. v. Commissioner, 28 T. C. 1187 (1957). Siehe auch *Smith, J. K.*, 1991, S. 48; *Oestreicher, A./Spengel, C.*, 1999a, S. 371.

635 Vgl. Sec. 1012 IRC; Reg. § 1.1012-1(b).

636 Vgl. Freedom Newspapers, Inc. v. Commissioner, 36 T. C. M. 1755 (1977). Siehe auch *Smith, J. K.*, 1991, S. 46; *Oestreicher, A./Spengel, C.*, 1999a, S. 371.

322112. Anschaffungskosten im Umlaufvermögen

Erworbene Wirtschaftsgüter des Umlaufvermögens[637] werden ebenfalls mit ihren Anschaffungskosten bewertet.[638] Im Unterschied zum Anlagevermögen erfolgt hier aber eine deutliche Präzisierung der ansonsten relativ vagen *cost basis* von Sec. 1012 IRC durch die *uniform capitalization rules* (UNICAP) in Sec. 263A IRC.[639]

Ausgenommen von den UNICAP ist der Erwerb von beweglichen Wirtschaftsgütern des Umlaufvermögens durch Unternehmen, deren durchschnittlicher Jahresumsatz in den zurückliegenden drei Jahren US-$ 10 Mio. nicht überstiegen hat. Die Anschaffungskosten bestehen bei solchen Unternehmen aus dem Anschaffungspreis, vermindert um Anschaffungspreisminderungen, zuzüglich der Kosten der Verbringung des Wirtschaftsguts in die Unternehmung.[640] Nachfolgend wird von einem Unternehmen ausgegangen, das nicht unter diese Ausnahmevorschrift fällt.

Den Kern der Anschaffungskosten für Wirtschaftsgüter des Umlaufvermögens bildet analog zum Anlagevermögen der Anschaffungspreis.[641] Eventuelle Boni oder Rabatte müssen ebenfalls anschaffungskostenmindernd berücksichtigt werden, für gewährte Skonti besteht hingegen ein Einbeziehungswahlrecht.[642]

Zu deutlichen Abweichungen vom Umfang der Anschaffungskosten im Anlagevermögen führen die UNICAP bei den Anschaffungsnebenkosten. Diese bestehen zum einen aus den

---

637 Vgl. Sec. 263A(b)(2)(A) IRC: „[r]eal or personal property ... which is acquired by the taxpayer for resale".

638 Vgl. Sec. 1012 IRC. Die dort definierte cost basis umfaßt die Anschaffungskosten von Wirtschaftsgütern des Umlaufvermögens ebenso wie von Wirtschaftsgütern des Anlagevermögens.

639 Vgl. Sec. 263A(b)(2)(A) IRC. Mit der Einführung von Sec. 263A IRC durch den Tax Reform Act of 1986 sollte eine exaktere Abgrenzung der Anschaffungskosten erreicht werden, um ein verbessertes ‚matching' von Aufwendungen und Erträgen zu gewährleisten sowie ungerechtfertigte Steuerverschiebungen zu vermeiden. Vgl. *Bittker, B. I./Lokken, L.*, 1999d, S. S105-37; *Seago, W. E.*, 1987, S. 1157. Damit sollte der Auftrag von Sec. 471(a) IRC, die steuerliche Vorratsbewertung „as nearly as may be" an die „best accounting practice in the trade or business" und die Anforderungen der clear reflection of income anzugleichen in besserer Weise erfüllt werden als durch die bis 1986 gültigen full absorption costing rules. Vgl. auch *Heinrichson, K. W.*, 1987, S. 198. Kritisch zur Komplexität der UNICAP *Schloemer, P. G.*, 1991, S. 1065 ff.

640 Vgl. Sec. 263A(b)(2)(B) IRC; Reg. § 1.263A-3(b)(1); *Bittker, B. I./Lokken, L.*, 1999d, S. S105-49 f. Sollte das Unternehmen zu jung sein, um den Durchschnittsumsatz der zurückliegenden drei Jahre angeben zu können, wird auf den Zeitraum seit der Gründung des Unternehmens abgestellt. Vgl. Sec. 263A(b)(2)(C) i. V. m. Sec. 448(c)(3) IRC sowie Reg. § 1.263A-3(b)(1)(i). Zur Berechnung des Jahresumsatzes für die Zwecke dieser Vorschrift vgl. Reg. § 1.263A-3(b)(2). Siehe auch *Minasian, S. M./Herndon, D. P./Tovig, B. A.*, 1994, S. 617; *Schneider, L. J./Solomon, M. F./Smith, P. J.*, 1994a, S. 74; *Dentino, C.*, 1989, S. 198 f.; *CCH*, 1998a, S. 292; *Gertzman, S. F.*, 1999, S. 6-35.

641 Vgl. *Bittker, B. I./Lokken, L.*, 1999d, S. S105-39; *Kahle, H.*, 1996, S. 107; *Smith, J. K./Immel, C.*, 1988, S. 368.

642 Vgl. Reg. § 1.471-3(b); Rev. Rul. 73-65, 1973-1 C. B. 216; Rev. Rul. 69-619, 1969-2 C. B. 111. Unter der Voraussetzung, daß die Skonti einer angemessenen Verzinsung entsprechen, können diese entweder als Anschaffungspreisminderungen oder als steuerpflichtiges Einkommen behandelt werden, sofern der Grundsatz der Stetigkeit gewahrt bleibt. Vgl. dazu auch *Smith, J. K.*, 1991, S. 47; *Smith, J. K./Immel, C.*, 1988, S. 368; *Bittker, B. I./Lokken, L.*, 1999d, S. S105-39; *Gertzman, S. F.*, 1999, S. 6-37 f.

direkt dem Erwerb zurechenbaren Nebenkosten.[643] Hierzu zählen insbesondere Transportkosten und sonstige für die Erlangung des Eigentums an dem Wirtschaftsgut notwendige Aufwendungen.[644] Darüber hinaus beinhalten die Anschaffungsnebenkosten aber auch die anteiligen Gemeinkosten, sofern diese mit dem Erwerb des Wirtschaftsguts in Zusammenhang stehen.[645] Sowohl die direkt zurechenbaren Kosten als auch die indirekt zuzurechnenden Gemeinkosten sind jedoch nur dann als Anschaffungsnebenkosten aktivierbar, wenn es sich um grundsätzlich abzugsfähige Aufwendungen handelt.[646] Zudem ergibt sich als Umkehrschluß aus diesen Grundsätzen für alle nicht mit dem Erwerb zusammenhängenden Kosten ein Aktivierungsverbot.

---

643 Vgl. Sec. 263A(a)(2)(A) IRC. Insoweit besteht noch grundsätzliche Übereinstimmung mit den Anschaffungsnebenkosten im Anlagevermögen.

644 Vgl. Reg. § 1.471-3(b); Rev. Rul. 73-65, 1973-1 C. B. 216. Hierunter sind auch Kosten zu subsumieren, die durch erforderliche Reife- oder Alterungsprozesse des erworbenen Guts anfallen, wie z. B. Lager- und Versicherungskosten. Vgl. Rev. Rul. 70-356, 1970-2 C. B. 68; Rev. Rul. 74-264, 1974-1 C. B. 40.

645 Vgl. Sec. 263A(a)(2)(B) IRC; Reg. § 1.263A-1(e)(3)(i). Tab. 2 gibt einen exemplarischen Überblick über die nach UNICAP aktivierungspflichtigen Gemeinkosten, der den Beispielen in Reg. § 1.263A-1(e)(3)(ii) entlehnt ist. Vgl. dazu auch *Minasian, S. M./Herndon, D. P./Tovig, B. A.*, 1994, S. 612 ff.; *Schneider, L. J./Solomon, M. F./Smith, P. J.*, 1994a, S. 78 f.; *CCH*, 1998a, S. 292 sowie *Dentino, C.*, 1989, S. 201 ff. und *Delta, G. B.*, 1987, S. 239 ff.

646 Reg. § 1.263A-1(c)(2)(i) verlangt, daß die entsprechenden Aufwendungen in Abwesenheit der Aktivierungspflicht als deductions abzugsfähig wären. In Von-Lusk v. Commissioner, 104 T. C. 207 (1995) wurde der Steuerpflichtige entsprechend zur Aktivierung von Nebenkosten des Erwerbs eines Grundstücks verpflichtet, die er als ‚sonstige Aufwendungen' sofort abziehen wollte. Vgl. dazu auch *Raby, W. L.*, 1995, S. 1169 f.

Tab. 2: Als Anschaffungsnebenkosten aktivierungspflichtige Gemeinkosten

➢ Personalgemeinkosten inkl. Personalnebenkosten sowie Kosten der betrieblichen Altersvorsorge und sonstiger Leistungen zugunsten der Mitarbeiter ➢ Nebenkosten des Erwerbs ➢ Bearbeitungskosten ➢ Kosten der Lagerhaltung ➢ Absetzungen für Abnutzung ➢ Mieten ➢ Steuern (außer Einkommensteuern), sofern sie grundsätzlich abzugsfähig sind und der Anschaffung indirekt zugeordnet werden können ➢ Versicherungen ➢ Qualitätskontrolle	➢ Kosten erfolgreicher Vertragsverhandlungen und Ausschreibungsteilnahmen ➢ Aktivierungspflichtige Verwaltungskosten:[647] - Verwaltung und Koordination der Einkaufsaktivitäten - Personalverwaltung, einschließlich Anwerbung und Einstellung neuer Mitarbeiter - Akquisitionsbedingte Planung und Logistik - Lagerverwaltung - Rechnungswesen und Datenverarbeitung - Sicherheitseinrichtungen - Rechtsberatung

Einige Gemeinkosten sind hingegen ausdrücklich von der Aktivierungspflicht ausgenommen. Sie dürfen nicht aktiviert werden, wenn sie mit der Anschaffung des Wirtschaftsguts nicht in Zusammenhang stehen oder einem ausdrücklichen gesetzlichen Aktivierungsverbot unterliegen, weil dies sonst zu einer wesentlichen Verzerrung des Einkommens führen würde.[648] Die nicht zwingend in die Anschaffungskosten für Wirtschaftsgüter des Umlaufvermögens einzubeziehenden Gemeinkosten sind in der folgenden Übersicht exemplarisch dargestellt:

---

647 Verwaltungskosten sind in diesem Zusammenhang definiert als Gemeinkosten, die einer bestimmten Verwaltungs-, Dienstleistungs- oder Support-Abteilung, wie beispielsweise der Personal-, Rechnungswesen-, Datenverarbeitungs-, Sicherheits- oder juristischen Abteilung, zugeordnet werden können. Vgl. Reg. § 1.263A-1(e)(4)(i). Diese Gemeinkosten werden aktiviert, wenn sie direkt dem Anschaffungsprozeß dienen oder im Rahmen des Erwerbs anfallen. Vgl. Reg. § 1.263A-1(e)(4)(ii)(A). Der dem einzelnen Wirtschaftsgut zuzurechnende Anteil aktivierungspflichtiger Verwaltungskosten ergibt sich nach einer vereinfachten Zurechnungsmethode aus dem Verhältnis der dem Erwerb zurechenbaren Personalkosten zu den gesamten Personalkosten des Wirtschaftsjahres. Vgl. Reg. § 1.263A-1(h) sowie *Minasian, S. M./Herndon, D. P./Tovig, B. A.*, 1994, S. 614. Die Beispiele für aktivierungspflichtige Verwaltungskosten enthält Reg. § 1.263A-1(e)(4)(iii).

648 Vgl. Reg. § 1.263A-1(e)(3)(i) und (iii). In Notice 88-86, 1988-2 C. B. 401 wird bezüglich dieser nicht aktivierungspflichtigen period costs ausgeführt: „taxpayers may choose to capitalize period costs under Sec. 263A unless such practice results in a material distortion of the taxpayer's income". Dies wird in Notice 89-67, 1989-1 C. B. 723 folgendermaßen konkretisiert: „A cost may not be capitalized under section 263A with respect to production or resale property if no portion of such cost relates to the taxpayer's production or resale activity, or if the capitalization (or deduction) of such cost is prohibited by any other section of the Code." Siehe auch *CCH*, 1998a, S. 293; *Kahle, H.*, 1996, S. 111; *Kraft, C.*, 1991, S. 193 f. sowie *Delta, G. B.*, 1987, S. 239 ff.

Tab. 3: Nicht als Anschaffungsnebenkosten aktivierungspflichtige Gemeinkosten

➢ Steuerliche Abschreibung vorübergehend außer Dienst gestellter Wirtschaftsgüter[649] ➢ Garantie- und Produkthaftungsverpflichtungen ➢ Kosten von Lagereinrichtungen, die mit Betriebseinrichtungen verbunden sind, welche der Veräußerung an Endverbraucher dienen (*on-site storage*) ➢ Kosten erfolgloser Vertragsverhandlungen und Ausschreibungsteilnahmen ➢ Einkommensteuern außerhalb der Bundesebene	➢ Werbung, Verkaufsförderung, Vertrieb ➢ Abzugsfähige Verwaltungskosten:[650] - Allgemeines Management sowie Leitungs- und Stabsabteilungen, die keiner bestimmten Anschaffung direkt zugerechnet werden können - Strategische Geschäftsplanung - Allgemeine Rechnungslegung, Finanzplanung, Finanzmanagement sowie interne Revision und Steuerberatung - Personalmanagement[651] - Risikomanagement - Public und Investor Relations

Neben einem expliziten Aktivierungsverbot für Fremdkapitalzinsen[652] ergibt sich aus den Definitionen von aktivierungspflichtigen und nicht aktivierungspflichtigen Steuern, welche die Einkommensteuern des Bundes nicht einschließen,[653] für diese ein implizites Aktivierungsverbot.[654]

Von besonderer Bedeutung innerhalb der Anschaffungsnebenkosten sind die Nebenkosten des Erwerbs (*purchasing costs*)[655], die Bearbeitungskosten (*handling costs*)[656] und die Kosten der Lagerhaltung (*storage costs*)[657]. Unter die *purchasing costs* fallen die Kosten der Einkaufsabteilung, wie Personalkosten, Miete, Absetzungen für Abnutzung, Versicherungen, Steuern, Material- und Reisekosten sowie anteilige Verwaltungskosten.[658] Die *handling costs*

649 Dies gilt nicht für Stillstände in Pausen, an arbeitsfreien Tagen, während regulärer Unterbrechungen im Betrieb der jeweiligen Anlage, wenn die Anlage an einen anderen Standort verbracht wird oder sie unter normalen Betriebsbedingungen nur temporär eingesetzt wird. Vgl. Reg. § 1.263A-1(e)(3)(iii)(E)(1).

650 Zur Definition von Verwaltungskosten siehe Fn. 647. Voraussetzung für die Abzugsfähigkeit dieser Verwaltungskosten ist, daß sie nicht direkt dem Anschaffungsprozeß dienen oder im Rahmen des Erwerbs anfallen. Hierzu zählen grundsätzlich die Kosten des Managements und strategischer Abteilungen. Vgl. Reg. § 1.263A-1(e)(4)(ii)(B). Die Beispiele für solchermaßen zu qualifizierende Verwaltungskosten enthält Reg. § 1.263A-1(e)(4)(iv).

651 Hierzu zählen insbesondere die allgemeine Personalpolitik, die Entwicklung von Vergütungssystemen und Trainingsprogrammen sowie Verhandlungen mit Gewerkschaften. Vgl. Reg. § 1.263A-1(e)(4)(iv)(E).

652 Vgl. Sec. 263A(f) IRC; Reg. § 1.263A-8. Siehe auch *Kahle, H.*, 1996, S. 108; *Bittker, B. I./Lokken, L.*, 1999d, S. 105-167; *Schneider, L. J./Solomon, M. F./Smith, P. J.*, 1991, S. 340.

653 Reg. § 1.263A-1(e)(3)(iii)(F) definiert die nicht aktivierungspflichtigen Steuern als „state, local, and foreign income taxes, and franchise taxes that are assessed on the taxpayer based on income".

654 So im Ergebnis auch *Kraft, C.*, 1991, S. 194; *Kahle, H.*, 1996, S. 111.

655 Vgl. Reg. § 1.263A-3(c)(3).

656 Vgl. Reg. § 1.263A-3(c)(4). Vgl. dazu auch *Minasian, S. M./Herndon, D. P./Tovig, B. A.*, 1994, S. 618. Kritisch zur unscharfen Abgrenzung von aktivierungspflichtigen handling costs und abzugsfähigen Vertriebskosten *Gertzman, S. F.*, 1999, S. S6-25.

657 Vgl. Reg. § 1.263A-3(c)(5).

658 Vgl. Reg. § 1.263A-3(c)(2) und Reg. § 1.263A-3(c)(3)(i). Vgl. auch *Gertzman, S. F.*, 1999, S. 6-42; *Smith, J. K./Immel, C.*, 1988, S. 369.

umfassen die Kosten für Nachbesserungen und Montagen[659] sowie für Transport[660] und Wiederverpackung der Wirtschaftsgüter[661]. Die *storage costs* bezeichnen mit der Lagerhaltung verbundene Personal- und Materialkosten, Mieten, Versicherungen, anteilige Verwaltungskosten und ähnliches.[662] Dies gilt jedoch nur für Lagerkapazitäten, die nicht physisch und als integraler Bestandteil[663] mit Einrichtungen verbunden sind, die der Veräußerung der Wirtschaftsgüter an Endverbraucher dienen (*off-site storage facilities*).[664] Sollte eine Lagereinrichtung sowohl zur externen Lagerung als auch zum Verkauf an Endverbraucher bestimmt sein (*dual-function storage*),[665] sind nur die der *off-site storage* zuzurechnenden Kosten unter die *storage costs* zu subsumieren.[666] Insgesamt umfassen die Anschaffungskosten nach den UNICAP somit auch mit der Weiterveräußerung des Wirtschaftsguts zusammenhängende Kosten.[667]

Zur Berechnung des dem erworbenen Wirtschaftsgut zuzurechnenden Anteils der Gemeinkosten stehen verschiedene Methoden zur Verfügung. Neben den auch für die Bestimmung der Herstellungskosten verwendeten Methoden[668] kann alternativ die sogenannte *simplified resale method* angewendet werden.[669] Das Wahlrecht zur Anwendung dieser Methode steht grundsätzlich nur Handelsunternehmen zur Verfügung. Jedoch können auch Unternehmen mit

---

659 Vgl. Reg. § 1.263A-3(c)(4)(ii) und (iii). Vgl. auch *Schneider, L. J./Solomon, M. F./Smith, P. J.*, 1994a, S. 79, die die unklare Abgrenzung zur Produktion kritisieren.

660 Vgl. Reg. § 1.263A-3(c)(4)(v).

661 Vgl. Reg. § 1.263A-3(c)(4)(iv).

662 Vgl. Reg. § 1.263A-3(c)(5).

663 Die Lagereinrichtung ist ein integraler Bestandteil, wenn sie einen essentiellen und unerläßlichen Teil der Veräußerungseinrichtung bildet. Vgl. Reg. § 1.263A-3(c)(5)(ii)(C).

664 Vgl. Reg. § 1.263A-3(c)(5)(i) sowie Reg. § 1.263A-3(c)(5)(ii)(A) und (F). Siehe auch *McGowan, J R./Gross, N. J.*, 1990, S. 364 f.; *Gertzman, S. F.*, 1999, S. 6-40; *Smith, J. K./Immel, C.*, 1988, S. 369.

665 Dies ist z. B. bei externen Lagereinrichtungen gegeben, die gleichzeitig sog. outlet stores oder factory outlets beinhalten.

666 Vgl. Reg. § 1.263A-3(c)(5)(i) und (ii)(G). Zur Verteilung der Lagerhaltungskosten einer dual-function facility vgl. Reg. § 1.263A-3(c)(5)(iii). Danach erfolgt die Aufteilung auf on-site und off-site function nach dem Verhältnis der jeweiligen Bruttoumsätze. Erzielt also eine dual function facility z. B. 40 % ihres Bruttoumsatzes durch on-site sales, werden 40 % der Lagerhaltungskosten der on-site function zugerechnet. Werden jedoch wenigstens 90 % des Bruttoumsatzes durch on-site sales erzielt, sind sämtliche Lagerhaltungskosten sofort abzugsfähig. Analog werden die Lagerhaltungskosten vollständig aktiviert, sofern die on-site sales höchstens 10 % des Bruttoumsatzes ausmachen. Vgl. Reg. § 1.263A-3(c)(5)(iii)(A) und (C). Siehe auch *Minasian, S. M./Herndon, D. P./Tovig, B. A.*, 1994, S. 618; *McGowan, J. R./Gross, N. J.*, 1990, S. 364 f.; *Gertzman, S. F.*, 1999, S. 6-40 f.

667 Vgl. *Kahle, H.*, 1996, S. 108; *Kraft, C.*, 1991, S. 191.

668 Vgl. Reg. § 1.263A-1(f). Dabei handelt es sich insbesondere um die burden rate und die standard cost method, die in GP 322121 näher erläutert werden.

669 Vgl. Reg. § 1.263A-3(a)(4); Reg. § 1.263A-3(d); *Gertzman, S. F.*, 1999, S. 6-39.

geringer Produktionsaktivität die *simplified resale method* wählen, sofern die Produktion mit der primären Handelsaktivität in gewisser Verbindung steht.[670]

Wurde das Wahlrecht korrekt ausgeübt, findet die Methode auf sämtliche beweglichen und unbeweglichen Wirtschaftsgüter des Umlaufvermögens Anwendung.[671] In einem ersten Schritt ist dann zu entscheiden, ob die auf Vergangenheitswerten basierende *historic absorption ratio* zur Anwendung kommen soll. Bei Nichtanwendbarkeit oder Verzicht auf die *historic absorption ratio* werden die dem Wirtschaftsgut zuzurechnenden Gemeinkosten durch Multiplikation der *Sec. 471 costs* des Wirtschaftsguts mit der *combined absorption ratio* ermittelt.[672] Die *Sec. 471 costs* eines Wirtschaftsguts sind dessen Anschaffungskosten unter Anwendung der vor Einführung der UNICAP einschlägigen Vorschriften.[673] Diese Anschaffungskosten können als Anschaffungspreis, vermindert um Anschaffungspreisminderungen, zuzüglich der Kosten der Verbringung des Wirtschaftsguts in die Unternehmung umrissen werden.[674] Die *combined absorption ratio* ist definiert als Summe aus *storage and handling costs absorption ratio* und *purchasing costs absorption ratio*.[675] Die *storage and handling costs absorption ratio* ergibt sich als Quotient aus den *storage and handling costs* des Wirtschaftsjahres und den im Wirtschaftsjahr erworbenen Wirtschaftsgütern des Umlaufvermögens.[676] Die *purchasing costs absorption ratio* ist der Quotient aus den *purchasing costs* des Wirtschaftsjahres und den im Wirtschaftsjahr erworbenen Wirtschaftsgütern des Umlaufvermögens.[677] Die in beiden Quotienten als Divisoren verwendeten Wirtschaftsgüter sind jeweils mit ihren *Sec. 471 costs* bewertet.[678] Das folgende Schema veranschaulicht die Berechnung:

---

670 Vgl. Reg. § 1.263A-3(a)(4)(i) und (ii); Reg. § 1.263A-3(d)(2). Eine geringe Produktionsaktivität im Sinne dieser Vorschrift wird grundsätzlich angenommen, wenn die Produktion mit weniger als 10 % zum Gesamtumsatz beiträgt und weniger als 10 % der gesamten Arbeitskosten verursacht. Vgl. Reg. § 1.263A-3(a)(2)(iii). Siehe auch *Schneider, L. J./Solomon, M. F./Smith, P. J.*, 1994a, S. 74; *Dentino, C.*, 1989, S. 215.

671 Vgl. Reg. § 1.263A-3(d)(2).

672 Vgl. Reg. § 1.263A-3(d)(3)(i)(A) und (B).

673 Vgl. Reg. § 1.263A-1(d)(2).

674 Vgl. Reg. § 1.471-3(b); *Gertzman, S. F.*, 1999, S. 6-35; *Bittker, B. I./Lokken, L.*, 1999d, S. S105-53.

675 Vgl. Reg. § 1.263A-3(d)(3)(i)(C)(1); *Schneider, L. J./Solomon, M. F./Smith, P. J.*, 1994b, S. 142.

676 Vgl. Reg. § 1.263A-3(d)(3)(i)(D). Nach Reg. § 1.263A-3(d)(3)(iii)(A) besteht ein Wahlrecht, den Divisor um den Bestand an Wirtschaftsgütern des Umlaufvermögens zu Beginn des Wirtschaftsjahres zu erhöhen. Vgl. auch *Schneider, L. J./Solomon, M. F./Smith, P. J.*, 1994b, S. 142.

677 Vgl. Reg. § 1.263A-3(d)(3)(i)(E). Ein analoges Wahlrecht zur storage and handling costs absorption ratio besteht nicht. Vgl. *Schneider, L. J./Solomon, M. F./Smith, P. J.*, 1994b, S. 142.

678 Vgl. *Bittker, B. I./Lokken, L.*, 1999d, S. S105-54.

Abb. 5: Simplified resale method ohne historic absorption ratio

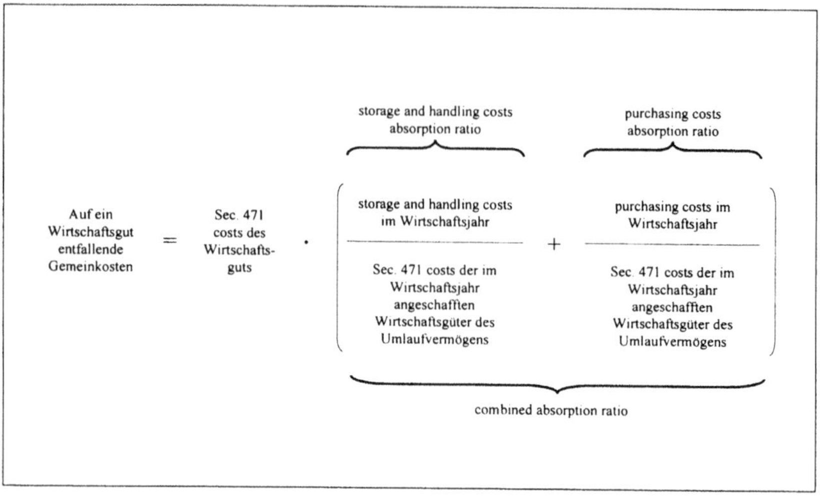

Alternativ zu dieser Berechnungsweise können die einem Wirtschaftsgut zuzurechnenden Gemeinkosten durch Multiplikation der *Sec. 471 costs* des Wirtschaftsguts mit der *historic absorption ratio* ermittelt werden, sofern das Unternehmen seit wenigstens drei Jahren die *simplified resale method* anwendet.[679] Die *historic absorption ratio* ist definiert als Quotient aus den *additional Sec. 263A costs* innerhalb einer Referenzperiode (*test period*) und den *Sec. 471 costs* dieser Periode.[680] Als Referenzzeitraum werden die dem Jahr der Ausübung der *historic absorption ratio election* unmittelbar vorangegangenen drei Wirtschaftsjahre herangezogen.[681] Die *additional Sec. 263A costs* bezeichnen die zurechenbaren Gemeinkosten und sind definiert als Summe aus den Produkten der *combined absorption ratio*[682] und den *Sec.*

679 Vgl. Reg. § 1.263A-3(d)(4)(i). Zu Übergangsvorschriften für Unternehmen, die in ihrem ersten, zweiten oder dritten Wirtschaftsjahr, beginnend nach dem 31.12.1993, die historic absorption ratio anwenden wollen vgl. Reg. § 1.263A-3(d)(4)(v) sowie Rev. Proc. 95-25, 1995-1 C. B. 701. Siehe auch *Tovig, B. A./Lee, A. B.*, 1994, S. 19, die die Gemeinkostenzurechnung unter Verwendung der historic absorption ratio als deutliche Vereinfachung betrachten, welche zur Reduzierung der aus den Steuererklärungspflichten resultierenden compliance costs beiträgt. Ähnlich *Minasian, S. M./Herndon, D. P./Tovig, B. A.*, 1994, S. 612; *Schloemer, P. G.*, 1995, S. 103.

680 Vgl. Reg. § 1.263A-3(d)(4)(ii); *Tovig, B. A./Lee, A. B.*, 1994, S. 19; *Minasian, S. M./Herndon, D. P./Tovig, B. A.*, 1994, S. 616; *Cesnik, G. R./Hickey, G. P./Lightfoot, H. C.*, 1995, S. 425; *Schloemer, P. G.*, 1995, S. 103; *Schneider, L. J./Solomon, M. F./Smith, P. J.*, 1994b, S. 140.

681 Vgl. Reg. § 1.263A-3(d)(4)(ii)(B)(1); *Minasian, S. M./Herndon, D. P./Tovig, B. A.*, 1994, S. 616; *Cesnik, G. R./Hickey, G. P./Lightfoot, H. C.*, 1995, S. 425; *Schneider, L. J./Solomon, M. F./Smith, P. J.*, 1994b, S. 140.

682 Zur Definition der combined absorption ratio vgl. weiter oben in diesem GP.

471 costs der drei Wirtschaftsjahre der Referenzperiode.[683] Die Berechnung wird durch das Schema in der folgenden Abbildung veranschaulicht:

Abb. 6: Simplified resale method mit historic absorption ratio

$$\text{Auf ein Wirtschaftsgut entfallende Gemeinkosten} = \text{Sec. 471 costs des Wirtschaftsguts} \cdot \underbrace{\frac{\overbrace{\sum_{i=n-3}^{n-1} (\text{combined absorption ratio}_i \cdot \text{Sec. 471 costs}_i)}^{\text{additional Sec. 263A costs}}}{\sum_{i=n-3}^{n-1} \text{Sec. 471 costs}_i}}_{\text{historic absorption ratio}}$$

n = Wirtschaftsjahr, in dem erstmalig die historic absorption ratio gewählt wird

Die so gewonnene *historic absorption ratio* dient dann über fünf Jahre (*qualifying period*) hinweg unverändert der Zurechnung von Gemeinkosten auf erworbene Wirtschaftsgüter des Umlaufvermögens.[684] Im ersten auf die *qualifying period* folgenden Wirtschaftsjahr (*recomputation year*) wird die *combined absorption ratio* für dieses Jahr neu berechnet.[685] Weicht sie nicht mehr als 0,5 % nach oben oder unten von der bisher verwendeten *historic absorption ratio* ab, erfolgt die Gemeinkostenzurechnung für das *recomputation year* und die folgenden fünf Jahre (*extended qualifying period*) unter Verwendung der ursprünglichen

683 Vgl. Reg. § 1.263A-3(d)(4)(ii)(A)(2).

684 Vgl. Reg. § 1.263A-3(d)(4)(ii)(C)(1). Vgl. auch *Schneider, L. J./Solomon, M. F./Smith, P. J.*, 1994b, S. 140; *Tovig, B. A./Lee, A. B.*, 1994, S. 19 sowie *Cesnik, G. R./Hickey, G. P./Lightfoot, H. C.*, 1995, S. 425, die auf mögliche Nachteile durch den starren Zurechnungsschlüssel bei wesentlichen Veränderungen der angefallenen Gemeinkosten innerhalb der qualifying period verweisen. Zur Absicht des IRS, die Regulations insoweit zu modifizieren, daß die historic absorption ratio auch innerhalb der qualifying period anzupassen ist, sofern eine wesentliche Abweichung von den aktuellen combined absorption ratios festgestellt wird vgl. *Mannetta, J. A.*, 1999, S. 1357 f.; *Conjura, C./Gibbs, P. K.*, 1999, S. 138 ff.

685 Vgl. Reg. § 1.263A-3(d)(4)(ii)(C)(2); *Tovig, B. A./Lee, A. B.*, 1994, S. 19; *Cesnik, G. R./Hickey, G. P./Lightfoot, H. C.*, 1995, S. 425; *Schneider, L. J./Solomon, M. F./Smith, P. J.*, 1994b, S. 140.

historic absorption ratio.[686] Übersteigt die Differenz zwischen der *historic absorption ratio* und der *combined absorption ratio* im *recomputation year* jedoch den Schwellenwert von 0,5 %, erfolgt die Gemeinkostenzurechnung im *recomputation year* und den folgenden zwei Wirtschaftsjahren nach den jeweiligen *combined absorption ratios.*[687] Dieser Dreijahreszeitraum dient als neue Referenzperiode (*updated test period*) für die Berechnung einer neuen *historic absorption ratio*, die in den auf die *updated test period* folgenden fünf Jahren (*new qualifying period*) der Gemeinkostenzurechnung dient.[688] Folgendes Beispiel dient zur Veranschaulichung des Verfahrens:[689]

Abb. 7: Beispiel für die simplified resale method mit historic absorption ratio

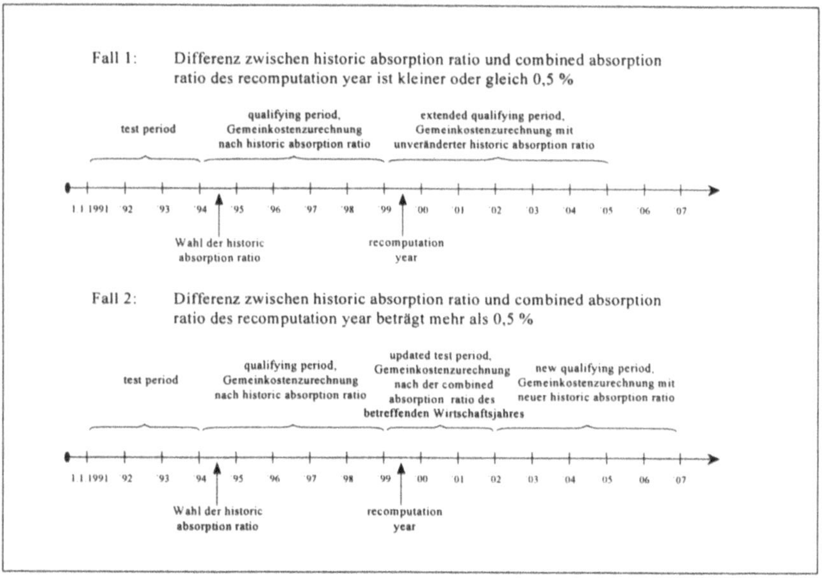

686 Vgl. Reg. § 1.263A-3(d)(4)(ii)(C)(2); *Tovig, B. A./Lee, A. B.*, 1994, S. 19; *Minasian, S. M./Herndon, D. P./Tovig, B. A.*, 1994, S. 616; *Cesnik, G. R./Hickey, G. P./Lightfoot, H. C.*, 1995, S. 425; *Schneider, L. J./Solomon, M. F./Smith, P. J.*, 1994b, S. 141.

687 Vgl. Reg. § 1.263A-3(d)(4)(ii)(C)(2); Reg. § 1.263A-3(d)(4)(ii)(B)(2). Siehe auch *Tovig, B. A./Lee, A. B.*, 1994, S. 19; *Minasian, S. M./Herndon, D. P./Tovig, B. A.*, 1994, S. 616; *Cesnik, G. R./Hickey, G. P./Lightfoot, H. C.*, 1995, S. 425; *Schneider, L. J./Solomon, M. F./Smith, P. J.*, 1994b, S. 141.

688 Vgl. Reg. § 1.263A-3(d)(4)(ii)(B)(2); Reg. § 1.263A-3(d)(4)(ii)(C)(2) sowie *Tovig, B. A./Lee, A. B.*, 1994, S. 19; *Minasian, S. M./Herndon, D. P./Tovig, B. A.*, 1994, S. 616; *Cesnik, G. R./Hickey, G. P./Lightfoot, H. C.*, 1995, S. 425; *Schneider, L. J./Solomon, M. F./Smith, P. J.*, 1994b, S. 141.

689 Die Daten des Beispiels sind dem in Reg. § 1.263A-3(d)(4)(vi) enthaltenen Beispiel entnommen.

Im Ergebnis führen die UNICAP für das Umlaufvermögen zu einem im Vergleich zum Anlagevermögen größeren Umfang der Anschaffungskosten durch die zusätzliche Berücksichtigung von Gemeinkosten im Rahmen der Anschaffungsnebenkosten.[690]

322113. Anschaffungskosten in Sonderfällen

In einigen Sonderfällen des Erwerbs von Wirtschaftsgütern des Anlage- oder Umlaufvermögens ist die Bestimmung der Anschaffungskosten nach den oben beschriebenen Verfahren zusätzlichen Schwierigkeiten unterworfen. Der IRC enthält für diese Fälle gesonderte Vorschriften zur Ermittlung der Anschaffungskosten,[691] wobei nachfolgend nur die wichtigsten Fälle behandelt werden. Im Rahmen von Tauschgeschäften erworbene Wirtschaftsgüter werden mit dem *fair market value* des erhaltenen Wirtschaftsguts bewertet.[692] Sofern das Wirtschaftsgut im Wege der Schenkung erworben wurde, ist es regelmäßig mit dem Buchwert des Schenkungsgebers zu bewerten, höchstens aber mit dem *fair market value* zum Zeitpunkt der Schenkung.[693] Letzterer orientiert sich dabei an der entsprechenden Bewertung für Zwecke der Schenkungsteuer (*gift tax*).[694] Anders verhält es sich beim Erwerb von Todes wegen,[695] wo regelmäßig der *fair market value* zum Zeitpunkt des Todes des Erblassers oder alternativ

690 So auch *Kahle, H.*, 1996, S. 106 f.

691 Vgl. z. B. die Übersicht bei *Bittker, B. I./Lokken, L.*, 1999b, S. 41-46 f.

692 Vgl. Philadelphia Park Amusement Co. v. United States, 126 F. Supp. 188 (Ct. Cl., 1954). Hier verwirft das Gericht die Alternative der Bestimmung der Anschaffungskosten nach dem Marktwert des hingegebenen Wirtschaftsguts ausdrücklich als ungeeignete Alternative: „To maintain harmony with the fundamental purpose of these sections, it is necessary to consider the fair market value of the property received as the cost basis to the taxpayer." In United States v. Davis, 370 U. S. 73 (1962) ist der Supreme Court dieser Argumentation gefolgt. Vgl. auch Reg. § 1.61-2(d)(1) sowie *Keller, R. I.*, 1982, S. 449 ff.; *Graetz, M. J./Schenk, D. H.*, 1999, S. 153; *Geier, D. A.*, 1993, S. 474 ff.; *Wurzel, H.*, 1964, S. 176; *Kohl, G. A.*, 1985, S. 640. Kritisch dazu *Coverdale, J. F.*, 1997, S. 1538 ff., der die Philadelphia Park-Entscheidung im Widerspruch zum Wortlaut von Sec. 1012 IRC und Reg. § 1.1012-1(a) sieht. Vgl. auch GP 3212124.

693 Vgl. Sec. 1015(a) IRC sowie Reg. § 1.1015-1(a)(1) für Schenkungen nach dem 31.12.1920. Die Anschaffungskosten sind um eventuelle Schenkungsteuern zu erhöhen, wobei der fair market value zum Schenkungszeitpunkt jedoch nicht überschritten werden darf. Vgl. Sec. 1015(d)(1)(A) IRC. Daher werden die Anschaffungskosten von Schenkungen nach dem 31.12.1976 gem. Sec. 1015(d)(6) IRC um die anteilig auf die Differenz zwischen fair market value im Zeitpunkt der Schenkung und Buchwert entfallende gift tax erhöht. Vgl. auch *Lewis, J. B.*, 1990, S. 269 f. In Taft v. Bowers, 278 U. S. 482 (1929) hat der Supreme Court die Buchwertübernahme bei Erwerb durch Schenkung bestätigt. Vgl. *Graetz, M. J./Schenk, D. H.*, 1999, S. 154; *CCH*, 1998c, S. 12; *Willis, E. u. a.*, 1999, S. 12-12 f.; *Westin, R. A.*, 1987, S. 4; kritisch *Wurzel, H.*, 1964, S. 178 f.

694 Vgl. Reg. § 1.1015-1(e). Sofern auf Bundesebene keine Schenkungsteuer anfällt, ist die Bewertung für Zwecke der state gift tax einschlägig.

695 Sec. 1014(b) IRC regelt abschließend die möglichen Formen des Erwerbs von Todes wegen.

zum erbschaftsteuerlichen Bewertungsstichtag[696] als *cost* angenommen wird.[697] Zur Bestimmung des *fair market value* wird dabei auf die Bewertung im Rahmen der Erbschaftsteuer (*estate tax*) zurückgegriffen.[698]

Ein weiterer bedeutender Sonderfall betrifft die sogenannten *involuntary conversions*. Diese liegen vor bei völliger oder teilweiser Zerstörung, Diebstahl, Beschlagnahmung sowie Enteignung oder Requirierung von Wirtschaftsgütern bzw. in letzteren beiden Fällen auch bei einer Veräußerung aufgrund drohender derartiger Ereignisse[699].[700] Bei der Ersatzbeschaffung von vergleichbaren oder im Einsatzzweck mit dem untergegangenen Wirtschaftsgut zusammenhängenden Gütern[701] sowie dem mehrheitlichen Anteilserwerb an einer Kapitalgesellschaft, die über solche Wirtschaftsgüter verfügt,[702] kommt kein Gewinn aus der Aufdeckung

---

696 Dieser Alternativstichtag kann gem. Sec. 1014(a)(2) IRC gewählt werden, wenn der Nachlaß erbschaftsteuerpflichtig ist und das von Sec. 2032 IRC eingeräumte Wahlrecht der Bewertung zu einem vom Zeitpunkt des Todes abweichenden Stichtag ausgeübt wurde. Vgl. auch Reg. § 1.1014-1(a); *CCH*, 1998c, S. 15.

697 Vgl. Sec. 1014(a)(1) IRC; *CCH*, 1998c, S. 15. Abweichungen von dieser grundsätzlichen Vorgehensweise sind aufgrund erbschaftsteuerlicher Wahlrechte möglich. Vgl. dazu Sec. 1014(a)(3) und (4) sowie Sec. 2031 und 2032A IRC. Siehe auch *Willis, E. u. a.*, 1999, S. 12-15; *Geier, D. A.*, 1993, S. 482; *Westin, R. A.*, 1987, S. 5; *Kohl, G. A.*, 1985, S. 628.

698 Vgl. Reg. § 1.1014-3(a). Sollte auf Bundesebene keine Erbschaftsteuer anfallen, kann die Bewertung im Rahmen der state inheritance tax herangezogen werden.

699 Die Voraussetzungen eines hinreichenden Zusammenhangs zwischen der Veräußerung und der drohenden Enteignung oder Requirierung regelt Rev. Rul. 63-221, 1963-2 C. B. 332 und Rev. Rul. 74-8, 1974-1 C. B. 200. Siehe auch *Wilder, G. F./Shaheen, W. M.*, 1996, S. 55; *CCH*, 1998c, S. 41.

700 Vgl. Sec. 1033(a) IRC; Reg. § 1.1033(a)-1(a); Reg. § 1.1033(a)-2(a). Siehe auch *Willis, E. u. a.*, 1999, S. 12-32 sowie ausführlich *Bittker, B. I./Lokken, L.*, 1999b, S. 44-32 ff. und *McDaniel, P. R. u. a.*, 1999, S. 792 ff.

701 Die Rechtsprechung zur Abgrenzung von vergleichbaren oder im Einsatzzweck mit dem untergegangenen Wirtschaftsgut zusammenhängenden Gütern (property similar or related in service or use) wird vom Tax Court in Maloof v. Commissioner, 65 T. C. 269 (1975) zusammengefaßt. Danach muß es sich um im wesentlichen gleichartige Wirtschaftsgüter handeln, die eine hinreichend ähnliche Fortsetzung der mit der ursprünglichen Investition verfolgten Geschäftszwecke ermöglichen. Dabei ist keine exakte Übereinstimmung von untergegangenem Wirtschaftsgut und Ersatzbeschaffung erforderlich, jedoch darf der Charakter der Investition nicht verändert werden. Beim Untergang von Grundvermögen des Anlage- oder Umlaufvermögens genügt die Ersatzbeschaffung von Wirtschaftsgütern gleicher Art (like-kind property). Vgl. Sec 1033(g) IRC. Siehe dazu ausführlich *Wilder, G. F./Shaheen, W. M.*, 1996, S. 56 ff.; *CCH*, 1998c, S. 43.

702 Sec. 1033(a)(2)(E)(i) IRC definiert den zu erwerbenden Mehrheitsanteil mit mindestens 80 % der stimmbe rechtigten und der nicht stimmberechtigten Anteile. Unklar ist in diesem Zusammenhang, ob beim Erwer von Anteilen an einer Gesellschaft, die sowohl über qualifizierende als auch nicht qualifizierende Ersatzwirtschaftsgüter verfügt, der Gesamtpreis der Anteile als Ersatzinvestition angesehen werden soll oder nu der auf die qualifizierenden Wirtschaftsgüter entfallende Anteil. Während der Wortlaut von Sec 1033(a)(2)(A) IRC für den Gesamtbetrag spricht, werden im Hinblick auf den Zweck der Vorschrift vo der Literatur und der Rechtsprechung Zweifel an dieser Interpretation angemeldet. Vgl. *Bittker, E I./Lokken, L.*, 1999b, S. 44-44; Templeton v. Commissioner, 67 T. C. 521 (1976).

stiller Reserven zum Ansatz.[703] Dazu wird, sofern das untergegangene Wirtschaftsgut unmittelbar durch ein qualifizierendes Ersatzwirtschaftsgut substituiert wird, der Buchwert des untergegangenen Wirtschaftsguts auf die Ersatzbeschaffung übertragen.[704] Erfolgt die Kompensation für die untergegangenen Wirtschaftsgüter hingegen in Geld oder nicht qualifizierenden Wirtschaftsgütern, die dann in qualifizierende Güter getauscht werden,[705] sind diese mit ihren Anschaffungskosten, vermindert um nicht anzusetzende Gewinne aus der Aufdeckung stiller Reserven zu bewerten.[706] Je nach Ausgestaltung des Ersatzbeschaffungsprozesses ist die Vorschrift zwingend oder als Wahlrecht ausgestaltet.[707]

322114. Vergleich mit den Anschaffungskosten im deutschen Bilanzsteuerrecht

Die Bewertung erworbener Wirtschaftsgüter erfolgt im deutschen wie im US-amerikanischen Bilanzsteuerrecht zu Anschaffungskosten.[708] Im Gegensatz zu den USA enthält das deutsche Steuerrecht keine Definition der Anschaffungskosten, so daß über den Maßgeblichkeitsgrundsatz die handelsrechtliche Definition einschlägig ist, welche wiederum im Unterschied zu den

---

703 Vgl. Sec. 1033(a) IRC. Der Zweck der Vorschrift wird von Judge Learned Hand in Winter Realty & Construction Co. v. Commissioner, 149 F. 2d 569 (2d Cir., 1945) besonders prägnant beschrieben: „An owner, whose property is taken involuntarily, but who has become entitled to compensation, should not be treated as having ‚realized' a taxable ‚gain', provided he at once puts the proceeds to a similar use.“ Siehe auch Maloof v. Commissioner, 65 T. C. 270 (1975). Es soll verhindert werden, daß die unfreiwillige Auflösung stiller Reserven steuerliche Konsequenzen auslöst, die zu Liquiditätsproblemen führen können. Vgl. *Willis, E. u. a.*, 1999, S. 12-32.

704 Vgl. Sec. 1033(b)(1) IRC. Der übernommene Buchwert wird um im Rahmen der Kompensation erhaltene liquide Mittel, die nicht in die Ersatzbeschaffung eingegangen sind, und anzusetzende Verluste vermindert und entsprechend um anzusetzende Gewinne erhöht. Diese Anpassungen sind erforderlich, da aufgedeckte stille Reserven nur in Höhe ihrer Reinvestition in vergleichbare Ersatzwirtschaftsgüter vorerst steuerfrei bleiben sollen. Vgl. auch *CCH*, 1998c, S. 47; *Wilder, G. F./Shaheen, W. M.*, 1996, S. 68.

705 Die Ersatzbeschaffung beweglicher Wirtschaftsgüter muß in der Regel innerhalb von zwei Jahren, die von unbeweglichen Wirtschaftsgütern innerhalb von drei Jahren nach dem Ende des Wirtschaftsjahres, in dem das ursprüngliche Wirtschaftsgut untergegangen ist bzw. erste Anzeichen für dessen drohenden Untergang vorlagen, erfolgen. Vgl. Sec. 1033(a)(2)(B) IRC; Reg. § 1.1033(a)-2(c)(3). Siehe auch *Willis, E. u. a.*, 1999, S. 12-34 f.; *Wilder, G. F./Shaheen, W. M.*, 1996, S. 65 f.

706 Vgl. Sec. 1033(b)(2) IRC. Auch hier soll gewährleistet werden, daß aufgedeckte stille Reserven nur im Umfang ihrer qualifizierenden Reinvestition zunächst steuerfrei bleiben. Liegen die Kosten der Ersatzbeschaffung unter den aufgedeckten stillen Reserven, ist der Differenzbetrag als Gewinn auszuweisen. Dies führt im Ergebnis ebenfalls zu einer Buchwertübernahme, jedoch unter Berücksichtigung von Anpassungen für anzusetzende Gewinne und aktivierungspflichtige Zusatzinvestitionen. Vgl. *McDaniel, P. R. u. a.*, 1999, S. 792; *CCH*, 1998c, S. 47 ff.; *Wilder, G. F./Shaheen, W. M.*, 1996, S. 68.

707 Wenn der Untergang des Wirtschaftsguts direkt durch ein qualifizierendes Ersatzwirtschaftsgut kompensiert wird, ist die Buchwertübernahme verpflichtend. Erfolgt jedoch zunächst eine Kompensation in Geld oder nicht qualifizierenden Wirtschaftsgütern, die dann innerhalb einer vorgegebenen Zeit in ein qualifizierendes Ersatzwirtschaftsgut getauscht werden, ist die Vorschrift fakultativ. Vgl. Sec. 1033(a)(1) und Sec. 1033(a)(2)(A) IRC. Siehe auch *Bittker, B. I./Lokken, L.*, 1999b, S. 44-48 ff.; *CCH*, 1998c, S. 42 f.; *Willis, E. u. a.*, 1999, S. 12-36 f.; *Wilder, G. F./Shaheen, W. M.*, 1996, S. 52; *Fellows, J. A./Yuhas, M. A.*, 1994, S. 153.

708 Vgl. § 6 Abs. 1 und 2 EStG.

Vereinigten Staaten einheitlich für das Anlage- und das Umlaufvermögen gilt.[709] Die Zusammensetzung der Anschaffungskosten aus Anschaffungspreis, Anschaffungspreisminderungen, Anschaffungsnebenkosten und nachträglichen Anschaffungskosten ist zwar in beiden Vergleichsländern identisch,[710] innerhalb der einzelnen Bestandteile bestehen jedoch durchaus Unterschiede.

Weitgehende Übereinstimmung läßt sich noch beim Anschaffungspreis als Kern der Anschaffungskosten feststellen, der in beiden Vergleichsländern dem Rechnungspreis entspricht.[711] Während in der Bundesrepublik jedoch auf dem erworbenen Wirtschaftsgut lastende Verbindlichkeiten den Anschaffungspreis erhöhen,[712] sind diese in den USA als Anschaffungsnebenkosten zu erfassen.

Boni, Skonti und sonstige Rabatte oder Abschläge werden in den USA mit Ausnahme des nur im Umlaufvermögen geltenden Einbeziehungswahlrechts für Skonti generell als Anschaffungspreisminderungen erfaßt. Demgegenüber mindern in Deutschland nur in Anspruch genommene Skonti und sonstige Rabatte oder Abschläge generell den Anschaffungspreis. Boni hingegen können nur dann als Anschaffungspreisminderungen berücksichtigt werden, wenn sich die angeschafften Wirtschaftsgüter, auf die sich der Bonus bezieht, nachweislich noch im Bestand befinden.[713]

Die deutlichsten Unterschiede zwischen dem deutschen und US-amerikanischen Anschaffungskostenbegriff zeigen sich im Bereich der Anschaffungsnebenkosten. Als solche sind in Deutschland sämtliche Aufwendungen zu berücksichtigen, die in unmittelbarem Zusammenhang mit dem Erwerb und der Versetzung des Wirtschaftsguts in einen betriebsbereiten Zustand stehen. Diese Aufwendungen müssen dem angeschafften Wirtschaftsgut als Einzelkosten direkt zugeordnet werden können, Gemeinkosten sind grundsätzlich nicht berücksich-

---

709 § 255 Abs. 1 Satz 1 HGB definiert die Anschaffungskosten als „Aufwendungen, die geleistet werden, um einen Vermögensgegenstand zu erwerben und ihn in einen betriebsbereiten Zustand zu versetzen, soweit sie dem Vermögensgegenstand einzeln zugeordnet werden können". Zur Geltung von § 255 Abs. 1 HGB für das Anlage- und Umlaufvermögen vgl. *Ellrott, H./Schmidt-Wendt, D.*, 1999, § 255, Anm. 1.

710 In Deutschland ist diese Struktur durch § 255 Abs. 1 HGB gesetzlich vorgegeben, während sie sich in den USA nur indirekt aus den konstituierenden Elementen der cost basis ergibt.

711 In der Bundesrepublik ist der Rechnungspreis dabei als Nettogröße ohne Umsatzsteuer zu verstehen, sofern der Erwerber vorsteuerabzugsberechtigt ist. Vgl. auch *Ellrott, H./Schmidt-Wendt, D.*, 1999, § 255, Anm. 51; *Knobbe-Keuk, B.*, 1993, S. 162; *Biergans, E.*, 1992, S. 349. Weil in den USA aber keine der deutschen Umsatzsteuer vergleichbare Verkehrsteuer erhoben wird, soll diese zur Wahrung der Vergleichbarkeit nachfolgend außer Betracht bleiben.

712 Vgl. BFH v. 08.06.1966, in: BStBl. III 1966, S. 536; BFH v. 02.10.1984, in: BStBl. II 1985, S. 320.

713 Vgl. *Ellrott, H./Schmidt-Wendt, D.*, 1999, § 255, Anm. 61 ff., die darauf hinweisen, daß die Gewährung von Boni meist im Rahmen des Erwerbs von Wirtschaftsgütern des Umlaufvermögens erfolgt, so daß die Voraussetzung für deren Erfassung häufig nicht erfüllt sein dürfte. Siehe auch *Adler, H./Düring, W./Schmaltz, K.*, 1995, § 255, Tz. 49 ff.; *Weber-Grellet, H.*, 1996a, S. 219; *Knobbe-Keuk, B.*, 1993, S. 163; *Horschitz, H./Groß, W./Weidner, W.*, 1997, S. 207.

tigungsfähig.[714] Als Anschaffungsnebenkosten werden in der Bundesrepublik die Nebenkosten des Erwerbs,[715] wovon Geldbeschaffungs- und Finanzierungskosten ausdrücklich ausgenommen sind,[716] die Nebenkosten der Verbringung in die Unternehmung[717] und die Nebenkosten der Inbetriebnahme[718] unterschieden. Als Anschaffungsnebenkosten von Wirtschaftsgütern des Anlagevermögens kommen in den USA ebenfalls nur Einzelkosten, nicht jedoch Gemeinkosten und Fremdkapitalkosten zum Ansatz, was sich weitgehend mit der deutschen Abgrenzung deckt. Im Umlaufvermögen enthalten die Anschaffungsnebenkosten in den Vereinigten Staaten jedoch zusätzlich auch anteilige, mit dem Erwerb des Wirtschaftsguts zusammenhängende Gemeinkosten. Dies geht deutlich über den Aktivierungsumfang von Anschaffungsnebenkosten im deutschen Steuerrecht hinaus.[719]

Gemäß § 255 Abs. 1 Satz 2 HGB schließt der deutsche Anschaffungskostenbegriff auch nachträgliche Anschaffungskosten ein. Diese umfassen sowohl nachträgliche Anschaffungspreiserhöhungen als auch nachträgliche Aufwendungen für bereits angeschaffte Wirtschaftsgüter.[720] Die Behandlung nachträglicher Anschaffungskosten ist in den USA hingegen nicht eigens geregelt. Aus der Definition von *costs* als „amount paid"[721] läßt sich jedoch schließen, daß auch nachträgliche Anschaffungspreiserhöhungen einzubeziehen sind, da auch diese dem ‚gezahlten Betrag' zuzurechnen sind. Weiterhin setzt die Aktivierung von Anschaffungsnebenkosten in den USA einen direkten Zusammenhang mit dem Erwerb des Wirtschaftsguts voraus. Dieser direkte Zusammenhang ist bei nachträglichen Aufwendungen gegeben, so daß auch hier eine zwingende Berücksichtigung gefolgert werden kann. Insgesamt läßt sich daher

---

714 Vgl. *Ellrott, H./Schmidt-Wendt, D.*, 1999, § 255, Anm. 70; *Adler, H./Düring, W./Schmaltz, K.*, 1995, § 255, Tz. 16, 27; *Glanegger, P.*, 2000, § 6, Rz. 91; *Weber-Grellet, H.*, 1996a, S. 218; *Biergans, E.*, 1992, S. 351. Siehe auch BFH v. 24.02.1972, in: BStBl. II 1972, S. 422; BFH v. 13.04.1988, in: BStBl. II 1988, S. 894; H 32a EStH.

715 Hierunter sind Aufwendungen zu verstehen, die neben dem Anschaffungspreis zur Erlangung des wirtschaftlichen Eigentums an dem Wirtschaftsgut geleistet werden, wie z. B. Maklergebühren oder Anliegerbeiträge. Vgl. *Biergans, E.*, 1992, S. 351 f.; *Adler, H./Düring, W./Schmaltz, K.*, 1995, § 255, Tz. 22.

716 Vgl. BFH v. 24.05.1968, in: BStBl. II 1968, S. 574. Der Einbezug von Fremdkapitalkosten ist nur in wenigen Sonderfällen möglich, so z. B. wenn der Hersteller eines Gebäudes auf eine Anzahlung verzichtet und statt dessen seine Bauzeitzinsen in den Veräußerungspreis integriert. Vgl. BFH v. 19.04.1977, in: BStBl. II 1977, S. 600. Vgl. auch *Ellrott, H./Schmidt-Wendt, D.*, 1999, § 255, Anm. 501; *Tipke, K./Lang, J.*, 1998, S. 348; *Knobbe-Keuk, B.*, 1993, S. 165; *Biergans, E.*, 1992, S. 352.

717 Dies sind sämtliche Aufwendungen, die mit dem Transport des Wirtschaftsguts zu seinem Verwendungsort in Zusammenhang stehen, wie z. B. Zölle oder Transportversicherungen. Die eigentlichen Transportkosten dürfen nur einbezogen werden, wenn der Transport durch Dritte erfolgt, bei Eigentransport können maximal die Einzelkosten berücksichtigt werden. Siehe auch *Biergans, E.*, 1992, S. 352; *Adler, H./Düring, W./Schmaltz, K.*, 1995, § 255, Tz. 26, 28.

718 Hierunter werden alle Aufwendungen verstanden, die am Einsatzort des Wirtschaftsguts getätigt werden, um es für betriebliche Zwecke einsatzfähig zu machen, wie z. B. Fundamente oder Anmeldegebühren. Siehe auch *Biergans, E.*, 1992, S. 353; *Adler, H./Düring, W./Schmaltz, K.*, 1995, § 255, Tz. 26.

719 So auch *Smith, J. K./Immel, C.*, 1988, S. 368 f.; *Smith, J. K.*, 1991, S. 47 ff.

720 Vgl. *Adler, H./Düring, W./Schmaltz, K.*, 1995, § 255, Tz. 41 ff.; *Baetge, J.*, 1996, S. 216; *Bitz, M./Schneeloch, D./Wittstock, W.*, 2000, S. 188 f.

721 Reg. § 1.1012-1(a).

auf eine übereinstimmende Aktivierung von nachträglichen Anschaffungskosten in beiden Vergleichsländern schließen.[722]

Kontroverse Ansätze zeigen sich ebenfalls bei der Bestimmung der Anschaffungskosten in den betrachteten Sonderfällen. Bildet nämlich in den USA beim Tausch von Wirtschaftsgütern der *fair market value* des erhaltenen Wirtschaftsguts im Zeitpunkt des Tauschs die Anschaffungskosten, so bezieht das deutsche Steuerrecht hier eine entgegengesetzte Position, indem der gemeine Wert[723] des hingegebenen Wirtschaftsguts im Zeitpunkt des Tauschs den relevanten Wertmaßstab bildet[724]. Der unentgeltliche Erwerb, unter den im deutschen Steuerrecht sowohl der Erwerb von Todes wegen als auch durch Schenkung subsumiert wird, ist seit dem Steuerentlastungsgesetz 1999/2000/2002 durch § 6 Abs. 3 und 4 EStG geregelt. Aufgrund der divergenten Anknüpfungen des deutschen und US-amerikanischen Steuerrechts werden die relevanten Wertmaßstäbe in der folgenden Tabelle gegenübergestellt:[725]

722 So im Ergebnis wohl auch *Smith, J. K./Immel, C.*, 1988, S. 368.

723 Der gemeine Wert nach § 9 Abs. 2 BewG entspricht weitestgehend dem fair market value nach Reg. § 20.2031-1(b).

724 Vgl. § 6 Abs. 6 Satz 1 EStG, der durch das Steuerentlastungsgesetz 1999/2000/2002 mit dem Ziel eingefügt wurde, die Anwendung des Tauschgutachtens künftig zu unterbinden. Bei Nichtanwendbarkeit des Tauschgutachtens wurde auch nach bisherigem Recht der gemeine Wert des hingegebenen Wirtschaftsguts angesetzt. Vgl. BFH v. 14.12.1982, in: BStBl. II 1983, S. 303. Siehe auch *Ellrott, H./Schmidt-Wendt, D.*, 1999, § 255, Anm. 133a; *Breithecker, V./Klapdor, R./Zisowski, U.*, 1999, S. 94; *Weber-Grellet, H.*, 2000c, S. 166; *Kraeusel, J.*, 1999, S. 414 f.; *Biergans, E.*, 1992, S. 383 sowie GP 321213.

725 Vgl. auch *Ellrott, H./Schmidt-Wendt, D.*, 1999, § 255, Anm. 103 ff.; *Glanegger, P.*, 2000, § 6, Rz. 141 ff., 473 ff.; *Breithecker, V./Klapdor, R./Zisowski, U.*, 1999, S. 93 ff.; *Hörger, H./Forster, E.*, 2000, S. 401 ff.; *Hoffmann, W.-D.*, 1999, S. 389; *Weber-Grellet, H.*, 2000c, S. 165 f.; *Kraeusel, J.*, 1999, S. 414; *Biergans, E.*, 1992, S. 387 f.

Tab. 4: Anschaffungskosten bei unentgeltlichem Erwerb im deutschen und US-amerikanischen Bilanzsteuerrecht

Erwerbsobjekt / Art des Erwerbs	Betrieb, Teilbetrieb oder Mitunternehmeranteil		Einzelne Wirtschaftsgüter			
			Erwerb im betrieblichen Bereich		Erwerb im privaten Bereich	
	USA	D	USA	D	USA	D
Schenkung	Buchwert, höchstens *fair market value* im Erwerbszeitpunkt	Buchwert	Buchwert, höchstens *fair market value* im Erwerbszeitpunkt	Gemeiner Wert im Erwerbszeitpunkt	Buchwert, höchstens *fair market value* im Erwerbszeitpunkt	Teilwert
von Todes wegen	*fair market value* im Erwerbszeitpunkt oder zum erbschaftsteuerlichen Bewertungsstichtag	Buchwert	*fair market value* im Erwerbszeitpunkt oder zum erbschaftsteuerlichen Bewertungsstichtag	Gemeiner Wert im Erwerbszeitpunkt	*fair market value* im Erwerbszeitpunkt oder zum erbschaftsteuerlichen Bewertungsstichtag	Teilwert

Die steuerliche Behandlung von *involuntary conversions* nach Sec. 1033 IRC entspricht in weiten Teilen der Übertragung stiller Reserven bei Ersatzbeschaffung gemäß R 35 EStR. Beide Vorschriften setzen das Ausscheiden eines Wirtschaftsguts durch höhere Gewalt oder durch behördlichen Eingriff bzw. zur Vermeidung eines solchen sowie die Ersatzbeschaffung eines funktionsgleichen Wirtschaftsguts voraus.[726] In diesen Fällen gestatten beide Vergleichsländer die Übertragung der stillen Reserven auf das Ersatzwirtschaftsgut zur Vermeidung einer Gewinnrealisierung.[727] Alternativ ist in Deutschland die Bildung einer steuerfreien Rücklage in Höhe der stillen Reserven möglich, falls die Ersatzbeschaffung zum Ende des Wirtschaftsjahres noch nicht erfolgt, aber ernstlich geplant ist.[728] Diese Ersatzbeschaffungsrücklage ist auf ein Jahr für bewegliche und zwei Jahre für unbewegliche Wirtschaftsgüter befristet[729] und ist damit im Ergebnis der *nonrecognition* stiller Reserven gemäß Sec. 1033(a)(2)(A) IRC vergleichbar, welche allerdings um jeweils ein Jahr längere Fristen vor-

---

726 Vgl. R 35 Abs. 1 und 2 EStR; *Horschitz, H./Groß, W./Weidner, W.*, 1997, S. 489 ff.; *Tipke, K./Lang, J.*, 1998, S. 362; *Ebling, K.*, 1994, S. 1014 f.; *Biergans, E.*, 1992, S. 533. Gemäß Sec. 1033(a)(2)(E)(i) IRC genügt in den USA auch der mehrheitliche Anteilserwerb an einer Kapitalgesellschaft, die über qualifizierende Ersatzwirtschaftsgüter verfügt, was im deutschen Steuerrecht nicht anerkannt wird.

727 Vgl. R 35 Abs. 1 EStR; *Horschitz, H./Groß, W./Weidner, W.*, 1997, S. 492 f.; *Tipke, K./Lang, J.*, 1998, S. 362; *Ebling, K.*, 1994, S. 1015 ff.; *Biergans, E.*, 1992, S. 533. Im Unterschied zu den Vereinigten Staaten verlangt das deutsche Steuerrecht jedoch eine analoge Vorgehensweise im handelsrechtlichen Jahresabschluß.

728 Vgl. R 35 Abs. 4 EStR. Siehe auch *Horschitz, H./Groß, W./Weidner, W.*, 1997, S. 494; *Tipke, K./Lang, J.*, 1998, S. 363; *Ebling, K.*, 1994, S. 1019 ff.; *Biergans, E.*, 1992, S. 533 f.

729 Vgl. R 35 Abs. 4 Satz 3 und 4 EStR.

sieht. R 35 EStR ist durchgängig als Wahlrecht ausgestaltet, während Sec. 1033(a) IRC die Übertragung der stillen Reserven bei unmittelbarer Ersatzbeschaffung zwingend und bei mittelbarer Ersatzbeschaffung fakultativ regelt.

Darüber hinaus ist im deutschen Steuerrecht unter bestimmten Voraussetzungen[730] bei der Veräußerung von Grund und Boden, Gebäuden oder land- und forstwirtschaftlichem Aufwuchs einschließlich des dazugehörigen Grund und Bodens die Übertragung stiller Reserven auf in diesem oder dem vorangegangenen Wirtschaftsjahr angeschaffte oder hergestellte Wirtschaftsgüter gleicher Art möglich.[731] Alternativ kann auch eine auf vier Jahre befristete gewinnmindernde Rücklage gebildet werden.[732] Das US-amerikanische Steuerrecht kennt keine mit § 6b EStG vergleichbaren Maßnahmen.

32212. Herstellungskosten

322121. Herstellungskosten nach den Uniform Capitalization Rules

Selbsterstellte Wirtschaftsgüter werden zu Herstellungskosten bewertet, deren Umfang sich bei beweglichen und unbeweglichen materiellen Wirtschaftsgütern nach den UNICAP richtet.[733] Diese beziehen auch die Herstellung von Filmen, Ton- und Videoaufzeichnungen, Büchern und vergleichbaren Gütern in ihren Anwendungsbereich ein.[734] Zudem gehen die UNICAP von einem sehr weiten Herstellungsbegriff aus,[735] der auch die Herstellung durch Dritte im Auftrag des Steuerpflichtigen diesem zurechnet. In solchen Fällen gelten die dem Dritten geleisteten Zahlungen als Herstellungskosten.[736]

---

730 Vgl. § 6b Abs. 4 EStG.

731 Vgl. § 6b Abs. 1 EStG.

732 Vgl. § 6b Abs. 3 EStG. Vgl. zu § 6b EStG *Schoor, H. W.*, 1997, S. 251 ff.; *Horschitz, H./Groß, W./Weidner, W.*, 1997, S. 498 ff.; *Biergans, E.*, 1992, S. 539 ff.; *Tipke, K./Lang, J.*, 1998, S. 363 f., 771 f. sowie zu den Einschränkungen durch das Steuerentlastungsgesetz 1999/2000/2002 z. B. *IDW*, 1999, S. 32; *Kraeusel, J.*, 1999, S. 415 f.; *Ritzrow, M.*, 2001, S. 14 ff.

733 Vgl. Sec. 1012 IRC; Sec. 263A(b)(1) IRC: „Real or tangible personal property produced by the taxpayer".

734 Vgl. Sec. 263A(b) IRC; Reg. § 1.263A-2(a)(2)(ii). Vgl. ausführlich *Bittker, B. I./Lokken, L.*, 1999d S. S105-57 ff. sowie *Schneider, L. J./Solomon, M. F./Smith, P. J.*, 1994a, S. 74 f. Zur Ermittlung der Herstellungskosten von immateriellen Wirtschaftsgütern, die nicht unter den Anwendungsbereich der UNICAP fallen vgl. GP 3312.

735 Der Begriff production umfaßt nach Sec. 263A(g)(1) IRC und Reg. § 1.263A-2(a)(1)(i) Konstruktion, Bau, Installation, Fabrikation, Entwicklung, Verbesserung und Erzeugung von Wirtschaftsgütern sowie Anbau und Aufzucht von landwirtschaftlichen Produkten. Vgl. auch *Melone, M. A.*, 1995, S. 14; *Dentino, C.*, 1989, S. 197. Selbst die Kosten der Erschließung von Grund und Boden fallen unter den Herstellungsbegriff. Vgl. Von-Lusk v. Commissioner, 104 T. C. 207 (1995) und Reichel v. Commissioner, 112 T. C. 1 (1999) sowie *Raby, W. L.*, 1995, S. 1170 und *o. V.*, 1999, S. 255.

736 Vgl. Sec. 263A(g)(2) IRC; Reg. § 1.263A-2(a)(1)(ii)(B)(1). Siehe auch *Bittker, B. I./Lokken, L.*, 1999d S. S105-37; *Kahle, H.*, 1996, S. 108 f.; *Melone, M. A.*, 1995, S. 14 f.; *Dentino, C.*, 1989, S. 197; *Minasian, S. M./Herndon, D. P./Tovig, B. A.*, 1994, S. 614.

Die Herstellungskosten umfassen nach Sec. 263A(a)(2) IRC sowohl die direkt durch die Leistungserstellung veranlaßten Kosten als auch den der Herstellung zurechenbaren Anteil an den Gemeinkosten. Dabei ist es ohne Bedeutung, ob die Kosten vor, während oder nach der eigentlichen Herstellung des Wirtschaftsguts anfallen,[737] lediglich eine grundsätzliche Abzugsfähigkeit als *deduction* muß gegeben sein[738]. Analog zu den Anschaffungskosten ergibt sich daraus im Umkehrschluß ein Aktivierungsverbot für alle nicht mit der Herstellung zusammenhängenden Kosten.[739]

Die direkten Kosten setzen sich aus den Materialeinzelkosten (*direct material costs*) und den Fertigungseinzelkosten (*direct labor costs*) zusammen.[740] Die Materialeinzelkosten umfassen sowohl in das hergestellte Produkt eingegangene Rohstoffe und sonstige Werkstoffe als auch der Herstellung direkt zurechenbare Hilfs- und Betriebsstoffe sowie Sondereinzelkosten der Fertigung.[741] Unter die Fertigungseinzelkosten sind die Fertigungslöhne einschließlich sämtlicher Lohnbestandteile wie Überstundenvergütungen, Urlaubsgeld, Lohnfortzahlung im Krankheitsfall, Lohnsteuern und Sozialversicherungsbeiträge sowie Prämien[742] zu subsumieren, die einem bestimmten Produkt oder einer Produktgruppe direkt zugeordnet werden können.[743]

Zusätzlich sind in die Herstellungskosten alle der Herstellung des Wirtschaftsguts zurechenbaren fixen und variablen Gemeinkosten einzubeziehen. Eine hinreichende Zurechenbarkeit ist gegeben, wenn die Kosten der Herstellungsaktivität direkt zugute kommen oder durch sie veranlaßt sind.[744] Tabelle 5 enthält eine exemplarische Übersicht über die wichtigsten aktivierungspflichtigen Gemeinkosten.[745]

---

737 Vgl. Reg. § 1.263A-2(a)(3)(i); *Gertzman, S. F.*, 1999, S. 6-11; *Minasian, S. M./Herndon, D. P./Tovig, B. A.*, 1994, S. 615 f.; *Kahle, H.*, 1996, S. 109; *Smith, J. K.*, 1991, S. 49 f. sowie Von-Lusk v. Commissioner, 104 T. C. 207 (1995).

738 Vgl. Reg. § 1.263A-1(c)(2)(i). Siehe auch *Melone, M. A.*, 1995, S. 16.

739 So auch *Kahle, H.*, 1996, S. 111.

740 Vgl. Reg. § 1.263A-1(e)(2).

741 Vgl. Reg. § 1.263A-1(e)(2)(i)(A). Siehe auch *Gertzman, S. F.*, 1999, S. 6-47 f.; *Smith, J. K./Immel, C.*, 1988, S. 370; *Bittker, B. I./Lokken, L.*, 1999d, S. S105-38 f.; *Kraft, C.*, 1991, S. 192; *Shapleigh, C. C./McLeod, L.*, 1988, S. 92; *Dentino, C.*, 1989, S. 201; *Minasian, S. M./Herndon, D. P./Tovig, B. A.*, 1994, S. 612 f.

742 Die Regulations nennen die Prämien zwar nicht explizit als Bestandteil der Fertigungseinzelkosten, nach Lincoln Electric Company v. Commissioner, 444 F. 2d 491 (6th Cir., 1971) sind sie aber in gleicher Weise einzubeziehen.

743 Vgl. Reg. § 1.263A-1(e)(2)(i)(B); *Gertzman, S. F.*, 1999, S. 6-48 f.; *Kraft, C.*, 1991, S. 192; *Dentino, C.*, 1989, S. 201 f.; *Bauernfeind, G. G.*, 1994, S. 63-16.

744 Vgl. Reg. § 1.263A-1(e)(3)(i); *Gertzman, S. F.*, 1999, S. 6-49; *Kraft, C.*, 1991, S. 193; *Smith, J. K.*, 1991, S. 52; *Dentino, C.*, 1989, S. 202; *Smith, J. K./Immel, C.*, 1988, S. 370.

745 Die Beispiele sind in Reg. § 1.263A-1(e)(3)(ii) enthalten. Vgl. z. B. auch *Schneider, L. J./Solomon, M. F./Smith, P. J.*, 1994a, S. 75 ff.; *Minasian, S. M./Herndon, D. P./Tovig, B. A.*, 1994, S. 613 ff.

Tab. 5: Als Herstellungskosten aktivierungspflichtige Gemeinkosten

➢ Personalgemeinkosten inkl. Personalnebenkosten sowie Kosten der betrieblichen Altersvorsorge und sonstiger Leistungen zugunsten der Mitarbeiter ➢ Hilfs- und Betriebsstoffe, die keine Materialeinzelkosten sind ➢ (Nach-)Bearbeitungskosten[746] ➢ Kosten der Lagerhaltung[747] ➢ Absetzungen für Abnutzung ➢ Absetzungen für Substanzverringerung[748] ➢ Mieten ➢ Steuern (außer Einkommensteuern), sofern sie grundsätzlich abzugsfähig sind und der Herstellung indirekt zugerechnet werden können ➢ Versicherungen ➢ Energie, Gas und Wasser ➢ Reparatur- und Wartungskosten ➢ Qualitätskontrolle	➢ Kosten erfolgreicher Vertragsverhandlungen und Ausschreibungsteilnahmen ➢ Experimente und Entwürfe, die keine Forschungs- und Entwicklungskosten nach Sec. 174 IRC sind ➢ Werkzeuge und Ausrüstung ➢ Fremdkapitalzinsen ➢ Ausschuß ➢ Aktivierungspflichtige Verwaltungskosten:[749] - Verwaltung und Koordination der Produktionsaktivitäten - Personalverwaltung, einschließlich Anwerbung und Einstellung neuer Mitarbeiter - Produktionsbedingte Planung und Logistik - Lagerverwaltung - Rechnungswesen und Datenverarbeitung - Sicherheitseinrichtungen - Rechtsberatung

Hinsichtlich der Einrechnung der Fremdkapitalzinsen in die Herstellungskosten existieren detaillierte Sondervorschriften. Danach sind nur Zinsen aktivierungspflichtig, die innerhalb der Produktionszeit[750] gezahlt wurden oder entstanden sind.[751] Außerdem müssen sie unbeweglichen oder beweglichen materiellen Wirtschaftsgütern zurechenbar sein, die eine lange

746 Zum Umfang der Bearbeitungskosten siehe GP 322112.

747 Zum Umfang der Lagerhaltungskosten siehe GP 322112.

748 Die Absetzungen für Substanzverringerung können den Herstellungskosten jedoch erst bei der Veräußerung des betreffenden Wirtschaftsguts zum Zweck der Ermittlung des Veräußerungsgewinns oder -verlusts zugerechnet werden. Vgl. Reg. § 1.263A-1(e)(3)(ii)(J). Siehe auch *Minasian, S. M./Herndon, D. P./Tovig, B. A.*, 1994, S. 613.

749 Zur Definition von Verwaltungskosten nach Reg. § 1.263A-1(e)(4)(i) siehe GP 322112. Diese Gemeinkosten werden aktiviert, wenn sie der Herstellung direkt zugute kommen oder durch sie veranlaßt sind. Vgl. Reg. § 1.263A-1(e)(4)(ii)(A). Für die Zurechnung der aktivierungspflichtigen Verwaltungskosten auf das einzelne Produkt kann analog zu den Anschaffungskosten die Relation aus Fertigungslöhnen zu den gesamten Lohnkosten verwendet werden. Alternativ kann sich der Zurechnungsschlüssel aber auch nach dem Verhältnis der Herstellungskosten des Wirtschaftsguts zu den Gesamtkosten im Wirtschaftsjahr richten. Vgl. Reg. § 1.263A-1(h). Vgl. auch *Seago, W. E.*, 1995, S. 82 ff.; *Minasian, S. M./Herndon, D. P./Tovig, B. A.*, 1994, S. 614; *Gertzman, S. F.*, 1999, S. 6-81; *Bittker, B. I./Lokken, L.*, 1999d, S. S105-44; *Shapleigh, C. C./McLeod, L.*, 1988, S. 92 ff.; *Melone, M. A.*, 1995, S. 16. Den hohen Aufwand für kleine Fertigungsbetriebe kritisiert *Seago, W. E.*, 1987, S. 1164 f. Die Beispiele für aktivierungspflichtige Verwaltungskosten enthält Reg. § 1.263A-1(e)(4)(iii).

750 Diese beginnt mit der Aufnahme der Produktionstätigkeit und endet, wenn das Wirtschaftsgut verkaufsfertig oder einsatzbereit ist. Vgl. Sec. 263A(f)(4)(B) IRC sowie *Shapleigh, C. C./McLeod, L.*, 1988, S. 92; *Dentino, C.*, 1989, S. 205; *Kahen, D. E.*, 1996, S. 93.

751 Vgl. Sec. 263A(f)(1)(A) IRC. Vgl. auch *Kahen, D. E.*, 1996, S. 92.

Abb. 8: Simplified production method ohne historic absorption ratio

$$\text{Auf ein Wirtschaftsgut entfallende Gemeinkosten} = \text{Sec. 471 costs des Wirtschaftsguts} \cdot \overbrace{\frac{\text{additional Sec. 263A costs im Wirtschaftsjahr}}{\text{Sec. 471 costs im Wirtschaftsjahr}}}^{\text{absorption ratio}}$$

Bei Unternehmen, deren gesamte Gemeinkosten im Wirtschaftsjahr US-$ 200.000 nicht übersteigen, werden zur Vereinfachung *additional Sec. 263A costs* von Null unterstellt.[780] Diese Unternehmen sind damit faktisch von den UNICAP ausgenommen und müssen ihre Herstellungskosten weiterhin nach der *full absorption costing method* ermitteln.

Das Unternehmen kann alternativ die *historic absorption ratio* wählen, sofern die *simplified production method* unter Verwendung von aktuellen *absorption ratios* seit mindestens drei Jahren zur Anwendung kommt.[781] Die dem Wirtschaftsgut zuzurechnenden Gemeinkosten ergeben sich dann aus der Multiplikation der *Sec. 471 costs* des Wirtschaftsguts mit der *historic absorption ratio*. Letztere ist definiert als Quotient aus den *additional Sec. 263A costs* der *test period* und den *Sec. 471 costs* dieser Periode.[782] Als *test period* werden die dem Jahr der Ausübung der *historic absorption ratio election* unmittelbar vorangegangenen drei Wirtschaftsjahre verwendet.[783] Die *additional Sec. 263A costs* bezeichnen wiederum alle durch die Einführung von Sec. 263A IRC zusätzlich aktivierungspflichtigen Gemeinkosten und die *Sec. 471 costs* entsprechen abermals den Herstellungskosten unter Verwendung der vor Einführung der UNICAP einschlägigen Vorschriften.[784] Abbildung 9 veranschaulicht die Berechnung:

---

780 Vgl. Reg. § 1.263A-2(b)(3)(iv)(A) sowie *Melone, M. A.*, 1995, S. 19; *Seago, W. E.*, 1995, S. 82 ff.; *Schloemer, P. G.*, 1995, S. 102; *Schneider, L. J./Solomon, M. F./Smith, P. J.*, 1994a, S. 74; *Minasian, S. M./Herndon, D. P./Tovig, B. A.*, 1994, S. 616.

781 Vgl. Reg. § 1.263A-2(b)(4)(i). Unternehmen, die nach der oben dargestellten Ausnahmevorschrift keine additional Sec. 263A costs haben, können die historic absorption ratio nicht verwenden.

782 Vgl. Reg. § 1.263A-2(b)(4)(ii)(A)(1). Siehe auch *Melone, M. A.*, 1995, S. 20; *Minasian, S. M./Herndon, D. P./Tovig, B. A.*, 1994, S. 616.

783 Vgl. Reg. § 1.263A-2(b)(4)(ii)(B)(1); *Melone, M. A.*, 1995, S. 20; *Schneider, L. J./Solomon, M. F./Smith, P. J.*, 1994b, S. 140.

784 Vgl. Reg. § 1.263A-2(b)(4)(ii)(A)(2) und (3) sowie weiter oben in diesem GP.

Abb. 9: Simplified production method mit historic absorption ratio

$$\begin{array}{c}\text{Auf ein}\\\text{Wirtschaftsgut}\\\text{entfallende}\\\text{Gemeinkosten}\end{array} = \begin{array}{c}\text{Sec. 471}\\\text{costs des}\\\text{Wirtschafts-}\\\text{guts}\end{array} \cdot \overbrace{\frac{\sum_{i=n-3}^{n-1} \text{additional Sec. 263A costs}_i}{\sum_{i=n-3}^{n-1} \text{Sec. 471 costs}_i}}^{\text{historic absorption ratio}}$$

n = Wirtschaftsjahr, in dem erstmalig die historic absorption ratio gewählt wird

Die Anwendung der *simplified production method* mit *historic absorption ratio* erfolgt analog zur *simplified resale method* mit *historic absorption ratio*.[785] Die nach dem oben beschriebenen Verfahren ermittelte *historic absorption ratio* dient während der fünfjährigen *qualifying period* unverändert der Zurechnung von Gemeinkosten auf die produzierten Wirtschaftsgüter.[786] In dem auf die *qualifying period* folgenden *recomputation year* wird die *absorption ratio* dieses Jahres neu berechnet.[787] Weicht sie nicht mehr als 0,5 % von der *historic absorption ratio* ab, kann die Gemeinkostenzurechnung im *recomputation year* und den folgenden fünf Jahren unter Verwendung der unveränderten *historic absorption ratio* erfolgen.[788] Beträgt die Abweichung jedoch mehr als 0,5 %, erfolgt die Gemeinkostenzurechnung im *recomputation year* und den folgenden zwei Jahren (*updated test period*) nach den jeweiligen

785 Vgl. auch Abb. 7.

786 Vgl. Reg. § 1.263A-2(b)(4)(ii)(C)(1). Siehe auch *Melone, M. A.*, 1995, S. 20; *Schneider, L. J./Solomon, M. F./Smith, P. J.*, 1994b, S. 140.

787 Vgl. Reg. § 1.263A-2(b)(4)(ii)(C)(2).

788 Vgl. Reg. § 1.263A-2(b)(4)(ii)(C)(2). Siehe auch *Melone, M. A.*, 1995, S. 20; *Schneider, L. J./Solomon, M. F./Smith, P. J.*, 1994b, S. 140 f.; *Minasian, S. M./Herndon, D. P./Tovig, B. A.*, 1994, S. 616. Analog zur simplified resale method bestehen Überlegungen des IRS, eine Anpassung der historic absorption ratio bei wesentlichen Abweichungen von der aktuellen absorption ratio einzuführen. Vgl. *Mannetta, J. A.*, 1999, S. 1357 f.

absorption ratios.[789] Basierend auf diesem Dreijahreszeitraum wird eine neue *historic absorption ratio* berechnet, die in den an die *updated test period* anschließenden fünf Jahren der Gemeinkostenzurechnung dient.[790]

Der Wertansatz eines Wirtschaftsguts ist um den Herstellungsaufwand zu erhöhen, sofern es sich nicht um bloßen Reparaturaufwand handelt.[791] Gelegentliche Reparaturen, die weder den Wert des Wirtschaftsguts noch seine Nutzungsdauer wesentlich erhöhen, sondern lediglich der Erhaltung der Betriebsbereitschaft dienen, sind als Betriebsausgaben sofort abzugsfähig. Herstellungsaufwand geht hingegen merklich über bloße Reparaturen hinaus, indem er den Wert oder die Nutzungsdauer des Wirtschaftsguts deutlich erhöht oder das Wirtschaftsgut einem neuen oder geänderten Verwendungszweck zuführt.[792]

322122. Herstellungskosten bei langfristiger Auftragsfertigung

Die UNICAP sind bis auf die in Sec. 460(e)(1) IRC genannten Ausnahmen[793] nicht auf die Ermittlung der Herstellungskosten bei langfristiger Auftragsfertigung anwendbar.[794] Für solche *long-term contracts* sieht Sec. 460 IRC vor, alle Kosten, die einem langfristigen Herstellungsauftrag direkt zugute kommen oder mit diesem in Verbindung stehen, dem jeweiligen Projekt als Herstellungskosten zuzurechnen.[795]

---

789 Vgl. Reg. § 1.263A-2(b)(4)(ii)(C)(2) i. V. m. Reg. § 1.263A-2(b)(4)(ii)(B)(2). Vgl. auch *Melone, M. A.*, 1995, S. 20; *Schneider, L. J./Solomon, M. F./Smith, P. J.*, 1994b, S. 141; *Minasian, S. M./Herndon, D. P./Tovig, B. A.*, 1994, S. 616.

790 Vgl. Reg. § 1.263A-2(b)(4)(ii)(C)(2) sowie *Melone, M. A.*, 1995, S. 20; *Schneider, L. J./Solomon, M. F./Smith, P. J.*, 1994b, S. 141.

791 Vgl. Sec. 263(a)(1) IRC: „Any amount paid out ... for permanent improvements or betterments made to increase the value of any property or estate". In der Rechtsprechung wurde die gesetzliche Formulierung insoweit konkretisiert, als es sich um substantielle Werterhöhungen handeln muß, was bloßen Reparaturaufwand regelmäßig ausschließt. Vgl. z. B. Oberman Mfg. Co. v. Commissioner, 47 T. C. 471 (1967). Vgl. ebenfalls *Willis, E. u. a.*, 1999, S. 5-25. Zu abzugsfähigem Reparaturaufwand siehe auch Fn. 460. Der Herstellungsaufwand geht im Wertansatz des Wirtschaftsguts auf und ist daher auch in der gleichen Weise abzuschreiben, beginnend mit dem Zeitpunkt der Vollendung der nachträglichen Herstellungsarbeiten. Vgl. Sec. 168(i)(6) IRC.

792 Vgl. Reg. § 1.162-4; Reg. § 1.263(a)-1(a) und (b). Siehe auch *Bauernfeind, G. G.*, 1994, S. 63-2; *CCH*, 1998a, S. 262; *Geier, D. A.*, 1998, S. 50 ff.; *Willis, E. u. a.*, 1999, S. 5-25; *Kroschel, J.*, 2000a, S. 87. So sind beispielsweise die Kosten für ein neues Dach Herstellungsaufwand, während die bloße Reparatur des Dachs abzugsfähigen Reparaturaufwand darstellt. Vgl. Munroe Land Co. v. Commissioner, 25 T. C. M. 3 (1966). Kosten für die Beseitigung von Umweltschäden können hingegen seit dem 05.08.1997 sofort abgezogen werden. Vgl. Sec. 198 IRC.

793 Diese Ausnahmen betreffen Sonderfälle, in denen nach wie vor die Anwendung der completed contract method gestattet ist. Vgl. dazu GP 3212122.

794 Vgl. Sec. 263A(c)(4) IRC; Reg. § 1.263A-1(b)(2).

795 Vgl. Sec. 460(c)(1) IRC; Notice 89-15, 1989-1 C. B. 643. Siehe auch *CCH*, 1998a, S. 422; *Tucker, M. J./Quarles, R.*, 1991, S. 36.

Zur näheren Abgrenzung der zurechenbaren Kosten verweist Sec. 460(c)(1) IRC auf die in Sec. 451 IRC und den dazu erlassenen *Regulations* enthaltenen Vorschriften.[796] Danach sind alle direkten und indirekten Kosten, die dem langfristigen Fertigungsauftrag zugerechnet werden können, als Herstellungskosten zu aktivieren.[797] Die Definition der direkten Kosten stimmt dabei vollständig mit jener innerhalb der UNICAP überein und auch bei den indirekten Kosten halten sich die Abweichungen in Grenzen.[798]

So beinhalten die Herstellungskosten bei langfristiger Auftragsfertigung im Gegensatz zu den UNICAP zwingend auch Forschungs- und Entwicklungskosten nach Sec. 174 IRC, sofern diese einer laufenden Langfristfertigung zugerechnet werden können.[799] Die nach UNICAP grundsätzlich aktivierungspflichtigen Kosten der betrieblichen Altersvorsorge müssen im Rahmen der Langfristfertigung nur aktiviert werden, wenn sie mit der Herstellung in Zusammenhang stehen,[800] während die nach UNICAP nicht aktivierungspflichtigen Sofortabschreibungen gemäß Sec. 179 IRC im Rahmen von *long-term contracts* zwingend einzubeziehen sind[801]. Zudem umfassen die Herstellungskosten bei langfristiger Auftragsfertigung nach Notice 89-15 in jedem Fall alle Lagerhaltungs- und Bearbeitungskosten, die mit dem jeweiligen *long-term contract* zusammenhängen.[802] Dort wird außerdem klargestellt, daß alle Gemeinkosten, die in Verbindung mit dem Projekt angefallen sind, unter Verwendung der *specific identification method*, der Standardkostenmethode oder von Zuschlagssätzen anteilig den Herstellungskosten hinzuzurechnen sind.[803] Hierzu zählen beispielsweise auch Rechtsberatungskosten in Verbindung mit dem Abschluß eines langfristigen Fertigungsvertrags,[804] Transport- und Verpackungskosten[805] oder auch bundesstaatliche Verbrauchsteuern[806].

796 Reg. § 1.451-3 regelte die steuerliche Behandlung von long-term contracts vor 1986. Mit der Einführung von Sec. 460 IRC sind diese Vorschriften teilweise überholt, was den expliziten Verweis in Sec. 460(c)(1) IRC erforderlich macht. Der Verweis bezieht sich zudem ausdrücklich auf die Vorschriften für extended period long-term contracts, für die Reg. § 1.451-3 besonders strenge Vorgaben enthält.

797 Vgl. Reg. § 1.451-3(d)(6)(i) und (ii). Siehe auch *Bauernfeind, G. G.*, 1994, S. 54-23; *Willis, E. u. a.*, 1999, S. 15-25; *Tucker, M. J./Quarles, R.*, 1991, S. 36; *Schneider, L. J./Solomon, M. F.*, 1986b, S. 277.

798 So auch *Bauernfeind, G. G.*, 1994, S. 54-22; *Dentino, C.*, 1989, S. 198; *Schneider, L. J./Solomon, M. F.*, 1986a, S. 430.

799 Vgl. Reg. § 1.451-3(d)(6)(ii)(Q).

800 Vgl. Reg. § 1.451-3(d)(6)(iii)(I).

801 Vgl. Reg. § 1.451-3(d)(6)(iii).

802 Vgl. Notice 89-15, 1989-1 C. B. 643. Siehe auch *Tucker, M. J./Quarles, R.*, 1991, S. 36. Die Abgrenzung der Lagerhaltungs- und Bearbeitungskosten entspricht derjenigen nach UNICAP. Vgl. dazu GP 322112.

803 Vgl. Notice 89-15, 1989-1 C. B. 643. Vgl. auch *Bauernfeind, G. G.*, 1994, S. 54-29; *Tucker, M. J./Quarles, R.*, 1991, S. 37. Nach Letter Rul. 8522001 ist die im financial accounting verwendete Zurechnungsmethode nicht maßgeblich für das Steuerrecht.

804 Vgl. McMaster v. Commissioner, 69 T. C. 952 (1978).

805 Vgl. Rev. Rul. 81-208, 1981-2 C. B. 108.

806 Vgl. Rev. Rul. 78-211, 1978-1 C. B. 138.

Fremdkapitalzinsen werden analog zu Sec. 263A(f) IRC in die Herstellungskosten einbezogen.[807]

Ausdrückliche Aktivierungsverbote bestehen für die Kosten unabhängiger Forschung und Entwicklung[808] sowie Werbung, Verkaufsförderung und Vertrieb und für Kosten erfolgloser Vertragsverhandlungen und Ausschreibungsteilnahmen.[809] Ebenso ist die Aktivierung der Kosten von Garantien, Wartungen oder sonstigen Serviceleistungen ausgeschlossen, auch wenn eine direkte Verbindung zum *long-term contract* besteht.[810] Im Ergebnis zeigt sich damit im Bereich der langfristigen Auftragsfertigung eine im Vergleich zu den UNICAP tendenziell engere Abgrenzung der einzubeziehenden Gemeinkosten.

Allerdings werden die Herstellungskosten im Fall eines *cost-plus-* oder *Federal long-term contracts*[811] um sämtliche Kosten erhöht,[812] die der Steuerpflichtige oder ein mit ihm verbundener Dritter mit Berufung auf den Vertrag oder ein Bundes-, bundesstaatliches oder kommunales Gesetz als dem langfristigen Fertigungsvertrag zugehörig behandelt.[813]

Alternativ können die Herstellungskosten bei langfristiger Auftragsfertigung auch nach der *simplified cost-to-cost method* ermittelt werden.[814] Danach bestehen die Herstellungskosten lediglich aus den direkten Kosten und den Abschreibungen auf abnutzbare Wirtschaftsgüter, die im Rahmen des langfristigen Produktionsprozesses eingesetzt wurden.[815]

807 Sec. 460(c)(3)(A) IRC enthält diesbezüglich einen expliziten Verweis. Lediglich die Definition der Produktionszeit wird leicht modifiziert: Danach beginnt die production period im Zeitpunkt der Aufnahme der Produktionstätigkeit oder alternativ bei Anwendung der accrual method, wenn wenigstens 5 % der veranschlagten Gesamtkosten aus dem Projekt bereits angefallen sind. Die Produktionszeit endet am Tag der Fertigstellung. Vgl. Sec. 460(c)(3)(B) IRC. Siehe auch *CCH*, 1998a, S. 422; *Adler, C. C.*, 1989, S. 146. Zur Aktivierung von Fremdkapitalzinsen nach den UNICAP siehe GP 322121.

808 Dabei handelt es sich um Forschungs- und Entwicklungskosten, die nicht einem bestehenden langfristigen Herstellungsvertrag oder einem sonstigen Auftrag zugeordnet werden können. Vgl. Sec. 460(c)(5) IRC.

809 Vgl. Sec. 460(c)(4) IRC; Notice 89-15, 1989-1 C. B. 643 sowie *CCH*, 1998a, S. 422; *Adler, C. C.*, 1989, S. 146; *Tucker, M. J./Quarles, R.*, 1991, S. 37.

810 Vgl. Reg. § 1.451-3(a)(3) und Reg. § 1.451-3(d)(7). Siehe auch *Bittker, B. I./Lokken, L.*, 1999d, S. 106-56.

811 Ein Federal long-term contract ist ein langfristiger Fertigungsvertrag mit den Vereinigten Staaten von Amerika oder einer ihrer Behörden oder ein Nebenvertrag dazu. Vgl. Sec. 460(d)(1) IRC.

812 Dabei handelt es sich selbstverständlich nur um solche Kosten, die nicht nach den oben beschriebenen Grundsätzen bereits aktiviert wurden. Vgl. auch Notice 89-15, 1989-1 C. B. 643.

813 Vgl. Sec. 460(c)(2) IRC; Notice 89-15, 1989-1 C. B. 643. Siehe auch *CCH*, 1998a, S. 422; *Tucker, M. J./Quarles, R.*, 1991, S. 36 f.; *Schneider, L. J./Solomon, M. F.*, 1986a, S. 430 f.

814 Sec. 460(b)(3) IRC gibt dem Finanzministerium ausdrücklich das Recht, eine vereinfachte Bewertungsmethode festzulegen. Diese simplified cost-to-cost method ist in Notice 87-61, 1987-2 C. B. 370 enthalten. Siehe auch Notice 89-15, 1989-1 C. B. 641.

815 Vgl. Notice 87-61, 1987-2 C. B. 370 sowie *Bauernfeind, G. G.*, 1994, S. 54-39; *Adler, C. C.*, 1989, S. 148; *Tucker, M. J./Quarles, R.*, 1991, S. 35.

322123. Vergleich mit den Herstellungskosten im deutschen Bilanzsteuerrecht

Selbsterstellte Wirtschaftsgüter werden im deutschen wie im US-amerikanischen Bilanzsteuerrecht zu Herstellungskosten bewertet,[816] welche im deutschen Steuerrecht anders als in den Vereinigten Staaten nicht gesetzlich definiert sind, so daß über das Maßgeblichkeitsprinzip die handelsrechtliche Definition zur Anwendung kommt.[817] Der objektive Anwendungsbereich von Sec. 263A IRC ist auf bewegliche und unbewegliche materielle sowie einige eigentlich als immateriell zu qualifizierende Wirtschaftsgüter beschränkt. In § 255 Abs. 2 HGB sind zwar keine entsprechenden Einschränkungen enthalten, jedoch muß die Vorschrift vor dem Hintergrund des handels- und steuerrechtlichen Aktivierungsverbots für selbsterstellte immaterielle Vermögensgegenstände bzw. Wirtschaftsgüter des Anlagevermögens gesehen werden.[818] Die Herstellung durch Dritte im Auftrag des Steuerpflichtigen wird nach Sec. 263A(g) IRC dem Steuerpflichtigen zugerechnet, was sich unter der Voraussetzung, daß der Steuerpflichtige in jeder Phase das Herstellungsgeschehen beherrscht, auch im deutschen Bilanzsteuerrecht wiederfindet.[819]

Die Bestandteile der Herstellungskosten im deutschen und US-amerikanischen Bilanzsteuerrecht gleichen sich strukturell insofern, als neben den Einzelkosten auch Teile der notwendigen Gemeinkosten einbezogen werden.[820] Die Einzelkosten werden in beiden Vergleichsländern in Material- und Fertigungseinzelkosten differenziert, welchen das deutsche Bilanzrecht noch die Sondereinzelkosten der Fertigung als eigene Kategorie hinzufügt.[821] Sowohl nach US-amerikanischem als auch nach deutschem Verständnis umfassen die Materialeinzelkosten die bei der Herstellung des Wirtschaftsguts unmittelbar verwendeten oder verbrauchten Roh-, Hilfs- und Betriebsstoffe und sonstigen Werkstoffe, soweit sie den hergestellten Wirtschaftsgütern direkt zugerechnet werden können.[822] Die nach deutschem Recht separat geführten

---

816 Vgl. § 6 Abs. 1 und 2 EStG.

817 Nach § 255 Abs. 2 Satz 1 HGB sind Herstellungskosten „die Aufwendungen, die durch den Verbrauch vo[n] Gütern und die Inanspruchnahme von Diensten für die Herstellung eines Vermögensgegenstands, sein[e]r Erweiterung oder für eine über seinen ursprünglichen Zustand hinausgehende wesentliche Verbesserun[g] entstehen". Die Maßgeblichkeit des handelsrechtlichen Herstellungskostenbegriffs für das Steuerrecht ha[t] der Große Senat des BFH in seinem Beschluß v. 04.07.1990, in: BStBl. II 1990, S. 830 bestätigt. Sieh[e] auch *Werndl, J.*, 2000, § 6, Rn. B 201; *Glanegger, P.*, 2000, § 6, Rz. 170.

818 Vgl. § 248 Abs. 2 HGB und inhaltsgleich § 5 Abs. 2 EStG.

819 Vgl. *Werndl, J.*, 2000, § 6, Rn. B 192; *Adler, H./Düring, W./Schmaltz, K.*, 1995, § 255, Tz. 120; *Horschitz, H./Groß, W./Weidner, W.*, 1997, S. 284; *Jakob, W.*, 1996, S. 219. Siehe auch BFH v. 02.09.1988, in: BStB[l.] II 1988, S. 1010.

820 Vgl. § 255 Abs. 2 HGB und R 33 Abs. 1 EStR, die den handelsrechtlichen Herstellungskostenbegriff fü[r] steuerliche Zwecke konkretisiert und teilweise modifiziert.

821 Vgl. § 255 Abs. 2 Satz 2 HGB.

822 Vgl. *Werndl, J.*, 2000, § 6, Rn. B 234; *Adler, H./Düring, W./Schmaltz, K.*, 1995, § 255, Tz. 142; *Webe[r-]Grellet, H.*, 1996a, S. 233; *Wohlgemuth, M.*, 1991, Rn. 13, 42; *Horschitz, H./Groß, W./Weidner, W.*, 199[7,] S. 289; *Heinhold, M.*, 1996, S. 223.

Sondereinzelkosten der Fertigung[823] werden in den USA unter die Materialeinzelkosten subsumiert. Übereinstimmend erfassen beide Länder als Fertigungseinzelkosten die der Herstellung unmittelbar zurechenbaren Fertigungslöhne einschließlich sämtlicher Lohnbestandteile wie Überstundenvergütungen oder Sonderzuschläge.[824] Damit ergibt sich eine weitgehende inhaltliche Übereinstimmung zwischen dem deutschen und US-amerikanischen Bilanzsteuerrecht hinsichtlich der in die Herstellungskosten einzubeziehenden Einzelkosten.[825]

Zu den in die Herstellungskosten einzubeziehenden Gemeinkosten zählen im US-amerikanischen Bilanzsteuerrecht alle Gemeinkosten, die der Herstellung des Wirtschaftsguts zugerechnet werden können, d. h. die der Herstellung direkt zugute kommen oder durch sie veranlaßt sind. Demgegenüber verlangt das deutsche Bilanzsteuerrecht den Einbezug angemessener Teile der notwendigen Material- und Fertigungsgemeinkosten sowie des Wertverzehrs von Anlagevermögen,[826] soweit er durch die Herstellung des Wirtschaftsguts veranlaßt ist.[827] Beide Vergleichsländer ermitteln die Herstellungskosten auf der Basis von Vollkosten, so daß fixe und variable Gemeinkosten zu berücksichtigen sind.[828] Die hiernach aktivierungspflichtigen Gemeinkosten werden aber jeweils nur exemplarisch genannt.[829]

Sowohl das deutsche als auch das US-amerikanische Steuerrecht verfügen über gesonderte Vorschriften zur Aktivierung von Fremdkapitalzinsen. In Deutschland besteht ein Aktivierungswahlrecht für Zinsen auf Fremdkapital, welches zur Finanzierung der Herstellung eines Wirtschaftsguts dient, soweit die Fremdkapitalzinsen auf den Zeitraum der Herstellung ent-

823 Dabei handelt es sich um die Kosten für Modelle, Spezialwerkzeuge, Entwürfe, Schablonen o. ä., aber auch um Verbrauchsteuern wie Mineralölsteuer oder Tabaksteuer, die mit der Herstellung selbst anfallen. Vgl. *Werndl, J.*, 2000, § 6, Rn. B 240, 249; *Adler, H./Düring, W./Schmaltz, K.*, 1995, § 255, Tz. 149; *Weber-Grellet, H.*, 1996a, S. 234; *Wohlgemuth, M.*, 1991, Rn. 15; *Horschitz, H./Groß, W./Weidner, W.*, 1997, S. 290.

824 Vgl. *Werndl, J.*, 2000, § 6, Rn. B 237 f.; *Adler, H./Düring, W./Schmaltz, K.*, 1995, § 255, Tz. 147; *Weber-Grellet, H.*, 1996a, S. 233; *Wohlgemuth, M.*, 1991, Rn. 14, 42; *Horschitz, H./Groß, W./Weidner, W.*, 1997, S. 289 f.; *Heinhold, M.*, 1996, S. 223.

825 So im Ergebnis auch *Smith, J. K./Immel, C.*, 1988, S. 370.

826 Der Wertverzehr des Anlagevermögens ist trotz seiner eigenständigen Erwähnung als Teil der Fertigungsgemeinkosten anzusehen. Vgl. *Werndl, J.*, 2000, § 6, Rn. B 253.

827 Vgl. R 33 Abs. 1 EStR; RFH v. 04.02.1939, in: RStBl. 1939, S. 321; BFH v. 26.01.1960, in: BStBl. III 1960, S. 191; BFH v. 21.10.1993, in: BStBl. II 1994, S. 178; FG Niedersachsen v. 21.02.1991, in: EFG 1991, S. 655. A. A. *Knobbe-Keuk, B.*, 1993, S. 170 f. m. w. N., wonach das handelsrechtliche Aktivierungswahlrecht für Material- und Fertigungsgemeinkosten über den Maßgeblichkeitsgrundsatz auch steuerlich zu beachten sei. R 33 EStR sei als Verwaltungsvorschrift nicht geeignet, den Bewertungsvorbehalt des § 5 Abs. 6 EStG auszufüllen.

828 Vgl. *Weber-Grellet, H.*, 1996a, S. 233; *Werndl, J.*, 2000, § 6, Rn. B 227; BFH v. 26.01.1960, in: BStBl. III 1960, S. 191.

829 Vgl. R 33 EStR.

fallen.[830] Dem steht in den USA eine Aktivierungspflicht für bestimmte herstellungsbezogene Fremdkapitalzinsen gegenüber. Auch die weiteren Vorschriften zum Aktivierungsumfang sind in beiden Ländern kasuistischer Natur. Dabei ist zu beachten, daß die Vereinigten Staaten keine Aktivierungswahlrechte im Sinne des deutschen Steuerrechts gewähren. Vielmehr ist dort der Einbezug von nicht aktivierungspflichtigen Gemeinkosten ausgeschlossen, sofern kein Zusammenhang mit der Herstellung des Wirtschaftsguts besteht oder ein ausdrückliches gesetzliches Aktivierungsverbot vorliegt. Ist jedoch ein Zusammenhang mit der Herstellung des Wirtschaftsguts gegeben und liegt kein gesetzliches Aktivierungsverbot vor, so besteht Aktivierungspflicht. Die folgenden Tabellen geben einen Überblick über den Umfang der jeweiligen steuerlichen Herstellungskosten.[831]

830 Vgl. § 255 Abs. 3 HGB, der gemäß R 33 Abs. 4 Satz 1 EStR auch steuerlich zu beachten ist. Siehe auch *Werndl, J.*, 2000, § 6, Rn. B 270; *Adler, H./Düring, W./Schmaltz, K.*, 1995, § 255, Tz. 202.

831 Vgl. von deutscher Seite insbesondere § 255 Abs. 2 und 3 HGB und R 33 EStR sowie *Biergans, E.*, 1992, S. 362 ff.; *Werndl, J.*, 2000, § 6, Rn. B 247 ff., 266 ff.; *Glanegger, P.*, 2000, § 6, Rz. 183 ff.; *Adler, H./Düring, W./Schmaltz, K.*, 1995, § 255, Tz. 172 ff.; *Horschitz, H./Groß, W./Weidner, W.*, 1997, S. 290 ff.; *Wohlgemuth, M.*, 1991, Rn. 111; *Bitz, M./Schneeloch, D./Wittstock, W.*, 2000, S. 574 f.; *Weber-Grellet, H.*, 1996a, S. 230; *Wöhe, G.*, 1992, S. 166 ff.

Tab. 7a: Herstellungskosten im deutschen und US-amerikanischen Bilanzsteuerrecht

	USA (UNICAP)			Deutschland		
Aktivierung	Pflicht	keine Pflicht	Verbot	Pflicht	Wahlrecht	Verbot
Einzelkosten						
Materialeinzelkosten und Sondereinzelkosten der Fertigung	X			X		
Fertigungseinzelkosten	X			X		
Gemeinkosten						
produktionsbezogene Löhne und Gehälter (keine Fertigungseinzelkosten) einschl. Nebenkosten	X			X		
freiwillige soziale Leistungen	X				X	
betriebliche Altersvorsorge	X				X	
Hilfs- und Betriebsstoffe, die keine Materialeinzelkosten sind	X			X		
(Nach-)Bearbeitung einschl. Außenverpackung	X					X
Transport des Fertigungsmaterials	X			X		
externe Lagerhaltung	X			X		
Lagerhaltung auf Betriebsgelände (*on-site storage*)		X		X		
Lagerung der Erzeugnisse	X					X
herstellungsbezogene AfA	X			X		
Raumkosten	X			X		
Versicherungen	X			X		
Energie	X			X		
Reparatur und Wartung	X			X		
Ausschuß	X			X		
Werkzeuge und Ausrüstung	X			X		
Vorbereitung und Kontrolle der Fertigung	X			X		
produktbezogene Experimente und Entwürfe	X			X		

Tab. 7b: Herstellungskosten im deutschen und US-amerikanischen Bilanzsteuerrecht

	USA (UNICAP)			Deutschland		
Aktivierung	Pflicht	keine Pflicht	Verbot	Pflicht	Wahlrecht	Verbot
Gemeinkosten						
Steuern außer Einkommensteuern:	X					
- Gewerbesteuer	(X)				X	
- Umsatzsteuer	(X)					X
- Verbrauchsteuern	X					X *
Steuern vom Einkommen außerhalb der Bundesebene		X				(X)
Bundessteuern vom Einkommen			X			X
erfolgreiche Vertragsverhandlungen und Ausschreibungsteilnahmen	X					X
erfolglose Vertragsverhandlungen und Ausschreibungsteilnahmen		X				X
herstellungsbezogene Fremdkapitalzinsen	X				X	
nicht herstellungsbezogene Fremdkapitalzinsen			X			X
produktionsbezogene Verwaltungskosten	X			X		
nicht produktionsbezogene Verwaltungskosten		X			X **	
Sonderabschreibungen		X				X
Garantie und Produkthaftung		X				X
Marketing		X				X
sonstige Vertriebskosten		X				X
unversicherte Verluste		X				X
Streikfolgekosten		X				X
Forschung und Entwicklung		X				X ***

* Ausnahme: Zu den Sondereinzelkosten der Fertigung zählende Verbrauchsteuern.
** Ausnahme: Für auf den Vetrieb entfallende Verwaltungskosten gilt ein Aktivierungsverbot.
*** Ausnahmen: Forschungsaufwendungen für die Entwicklung eines bestimmten Produkts oder für die Weiterentwicklung bestehender Erzeugnisse sind aktivierungspflichtig.

In den vorstehenden Tabellen wurden 36 Gemeinkosten[832] auf ihre Einbeziehung in die Herstellungskosten nach deutschem und US-amerikanischem Bilanzsteuerrecht untersucht. Dabei zeigte sich in 19 Fällen (52,78 %) eine abweichende Behandlung in den Vergleichsländern.[833] Unter diesen Abweichungen steht einer US-amerikanischen Aktivierungspflicht in vier Fällen (21,05 %) ein Aktivierungswahlrecht und in fünf Fällen (26,32 %) ein Aktivierungsverbot auf deutscher Seite gegenüber. Bei weiteren neun Gemeinkosten (47,37 %) erfolgt die Aktivierung in den USA abhängig vom Zusammenhang mit der Herstellung des Wirtschaftsguts, während das deutsche Bilanzsteuerrecht hier ausdrückliche Aktivierungsverbote ausspricht. Lediglich in einem Fall (5,26 %) sind in Deutschland aktivierungspflichtige Gemeinkosten in den USA nicht aktivierungspflichtig. Im Ergebnis läßt sich bei exakt 50 % der insgesamt betrachteten Gemeinkosten eine tendenziell umfassendere Einbeziehung in die Herstellungskosten durch das US-amerikanische Bilanzsteuerrecht feststellen. Vor dem Hintergrund der weitgehenden Identität der einzubeziehenden Einzelkosten folgt daraus insgesamt ein im Vergleich zur Bundesrepublik größerer Umfang der steuerlichen Herstellungskostenbestandteile in den USA.

Dieses Ergebnis wird auch dadurch gestützt, daß die Herstellungskosten im deutschen Bilanzsteuerrecht keine Kosten enthalten, die durch Unterbeschäftigung bei dauerhafter und offenbarer Unterauslastung der Kapazitäten entstehen (Leerkosten).[834] Ein direktes Pendant hierzu ist im US-amerikanischen Bilanzsteuerrecht zwar nicht ersichtlich. Die Möglichkeit zum Einbezug der Abschreibungen auf vorübergehend außer Dienst gestellte Wirtschaftsgüter in die Herstellungskosten spricht jedoch dafür, daß ein dem deutschen Bilanzsteuerrecht vergleichbarer Ausschluß von Leerkosten in den USA nicht vorgesehen ist.[835]

---

832 Die Zahl von 36 Gemeinkosten ergibt sich, indem die Steuern außer Einkommensteuern nicht als eigene Kategorie gezählt werden, sondern nur die drei untergliederten Steuerarten. Zwar existieren im US-amerikanischen Steuerrecht keine direkten Entsprechungen der deutschen Gewerbe- und Umsatzsteuer, was in den Tabellen durch den Klammerzusatz verdeutlicht wurde, jedoch sind diese Steuern unter die generelle Aktivierungspflicht für nicht auf das Einkommen erhobene Steuern subsumierbar. Gleiches gilt für die nicht auf Bundesebene erhobenen Einkommensteuern, die in Deutschland zwar nicht existieren, was ebenfalls durch einen Klammerzusatz verdeutlicht wurde, jedoch unter die Definition in R 33 Abs. 5 Satz 1 EStR subsumiert werden könnten.

833 Diese Fälle sind in den Tabellen schwarz hinterlegt.

834 Vgl. R 33 Abs. 6 EStR; *Weber-Grellet, H.*, 1996a, S. 230, 238; *Werndl, J.*, 2000, § 6, Rn. B 260 ff.; *Wohlgemuth, M.*, 1991, Rn. 87 f., 105; *Glanegger, P.*, 2000, § 6, Rz. 190; *Biergans, E.*, 1992, S. 361; *Wöhe, G.*, 1992, S. 159 f.

835 Unter der full absorption costing method als Vorgängerin der UNICAP wurden Leerkosten nach dem practical capacity concept regelmäßig ausgeschlossen. Mit Einführung der UNICAP wurde das practical capacity concept indes obsolet. Vgl. *Bauernfeind, G. G.*, 1994, S. 83-16.

Die Herstellungskosten werden im deutschen Bilanzsteuerrecht aus der Kostenrechnung abgeleitet.[836] Der Gesetzgeber hat kein bestimmtes Verfahren der Kostenrechnung vorgeschrieben, so daß insbesondere die Zuschlagskalkulation und die Divisionskalkulation[837], aber auch die Plankostenrechnung zur Anwendung kommen.[838] Bei der Zuschlagskalkulation werden die Einzelkosten dem Wirtschaftsgut direkt und die Gemeinkosten indirekt über Zuschlagssätze zugerechnet, welchen als Bezugsgrößen die Material- oder Fertigungseinzelkosten, aber auch Maschinenstunden o. ä. zugrunde liegen. Die entsprechenden Werte werden dem kalkulatorischen Betriebsabrechnungsbogen entnommen, wobei die Zuschlagssätze je nach Kostenbereich variieren können.[839] Die Plankostenrechnung kalkuliert auf der Basis von Planbeschäftigung, Planverbrauchsmengen und Planpreisen. Dabei können grundsätzlich dieselben Kalkulationsverfahren wie bei der Istkostenrechnung Anwendung finden. Die Verwendung der Plankostenrechnung zur Ermittlung der Herstellungskosten wird unter der Voraussetzung geeigneter Anpassungsmaßnahmen in der Literatur für möglich gehalten.[840] Die *burden rate method* des US-amerikanischen Bilanzsteuerrechts entspricht somit einer Plankostenrechnung auf Vollkostenbasis mit Zuschlagskalkulation. Denn analog zur deutschen Zuschlagskalkulation werden bei der *burden rate method* die Gemeinkosten mit Hilfe von Zuschlagssätzen verteilt, die sich auf übereinstimmend abgegrenzte Bezugsgrößen beziehen, wobei in beiden Verfahren die Möglichkeit zur Bildung von je nach Kostenbereich variierenden Zuschlagssätzen besteht. Während die deutsche Zuschlagskalkulation jedoch auf Istgrößen beruht, verwendet die *burden rate method* Plangrößen zur Ermittlung der Zuschlagssätze. Daher ist in den USA auch eine Anpassung wesentlicher Soll-Ist-Abweichungen am Ende des Wirtschaftsjahres vorgesehen, um den Ausweis der tatsächlich angefallenen Kosten zu gewährleisten.

Der Ansatz von Normalkosten als steuerliche Herstellungskosten ist im deutschen Bilanzsteuerrecht grundsätzlich nicht möglich, da hier stets auf die tatsächlich angefallenen Kosten ab-

---

[836] Dabei sind natürlich steuerspezifische Korrekturen wie insbesondere der Ausschluß kalkulatorischer Kosten vorzunehmen. Vgl. *Adler, H./Düring, W./Schmaltz, K.*, 1995, § 255, Tz. 217; *Weber-Grellet, H.*, 1996a, S. 235; *Horschitz, H./Groß, W./Weidner, W.*, 1997, S. 305; *Biergans, E.*, 1992, S. 358; *Wöhe, G.*, 1992, S. 151.

[837] Auf die Divisionskalkulation, welche nur bei Einproduktunternehmen anwendbar ist und systemimmanent nicht zwischen Einzel- und Gemeinkosten unterscheidet, soll hier nicht weiter eingegangen werden. Vgl. dazu *Wohlgemuth, M.*, 1991, Rn. 115 ff.; *Adler, H./Düring, W./Schmaltz, K.*, 1995, § 255, Tz. 238 f.; *Ritzrow, M.*, 1995b, S. 400; *Heinhold, M.*, 1996, S. 214.

[838] Vgl. *Wohlgemuth, M.*, 1991, Rn. 114; *Weber-Grellet, H.*, 1996a, S. 236.

[839] Vgl. *Adler, H./Düring, W./Schmaltz, K.*, 1995, § 255, Tz. 242 f.; *Wohlgemuth, M.*, 1991, Rn. 121 ff.; *Ritzrow, M.*, 1995b, S. 399 f.; *Horschitz, H./Groß, W./Weidner, W.*, 1997, S. 306 ff.; *Wöhe, G.*, 1992, S. 158 f.; *Heinhold, M.*, 1996, S. 215 ff.

[840] Vgl. *Wohlgemuth, M.*, 1991, Rn. 126 ff.; *Ellrott, H./Schmidt-Wendt, D.*, 1999, § 255, Anm. 417; *Heinhold, M.*, 1996, S. 230. *Wöhe, G.*, 1997, S. 400 hält die Verwendung von Sollkosten als Berechnungsgrundlage für akzeptabel, wenn deren Festlegung an Maßstäbe geknüpft ist, die in einem sinnvollen Zusammenhang mit den jeweiligen Kosten stehen.

gestellt wird[841]. Jedoch könnte eine solche Kalkulation unter der Voraussetzung von geeigneten Anpassungsmaßnahmen, wie sie auch bei der *standard cost method* vorgenommen werden, in Betracht kommen.[842] Ein der *simplified production method* vergleichbares Kalkulationsverfahren ist dem deutschen Bilanzsteuerrecht hingegen unbekannt.

Der Wertansatz eines Wirtschaftsguts ist im deutschen wie im US-amerikanischen Bilanzsteuerrecht um Herstellungsaufwand zu erhöhen. Dieser wird in den USA als dauerhafte Verbesserung oder substantielle Werterhöhung definiert, während in Deutschland weitgehend inhaltsgleich von Erweiterung oder wesentlicher Verbesserung die Rede ist[843]. Der Herstellungsaufwand ist jeweils dem Wirtschaftsgut zuzurechnen und mit ihm über die Restnutzungsdauer abzuschreiben.[844] Folglich ist in beiden Vergleichsländern die Abgrenzung von Herstellungs- und Reparatur- bzw. Erhaltungsaufwendungen von großer Bedeutung. Dabei korrespondiert mit der US-amerikanischen Definition von Reparaturaufwand als nicht substantielle Werterhöhung im Ergebnis weitgehend das deutsche Verständnis von Erhaltungsaufwand als Aufwendungen für den Erhalt der Substanz oder der Verwendungs- oder Nutzungsfähigkeit des Wirtschaftsguts[845].

Im Bereich der langfristigen Auftragsfertigung hat die im Vergleich zu den UNICAP tendenziell engere Abgrenzung der einzubeziehenden Gemeinkosten in den USA zunächst eine Annäherung an den Umfang der Herstellungskosten im deutschen Bilanzsteuerrecht zur Folge, welches die Herstellungskosten bei Langfristfertigung nicht gesondert regelt. Diese Annäherung wird jedoch durch die Möglichkeit der Erhöhung der Herstellungskosten bei *cost-plus-* oder *Federal long-term contracts* gemäß Sec. 460(c)(2) IRC sowie die R 33 EStR und der sie stützenden Rechtsprechung widersprechende *simplified cost-to-cost method* wieder deutlich aufgeweicht.

---

841 Vgl. *Weber-Grellet, H.*, 1996a, S. 227; *Horschitz, H./Groß, W./Weidner, W.*, 1997, S. 286.

842 *Ellrott, H./Schmidt-Wendt, D.*, 1999, § 255, Anm. 417 halten eine Normalkostenrechnung für zulässig, wenn der zugrunde gelegte Beschäftigungsgrad den tatsächlichen Gegebenheiten entspricht.

843 Vgl. § 255 Abs. 2 Satz 1 HGB. Nach *Werndl, J.*, 2000, § 6, Rn. B 283 kommt es zwar nicht auf den Wertzuwachs an, jedoch dürfte dieser mit den als Herstellungsaufwand qualifizierenden Aufwendungen regelmäßig einhergehen.

844 Vgl. *Weber-Grellet, H.*, 1996a, S. 240; *Werndl, J.*, 2000, § 6, Rn. B 302; *Wohlgemuth, M.*, 1991, Rn. 151. Nach deutschem Recht kann der Herstellungsaufwand unter Umständen zu einem eigenständigen Wirtschaftsgut führen, welches dann gesondert abzuschreiben ist, wie z. B. bei Fahrstühlen. Vgl. *Adler, H./Düring, W./Schmaltz, K.*, 1995, § 255, Tz. 123. In den USA kommt eine solche Abspaltung eigenständiger Wirtschaftsgüter hingegen grundsätzlich nicht in Betracht.

845 Vgl. BFH v. 10.06.1992, in: BStBl. II 1993, S. 42; R 157 EStR; *Weber-Grellet, H.*, 1996a, S. 240; *Adler, H./Düring, W./Schmaltz, K.*, 1995, § 255, Tz. 122; *Wohlgemuth, M.*, 1991, Rn. 156 ff.; *Horschitz, H./Groß, W./Weidner, W.*, 1997, S. 304 f.; *Wöhe, G.*, 1992, S. 171 ff. Nach *Werndl, J.*, 2000, § 6, Rn. B 310 bedarf es keiner positiven Definition von Erhaltungsaufwand, vielmehr sei dieser als Residualgröße zu verstehen, welche alle nicht als Herstellungsaufwand aktivierten Aufwendungen im Zusammenhang mit einem bestimmten Wirtschaftsgut erfaßt.

3222. Steuerliche Abschreibung materieller Wirtschaftsgüter

32221. Absetzungen für Abnutzung

322211. Planmäßige Abschreibungen

3222111. Abschreibungsfähige Wirtschaftsgüter

Sec. 167(a) IRC beschränkt die Abschreibungsfähigkeit auf betrieblich oder anderweitig zur Einkommenserzielung genutzte abnutzbare Wirtschaftsgüter des Anlagevermögens:[846]

> „There shall be allowed as a depreciation deduction a reasonable allowance for the exhaustion, wear and tear (including a reasonable allowance for obsolescence) – (1) of property used in the trade or business, or (2) of property held for the production of income.“[847]

Die erste Gruppe erfaßt den mit Abstand größten Teil aller abschreibungsfähigen Wirtschaftsgüter, während die zweite Gruppe als Auffangvorschrift insbesondere für vermietete Wirtschaftsgüter konzipiert ist, bei denen die Voraussetzungen einer betrieblichen Nutzung nicht erfüllt sind.[848]

Wirtschaftsgüter des Umlaufvermögens zählen nicht zu den abschreibungsfähigen Wirtschaftsgütern, weil hier keine Nutzung im Sinne von Sec. 167(a) IRC angenommen wird.[849] Wirtschaftsgüter des Privatvermögens, wie private Kraftfahrzeuge, privates Wohneigentum oder sonstige ausschließlich privat genutzte Güter berechtigen ebenfalls nicht zur Vornahme von Abschreibungen.[850] Gleichermaßen sind Grund und Boden sowie natürliche Ressourcen,

---

846 Die Ausführungen zu steuerlichen Abschreibungen in diesem Abschnitt beziehen sich ausschließlich auf materielle Wirtschaftsgüter. Zur Abschreibung immaterieller Wirtschaftsgüter vgl. GP 3313.

847 Sec. 167(a) IRC.

848 Vermietete Wirtschaftsgüter werden als nicht betrieblich genutzt klassifiziert, wenn mit der Vermietung nur unwesentliche Verwaltungs- und Instandhaltungsaktivitäten verbunden sind. Vgl. *Bittker, B. I./Lokken, L.*, 1999a, S. 23-27; *McDaniel, P. R. u. a.*, 1999, S. 449.

849 Vgl. Reg. § 1.167(a)-2; *McDaniel, P. R. u. a.*, 1999, S. 450; *CCH*, 1998a, S. 332. Dies gilt jedoch nicht für sog. rotable spare parts, die als abschreibungsfähige Wirtschaftsgüter qualifiziert und somit aus dem Umlaufvermögen ausgegrenzt werden. Dabei handelt es sich um Tauschteile oder -baugruppen, die nach der Reparatur aufgetretener Defekte wieder uneingeschränkt einsatzfähig sind. Vgl. Honeywell, Inc. v. Commissioner, 64 T. C. M. 437 (1992); Hewlett-Packard Co. v. United States, 71 F. 3d 398 (Fed. Cir., 1995); Rev. Rul. 69-200, 1969-1 C. B. 60. Dazu eingehend *Johnson, C. H.*, 1996, S. 111, der die Entscheidung des Court of Appeals in Hewlett-Packard für „terribly wrong“ hält, da sie im Widerspruch zur clear reflection of income stehe. Gl. A. *Gaffney, D. J.*, 1996, S. 1009 ff.; ähnlich auch *Seago, W. E.*, 1996, S. 347 ff.

850 Vgl. Reg. § 1.167(a)-2. Wird ein privat genutztes Wirtschaftsgut in ein betrieblich genutztes umgewandelt, sind die Abschreibungen ausgehend von den Anschaffungs- oder Herstellungskosten oder dem Marktwert zum Zeitpunkt der Umwandlung zu bemessen, wobei der niedrigere der beiden Wertansätze zu wählen ist. Vgl. Reg. § 1.167(g)-1. Siehe auch *McDaniel, P. R. u. a.*, 1999, S. 449; *CCH*, 1998a, S. 331; *Willis, E. u. a.*, 1999, S. 7-5; *Bassett, B. R.*, 1995, S. 841.

welche unter den Anwendungsbereich der Absetzungen für Substanzverringerung fallen, vom Kreis der abschreibungsfähigen Wirtschaftsgüter ausgeschlossen.[851]

Bei gemischtgenutzten Wirtschaftsgütern können auf den betrieblich genutzten Teil Abschreibungen vorgenommen werden, wobei dieser Anteil nach einem sinnvollen Maßstab, wie z. B. Fläche oder Nutzungsdauer, zu ermitteln ist.[852] Darüber hinaus enthält der IRC Sondervorschriften, welche die anteilige Abschreibung von bestimmten Wirtschaftsgütern, die häufig einer gemischten Nutzung unterliegen, gesondert regeln.[853]

Da nur abnutzbare Wirtschaftsgüter (*wasting assets*) die Voraussetzungen der Abschreibungsfähigkeit erfüllen,[854] muß jederzeit der Nachweis erbracht werden können, daß das abzuschreibende Wirtschaftsgut einem Wertverzehr im Zeitverlauf oder durch Nutzung unterliegt und seine Nutzungsdauer somit begrenzt ist.[855]

---

851 Vgl. Reg. § 1.167(a)-2. Dies gilt auch für land- und forstwirtschaftlich genutzten Grund und Boden und selbst dann, wenn die Nutzbarkeit aufgrund eines absinkenden Grundwasserspiegels begrenzt ist. Vgl. Rev. Rul. 55-730, 1955-2 C. B. 53. Die Kosten baulicher Maßnahmen auf dem Grund und Boden können natürlich abgeschrieben werden, wobei im Fall von reinen Erschließungskosten der Nachweis einer begrenzten Nutzungsdauer oder des Charakters als Bestandteil eines abschreibungsfähigen Wirtschaftsguts unter Umständen problematisch sein kann. Vgl. *Bittker, B. I./Lokken, L.*, 1999a, S. 23-35; *McDaniel, P. R. u. a.*, 1999, S. 450; *Graetz, M. J./Schenk, D. H.*, 1999, S. 341; *CCH*, 1998a, S. 332; *Bassett, B. R.*, 1995, S. 841. Daher hat der IRS in Rev. Proc. 87-56, 1987-2 C. B. 674 für bestimmte Erschließungsmaßnahmen, wie z. B. Gehwege, Abwasserleitungen oder Brücken, eine Nutzungsdauer von 20 Jahren festgelegt.

852 Ist der betrieblich genutzte Anteil jedoch von völlig untergeordneter Bedeutung, kommt keine Abschreibung in Betracht. Vgl. *Bittker, B. I./Lokken, L.*, 1999a, S. 23-28 f.; *McDaniel, P. R. u. a.*, 1999, S. 449.

853 Vgl. Sec. 280A IRC für gemischtgenutzte Wohnungen, Sec. 183 IRC für Wirtschaftsgüter, die auch bei nicht mit Gewinnerzielungsabsicht betriebenen Aktivitäten zum Einsatz kommen, Sec. 274(a)(1)(B) IRC für Wirtschaftsgüter, die der Unterhaltung oder Erholung dienen sowie Sec. 280F IRC für luxuriöse Automobile und aufwendige elektronische Geräte. Vgl. dazu *McDaniel, P. R. u. a.*, 1999, S. 605 ff., S. 617 ff.; *Willis, E. u. a.*, 1999, S. 7-17 ff.

854 Vgl. Sec. 167(a) IRC: „a reasonable allowance for the exhaustion, wear and tear (including a reasonable allowance for obsolescence)".

855 Vgl. Reg. § 1.167(a)-1(a) und (b); Reg. § 1.167(a)-10(b); *Bittker, B. I./Lokken, L.*, 1999a, S. 23-32. Damit sind z. B. keine Abschreibungen auf Kunstwerke möglich, da kein Wertverzehr gegeben ist. Vgl. Rev. Rul. 68-232, 1968-1 C. B. 79. Siehe aber Simon v. Commissioner, 103 T. C. 247 (1994), wo der Tax Court die Abschreibung antiker Violinbögen, die von professionellen Violinisten genutzt wurden, gestattete, da ungeachtet der Wertsteigerung der Bögen im Zeitverlauf auch eine tatsächliche Abnutzung erfolge, die zu Abschreibungen berechtige. Ebenso Liddle v. Commissioner, 103 T. C. 285 (1994). Diese Urteile stehen im Konflikt zu Browning v. Commissioner, 890 F. 2d 1084 (9th Cir., 1989), wo der Court of Appeals die Abschreibung einer Stradivari-Violine versagte. Eingehend zu dieser Problematik *Dupuy, S. E.*, 1995, S. 629 ff.; *Dodge, J. M./Geier, D. A.*, 1995, S. 617 ff. und *Cunningham, K. M.*, 1995, S. 753 ff. sowie kritisch *Bassett, B. R.*, 1995, S. 837 ff. und *Murakami, A. A.*, 1997, S. 1211 ff. Der IRS hat angekündigt, den Urteilen in Simon und Liddle über den Einzelfall hinaus nicht zu folgen. Vgl. *McDaniel, P. R. u. a.*, 1999, S. 449. Vgl. auch *Dodge, J. M./Fleming, J. C./Geier, D. A.*, 1999, S. 541 f.; *Graetz, M. J./Schenk, D. H.*, 1999, S. 341 f.; *Willis, E. u. a.*, 1999, S. 7-5.

3222112. Methodik der steuerlichen Abschreibungsverrechnung

32221121. Modified Accelerated Cost Recovery System

Die Absetzungen für Abnutzung (*depreciation*)[856] dienen im Bilanzsteuerrecht der USA primär der Verteilung der Anschaffungs- oder Herstellungskosten eines Wirtschaftsguts auf dessen Nutzungsdauer.[857] Erst in zweiter Linie wird dem Wertverzehr durch Verbrauch, Verschleiß oder Veralterung Rechnung getragen.[858]

Die Verteilung der Anschaffungs- oder Herstellungskosten[859] von Wirtschaftsgütern im Sinne einer periodengerechten Gewinnermittlung wurde bis einschließlich 1980 durch Sec. 167 IRC geregelt,[860] der 1972 alternativ das System der *asset depreciation range* (ADR) zur Seite gestellt wurde[861]. Der *Economic Recovery Tax Act of 1981*[862] ersetzte diese Vorschriften

[856] Im US-amerikanischen Bilanzsteuerrecht werden die Begriffe depreciation, amortization und depletion verwendet. Ersterer bezeichnet dabei üblicherweise die Abschreibung materieller Wirtschaftsgüter, während amortization regelmäßig für die Abschreibung immaterieller Wirtschaftsgüter steht. Die Absetzungen für Substanzverringerung werden gewöhnlich als depletion bezeichnet. Vgl. auch *Willis, E. u. a.*, 1999, S. 7-3; *Kahle, H.*, 1996, S. 112 f.; *McDaniel, P. R. u. a.*, 1999, S. 429. Zur historischen Entwicklung der steuerlichen Abschreibungsverrechnung in den USA vgl. *Lischer, H. J.*, 1978, S. 545 ff.; *Bassett, B. R.*, 1995, S. 842 ff.

[857] Dies belegt auch die Bezeichnung der verschiedenen Abschreibungsmethoden als ‚cost recovery systems'. In Hertz Corp. v. United States, 364 U. S. 126 (1960) stellte der Supreme Court fest: „the purpose of depreciation accounting is to allocate the expense of using an asset to the various periods which are benefited by that asset". Siehe auch Commissioner v. Idaho Power, 418 U. S. 10 (1974) sowie *Travostino, D.*, 1974, S. 150 ff. Vgl. außerdem *Kahn, D. A.*, 1979, S. 13 f.; *Bassett, B. R.*, 1995, S. 858; *McDaniel, P. R. u. a.*, 1999, S. 429; *Lischer, H. J.*, 1978, S. 546; *Kahle, H.*, 1996, S. 113; *Kraft, C.*, 1991, S. 181; *Smith, J. K.*, 1991, S. 73.

[858] Vgl. Sec. 167(a) IRC; Reg. § 1.167(a)-1(a) sowie das Supreme Court-Urteil in United States v. Ludey, 274 U. S. 300 (1927): „The depreciation charge permitted as a deduction from the gross income in determining the taxable income of a business for any year represents the reduction, during the year, of the capital assets through wear and tear of the plant used." (Der Begriff capital asset ist hier nicht im technischen Sinne, sondern als allgemeine Bezeichnung für betrieblich genutzte Wirtschaftsgüter zu verstehen, ebenso *Bittker, B. I./Lokken, L.*, 1999a, S. 23-6.) Siehe auch *Kahle, H.*, 1996, S. 113; *Smith, J. K.*, 1991, S. 73.

[859] Zu den Anschaffungs- oder Herstellungskosten als Bemessungsgrundlage der Absetzungen für Abnutzung vgl. Reg. § 1.167(a)-1(a).

[860] Bei diesem System wurden zunächst die voraussichtliche Nutzungsdauer (useful life) und der voraussichtliche Rest- oder Schrottwert des Wirtschaftsguts am Ende der Nutzungsdauer (salvage value) festgelegt. Die jährlichen Absetzungen für Abnutzung ergaben sich dann durch die Verteilung der Differenz zwischen Anschaffungs- oder Herstellungskosten und salvage value auf die voraussichtliche Nutzungsdauer. Anfangs waren nur lineare, später auch degressive Abschreibungen möglich. Vgl. *Bittker, B. I./Lokken, L.*, 1999a, S. 23-3; *Bassett, B. R.*, 1995, S. 842.

[861] Mit dem ADR-System sollte die Akzeptanz der amtlichen Nutzungsdauer-Richtlinien erhöht werden, indem der Steuerpflichtige eine Nutzungsdauer zwischen 80 % und 120 % der Richtlinien-Nutzungsdauer wählen konnte. Zudem wurde in zahlreichen Fällen auf die Verrechnung von Schrott- oder Restwerten verzichtet. Vgl. *Bittker, B. I./Lokken, L.*, 1999a, S. 23-4; *Bassett, B. R.*, 1995, S. 844 ff.; *McDaniel, P. R. u. a.*, 1999, S. 433; *Lischer, H. J.*, 1978, S. 567 ff.

[862] Vgl. Economic Recovery Tax Act v. 13.08.1981, Pub. L. No. 97-34, in: 95 Stat. 172.

weitgehend durch das *accelerated cost recovery system* (ACRS),[863] welches in der durch den *Tax Reform Act of 1986* deutlich veränderten Form als *modified accelerated cost recovery system* (MACRS) seit 1987 Gültigkeit besitzt[864]. Ausschlaggebend für die Anwendung der Systeme ist der Zeitpunkt der Inbetriebnahme eines Wirtschaftsguts, so daß sich die Absetzungen für Abnutzung älterer Wirtschaftsgüter auch heute noch nach einem der Vorgängersysteme des MACRS richten können.[865]

Abb. 10: Zeitliche Abfolge der steuerlichen Abschreibungssysteme in den USA

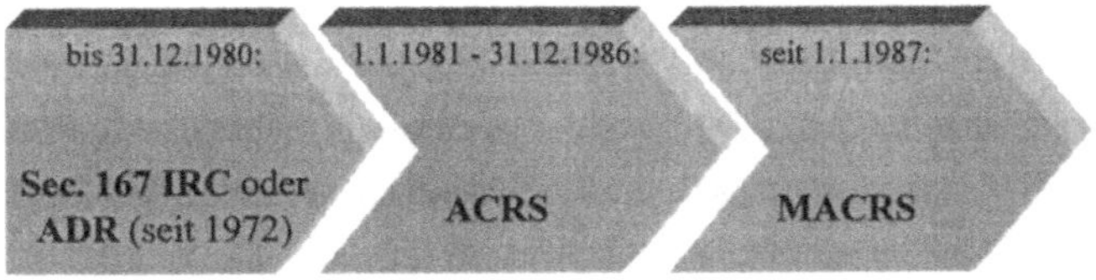

[863] Mit der Einführung von ACRS wurde das bisherige System der näherungsweisen Ermittlung der tatsächlichen Nutzungsdauer von Wirtschaftsgütern obsolet. Statt dessen wurden verbindliche Abschreibungszeiträume festgelegt, die regelmäßig die wirtschaftliche Nutzungsdauer der Wirtschaftsgüter unterschritten. Auf die Verrechnung von salvage value wurde zudem generell verzichtet. Die jährlichen Absetzungen für Abnutzung wurden auch nicht anhand von Abschreibungsverfahren ermittelt, sondern in amtlichen Tabellen veröffentlicht, deren Berechnung auf keiner einheitlichen Methode basierte. Insgesamt sollte ACRS durch beschleunigte Abschreibungen die Investitionstätigkeit anregen. Vgl. *Terry, S. A.*, 1987, S. 134; *Hartmann, J./Berberian, D.*, 1981, S. 607 f. Vgl. auch *Bittker, B. I./Lokken, L.*, 1999a, S. 23-4 f.; *Bassett, B. R.*, 1995, S. 846 ff.; *Auerbach, A. J.*, 1982, S. 1331 ff.; *Kau, W. M.*, 1982, S. 181 ff.

[864] Nach *Terry, S. A.*, 1987, S. 134 führen die Modifikationen des ACRS zwar zu einem reduzierten Investitionsanreiz gegenüber der vor 1987 gültigen Fassung, behalten ihren grundsätzlichen Lenkungszweck aber bei. Vgl. auch *Haueisen, B./Haupt, W.*, 1986, S. 875 f.

[865] Vgl. *Willis, E. u. a.*, 1999, S. 7-2 f.; *Bittker, B. I./Lokken, L.*, 1999a, S. 23-3 ff.; *Murakami, A. A.*, 1997, S. 1217. Die vorliegende Untersuchung konzentriert sich jedoch auf das MACRS in der seit 1987 gültigen Fassung.

Das MACRS ist auf die überwiegende Zahl der materiellen Wirtschaftsgüter anwendbar,[866] die ab dem 1. Januar 1987 in Betrieb genommen wurden.[867] Ausgenommen sind Wirtschaftsgüter, die wahlweise nach einem nicht zeitabhängigen Verfahren, wie der leistungsabhängigen *unit-of-production method* abgeschrieben werden.[868] Bei dieser Methode werden die um den Schrott- oder Restwert verminderten Anschaffungs- oder Herstellungskosten eines Wirtschaftsguts auf dessen voraussichtliche Gesamtleistung bezogen und ein der Periodenleistung entsprechender Teil als Abschreibungen verrechnet:[869]

$$\text{AfA} = \frac{\text{AK/HK} - \text{Schrott- oder Restwert}}{\text{voraussichtliche Gesamtleistung}} \cdot \text{Periodenleistung}$$

AfA = Absetzung für Abnutzung

AK/HK = Anschaffungs- oder Herstellungskosten

Ebenfalls von der Anwendung des MACRS ausgenommen sind bestimmte öffentliche Versorgungseinrichtungen, Filme und Videokassetten sowie Tonaufnahmen.[870] Wirtschaftsgüter, die mit der Absicht der Verschiebung des betreffenden Guts in den Anwendungsbereich eines vorteilhafteren Abschreibungssystems veräußert und später wieder zurückerworben werden, können durch die sogenannten *antichurning rules* vom MACRS-Abschreibungssystem ausgeschlossen werden.[871]

Im Zentrum der Ermittlung der Absetzungen für Abnutzung unter MACRS steht die Zuordnung der abzuschreibenden Wirtschaftsgüter zu verschiedenen Abschreibungsklassen,[872]

866 In Comshare, Inc. v. United States, 27 F. 3d 1142 (6th Cir., 1994) hat der Court of Appeals sogar auf Datenträgern gespeicherte Software-Quellcodes als materielle Wirtschaftsgüter eingestuft, wobei es sich jedoch um einen Extremfall handeln dürfte.

867 Vgl. Sec. 168(a) IRC. Grundsätzlich wird jedes Wirtschaftsgut gesondert abgeschrieben. Unter bestimmten Voraussetzungen können jedoch mehrere gleichartige Wirtschaftsgüter in einem sog. general asset account zusammengefaßt und für Abschreibungszwecke als ein Gut behandelt werden. Vgl. Reg. § 1.168(i); *McDaniel, P. R. u. a.*, 1999, S. 457 f.

868 Vgl. Sec. 168(f)(1) IRC.

869 Vgl. *Terry, S. A.*, 1987, S. 136.

870 Vgl. Sec. 168(f)(2) bis (4) IRC. Diese Wirtschaftsgüter können dennoch nach den allgemeinen Vorschriften von Sec. 167 IRC abgeschrieben werden, sofern sie die Voraussetzungen der Abschreibungsfähigkeit erfüllen. Bei Filmen, Videokassetten und Tonaufnahmen, die im Rahmen eines Unternehmenskaufs erworben wurden, kann auch eine Abschreibung nach Sec. 197 IRC in Betracht kommen, worauf in GP 3313 eingegangen wird.

871 Vgl. Sec. 168(f)(5) IRC. Beispielsweise könnte versucht werden, durch die Veräußerung eines vor 1980 in Betrieb genommen Wirtschaftsguts und dessen Rückerwerb im Jahr 1987 das MACRS Abschreibungssystem auf dieses Wirtschaftsgut anwendbar zu machen. Die antichurning rules sehen hier jedoch einen Mißbrauch und bewirken die fortgesetzte Anwendung des ursprünglichen Abschreibungverfahrens. Vgl. *Terry, S. A.*, 1987, S. 135. Ausführlich zu den komplexen antichurning rules *Bittker, B. I./Lokken, L.*, 1999a, S. 23-39 ff.; *Speaker, P. A./McGrail, W. M.*, 1987, S. 32 ff.

872 Vgl. Sec. 168(e) IRC; *Manolakas, C.*, 1994, S. 1693 ff.

denen verbindliche Abschreibungsdauern (*recovery periods*) zugeordnet sind[873]. Außerdem entscheidet die Zugehörigkeit zu einer Klasse über die anzuwendenden Abschreibungsmethoden (*depreciation methods*) und Annahmen (*conventions*) über den Zeitpunkt der Inbetriebnahme.[874]

Die Zuordnung zu einer Abschreibungsklasse erfolgt regelmäßig in Abhängigkeit von der betriebsgewöhnlichen Nutzungsdauer (*class life*) des betreffenden Wirtschaftsguts.[875] Die *class lives* der meisten beweglichen Wirtschaftsgüter sind vom IRS basierend auf dem ADR-System verbindlich festgelegt.[876] Einige Wirtschaftsgüter werden zudem aufgrund expliziter gesetzlicher Vorschriften bestimmten Abschreibungsklassen zugewiesen.[877] Unbewegliche Wirtschaftsgüter, die meist nicht über eine betriebsgewöhnliche Nutzungsdauer verfügen, werden in zwei separate Abschreibungsklassen eingeordnet.[878] Die Abschreibungsdauern der verschiedenen Abschreibungsklassen, welche regelmäßig die betriebsgewöhnlichen Nutzungsdauern unterschreiten, sind in Tabelle 8 dargestellt.[879]

---

[873] Vgl. Sec. 168(c) IRC.

[874] Vgl. Sec. 168(b) und (d) IRC; *Manolakas, C.*, 1994, S. 1693 ff.

[875] Vgl. Sec. 168(e) IRC.

[876] Vgl. Sec. 168(i)(1) IRC; *McDaniel, P. R. u. a.*, 1999, S. 453. Gegenwärtig sind die class lives in Rev. Proc. 87-56, 1987-2 C. B. 674, geändert durch Rev. Proc. 88-22, 1988-1 C. B. 785 geregelt. Die absolute Bindungswirkung dieser class lives wurde erst jüngst wieder vom Tax Court in Norwest Corp. v. Commissioner, 111 T. C. 105 (1998) bestätigt. Ausführlich zu diesem Urteil *Leitner, A./Kahen, D. E./Morris, R. A.*, 1999, S. 154 ff.

[877] Vgl. Sec. 168(e)(3) IRC. Damit wird teilweise die eigentlich aufgrund der betriebsgewöhnlichen Nutzungsdauer erforderliche Zuordnung aufgehoben.

[878] Vgl. Sec. 168(e)(2) IRC. Unbewegliche Wirtschaftsgüter, die keine betriebsgewöhnliche Nutzungsdauer haben und weder zum residential rental property noch zum nonresidential real property gehören, sind dem 7-year property zuzuordnen. Vgl. Sec. 168(e)(3)(C)(ii) IRC. Gebäude werden grundsätzlich als Einheit abgeschrieben, es erfolgt keine Separierung eigenständiger Elemente wie Heizungen oder Aufzüge. Vgl. *Bittker, B. I./Lokken, L.*, 1999a, S. 23-45. Die Sondervorschriften für Trinkwasserversorgungsanlagen sowie Eisenbahntunnel und Schienendämme werden hier aufgrund ihrer untergeordneten Bedeutung nicht näher betrachtet.

[879] Vgl. Sec. 168(c) und (e) IRC; Rev. Proc. 87-56, 1987-2 C. B. 674. Siehe auch *McDaniel, P. R. u. a.*, 1999, S. 454; *Kahle, H.*, 1996, S. 115; *Bittker, B. I./Lokken, L.*, 1999a, S. 23-42 f.; *Smith, J. K.*, 1991, S. 79; *Willis, E. u. a.*, 1999, S. 7-7 f.

Tab. 8: Abschreibungsklassen nach MACRS

Abschreibungs-klasse	*class life* (CL) (Jahre)	Abschrei-bungs-dauer (Jahre)	Beispiele
3-year property	CL ≤ 4	3	Werkzeuge zur Fahrzeugherstellung, min. zweijährige Rennpferde
5-year property	4 < CL < 10	5	PKW, Busse, Büromaschinen, EDV- und Telefonanlagen
7-year property	10 ≤ CL < 16	7	Büroeinrichtung, landwirtschaftliches Gerät
10-year property	16 ≤ CL < 20	10	Schiffe, Schlepper, best. Fertigungsanlagen, Obstbäume und Weinreben
15-year property	20 ≤ CL < 25	15	Kommunale Abwasserreinigungsanlagen, Infrastruktur (z. B. Gehwege, Straßen, Kanäle)
20-year property	CL ≥ 25	20	Anlagen zur Gas- und Wasserversorgung
Residential rental property		27,5	Vermietete Wohngebäude[880]
Nonresidential real property		39[881]	Gewerblich genutzte Gebäude[882]

Zur Verteilung der Anschaffungs- oder Herstellungskosten eines Wirtschaftsguts über die klassenspezifische Abschreibungsdauer kommen je nach Klassenzugehörigkeit verschiedene Abschreibungsmethoden in Betracht. Grundsätzlich kommt es dabei zu einer vollständigen Verteilung, da Schrott- oder Restwerte unter MACRS ignoriert werden.[883] Neben der linearen Abschreibung (*straight line method*) gestattet das US-amerikanische Bilanzsteuerrecht eine geometrisch-degressive Abschreibung mit obligatorischem Wechsel zur linearen Abschreibung im optimalen Zeitpunkt[884]. Die geometrisch-degressive Abschreibung ist dabei auf das Zweifache (*200 percent declining balance method*) bzw. das Eineinhalbfache (*150 percent*

880 Wenigstens 80 % der Bruttomieterträge müssen aus der Vermietung von Wohnfläche stammen, die zu wenigstens 50 % dauerhaft vermietet ist. Vgl. Sec. 168(e)(2)(A) IRC. Siehe auch *Willis, E. u. a.*, 1999, S. 7-12; *Terry, S. A.*, 1987, S. 134.

881 Ursprünglich war hier eine Nutzungsdauer von 31,5 Jahren vorgeschrieben, die für Gebäude, die nach dem 12.05.1993 in Betrieb genommen wurden, auf 39 Jahre erhöht wurde, um den tatsächlichen Wertverzehr besser zu berücksichtigen. Vgl. *Bittker, B. I./Lokken, L.*, 1999a, S. 23-43; *Willis, E. u. a.*, 1999, S. 7-12 f.; *Flick, H. F. W./Damm, H.*, 1993, S. 501.

882 Dies sind alle Gebäude mit Ausnahme von residential rental property und Gebäuden mit einer betriebsgewöhnlichen Nutzungsdauer von 27,5 Jahren. Vgl. Sec. 168(e)(2)(B) IRC.

883 Vgl. Sec. 168(b)(4) IRC; *McDaniel, P. R. u. a.*, 1999, S. 433 ff.

884 Der optimale Zeitpunkt ist erreicht, wenn die straight line method erstmalig zu einer höheren Absetzung für Abnutzung bezogen auf den Restbuchwert führt als die geometrisch-degressive Abschreibung. Vgl. Sec. 168(b)(1)(B) IRC sowie *McDaniel, P. R. u. a.*, 1999, S. 434 ff.

declining balance method) der linearen Abschreibung begrenzt.[885] Die Bindung zwischen der Abschreibungsklasse eines Wirtschaftsguts und der anzuwendenden Abschreibungsmethode wird nur durch wenige Sondervorschriften[886] und das Wahlrecht zur Anwendung einer weniger raschen Abschreibungsmethode durchbrochen. Dieses Wahlrecht ermöglicht die Anwendung der *150 percent declining balance method* auf Wirtschaftsgüter, die eigentlich mit dem doppelten linearen Satz abzuschreiben wären.[887] Analog kann die *straight line method* anstelle einer der beiden geometrisch-degressiven Abschreibungen gewählt werden.[888] Das Wahlrecht muß einheitlich für eine ganze Abschreibungsklasse ausgeübt werden und ist dann für die im Wirtschaftsjahr der Wahlrechtsausübung in Betrieb genommenen Wirtschaftsgüter unwiderruflich.[889] Abbildung 11 veranschaulicht die Zusammenhänge zwischen der Art des Wirtschaftsguts und der anzuwendenden Abschreibungsmethode:[890]

Abb. 11: Abschreibungsmethoden nach MACRS

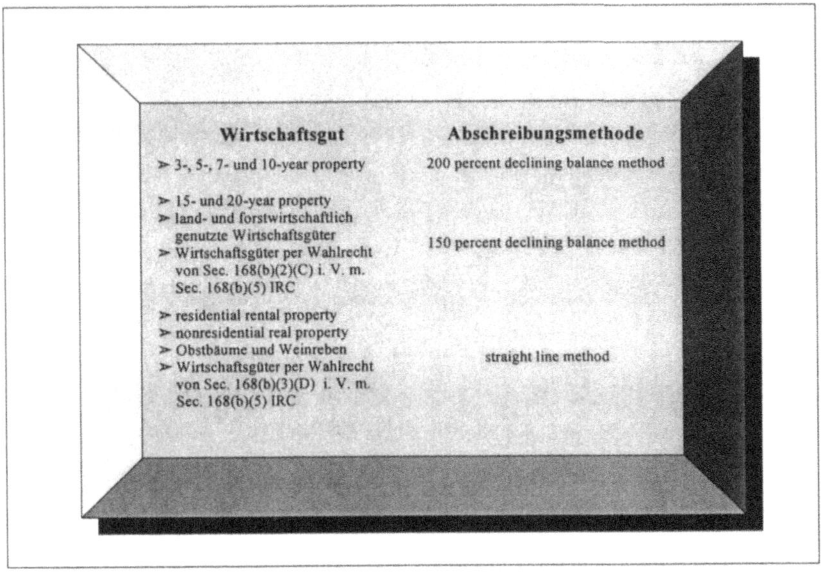

885 Vgl. Sec. 168(b) IRC; Rev. Proc. 87-57, 1987-2 C. B. 692. Siehe auch *McDaniel, P. R. u. a.*, 1999, S. 434; *Willis, E. u. a.*, 1999, S. 7-8.

886 Vgl. Sec. 168(b)(2)(B) IRC für land- und forstwirtschaftlich genutzte Wirtschaftsgüter und Sec. 168(b)(3)(E) IRC für Obstbäume und Weinreben.

887 Vgl. Sec. 168(b)(2)(C) i. V. m. Sec. 168(b)(5) IRC.

888 Vgl. Sec. 168(b)(3)(D) i. V. m. Sec. 168(b)(5) IRC sowie *Willis, E. u. a.*, 1999, S. 7-14 f.

889 Vgl. Sec. 168(b)(5) IRC.

890 Vgl. Sec. 168(b) IRC; Rev. Proc. 87-57, 1987-2 C. B. 692 sowie *McDaniel, P. R. u. a.*, 1999, S. 435 f.; *Kahle, H.*, 1996, S. 115.

Der Abschreibungszeitraum eines Wirtschaftsguts beginnt im Zeitpunkt der Inbetriebnahme. Ein Wirtschaftsgut gilt als in Betrieb genommen, wenn es angeschafft oder hergestellt ist und für betriebliche Zwecke zur Verfügung steht.[891] Aus Vereinfachungsgründen sieht das MACRS verschiedene Fiktionen (*conventions*) bezüglich des Zeitpunkts der Inbetriebnahme mit Wirkung für die Höhe der Absetzung für Abnutzung im ersten Jahr vor. Bei beweglichen Wirtschaftsgütern wird die Inbetriebnahme in der Mitte des Jahres der erstmaligen Betriebsbereitschaft unterstellt (*half-year convention*),[892] so daß in dieser Periode die Hälfte der jährlichen Absetzung für Abnutzung geltend gemacht werden kann. Wenn die Anschaffungs- oder Herstellungskosten der beweglichen Wirtschaftsgüter, die innerhalb der letzten drei Monate des Wirtschaftsjahres betriebsbereit wurden, 40 % der gesamten Anschaffungs- oder Herstellungskosten der im Wirtschaftsjahr betriebsbereit gewordenen beweglichen Wirtschaftsgüter übersteigen, gilt die *mid-quarter convention*.[893] Danach wird die Inbetriebnahme in der Mitte des Quartals unterstellt, in welchem das Wirtschaftsgut betriebsbereit wurde.[894] Die Absetzung für Abnutzung des ersten Jahres ergibt sich dann als Produkt aus der AfA des gesamten Wirtschaftsjahres und der um 0,5 erhöhten Anzahl der vollen Quartale, die das Wirtschaftsgut betriebsbereit war, dividiert durch vier:[895]

$$\text{AfA} = \text{AfA des gesamten Jahres} \cdot \frac{\text{volle Quartale der Betriebsbereitschaft} + 0{,}5}{4}$$

AfA = Absetzung für Abnutzung

Bei Gebäuden gilt die *mid-month convention*, wonach eine Inbetriebnahme in der Mitte des Monats der erstmaligen Nutzungsbereitschaft angenommen wird.[896] Die im ersten Jahr zu verrechnenden Absetzungen für Abnutzung werden üblicherweise auf monatlicher Basis berechnet. Sie ergeben sich als Summe der AfA aus den vollen Monaten der Betriebsbereitschaft und der Hälfte der AfA des Monats der Inbetriebnahme.[897] Bei der Berechnung der

891 Es ist nicht erforderlich, daß das Wirtschaftsgut bereits tatsächlich genutzt wird. Vgl. Rev. Proc. 87-57, 1987-2 C. B. 688; Sears Oil Co., Inc. v. Commissioner, 359 F. 2d 191 (2nd Cir., 1966).

892 Vgl. Sec. 168(d)(1) IRC; Sec. 168(d)(4)(A) IRC.

893 Vgl. Sec. 168(d)(3)(A) IRC. Siehe auch *McDaniel, P. R. u. a.*, 1999, S. 455 f.; *Smith, J. K.*, 1991, S. 79; *Willis, E. u. a.*, 1999, S. 7-9; *Zschiegner, H.*, 1998a, S. 947.

894 Vgl. Sec. 168(d)(4)(C) IRC.

895 Vgl. Rev. Proc. 87-57, 1987-2 C. B. 691. Auch wenn die Betriebsbereitschaft eines Wirtschaftsguts auf den ersten Tag eines Quartals fällt, gilt dieses für die Berechnung der AfA unter der mid-quarter convention nicht mehr als volles Quartal. Rev. Proc. 87-57, 1987-2 C. B. 691 enthält auch Tabellen, die für jede convention und jeden Abschreibungszeitraum jährliche Abschreibungsraten bezogen auf den Restbuchwert angeben und damit die Anwendung des MACRS deutlich vereinfachen.

896 Vgl. Sec. 168(d)(2) IRC; Sec. 168(d)(4)(B) IRC.

897 Vgl. *Bittker, B. I./Lokken, L.*, 1999a, S. 23-49; *McDaniel, P. R. u. a.*, 1999, S. 456.

Absetzungen für Abnutzung im Jahr der Außerdienststellung von Wirtschaftsgütern werden die *conventions* analog zum Jahr der Inbetriebnahme angewendet.[898]

32221122. Alternative Depreciation System

Neben dem MACRS sieht Sec. 168(g) IRC das *alternative depreciation system* (ADS) vor. Das ADS gestattet ausschließlich lineare Abschreibungen über Zeiträume, die der tatsächlichen wirtschaftlichen Nutzungsdauer des Guts möglichst nahe kommen sollen und somit die Abschreibungsdauer nach MACRS regelmäßig übersteigen.[899] Eventuelle Rest- oder Schrottwerte werden nicht berücksichtigt.[900]

Das ADS ist zwingend auf Wirtschaftsgüter, die vornehmlich außerhalb der Vereinigten Staaten von Amerika genutzt werden,[901] und Wirtschaftsgüter, die von einer Regierungsbehörde, einer steuerbefreiten Organisation oder einer ausländischen natürlichen oder juristischen Person gemietet oder gepachtet sind,[902] anzuwenden. Zudem ist die Anwendung des ADS verpflichtend bei Wirtschaftsgütern, die direkt oder indirekt mit Fremdkapital finanziert sind, auf welches die Vorschrift von Sec. 103(a) IRC zur Steuerbefreiung bestimmter Zinsen zutrifft.[903] Darüber hinaus ist der Präsident der Vereinigten Staaten befugt, die Anwendung des ADS auf Wirtschaftsgüter zu verlangen, die aus Staaten mit einer restriktiven oder diskriminierenden Handelspolitik importiert wurden.[904] Auf jedes andere Wirtschaftsgut kann das ADS wahlweise angewendet werden.[905]

Die Abschreibungszeiträume nach ADS betragen für *nonresidential real property* und *residential rental property* 40 Jahre.[906] Die meisten beweglichen Wirtschaftsgüter werden über ihr *class life* oder, falls ein solches nicht festgelegt ist, über 12 Jahre abgeschrieben.[907] Wirtschaftsgüter, die im Rahmen des MACRS durch Sec. 168(e)(3) IRC abweichende Abschreibungszeiträume zugewiesen bekommen, erhalten auch innerhalb des ADS spezielle

---

898 Vgl. Reg. § 1.168(d)-1(c).

899 Vgl. Sec. 168(g)(2) IRC; *Bittker, B. I./Lokken, L.*, 1999a, S. 23-49; *McDaniel, P. R. u. a.*, 1999, S. 456 f.; *Smith, J. K.*, 1991, S. 80; *Terry, S. A.*, 1987, S. 135.

900 Vgl. Sec. 168(g)(2)(A) IRC.

901 Vgl. Sec. 168(g)(1)(A) IRC. Zu Ausnahmen insbesondere für Güter, die Transportzwecken dienen, vgl. Sec. 168(g)(4) IRC.

902 Vgl. Sec. 168(g)(1)(B) IRC; Sec. 168(h) IRC, die jedoch zahlreiche Ausnahmen vorsehen.

903 Vgl. Sec. 168(g)(1)(C) IRC; Sec. 168(g)(5) IRC.

904 Vgl. Sec. 168(g)(1)(D) IRC; Sec. 168(g)(6) IRC.

905 Vgl. Sec. 168(g)(1)(E) IRC; Sec. 168(g)(7) IRC. Das Wahlrecht kann bei unbeweglichen Wirtschaftsgütern für jedes Gut gesondert ausgeübt werden. Bei beweglichen Wirtschaftsgütern steht die Option jedoch nur für eine gesamte Abschreibungsklasse zur Verfügung. Einmal ausgeübt, ist das Wahlrecht irreversibel. Vgl. auch *Terry, S. A.*, 1987, S. 135.

906 Vgl. Sec. 168(g)(2)(C)(iii) IRC.

907 Vgl. Sec. 168(g)(2)(C) IRC.

Abschreibungsperioden.[908] Für die Bestimmung des Zeitpunkts der Inbetriebnahme bzw. Außerdienststellung der Wirtschaftsgüter gelten die gleichen Annahmen (*conventions*) wie unter MACRS.[909]

322212. Außerplanmäßige Abschreibungen

Im US-amerikanischen Bilanzsteuerrecht können außergewöhnliche Wertminderungen nur dann durch außerplanmäßige Abschreibungen Berücksichtigung finden, wenn die Wertminderung im jeweiligen Wirtschaftsjahr realisiert ist und aufgrund von genau abgrenzbaren Ereignissen eindeutig festgestellt werden kann.[910] Die Realisierung der Wertminderung kann neben der Veräußerung des Wirtschaftsguts auch durch dessen endgültige Außerdienststellung wegen vollständiger Wertlosigkeit erfolgen.[911] Folglich können weder vorübergehende noch dauerhafte Wertminderungen wegen gesunkener Wiederbeschaffungskosten Berücksichtigung finden, da es sich um unrealisierte Wertminderungen handelt, die das Kriterium der eindeutigen Feststellbarkeit nicht erfüllen.[912] Da eine außerplanmäßige Abschreibung die Realisierung der Wertminderung durch Veräußerung oder endgültige Außerdienststellung voraussetzt, gibt es in diesen Fällen auch kein Wertaufholungsgebot.

In Abweichung von dem Grundsatz, daß nur realisierte Wertminderungen zu außerplanmäßigen Abschreibungen berechtigen, können Wertverluste durch höhere Gewalt (*casualty losses*), wie z. B. Feuer oder Sturm, auch bei nicht vollständiger Wertlosigkeit des betreffenden Wirtschaftsguts berücksichtigt werden.[913] Die Höhe der außerplanmäßigen Abschreibung richtet sich nach der Differenz zwischen dem *fair market value* des Wirtschaftsguts unmittelbar vor und nach der Wertminderung, jedoch darf sie den Restbuchwert nicht übersteigen.[914]

Einen weiteren Sonderfall regelt Sec. 165(g) IRC. Danach können die Kursverluste bei vollständig wertlos gewordenen Wertpapieren[915] unabhängig von der Realisation des Verlusts durch eine außerplanmäßige Abschreibung berücksichtigt werden.[916] Problematisch ist ir

---

908 Vgl. Sec. 168(g)(3)(B) IRC.

909 Vgl. Sec. 168(g)(2)(B) IRC.

910 Vgl. Sec. 165(a) IRC; Reg. § 1.165-1(a) und (b); Reg. § 1.165-1(d)(1).

911 Vgl. Reg. § 1.165-2; Reg. § 1.167(a)-8(a)(3) und (4).

912 Vgl. Sec. 165(a) IRC; Reg. § 1.165-1(a), (b) und (d); Reg. § 1.165-4(a); Reg. § 1.165-5(f). Vgl. auc *Bittker, B. I./Lokken, L.*, 1999a, S. 25-34. Allerdings kann Vorratsvermögen auf den niedrigeren Marktpre abgeschrieben werden, wie ausführlich in GP 3331 dargelegt wird.

913 Vgl. Reg. § 1.165-7(a)(1). Der IRS verlangt jedoch, daß es sich um plötzliche, unerwartete und ungewöhr liche Ereignisse handeln muß. Vgl. Rev. Rul. 72-592, 1972-2 C. B. 101.

914 Vgl. Reg. § 1.165-7(a)(2); Reg. § 1.165-7(b)(1).

915 Für die Zwecke dieser Vorschrift werden unter dem Begriff Wertpapier Anteile an Kapitalgesellschafte Optionsrechte auf solche Anteile, Bonds und andere Schuldverschreibungen verstanden. Vgl. Se 165(g)(2) IRC; Reg. § 1.165-5(a).

916 Vgl. Sec. 165(g) IRC; Reg. § 1.165-5.

diesem Zusammenhang die Festlegung, wann mit hinreichender Sicherheit von einer vollständigen Wertlosigkeit ausgegangen werden kann.[917] Nicht minder bedeutend ist die Möglichkeit, bei teilweise oder vollständig uneinbringlichen Forderungen (*bad debts*) eine außerplanmäßige Abschreibung auf den niedrigeren Wert vorzunehmen.[918]

322213. Sofortabschreibungen nach Sec. 179 IRC

Sec. 179 IRC eröffnet die Möglichkeit, die Anschaffungskosten bestimmter materieller Wirtschaftsgüter (*section 179 property*) anstelle ihrer Aktivierung und Abschreibung bereits im Jahr der Inbetriebnahme vollständig als Betriebsausgabe abzuziehen.[919] Da es sich um ein Förderungsinstrument für kleine und mittlere Unternehmen handelt, ist der unter Sec. 179 IRC abzugsfähige Betrag auf höchstens US-$ 25.000 begrenzt.[920] Zudem darf der Abzugsbetrag das zu versteuernde Einkommen aus der aktiven Geschäftstätigkeit nicht übersteigen.[921] Der Höchstbetrag ist um die Summe zu verringern, um welche die Anschaffungskosten aller im Wirtschaftsjahr in Betrieb genommenen *section 179 properties* US-$ 200.000 übersteigen.[922]

Um als *section 179 property* klassifiziert zu werden, muß ein Wirtschaftsgut nach Sec. 168 IRC abschreibungsfähig sein,[923] zu den in Sec. 1245(a)(3) IRC genannten Wirtschaftsgütern

917 Kritisch hierzu *Bittker, B. I./Lokken, L.*, 1999a, S. 25-22, die die Formulierung für uneindeutig halten und daher für die Berücksichtigung aller relevanten Umstände des Einzelfalls plädieren.

918 Die Wertberichtigung von Forderungen wird eingehend in GP 3342 behandelt.

919 Vgl. Sec. 179(a) IRC sowie Reg. § 1.179-1(a). Es kommen die ungekürzten Anschaffungskosten des Wirtschaftsguts zum Abzug. Bei gemischtgenutzten Wirtschaftsgütern mit mindestens hälftiger betrieblicher Nutzung ist die Sofortabschreibung in anteiliger Höhe entsprechend dem betrieblichen Nutzungsgrad vorzunehmen. Vgl. Reg. § 1.179-1(d). Siehe auch *McDaniel, P. R. u. a.*, 1999, S. 464.

920 Vgl. Sec. 179(b)(1) IRC. Dabei handelt es sich um eine dynamische Höchstgrenze, die erst für 2003 oder später beginnende Wirtschaftsjahre US-$ 25.000 erreicht. Für 2001 und 2002 beginnende Wirtschaftsjahre beträgt sie US-$ 24.000, für 2000 US-$ 20.000 und für Wirtschaftsjahre, die bereits 1999 begonnen haben, lediglich US-$ 19.000.

921 Vgl. Sec. 179(b)(3) IRC. Übersteigende Beträge können auf spätere Perioden vorgetragen und dort innerhalb des durch die Höchstbetragsregelung vorgegebenen Rahmens verrechnet werden.

922 Vgl. Sec. 179(b)(2) IRC. Damit entfällt beispielsweise für im Jahr 2000 beginnende Wirtschaftsjahre die Möglichkeit zur Sofortabschreibung ab einem Investitionsvolumen von US-$ 220.000. Vgl. auch *Terry, S. A.*, 1987, S. 135.

923 D. h. es muß unter den Anwendungsbereich des MACRS fallen.

zählen[924] und für den aktiven Einsatz im Geschäftsbetrieb erworben worden sein[925].[926] Zudem sind die in Sec. 50(b) IRC aufgezählten Wirtschaftsgüter ebenso wie Heizungen und Klimaanlagen explizit vom Kreis der *section 179 properties* ausgeschlossen.[927] Mit Ausnahme von Stiftungen und Nachlässen unterliegt das Wahlrecht zur Sofortabschreibung von *section 179 property* keinen subjektiven Anwendungsbeschränkungen.[928]

Als energiepolitisches Lenkungsinstrument ermöglicht Sec. 179A IRC unabhängig von den Vorgaben von Sec. 179 IRC die vollständige oder teilweise Sofortabschreibung von Fahrzeugen, die mit alternativen Treibstoffen betrieben werden, einschließlich der notwendigen Befüllungsanlagen.

32222. Absetzungen für Substanzverringerung

Sec. 611(a) IRC gestattet die Verrechnung von Absetzungen für Substanzverringerung (*depletion*) bei Minen, Öl- und Gasquellen, Waldbestand und sonstigen Bodenschätzen.[929] Diese natürlichen Ressourcen stellen abnutzbare Wirtschaftsgüter (*wasting assets*) dar, deren Anschaffungskosten über ihre Nutzungsdauer zu verteilen sind.[930] Die Berechtigung zur Verrechnung von *depletion* ist an die wirtschaftliche Beteiligung an einer qualifizierenden natür-

---

924 Im wesentlichen sind dies bewegliche Wirtschaftsgüter sowie einige eng abgegrenzte unbewegliche Güter. Zu Möglichkeiten des Einbezugs weiterer unbeweglicher Wirtschaftsgüter vgl. *Manolakas, C.*, 1994, S. 1693 ff.

925 Selbsterstellte Wirtschaftsgüter sind folglich nicht von Sec. 179 IRC erfaßt. Sec. 179(d)(2) IRC schließt einige Sonderfälle vom Erwerb i. S. v. Sec. 179 IRC aus, insbesondere von verbundenen Personen oder Unternehmen sowie von Todes wegen unter Anwendung von Sec. 1014 IRC erworbene Wirtschaftsgüter. Zu Sec. 1014 IRC siehe auch GP 322113. Für den aktiven Geschäftsbetrieb gilt die übliche Definition in Reg. § 1.179-2(c)(6)(ii), wonach der Steuerpflichtige „actively conduct[s] a trade or business if the taxpayer meaningfully participates in the management or operations of the trade or business" (Klammerzusatz durch den Verfasser).

926 Vgl. Sec. 179(d)(1) IRC. Siehe auch *Witner, L./Hebert, M. G.*, 1992, S. 222 f.

927 Vgl. Sec. 179(d)(1) IRC. Sec. 50(b) IRC nennt Wirtschaftsgüter, die außerhalb der Vereinigten Staaten genutzt werden, die Wohnzwecken dienen oder von bestimmten steuerbefreiten Organisationen, Regierungsbehörden sowie ausländischen natürlichen oder juristischen Personen genutzt werden.

928 Vgl. Sec. 179(d)(4) IRC. Vgl. auch *Witner, L./Hebert, M. G.*, 1992, S. 221.

929 Vgl. Sec. 611(a) IRC: „In the case of mines, oil and gas wells, other natural deposits, and timber, there shall be allowed as a deduction in computing taxable income a reasonable allowance for depletion and for depreciation of improvements, according to the peculiar conditions in each case". Der Gesetzestext erwähnt zwar auch Abschreibungen auf Erschließungsmaßnahmen, die Regulations verweisen diesbezüglich aber explizit auf die allgemeinen Vorschriften über Absetzungen für Abnutzung unter Sec. 167 IRC. Siehe auch *McDaniel, P. R. u. a.*, 1999, S. 467 ff.; *McMahon, M. J.*, 1983, S. 583. Grund und Boden ist nicht abnutzbar und kommt damit nicht für die Absetzung für Substanzverringerung in Betracht. Vgl. auch *Willis, E. u. a.*, 1999, S. 7-24.

930 Der Supreme Court befand in Paragon Jewel Coal Co., Inc. v. Commissioner, 380 U. S. 631 (1965): „the purpose of the allowance for depletion is to compensate the owner of wasting mineral assets for the part exhausted in production, so that when the minerals are gone, the owner's capital and his capital assets remain unimpaired". Vgl. auch *McMahon, M. J.*, 1983, S. 584 f., der auf die Fehlerhaftigkeit dieser Formulierung hinsichtlich der percentage depletion hinweist.

lichen Ressource gebunden.[931] Zur Berechnung der jährlichen Absetzung für Substanzverringerung stehen zwei Methoden zur Verfügung, wobei jeweils die Methode zu wählen ist, welche die höheren Absetzungen generiert.[932]

Bei der *cost depletion* gemäß Sec. 612 IRC wird der Buchwert von qualifizierenden natürlichen Ressourcen[933] gleichmäßig auf die Anzahl der voraussichtlich abzubauenden Einheiten verteilt.[934] Die jährliche Absetzung für Substanzverringerung ergibt sich dann als Produkt der im betreffenden Wirtschaftsjahr abgebauten und veräußerten Einheiten und der je Einheit zu verrechnenden *depletion per unit*.[935] Sollte ein Mineralvorkommen oder Waldbestand weitere abnutzbare oder nicht abnutzbare Wirtschaftsgüter umfassen, sind diese von dem der Berechnung der *depletion* zugrundeliegenden Buchwert abzuziehen.[936] Bei Öl- und Gasvorkommen umfaßt der Buchwert auch die Bohr- und Erschließungskosten, sofern nicht das Wahlrecht zum sofortigen Abzug dieser Kosten ausgeübt wird.[937]

Die *percentage depletion* ist im Unterschied zur *cost depletion* an die Erlöse gebunden, die aus der jeweiligen natürlichen Ressource erzielt werden. Sie kann über deren gesamte wirtschaftliche Nutzungsdauer hinweg abgezogen werden, auch wenn die Absetzungen für Substanzverringerung dabei die Höhe der ursprünglichen Investition übersteigen.[938] Die *percentage depletion* kommt für qualifizierende Ressourcen immer dann zur Anwendung, wenn sie zu höheren Absetzungen führt als die *cost depletion*.[939] Die jährlichen Absetzungen für Substanzverringerung werden als prozentualer Anteil an den Bruttoerlösen aus der jeweiligen Ressource errechnet.[940] Die für die *percentage depletion* qualifizierenden Ressourcen und die

---

931 Vgl. Reg. § 1.611-1(b)(1). Vgl. auch ausführlich *McMahon, M. J.*, 1983, S. 586 ff. sowie *McDaniel, P. R. u. a.*, 1999, S. 469 f.; *Willis, E. u. a.*, 1999, S. 7-24.

932 Vgl. *McMahon, M. J.*, 1983, S. 583; *Bittker, B. I./Lokken, L.*, 1999a, S. 24-2; *McDaniel, P. R. u. a.*, 1999, S. 468. Die Auswahl der anzuwendenden Methode ist daher jährlich zu wiederholen. Vgl. *Willis, E. u. a.*, 1999, S. 7-25.

933 Im Gegensatz zur percentage depletion ist die cost depletion auf alle natürlichen Ressourcen anwendbar, die für Absetzungen für Substanzverringerung in Frage kommen. Vgl. auch *Willis, E. u. a.*, 1999, S. 7-25.

934 Die Anzahl der voraussichtlich abbaubaren Einheiten ist mit der für die jeweilige Industrie üblichen Methode unter Verwendung der verläßlichsten verfügbaren Informationsquellen zu ermitteln. Vgl. Reg. § 1.611-2(c)(1). Sollte dennoch in späteren Jahren aufgrund neuer Erkenntnisse eine Anpassung dieses Werts erforderlich sein, wird die depletion des betreffenden und aller folgenden Wirtschaftsjahre auf dieser neuen Basis berechnet. Vgl. Sec. 611(a) IRC. Siehe auch *McMahon, M. J.*, 1983, S. 611.

935 Vgl. ausführlich *McMahon, M. J.*, 1983, S. 610 sowie *Willis, E. u. a.*, 1999, S. 7-25 f.; *Bittker, B. I./Lokken, L.*, 1999a, S. 24-23; *McDaniel, P. R. u. a.*, 1999, S. 468.

936 Vgl. Reg. § 1.612-1(b)(1) sowie *McMahon, M. J.*, 1983, S. 613.

937 Vgl. Reg. § 1.612-4(a).

938 Damit übt die percentage depletion eine deutliche Lenkungswirkung aus, wie der Supreme Court in United States v. Swank, 451 U. S. 576 (1981) bestätigt: „Because the deduction is computed as a percentage of his gross income from the mining operation and is not computed with reference to the operator's investment, it provides a special incentive for engaging in this line of business that goes well beyond a purpose of merely allowing the owner of a wasting asset to recoup the capital invested in that asset.“ Siehe auch *McMahon, M. J.*, 1983, S. 585; *McDaniel, P. R. u. a.*, 1999, S. 467; *Willis, E. u. a.*, 1999, S. 7-26.

939 Vgl. Sec. 613(a) IRC; *Bittker, B. I./Lokken, L.*, 1999a, S. 24-28; *McMahon, M. J.*, 1983, S. 624.

940 Vgl. Sec. 613(a) IRC. Vgl. auch *McMahon, M. J.*, 1983, S. 623 ff.; *Wang, C.*, 1985, S. 435 f.

ihnen zugeordneten Prozentsätze sind abschließend gesetzlich geregelt, wobei letztere zwischen 5 v. H. und 22 v. H. variieren.[941] Die *percentage depletion* darf 50 % des zu versteuernden Einkommens[942] aus der natürlichen Ressource nicht überschreiten.[943] Sec. 613A IRC schränkt die Anwendung der *percentage depletion* auf Öl- und Gasquellen jedoch sehr stark ein.

32223. Vergleich mit der steuerlichen Abschreibung materieller Wirtschaftsgüter im deutschen Bilanzsteuerrecht

Der Kreis der abschreibungsfähigen Wirtschaftsgüter wird in Sec. 167 IRC und § 7 EStG übereinstimmend auf abnutzbare Wirtschaftsgüter des Anlagevermögens beschränkt.[944] Dementsprechend können in beiden Ländern keine Abschreibungen auf Wirtschaftsgüter vorgenommen werden, die zum Umlauf- oder Privatvermögen zählen oder die nicht abnutzbar sind.[945] Bei gemischtgenutzten Wirtschaftsgütern verlangt das deutsche wie das US-amerikanische Bilanzsteuerrecht daher die Ausscheidung der anteilig auf die private Nutzung entfallenden AfA.[946] Während in den USA jedoch der tatsächliche Wertverzehr durch Zeitablauf oder Nutzung unabdingbare Voraussetzung der Abschreibungsfähigkeit ist, kommt im deutschen Bilanzsteuerrecht eine Abschreibung wegen technischer Abnutzung auch dann in Betracht, wenn kein wirtschaftlicher Wertverzehr eintritt. Folglich können hierzulande auch Abschreibungen auf genutzte Antiquitäten und Kunstwerke vorgenommen werden, welche das US-amerikanische Bilanzsteuerrecht grundsätzlich ausschließt.[947]

---

941 Vgl. Sec. 613(b) IRC.

942 Hier ist das zu versteuernde Einkommen vor Abzug der Absetzungen für Substanzverringerung gemeint.

943 Vgl. Sec. 613(a) IRC. Für Öl- und Gasvorkommen liegt diese Grenze bei 100 %. Vgl. *McMahon, M. J.*, 1983, S. 654 ff.

944 Vgl. *Drenseck, W.*, 2000, § 7, Rz. 14, 50; *Weber-Grellet, H.*, 1996a, S. 259; *Moxter, A.*, 1999b, S. 228 ff. Vermietete Wirtschaftsgüter, die in den USA unter die Auffangvorschrift von Sec. 167(a)(2) IRC fallen, zählen in Deutschland ebenfalls zu den abschreibungsfähigen Wirtschaftsgütern.

945 Vgl. *Drenseck, W.*, 2000, § 7, Rz. 4, 14; *Weber-Grellet, H.*, 1996a, S. 259. In dem kürzlich ergangenen Beschluß des BFH v. 23.08.1999, in: BStBl. II 1999, S. 782 hat der Große Senat die Abzugsfähigkeit von Dritt-AfA verneint und verlangt, daß der Absetzungsbefugte die Anschaffungs- oder Herstellungskosten des Wirtschaftsguts im eigenen beruflichen oder betrieblichen Interesse selbst getragen hat.

946 Vgl. *Drenseck, W.*, 2000, § 7, Rz. 4.

947 Vgl. *Drenseck, W.*, 2000, § 7, Rz. 3; *Moxter, A.*, 1999b, S. 230; BFH v. 31.01.1986, in: BStBl. II 1986, S. 355. Eine interessante Parallele zu den Urteilen in Simon v. Commissioner, 103 T. C. 247 (1994) und Liddle v. Commissioner, 103 T. C. 285 (1994), wo der US Tax Court die Abschreibung genutzter antiker Violinbögen gestattete und damit auf den Widerspruch der Finanzverwaltung und großer Teile der Literatur stieß, stellt das Urteil des FG Baden-Württemberg v. 12.11.1996, in: EFG 1997, S. 154 dar. Hier lehnte das Gericht die Abschreibung einer genutzten alten Meistergeige ab, was ebenfalls den Widerspruch der Literatur herausforderte. Vgl. z. B. *Wolf, H.*, 1999, S. 843, die aber darauf hinweist, daß nach überwiegender Meinung der Finanzgerichte bei genutzten antiken Musikinstrumenten durchaus Absetzungen für Abnutzung vorzunehmen sind. Im Urteil vom 26.01.2001, in: DB 2001, S. 623, hat der BFH jetzt die Abschreibungsfähigkeit einer 300 Jahre alten Meistergeige bestätigt und für regelmäßig genutzte, über 100 Jahre alte Musikinstrumente eine Restnutzungsdauer von 100 Jahren festgelegt, sofern der Steuerpflichtige keine

In der deutschen bilanzsteuerrechtlichen Literatur besteht noch keine Einigkeit darüber, ob die Absetzung für Abnutzung wie in den USA primär der Aufwandsverteilung dient oder ob der Wertverzehrthese der Vorrang einzuräumen ist.[948] Übereinstimmung gibt es indes in dem Grundsatz, jedes Wirtschaftsgut einzeln abzuschreiben, wobei das deutsche Schrifttum der ausnahmsweisen Zusammenfassung von Wirtschaftsgütern zu Bewertungseinheiten, wie sie im US-amerikanischen Bilanzsteuerrecht unter bestimmten Voraussetzungen möglich ist, eher skeptisch gegenübersteht.[949]

Zur Bemessung der Absetzungen für Abnutzung ist in Deutschland wie in den USA von den Anschaffungs- oder Herstellungskosten auszugehen.[950] Diese sind im deutschen Bilanzsteuerrecht jedoch um nicht unwesentliche Schrott- oder Restwerte zu vermindern,[951] welche in den USA unter MACRS und ADS grundsätzlich außer Betracht bleiben. In beiden Vergleichsländern sind die Absetzungen für Abnutzung vom Zeitpunkt der Anschaffung oder Herstellung des Wirtschaftsguts an vorzunehmen. Dieser Zeitpunkt entspricht in der Bundesrepublik jedoch bereits der Lieferung oder Fertigstellung,[952] während in den USA zusätzlich auf die betriebliche Einsatzfähigkeit und somit auf einen tendenziell späteren Zeitpunkt abgestellt wird.[953] Im Lauf des Wirtschaftsjahres angeschaffte, hergestellte oder ausgeschiedene Wirtschaftsgüter sind im deutschen Bilanzsteuerrecht grundsätzlich zeitanteilig abzuschreiben.[954] Aus Vereinfachungsgründen kann für bewegliche Wirtschaftsgüter des Anlagevermögens, die in der ersten Jahreshälfte angeschafft oder hergestellt wurden, die volle Jahres-AfA und für in der zweiten Jahreshälfte angeschaffte oder hergestellte Wirtschaftsgüter die halbe Jahres-AfA

---

kürzere Nutzungsdauer nachweist. In den oben genannten Fällen wichen die Gerichte beider Länder jedoch von der grundsätzlichen Abgrenzung abschreibungsfähiger Wirtschaftsgüter in ihrem nationalen Steuerrecht ab.

948 Vgl. *Karrenbauer, M.*, 1993, S. 94; *Drenseck, W.*, 2000, § 7, Rz. 2 f. m. w. N., der sich für die Aufwandsverteilungsthese ausspricht. Ebenso *Weber-Grellet, H.*, 1996a, S. 257; a. A. *Knobbe-Keuk, B.*, 1993, S. 186 ff., die die Wertverzehrthese in den Vordergrund stellt; unentschieden *Biergans, E.*, 1992, S. 439. Zur Möglichkeit der Zusammenführung beider Theorien vgl. *Wöhe, G.*, 1992, S. 207.

949 So z. B. *Drenseck, W.*, 2000, § 7, Rz. 5; *Weber-Grellet, H.*, 1996a, S. 259. *Heuer, G./Jansen, R.*, 1996, § 7, Anm. 98 halten indes eine Zusammenfassung zu Bewertungseinheiten unter bestimmten Voraussetzungen für möglich.

950 Vgl. § 6 Abs. 1 Nr. 1 Satz 1 EStG. Zu Sonderfällen siehe *Drenseck, W.*, 2000, § 7, Rz. 60 ff.; *Weber-Grellet, H.*, 1996a, S. 263; *Söffing, G./Söffing, M.*, 1990, S. 161 ff.

951 Vgl. BFH v. 07.12.1967, in: BStBl. II 1968, S. 268; BFH v. 22.07.1971, in: BStBl. II 1971, S. 800; *Moxter, A.*, 1999b, S. 234 f.; *Knobbe-Keuk, B.*, 1993, S. 191; *Hommel, M.*, 2001, S. 251. Bei Gebäuden kommt jedoch grundsätzlich kein Schrottwert zum Ansatz. Vgl. *Drenseck, W.*, 2000, § 7, Rz. 65. Gegen die Berücksichtigung von Schrott- oder Restwerten sprechen sich *Heuer, G./Jansen, R.*, 1996, § 7, Anm. 155 aus.

952 Vgl. § 9a EStDV; R 44 Abs. 1 EStR. Siehe auch *Drenseck, W.*, 2000, § 7, Rz. 90; *Söffing, G./Söffing, M.*, 1990, S. 165.

953 Die demnach in den USA grundsätzlich vor dem Beginn des Abschreibungszeitraums vorzunehmenden Montagen von Wirtschaftsgütern sind in Deutschland nur dann konstitutiv für die Lieferung, wenn die Montage ausdrücklicher Bestandteil des Kaufvertrags ist. Vgl. R 44 Abs. 1 EStR.

954 Vgl. R 44 Abs. 2 Satz 1, Abs. 9 EStR. Dabei wird die Auf- oder Abrundung auf volle Monate geduldet. Vgl. *Drenseck, W.*, 2000, § 7, Rz. 92; *Biergans, E.*, 1992, S. 449 f.

abgesetzt werden.[955] Dieser Vereinfachungsregel steht auf US-amerikanischer Seite die *half-year-* respektive *mid-quarter convention* gegenüber, welche im Vergleich zu Deutschland tendenziell geringere Abschreibungen im Jahr des Zugangs generieren. Eine der *mid-month convention* vergleichbare Vereinfachungsregel für die Anschaffung oder Herstellung unbeweglicher Wirtschaftsgüter des Anlagevermögens existiert in der Bundesrepublik ebensowenig wie die analoge Anwendung der Vereinfachungsregeln auf das Jahr des Ausscheidens eines Wirtschaftsguts. In diesen Fällen ist die Absetzung für Abnutzung in Deutschland grundsätzlich zeitanteilig vorzunehmen.[956]

Die Abschreibungsdauer entspricht im deutschen Bilanzsteuerrecht der betriebsgewöhnlichen Nutzungsdauer eines Wirtschaftsguts,[957] welche aufgrund betrieblicher Erfahrungen mit gleichen Wirtschaftsgütern zu schätzen ist oder den amtlichen AfA-Tabellen entnommen wird.[958] Im US-amerikanischen Bilanzsteuerrecht kommt die betriebsgewöhnliche Nutzungsdauer, welche dort grundsätzlich den amtlichen Tabellen oder dem Gesetz entnommen werden muß, nur dann als Abschreibungsdauer in Betracht, wenn das ADS angewendet wird und ein *class life* für das betreffende Wirtschaftsgut festgelegt ist. In der überwiegenden Zahl der Fälle wird jedoch eine die betriebsgewöhnliche Nutzungsdauer deutlich unterschreitende Abschreibungsdauer unter dem MACRS verwendet. Insgesamt kann damit in den USA eine im Vergleich zu Deutschland regelmäßig kürzere Abschreibungsdauer konstatiert werden, wie die nachfolgende exemplarische Gegenüberstellung verdeutlicht. Dabei ist zu beachten, daß dieser Unterschied durch die Überarbeitung der deutschen AfA-Tabellen für nach dem 31.12.2000 angeschaffte oder hergestellte Anlagegüter mit einer wesentlichen Verlängerung der betriebsgewöhnlichen Nutzungsdauern deutlich verstärkt wird.[959]

---

955 Vgl. R 44 Abs. 2 Satz 3 EStR.

956 Vgl. R 44 Abs. 9 EStR.

957 Dabei handelt es sich nach BFH v. 19.11.1997, in: BStBl. II, S. 59 um den Zeitraum der Nutzbarkeit eines Wirtschaftsguts unter Berücksichtigung der betriebstypischen Beanspruchung.

958 Vgl. § 7 Abs. 1 Satz 2 EStG. Siehe auch *Drenseck, W.*, 2000, § 7, Rz. 80 ff.; *Weber-Grellet, H.*, 1996a, S. 264; *Tipke, K./Lang, J.*, 1998, S. 355; *Söffing, G./Söffing, M.*, 1990, S. 164; *Biergans, E.*, 1992, S. 449; *Knobbe-Keuk, B.*, 1993, S. 189; *Moxter, A.*, 1999b, S. 235 ff. sowie ausführlich *Wöhe, G.*, 1992, S. 217 ff. Die AfA-Tabellen sind nach BFH v. 26.07.1991, in: BStBl. II 1992, S. 1000 für die Finanzgerichte nicht bindend, haben aber die Vermutung der Richtigkeit, so daß eine Abweichung einer besonderen Begründung bedarf. Vgl. auch *Hommel, M.*, 2001, S. 248; *Heil, M.*, 2001, S. 106.

959 Trotz massiver Proteste seitens der Wirtschaft sind die neuen AfA-Tabellen für allgemein verwendbare Anlagegüter zum 01.01.2001 in Kraft gesetzt worden. Vgl. BMF-Schr. v. 15.12.2000, in: BStBl. I 2000, S. 1532. Siehe auch *o. V.*, 2000e, S. 14. Kritisiert wird vor allem, daß die vom Bundesfinanzministerium angekündigte Erhöhung der betriebsgewöhnlichen Nutzungsdauern um 20 % nicht eingehalten wurde, sondern sich die Erhöhungen nach Berechnungen des DIHT auf etwa 28 % belaufen. Vgl. zur Kritik z. B. *o. V.*, 2000b, S. 13; *o. V.*, 2000c, S. 17; *o. V.*, 2000d, S. 13; *Jacobs, O. H./Spengel, C./Vituschek, M.*, 2000, S. 655; *Hommel, M.*, 2001, S. 247 ff.; *Heil, M.*, 2001, S. 105 ff. mit dem Hinweis auf möglicherweise noch erfolgende Nachbesserungen sowie *Hoberg, P.*, 2001, S. 347 ff., der aber in den meisten Fällen keine wesentlichen Auswirkungen der Verlängerung der Abschreibungsdauer ausmacht. Die neuen AfA-Tabellen sind in der nachfolgenden Tabelle berücksichtigt.

Tab. 9: Ausgewählte Abschreibungsdauern im deutschen und US-amerikanischen Bilanzsteuerrecht

Wirtschaftsgut	Deutschland		USA	
	alt	neu	MACRS	ADS
Personalcomputer	4	3	5	5
Telefonanlagen	4-8	5-11	5	5
Personenkraftwagen	5	6	5	5
Büromaschinen	5-8	7-9	5	6
Lastkraftwagen	7	9	5	5-6
Büroeinrichtung	10	13	7	10
Schiffe	20-30	20-30	10	18
Wohngebäude	40; 50*	40; 50*	27,5	40
Gewerbliche Gebäude	33,33; 40; 50*	33,33; 40; 50*	39	40

* Wegen der besseren Vergleichbarkeit sind hier nur die Abschreibungsdauern bei linearer AfA gem. § 7 Abs. 4 EStG aufgeführt. Eine tendenziell längere Abschreibungsdauer nach deutschem Steuerrecht ergibt sich jedoch auch im Fall der degressiven AfA gem. § 7 Abs. 5 EStG.

Im deutschen wie im US-amerikanischen Bilanzsteuerrecht ist eine lineare Abschreibung im Sinne einer gleichmäßigen Verteilung der Anschaffungs- oder Herstellungskosten auf die Abschreibungsdauer vorgesehen.[960] Dieses Verfahren kann in der Bundesrepublik bei allen abnutzbaren Wirtschaftsgütern mit Ausnahme von Gebäuden verwendet werden.[961] In den USA ist die lineare Abschreibung unter dem ADS grundsätzlich anzuwenden, während sie unter dem MACRS für bestimmte Wirtschaftsgüter zwingend und für alle übrigen Wirtschaftsgüter optional ist. Neben der linearen sehen beide Vergleichsländer eine geometrisch-degressive Abschreibung vor, die in Deutschland seit Inkrafttreten des Steuersenkungsgesetzes auf das Zweifache der linearen AfA, maximal aber auf 20 v. H. beschränkt ist.[962] Im Vergleich zu den *declining balance methods* der USA führt die betragsmäßige Begrenzung auf 20 v. H. bei kürzeren Abschreibungsdauern zu deutlich niedrigeren Abschreibungsbeträgen im deutschen Bilanzsteuerrecht. Die geometrisch-degressive Abschreibung ist in Deutschland nur auf bewegliche Wirtschaftsgüter und in den USA nur auf bewegliche Wirtschaftsgüter unter dem MACRS anwendbar.[963] Dabei ist der in den USA obligatorische Wechsel auf die lineare Abschreibung im optimalen Zeitpunkt in Deutschland lediglich

960 Vgl. § 7 Abs. 1 Satz 1 und 2 EStG.

961 Vgl. *Drenseck, W.*, 2000, § 7, Rz. 120; *Weber-Grellet, H.*, 1996a, S. 265; *Söffing, G./Söffing, M.*, 1990, S. 163. Die lineare Gebäudeabschreibung erfolgt nach typisierten Abschreibungssätzen gemäß § 7 Abs. 4 EStG.

962 Vgl. § 7 Abs. 2 EStG.

963 Vgl. § 7 Abs. 2 Satz 1 EStG. Siehe auch *Moxter, A.*, 1999b, S. 227, 239; *Biergans, E.*, 1992, S. 446; *Knobbe-Keuk, B.*, 1993, S. 193.

optional.[964] Darüber hinaus ist in beiden Ländern für bewegliche Wirtschaftsgüter eine methodisch identische Abschreibung nach Maßgabe der Leistung zulässig, deren Anwendung im deutschen Bilanzsteuerrecht jedoch wirtschaftlich begründet sein muß.[965] Gebäude sind in den USA grundsätzlich linear abzuschreiben, während das deutsche Bilanzsteuerrecht hier zwei alternative Verfahren vorsieht. Entweder kann eine lineare Abschreibung mit festen Sätzen zwischen 2 v. H. und 3 v. H. vorgenommen werden[966] oder es erfolgt eine degressive Abschreibung mit fallenden Staffelsätzen[967].

Ein Wechsel der Abschreibungsmethode, wie er im deutschen Bilanzsteuerrecht von der degressiven zur linearen Methode sowie von der AfA nach Maßgabe der Leistung zur linearen AfA und von der linearen oder degressiven AfA zur AfA nach Maßgabe der Leistung zulässig ist,[968] ist in den USA mit Ausnahme des obligatorischen Wechsels von der degressiven zur linearen AfA im optimalen Zeitpunkt nicht möglich[969].

Insgesamt kommt es damit in den USA aufgrund der tendenziell kürzeren Abschreibungsdauern bei durchaus vergleichbaren Abschreibungsmethoden häufig zu einer schnelleren planmäßigen Abschreibung beweglicher Wirtschaftsgüter als in Deutschland. Gleiches gilt für Gebäude, die in Deutschland trotz der größeren Methodenvielfalt tendenziell länger abgeschrieben werden als in den USA.

Im Bereich der außerplanmäßigen Abschreibungen ist das US-amerikanische Bilanzsteuerrecht im Vergleich zu Deutschland erheblich restriktiver. Eine Absetzung für außergewöhnliche technische oder wirtschaftliche Abnutzung (AfaA) ist hierzulande grundsätzlich vorzunehmen, sofern eine Beeinträchtigung der Substanz oder der Funktion des Wirtschaftsguts gegeben ist.[970] Dabei gilt die bedeutsame Einschränkung, daß die planmäßige AfA nicht degressiv bemessen werden darf.[971] In den USA ist eine der AfaA vergleichbare Absetzung indes nur möglich, wenn das Wirtschaftsgut veräußert oder aufgrund vollständiger Wertlosig-

---

964 Vgl. § 7 Abs. 3 Satz 1 EStG.

965 Vgl. § 7 Abs. 1 Satz 5 EStG; R 44 Abs. 5 EStR. Eine wirtschaftliche Begründung liegt insbesondere bei Wirtschaftsgütern mit stark schwankender Leistung vor. Vgl. auch *Weber-Grellet, H.*, 1996a, S. 266; *Wöhe, G.*, 1992, S. 235 f.; *Knobbe-Keuk, B.*, 1993, S. 194 f.; *Söffing, G./Söffing, M.*, 1990, S. 167; *Biergans, E.*, 1992, S. 440 f., 448; *Karrenbauer, M.*, 1993, S. 146.

966 Vgl. § 7 Abs. 4 Satz 1 EStG. Dabei handelt es sich um Mindestsätze, die überschritten werden dürfen, wenn von einer kürzeren tatsächlichen Nutzungsdauer auszugehen ist. Vgl. § 7 Abs. 4 Satz 2 EStG.

967 Vgl. § 7 Abs. 5 EStG.

968 Vgl. § 7 Abs. 3 EStG; *Weber-Grellet, H.*, 1996a, S. 266; *Biergans, E.*, 1992, S. 448; *Wöhe, G.*, 1992, S. 237 f.

969 Der Grund hierfür ist die zwingende Verbindung zwischen den Abschreibungsmethoden und den Abschreibungsklassen und die Unwiderruflichkeit des Wahlrechts von Sec. 168(b)(5) IRC.

970 Vgl. § 7 Abs. 1 Satz 6 EStG; *Drenseck, W.*, 2000, § 7, Rz. 123; *Weber-Grellet, H.*, 1996a, S. 269; *Söffing, G./Söffing, M.*, 1990, S. 179; *Glade, A.*, 2000, S. 844 f.; *Schoor, H. W.*, 1999, S. 4248; *Biergans, E.*, 1992, S. 483 ff.; *Knobbe-Keuk, B.*, 1993, S. 200 f. Siehe auch BFH v. 08.07.1980, in: BStBl. II 1980, S. 743.

971 Vgl. § 7 Abs. 2 Satz 4 EStG.

keit endgültig außer Dienst gestellt wird sowie ausnahmsweise bei Wertverlusten durch höhere Gewalt. Eine Teilwertabschreibung, wie sie das deutsche Bilanzsteuerrecht seit dem Steuerentlastungsgesetz 1999/2000/2002 nur noch bei voraussichtlich dauernder Wertminderung[972] wahlweise zuläßt,[973] ist in den USA grundsätzlich nicht möglich. Lediglich bei vollständig wertlos gewordenen Wertpapieren und der Vorratsbewertung nach der *lower of cost or market*-Methode kommt eine der deutschen Teilwertabschreibung vergleichbare Absetzung in Betracht.[974] Ein striktes Wertaufholungsgebot wie im deutschen Bilanzsteuerrecht[975] ist in den USA nicht erforderlich, weil die außerplanmäßigen Abschreibungen dort eine realisierte Wertminderung voraussetzen.

Der US-amerikanische Gesetzgeber verwendet das Lenkungsinstrument der Sonderabschreibung im Gegensatz zur deutschen Legislative äußerst sparsam. So gibt es in den USA Sonderabschreibungen lediglich als Investitionsanreiz für kleine und mittlere Unternehmen sowie zur Förderung alternativer Treibstoffe für Fahrzeuge. Zwar existiert in Deutschland kein direkt mit Sec. 179 und 179A IRC vergleichbares Lenkungsinstrument, jedoch sieht das deutsche Bilanzsteuerrecht zahlreiche weitere Sonderabschreibungen und erhöhte Absetzungen vor, die den unterschiedlichsten Lenkungszwecken dienen.[976]

Die Absetzung für Substanzverringerung des deutschen Bilanzsteuerrechts dient wie die US-amerikanische *depletion* der Verteilung der Anschaffungskosten auf die Nutzungsdauer von Wirtschaftsgütern, die einem Substanzverzehr unterliegen.[977] Als in beiden Vergleichsländern übereinstimmende Absetzungsmethode ist die *cost depletion* bzw. die Absetzung für Sub-

---

972 Von einer dauernden Wertminderung ist auszugehen, wenn der Wert des Wirtschaftsguts für einen erheblichen Teil (mindestens die Hälfte) der Restnutzungsdauer den Buchwert unterschreitet. Vgl. BMF-Schr. v. 25.02.2000, in: DB 2000, S. 546, Rz. 3 f. Siehe auch *Glanegger, P.*, 2000, § 6, Rz. 218; *Groh, M.*, 1999, S. 982; *Fleischmann, M.*, 2000a, S. 356; *Kusterer, S.*, 2000, S. 1084 f. Ausführlich zur dauernden Wertminderung im Umlaufvermögen *Loitz, R./Winnacker, E.*, 2000, S. 2229 ff.

973 Vgl. § 6 Abs. 1 Nr. 1 Satz 2 und Nr. 2 Satz 2 EStG. Siehe auch *Groh, M.*, 1999, S. 981; *Loitz, R./Winnacker, E.*, 2000, S. 2229. Das Maßgeblichkeitsprinzip wandelt das steuerliche Wahlrecht, welches nur noch im Fall dauernder Wertminderungen besteht, grundsätzlich in eine Pflicht zum Ansatz des niedrigeren Teilwerts um, da handelsrechtlich bei dauernder Wertminderung im Anlage- wie im Umlaufvermögen das Niederstwertprinzip gilt. Vgl. § 253 Abs. 2 Satz 3 und Abs. 3 Satz 1 und 2 HGB. Zur Abgrenzung zwischen AfaA und Teilwertabschreibung vgl. *Schoor, H. W.*, 1999, S. 4247, der auf den bedeutsamen Unterschied hinweist, daß die AfaA auf abnutzbare Wirtschaftsgüter beschränkt ist, während eine Teilwertabschreibung auch bei nicht abnutzbaren Wirtschaftsgütern vorgenommen werden kann.

974 So auch *Kroschel, J.*, 2000b, S. 289.

975 Das Wertaufholungsgebot ergibt sich nach einer AfaA aus § 7 Abs. 1 Satz 6 2. Halbsatz EStG und nach einer Teilwertabschreibung aus § 6 Abs. 1 Nr. 1 Satz 4 und Nr. 2 Satz 3 EStG. Siehe auch BMF-Schr. v. 25.02.2000, in: DB 2000, S. 546, Rz. 34; *Groh, M.*, 1999, S. 983; *Schoor, H. W.*, 1999, S. 4254; *Loitz, R./Winnacker, E.*, 2000, S. 2229.

976 Vgl. insbesondere §§ 7a-7k EStG. Vgl. auch die Übersichten bei *Weber-Grellet, H.*, 1996a, S. 271; *Söffing, G./Söffing, M.*, 1990, S. 181 ff.; *Biergans, E.*, 1992, S. 488 ff.; *Knobbe-Keuk, B.*, 1993, S. 202 ff., die zwar nicht mehr den aktuellen Rechtsstand widerspiegeln, aber einen Eindruck über die Breite der Lenkungsmaßnahmen vermitteln.

977 Vgl. § 7 Abs. 6 EStG; BFH v. 13.09.1988, in: BStBl. II 1989, S. 38. Siehe auch *Drenseck, W.*, 2000, § 7, Rz. 171; *Knobbe-Keuk, B.*, 1993, S. 196.

stanzverringerung analog zur AfA nach Maßgabe der Leistung vorgesehen.[978] Die im deutschen Bilanzsteuerrecht ebenfalls zulässige lineare AfS[979] ist in den USA ebensowenig möglich wie die *percentage depletion* in der Bundesrepublik, was im Ergebnis zu vorteilhafteren Absetzungen für US-amerikanische Substanzbetriebe führt.

323. Abgrenzung von betrieblicher und privater Sphäre

3231. Unbeachtlichkeit des Betriebsvermögensbegriffs und Abgrenzung der Erwerbsaufwendungen im US-amerikanischen Bilanzsteuerrecht

Das US-amerikanische Steuerrecht kennt keine Unterscheidung zwischen Betriebs- und Privatvermögen, was auf den umfassenden steuerlichen Einkommensbegriff zurückzuführen ist, der keine Differenzierung hinsichtlich der Einkommensquelle vornimmt.[980] Daher knüpfen die steuerlichen Gewinnermittlungsvorschriften auch nicht an den Begriff des Betriebsvermögens an.[981]

Erhebliche Bedeutung kommt hingegen der Abgrenzung zwischen abzugsfähigen Erwerbsaufwendungen und nicht abzugsfähigem Privataufwand (*personal expenses*) zu. Sec. 162(a) IRC gestattet den Abzug aller im Rahmen der Geschäftstätigkeit einer Unternehmung üblichen und erforderlichen Ausgaben des Wirtschaftsjahres (*business expenses*).[982] Sec. 212 IRC erweitert die Abzugsfähigkeit auf übliche und erforderliche Ausgaben des Wirtschaftsjahres, die im Rahmen einkommensgenerierender Tätigkeiten von natürlichen Personen angefallen sind, welche nicht als Geschäftstätigkeit im Sinne von Sec. 162 IRC einzustufen sind (*expenses for the production of income*).[983] Der zentrale Begriff der Geschäftstätigkeit (*carrying on a trade or business*) ist allerdings bisher nicht abschließend definiert.[984] Das gilt

978 Vgl. § 7 Abs. 6 i. V. m. Abs. 1 Satz 5 EStG. Siehe auch R 44a EStR; *Drenseck, W.*, 2000, § 7, Rz. 180; *Knobbe-Keuk, B.*, 1993, S. 196.

979 Vgl. § 7 Abs. 6 i. V. m. Abs. 1 Satz 1 EStG.

980 Stille Reserven werden sowohl im betrieblichen als auch im privaten Bereich steuerlich erfaßt. Die Verschiebung von Wirtschaftsgütern zwischen der betrieblichen und der privaten Sphäre hat damit keine unmittelbaren steuerlichen Konsequenzen. Vgl. *Small, D. G.*, 1995, S. 160; *Kahle, H.*, 1996, S. 70; *Müssener, I.*, 1997, Rn. 68; *Bernhardt, M.*, 2000, S. 200 f.

981 Vgl. insbesondere Sec. 446 IRC. Siehe auch *Small, D. G.*, 1995, S. 160; *Bernhardt, M.*, 2000, S. 201 f.

982 Vgl. Sec. 162(a) IRC: „There shall be allowed as a deduction all the ordinary and necessary expenses paid or incurred during the taxable year in carrying on any trade or business".

983 Vgl. hierzu ausführlich *Bittker, B. I./Lokken, L.*, 1999a, S. 20-112 ff. sowie *Hohaus, B.*, 1998, S. 204 ff., der auch auf das Verhältnis zu Sec. 162 IRC eingeht.

984 Einige Definitionsversuche der Judikative erfassen den Begriff nur unvollständig, werden aber in der Literatur teilweise dennoch zitiert. Vgl. *Willis, E. u. a.*, 1999, S. 5-5; *Fabrizio, S. B.*, 1987, S. 905 f. sowie ausführlich *Boyle, F. L.*, 1986, S. 737 ff. Aus der Formulierung wird aber geschlossen, daß Ausgaben für die Erweiterung eines bestehenden Geschäftsbetriebs unter die abzugsfähigen Betriebsausgaben fallen, während Ausgaben für die Ingangsetzung eines Geschäftsbetriebs nicht subsumierbar sind. Allgemein wird dann von einer Geschäftstätigkeit ausgegangen, wenn eine Gewinnerzielungsabsicht vorliegt und Art und Umfang der Aktivitäten nicht von untergeordneter Bedeutung sind. Vgl. *Hohaus, B.*, 1998, S. 142 ff.

auch für den nicht minder elementaren Begriff der üblichen und erforderlichen (*ordinary and necessary*) Ausgaben.[985] Daneben tritt noch die Sondervorschrift von Sec. 183(b) IRC, welche den Abzug von Ausgaben, die in Zusammenhang mit Tätigkeiten ohne Gewinnerzielungsabsicht angefallen sind, bis zur Höhe der entsprechenden Einnahmen gestattet.[986]

Einige Ausgaben sind durch explizite gesetzliche Regelungen von den abzugsfähigen Erwerbsaufwendungen ausgenommen. So ist weder der Abzug von Geldbußen oder ähnlichen Strafen gestattet,[987] noch können illegale Bestechungs- oder Schmiergelder oder ähnliche Zahlungen an Beamte oder Behörden gewinnmindernd berücksichtigt werden[988]. Schadensersatzzahlungen wegen Verstößen gegen das Kartellgesetz können nur zu einem Drittel als Erwerbsaufwendungen abgezogen werden,[989] während den Ausgaben für Lobbying und sonstiger auf die Beeinflussung politischer Entscheidungen gerichteter Ausgaben bis auf wenige Ausnahmen der Abzug vollständig verwehrt bleibt[990].

---

985 Bezüglich des Begriffs ordinary beklagte der Supreme Court in Welch v. Helvering, 290 U. S. 115 (1933): „One struggles in vain for any verbal formula that will supply a ready touchstone." Ebenso wie bei der Abgrenzung von capital expenditures und business expenses kam das oberste Gericht zu dem vagen Ergebnis, daß „[l]ife in all its fullness must supply the answer to the riddle". Vgl. auch GP 321111. Etwas konkreter wurden die Richter in Deputy v. DuPont, 308 U. S. 495 (1940): „Ordinary has the connotation of normal, usual, or customary. To be sure, an expense may be ordinary though it happen but once in the taxpayer's lifetime. ... Yet the transaction which gives rise to it must be of common or frequent occurrence in the type of business involved." Den Terminus necessary definiert der Supreme Court in Welch v. Helvering, 290 U. S. 113 (1933) wesentlich knapper als „appropriate and helpful". Vgl. auch Commissioner v. Tellier, 383 U. S. 689 (1966). Dabei werden die Gerichte regelmäßig der Einschätzung des Steuerpflichtigen, daß eine bestimmte Ausgabe ‚necessary' zur Einkommenserzielung sei, nicht widersprechen, solange nicht von einer primär privaten Veranlassung auszugehen ist. Vgl. Henry v. Commissioner, 36 T. C. 879 (1961). Um als üblich und erforderlich angesehen zu werden, verlangt die Rechtsprechung außerdem eine angemessene Höhe der Ausgabe (reasonable in amount). Vgl. Commissioner v. Lincoln Electric Co., 176 F. 2d 815 (6th Cir., 1949). Zu einer Zusammenfassung weiterer einschlägiger Urteile und Verlautbarungen vgl. *Bittker, B. I./Lokken, L.*, 1999a, S. 20-44 ff. Siehe auch *Willis, E. u. a.*, 1999, S. 5-6 f.; *Curry, K. T.*, 1989, S. 357; *Lachenauer, R. B.*, 1989, S. 435 ff.; *Fabrizio, S. B.*, 1987, S. 906 sowie ausführlich *Hohaus, B.*, 1998, S. 145 ff.

986 Da der primäre Anwendungsbereich dieser Vorschrift im engen Bereich von Hobbytätigkeiten oder unverhofften Gewinnen (windfall profits), wie z. B. zufälligen Schatzfunden, liegt, soll im folgenden nicht weiter darauf eingegangen werden. Vgl. dazu ausführlich *Khorsandi, M. R.*, 1993, S. 291 ff.; *Bittker, B. I./Lokken, L.*, 1999a, S. 22-60 ff.

987 Vgl. Sec. 162(f) IRC; Reg. § 1.162-21. Siehe auch *Curry, K. T.*, 1989, S. 365 ff.; *Reiners, J.*, 1991, S. 645 ff. sowie Stephens v. Commissioner, 905 F. 2d 667 (2d Cir., 1990).

988 Vgl. Sec. 162(c) IRC; Reg. § 1.162-18. Bestechungs- oder Schmiergelder oder ähnliche Zahlungen an Beamte oder Behörden in den USA gelten grundsätzlich als illegal. Entsprechende Zahlungen an ausländische Stellen gelten nur dann als illegal, wenn sie gegen das Recht des betreffenden Staates oder den US Foreign Corrupt Practices Act of 1977 verstoßen. Vgl. auch *Zschiegner, H.*, 1998a, S. 950; *Bittker, B. I./Lokken, L.*, 1999a, S. 20-55 ff. m. w. N.

989 Vgl. Sec. 162(g) IRC; Reg. § 1.162-22.

990 Vgl. Sec. 162(e) IRC; Reg. § 1.162-20. Siehe auch *Zschiegner, H.*, 1998a, S. 949; Cammarano v. United States, 358 U. S. 498 (1959).

Die Erwerbsaufwendungen sind dem nicht abzugsfähigen Privataufwand[991] gegenüberzustellen, was in manchen Fällen zu beträchtlichen Abgrenzungsproblemen führen kann.[992] Für die Zuordnung solcher *mixed expenses* existieren vier unterschiedliche Ansätze.[993] Nach dem ‚*inherently personal*'-Ansatz wird der Abzug von Ausgaben, die von Natur aus privaten Charakters sind, untersagt, auch wenn sie teilweise betrieblichen Zwecken dienen.[994] Der ‚*excess cost*'-Ansatz ermöglicht nur den Abzug von Ausgaben, die durch die Anforderungen der Geschäftstätigkeit oder sonstiger einkommensgenerierender Tätigkeit des Steuerpflichtigen erhöht wurden, begrenzt auf den diesen Aktivitäten zurechenbaren Anteil.[995] Die Aufteilung von Ausgaben in ihre privaten und beruflichen Anteile auf der Basis eines angemessenen Maßstabs kann nach dem ‚*allocation*'-Ansatz vorgenommen werden.[996] Ein vollständiger Abzug kommt nach dem ‚*primary purpose*'-Ansatz in Betracht, wenn die Ausgaben primär beruflich bedingt sind und der private Nutzen nur ein Nebenprodukt darstellt.[997] Diese Ansätze stehen gleichwertig und ohne konkrete Anwendungsvorschriften nebeneinander mit der Folge, daß in identischen Situationen unterschiedliche Ergebnisse auf der Basis von abweichenden Ansätzen erzielt werden können.[998]

3232. Vergleich mit der deutschen Sphärenabgrenzung

Die Abgrenzung von Betriebs- und Privatvermögen ist im deutschen Steuerrecht aufgrund der dualistischen Einkunftsermittlung von elementarer Bedeutung, da der Gewinn als Unterschiedsbetrag zwischen dem Betriebsvermögen am Schluß des Wirtschaftsjahres und dem

---

991 Vgl. Sec. 262(a) IRC: „Except as otherwise expressly provided in this chapter, no deduction shall be allowed for personal, living, or family expenses." Basierend auf dieser Definition sieht der IRC diverse Ausnahmen von dem generellen Abzugsverbot für privat veranlaßte Ausgaben vor. Dies gilt beispielsweise für Zuführungen zu einem der privaten Alterssicherung dienenden individual retirement account gem. Sec. 219 IRC, für Unterhaltsleistungen gem. Sec. 215 IRC oder Zinsen auf Ausbildungsdarlehen gem. Sec. 221 IRC. Weiterhin sind gewisse private Schuldzinsen unter Sec. 163(h) IRC und Spenden für gemeinnützige Zwecke unter Sec. 170 IRC abzugsfähig. Zu einem Überblick über die abzugsfähigen Privataufwendungen vgl. *CCH*, 1998a, S. 295 ff.

992 Vgl. *Griffith, T. D.*, 1994, S. 1769 f. Im Zweifel hat der Steuerpflichtige den Nachweis zu erbringen, daß es sich um abzugsfähige Ausgaben handelt. Vgl. *DeRhodes, J. M.*, 1987, S. 21.

993 Vgl. dazu *Bittker, B. I./Lokken, L.*, 1999a, S. 20-26 ff.

994 Dieser Ansatz verhindert zumindest den Abzug von Kosten der allgemeinen Lebensführung, wie Verpflegung oder Unterkunft, die der Steuerpflichtige unabhängig von seiner Erwerbstätigkeit zu tragen hat. Vgl. z. B. Smith v. Commissioner, 40 B. T. A. 1038 (1939); Callander v. Commissioner, 75 T. C. 334 (1980); Rev. Rul. 82-168, 1982-2 C. B. 56.

995 Vgl. Fausner v. Commissioner, 413 U. S. 838 (1973). In Fenstermaker v. Commissioner, 37 T. C. M. 89 (1978) wurde einem Geschäftsmann der Abzug von Geschäftsessen nur in Höhe des Betrags gestattet, der seine üblichen Verpflegungskosten überstieg. Siehe auch *Griffith, T. D.*, 1994, S. 1775 f.

996 So können beispielsweise die Kosten eines beruflich wie privat genutzten PKW anhand der gefahrenen Kilometer in Erwerbsaufwendungen und Privataufwand unterschieden werden. Vgl. Sapp v. Commissioner, 36 T. C. 852 (1961). Vgl. auch *Griffith, T. D.*, 1994, S. 1776 ff.

997 Dies trifft z. B. auf geschäftliche Abendessen oder sonstige geschäftliche Veranstaltungen zu. Vgl. LaForge v. Commissioner, 53 T. C. 41 (1969) sowie *Griffith, T. D.*, 1994, S. 1782 ff.

998 Vgl. *Halperin, D. I.*, 1974, S. 859 ff.; *Griffith, T. D.*, 1994, S. 1784 ff.

Betriebsvermögen am Schluß des vorangegangenen Wirtschaftsjahres definiert ist.[999] In den USA ist diese Unterscheidung wegen des umfassenden Einkommensbegriffs, der zu einer steuerlichen Erfassung von Wertsteigerungen im betrieblichen wie im privaten Bereich führt, hingegen irrelevant.[1000] Einer Anknüpfung der steuerlichen Gewinnermittlung an den Betriebsvermögensbegriff wie im deutschen Steuerrecht[1001] bedarf es daher in den Vereinigten Staaten nicht.

Das deutsche Steuerrecht stimmt mit dem US-amerikanischen prinzipiell überein, Erwerbsaufwendungen zum Abzug zuzulassen und Privataufwendungen vom Abzug auszuschließen.[1002] Unter die Erwerbsaufwendungen werden in der Bundesrepublik zum einen Betriebsausgaben als durch den Betrieb veranlaßte Aufwendungen[1003] und zum anderen Werbungskosten als Aufwendungen zur Erwerbung, Sicherung und Erhaltung der Einnahmen[1004] subsumiert. Folglich sind Aufwendungen, die im Rahmen von Gewinneinkunftsarten anfallen, den Betriebsausgaben zuzurechnen, während Ausgaben im Zusammenhang mit den Überschußeinkunftsarten als Werbungskosten zu qualifizieren sind (Veranlassungsprinzip).[1005] Da es in den USA keine Unterscheidung in Gewinn- und Überschußeinkunftsarten gibt, entspricht die US-amerikanische Unterteilung der Erwerbsaufwendungen in *business expenses* und *expenses for the production of income* nicht der deutschen Differenzierung von Betriebsausgaben und Werbungskosten.[1006] Im Ergebnis grenzen die §§ 4 Abs. 4 und 9 Abs. 1 Satz 1

---

999 Vgl. § 4 Abs. 1 Satz 1 EStG. Aber auch bei der Überschußrechnung ist die Differenzierung von Bedeutung, weil Wertveränderungen nur im Betriebsvermögen steuerlich relevant sind. Vgl. *Biergans, E.*, 1992, S. 247; *Arndt, H.-W./Piltz, D. J.*, 1996, S. 56.

1000 Eine weitere Unterscheidung in notwendiges und gewillkürtes Betriebsvermögen sowie in notwendiges Privatvermögen ist damit in den USA erst recht hinfällig. Vgl. zu dieser im deutschen Steuerrecht bedeutsamen Differenzierung R 13 Abs. 1 EStR; *Biergans, E.*, 1992, S. 248 ff. Siehe auch *Crezelius, G.*, 1994, S. 155 ff., der hier kritisch von einer „Leerformel" spricht und für die ausschließliche Differenzierung von Betriebs- und Privatvermögen nach der betrieblichen Veranlassung plädiert. Ähnlich *Heinicke, W.*, 2000, § 4, Rz. 108; *Tipke, K./Lang, J.*, 1998, S. 343 ff.

1001 Der Begriff Betriebsvermögen wird im EStG zwar verschiedentlich erwähnt, jedoch nicht definiert. Vgl. *Crezelius, G.*, 1994, S. 155; *Tipke, K./Lang, J.*, 1998, S. 343; *Arndt, H.-W./Piltz, D. J.*, 1996, S. 56.

1002 Vgl. *Crezelius, G.*, 1994, S. 189; *Arndt, H.-W./Piltz, D. J.*, 1996, S. 150.

1003 Vgl. § 4 Abs. 4 EStG. Dabei ist von einer betrieblichen Veranlassung auszugehen, wenn die Aufwendungen objektiv mit dem Betrieb zusammenhängen und subjektiv dem Betrieb zu dienen bestimmt sind. Bei unfreiwilligen Aufwendungen genügt das objektive Element. Vgl. BFH v. 21.11.1983, in: BStBl. II 1984, S. 163. Siehe auch *Crezelius, G.*, 1994, S. 201.

1004 Vgl. § 9 Abs. 1 Satz 1 EStG. Werbungskosten liegen vor, wenn die Aufwendungen in einem objektiven Zusammenhang mit der Überschußeinkunftsart stehen und subjektiv der Förderung der beruflichen Ziele des Steuersubjekts dienen. Vgl. BFH v. 27.11.1978, in: BStBl. II 1979, S. 213.

1005 Dabei kommt es grundsätzlich nicht auf die Zweckmäßigkeit, Nützlichkeit oder Angemessenheit der Aufwendungen an. Vgl. *Rose, G.*, 1997, S. 61 f.; *Tipke, K./Lang, J.*, 1998, S. 294; *Crezelius, G.*, 1994, S. 198 f.

1006 So auch *Hohaus, B.*, 1998, S. 281.

EStG jedoch einen durchaus ähnlichen Kreis von abzugsfähigen Erwerbsaufwendungen ab wie Sec. 162 und 212 IRC.[1007]

Die Abgrenzung nichtabzugsfähiger Privataufwendungen in § 12 EStG als Lebensführungskosten sowie bestimmte unterhaltsbezogene Aufwendungen, Steuern und Geldstrafen[1008] ist ebenfalls im Grundsatz mit jener von *personal expenses* in Sec. 262(a) IRC vergleichbar. Auf allgemeiner Ebene zeigt sich damit eine durchaus vergleichbare Abgrenzung von Erwerbs- und Privataufwendungen in beiden Vergleichsländern.

Die beiderseits zahlreich vorhandenen Sonderfälle relativieren dieses allgemeine Ergebnis jedoch wieder. Den Ausnahmen von den abzugsfähigen *business expenses* in den USA sind auf deutscher Seite insbesondere § 4 Abs. 4a bis 8 EStG gegenüberzustellen, welche ebenfalls bestimmte Aufwendungen vom Betriebsausgabenabzug ausschließen.[1009] Mit den kasuistischen Ausnahmen vom Abzugsverbot privat veranlaßter Ausgaben in den Vereinigten Staaten korrelieren hierzulande vor allem die Sonderausgaben und außergewöhnlichen Belastungen, welche als eindeutig der privaten Sphäre zuzuordnende Ausgaben dennoch abzugsfähig sind.[1010] Die Sondervorschrift von Sec. 183 IRC geht jedoch über die in Deutschland vorgesehenen Abzugsmöglichkeiten hinaus.

Bei der Zuordnung gemischter Aufwendungen lassen sich gleichfalls Übereinstimmungen feststellen. Das grundsätzliche Abzugs- und Aufteilungsverbot gemischter Aufwendungen gemäß § 12 Nr. 1 Satz 2 EStG[1011] entspricht weitgehend dem ‚*inherently personal*'-Ansatz in den USA. Der von der deutschen Rechtsprechung ausnahmsweise zugelassene vollständige Abzug von Aufwendungen mit unwesentlichem Privatanteil[1012] ist dem ‚*primary purpose*'-Ansatz gleichzusetzen und die ebenfalls von der Judikatur als Ausnahme anerkannte Aufteilung objektiv trennbarer gemischter Aufwendungen[1013] findet im ‚*allocation*'-Ansatz ihre Entsprechung. Lediglich der ‚*excess cost*'-Ansatz ist in dieser Form dem deutschen Steuer-

---

1007 Zwar erscheint die US-amerikanische Definition von Erwerbsaufwendungen wegen der Kriterien der Üblichkeit und Erforderlichkeit zunächst deutlich restriktiver. In der praktischen Anwendung werden diese Kriterien jedoch nur noch zur Abgrenzung von den nichtabzugsfähigen Privataufwendungen herangezogen, was die Diskrepanzen deutlich nivelliert. Vgl. auch *Hohaus, B.*, 1998, S. 282; *Kroschel, J.*, 2000a, S. 181 f.

1008 Vgl. z. B. auch *Rose, G.*, 1997, S. 62; *Arndt, H.-W./Piltz, D. J.*, 1996, S. 150 f.; *Tipke, K./Lang, J.*, 1998, S. 300; *Biergans, E.*, 1992, S. 611 ff.

1009 Dabei bestehen teilweise durchaus Übereinstimmungen in den Ausnahmefällen, wie z. B. bei Geldbußen oder illegalen Schmier- oder Bestechungsgeldern.

1010 Vgl. §§ 10 ff., 33 ff. EStG. Siehe auch *Drenseck, W.*, 2000, § 12, Rz. 1; *Crezelius, G.*, 1994, S. 192.

1011 Vgl. BFH v. 06.07.1989, in: BStBl. II 1990, S. 49. Siehe auch *Crezelius, G.*, 1994, S. 190; *Drenseck, W.*, 2000, § 12, Rz. 11, 14; *Arndt, H.-W./Piltz, D. J.*, 1996, S. 152 ff., die auf die breite Ablehnung der BFH-Rechtsprechung im Schrifttum verweisen. Vgl. dazu z. B. *Kottke, K.*, 1992, S. 129 ff.; *Tipke, K./Lang, J.*, 1998, S. 303 ff.

1012 Vgl. *Drenseck, W.*, 2000, § 12, Rz. 12; *Rose, G.*, 1997, S. 63; *Crezelius, G.*, 1994, S. 191.

1013 Vgl. *Drenseck, W.*, 2000, § 12, Rz. 12; *Rose, G.*, 1997, S. 64; *Crezelius, G.*, 1994, S. 191.

recht unbekannt. Dabei ist allerdings zu beachten, daß die US-amerikanischen Ansätze gleichwertig nebeneinanderstehen, während das deutsche Steuerrecht konkrete Anwendungsvoraussetzungen festlegt.

33. Bilanzsteuerrechtliche Behandlung wesentlicher Einzelpositionen

331. Immaterielle Wirtschaftsgüter

3311. Aktivierung immaterieller Wirtschaftsgüter

Der Umfang der zu aktivierenden immateriellen Wirtschaftsgüter richtet sich im US-amerikanischen Bilanzsteuerrecht grundsätzlich nach den oben beschriebenen Grenzen der *capital expenditures*.[1014] Aus deren Definition als Ausgaben, die einen wahrscheinlichen, über das Wirtschaftsjahr hinausgehenden künftigen wirtschaftlichen Vorteil für das Unternehmen generieren werden, läßt sich keine Beschränkung auf materielle Wirtschaftsgüter entnehmen.[1015]

Demnach sind alle erworbenen immateriellen Wirtschaftsgüter, die die Tatbestandsmerkmale einer *capital expenditure* aufweisen, zu aktivieren, auch wenn sie nicht durch Rechte oder rechtsähnliche Positionen konkretisiert sind.[1016] Diese Auslegung wird auch durch die *Regulations* gestützt, die Beispiele für die Aktivierungspflicht erworbener immaterieller Wirtschaftsgüter enthalten, wie z. B. für erworbene Patente und Copyrights,[1017] einen derivativen Geschäfts- oder Firmenwert[1018] oder die Dienstleistung eines Architekten[1019]. Daneben existiert eine umfangreiche Judikatur sowie zahlreiche IRS-Verlautbarungen zur Aktivierungspflicht einzelner erworbener immaterieller Wirtschaftsgüter.[1020] Schließlich verdeutlicht auch der *Supreme Court* die Notwendigkeit der Aktivierung erworbener immaterieller Wirtschaftsgüter. In seiner INDOPCO-Entscheidung hat das höchste Gericht die bisherige Eingrenzung

---

1014 Vgl. GP 321111.

1015 So auch *Kraft, C.*, 1991, S. 166; *Walburn, A.*, 1993, S. 457.

1016 Vgl. *Kraft, C.*, 1991, S. 166; *Kahle, H.*, 1996, S. 96 sowie *Mundstock, G.*, 1987, S. 1209; *Bittker, B. I./Lokken, L.*, 1999a, S. 20-89 f.

1017 Vgl. Reg. § 1.263(a)-2(b).

1018 Vgl. Reg. § 1.263(a)-2(h).

1019 Vgl. Reg. § 1.263(a)-2(d).

1020 Zur Aktivierungspflicht von Warenzeichen und Markennamen vgl. Rev. Rul. 55-158, 1955-1 C. B. 319; zu Kundenlisten und Exklusivvertretungsrechten als capital expenditures vgl. Elgin B. Robertson, jr. v. Commissioner, 61 T. C. 727 (1974); zur Aktivierung von Kosten für die Ausschaltung unfairen Wettbewerbs bzw. eines Zwischenhändlers siehe American Dispenser Company, Inc. v. Commissioner, 396 F. 2d 137 (2d Cir., 1968) sowie Darlington-Hartsville Coca-Cola Bottling Company, Inc. v. United States, 393 F. 2d 494 (4th Cir., 1968); Zuschüsse zu öffentlichen Infrastrukturmaßnahmen sind nach Rev. Rul. 76-257, 1976-2 C. B. 52 aktivierungspflichtig und die Rechts- und Wirtschaftsberatung im Zusammenhang mit dem Erwerb von Gesellschaftsanteilen stellt nach Woodward v. Commissioner, 397 U. S. 572 (1970) eine capital expenditure dar.

auf Ausgaben zur Schaffung oder Werterhöhung eines Guts deutlich erweitert und die zukünftige Nutzenstiftung über das Wirtschaftsjahr hinaus als Definitionsmerkmal von *capital expenditures* hervorgehoben.[1021]

Selbsterstellte immaterielle Wirtschaftsgüter sind zu aktivieren, wenn sie die Voraussetzungen einer *capital expenditure* erfüllen und einzeln erfaßbar sind. Die zusätzliche Einschränkung der einzelnen Erfaßbarkeit ist erforderlich, um aktivierungspflichtige selbsterstellte immaterielle Wirtschaftsgüter von sofort abzugsfähigen Aufwendungen zur Schaffung oder Erhöhung eines Goodwill abzugrenzen.[1022] Letztere umfassen insbesondere entsprechende Werbemaßnahmen, sofern sie nicht zur Schaffung eines aktivierungspflichtigen materiellen Wirtschaftsguts führen,[1023] aber auch Mitarbeiteraus- und -fortbildungen[1024]. Aufwendungen zur Schaffung eines durch Rechte oder rechtsähnliche Positionen abgesicherten Wirtschaftsguts genügen prinzipiell dem Kriterium der einzelnen Erfaßbarkeit.[1025] Die Aktivierungspflicht solchermaßen abgegrenzter Vermögenswerte erfährt zudem durch Sec. 263A IRC Unterstützung, welche die Aktivierung von „[r]eal or tangible personal property produced by the taxpayer“[1026] verlangt, wobei „the term ‚tangible personal property‘ shall include a film, sound recording, video tape, book, or similar property“[1027]. Die INDOPCO-Entscheidung des

---

1021 In Commissioner v. Lincoln Savings & Loan Assn., 403 U. S. 354 (1971) hat der Supreme Court noch die Tatsache, daß die Ausgabe „serves to create or enhance ... what is essentially a separate and distinct additional asset“ als zentrales Wesensmerkmal einer capital expenditure dargestellt und die zukünftige Nutzenstiftung als „not controlling“ bezeichnet, was INDOPCO, Inc. v. Commissioner, 503 U. S. 87 (1992) deutlich erweitert um „a taxpayer's realization of benefits beyond the year in which the expenditure is incurred“. Siehe auch *Walburn, A.*, 1993, S. 457 f. sowie GP 321111.

1022 Vgl. auch *Schlessinger, M. R.*, 1992, S. 929; *Kraft, C.*, 1991, S. 166; *Kahle, H.*, 1996, S. 97; *Walburn, A.*, 1993, S. 460; *Johns, T. E.*, 1984, S. 782.

1023 Vgl. Reg. § 1.162-20(a)(2), welche „institutional or ‚good will‘ advertising“ ausdrücklich als sofort abzugsfähige Betriebsausgabe einstuft. In RJR Nabisco Inc. v. Commissioner, 76 T. C. M. 84 (1998) hat der Tax Court dementsprechend Werbeausgaben als sofort abzugsfähige Betriebsausgaben klassifiziert, da sie der Schaffung immaterieller Wirtschaftsgüter dienten, welche „inseparable from brand equity and goodwill“ seien. Siehe auch Reg. § 1.162-1(a); Reg. § 1.162-14 und Cleveland Elec. Illuminating Co. v. United States, 7 Cl. Ct. 231 (1985). In Alabama Coca-Cola Bottling Company v. Commissioner, 28 T. C. M. 635 (1969) entschied der Tax Court, daß die im Rahmen einer Werbekampagne verwendeten langlebigen Werbeträger zu aktivieren und abzuschreiben sind. Vgl. auch *Johns, T. E.*, 1984, S. 771; *Walburn, A.*, 1993, S. 458, 469; *Beil, G. M.*, 1995, S. 738; *Mundstock, G.*, 1987, S. 1197; *Bittker, B. I./Lokken, L.*, 1999a, S. 20-97 f. In Rev. Rul. 92-80, 1992-2 C. B. 57 stellt die Finanzverwaltung klar, daß INDOPCO nicht zu einer Änderung der grundsätzlichen Abzugsfähigkeit von Werbeausgaben führt.

1024 Vgl. Cleveland Elec. Illuminating Co. v. United States, 7 Cl. Ct. 234 (1985). Für die Abzugsfähigkeit der Mitarbeiteraus- und -fortbildung verlangt der Court of Appeals in Richmond Television Corp. v. United States, 345 F. 2d 907 (4th Cir., 1965) jedoch, daß der Geschäftsbetrieb bereits aufgenommen wurde; entsprechende Ausgaben vor diesem Zeitpunkt sind zu aktivieren. Vgl. auch *Bittker, B. I./Lokken, L.*, 1999a, S. 20-91 f.; *Mundstock, G.*, 1987, S. 1199; *Johns, T. E.*, 1984, S. 771; *Melone, M. A.*, 1996, S. 82; *Lee, J. W.*, 1992, S. 683.

1025 Vgl. *Kraft, C.*, 1991, S. 166 f.; *Kahle, H.*, 1996, S. 97; *Johns, T. E.*, 1984, S. 772.

1026 Sec. 263A(b)(1) IRC.

1027 Sec. 263A(b) IRC. Der Einbezug dieser immateriellen Vermögenswerte in den Begriff ‚tangible property‘ gilt ausschließlich für die Zwecke von Sec. 263A IRC.

Supreme Court stellt mit dem Kriterium der künftigen Nutzenstiftung eine weitere Grundlage für die Aktivierung selbsterstellter immaterieller Vermögenswerte dar.[1028]

Eine bedeutsame Ausnahme von dieser Regel bilden die sogenannten *start-up expenditures* nach Sec. 195 IRC. Dabei handelt es sich gemäß Sec. 195(c)(1) IRC um Aufwendungen zur Vorbereitung des Erwerbs oder der Eröffnung eines Geschäftsbetriebs, einschließlich vor dem Betriebsbeginn angefallener Aufwendungen zur Einkommenserzielung, die in Vorwegnahme der baldigen Geschäftseröffnung getätigt wurden. Voraussetzung ist, daß die Aufwendungen abzugsfähige Betriebsausgaben innerhalb eines laufenden Geschäftsbetriebs darstellen würden, es sich also nicht um nach anderen Vorschriften des IRC zu aktivierende und abzuschreibende Wirtschaftsgüter handelt. *Start-up expenditures* sind nach Sec. 195(a) IRC zu aktivieren, obwohl sie teilweise der Schaffung oder Erhöhung eines Goodwill dienen bzw. keinen künftigen Nutzen generieren.[1029] Ebenso sind Aufwendungen im Rahmen der Gründung einer Kapitalgesellschaft (*organizational expenditures*) nach Sec. 248 IRC bzw. einer Personengesellschaft gemäß Sec. 709 IRC, wie beispielsweise Rechtsberatungskosten oder Kosten der Gründungsversammlung,[1030] aktivierungspflichtig, obwohl sie der Schaffung eines Goodwill dienen.[1031]

Ein Aktivierungswahlrecht besteht für Forschungs- und Entwicklungsaufwand (*research and experimental expenditures*).[1032] Nach Sec. 174(a) IRC können experimentelle oder laborbezogene Forschungs- und Entwicklungsaufwendungen im Rahmen des Geschäftsbetriebs des Steuerpflichtigen wahlweise aktiviert oder sofort abgezogen werden. Hierzu zählen insbeson-

---

1028 So auch *Schlessinger, M. R.*, 1992, S. 946: „If Indopco means anything beyond its particular facts, it means that self-created intangible expenditures ... may be capitalized, notwithstanding that they do not create a distinct new ‚asset'" (Im Original z. T. hervorgehoben).

1029 Vgl. *Persellin, M. B./Novak, E. S.*, 1995, S. 141 ff.; *Bittker, B. I./Lokken, L.*, 1999a, S. 26-32 ff.; *Kraft, C.*, 1991, S. 167; *Mundstock, G.*, 1987, S. 1216 ff. Siehe auch *Small, D. G.*, 1995, S. 206; *CCH*, 1998a, S. 160; *Melone, M. A.*, 1996, S. 81; *Johnson, C. H.*, 1994, S. 1334. Besondere Schwierigkeiten bereitet in diesem Kontext die Festlegung, wann ein Unternehmen seinen Geschäftsbetrieb aufgenommen hat. Vgl. *Raby, B. J. W./Raby, W. L.*, 1999, S. 861. Keine start-up expenditures sind Aufwendungen im Zusammenhang mit dem Erwerb von Gesellschaftsanteilen, Zinsen, Steuern und Forschungs- und Entwicklungsaufwendungen sowie der Kaufpreis eines Unternehmens. Außerdem darf es sich nicht um Aufwand im Rahmen der Erweiterung eines bestehenden Geschäftsbetriebs handeln.

1030 Zu diesen und weiteren Beispielen vgl. Reg. § 1.248-1(b)(2). Aufwendungen im Zusammenhang mit der Ausgabe, dem Erwerb oder Transfer von Gesellschaftsanteilen sowie Reorganisationskosten sind von den organizational expenditures ausgeschlossen. Vgl. Reg. § 1.248-1(b)(3) und (4).

1031 Vgl. *Bittker, B. I./Lokken, L.*, 1999c, S. 90-28 ff.; *Melone, M. A.*, 1996, S. 81; *Smith, R. S.*, 1999, S. 616; *Kraft, C.*, 1991, S. 167; *Small, D. G.*, 1995, S. 205; *Müssener, I.*, 1997, Rn. 71; *Haueisen, B.*, 1990, S. 191; *Walburn, A.*, 1993, S. 477 f. Durch die Einführung von Sec. 248 IRC in 1954 sollte die steuerliche Behandlung von organizational expenditures stärker an die Vorgehensweise des financial accounting angepaßt werden. Vgl. S. Rep. No. 1622, 83d Cong., 2d Sess. 37 (1954).

1032 Zu weiteren Aktivierungswahlrechten mit engerem Anwendungsbereich wie z. B. Aufwendungen im Zusammenhang mit der Verbreitung von Zeitungen oder Zeitschriften (Sec. 173 IRC) oder zur Erhaltung von Boden und Gewässern (Sec. 175 IRC) vgl. Reg. § 1.263(a)-3. Siehe dazu auch *Bauernfeind, G. G.*, 1994, S. 63-3 f. und *Bittker, B. I./Lokken, L.*, 1999a, S. 26-1 ff.

dere Aufwendungen zur Entwicklung oder Verbesserung eines Produkts, zur Sicherung eines Patents, für die Erstellung von Prototypen oder vergleichbare Aufwendungen.[1033] Dabei ist es unerheblich, ob die Aufwendungen direkt durch den Steuerpflichtigen oder indirekt durch Dritte in dessen Auftrag getätigt werden,[1034] wesentlich ist jedoch deren Angemessenheit.[1035] Das Wahlrecht entfällt allerdings, wenn die Forschungs- und Entwicklungsaufwendungen in die Herstellungskosten eines immateriellen Wirtschaftsguts einbezogen werden müssen oder selbständig abschreibungsfähig sind.[1036] Ausgeschlossen ist zudem der Abzug von Aufwendungen für den Erwerb oder die Verbesserung von Grund und Boden oder sonstigen Gütern, die den Forschungs- und Entwicklungsaktivitäten dienen.[1037] Diese sind zu aktivieren und eventuell vorzunehmende Abschreibungen als Forschungs- und Entwicklungsaufwand zu behandeln.[1038]

Das Aktivierungswahlrecht wurde zur Förderung von Forschungsaktivitäten, aber auch aus der Erkenntnis der Unsicherheit der aus Forschungs- und Entwicklungsaufwendungen resultierenden künftigen Erträge eingeführt.[1039] Damit besteht zum einen die Möglichkeit des sofortigen Abzugs prinzipiell aktivierungspflichtiger Forschungs- und Entwicklungsaufwendungen. Andererseits können Forschungs- und Entwicklungsaufwendungen aktiviert werden, die die grundsätzlichen Voraussetzungen für die Aktivierung selbsterstellter immaterieller Wirtschaftsgüter nicht erfüllen.[1040] Das Wahlrecht ist einheitlich zumindest für jene Aufwendungen auszuüben, die demselben Forschungsprojekt zuzurechnen sind.[1041]

1033 Vgl. Reg. § 1.174-1 und Reg. § 1.174-2(a). Siehe auch *Hudson, D. S.*, 1991, S. 89 ff.; *Smith, R. S.*, 1999, S. 751; *Bittker, B. I./Lokken, L.*, 1999a, S. 26-26 ff.; *Kraft, C.*, 1991, S. 167 f.; *Kahle, H.*, 1996, S. 99; *Small, D. G.*, 1995, S. 206; *Walburn, A.*, 1993, S. 469; *Zschiegner, H.*, 1998a, S. 946; *Müssener, I.*, 1997, Rn. 71. Die Anpassungskosten von Computer-Software an das Jahr 2000 hat der IRS in Rev. Proc. 97-50, 1997-2 C. B. 525 ausdrücklich in das Wahlrecht einbezogen. Vgl. dazu auch *Zschiegner, H.*, 1998b, S. 917 f. Zu den explizit nicht zu den research and experimental expenditures zählenden Aufwendungen wie z. B. Qualitätskontrollen, Management Studien oder erworbene Patente vgl. Reg. § 1.174-2(a)(3). Siehe dazu *Tobin, B. F.*, 1995, S. 287. Die steuerliche Definition von research and experimental expenditures befindet sich damit in weitgehender Übereinstimmung mit jener des financial accounting. Vgl. *FASB*, 1999b, SFAS No. 2, Tz. 7 ff. Siehe auch *Kieso, D. E./Weygandt, J. J.*, 1998, S. 608 ff.; *Pellens, B.*, 1999, S. 175 f.; *Haller, A.*, 1994, S. 293.

1034 Vgl. Reg. § 1.174-2(a)(8).

1035 Vgl. Sec. 174(e) IRC. Die Angemessenheit wird in erster Linie danach beurteilt, was ein vergleichbares Unternehmen unter ähnlichen Umständen für eine vergleichbare Leistung bezahlt hätte. Vgl. Reg. § 1.174-2(a)(6). Siehe auch *Bittker, B. I./Lokken, L.*, 1999a, S. 26-28 f.

1036 Vgl. Sec. 174(b)(1)(C) IRC; Reg. § 1.174-4(a)(2); *Bittker, B. I./Lokken, L.*, 1999a, S. 26-30; *Kahle, H.*, 1996, S. 100.

1037 Vgl. Sec. 174(c) IRC.

1038 Vgl. Reg. § 1.174-2(b)(1).

1039 Vgl. S. Rep. No. 1622, 83d Cong., 2d Sess. 33 (1954). Siehe auch S. Rep. No. 144, 97th Cong., 1st Sess. 1 (1981) sowie *Johns, T. E.*, 1984, S. 772; *Mundstock, G.*, 1987, S. 1205.

1040 Ebenso *Kraft, C.*, 1991, S. 168; *Walburn, A.*, 1993, S. 457 f.

1041 Vgl. Reg. § 1.174-4(a)(1) und (5) sowie *Hudson, D. S.*, 1991, S. 90; *Bittker, B. I./Lokken, L.*, 1999a, S. 26-30.

3312. Bewertung selbsterstellter immaterieller Wirtschaftsgüter

Die Bewertungsvorschriften für erworbene Wirtschaftsgüter differenzieren nicht nach dem Charakter des Bewertungsobjekts, so daß erworbene immaterielle Wirtschaftsgüter nach denselben Grundsätzen bewertet werden wie materielle.[1042] Im Fall von selbsterstellten Wirtschaftsgütern ist eine solche Differenzierung jedoch erforderlich, da der Geltungsbereich der für die Bestimmung der Herstellungskosten einschlägigen UNICAP nur materielle Wirtschaftsgüter umfaßt.[1043] Zwar wird der Begriff des materiellen Wirtschaftsguts für die Zwecke der UNICAP auf einige üblicherweise als immateriell zu qualifizierende Wirtschaftsgüter ausgedehnt,[1044] jedoch werden damit bei weitem nicht alle immateriellen Wirtschaftsgüter erfaßt.

Die Bewertung der nicht unter den Anwendungsbereich der UNICAP fallenden selbsterstellten immateriellen Wirtschaftsgüter richtet sich weiterhin nach der *full absorption costing method*,[1045] die durch die Einführung der strengeren UNICAP weitgehend verdrängt wurde. Nach der *full absorption costing method* sind die mit der Herstellung des immateriellen Wirtschaftsguts in Verbindung stehenden direkten und indirekten Kosten als Herstellungskosten zu aktivieren.[1046]

Die *full absorption costing method* versteht die direkten Kosten in Übereinstimmung mit den UNICAP als mit der Produktion zusammenhängende Material- und Fertigungseinzelkosten,[1047] wobei im Rahmen der Herstellung immaterieller Wirtschaftsgüter erstere naturgemäß von untergeordneter Bedeutung sind.

1042 Vgl. GP 32211.

1043 Vgl. Sec. 263A(b)(1) IRC; Reg. § 1.263A-2(a)(2)(i): „In general, section 263A applies to the costs of producing tangible personal property, and not to the costs of producing intangible property." Vgl. auch *Melone, M. A.*, 1995, S. 15; *Delta, G. B.*, 1987, S. 239.

1044 Vgl. Sec. 263A(b) IRC: „the term ‚tangible personal property' shall include a film, sound recording, video tape, book, or similar property". ‚Similar property' bezeichnet dabei geistiges oder schöpferisches Eigentum, welches in einem materiellen Medium enthalten ist. Für dieses Medium muß eine weite Verbreitung geplant oder hinreichend wahrscheinlich sein, wobei das immaterielle Gut nicht wesentlich verändert werden darf. Vgl. Reg. § 1.263A-2(a)(2)(ii). Siehe auch *Melone, M. A.*, 1995, S. 15.

1045 So auch *Smith, J. K.*, 1991, S. 52; *Kahle, H.*, 1996, S. 106. Die full absorption costing method wurde 1973 eingeführt, um die steuerlichen Bewertungsgrundsätze stärker an das financial accounting anzunähern. Vgl. *Gertzman, S. F.*, 1999, S. 6-50.

1046 Vgl. Reg. § 1.471-11(a); Rev. Rul. 79-25, 1979-1 C. B. 186. Siehe auch *Bauernfeind, G. G.*, 1994, S. 83-1 f.; *Heinrichson, K. W.*, 1987, S. 198; *McDaniel, P. R. u. a.*, 1999, S. 1046; *Gertzman, S. F.*, 1999, S. 6-50.

1047 Vgl. Reg. § 1.471-11(b)(i) sowie *Heinrichson, K. W.*, 1987, S. 198; *Gertzman, S. F.*, 1999, S. 6-50. Die Abgrenzung der Materialeinzelkosten (direct material) und der Fertigungseinzelkosten (direct labor) innerhalb der full absorption costing method stimmt ebenfalls mit jener der UNICAP überein. Vgl. dazu Reg. § 1.471-11(b)(2) und (3) sowie GP 322121. Zu Einzelheiten bezüglich dieser Herstellungskostenbestandteile wird daher auf diesen GP verwiesen.

Unter die indirekten Kosten sind sämtliche der Herstellung zurechenbaren Kosten mit Ausnahme der Material- und Fertigungseinzelkosten zu subsumieren.[1048] Diese Gemeinkosten werden innerhalb der *full absorption costing method* in drei Kategorien unterteilt. Für die der Kategorie 1 zugewiesenen Gemeinkosten besteht unabhängig von ihrer Behandlung im *financial accounting* eine Aktivierungspflicht.[1049] Gemeinkosten der Kategorie 2 sind nicht aktivierungspflichtig und folglich nur dann einzubeziehen, wenn sie mit der Herstellung in Zusammenhang stehen.[1050] Gemeinkosten der Kategorie 3 werden nach Maßgabe des *financial accounting* aktiviert[1051].[1052] Die den einzelnen Kategorien zugeordneten Gemeinkosten sind Abbildung 12 zu entnehmen.[1053]

1048 Vgl. Reg. § 1.471-11(b)(3)(i).

1049 Vgl. Reg. § 1.471-11(c)(2)(i); Rev. Rul. 79-25, 1979-1 C. B. 186. Vgl. auch *Heinrichson, K. W.*, 1987, S. 198; *Haueisen, B.*, 1990, S. 186 sowie ausführlich *Bauernfeind, G. G.*, 1994, S. 83-8 ff. und *Gertzman, S. F.*, 1999, S. 6-50 ff., der auf die Bedeutung technischer Gutachten und der Kostenrechnung für den Nachweis des Zusammenhangs angefallener Gemeinkosten mit der Herstellung eines Wirtschaftsguts hinweist.

1050 Vgl. Reg. § 1.471-11(c)(2)(ii); Rev. Rul. 79-25, 1979-1 C. B. 186 sowie *Heinrichson, K. W.*, 1987, S. 198; *Haueisen, B.*, 1990, S. 186 sowie eingehend *Bauernfeind, G. G.*, 1994, S. 83-8 ff. und *Gertzman, S. F.*, 1999, S. 6-52 ff. Siehe auch Texas Instruments, Inc. v. Commissioner, 63 T. C. M. 3070 (1992). Die Zusammensetzung der Herstellungskosten unterliegt jedoch dem Stetigkeitsgebot, so daß der IRS nach Rev. Rul. 79-25, 1979-1 C. B. 186 seine Zustimmung zu einer Änderung nur dann erteilen wird, wenn der Nachweis erbracht wird, daß eine verbesserte Einkommenswiedergabe im Sinne der clear reflection of income doctrine erreicht wird. Die Ausführungen in Fn. 648 gelten analog.

1051 Vgl. Reg. § 1.471-11(c)(2)(iii); Rev. Rul. 79-25, 1979-1 C. B. 186. Siehe auch *Heinrichson, K. W.*, 1987, S. 198; *Haueisen, B.*, 1990, S. 186 sowie ausführlich *Bauernfeind, G. G.*, 1994, S. 83-11 ff. und *Gertzman, S. F.*, 1999, S. 6-54 ff. Um zu verhindern, daß im financial accounting Anpassungen vorgenommen werden, die letztlich auf steuerliche Erwägungen zurückzuführen sind, wird der Nachweis verlangt, daß solche Anpassungen unter Vernachlässigung des Wesentlichkeitsgrundsatzes den US-GAAP entsprechen und die Änderung aus der Perspektive des financial accounting eine Verbesserung darstellt. Vgl. Rev. Proc. 75-40, 1975-2 C. B. 571.

1052 Diese Klassifizierung von Gemeinkosten gab Anlaß zu zahlreichen Steuergestaltungsüberlegungen. So ist beispielsweise zu berücksichtigen, daß die Miete für Betriebsgebäude zwingend anteilig aktiviert werden muß, während beim Erwerb der Gebäude die Abschreibungen den Kategorien 2 oder 3 zugeordnet werden. Vgl. *Gertzman, S. F.*, 1999, S. 6-51.

1053 Vgl. dazu Reg. § 1.471-11(c)(2). Einige der dort aufgeführten Gemeinkosten sind zwar für die Herstellung immaterieller Wirtschaftsgüter nur von geringer oder ohne Bedeutung, sollen aber aus Vollständigkeitsgründen dennoch erwähnt werden.

Abb. 12: Gemeinkostenkategorien nach der full absorption costing method

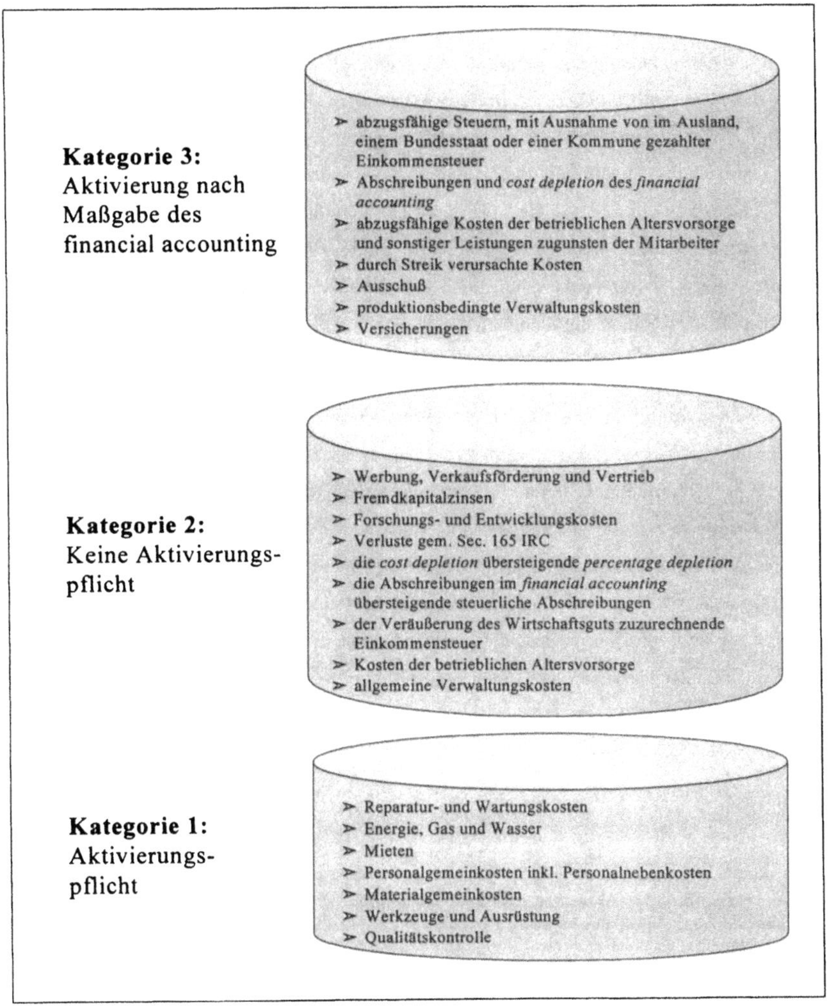

Die durch die *Regulations* den einzelnen Kategorien zugewiesenen Gemeinkosten stellen keine abschließende Aufzählung dar. Vielmehr ermöglicht eine Auffangnorm die Zuweisung weiterer Gemeinkosten zu den Kategorien 1 bis 3, sofern eine hinreichende Vergleichbarkeit mit einer der explizit genannten Kostenarten besteht.[1054] Sollte im *financial accounting* keine der *full absorption costing method* vergleichbare Methode zur Anwendung kommen, sehen

[1054] Vgl. Reg. § 1.471-11(c)(2)(iii); *Gertzman, S. F.*, 1999, S. 6-55.

die *Regulations* eine Alternativmethode vor, welche die Gemeinkosten der Kategorie 3 verbindlich den Kategorien 1 und 2 zuordnet.[1055]

Die Gemeinkostenzurechnungsverfahren unter der *full absorption costing method* stimmen wegen der Nähe zum *financial accounting* weitgehend mit den dort verwendeten Methoden überein.[1056] Denn grundsätzlich ist jede Zurechnungsmethode zulässig, welche zu einer verursachungsgerechten Zurechnung der Gemeinkosten auf die produzierten Wirtschaftsgüter führt.[1057] Die *Regulations* listen als zulässige Methoden die Verwendung von Zuschlagssätzen (*burden rates*),[1058] die Standardkostenmethode (*standard cost method*)[1059] und das *practical capacity concept*[1060] auf, welche aufgrund der administrativen Hürden bei der exakten Zurechnung der tatsächlich angefallenen Gemeinkosten in aller Regel auch zur Anwendung kommen.[1061]

Bei der Verwendung von Zuschlagssätzen sowie bei der Standardkostenmethode[1062] kann im Rahmen der *full absorption costing method* das *practical capacity concept* zur Anwendung kommen.[1063] Unternehmen, deren Beschäftigungsgrad (*actual capacity*) die Vollauslastung (*practical capacity*) im Wirtschaftsjahr unterschreitet, müssen nach diesem Konzept nur einen der Relation von aktuellem Beschäftigungsgrad zu theoretischer Vollauslastung entsprechenden Prozentsatz der fixen Fertigungsgemeinkosten als Herstellungskosten aktivieren. Der Differenzbetrag kann als Betriebsausgabe sofort abgezogen werden.[1064] Die Herstellungskosten des Wirtschaftsguts ergeben sich dann aus der Summe der direkten Kosten, der variablen Gemeinkosten und dem nach dem *practical capacity concept* ermittelten Anteil der fixen Gemeinkosten.

1055 Vgl. Reg. § 1.471-11(c)(3). Nach dieser Alternativmethode sind die in Kategorie 3 enthaltenen abzugsfähigen Kosten der betrieblichen Altersvorsorge und sonstiger Leistungen zugunsten der Mitarbeiter sowie durch Streik und Ausschuß verursachte Kosten nicht aktivierungspflichtig, während die übrigen in Kategorie 3 enthaltenen Gemeinkosten der Kategorie 1 zugeordnet werden. Vgl. auch *Gertzman, S. F.*, 1999, S. 6-55 f.; *Bauernfeind, G. G.*, 1994, S. 83-14 f.

1056 Ebenso *Bauernfeind, G. G.*, 1994, S. 83-15.

1057 Vgl. Reg. § 1.471-11(d)(1): „Indirect production costs ... must be allocated ... by the use of a method of allocation which fairly apportions such costs among the various items produced".

1058 Vgl. Reg. § 1.471-11(d)(2).

1059 Vgl. Reg. § 1.471-11(d)(3).

1060 Vgl. Reg. § 1.471-11(d)(4).

1061 So *Bauernfeind, G. G.*, 1994, S. 83-16.

1062 Beide Methoden wurden bereits im Rahmen der Bestimmung der Herstellungskosten nach den UNICAP vorgestellt. Da ihre Ausgestaltungen innerhalb der UNICAP und der full absorption costing method übereinstimmen, kann auf die Ausführungen in GP 322121 verwiesen werden.

1063 Das practical capacity concept ist für die UNICAP nicht zulässig. Vgl. z. B. *Bauernfeind, G. G.*, 1994, S. 83-16.

1064 Vgl. Reg. § 1.471-11(d)(4). Siehe auch *Bauernfeind, G. G.*, 1994, S. 83-17 f.; *Schneider, L. J./Solomon, M. F.*, 1986a, S. 427.

Der wesentliche Unterschied zwischen der für die Bewertung von selbsterstellten immateriellen Wirtschaftsgütern einschlägigen *full absorption costing method* und der die Bestimmung der Herstellungskosten aller übrigen Wirtschaftsgüter regelnden UNICAP liegt im Umfang der aktivierungspflichtigen Gemeinkosten. Der tendenziell geringere Aktivierungsumfang der *full absorption costing method* führt zu einem vergleichsweise niedrigeren Herstellungskostenansatz bei selbsterstellten immateriellen Wirtschaftsgütern.

3313. Steuerliche Abschreibung immaterieller Wirtschaftsgüter

Sec. 168(a) IRC beschränkt den Anwendungsbereich des MACRS ausdrücklich auf materielle Wirtschaftsgüter. Die Abschreibung immaterieller Wirtschaftsgüter (*amortization*) unterlag demnach bis zur Einführung von Sec. 197 IRC ausschließlich den vor 1981 gültigen Vorschriften unter Sec. 167 IRC.[1065] Immaterielle Wirtschaftsgüter sind danach abschreibungsfähig, sofern sie nachweisbar eine begrenzte, mit angemessener Genauigkeit zu veranschlagende Nutzungsdauer haben.[1066] Goodwill ist unter Sec. 167 IRC generell nicht abschreibungsfähig.[1067]

Die jährlichen Absetzungen für Abnutzung ergeben sich unter Sec. 167 IRC durch die Verteilung der Anschaffungs- oder Herstellungskosten des immateriellen Wirtschaftsguts auf die erwartete Nutzungsdauer. Letztere entspricht definitionsgemäß dem Zeitraum, für welchen mit hinreichender Sicherheit eine betriebliche Nutzbarkeit des Wirtschaftsguts angenommen werden kann.[1068] Als Abschreibungsmethode kommt grundsätzlich nur die lineare Abschreibung in Betracht.[1069]

[1065] Vgl. auch Abb. 10. Das 1972 eingeführte ADR-System war nie auf immaterielle Wirtschaftsgüter anwendbar. Vgl. Reg. § 1.167(a)-11(b)(2). Zur historischen Entwicklung der Abschreibungsregeln für immaterielle Wirtschaftsgüter vgl. *Bokinsky, A. J.*, 1994, S. 214 ff.; *Douglass, M. J.*, 1994, S. 714 ff.

[1066] Vgl. Reg. § 1.167(a)-3. Abschreibungsfähig sind nach dieser Regel beispielsweise Patente und Copyrights. Vgl. auch *Douglass, M. J.*, 1994, S. 714 f.; *Andrews, A. W.*, 1995, S. 523.

[1067] Vgl. Reg. § 1.167(a)-3. Der explizite Ausschluß von Goodwill gab Anlaß zu zahlreichen Gestaltungsversuchen, die teilweise auch vor Gericht Bestand hatten. Vgl. *Bokinsky, A. J.*, 1994, S. 219 ff.; *Douglass, M. J.*, 1994, S. 715 ff.; *Andrews, A. W.*, 1995, S. 511 ff. So gestattete der Supreme Court in Newark Morning Ledger Co. v. United States, 507 U. S. 546 (1993) dem Erwerber einer Zeitung die Abschreibung des Abonnentenstamms als immaterielles Wirtschaftsgut unter Sec. 167 IRC, da es sich um ein bewertbares Wirtschaftsgut mit begrenzter Nutzungsdauer handele. Das explizite Verbot der Abschreibung von Goodwill impliziere eine nicht abgrenzbare Nutzungsdauer.

[1068] Vgl. Reg. § 1.167(a)-1(b). Die Festlegung ist auf der Basis von Erfahrungen mit gleichartigen Wirtschaftsgütern unter Berücksichtigung der jeweiligen Rahmenbedingungen vorzunehmen. Bei Fehlen einschlägiger Erfahrungen kann auch auf branchenspezifische Werte zurückgegriffen werden. Vgl. z. B. *Murakami, A. A.*, 1997, S. 1218.

[1069] Die unter Sec. 167 IRC zulässigen degressiven Abschreibungsmethoden waren nie für immaterielle Wirtschaftsgüter anwendbar. Vgl. *Bittker, B. I./Lokken, L.*, 1999a, S. 23-122.

Die vielfältigen Schwierigkeiten bei der Abschreibung immaterieller Wirtschaftsgüter unter Sec. 167 IRC, insbesondere im Zusammenhang mit dem Erwerb von Unternehmen, veranlaßten den Gesetzgeber 1993 zur Kodifizierung von Sec. 197 IRC.[1070] Seither findet Sec. 167 IRC nur noch auf immaterielle Wirtschaftsgüter Anwendung, die nicht von Sec. 197 IRC erfaßt sind.

Nach Sec. 197 IRC werden die Anschaffungskosten qualifizierender Wirtschaftsgüter (*amortizable section 197 intangibles*) linear über 15 Jahre, beginnend mit dem Monat der Anschaffung, abgeschrieben.[1071] Die für eine solche Abschreibung in Betracht kommenden *section 197 intangibles* sind abschließend gesetzlich fixiert:[1072]

- *Goodwill*, definiert als Geschäfts- oder Firmenwert, welcher der Erwartung eines fortbestehenden Kundenstamms aufgrund des Namens, der Reputation oder anderer unternehmensbezogener Faktoren zurechenbar ist,[1073]
- *going concern value*, definiert als der zusätzliche Wert eines Wirtschaftsguts, der diesem aufgrund seiner Zugehörigkeit zu einem laufenden Geschäftsbetrieb zukommt,[1074]
- *workforce in place*, definiert als Mitarbeiterstamm einschließlich ihrer Beschäftigungskonditionen und sonstiger den Mitarbeitern zurechenbarer Werte,[1075]
- *information base*, definiert als Geschäftsbücher und -aufzeichnungen, Betriebssysteme und sonstige Informationsbestände, einschließlich Kundenlisten oder interner Kontrollsysteme,[1076]
- *know-how*, einschließlich Patente, Copyrights, Formeln, Prozesse, Entwürfe, Muster und Modelle o. ä.,[1077]
- *customer-based intangibles*, definiert als Marktpositionierung, Marktanteil oder sonstige Werte, die auf künftigen Lieferungen oder Leistungen aufgrund bestehender Kundenbeziehungen beruhen,[1078]

1070 Vgl. HR Rep. No. 111, 103d Cong., 1st Sess. 760 (1993); *Douglass, M. J.*, 1994, S. 713 f.; *Flick, H. F. W./Damm, H.*, 1993, S. 502 f.; *Sieker, K.*, 1993, S. 830. Die Vorteilhaftigkeit von Sec. 197 IRC gegenübe der Vorgängerregelung diskutiert *Bokinsky, A. J.*, 1994, S. 228 ff. mit dem Ergebnis, daß für die Steuerpflichtigen eine deutliche Verbesserung eingetreten sei, während aus steuersystematischer Sicht noch Konflikte zu anderen Vorschriften des IRC bestünden.

1071 Vgl. Sec. 197(a) IRC; Reg. § 1.197-2(f)(1). Dabei ist es unerheblich, ob die Wirtschaftsgüter auch unte Sec. 167 IRC abschreibungsfähig wären. Vgl. *McDaniel, P. R. u. a.*, 1999, S. 461 ff., die sich kritisch zu typisierten Abschreibungsdauer von 15 Jahren äußern. Vgl. auch *Dell, F. M.*, 1997, S. 278; *Bokinsky, A. J.* 1994, S. 226; *Douglass, M. J.*, 1994, S. 726; *Andrews, A. W.*, 1995, S. 515.

1072 Vgl. Sec. 197(d)(1) IRC. Siehe auch *McDaniel, P. R. u. a.*, 1999, S. 461 f.; *Dell, F. M.*, 1997, S. 279 f *Bokinsky, A. J.*, 1994, S. 226 sowie ausführlich *Douglass, M. J.*, 1994, S. 727 ff.

1073 Vgl. Sec. 197(d)(1)(A) IRC; Reg. § 1.197-2(b)(1).

1074 Vgl. Sec. 197(d)(1)(B) IRC; Reg. § 1.197-2(b)(2).

1075 Vgl. Sec. 197(d)(1)(C)(i) IRC; Reg. § 1.197-2(b)(3).

1076 Vgl. Sec. 197(d)(1)(C)(ii) IRC; Reg. § 1.197-2(b)(4).

1077 Vgl. Sec. 197(d)(1)(C)(iii) IRC; Reg. § 1.197-2(b)(5).

1078 Vgl. Sec. 197(d)(1)(C)(iv) IRC; Sec. 197(d)(2) IRC; Reg. § 1.197-2(b)(6).

- *supplier-based intangibles*, definiert als sämtliche Werte, die auf dem künftigen Erwerb von Gütern oder Dienstleistungen aufgrund bestehender Lieferantenverbindungen beruhen,[1079]
- sonstige, den in Sec. 197(d)(1)(C) IRC genannten Werten vergleichbare *intangibles*,[1080]
- Lizenzen, Genehmigungen und andere öffentlich gewährte Rechte,[1081]
- Wettbewerbsverbote und ähnliche Vereinbarungen im Rahmen eines Unternehmenskaufs[1082],[1083]
- Franchiseverträge, Markenzeichen und Markennamen,[1084]
- jegliche Verträge oder Vereinbarungen, die die Nutzungsrechte an einem der genannten *intangibles* gewähren[1085].

Daneben sind einige immaterielle Wirtschaftsgüter ausdrücklich von den *section 197 intangibles* ausgenommen:[1086]

- Beteiligungen an Kapital- oder Personengesellschaften, Stiftungen oder Nachlässen,[1087]
- bestimmte innovative Finanzinstrumente,[1088]
- Rechte an Grund und Boden,[1089]
- Software, sofern es sich um nicht modifizierte Standardsoftware mit nicht exklusiver Lizenz handelt oder um sonstige Software, die nicht im Rahmen eines Unternehmenskaufs erworben wurde,[1090]
- Beteiligungen oder Rechte, sofern sie nicht im Rahmen eines Unternehmenskaufs erworben wurden, an
  - Filmen, Tonaufzeichnungen, Videokassetten, Büchern o. ä.,[1091]
  - öffentlich oder vertraglich gewährten Bezugsrechten für materielle Wirtschaftsgüter oder Dienstleistungen,[1092]
  - Patenten oder Copyrights,[1093]

1079 Vgl. Sec. 197(d)(1)(C)(v) IRC; Sec. 197(d)(3) IRC; Reg. § 1.197-2(b)(7).
1080 Vgl. Sec. 197(d)(1)(C)(vi) IRC; Reg. § 1.197-2(b)(12).
1081 Vgl. Sec. 197(d)(1)(D) IRC; Reg. § 1.197-2(b)(8).
1082 Als Unternehmenskauf gilt hier und im weiteren auch bereits der Erwerb eines wesentlichen Anteils an einem Unternehmen. Die Wesentlichkeit des Anteils ist im Einzelfall zu beurteilen und hängt sowohl von Art und Menge der erworbenen Wirtschaftsgüter als auch der beim Veräußerer verbleibenden Güter ab. Vgl. Reg. § 1.197-2(e)(4). Siehe auch *Douglass, M. J.*, 1994, S. 758 ff.
1083 Vgl. Sec. 197(d)(1)(E) IRC; Reg. § 1.197-2(b)(9).
1084 Vgl. Sec. 197(d)(1)(F) IRC; Reg. § 1.197-2(b)(10).
1085 Vgl. Reg. § 1.197-2(b)(11).
1086 Vgl. hierzu auch *Dell, F. M.*, 1997, S. 279 ff.; *McDaniel, P. R. u. a.*, 1999, S. 462 f. sowie ausführlich *Douglass, M. J.*, 1994, S. 734 ff.
1087 Vgl. Sec. 197(e)(1)(A) IRC; Reg. § 1.197-2(c)(1).
1088 Vgl. Sec. 197(e)(1)(B) IRC; Reg. § 1.197-2(c)(2).
1089 Vgl. Sec. 197(e)(2) IRC; Reg. § 1.197-2(c)(3).
1090 Vgl. Sec. 197(e)(3) IRC; Reg. § 1.197-2(c)(4).
1091 Vgl. Sec. 197(e)(4)(A) IRC; Reg. § 1.197-2(c)(5).
1092 Vgl. Sec. 197(e)(4)(B) IRC; Reg. § 1.197-2(c)(6).
1093 Vgl. Sec. 197(e)(4)(C) IRC; Reg. § 1.197-2(c)(7).

- Beteiligungen an laufender Vermietung oder Verpachtung materieller Wirtschaftsgüter oder bestehenden Schuldverhältnissen,[1094]
- Franchiserechte im Profisport,[1095]
- Rechte, mit bebauten Grundstücken gesicherte Hypotheken abzulösen, sofern diese Rechte nicht im Rahmen eines Unternehmenskaufs erworben wurden,[1096]
- Gebühren und Beratungskosten im Rahmen von Umgestaltungen von Kapitalgesellschaften, die wenigstens teilweise unter die *nonrecognition*-Vorschriften der Sec. 351 ff. IRC fallen,[1097]
- bestimmte, im Rahmen des gewöhnlichen Geschäftsbetriebs erworbene Rechte mit fixer Laufzeit oder Höhe[1098].

Diese *section 197 intangibles* werden als für die Abschreibung nach Sec. 197 IRC qualifizierende *amortizable section 197 intangibles* eingestuft, sofern sie nach dem 10. August 1993 angeschafft wurden und in Verbindung mit einem aktiven Geschäftsbetrieb oder sonstiger einkommensgenerierender Tätigkeiten gehalten werden.[1099] Selbsterstellte immaterielle Wirtschaftsgüter zählen regelmäßig nicht zu den *amortizable section 197 intangibles*,[1100] es sei denn, es handelt sich um die in Sec. 197(d)(1)(D) bis (F) IRC genannten Positionen[1101].[1102]

Ungeachtet dieser Voraussetzungen ist jedes *section 197 intangible* abschreibungsfähig, sofern es in Verbindung mit dem Erwerb eines Unternehmens oder eines wesentlichen Anteils an einem Unternehmen entstanden ist.[1103] Andererseits ist zur Vermeidung von Mißbrauch die Abschreibung nach Sec. 197 IRC für all jene immateriellen Wirtschaftsgüter ausgeschlossen, die nach dem Inkrafttreten von Sec. 197 IRC unter Umständen erworben wurden, die nahelegen, daß lediglich Abschreibungspotential generiert werden sollte.[1104]

Die bilanzsteuerrechtliche Behandlung einiger nicht von Sec. 197 IRC erfaßter immaterieller Wirtschaftsgüter ist vom Gesetzgeber gesondert geregelt worden. Bei erworbenen Patenten

1094 Vgl. Sec. 197(e)(5) IRC; Reg. § 1.197-2(c)(8) und (9).
1095 Vgl. Sec. 197(e)(6) IRC; Reg. § 1.197-2(c)(10).
1096 Vgl. Sec. 197(e)(7) IRC; Reg. § 1.197-2(c)(11).
1097 Vgl. Sec. 197(e)(8) IRC; Reg. § 1.197-2(c)(12).
1098 Vgl. Reg. § 1.197-2(c)(13).
1099 Vgl. Sec. 197(c)(1) IRC. Siehe auch *Willis, E. u. a.*, 1999, S. 7-23; *Dell, F. M.*, 1997, S. 278; *Bokinsky, A. J.*, 1994, S. 226; *Douglass, M. J.*, 1994, S. 726; *Andrews, A. W.*, 1995, S. 515.
1100 Vgl. Sec. 197(c)(2) IRC; Reg. § 1.197-2(d)(2)(i). Ein Wirtschaftsgut gilt als selbsterstellt, wenn dem Steuerpflichtigen durch dessen Schaffung, Herstellung, Entwicklung oder Verbesserung Kosten entstehen, unabhängig davon, ob die entsprechenden Arbeiten vom Steuerpflichtigen selbst oder in dessen Auftrag von Dritten ausgeführt werden. Vgl. Reg. § 1.197-2(d)(2)(ii)(A). Siehe auch *Dell, F. M.*, 1997, S. 278.
1101 Vgl. Sec. 197(c)(2)(A) IRC; Reg. § 1.197-2(d)(2)(iii)(A). Dabei handelt es sich um Lizenzen, Genehmigungen und andere öffentlich gewährte Rechte, Wettbewerbsverbote und ähnliche Vereinbarungen im Rahmen eines Unternehmenskaufs sowie um Franchiseverträge, Markenzeichen und Markennamen. Vgl. auch *Douglass, M. J.*, 1994, S. 734 f.; *Andrews, A. W.*, 1995, S. 515.
1102 Nicht von Sec. 197 IRC erfaßte selbsterstellte immaterielle Wirtschaftsgüter können jedoch gegebenenfalls nach Sec. 167 IRC abgeschrieben werden. Vgl. *Schreiber, U.*, 2000, S. 85.
1103 Vgl. Sec. 197(c)(2) IRC; Reg. § 1.197-2(d)(2)(iii)(B).
1104 Vgl. Sec. 197(c)(3) IRC i. V. m. Sec. 197(f)(9) IRC; Reg. § 1.197-2(h).

und Copyrights, die keine *section 197 intangibles* sind,[1105] und deren Anschaffungskosten in wenigstens jährlichen Raten entweder als fixer Betrag oder als fixer Anteil an den Erlösen aus dem betreffenden Patent oder Copyright beglichen werden, sind diese Raten im jeweiligen Wirtschaftsjahr abzugsfähig. Andere erworbene Patente oder Copyrights werden über ihre Restnutzungsdauer linear abgeschrieben. Bei völliger Wertlosigkeit ist eine außerplanmäßige Abschreibung des Restbuchwerts erforderlich.[1106] Nicht von Sec. 197 IRC erfaßte Computersoftware[1107] kann linear über 3 Jahre abgeschrieben werden.[1108] Das Recht, eine mit einem bebauten Grundstück gesicherte Hypothek abzulösen, kann, sofern es nicht im Rahmen des Kaufs eines Unternehmens oder eines wesentlichen Anteils daran erworben wurde,[1109] linear über 9 Jahre abgeschrieben werden.[1110] Die völlige Wertlosigkeit des Rechts macht eine außerplanmäßige Abschreibung des Restbuchwerts erforderlich.[1111] Die jährliche Abschreibung öffentlich oder vertraglich gewährter Bezugsrechte für materielle Wirtschaftsgüter oder Dienstleistungen, die nicht im Rahmen des Kaufs eines Unternehmens oder eines wesentlichen Anteils daran erworben wurden,[1112] erfolgt anteilig im Verhältnis der Inanspruchnahme des Bezugsrechts.[1113] Bei lediglich zeitlich beschränkten Bezugsrechten erfolgt eine lineare Abschreibung über die Laufzeit.[1114] Aktivierte *start-up expenditures* sind ebenso wie Gründungskosten von Kapital- oder Personengesellschaften und wahlweise aktivierte Forschungs- und Entwicklungskosten in gleichen Beträgen über 5 Jahre abzuschreiben.[1115]

3314. Vergleich mit der Behandlung immaterieller Wirtschaftsgüter im deutschen Bilanzsteuerrecht

Erworbene immaterielle Wirtschaftsgüter, die in den USA prinzipiell aktiviert werden müssen, sind im deutschen Bilanzsteuerrecht innerhalb des Anlagevermögens nur dann akti-

[1105] Patente und Copyrights zählen nur zu den section 197 intangibles, wenn sie im Rahmen des Kaufs eines Unternehmens oder eines wesentlichen Anteils daran erworben wurden. Vgl. Sec. 197(d)(1)(C)(iii) und Sec. 197(e)(4)(C) IRC.

[1106] Vgl. Reg. § 1.167(a)-14(c)(4).

[1107] Sec. 197(e)(3)(A) IRC läßt nur im Rahmen des Kaufs eines Unternehmens oder eines wesentlichen Anteils daran erworbene Software, die keine Standardsoftware ist, zur Abschreibung zu.

[1108] Vgl. Sec. 167(f)(1)(A) IRC. Siehe auch *Dell, F. M.*, 1997, S. 279.

[1109] In diesem Fall wäre Sec. 197 IRC anwendbar. Vgl. Sec. 197(e)(7) IRC.

[1110] Dazu müssen die allgemeinen Voraussetzungen von Sec. 167 IRC erfüllt sein. Vgl. Sec. 167(f)(3) IRC; Reg. § 1.167(a)-14(d).

[1111] Vgl. Reg. § 1.167(a)-14(d).

[1112] In diesem Fall läge ein section 197 intangible vor. Vgl. Sec. 197(e)(4)(B) IRC.

[1113] Vgl. Reg. § 1.167(a)-14(c)(1)(i).

[1114] Vgl. Reg. § 1.167(a)-14(c)(1)(ii).

[1115] Vgl. Sec. 195(b)(1) IRC; Sec. 248(a) IRC; Sec. 709(b)(1) IRC; Sec. 174(b)(1) IRC. Vgl. auch *McDaniel, P. R. u. a.*, 1999, S. 464 f.

vierungsfähig und auch -pflichtig, wenn sie entgeltlich erworben wurden.[1116] Im Umlaufvermögen besteht hingegen unabhängig von der Entgeltlichkeit des Erwerbs stets eine Aktivierungspflicht.[1117] Wesentlich gravierender stellen sich die Unterschiede im Bereich der selbsterstellten immateriellen Wirtschaftsgüter dar, die in den Vereinigten Staaten unter der zusätzlichen Voraussetzung der Einzelerfaßbarkeit ebenfalls prinzipiell zu aktivieren sind. Hier sieht das deutsche Bilanzsteuerrecht innerhalb des Anlagevermögens ein generelles Aktivierungsverbot vor,[1118] während im Umlaufvermögen wiederum eine Aktivierungspflicht besteht[1119]. Zwar wird in den USA durch die zusätzliche Voraussetzung der einzelnen Erfaßbarkeit die Aktivierung von Aufwendungen für Werbemaßnahmen o. ä. in Übereinstimmung mit dem deutschen Bilanzsteuerrecht[1120] verhindert. Insgesamt ist der Kreis der aktivierungsfähigen immateriellen Wirtschaftsgüter in den Vereinigten Staaten jedoch deutlich weiter gezogen als in Deutschland.

Diese Feststellung bestätigt sich auch bei den betrachteten Ausnahmefällen. So sind die mit den nach Sec. 195 IRC aktivierungspflichtigen *start-up expenditures* vergleichbaren Aufwendungen für die Ingangsetzung des Geschäftsbetriebs im deutschen Bilanzsteuerrecht nicht aktivierungsfähig.[1121] Die vom US-amerikanischen Bilanzsteuerrecht vorgeschriebene Aktivierung der Aufwendungen für die Gründung einer Kapital- oder Personengesellschaft ist in Deutschland ebenfalls nicht zulässig[1122] und auch dem Aktivierungswahlrecht für Forschungs- und Entwicklungsaufwand steht auf deutscher Seite ein grundsätzliches Aktivierungsverbot gegenüber.[1123]

Die unterschiedlichen Maßstäbe für die Bewertung immaterieller Wirtschaftsgüter werden zunächst in der folgenden Tabelle gegenübergestellt:

1116 Für unentgeltlich erworbene immaterielle Anlagegüter besteht folglich ein Aktivierungsverbot. Vgl. § 5 Abs. 2 EStG. Das Aktivierungsverbot gilt jedoch nicht bei unentgeltlicher Übertragung eines Betriebs, Teilbetriebs oder Mitunternehmeranteils, wenn der Rechtsvorgänger das immaterielle Anlagegut bereits aktiviert hatte. Vgl. R 31a Abs. 3 EStR.

1117 Vgl. *Biergans, E.*, 1992, S. 216; *Weber-Grellet, H.*, 1996a, S. 116; *Wöhe, G.*, 1992, S. 274; *Knobbe-Keuk, B.*, 1993, S. 90 f.

1118 Dieses ergibt sich indirekt aus § 5 Abs. 2 EStG.

1119 Vgl. *Biergans, E.*, 1992, S. 216; *Weber-Grellet, H.*, 1996a, S. 116; *Wöhe, G.*, 1992, S. 274; *Knobbe-Keuk, B.*, 1993, S. 90 f.

1120 Für Werbezwecke hergestellte materielle Wirtschaftsgüter sind wie in den USA aktivierungspflichtig. Vgl. BFH v. 26.06.1969, in: BStBl. II 1970, S. 37; *Weber-Grellet, H.*, 2000a, § 5, Rz. 270.

1121 Aufwendungen für die Erweiterung des Geschäftsbetriebs werden in beiden Vergleichsländern als abzugsfähige Betriebsausgabe eingestuft. Vgl. GP 3231; *Weber-Grellet, H.*, 2000a, § 5, Rz. 270; *Biergans, E.*, 1992, S. 277 ff.; *Arndt, H.-W./Piltz, D. J.*, 1996, S. 366.

1122 Vgl. *Weber-Grellet, H.*, 2000a, § 5, Rz. 270; *Biergans, E.*, 1992, S. 278; *Knobbe-Keuk, B.*, 1993, S. 85.

1123 Vgl. *Weber-Grellet, H.*, 2000a, § 5, Rz. 270; *Niemann, U.*, 1999, S. 164. Siehe auch BFH v. 17.12.1976, in: BStBl. II 1977, S. 235.

Tab. 10: Vergleich der Bewertungsmaßstäbe für immaterielle Wirtschaftsgüter

	USA	Deutschland
Entgeltlicher Erwerb		
Anlagevermögen	*cost*, Sec. 1012 IRC	Anschaffungskosten
Umlaufvermögen	UNICAP	Anschaffungskosten
Unentgeltlicher Erwerb		
Anlagevermögen	Buchwert/*fair market value*	kein Ansatz. Ausnahme: R 31a Abs. 3 EStR, dann Buchwert
Umlaufvermögen	Buchwert/*fair market value*	Buchwert/gemeiner Wert/Teilwert
Selbsterstellung		
Anlagevermögen	*full absorption costing method*	kein Ansatz
Umlaufvermögen	*full absorption costing method*	Herstellungskosten

Die Bewertungsmaßstäbe für den Erwerb materieller und immaterieller Wirtschaftsgüter stimmen in beiden Vergleichsländern überein,[1124] so daß sich ein erneuter Vergleich an dieser Stelle erübrigt.[1125] Einer näheren Betrachtung bedürfen jedoch die selbsterstellten immateriellen Wirtschaftsgüter, die im deutschen Bilanzsteuerrecht nur im Umlaufvermögen aktivierungsfähig sind und dort zu Herstellungskosten bewertet werden,[1126] während in den USA im Anlage- wie im Umlaufvermögen die *full absorption costing method* zur Anwendung kommt. Diese Methode zeichnet sich als Vorgängerin der UNICAP in weiten Teilen durch Übereinstimmungen mit diesem derzeit gültigen Regelsystem aus. So besteht völliger Einklang hinsichtlich der in die Herstellungskosten einbeziehungspflichtigen Einzelkosten.[1127] Die nach der *full absorption costing method* in die Herstellungskosten einzubeziehenden Gemeinkosten unterschreiten den Aktivierungsumfang der UNICAP. Da letztere im Vergleich zum deutschen Bilanzsteuerrecht einen deutlich größeren Kreis von Gemeinkosten einbeziehen,[1128] ist die *full absorption costing method* in diesem Bereich durch eine vergleichsweise größere Nähe zum deutschen Recht gekennzeichnet. Für die Gemeinkostenzurechnung werden bei der Bewertung selbsterstellter immaterieller Wirtschaftsgüter in den USA in der Regel die *burden rate method* und die *standard cost method* verwendet.[1129] Das bei diesen Verfahren anwend-

[1124] Lediglich beim unentgeltlichen Erwerb von immateriellen Anlagegütern gilt in Deutschland eine Sondervorschrift, da hier nur ausnahmsweise eine Aktivierung zulässig ist.

[1125] Vgl. insoweit GP 322114.

[1126] Vgl. *Biergans, E.*, 1992, S. 216.

[1127] Vgl. GP 322123 für einen Vergleich mit dem deutschen Herstellungskostenbegriff.

[1128] Vgl. GP 322123.

[1129] Diese Verfahren wurden bereits im Rahmen der UNICAP mit den Methoden des deutschen Bilanzsteuerrechts verglichen. Vgl. dazu GP 322123.

bare *practical capacity concept* entspricht weitgehend der im deutschen Bilanzsteuerrecht üblichen Ausscheidung von Leerkosten aus den Herstellungskosten.[1130] Im Unterschied zu den USA ist in Deutschland ein Leerkostenausschluß jedoch nicht möglich, wenn die Kapazitätsschwankungen durch die Art der Produktion bedingt sind.[1131] Im Ergebnis läßt sich somit im Bereich der immateriellen Wirtschaftsgüter eine größere Nähe zwischen den Herstellungskostenbegriffen beider Vergleichsländer konstatieren als dies bei den materiellen Wirtschaftsgütern der Fall ist.

Die Abschreibung immaterieller Wirtschaftsgüter richtet sich in den USA primär nach Sec. 197 IRC und subsidiär nach Sec. 167 IRC sowie nach speziellen Einzelvorschriften. Dem steht im deutschen Bilanzsteuerrecht kein vergleichbares Regelungssystem gegenüber. Vielmehr sind hierzulande die Anschaffungskosten immaterieller Wirtschaftsgüter des Anlagevermögens nach den allgemeinen Abschreibungsvorschriften gleichmäßig auf die betriebsgewöhnliche Nutzungsdauer zu verteilen,[1132] weil sich immaterielle Wirtschaftsgüter in der Regel zwar nicht technisch, wohl aber wirtschaftlich abnutzen[1133]. Eine Sonderregelung ist in Deutschland lediglich für den Geschäfts- oder Firmenwert vorgesehen, der linear über die typisierte Nutzungsdauer von 15 Jahren abzuschreiben ist.[1134] Systematisch weist das deutsche Bilanzsteuerrecht folglich starke Gemeinsamkeiten mit dem US-amerikanischen Abschreibungssystem unter Sec. 167 IRC auf, welches ebenfalls eine lineare Abschreibung über die betriebsgewöhnliche Nutzungsdauer vorsieht. Dabei ist allerdings zu beachten, daß Sec. 167 IRC in den USA nur noch in den Fällen zur Anwendung kommt, die nicht von Sec. 197 IRC erfaßt werden. Mit diesem vorherrschenden Abschreibungssystem bestehen aufgrund der typisierten Abschreibungsdauer von 15 Jahren und dem kasuistischen Anwendungsbereich jedoch deutlich geringere Übereinstimmungen. Lediglich die Abschreibung des Geschäfts- oder Firmenwerts, die unter Sec. 167 IRC grundsätzlich nicht möglich ist, führt nach Sec. 197 IRC zu einer der deutschen Sonderregelung vollständig entsprechenden Abschreibung. Die übrigen auf US-amerikanischer Seite vorhandenen Sondervorschriften zur Abschreibung ein

1130 Vgl. bereits RFH v. 05.03.1940, in: RStBl. 1940, S. 684. Siehe auch GP 322123.

1131 Vgl. BFH v. 15.02.1966, in: BStBl. III 1966, S. 468; *Glanegger, P.*, 2000, § 6, Rz. 190; *Wöhe, G.*, 1992 S. 159; *Biergans, E.*, 1992, S. 361.

1132 Vgl. § 7 Abs. 1 Satz 1 und 2 EStG. Eine andere Abschreibungsmethode als die lineare AfA kommt nicht i Betracht, da immaterielle Wirtschaftsgüter als unkörperliche Vermögenswerte weder beweglich noch ur beweglich sind und somit die Anwendungsvoraussetzungen der alternativen Abschreibungsmethoden nic erfüllen. Vgl. auch *Niemann, U.*, 1999, S. 69; *Drenseck, W.*, 2000, § 7, Rz. 120 f., 131; *Horschitz, H./Gro W./Weidner, W.*, 1997, S. 420.

1133 Vgl. *Niemann, U.*, 1999, S. 69. Bestimmte immaterielle Wirtschaftsgüter können aber aufgrund ihrer unb grenzten Nutzungsdauer als nicht abnutzbar und somit nicht abschreibungsfähig eingestuft werden. Di gilt z. B. für Güterfernverkehrsgenehmigungen wegen deren unbegrenzter Laufzeit. Vgl. *Drenseck, W* 2000, § 7, Rz. 19; *o. V.*, 1998, S. 3. Siehe auch *Horschitz, H./Groß, W./Weidner, W.*, 1997, S. 420.

1134 Vgl. § 7 Abs. 1 Satz 3 EStG.

zelner immaterieller Wirtschaftsgüter finden im deutschen Bilanzsteuerrecht in dieser Form keine Entsprechung.

Die außerplanmäßige Abschreibung immaterieller Wirtschaftsgüter ist in beiden Vergleichsländern nicht eigens geregelt, so daß insoweit auf die entsprechenden Ausführungen zur außerplanmäßigen Abschreibung materieller Wirtschaftsgüter verwiesen werden kann.[1135]

332. Sachanlagevermögen

Das US-amerikanische Bilanzsteuerrecht enthält keine Sondervorschriften zur Behandlung des Sachanlagevermögens, so daß die bereits dargestellten allgemeinen Bilanzierungs- und Bewertungsregeln zur Anwendung kommen. Ein Sachanlagegut ist demnach zu aktivieren, wenn es sich um eine *capital expenditure* handelt, d. h. das Anlagegut muß mit einer gewissen Wahrscheinlichkeit einen über das Wirtschaftsjahr hinausgehenden künftigen wirtschaftlichen Nutzen stiften.[1136] Die Bewertung erfolgt entweder zu Anschaffungskosten gemäß Sec. 1012 IRC[1137] oder zu Herstellungskosten[1138]. Die Anschaffungs- oder Herstellungskosten sind bei abnutzbaren Anlagegütern[1139] um planmäßige Abschreibungen zu vermindern,[1140] sofern keine Sofortabschreibung nach Sec. 179 IRC vorgenommen wird[1141]. Innerhalb der vom US-amerikanischen Bilanzsteuerrecht definierten engen Grenzen können zudem außerplanmäßige Abschreibungen vorgenommen werden.[1142]

Für einen Vergleich mit der bilanzsteuerrechtlichen Behandlung des Sachanlagevermögens in Deutschland wird daher auf die entsprechenden Ausführungen im Rahmen der allgemeinen bilanzsteuerrechtlichen Vorschriften verwiesen.

333. Vorratsvermögen

3331. Bewertung zu niedrigeren Marktpreisen und Retail Method

Das Vorratsvermögen umfaßt im US-amerikanischen Bilanzsteuerrecht Fertig- und Halbfertigerzeugnisse, Roh- und Hilfsstoffe, die selbständig oder als Bestandteil anderer Wirt-

1135 Vgl. dazu GP 32223.
1136 Zur Abgrenzung der capital expenditures vgl. GP 321111.
1137 Vgl. dazu GP 322111.
1138 Vgl. dazu GP 32212.
1139 Zu den Voraussetzungen der Abschreibungsfähigkeit vgl. GP 3222111.
1140 Vgl. GP 3222112.
1141 Die Möglichkeiten zu einer Sofortabschreibung sind in GP 322213 beschrieben.
1142 Vgl. GP 322212.

schaftsgüter zur Veräußerung bestimmt sind, sowie Handelswaren.[1143] Wirtschaftsgüter des Vorratsvermögens sind aktivierungspflichtig,[1144] aber nicht abschreibungsfähig[1145].

Abweichend vom Grundsatz der Bewertung zu Anschaffungs- oder Herstellungskosten kann das Vorratsvermögen alternativ mit dem niedrigeren Marktpreis bewertet werden (*cost or market, whichever is lower*).[1146] Dabei handelt es sich stets um ein Bewertungswahlrecht, eine Verpflichtung zum Ansatz des niedrigeren Marktpreises besteht nicht.[1147] Das Wahlrecht kann immer dann ausgeübt werden, wenn der Marktpreis eines Wirtschaftsguts dessen Anschaffungs- oder Herstellungskosten unterschreitet.[1148] Der Marktpreis entspricht unter gewöhnlichen Umständen und für normale Wirtschaftsgüter des Vorratsvermögens[1149] dem Angebotspreis zum Bewertungsstichtag.[1150] Der Angebotspreis bemißt sich für Nicht-Produktionsbetriebe nach den Wiederbeschaffungskosten[1151] und für Produktionsbetriebe

[1143] Vgl. Reg. § 1.471-1. Grund und Boden kann nicht unter die Handelswaren subsumiert werden, selbst wenn der Handel damit zum gewöhnlichen Geschäftsbetrieb zählt. Die Behandlung von Grund und Boden als Vorratsvermögen widerspricht nach Ansicht des Tax Court dem Grundsatz der clear reflection of income. Vgl. Pierce v. Commissioner, 74 T. C. M. 572 (1997).

[1144] Vgl. Sec. 471 IRC; Reg. § 1.446-1(c)(2)(i); Reg. § 1.471-1; *Bittker, B. I./Lokken, L.*, 1999d, S. 105-124.

[1145] Wirtschaftsgüter des Vorratsvermögens sind ausdrücklich von den abschreibungsfähigen Wirtschaftsgütern nach Sec. 167 IRC ausgenommen. Vgl. dazu GP 322211I.

[1146] Die Rechtsgrundlage dafür liefert Sec. 471 IRC mit den zwei zentralen Anforderungen an die Vorratsbewertung: „conforming as nearly as may be to the best accounting practice in the trade or business" und „most clearly reflecting the income", wobei die erstgenannte Voraussetzung nach dem Urteil des Supreme Court in Thor Power Tool Co. v. Commissioner, 439 U. S. 532 (1979) eindeutig als Verweis auf die US-GAAP zu interpretieren ist. Nach Reg. § 1.471-2(c) werden diese Anforderungen sowohl von der Bewertung zu Anschaffungs- oder Herstellungskosten als auch von der Bewertung zu niedrigeren Marktpreisen erfüllt. Die lower of cost or market-Bewertung ist jedoch nicht in Verbindung mit der LIFO-Methode möglich. Vgl. Sec. 472(b)(2) IRC; Reg. § 1.472-2(b). Vgl. auch *Gertzman, S. F.*, 1999, S. 6-92 f.; *Smith, J. K.*, 1991, S. 58; *CCH*, 1998b, S. 51; *Smith, J. K./Immel, C.*, 1988, S. 374. Eine Bewertung zu höheren Marktpreisen ist aufgrund der Wertobergrenze ‚cost' i. S. v. Sec. 1012 IRC ausgeschlossen.

[1147] Die Wahlrechtsausübung muß allerdings dem Grundsatz der Stetigkeit genügen. Vgl. Reg. § 1.471-2(d). Außerdem ist zu beachten, daß die Bewertungsmethode eine Gewinnermittlungsmethode nach US-amerikanischem Verständnis darstellt, deren Änderung der Zustimmung der Finanzverwaltung bedarf. Vgl. dazu GP 3123. Vgl. auch *Smith, J. K.*, 1991, S. 58; *Smith, J. K./Immel, C.*, 1988, S. 375.

[1148] Vgl. Reg. § 1.471-4; *Gertzman, S. F.*, 1999, S. 6-92. Grundsätzlich sind die steuerrechtlichen Voraussetzungen für eine Bewertung zum niedrigeren Marktpreis zu erfüllen. Die Zulässigkeit einer solchen Bewertung im financial accounting ist nur eine der von Sec. 471 IRC formulierten Anforderungen und daher nicht hinreichend. Vgl. Thor Power Tool Co. v. Commissioner, 439 U. S. 532 (1979); *CCH*, 1998b, S. 51. Der Vergleich von Anschaffungs- oder Herstellungskosten mit dem Marktpreis ist nach Reg. § 1.471-4(c) separat für jedes Wirtschaftsgut durchzuführen, wobei Klassen von gleichartigen Wirtschaftsgütern gebildet werden können. Vgl. The Tog Shop, Inc. v. United States, 721 F. Supp. 300 (MD Ga., 1989).

[1149] Dabei handelt es sich um Wirtschaftsgüter, die nicht unter die Sondervorschriften für unverkäufliche oder unbrauchbare Güter fallen.

[1150] Vgl. Reg. § 1.471-4(a)(1). Siehe auch *Gertzman, S. F.*, 1999, S. 6-95; *CCH*, 1998b, S. 54; *Smith, J. K./Immel, C.*, 1988, S. 375; *Klein, S. H.*, 1997, S. 83 ff.; *McDaniel, P. R. u. a.*, 1999, S. 1049.

[1151] Vgl. Thor Power Tool Co. v. Commissioner, 439 U. S. 534 (1979); Hitachi Sales Corp. of America v. Commissioner, 64 T. C. M. 634 (1992). Siehe auch *Gertzman, S. F.*, 1999, S. 6-97.

nach den Wiederbeschaffungs- oder Reproduktionskosten[1152] für Güter gleicher Art und Menge. Dies gilt jedoch nicht für Wirtschaftsgüter, die sich zwar noch im Vorratsvermögen oder in der Produktion befinden, aber schon vor dem Bewertungsstichtag zu vertraglich festgelegten Preisen veräußert wurden (*fixed price contracts*).[1153] Kann der Marktpreis eines Wirtschaftsguts aufgrund eines fehlenden oder unzureichenden Marktes nicht auf diese Weise bestimmt werden, ist er anhand verfügbarer Ersatztatbestände zu ermitteln. Dies können vergleichbare Transaktionen seitens des Steuerpflichtigen oder eines Dritten innerhalb eines angemessenen Zeitraums oder auch Entschädigungszahlungen für die Aufhebung vertraglicher Abnahmeverpflichtungen sein.[1154] Für den Fall, daß der Steuerpflichtige die Wirtschaftsgüter im Rahmen seines gewöhnlichen Geschäftsbetriebs zu Preisen anbietet, die die nach den oben beschriebenen Grundsätzen ermittelten Marktpreise unterschreiten, können diese Wirtschaftsgüter mit dem niedrigeren Verkaufspreis nach Abzug der Einzelkosten der Veräußerung bewertet werden.[1155] Soll die Bewertung nach der *lower of cost or market*-Methode erfolgen, ist das Wahlrecht im ersten Wirtschaftsjahr auszuüben, in dem die Voraussetzungen zur Marktpreisbewertung erfüllt sind; eine nachträgliche Wahlrechtsausübung ist ausgeschlossen.[1156]

Unabhängig von der Wahl der *lower of cost or market*-Methode sind bestimmte unverkäufliche oder unbrauchbare Wirtschaftsgüter des Vorratsvermögens zu echten Verkaufspreisen (*bona fide selling prices*) abzüglich der Einzelkosten der Veräußerung zu bewerten. Dabei

---

[1152] Bis heute ist keine eindeutige Entscheidung zugunsten der einen oder anderen Methode gefallen. Während die Regulations eher für die Reproduktionskosten sprechen, tendierte der IRS zunächst stärker zu den Wiederbeschaffungskosten. Auch die Gerichte haben keine endgültige Klärung herbeiführen können. In einem frühen Urteil stützt der Board of Tax Appeals die Präferenz des IRS für die Wiederbeschaffungskosten. Vgl. Ideal Reversible Hinge Co. v. Commissioner, 7 B. T. A. 1067 (1927): „the Board is of the opinion that when the petitioner prepared an inventory on the basis of replacement cost of the items in its inventory, this more nearly represents a market value for its inventory". Währenddessen spricht sich der Court of Claims in Bedford Mills, Inc. v. United States, 2 F. Supp. 769 (Ct. Cl., 1933) für die Reproduktionskosten aus: „'market' should be the reproduction cost of such elements, and not the replacement cost of the finished goods in the market on the inventory date". Aufgrund der Divergenzen nimmt der Court of Appeals in Space Controls, Inc. v. Commissioner, 322 F. 2d 151 (5th Cir., 1963) eine neutrale Position ein, die beide Bewertungsansätze akzeptiert. Dies entspricht mittlerweile wohl auch der Haltung der Finanzverwaltung. Vgl. hierzu *Gertzman, S. F.*, 1999, S. 6-98.

[1153] Vgl. Reg. § 1.471-4(a)(2). Siehe auch *Gertzman, S. F.*, 1999, S. 6-96; *CCH*, 1998b, S. 55; *Smith, J. K./Immel, C.*, 1988, S. 375; *Klein, S. H.*, 1997, S. 83 ff. Diese Wirtschaftsgüter sind zu Anschaffungs- oder Herstellungskosten zu bewerten.

[1154] Vgl. Reg. § 1.471-4(b). In jedem Fall sind alle relevanten Fakten und Begleitumstände zu berücksichtigen. Lediglich Schätzungen oder Spekulationen über künftige Entwicklungen sind nicht hinreichend. Vgl. z. B. Hitachi Sales Corp. of America v. Commissioner, 64 T. C. M. 634 (1992). Siehe auch *Gertzman, S. F.*, 1999, S. 6-100; *CCH*, 1998b, S. 54 f.; *Klein, S. H.*, 1997, S. 83 ff.

[1155] Die Angebotspreise dürfen die üblichen Verkaufspreise jedoch nicht wesentlich unterschreiten. Vgl. Reg. § 1.471-4(b). Siehe auch *Gertzman, S. F.*, 1999, S. 6-101 ff.; *Smith, J. K.*, 1991, S. 59; *CCH*, 1998b, S. 55; *Smith, J. K./Immel, C.*, 1988, S. 375; *Klein, S. H.*, 1997, S. 83 ff.

[1156] Vgl. Reg. § 1.471-4; *Gertzman, S. F.*, 1999, S. 6-93 f. Grundsätzlich ist für die Bewertung zu niedrigeren Marktpreisen die Erfüllung der notwendigen Voraussetzungen nachzuweisen. Vgl. Goodman v. Commissioner, 30 T. C. M. 970 (1971); Pearl v. Commissioner, 36 T. C. M. 1059 (1977).

handelt es sich um Wirtschaftsgüter, die aus verschiedenen Gründen[1157] unter normalen Umständen unverkäuflich oder unbrauchbar sind.[1158] Der echte Verkaufspreis entspricht dem Preis, zu welchem die jeweiligen Wirtschaftsgüter innerhalb von 30 Tagen nach dem Bewertungsstichtag tatsächlich angeboten werden, wobei der Schrottwert unter keinen Umständen unterschritten werden darf.[1159]

Eine Sondermethode zur Vorratsbewertung stellt die nur für Handelsunternehmen verfügbare *retail method* dar, wonach die Wirtschaftsgüter des Vorratsvermögens ausgehend von ihren Verkaufspreisen bewertet werden. Um den Gewinnaufschlag aus den Verkaufspreisen herauszurechnen, wird für jede Warengruppe die Summe der Verkaufspreise der Wirtschaftsgüter im Endbestand mit dem Quotienten aus den *costs* der Wirtschaftsgüter im Anfangsbestand und der Summe der Verkaufspreise der Wirtschaftsgüter im Anfangsbestand, jeweils erhöht um Zugänge, multipliziert:[1160]

Abb. 13: Vorratsbewertung nach der retail method

$$\text{Wert der WG im Vorratsvermögen} = \text{Summe der Verkaufspreise der WG im Endbestand} \cdot \frac{\text{cost der WG im Anfangsbestand} + \text{Zugänge}}{\text{Verkaufspreise der WG im Anfangsbestand} + \text{Zugänge}}$$

WG = Wirtschaftsgüter

[1157] Als mögliche Gründe werden Beschädigungen, Fehler, Abnutzung, Änderungen der Mode, unübliche Stückzahlen oder vergleichbare Gründe unter Einschluß von Inzahlungnahmen genannt. Vgl. Reg. § 1.471-2(c).

[1158] Bei Rohstoffen oder Halbfertigfabrikaten hat die Bewertung auf einer „reasonable basis" unter Berücksichtigung der Nutzbarkeit und des Zustands des jeweiligen Guts zu erfolgen. Vgl. Reg. § 1.471-2(c). Die Klassifizierung als Rohstoff oder Halbfertigfabrikat wird einer strengen Prüfung unterzogen. So hat der Tax Court in Jostens, Inc. v. Commissioner, 58 T. C. M. 933 (1989) die Behauptung des Steuerpflichtigen zurückgewiesen, bei losen Edelsteinen, die nach den Wünschen eines Kunden geschliffen wurden und in einen Ring eingearbeitet werden sollten, handele es sich um Rohstoffe. Vgl. auch *Klein, S. H.*, 1997, S. 83.

[1159] Vgl. Reg. § 1.471-2(c). Unabdingbar ist daher das tatsächliche Angebot der Wirtschaftsgüter zum Verkauf, wie z. B. in Hertz v. Commissioner, 12 T. C. M. 370 (1953); United Hardware Distributing Co. v. United States, 695 F. Supp. 429 (D. Minn., 1988); The Tog Shop, Inc. v. United States, 721 F. Supp. 300 (MD Ga., 1989) betont wird, es sei denn, die Wirtschaftsgüter sind völlig unbrauchbar und damit unverkäuflich. Vgl. dazu Queen City Woodworks & Lumber Co. v. Crooks, 7 F. Supp. 684 (S. D. Mo., 1934). Siehe insgesamt auch *Gertzman, S. F.*, 1999, S. 6-94 f.; *Smith, J. K.*, 1991, S. 59; *CCH*, 1998b, S. 55; *Smith, J. K./Immel, C.*, 1988, S. 375; *Klein, S. H.*, 1997, S. 83.

[1160] Vgl. Reg. § 1.471-8. Siehe auch *Bauernfeind, G. G.*, 1994, S. 84-1 ff.; *Gertzman, S. F.*, 1999, S. 6-107 f.; *Seago, W. E.*, 1998, S. 245 f.; *Seago, W. E.*, 1994b, S. 346, der den größten Vorzug der retail method in der Vereinfachung der Vorratsbewertung sieht.

3332. Bewertungsvereinfachungsverfahren

Die Zugänge zum Vorratsvermögen erfolgen im Verlauf der Rechnungsperiode aufgrund von Preisschwankungen zu unterschiedlichen Anschaffungs- oder Herstellungskosten. Zur Vereinfachung der Bewertung von Vorräten, die sich aus zahlreichen gleichen oder gleichartigen Wirtschaftsgütern zusammensetzen, gestattet das US-amerikanische Bilanzsteuerrecht daher eine Sammelbewertung unter Anwendung von Verbrauchsfolgemodellen.[1161]

Das Standard-Verbrauchsfolgemodell ist die FIFO-Methode (*first-in, first-out*), welche annimmt, daß die zuerst zugegangenen Wirtschaftsgüter auch zuerst wieder verbraucht werden. Der Endbestand des Vorratsvermögens wird demzufolge mit den Anschaffungs- oder Herstellungskosten[1162] der zuletzt zugegangenen Wirtschaftsgüter bewertet. Die *Regulations* sehen keine Anwendungsbeschränkungen vor, was die FIFO-Methode universell einsetzbar macht.[1163]

Alternativ kann die LIFO-Verbrauchsfolge (*last-in, first-out*) gewählt werden, wonach die zuletzt zugegangenen Wirtschaftsgüter als zuerst verbraucht gelten.[1164] Dieses Wahlrecht steht jederzeit für das gesamte Vorratsvermögen oder Teile davon zur Verfügung.[1165] Die Anwendung von LIFO ist allerdings an die Bewertung der Vorräte zu Anschaffungs- oder Herstellungskosten[1166] und an die analoge Vorgehensweise im *financial accounting* gebunden[1167]. Mit dem relativ schwach konditionierten Wahlrecht[1168] korrespondiert das Recht der Finanzverwaltung, die Beendigung der Anwendung von LIFO zu verlangen. Dieses Recht

---

1161 Vgl. *Bittker, B. I./Lokken, L.*, 1999d, S. 105-133; *Gertzman, S. F.*, 1999, S. 7-2 f.; *Looney, S. R.*, 1986, S. 247. Selbstverständlich müssen auch diese Verfahren den Anforderungen von Sec. 471 IRC genügen, d h. sie müssen das Einkommen klar widerspiegeln und mit der „best accounting practice in the trade or business" bestmöglich übereinstimmen.

1162 Möglich ist auch der Ansatz von niedrigeren Marktpreisen nach der lower of cost or market-Methode.

1163 Vgl. Reg. § 1.471-2(d). Vgl. auch *Gertzman, S. F.*, 1999, S. 6-84; *CCH*, 1998b, S. 57; *Kroschel, J.*, 2000a, S. 109 f.; *Weber, R. J.*, 1961, S. 373; *Looney, S. R.*, 1986, S. 248; *Morse, E. A.*, 1995, S. 562.

1164 Vgl. Sec. 472 IRC; Reg. § 1.472-1(a). Das Ziel von LIFO ist es, aktuelle Aufwendungen den aktuellen Erträgen gegenüberzustellen. Vgl. Commissioner v. Joseph E. Seagram & Sons, Inc., 394 F. 2d 742 (1968): „It is the underlying purpose of the LIFO method of inventory accounting to match current income against current costs" (Im Original z. T. hervorgehoben). Vgl. auch *Bauernfeind, G. G.*, 1994, S. 85-2. Die historische Entwicklung der LIFO-Methode skizziert der Tax Court in Consolidated Manufacturing, Inc. v. Commissioner, 111 T. C. No. 1 (1998). Vgl. dazu auch *Gertzman, S. F.*, 1999, S. 7-3 f.

1165 Vgl. Reg. § 1.472-2(a); *Gertzman, S. F.*, 1999, S. 7-10.

1166 Vgl. Sec. 472(b)(2) IRC. Die Bewertung mit niedrigeren Marktpreisen ist im Gegensatz zu FIFO nicht möglich. Vgl. Reg. § 1.472-2(b): „The inventory shall be taken at cost regardless of market value." Vgl. auch *Gertzman, S. F.*, 1999, S. 7-24 ff.; *Unselt, K.*, 1996, S. 929; *Weber, R. J.*, 1961, S. 374.

1167 Vgl. Sec. 472(c) IRC; Reg. § 1.472-2(e). Dies ist der einzige Fall einer kodifizierten Umkehrmaßgeblichkeit im US-amerikanischen Bilanzsteuerrecht. Vgl. auch GP 3132. *Bittker, B. I./Lokken, L.*, 1999d, S. 105-37 sehen hier die größte Hürde in der Anwendung von LIFO durch börsennotierte Gesellschaften. Vgl. auch *Gertzman, S. F.*, 1999, S. 7-14 ff.; *Bauernfeind, G. G.*, 1994, S. 85-13 ff.; *Unselt, K.*, 1996, S. 929 f.

1168 Das Wahlrecht wird von den Gerichten sehr umfassend verstanden, wie z. B. in John Wanamaker Philadelphia, Inc. v. United States, 359 F. 2d 439 (Ct. Cl., 1966), wo der Court of Claims von „an absolute right" spricht. Insbesondere ist die Wahl nicht von einer tatsächlich vorhandenen last-in, first-out Verbrauchsfolge abhängig. Vgl. *Bauernfeind, G. G.*, 1994, S. 86-3.

liegt im Ermessen des IRS und kann unter anderem bei Nichterfüllung der Voraussetzungen zur Wahl von LIFO ausgeübt werden.[1169] Wenn dem IRS die Gründe für die Beendigung der LIFO-Vorratsbewertung als nicht ausreichend erscheinen, kann er statt dessen Modifikationen am individuellen Verfahren anordnen.[1170]

Im wesentlichen lassen sich zwei LIFO-Verfahren unterscheiden.[1171] Die *specific goods LIFO method* gliedert das Vorratsvermögen in verschiedene Gruppen (*pools*) gleicher oder gleichartiger Wirtschaftsgüter, die unabhängig voneinander bewertet werden.[1172] Die Bestandsveränderungen in einer Gruppe werden zunächst mengenmäßig durch einen Vergleich des Anfangs- und Endbestands ermittelt. Ergibt sich eine Bestandserhöhung, bildet diese eine eigene Schicht (*layer*) des Vorratsvermögens und muß, ebenso wie spätere Bestandserhöhungen, stets separat fortgeführt werden. Die Verrechnung mit dem Wert des Anfangsbestands zu einem Durchschnitt ist unzulässig. Im Ergebnis setzt sich der Endbestand dann aus dem Anfangsbestand und den *layern* der Bestandserhöhungen zusammen.[1173] Die Bewertung der *layer* kann wahlweise mit den Anschaffungs- oder Herstellungskosten der zuletzt zugegangenen Wirtschaftsgüter,[1174] mit den Anschaffungs- oder Herstellungskosten nach Reihenfolge des Zugangs[1175] oder mit den Durchschnittskosten aller innerhalb der Periode zugegangenen Wirtschaftsgüter erfolgen[1176].[1177] Stellen sich Bestandsminderungen ein, sind die *layer* in der umgekehrten Reihenfolge ihrer Entstehung wieder aufzulösen.[1178] Aufgrund der strikten

---

[1169] Vgl. Consolidated Manufacturing, Inc. v. Commissioner, 111 T. C. No. 1 (1998). Da es sich um eine Ermessensentscheidung handelt, führt die Nichterfüllung der Wahlrechtsvoraussetzungen nicht zwingend zur Beendigung von LIFO. Vgl. *Gertzman, S. F.*, 1999, S. 7-74. Ein weiterer Beendigungsgrund wäre das Fehlen von für die Anwendung von LIFO geeigneten Büchern und Aufzeichnungen. Vgl. Rev. Proc. 79-23, 1979-1 C. B. 564.

[1170] Vgl. *Gertzman, S. F.*, 1999, S. 7-75.

[1171] Neben den beiden nachfolgend dargestellten Standardverfahren gibt es einige vereinfachte Varianten dieser Methoden, auf deren nähere Darstellung wegen ihrer engen Anwendungsmöglichkeiten und/oder großer methodischen Nähe zu den Standardverfahren hier verzichtet werden soll. Siehe Sec. 472(f) IRC zur Anwendung von regierungsamtlich publizierten Preisindizes; Sec. 474 IRC zu Erleichterungen für kleine Unternehmen; Rev. Proc. 92-79, 1992-2 C. B. 457 für Automobilhändler sowie ausführlich *Morse, E. A.*, 1995, S. 612 ff., der den zu geringen Vereinfachungseffekt dieser Methoden kritisiert.

[1172] Vgl. *Gertzman, S. F.*, 1999, S. 7-30 ff.; *Unselt, K.*, 1996, S. 930; *Morse, E. A.*, 1995, S. 574 ff., der auf die geringe Unterstützung der Regulations bei der Auslegung des Gleichartigkeitskriteriums hinweist. Ebenso der Tax Court in Oak Knoll Cellar v. Commissioner, 68 T. C. M. 420 (1994).

[1173] Vgl. Reg. § 1.472-1(a); Reg. § 1.472-2(d); *Gertzman, S. F.*, 1999, S. 7-33; *Unselt, K.*, 1996, S. 930; *Kroschel, J.*, 2000a, S. 104.

[1174] Vgl. Reg. § 1.472-2(d)(1)(i)(a). Diese Methode führt im Ergebnis zu einer Anwendung der FIFO-Verbrauchsfolge auf die Rechnungsperiode, während die LIFO-Verbrauchsfolge nur für die davorliegende Wirtschaftsjahre gilt. Vgl. auch *Kroschel, J.*, 2000a, S. 104.

[1175] Vgl. Reg. § 1.472-2(d)(1)(i)(b). Im Gegensatz zu den beiden Alternativen wird bei dieser Methode auch da layer ausschließlich gemäß der LIFO-Verbrauchsfolge bewertet.

[1176] Vgl. Reg. § 1.472-2(d)(1)(i)(c). Die Durchschnittskosten werden als gewogenes Mittel berechnet.

[1177] Andere Methoden sind zulässig, sofern sie vom IRS als clearly reflecting income angesehen werden. Vgl. Reg. § 1.472-2(d)(1)(i)(d). Vgl. insgesamt auch *Gertzman, S. F.*, 1999, S. 7-34 f.; *Unselt, K.*, 1996, S. 93 *Kroschel, J.*, 2000a, S. 104; *CCH*, 1998b, S. 59; *Weber, R. J.*, 1961, S. 374.

[1178] Vgl. *Gertzman, S. F.*, 1999, S. 7-30; *Unselt, K.*, 1996, S. 930.

Trennung der *pools* kann bei der *specific goods LIFO method* eine Bestandsmehrung in einer Gruppe nicht mit einer Bestandsminderung in einer anderen Gruppe ausgeglichen werden.[1179]

Bei der *dollar-value LIFO method*[1180] müssen die in einem *pool* zusammengefaßten Wirtschaftsgüter nicht den strengen Gleichartigkeitskriterien der *specific goods LIFO method* genügen, so daß auch völlig heterogene Güter in denselben *pool* aufgenommen werden können.[1181] Üblicherweise werden sogenannte *natural business units* (NBU) zu einer Bewertungsgruppe zusammengefaßt, wobei ein Unternehmen aus einer oder mehreren NBU bestehen kann. Die Abgrenzung einer NBU orientiert sich insbesondere an den für interne Managementzwecke unterschiedenen Geschäftsbereichen, der Existenz separater Produktionsstätten und der Aufstellung eigener Ergebnisrechnungen. Typische NBU sind daher einzelne oder zusammenhängende Produktlinien.[1182] Alternativ zu den NBU können auch mehrere einzelne Bewertungsgruppen (*multiple pools*) gebildet werden, die im wesentlichen gleichartige (*substantially similar*) Wirtschaftsgüter enthalten.[1183] Die Zulässigkeit der Zusammensetzung eines *pools* richtet sich letztlich nach den Umständen des Einzelfalls.[1184]

Aufgrund der Heterogenität der Güter einer Bewertungsgruppe können die Bestandsveränderungen nicht durch einen Mengenvergleich wie bei der *specific goods LIFO method* ermittelt werden, sondern ergeben sich durch einen Wertvergleich auf der Basis einer einheitlichen Bezugsgröße. Der Geldwert (*dollar value*) zum Preisniveau des Jahres, in dem die LIFO-Methode erstmalig angewendet wurde (*base year*), bildet diese Bezugsgröße.[1185]

Innerhalb der *dollar-value LIFO method* existieren verschiedene Varianten, wobei die *double-extension method* die Standardmethode darstellt.[1186] Bei dieser Methode sind zunächst sowohl

---

1179 Vgl. *Gertzman, S. F.*, 1999, S. 7-31.

1180 Die dollar-value LIFO method ist in Reg. § 1.472-8 geregelt und stellt mittlerweile die am häufigsten verwendete LIFO-Methode dar. Vgl. *Unselt, K.*, 1996, S. 930. Die Vorteilhaftigkeit gegenüber der specific goods LIFO method heben auch bereits *Hartmann, J./Berberian, D.*, 1981, S. 609 hervor. Zur Entstehung der Methode vgl. *Morse, E. A.*, 1995, S. 580 f.

1181 Vgl. auch *Unselt, K.*, 1996, S. 930 sowie *Gertzman, S. F.*, 1999, S. 7-36 f., der hierin den entscheidenden Vorteil der dollar-value LIFO method sieht.

1182 Vgl. Reg. § 1.472-8(b)(2)(i). Siehe auch *Gertzman, S. F.*, 1999, S. 7-38 ff.; *Augustin, R.*, 1995, S. 564 f. Die Bildung von NBU ist primär für Produktionsbetriebe gedacht. NBU-pools von Handelsunternehmen werden daher häufig von der Finanzverwaltung nicht anerkannt. Vgl. *Bauernfeind, G. G.*, 1994, S. 86-2.

1183 Vgl. Reg. § 1.472-8(b)(1); Reg. § 1.472-8(b)(3); *Gertzman, S. F.*, 1999, S. 7-43 f. Die Bildung der multiple pools entspricht weitgehend der Gruppenbildung bei der specific goods LIFO method, wobei jedoch das Gleichartigkeitskriterium deutlich weiter gefaßt ist. Vgl. auch *Unselt, K.*, 1996, S. 931.

1184 Vgl. Reg. § 1.472-8(b)(2)(i); *Unselt, K.*, 1996, S. 931.

1185 Vgl. Reg. § 1.472-8(a). In wenigen Ausnahmefällen kann auch ein anderes Jahr als Basisjahr herangezogen werden. Vgl. Reg. § 1.472-8(g)(3). Siehe auch *Gertzman, S. F.*, 1999, S. 7-36; *Unselt, K.*, 1996, S. 930 f.

1186 Vgl. Reg. § 1.472-8(e)(1). Außerdem sieht Sec. 474 IRC eine sog. simplified dollar-value LIFO method für Unternehmen mit einem durchschnittlichen Bruttoumsatz von weniger als US-$ 5 Mio. in den drei vorangegangenen Wirtschaftsjahren vor. Diese vereinfachte Methode gestattet die Zusammenfassung des gesamten Vorratsvermögens in einem pool. Vgl. dazu auch *Gertzman, S. F.*, 1999, S. 7-44; *Bauernfeind, G. G.*, 1994, S. 87-14 ff.

die Basis-Stückkosten (*base-year unit costs*), also die Stückkosten auf dem Preisniveau des *base year*, als auch die aktuellen Stückkosten (*current-year unit costs*) für jede im *pool* vorhandene Güterart zu ermitteln und mit den jeweiligen Endbestandsmengen zu multiplizieren.[1187] Die Summe der auf diese Weise bewerteten Güterarten ergibt den Endbestand des *pools* zu aktuellen Kosten und zu Basiskosten,[1188] aus deren Verhältnis sich ein Preisindex für das laufende Jahr errechnen läßt[1189]. Übersteigen nun die Basiskosten des Endbestands des *pools* jene des Anfangsbestands, liegt ein Wertzuwachs vor, der mit Hilfe des zuvor errechneten Preisindex auf das Preisniveau des Wirtschaftsjahres heraufgeschleust wird.[1190] Der solchermaßen ermittelte und auf das aktuelle Preisniveau umgerechnete Wertzuwachs ist analog zur *specific goods LIFO method* als eigenständiges *layer* fortzuführen.[1191] Wertminderungen des *pools* zu Basiskosten führen zur Auflösung der *layer* in der umgekehrten Reihenfolge ihrer Entstehung.[1192] Der Wertansatz des Vorratsvermögens nach der *double-extension method* ergibt sich schließlich aus der Summe der bereits bestehenden und der neu gebildeten Schichten.[1193]

Die Ermittlung der Basis-Stückkosten im Rahmen der *double-extension method* führt bei neu zugegangenen Wirtschaftsgütern regelmäßig zu Schwierigkeiten. Daher können die *current-year unit costs* als *base-year unit costs* gelten, sofern keine Möglichkeit zur Rekonstruktion der Basis-Stückkosten besteht.[1194]

Die aktuellen Kosten des Endbestands ergeben sich analog zur *specific goods LIFO method* wahlweise aus den Anschaffungs- oder Herstellungskosten der zuletzt zugegangenen Wirtschaftsgüter, aus den Anschaffungs- oder Herstellungskosten nach Reihenfolge des Zugangs

---

1187 Vgl. Reg. § 1.472-8(e)(2)(i).

1188 Vgl. Reg. § 1.472-8(e)(2)(i).

1189 Vgl. Reg. § 1.472-8(e)(2)(iv).

1190 Vgl. Reg. § 1.472-8(e)(2)(iv).

1191 Vgl. Reg. § 1.472-8(e)(2)(iv).

1192 Vgl. Reg. § 1.472-8(e)(2)(iv).

1193 Vgl. insgesamt auch *Gertzman, S. F.*, 1999, S. 7-45 ff.; *Unselt, K.*, 1996, S. 931; *Bauernfeind, G. G.*, 1994, S. 87-1 ff.; *Kroschel, J.*, 2000a, S. 107; *Augustin, R.*, 1995, S. 565 f.; *Morse, E. A.*, 1995, S. 584 f. Die Vorgehensweise bei der double-extension method wird durch ein Beispiel im Anhang veranschaulicht.

1194 Alternativ kann auch ein rekonstruierbarer Wert aus dem Zeitraum zwischen Basisjahr und aktuellem Wirtschaftsjahr angesetzt werden. Grundsätzlich kann die Rekonstruktion z. B. anhand von Preislisten aus dem Basisjahr oder der Kosten von vergleichbaren Gütern in diesem Jahr ermittelt werden. Vgl. Reg. § 1.472-8(e)(2)(iii). Siehe auch *Gertzman, S. F.*, 1999, S. 7-45, 7-50 f.; *Bauernfeind, G. G.*, 1994, S. 87-5; *Morse, E. A.*, 1995, S. 585 f. *Unselt, K.*, 1996, S. 932 hält auch bei gegebener Rekonstruktionsmöglichkeit den Ansatz der aktuellen Kosten für möglich.

oder aus den Durchschnittskosten aller innerhalb der Periode zugegangenen Wirtschaftsgüter.[1195]

Wenn die *double-extension method* aufgrund rapider technischer Veränderungen oder einer zu großen Anzahl von Wirtschaftsgütern im Vorratsvermögen nicht anwendbar ist, kann subsidiär eine Index-Methode verwendet werden. Hier genügt es, den Preisindex aus einer repräsentativen Stichprobe des *pools* zu berechnen. Der zu aktuellen Kosten bewertete Endbestand kann dann mittels Division durch den Preisindex in den Endbestand zu Basiskosten überführt werden. Das weitere Vorgehen entspricht der *double-extension method*.[1196] Sollte auch die Index-Methode unanwendbar oder ungeeignet sein, steht als dritte Methode die *link-chain method* zur Verfügung. Hier ist die Bezugsgröße nicht ein festes Basisjahr, sondern jeweils das Preisniveau des Vorjahres. Aus dem Verhältnis von aktuellen Kosten zu Vorjahreskosten ergibt sich der Preisindex, der mit den Preisindizes der Vorjahre zu einem kumulierten Gesamtindex zusammengeführt wird. Mittels des kumulierten Gesamtindex kann der zu aktuellen Kosten bewertete Endbestand auf das Preisniveau des Basisjahres heruntergerechnet werden. Die weiteren Schritte stimmen dann ebenfalls wieder mit der *double-extension method* überein. Auf diese Weise umgeht die *link-chain method* das Problem der Bewertung von Neuzugängen mit Basiskosten.[1197]

Unabhängig vom verwendeten Verbrauchsfolgemodell ist für die Vorratsbewertung eine geeignete Buchführung einzurichten, welche in regelmäßigen Abständen durch eine körperliche Bestandsaufnahme der Vorräte zu überprüfen ist.[1198] Ergibt die Inventur eine Abweichung vom Buchbestand, ist dieser im Jahr der Feststellung gewinnwirksam zu korrigieren.[1199] Bei Inventuren, die vor dem Ende des Wirtschaftsjahres durchgeführt werden, ist eine pauschale

---

[1195] Auch hier ist die Anwendung alternativer Methoden möglich, sofern der IRS diese als clearly reflecting income einstuft. Vgl. Reg. § 1.472-8(e)(2)(ii). Siehe auch *Gertzman, S. F.*, 1999, S. 7-51 f.; *Bauernfeind, G. G.*, 1994, S. 87-23 f.; *Augustin, R.*, 1995, S. 565. Ausführlich zur Bewertung in der Reihenfolge des Zugangs *Seago, W. E.*, 1998, S. 239 ff.

[1196] Vgl. Reg. § 1.472-8(e)(1); *Bauernfeind, G. G.*, 1994, S. 87-6 ff.; *Unselt, K.*, 1996, S. 932; *Augustin, R.*, 1995, S. 566; *Morse, E. A.*, 1995, S. 586 f.; *Seago, W. E.*, 1998, S. 243 f. Da die Index-Methode in den Regulations nicht näher beschrieben ist, kommt diesbezüglich den US-GAAP besondere Bedeutung zu. Vgl. *Gertzman, S. F.*, 1999, S. 7-48 f.

[1197] Vgl. Reg. § 1.472-8(e)(1); *Gertzman, S. F.*, 1999, S. 7-49 f.; *Unselt, K.*, 1996, S. 932; *Bauernfeind, G. G.*, 1994, S. 87-12 ff.; *Augustin, R.*, 1995, S. 566; *Morse, E. A.*, 1995, S. 587 ff.; *Seago, W. E.*, 1998, S. 244 f.

[1198] Vgl. Reg. § 1.471-2(d); Reg. § 1.471-2(e); *Gertzman, S. F.*, 1999, S. 6-85, 7-27 ff.

[1199] Vgl. *Gertzman, S. F.*, 1999, S. 6-84.

Bestandsberichtigung für Schwund im Zeitraum bis zum Ende der Rechnungsperiode unter bestimmten Voraussetzungen zulässig.[1200]

Im Vergleich zur LIFO-Verbrauchsfolge führt die FIFO-Methode bei steigenden Preisen zu einer höheren Bewertung des Vorratsvermögens. Umgekehrt bewertet die LIFO-Methode bei sinkenden Preisen das Vorratsvermögen höher als die FIFO-Methode.[1201] Im Fall steigender Preise ermöglicht die LIFO-Methode demnach die Bildung stiller Reserven im Vorratsvermögen. Bei einer vollständigen oder weitgehenden Auflösung des Vorratsbestands sind diese stillen Reserven aufzudecken, was eine Einkommensballung mit der korrespondierenden Progressionswirkung im betreffenden Wirtschaftsjahr zur Folge hat.[1202] Eine Möglichkeit zur Umgehung dieser Konsequenz ist die Aufstockung der Vorräte kurz vor Ablauf des Wirtschaftsjahres. Erfolgt jedoch bald nach Beginn der neuen Rechnungsperiode eine zuvor vereinbarte Rückveräußerung der Vorräte, liegt ein Mißbrauch vor, den die Finanzverwaltung und die Gerichte streng ahnden.[1203] Die Vorteilhaftigkeit der LIFO-Methode bei steigenden Preisen wird durch ein Urteil des *Tax Court* aus dem Jahr 1991 eingeschränkt. Danach kann ein Unternehmen, welches im Zuge des Kaufs eines anderen Unternehmens Vorräte deutlich unter deren Buchwert erwirbt, diese nicht im eigenen LIFO-Vorratsvermögen aufgehen lassen, sondern muß sie gesondert bilanzieren. Dies hat zur Folge, daß Abgänge dieser

[1200] Sec. 471(b) IRC gestattet eine pauschale Bestandskorrektur für Schwund durch Diebstahl oder Beschädigung, sofern regelmäßig Inventuren durchgeführt werden und der Buchbestand an die Ergebnisse der körperlichen Bestandsaufnahme angepaßt wird. Der Kodifizierung von Sec. 471(b) IRC in 1997 ging eine längere Phase der Unsicherheit hinsichtlich der Zulässigkeit solcher Korrekturen voraus. So haben die Gerichte häufig die Bestandskorrekturen untersagt, jedoch nicht generell für unzulässig erklärt. Vgl. z. B. Altec Corp. v. Commissioner, 36 T. C. M. 1795 (1977). In Einzelfällen hat die Rechtsprechung später basierend auf den individuellen Umständen die Korrekturen bestätigt. Vgl. z. B. die zeitgleich entschiedenen Urteile in The Kroger Co. v. Commissioner, 73 T. C. M. 1637 (1997) und Wal-Mart Stores, Inc. v. Commissioner, 73 T. C. M. 1625 (1997). Kritisch zum Wal-Mart Urteil *Wheeler, J. E./Smith, M. H./Gaffney, D. J.*, 1997, S. 479 ff., nach denen die Entscheidung des Tax Court zumindest teilweise auf Rechenfehlern beruht. Das Urteil wurde dennoch in der Berufungsinstanz bestätigt. Vgl. Wal-Mart Stores, Inc. v. Commissioner, 153 F. 3d 650 (8th Cir., 1998). Siehe dazu auch *Duke, B.*, 1999, S. 682 ff.; *Wales, S.*, 1999, S. 647 ff. Geeignete und anerkannte Methoden für die näherungsweise Ermittlung des Schwunds hat der IRS in Rev. Proc. 98-29, 1998-15 I. R. B. 22 veröffentlicht.

[1201] Vgl. auch *Bittker, B. I./Lokken, L.*, 1999d, S. 105-134 ff.; *Weber, R. J.*, 1961, S. 375 ff.; *Looney, S. R.*, 1986, S. 248; *Morse, E. A.*, 1995, S. 561.

[1202] In wenigen, eng abgegrenzten Fällen ist der Ausschluß der stillen Reserven aus dem Bruttoeinkommen gem. Sec. 473 IRC möglich. Dies gilt dann, wenn die Auflösung der stillen Reserven auf ein Embargo, einen Boykott oder eine andere wesentliche Handelsstörung zurückzuführen ist oder von der Regierung aufgrund knapper Energiereserven angeordnet wurde. Zudem muß der IRS das Vorliegen dieser Gründe im Einzelfall ausdrücklich feststellen und die Vorräte müssen innerhalb von höchstens drei Jahren wieder aufgestockt werden. Vgl. auch *Bittker, B. I./Lokken, L.*, 1999d, S. 105-136; *Gertzman, S. F.*, 1999, S. 7-6.

[1203] Vgl. United States v. Ingredient Technology Corp., 698 F. 2d 88 (2d Cir., 1983); Illinois Cereal Mills, Inc. v. Commissioner, 46 T. C. M. 1001 (1983); Rev. Rul. 79-188, 1979-1 C. B. 191. Siehe auch *Bauernfeind, G. G.*, 1994, S. 85-9.

günstig erworbenen Wirtschaftsgüter von der LIFO-Verbrauchsfolge des übrigen Vorratsvermögens abgekoppelt werden.[1204]

Der IRC und die *Regulations* legitimieren ausschließlich das FIFO- und das LIFO-Verbrauchsfolgemodell. Alternative Bewertungsvereinfachungsverfahren, wie z. B. die Durchschnittsbewertung, sind vom Gesetzgeber weder zugelassen noch ausdrücklich untersagt. In der Literatur wird daher teilweise die Ansicht vertreten, daß alternative Verfahren möglich sind, sofern FIFO nicht praktikabel ist und LIFO nicht gewählt wurde.[1205]

3333. Vergleich mit der bilanzsteuerrechtlichen Behandlung des Vorratsvermögens in Deutschland

In beiden Vergleichsländern sind Wirtschaftsgüter des Vorratsvermögens, welches in Deutschland über die US-amerikanische Abgrenzung hinaus auch Betriebsstoffe und geleistete Anzahlungen umfaßt,[1206] zu aktivieren, aber nicht planmäßig abzuschreiben[1207]. Neben der übereinstimmend zulässigen Bewertung zu Anschaffungs- oder Herstellungskosten[1208] sieht das US-amerikanische Bilanzsteuerrecht den niedrigeren Marktpreis als alternativen Bewertungsmaßstab vor, dem von deutscher Seite der niedrigere Teilwert gegenüberzustellen ist.

In den USA kann wahlweise der niedrigere Marktpreis angesetzt werden, wenn dieser die Anschaffungs- oder Herstellungskosten des Wirtschaftsguts unterschreitet, wobei das Stetigkeitsgebot zu beachten ist. In Verbindung mit der LIFO-Methode ist die *lower of cost or market*-Methode jedoch ebenso unzulässig wie bei Wirtschaftsgütern, die sich zwar noch im Vorratsvermögen oder in der Produktion befinden, aber schon vor dem Bewertungsstichtag zu vertraglich festgelegten Preisen veräußert wurden (*fixed price contracts*). Seit dem Steuerentlastungsgesetz 1999/2000/2002 kommt in Deutschland der niedrigere Teilwert nur noch bei voraussichtlich dauernder Wertminderung in Betracht,[1209] jedoch unbeachtlich der gleich-

1204 Vgl. Hamilton Industries, Inc. v. Commissioner, 97 T. C. 120 (1991).

1205 Vgl. *Morse, E. A.*, 1995, S. 562; *Gertzman, S. F.*, 1999, S. 6-87 f. m. w. N. In Rev. Rul. 71-234, 1971-1 C. B. 148 hat die Finanzverwaltung die Vorratsbewertung mit einer gleitenden Durchschnittsmethode untersagt. Der Board of Tax Appeals hat in Ozark Mills, Inc. v. Commissioner, 6 B. T. A. 1179 (1927) ebenfalls einer Durchschnittsbewertungsmethode die Zustimmung verweigert, in Eatonville Lumber Co. v. Commissioner, 10 B. T. A. 232 (1928) eine solche aber zugelassen. *Oestreicher, A./Spengel, C.*, 1999a, S. 384 halten alternative Bewertungsvereinfachungsverfahren für zulässig, sofern eine clear reflection of income gewährleistet ist. Letztlich muß die Zulässigkeit dieser Verfahren wohl individuell beurteilt werden.

1206 Das deutsche Steuerrecht greift insoweit auf die handelsrechtliche Abgrenzung in § 266 Abs. 2 B. I. HGB zurück.

1207 Vgl. *Drenseck, W.*, 2000, § 7, Rz. 14; *Weber-Grellet, H.*, 1996a, S. 259.

1208 Vgl. § 6 Abs. 1 Nr. 2 Satz 1 EStG.

1209 Vgl. § 6 Abs. 1 Nr. 2 Satz 2 EStG. Siehe auch GP 32223.

zeitigen Verwendung der LIFO-Methode[1210]. Von einer dauernden Wertminderung kann im Umlaufvermögen, welches dem Betrieb definitionsgemäß eben nicht auf Dauer zu dienen bestimmt ist, ausgegangen werden, wenn die Wertminderung voraussichtlich zum Abschlußstichtag oder im Zeitpunkt des Verbrauchs oder der Veräußerung des Wirtschaftsguts noch bestehen wird.[1211] Angesichts dieser Neuregelung ist zweifelhaft, ob Wirtschaftsgüter, die bereits im Rahmen von *fixed price contracts* veräußert wurden, künftig noch mit dem niedrigeren Teilwert angesetzt werden dürfen.[1212]

Der Ansatz des niedrigeren Teilwerts ist steuerlich zwar als Wahlrecht konzipiert.[1213] Da im Umlaufvermögen aber handelsrechtlich das strenge Niederstwertprinzip gilt,[1214] besteht hier aufgrund des Maßgeblichkeitsprinzips bei voraussichtlich dauernder Wertminderung auch steuerlich eine Pflicht zum Ansatz des niedrigeren Teilwerts.[1215] Folglich steht der US-amerikanischen optionalen *lower of cost or market*-Methode auf deutscher Seite eine strengeren materiellen Voraussetzungen unterliegende zwingende Bewertung zum niedrigeren Teilwert gegenüber.

Der Teilwert ist definiert als „der Betrag, den ein Erwerber des ganzen Betriebs im Rahmen des Gesamtkaufpreises für das einzelne Wirtschaftsgut ansetzen würde; dabei ist davon auszugehen, daß der Erwerber den Betrieb fortführt"[1216]. Die Teilwertermittlung ist somit notwendigerweise eine Schätzung, die sich in der Praxis an den von der Rechtsprechung entwickelten Teilwertvermutungen orientiert.[1217] Danach deckt sich im Zeitpunkt des Erwerbs bzw. der Fertigstellung eines Wirtschaftsguts der Teilwert mit den Anschaffungs- oder Herstellungskosten.[1218] Für Wirtschaftsgüter des Umlaufvermögens gilt die Vermutung, daß der Teilwert den Wiederbeschaffungskosten[1219] am Bilanzstichtag entspricht, sofern die voraus-

---

[1210] Vgl. § 6 Abs. 1 Nr. 2a EStG; *Loitz, R./Winnacker, E.*, 2000, S. 2233.

[1211] Vgl. BMF-Schr. v. 25.02.2000, in: DB 2000, S. 546, Rz. 23; *Groh, M.*, 1999, S. 982; *Kölpin, G.*, 2000, S. 918.

[1212] Nach dem BMF-Schr. v. 25.02.2000, in: DB 2000, S. 546, Rz. 24 können festverzinsliche Wertpapiere, die im Umlaufvermögen gehalten werden und bei Fälligkeit zu 100 % eingelöst werden, bei einem niedrigeren Börsenkurs zum Bilanzstichtag jedoch mit dem niedrigeren Teilwert bewertet werden. Dies spricht für eine Teilwertabschreibung auch bei fixed price contracts.

[1213] Vgl. § 6 Abs. 1 Nr. 2 Satz 2 EStG.

[1214] Vgl. § 253 Abs. 3 Satz 1 und 2 HGB.

[1215] Vgl. R 36 Abs. 1 Satz 3 EStR. Siehe z. B. auch *Breithecker, V./Klapdor, R./Zisowski, U.*, 1999, S. 39 f; *Loitz, R./Winnacker, E.*, 2000, S. 2229; *Schirmer, H.-J.*, 2000, S. 161.

[1216] § 6 Abs. 1 Nr. 1 Satz 3 EStG.

[1217] Vgl. *Weber-Grellet, H.*, 1996a, S. 248; *Glanegger, P.*, 2000, § 6, Rz. 216, 229; *Uelner, A.*, 1999, S. 85 f.

[1218] Vgl. BFH v. 07.11.1990, in: BStBl. II 1991, S. 343. Siehe auch *Glanegger, P.*, 2000, § 6, Rz. 230; *Weber-Grellet, H.*, 1996a, S. 252; *Uelner, A.*, 1999, S. 86; *Wöhe, G.*, 1996, S. 150; *Biergans, E.*, 1992, S. 423; *Bossert, R.*, 1997, S. 208; *Tipke, K./Lang, J.*, 1998, S. 351.

[1219] Bei selbsterstellten Wirtschaftsgütern gilt der Reproduktionswert als Wiederbeschaffungskosten. Vgl. *Glanegger, P.*, 2000, § 6, Rz. 227; *Bossert, R.*, 1997, S. 210. Existiert ein Börsen- oder Marktpreis, entsprechen die Wiederbeschaffungskosten regelmäßig diesem Preis. Vgl. z. B. *Wöhe, G.*, 1996, S. 150; *Biergans, E.*, 1992, S. 423.

sichtlichen Verkaufserlöse nicht die Vollkosten einschließlich eines durchschnittlichen Unternehmergewinns unterschreiten. In diesem Fall ist der Teilwert aus den erwarteten niedrigeren Verkaufspreisen abzuleiten.[1220] Die Teilwertuntergrenze bildet regelmäßig der Einzelveräußerungspreis bis hin zum Material- oder Schrottwert.[1221] Nach der *lower of cost or market*-Methode entspricht der Marktpreis ebenfalls den Wiederbeschaffungs- oder Reproduktionskosten, was zu einer mit der deutschen Teilwertvermutung für das Umlaufvermögen übereinstimmenden Vorratsbewertung führt. Bei Veräußerungen unter dem Marktpreis und bei unverkäuflichen oder unbrauchbaren Wirtschaftsgütern ist im US-amerikanischen Bilanzsteuerrecht vom niedrigeren Verkaufspreis, mindestens aber dem Schrottwert auszugehen, was sich wiederum mit der Teilwertuntergrenze des deutschen Bilanzsteuerrechts deckt. Im Ergebnis führt damit der US-amerikanische Marktpreisansatz zu einer mit der deutschen Bewertung zum Teilwert weitgehend übereinstimmenden Vorratsbewertung.[1222]

In beiden Vergleichsländern bilden die Anschaffungs- oder Herstellungskosten die Wertobergrenze der Vorratsbewertung. In den USA sind zu jedem Abschlußstichtag die Anschaffungs- oder Herstellungskosten der Wirtschaftsgüter des Vorratsvermögens einzeln oder unter Umständen auch in Klassen mit dem jeweiligen Marktpreis zu vergleichen, wobei nach der *lower of cost or market*-Methode der niedrigere Marktpreis angesetzt werden kann. Wird dieses Wahlrecht ausgeübt und der Marktpreis eines Wirtschaftsguts steigt zwischen zwei Abschlußstichtagen ohne die Anschaffungs- oder Herstellungskosten zu überschreiten, ist der gestiegene Marktpreis anzusetzen, was einer Wertaufholung nach deutschem Verständnis entspricht. Hier kommt das deutsche Bilanzsteuerrecht seit der Einführung des strikten Wertaufholungsgebots durch das Steuerentlastungsgesetz 1999/2000/2002 zu einem analogen Ergebnis. Denn fällt der Grund für die vorangegangene Teilwertabschreibung weg, sind entsprechende Zuschreibungen vorzunehmen.[1223] Im Unterschied zur Möglichkeit der Klassenbildung in den

---

1220 Vgl. BFH v. 09.11.1994 in: BStBl. II 1995, S. 337; R 36 Abs. 2 Satz 1 EStR. Siehe auch *Glanegger, P.*, 2000, § 6, Rz. 227, 233; *Uelner, A.*, 1999, S. 86; *Biergans, E.*, 1992, S. 423, 426 ff.; *Wöhe, G.*, 1996, S. 150; *Bossert, R.*, 1997, S. 210; *Tipke, K./Lang, J.*, 1998, S. 350 sowie *Weber-Grellet, H.*, 1996a, S. 254 zur Entkräftung der Teilwertvermutungen durch den Steuerpflichtigen.

1221 Vgl. BFH v. 05.10.1972, in: BStBl. II 1973, S. 208; R 36 Abs. 2 Satz 3 und 4 EStR; *Glanegger, P.*, 2000, § 6, Rz. 228; *Wöhe, G.*, 1996, S. 150; *Weber-Grellet, H.*, 1996a, S. 248; *Biergans, E.*, 1992, S. 422; *Bossert, R.*, 1997, S. 210; *Tipke, K./Lang, J.*, 1998, S. 350 f.

1222 Dieses Resultat ist eine Folge der Unbestimmbarkeit des Teilwerts als betriebs- bzw. ertragsbezogene Größe, was eine Orientierung an marktabhängigen Werten und damit die Abweichung vom ursprünglichen theoretischen Teilwertkonstrukt unausweichlich macht. Vgl. besonders deutlich *Wöhe, G.*, 1992, S. 175 ff.; *Wöhe, G.*, 1996, S. 149 f.

1223 Vgl. § 6 Abs. 1 Nr. 2 Satz 3 i. V. m. Nr. 1 Satz 4 EStG. Siehe auch BMF-Schr. v. 25.02.2000, in: DB 2000, S. 546, Rz. 34; *Groh, M.*, 1999, S. 983; *Loitz, R./Winnacker, E.*, 2000, S. 2229, 2232; *Cattelaens, H.*, 1999, S. 1187.

USA sind in der Bundesrepublik der Einzelbewertungsgrundsatz und das Saldierungsverbot zu beachten.[1224]

Zur Vereinfachung der Vorratsbewertung von Handelsunternehmen ist in den USA die *retail method* und in Deutschland die retrograde Wertermittlung zulässig, die beide zur Ermittlung der Anschaffungskosten der Wirtschaftsgüter des Vorratsvermögens deren Verkaufspreise um die Handelsspanne reduzieren und so die aufwendige Dokumentation der individuellen Anschaffungskosten entbehrlich machen.[1225]

Ebenfalls zum Zweck der Erleichterung der Vorratsbewertung läßt das deutsche Bilanzsteuerrecht in Durchbrechung des Einzelbewertungsgrundsatzes verschiedene Bewertungsvereinfachungsverfahren zu. So können Roh-, Hilfs- und Betriebsstoffe, die regelmäßig ersetzt werden und deren Gesamtwert für das Unternehmen von nachrangiger Bedeutung ist, mit einem Festwert angesetzt werden, sofern ihr Bestand nur geringen Veränderungen unterliegt.[1226] Gleichartige Wirtschaftsgüter des Vorratsvermögens können zu einer Gruppe zusammengefaßt und mit dem gewogenen Durchschnittswert angesetzt werden (Gruppenbewertung).[1227] Diese Methoden sind in den USA weder gesetzlich legitimiert noch explizit untersagt, so daß ihre Anwendbarkeit trotz einiger befürwortender Literaturstimmen[1228] unsicher ist.

Im Rahmen der Sammelbewertung ist im deutschen Bilanzsteuerrecht die Bewertung vertretbarer Wirtschaftsgüter des Vorratsvermögens mit dem gewogenen Mittel ihrer Anschaffungs- oder Herstellungskosten nach der Durchschnittsmethode möglich.[1229] Auch diese Methode unterliegt in den USA den genannten Zweifeln hinsichtlich ihrer Anwendbarkeit. Innerhalb der ebenfalls zur Sammelbewertung zählenden Verbrauchsfolgemodelle ist im deutschen Bilanzsteuerrecht lediglich das LIFO-Verfahren gesetzlich legitimiert.[1230] Alle sonstigen mengen- oder wertabhängigen Modelle, wie FIFO, HIFO, LOFO etc., sind nur dann zulässig,

---

1224 Vgl. R 36 Abs. 3 Satz 1 EStR; *Glanegger, P.*, 2000, § 6, Rz. 216, 320; *Biergans, E.*, 1992, S. 505.

1225 Vgl. *Glanegger, P.*, 2000, § 6, Rz. 320; *Biergans, E.*, 1992, S. 381; *Weber-Grellet, H.*, 1996a, S. 280; *Bossert, R.*, 1997, S. 200 f. Siehe auch BFH v. 27.10.1983, in: BStBl. II 1984, S. 37.

1226 Vgl. § 240 Abs. 3 i. V. m. § 256 Satz 2 HGB; H 36 EStH m. w. N.; *Sprey, R.*, 1997, S. 18 ff.; *Glanegger, P.*, 2000, § 6, Rz. 266 ff.; *Wöhe, G.*, 1997, S. 497 ff.; *Baetge, J.*, 1996, S. 288 ff.

1227 Vgl. § 240 Abs. 4 HGB; R 36 Abs. 4 EStR. Siehe auch *Sprey, R.*, 1997, S. 20; *Glanegger, P.*, 2000, § 6, Rz. 261; *Wöhe, G.*, 1997, S. 496 f.; *Baetge, J.*, 1996, S. 290 f.

1228 Vgl. dazu die Nachweise in Fn. 1205.

1229 Vgl. R 36 Abs. 3 EStR. Siehe auch *Glanegger, P.*, 2000, § 6, Rz. 260; *Wöhe, G.*, 1997, S. 479 ff.

1230 Vgl. § 6 Abs. 1 Nr. 2a EStG; R 36a EStR.

wenn sie keine Fiktion darstellen, sondern nachweislich der tatsächlichen Verbrauchsfolge entsprechen.[1231]

Damit ist das Standard-Verbrauchsfolgemodell des US-amerikanischen Bilanzsteuerrechts, die FIFO-Methode, in Deutschland nur unter wesentlich restriktiveren Voraussetzungen anwendbar. Die wertabhängigen Modelle unterliegen in den USA der geschilderten Rechtsunsicherheit und sind in Deutschland nur bei Übereinstimmung mit der tatsächlichen Verbrauchsfolge zulässig.

Der LIFO-Methode kommt als Standard-Verbrauchsfolgemodell des deutschen und häufig verwendetem Alternativmodell des US-amerikanischen Bilanzsteuerrechts somit zentrale Bedeutung zu.[1232] Sie kann in den USA gewählt werden, sofern die *lower of cost or market*-Methode nicht gleichzeitig zur Anwendung kommt. In Deutschland können gleichartige Wirtschaftsgüter des Vorratsvermögens nach der LIFO-Verbrauchsfolge bewertet werden, soweit dies den handelsrechtlichen GoB entspricht.[1233] Eine Abschreibung auf den niedrigeren Teilwert ist dabei weiterhin möglich.[1234] In beiden Ländern ist zudem die gleichzeitige Anwendung der LIFO-Methode in der Handelsbilanz bzw. dem *financial accounting* Voraussetzung, das heißt es gilt die umgekehrte Maßgeblichkeit.[1235] Eine tatsächliche LIFO-Verbrauchsfolge ist jedoch in keinem der Vergleichsländer erforderlich, wobei in Deutschland aber keine völlige Unvereinbarkeit mit dem betrieblichen Geschehensablauf bestehen darf.[1236]

Die LIFO-Bewertung kommt im deutschen Bilanzsteuerrecht sowohl in Gestalt eines permanenten LIFO-Verfahrens als auch einer Perioden-LIFO in Betracht.[1237] Erstere erfordert die laufende mengen- und wertmäßige Erfassung aller Zu- und Abgänge des Vorratsvermögens, wobei die Zugänge zu Anschaffungs- oder Herstellungskosten und die Abgänge mit den

---

1231 In R 36a Abs. 1 EStR heißt es: „Andere Bewertungsverfahren mit *unterstellter* Verbrauchs- oder Veräußerungsfolge als die ... Lifo-Methode sind nicht zulässig." (Hervorhebung durch den Verfasser). Da lediglich Verfahren mit unterstellter Verbrauchs- oder Veräußerungsfolge ausgeschlossen werden, folgt im Umkehrschluß, daß Verfahren, die die tatsächliche Verbrauchs- oder Veräußerungsfolge wiedergeben, durchaus zulässig sind. So im Ergebnis auch *Glanegger, P.*, 2000, § 6, Rz. 260; *Sprey, R.*, 1997, S. 18; *Siegel, T.*, 1991, S. 1942.

1232 Steuerlich ist die LIFO-Methode in Deutschland erst seit dem Steuerreformgesetz 1990 zugelassen. Vgl. *Herzig, N./Gasper, R.*, 1991, S. 557; *Müller-Gatermann, G.*, 1991, S. 8; *Unselt, K.*, 1996, S. 933.

1233 Vgl. § 6 Abs. 1 Nr. 2a EStG. Die LIFO-Bewertung entspricht nach dem kürzlich ergangenen Urteil des BFH v. 20.06.2000, in: DB 2000, S. 2248 nicht den GoB, wenn Vorräte mit – absolut betrachtet – hohen Erwerbsaufwendungen betroffen sind, deren Anschaffungskosten ohne weiteres identifiziert und den einzelnen Wirtschaftsgütern problemlos zugeordnet werden können.

1234 Vgl. R 36a Abs. 6 EStR. Siehe auch *Augustin, R.*, 1995, S. 567; *Herzig, N./Gasper, R.*, 1991, S. 564 f.; *Sprey, R.*, 1997, S. 34 ff.

1235 Vgl. *Augustin, R.*, 1995, S. 567; *Smith, J. K.*, 1991, S. 63; *Herzig, N./Gasper, R.*, 1992, S. 1301; *Sprey, R.*, 1997, S. 20; *Siegel, T.*, 1991, S. 1941.

1236 Vgl. R 36a Abs. 2 Satz 2 EStR. Vgl. zur Kritik an dieser Einschränkung *Herzig, N./Gasper, R.*, 1992, S. 1302; *Sprey, R.*, 1997, S. 21 ff.

1237 Vgl. R 36a Abs. 4 Satz 1 EStR; *Augustin, R.*, 1995, S. 565; *Wöhe, G.*, 1997, S. 481.

Werten des jeweils letzten Zugangs bewertet werden.[1238] Die Perioden-LIFO-Methode beschränkt sich auf die Bestandsbewertung zum Ende des Wirtschaftsjahres,[1239] was sie als Vergleichsobjekt der US-amerikanischen *specific goods LIFO method* qualifiziert.

Gemeinsam ist beiden Methoden der mengenmäßige Ansatz durch Vergleich der Anfangs- und Endbestände des Vorratsvermögens[1240] sowie die Zusammenfassung gleichartiger Wirtschaftsgüter zu Gruppen bzw. *pools*.[1241] Während sich die US-amerikanischen *Regulations* über die Operationalisierung des Gleichartigkeitskriteriums jedoch weitgehend ausschweigen, geben die deutschen Einkommensteuerrichtlinien mehrere Beurteilungskriterien vor. So ist die Gleichartigkeit in Deutschland anhand der kaufmännischen Gepflogenheiten, insbesondere der marktüblichen Einteilung in Produktklassen unter Beachtung der Unternehmensstruktur und der allgemeinen Verkehrsanschauung zu beurteilen. Als Negativabgrenzung stehen erhebliche Qualitätsunterschiede, wofür erhebliche Preisunterschiede ein besonderes Anzeichen sind, der Gleichartigkeit entgegen.[1242] Die bei der *specific goods LIFO method* obligatorische Erfassung von Bestandserhöhungen in separaten *layern* ist bei der Perioden-LIFO optional, alternativ ist auch die Zusammenfassung mit dem Anfangsbestand zu einem neuen Gesamtbestand möglich.[1243] Die Bewertung der *layer* kann im deutschen Bilanzsteuerrecht entweder mit den Anschaffungs- oder Herstellungskosten der zuerst zugegangenen Wirtschaftsgüter oder mit den durchschnittlichen Anschaffungs- oder Herstellungskosten aller im Wirtschaftsjahr zugegangenen Wirtschaftsgüter geschehen.[1244] Die in den USA darüber hinaus zulässige Bewertung mit den Anschaffungs- oder Herstellungskosten der zuletzt zugegangenen Wirtschaftsgüter ist in Deutschland steuerlich nicht möglich.[1245] Sowohl beim Perioden-LIFO als auch bei der *specific goods LIFO method* führen Bestandsminderungen zur

---

[1238] Vgl. R 36a Abs. 4 Satz 2 EStR. Siehe auch *Herzig, N./Gasper, R.*, 1991, S. 560 f.; *Sprey, R.*, 1997, S. 25; *Wöhe, G.*, 1997, S. 481.

[1239] Vgl. R 36a Abs. 4 Satz 3 EStR; *Sprey, R.*, 1997, S. 25; *Augustin, R.*, 1995, S. 565.

[1240] Vgl. *Augustin, R.*, 1995, S. 565; *Unselt, K.*, 1996, S. 934; *Smith, J. K.*, 1991, S. 63; *Herzig, N./Gasper, R.*, 1991, S. 561.

[1241] Vgl. R 36a Abs. 3 Satz 1 EStR.

[1242] Vgl. R 36a Abs. 3 Satz 2 bis 4 EStR; *Müller-Gatermann, G.*, 1991, S. 9. *Herzig, N./Gasper, R.*, 1991, S. 560 und *Herzig, N./Gasper, R.*, 1992, S. 1303 f. plädieren für eine über die bisherigen Möglichkeiten hinausgehende Zusammenfassung heterogener Güter in einer Gruppe unter Vernachlässigung des Preiskriteriums. Kritisch zu deren Argumentation *Bareis, P. u. a.*, 1993, S. 1251 f.; *Siegel, T.*, 1991, S. 1945 f. Ähnlich auch *Unselt, K.*, 1996, S. 933.

[1243] Vgl. R 36a Abs. 4 Satz 4 EStR; *Siegel, T.*, 1991, S. 1944. Siehe auch *Herzig, N./Gasper, R.*, 1991, S. 561 f.; *Sprey, R.*, 1997, S. 29, die auf die längere „Konservierung" stiller Reserven im Fall kontinuierlicher Preissteigerungen bei der Layerbildung hinweisen.

[1244] Vgl. R 36a Abs. 4 Satz 5 EStR. Vgl. auch *Herzig, N./Gasper, R.*, 1991, S. 562; *Sprey, R.*, 1997, S. 28. Kritisch *Siegel, T.*, 1991, S. 1944, der für die ausschließliche Bewertung der layer nach der LIFO-Methode plädiert.

[1245] Handelsrechtlich wird eine solche Bewertung indes für möglich gehalten. Vgl. *Adler, H./Düring W./Schmaltz, K.*, 1995, § 256, Tz. 40; *Sprey, R.*, 1997, S. 28. Deutlich ablehnend *Siegel, T.*, 1991, S. 1945.

Auflösung der *layer* in der umgekehrten Reihenfolge ihrer Entstehung.[1246] In der grundsätzlichen Vorgehensweise zeigen sich mithin weitreichende Übereinstimmungen zwischen den beiden LIFO-Methoden.

Die US-amerikanischen *dollar-value LIFO methods* werden in Deutschland als sogenannte Indexverfahren zwar ebenfalls diskutiert,[1247] aber bislang von der Finanzverwaltung nicht anerkannt.[1248] Diese ablehnende Haltung stützt sich vorwiegend auf den wertmäßigen Ansatz der *dollar-value LIFO methods*, der mit dem traditionellen Mengenvergleich der deutschen LIFO-Bewertung unvereinbar sei.[1249] Außerdem sei die Gruppenbildung mit heterogenen Wirtschaftsgütern nicht mit der Gleichartigkeitsvoraussetzung von § 6 Abs. 1 Nr. 2a EStG vereinbar.[1250]

334. Forderungen und Verbindlichkeiten

3341. Bewertung von Forderungen und Verbindlichkeiten

Forderungen sind aktivierungspflichtig, sobald alle die Forderung determinierenden Ereignisse eingetreten sind und ihre Höhe mit angemessener Genauigkeit bestimmt werden kann (*all events test*).[1251] Verbindlichkeiten müssen passiviert werden, wenn die Voraussetzungen des *all events test* erfüllt sind und die zugrundeliegende Leistung wirtschaftlich erbracht wurde (*economic performance*).[1252]

Für die Bewertung von Forderungen und Verbindlichkeiten sind die *time value of money-rules* ausschlaggebend, welche den Zinseffekt aufgeschobener Zahlungen berücksichtigen. Danach sind Forderungen und Verbindlichkeiten mit ihrem Nennwert anzusetzen, sofern der Ausgabebetrag mit dem Rückzahlungsbetrag identisch ist, ein marktüblicher Zins vereinbart wurde und die Zinszahlungen regelmäßig in einem wenigstens jährlichen Rhythmus (*qualified stated interest*) erfolgen.[1253] Beim Schuldner stellen die Zinszahlungen abzugsfähige

---

[1246] Vgl. R 36a Abs. 4 Satz 6 EStR; *Herzig, N./Gasper, R.*, 1991, S. 562.

[1247] Vgl. befürwortend *Herzig, N./Gasper, R.*, 1991, S. 562 ff.; *Unselt, K.*, 1996, S. 935. Siehe dazu auch *Sprey, R.*, 1997, S. 29 ff.

[1248] Vgl. *Müller-Gatermann, G.*, 1991, S. 9; *Smith, J. K.*, 1991, S. 63; *Herzig, N./Gasper, R.*, 1991, S. 559, 562. *Siegel, T.*, 1991, S. 1946 ff., lehnt das Indexverfahren aus ökonomischen Gründen ab.

[1249] Vgl. *Müller-Gatermann, G.*, 1991, S. 9; a. A. *Unselt, K.*, 1996, S. 934. Siehe auch *Herzig, N./Gasper, R.*, 1991, S. 562; *Herzig, N./Gasper, R.*, 1992, S. 1305 f.; *Smith, J. K.*, 1991, S. 63.

[1250] Vgl. *Müller-Gatermann, G.*, 1991, S. 9; a. A. *Unselt, K.*, 1996, S. 934. Siehe auch *Herzig, N./Gasper, R.*, 1991, S. 559; *Herzig, N./Gasper, R.*, 1992, S. 1305.

[1251] Vgl. Reg. § 1.451-1(a) sowie ausführlich GP 321211.

[1252] Vgl. Reg. § 1.461-1(a)(2)(i) sowie eingehend GP 321221.

[1253] Vgl. *Gertzman, S. F.*, 1999, S. 11-3 ff.; *Kroschel, J.*, 2000a, S. 111. Nach dem Urteil des Tax Court in City of New York v. Commissioner, 103 T. C. 481 (1994) ist der time value of money nur bei ausdrücklicher gesetzlicher Ermächtigung zu berücksichtigen.

Betriebsausgaben dar,[1254] während der Gläubiger die vereinnahmten Zinsen zu versteuern hat[1255].

Sollte jedoch der Rückzahlungs- vom Ausgabebetrag abweichen oder kein *qualified stated interest* gezahlt werden, sieht der IRC Maßnahmen vor, die dennoch eine periodengerechte Gewinnermittlung gewährleisten und somit der willkürlichen Steuerverschiebung einen Riegel vorschieben sollen.[1256] Diese Maßnahmen erfordern eine Differenzierung nach dem Ursprung der Forderung oder Verbindlichkeit.[1257]

Zunächst sollen die Fälle betrachtet werden, in welchen die Forderung oder Verbindlichkeit nicht durch ein Veräußerungsgeschäft entstanden ist.[1258] Übersteigt hier der Rückzahlungsbetrag (*stated redemption price at maturity*)[1259] den Ausgabebetrag (*issue price*)[1260], liegt also ein Disagio vor, ist diese positive Kursdifferenz (*original issue discount*) anteilig auf die Laufzeit des Schuldinstruments zu verteilen.[1261] Zu diesem Zweck wird aus dem Rückzahlungs- und Ausgabebetrag sowie der Laufzeit des Schuldinstruments der interne Zinsfuß auf Jahresbasis (*yield to maturity*) berechnet.[1262] Der Buchwert zum Ende des Wirtschaftsjahres entspricht dann sowohl beim Gläubiger als auch beim Schuldner dem Ausgabebetrag, erhöht um den aus dem *yield to maturity*-Satz berechneten jährlichen Zinsanteil, welcher sich aus

1254 Vgl. Sec. 163(a) IRC. Von der prinzipiellen Abzugsfähigkeit der Zinszahlungen gibt es zahlreiche Ausnahmen. Grundsätzlich gilt, daß betrieblich bedingte Zinsen generell gewinnmindernd berücksichtigt werden können, während private Schuldzinsen bis auf wenige Ausnahmen nicht abzugsfähig sind. Vgl. Sec. 163(h) IRC. Siehe auch *Graetz, M. J./Schenk, D. A.*, 1999, S. 347 ff.; *CCH*, 1998a, S. 305 ff.

1255 Vgl. Sec. 61(a)(4) IRC. Zinsen aus bundesstaatlichen und kommunalen Schuldverschreibungen sind nach Sec. 103 IRC von der allgemeinen Steuerpflicht für Zinsen befreit, was eine niedrigere Nominalverzinsung als bei steuerpflichtigen Anleihen mit vergleichbarem Risiko ermöglicht. Vgl. auch *Graetz, M. J./Schenk D. A.*, 1999, S. 229.

1256 Vgl. zu den Möglichkeiten der Steuerverschiebung durch differierende Ausgabe- und Rückzahlungsbeträge oder nicht wenigstens jährliche Zinszahlungen *Gertzman, S. F.*, 1999, S. 11-4 f.

1257 So auch *Graetz, M. J./Schenk, D. H.*, 1999, S. 790; *Kroschel, J.*, 2000a, S. 112.

1258 Vgl. Sec. 1271 bis 1273 IRC.

1259 Der Rückzahlungsbetrag ist definiert als der Betrag, der aufgrund der endgültigen Vereinbarung der Vertragsparteien bei Fälligkeit zu leisten ist, einschließlich Zinsen, die keinen qualified stated interest darstellen. Vgl. Sec. 1273(a)(2) IRC. Vgl. auch *Fass, P. M. u. a.*, 1988, S. 192 f.

1260 Der Ausgabebetrag ist allgemein definiert als die Gegenleistung für die Ausgabe des Schuldinstruments. Vgl. Reg. § 1.1273-2(a)(1). Wird die Gegenleistung nicht in Geld erbracht und wird entweder das Schuldinstrument oder die Gegenleistung öffentlich gehandelt, so entspricht der issue price dem jeweiligen fair market value. Vgl. Sec. 1273(b)(3) IRC. Vgl. auch *Fass, P. M. u. a.*, 1988, S. 193 f.

1261 Vgl. Sec. 1272(a)(1) IRC; Sec. 1273(a)(1) IRC. Siehe auch *Warren, A. C.*, 1993, S. 462; *Halperin, D. I.*, 1986, S. 509 ff.; *Bittker, B. I./Lokken, L.*, 1999b, S. S56-14; *Gertzman, S. F.*, 1999, S. 11-17; *Fass, P. M. u. a.*, 1988, S. 188 f.; *Graetz, M. J./Schenk, D. H.*, 1999, S. 789; *Kroschel, J.*, 2000a, S. 113.

1262 Vgl. Sec. 1272(a)(3) IRC; *Warren, A. C.*, 1993, S. 462; *Bittker, B. I./Lokken, L.*, 1999b, S. S56-40 ff.; *Gertzman, S. F.*, 1999, S. 11-18. Reg. § 1.1272-1(b)(1)(i) definiert yield to maturity wie folgt: „The yield to maturity or yield of a debt instrument is the discount rate that, when used in computing the present value of all principal and interest payments to be made under the debt instrument, produces an amount equal to the issue price of the debt instrument.“ Der interne Zinsfuß muß auf wenigstens zwei Dezimalstellen genau berechnet werden. Vgl. Reg. § 1.1272-1(b)(1)(i).

Zins und Zinseszins zusammensetzt.[1263] Dieser Zinsanteil ist beim Gläubiger steuerpflichtiges Einkommen, während der Schuldner einen entsprechenden Betriebsausgabenabzug vornehmen kann.[1264]

Eine ähnliche Vorgehensweise ist bei Schuldinstrumenten mit unregelmäßigen, nicht wenigstens jährlichen Zinszahlungen erforderlich. Hier gelten die während der Laufzeit anfallenden Zinsen als *original issue discount*[1265] und sind unter Anwendung des *yield to maturity*-Satzes sowohl beim Gläubiger als auch beim Schuldner auf die gesamte Laufzeit des Schuldinstruments zu verteilen.[1266] Die Vereinfachungsvorschrift von Sec. 1273(a)(3) IRC sieht eine Abweichung von diesem Prinzip vor, sofern der *original issue discount* 0,25 % des Rückzahlungsbetrags, multipliziert mit der Anzahl der Laufzeitjahre, unterschreitet. Der Gläubiger muß dann ein Disagio erst im Rückzahlungszeitpunkt und zwischenzeitliche unregelmäßige, nicht wenigstens jährliche Zinszahlungen im Zuflußzeitpunkt ansetzen.[1267] Übereinstimmend mit dem Disagio-Fall sind die gezahlten Zinsen als Betriebsausgaben abzugsfähig und die erhaltenen Zinsen zu versteuern.[1268]

Schließlich sind Gestaltungen denkbar, bei denen der Ausgabebetrag den Rückzahlungsbetrag übersteigt, also ein Agio vorliegt. In diesen Fällen können die periodischen Zinszahlungen bei

---

1263 Vgl. Sec. 1272(a)(3) IRC; Sec. 1272(d)(2) IRC; Reg. § 1.1275-1(b)(1); Reg. § 1.1272-1(g). Der Zinsanteil ist gem. Sec. 1272(a)(5) IRC halbjährlich zu ermitteln. Siehe auch *Warren, A. C.*, 1993, S. 462 f.; *Bittker, B. I./Lokken, L.*, 1999b, S. S56-36 ff., S. S56-48 und S. S56-61 f.; *Graetz, M. J./Schenk, D. H.*, 1999, S. 790. Zur Veranschaulichung der Berechnung soll folgendes vereinfachtes Beispiel dienen: Ein Steuerpflichtiger erwirbt am 01.01.2000 einen Zerobond für US-$ 621, dessen Nennwert von US-$ 1.000 am 31.12.2004 fällig wird. Um den original issue discount von US-$ 379 periodengerecht verteilen zu können, muß zunächst der interne Zinsfuß berechnet werden. Dieser beträgt bei den gegebenen Ausgabe- und Rückzahlungsbeträgen und einer Laufzeit von 5 Jahren 10 % ($621 \cdot 1{,}1^5 = 1.000$). Somit beläuft sich der Zinsanteil für das Wirtschaftsjahr 2000, das dem Kalenderjahr entsprechen soll, auf US-$ 62,1 und der Buchwert zum 31.12.2000 auf US-$ 683,1 (US-$ 621 + US-$ 62,1). Zum 31.12.2001 ergibt sich analog ein Zinsanteil von US-$ 68,31 und ein Buchwert von US-$ 751,41 (US-$ 683,1 + US-$ 68,31).

1264 Vgl. Sec. 61(a)(4) IRC; Sec. 1272(a)(1) IRC; Sec. 163(e) IRC. Siehe auch *Warren, A. C.*, 1993, S. 463; *Bittker, B. I./Lokken, L.*, 1999b, S. S56-38. Dabei wird auf Seiten des Schuldners von einer betrieblichen Veranlassung ausgegangen.

1265 Vgl. Sec. 1273(a) IRC; Reg. § 1.1273-1. Siehe auch *Bittker, B. I./Lokken, L.*, 1999b, S. S56-14; *Kroschel, J.*, 2000a, S. 113 f.

1266 Vgl. Sec. 1272(a)(3) IRC; Sec. 1272(d)(2) IRC. Die Verteilung der Zinsen ist gem. Sec. 1272(a)(5) IRC ebenfalls halbjährlich vorzunehmen. Siehe auch *Warren, A. C.*, 1993, S. 462 f. Zur Veranschaulichung soll erneut ein vereinfachtes Beispiel dienen: Ein Steuerpflichtiger erwirbt am 01.01.2000 eine Anleihe für US-$ 1.000. Der Nennwert von US-$ 1.000 ist am 31.12.2007 fällig. Am 31.12.2003 und am 31.12.2007 erhält der Steuerpflichtige jeweils eine Zinszahlung von US-$ 262,5. Der gesamte Zins von US-$ 525 ist als original issue discount anzusehen und muß mittels des internen Zinsfußes über die achtjährige Laufzeit der Anleihe verteilt werden. Als interner Zinsfuß der Anlage ergeben sich 6 %, da bei diesem Satz der Kapitalwert der Zahlungsströme gerade Null ist ($-1.000 + 1.262{,}5 \cdot 1{,}06^{-8} + 262{,}5 \cdot 1{,}06^{-4} = 0$). Dieser yield to maturity-Satz ergibt für das Wirtschaftsjahr 2000, welches dem Kalenderjahr entsprechen soll, einen Zinsanteil von US-$ 60 und entsprechend für das Wirtschaftsjahres 2001 einen Zinsanteil von US-$ 63,6.

1267 Um weiterhin eine korrespondierende Bilanzierung der Forderung und der Verbindlichkeit zu gewährleisten, darf der Schuldner gem. Reg. § 1.163-7(b)(2) alternativ die Vorgehensweise des Gläubigers übernehmen. Vgl. auch *Kroschel, J.*, 2000a, S. 114; *Gertzman, S. F.*, 1999, S. 11-35.

1268 Vgl. Sec. 61(a)(4) IRC; Sec. 1272(a)(1) IRC; Sec. 163(e) IRC. Auch hier ist eine betriebliche Veranlassung seitens des Schuldners unterstellt.

wirtschaftlicher Betrachtungsweise in einen Zinsanteil und einen Tilgungsanteil des Agios zerlegt werden.[1269] Dieses Agio kann der Gläubiger auf Basis des *yield to maturity*-Satzes über die Laufzeit des Schuldinstruments verteilen.[1270] Der Buchwert der Forderung reduziert sich dann jeweils um den im Wirtschaftsjahr als zurückgezahlt geltenden Teil des Agios.[1271] Alternativ kann der Gläubiger auf die Verteilung des Agios verzichten und im Zeitpunkt des Zuflusses des niedrigeren Rückzahlungsbetrags einen Verlust geltend machen. Dabei ist jedoch zu beachten, daß es sich bei der Forderung regelmäßig um ein *capital asset* handelt, so daß die eingeschränkten Verlustverrechnungsmöglichkeiten für *capital losses* virulent werden.[1272] Der Schuldner hat hingegen keine Möglichkeit, den Ansatz des Agios bis zum Rückzahlungstermin zu verschieben, sondern muß in jedem Fall eine Verteilung über die Laufzeit des Schuldinstruments vornehmen. Dabei kann er jedoch zwischen einer periodengerechten Verteilung analog zum Gläubiger und einer Verteilung in gleichen Jahresraten wählen. Die jährlichen Tilgungsraten des Agios reduzieren dann den Buchwert der Verbindlichkeit entsprechend.[1273]

Nachfolgend werden nun Forderungen und Verbindlichkeiten betrachtet, die aus Veräußerungsgeschäften resultieren. Die Gewährung eines Zahlungsziels impliziert dabei regelmäßig eine Verzinsung der gestundeten Kaufpreisschuld.[1274] Daher ist die Trennung der vom Käufer zu leistenden Zahlung in den reinen Kaufpreis und in den Zinsanteil erforderlich. Dieser Zinsanteil stellt für den Käufer eine abzugsfähige Betriebsausgabe und für den Verkäufer einen steuerpflichtigen Zinsertrag dar.[1275] Haben die Vertragsparteien einen marktüblichen Zins vereinbart, kann auf dieser Basis eine Trennung der Forderung und der Verbindlichkeit in Kaufpreis und Zinsanteil erfolgen. Häufig wird jedoch keine ausdrückliche Zinsvereinbarung vorliegen oder der vereinbarte Zins vom marktüblichen Zins abweichen. Daher sieht der IRC in diesen Fällen ein dreistufiges Verfahren zur Trennung von Kaufpreis und Zinsanteil vor.[1276]

1269 Vgl. *Bittker, B. I./Lokken, L.*, 1999b, S. S59-51; *Kroschel, J.*, 2000a, S. 115.

1270 Vgl. Sec. 171(b)(3) IRC; Reg. § 1.171-1(a)(1).

1271 Vgl. *Bittker, B. I./Lokken, L.*, 1999b, S. S59-55; *Kroschel, J.*, 2000a, S. 115.

1272 Vgl. *Kroschel, J.*, 2000a, S. 115. Zur Behandlung von capital losses vgl. GP 3151.

1273 Vgl. Reg. § 1.61-12(c)(2); *Kroschel, J.*, 2000a, S. 116.

1274 Auch wenn keine ausdrückliche Zinsvereinbarung vorliegt, bedeutet die Möglichkeit des Abzugs von Skonto bei Barzahlung nichts anderes als eine Verzinsung in entsprechender Höhe bei Nichtinanspruchnahme des Skontos. Vgl. auch *Halperin, D. I.*, 1986, S. 515 f.

1275 Vgl. Sec. 61(a)(4) IRC; Sec. 163(e) IRC; *Graetz, M. J./Schenk, D. H.*, 1999, S. 792. *Kroschel, J.*, 2000a, S. 117 führt verschiedene Gründe für die materielle Notwendigkeit der Differenzierung von Kaufpreis und Zinsanteil an, darunter die Pflicht zur Aktivierung und Abschreibung des Kaufpreises im Gegensatz zur Möglichkeit des Sofortabzugs von Zinsaufwand.

1276 Vgl. auch *Kroschel, J.*, 2000a, S. 118.

Dieses Verfahren beruht primär auf Sec. 1274 IRC, welche sowohl für die vom Käufer zu bilanzierende Verbindlichkeit als auch für die vom Verkäufer zu bilanzierende Forderung gilt, sofern die Vertragsparteien nicht einvernehmlich auf die Anwendung von Sec. 1274 IRC verzichten[1277]. Sec. 1274 IRC ist nicht anwendbar auf Kaufpreisdarlehen, bei denen sämtliche Zahlungen innerhalb von sechs Monaten fällig sind,[1278] deren Gesamtbetrag US-$ 250.000 nicht übersteigt[1279] oder die auf der Veräußerung von Patenten beruhen[1280]. Darüber hinaus ist die Vorschrift auf die Veräußerung selbstgenutzten Wohneigentums[1281] und bestimmte Veräußerungen von landwirtschaftlichen Betrieben nicht anwendbar[1282]. Die Trennung von Kaufpreis und Zinsanteil bei fehlender oder den marktüblichen Satz[1283] unterschreitender Zinsvereinbarung[1284] erfolgt durch die Berechnung des Kaufpreises aus der Summe sämtlicher vereinbarter Zahlungen, die mittels der anzuwendenden *federal rate* auf den Veräußerungszeitpunkt abgezinst werden.[1285] Der Zinsanteil ergibt sich entsprechend aus der Differenz der vereinbarten Gesamtzahlung und dem durch Abzinsung ermittelten Kaufpreis und ist auf Basis der *federal rate* periodengerecht auf die Laufzeit zu verteilen.[1286] Der Buchwert der Forderung und Verbindlichkeit entspricht dann dem um marktübliche Zinsen korrigierten Kaufpreis.[1287]

Kommt eine Korrektur der Zinszurechnung nach Sec. 1274 IRC nicht in Betracht, ist subsidiär Sec. 483 IRC anzuwenden,[1288] sofern der Veräußerungspreis US-$ 3.000 übersteigt[1289]

1277 Diese Möglichkeit eröffnet Sec. 1274A(c) IRC unter den restriktiven Voraussetzungen, daß beide Vertragsparteien ihren Gewinn nach der cash method ermitteln, das Wirtschaftsgut nicht zu Veräußerungszwecken erworben wurde und der Veräußerungspreis US-$ 2 Mio. nicht übersteigt. Für den Betrag von US-$ 2 Mio. ist bei Veräußerungen ab 1990 unter Verwendung des consumer price index eine Inflationsanpassung vorzunehmen. Vgl. Sec. 1274A(d)(2) IRC.

1278 Vgl. Sec. 1274(c)(1)(B) IRC.

1279 Vgl. Sec. 1274(c)(3)(C) IRC.

1280 Vgl. Sec. 1274(c)(3)(E) IRC i. V. m. Sec. 1235(a) IRC.

1281 Vgl. Sec. 1274(c)(3)(B) IRC.

1282 Dabei handelt es sich um die Veräußerung eines landwirtschaftlichen Betriebs durch eine natürliche Person, einen Nachlaß, eine S Corporation oder vergleichbare Personengesellschaft, sofern der Veräußerungspreis US-$ 1 Mio. nicht übersteigt. Vgl. Sec. 1274(c)(3)(A) IRC. Zum Begriff des landwirtschaftlichen Betriebs vgl. Sec. 6420(c)(2) IRC.

1283 Als marktüblicher Zins wird die der jeweiligen Laufzeit entsprechende federal rate angesehen. Bei Laufzeiten bis zu 3 Jahren gilt die federal short-term rate, bei Laufzeiten über 3 und bis zu 9 Jahren die federal mid-term rate und bei Laufzeiten über 9 Jahren die federal long-term rate. Die entsprechenden federal rates werden monatlich vom Finanzministerium veröffentlicht. Vgl. Sec. 1274(d)(1) IRC. Vgl. auch ausführlich *Gertzman, S. F.*, 1999, S. 11-38 ff.; *Fass, P. M. u. a.*, 1988, S. 208 ff.

1284 Eine den marktüblichen Zins überschreitende Zinsvereinbarung löst nicht die Anwendung von Sec. 1274 IRC aus, es sei denn, es handelt sich um clearly excessive interest. Vgl. Reg. § 1.1274-3(a)(2)(iv) und Reg. § 1.1274-3(b)(3).

1285 Vgl. Sec. 1274(b) IRC; Sec. 1274(c)(2) IRC. Siehe auch *Graetz, M. J./Schenk, D. H.*, 1999, S. 792; *Gertzman, S. F.*, 1999, S. 11-38; *Kroschel, J.*, 2000a, S. 120 f.

1286 Vgl. *Graetz, M. J./Schenk, D. H.*, 1999, S. 792; *Slagle, F. J.*, 1987, S. 33; *Kroschel, J.*, 2000a, S. 121.

1287 Vgl. *Graetz, M. J./Schenk, D. H.*, 1999, S. 792; *Small, D. G.*, 1995, S. 204.

1288 Analog zu Sec. 1274 IRC gilt auch Sec. 483 IRC sowohl für die Forderung des Verkäufers als auch für die Verbindlichkeit des Käufers. Vgl. auch *Slagle, F. J.*, 1987, S. 31 f.; *Kroschel, J.*, 2000a, S. 118.

1289 Vgl. Sec. 483(d)(2) IRC.

und nicht sämtliche vereinbarten Zahlungen innerhalb eines Jahres anfallen[1290]. Unter Sec. 483 IRC wird ebenfalls eine Trennung von Kaufpreis und Zinsanteil unter Anwendung der einschlägigen *federal rate* analog zur Vorgehensweise unter Sec. 1274 IRC vorgenommen. Jedoch kann auf die periodengerechte Verteilung des Zinsanteils verzichtet werden, sofern der Steuerpflichtige die *cash method* verwendet. Die Zinszahlungen werden dann im Zeitpunkt des Zuflusses angesetzt. Verwendet jedoch einer der Beteiligten die *accrual method*, ist analog zu Sec. 1274 IRC eine periodengerechte Verteilung des Zinsanteils auf die Laufzeit vorzunehmen.[1291] Der Buchwert der Forderung und Verbindlichkeit entspricht dem auf Basis von Sec. 483 IRC zinskorrigierten Kaufpreis.[1292]

Die dritte Stufe des Verfahrens erfaßt sämtliche Fälle, auf die weder Sec. 1274 IRC noch Sec. 483 IRC anwendbar ist.[1293] Hier erfolgt weder eine Korrektur des vereinbarten Zinssatzes noch der Ansatz eines marktüblichen Zinses bei fehlender Zinsvereinbarung. Auch eine Verteilung des Zinsanteils über die Laufzeit unterbleibt.[1294]

Unabhängig von der Entstehung aus einem Veräußerungsgeschäft oder einer sonstigen Transaktion regelt Sec. 7872 IRC die Behandlung von Forderungen und Verbindlichkeiten, die durch den bewußten vollständigen oder teilweisen Verzicht auf eine marktübliche Verzinsung eine Darlehenskomponente beinhalten.[1295] Wenn das Darlehen täglich fällig ist (*demand loan*) oder der Zinsverzicht bei wirtschaftlicher Betrachtungsweise eine Schenkung darstellt, greift die Fiktion von Sec. 7872(a) IRC. Danach wird unterstellt, daß der Schuldner in jeder Periode marktübliche Zinsen[1296] entrichtet und in Höhe der Differenz zu den tatsächlich gezahlten Zinsen der Periode eine Leistung durch den Gläubiger erhält.[1297] Sofern keine tägliche Fälligkeit des Darlehens vorliegt und der Zinsverzicht auch nicht auf einer Schenkung beruht (*term*

1290 Vgl. Sec. 483(c)(1) IRC.

1291 Vgl. Sec. 483(a) IRC; *Gertzman, S. F.*, 1999, S. 11-55 ff.; *Graetz, M. J./Schenk, D. H.*, 1999, S. 792; *Fass, P. M. u. a.*, 1988, S. 232 f.; *Slagle, F. J.*, 1987, S. 33 f.; *Kroschel, J.*, 2000a, S. 122.

1292 Vgl. *Slagle, F. J.*, 1987, S. 34.

1293 Dies ist z. B. bei Forderungen und Verbindlichkeiten aus dem Verkauf eines Patents der Fall, wenn der endgültige Verkaufspreis von der künftigen Nutzung des Patents abhängt. Vgl. *Bittker, B. I./Lokken, L.*, 1999b, S. S56-23.

1294 Vgl. *Bittker, B. I./Lokken, L.*, 1999b, S. S56-23; *Kroschel, J.*, 2000a, S. 118.

1295 Wesentliche Anwendungsbereiche dieser Vorschrift sind Vereinbarungen zwischen Arbeitnehmer und Arbeitgeber, Kapitalgesellschaften und ihren Anteilseignern, Familienangehörigen oder auch unabhängigen Personen, wenn die Steuervermeidung primärer Zweck der Vereinbarung ist. Vgl. *Bittker, B. I./Lokken, L.*, 1999b, S. S56-3; *Fass, P. M. u. a.*, 1988, S. 235 ff.; *Graetz, M. J./Schenk, D. H.*, 1999, S. 794; *Gertzman, S. F.*, 1999, S. 11-69.

1296 Unter marktüblichem Zins ist auch hier die der Laufzeit entsprechende federal rate zu verstehen. Vgl. Sec. 7872(e)(1)(A) IRC.

1297 Vgl. Sec. 7872(a) IRC. Beispielsweise erhält ein Arbeitnehmer von seinem Arbeitgeber ein zinsloses Darlehen. In jedem Jahr werden dann Zinszahlungen des Arbeitnehmers in Höhe der anzuwendenden federal rate unterstellt und Lohnzahlungen des Arbeitgebers in gleicher Höhe angenommen. Vgl. auch *Graetz, M. J./Schenk, D. H.*, 1999, S. 794; *Gertzman, S. F.*, 1999, S. 11-69 ff.; *Fass, P. M. u. a.*, 1988, S. 238 f.; *Kroschel, J.*, 2000a, S. 123.

loan), ist gemäß Sec. 7872(b) IRC zunächst der Barwert der vereinbarten Zins- und Tilgungszahlungen des Schuldners zu berechnen.[1298] Die Differenz zwischen dem Barwert und dem tatsächlichen Darlehensbetrag wird als Leistung des Gläubigers an den Schuldner eingestuft.[1299] Insofern wird die ursprüngliche Forderung und Verbindlichkeit in ihre wirtschaftlichen Bestandteile zerlegt und nach den für die jeweiligen Teile einschlägigen steuerlichen Vorschriften behandelt.[1300]

3342. Wertberichtigung von Forderungen

Eine Pauschalwertberichtigung von Forderungen kann im US-amerikanischen Bilanzsteuerrecht nach der *nonaccrual-experience method* vorgenommen werden. Die Option für diese Methode steht ausschließlich Dienstleistungsunternehmen, die zur steuerlichen Gewinnermittlung die *accrual method* verwenden, für die Ermittlung ihrer Einkünfte aus erbrachten Dienstleistungen zur Verfügung. Danach muß der Anteil ausstehender Forderungen, der basierend auf Erfahrungen aus der Vergangenheit wahrscheinlich ausfallen wird, nicht bereits im Zeitpunkt der Leistungserbringung erfolgswirksam erfaßt werden, wie es nach dem *all events test* grundsätzlich erforderlich wäre.[1301] Sofern verspätete Forderungseingänge mit Zinsen oder Vertragsstrafen belegt werden, ist die *nonaccrual-experience method* jedoch nicht anwendbar.[1302]

Die Pauschalwertberichtigung entspricht dem Verhältnis der kumulierten ausgefallenen Forderungen des Wirtschaftsjahres sowie der vorangegangenen fünf Jahre zu den gesamten innerhalb dieses Zeitraums zugegangenen Forderungen. Dabei ist jede Forderung einzeln um den so ermittelten Anteil zu vermindern. Mit Zustimmung des IRS kann auch eine kürzere Referenzperiode gewählt werden. Zu verzinsende oder mit Vertragsstrafen belegte Forderun-

---

1298 Als Abzinsungsfaktor ist wiederum die anzuwendende federal rate heranzuziehen.

1299 Vgl. Sec. 7872(b) IRC. In obigem Beispiel wäre die Differenz zwischen dem Barwert der Zahlungen des Schuldners und dem tatsächlichen Darlehensbetrag als zusätzliche Lohnzahlung des Arbeitgebers zu qualifizieren. Vgl. auch *Graetz, M. J./Schenk, D. H.*, 1999, S. 795; *Gertzman, S. F.*, 1999, S. 11-71; *Kroschel, J.*, 2000a, S. 124.

1300 In Fortführung des obigen Beispiels wären die als Lohnzahlung eingestuften Elemente vom Arbeitnehmer zu versteuern, vom Arbeitgeber als Betriebsausgabe abzuziehen und nur der verbleibende Teil von beiden als Darlehen zu behandeln. Siehe auch *Graetz, M. J./Schenk, D. H.*, 1999, S. 795; *Fass, P. M. u. a.*, 1988, S. 239 f.; *Kroschel, J.*, 2000a, S. 124.

1301 Vgl. Sec. 448(d)(5) IRC; Temp. Reg. § 1.448-2T(a) und (b); Notice 88-51, 1988-1 C. B. 535. Siehe auch *Hood, W. C.*, 1988, S. 1081 ff.; *Gertzman, S. F.*, 1999, S. 4-20; *Conjura, C./Mak, P.*, 1997, S. 338; *Feheley, D.*, 1988, S. 478; *Small, D. G.*, 1995, S. 158; *Bauernfeind, G. G.*, 1994, S. 3-26, 4-27. Insofern verkörpert die nonaccrual-experience method eine weitere nonrecognition-Vorschrift, da die Forderung zwar vollständig als realisiert gilt, jedoch nur anteilig angesetzt wird. Vgl. *Seago, W. E.*, 1997, S. 284.

1302 Vgl. Sec. 448(d)(5) IRC; Temp. Reg. § 1.448-2T(c)(1); Notice 88-51, 1988-1 C. B. 535.

gen bleiben bei dieser Berechnung unberücksichtigt.[1303] Übersteigt die später tatsächlich vereinnahmte Forderung den solchermaßen wertberichtigten Ansatz, ist die Differenz im Wirtschaftsjahr des Erhalts erfolgswirksam anzusetzen. Analog ist bei völligem Ausfall der Forderung eine Abschreibung, vermindert um die bereits erfolgte Wertberichtigung, vorzunehmen.[1304]

Alternativ zur Wertberichtigung jeder einzelnen am Jahresende ausstehenden Forderung (*separate receivable system*) kann auch das sogenannte *periodic system* angewendet werden, welches auf die Summe der Forderungen abstellt. Nach diesem System wird zu Beginn des Wirtschaftsjahres ein separates Konto gebildet, welches den wahrscheinlich ausfallenden Anteil der zu diesem Zeitpunkt ausstehenden Forderungen aufnimmt. Die Berechnung erfolgt auf der Grundlage des oben beschriebenen Sechsjahresdurchschnitts. Am Abschlußstichtag wird die Berechnung für die dann zurückliegenden sechs Jahre erneut durchgeführt. Erhöht sich der Kontobestand, so stellt die Differenz zum Jahresanfang den nach Sec. 448(d)(5) IRC nicht anzusetzenden Betrag dar, eine Verringerung gegenüber dem Periodenbeginn ist als Ertrag zu erfassen. Eventuelle Abweichungen vom Ergebnis des *separate receivable system* werden, da sie in der Regel unwesentlich sind, vom IRS als akzeptabel angesehen.[1305]

Neben der *nonaccrual-experience method* kommt seit 1987 nur noch für Banken mit einer Bilanzsumme von weniger als US-$ 500 Mio. eine Pauschalwertberichtigung von Forderungen in Betracht,[1306] sofern die Bank nicht einem Konzernverbund angehört, dessen

[1303] Vgl. Temp. Reg. § 1.448-2T(e)(2). Diese Formel zur Bestimmung des nicht im Zeitpunkt der Leistungserbringung anzusetzenden Forderungsanteils wurde vom Tax Court in Hospital Corp. of America, 107 T. C 116 (1996) bestätigt. Vgl. *Conjura, C./Mak, P.*, 1997, S. 340; *Seago, W. E.*, 1997, S. 284; *Hood, W. C.* 1988, S. 1082; *Feheley, D.*, 1988, S. 479 sowie kritisch *Gertzman, S. F.*, 1999, S. 4-21 f., der die Formel in Widerspruch zur Intention von Sec. 448(d)(5) IRC sieht, da die Anwendung des berechneten Verhältnisses auf die zum Abschlußstichtag ausstehenden Forderungen je nach Höhe der während des Jahres bereits abgeschriebenen Forderungen unter Umständen zu einem fehlerhaften Ansatz führen könne. Zu denkbaren Alternativmethoden vgl. *Moriarty, M. S.*, 1988, S. 1012 f.

[1304] Vgl. Temp. Reg. § 1.448-2T(e)(3). Siehe auch *Hood, W. C.*, 1988, S. 1082; *Conjura, C./Mak, P.*, 1997, S. 338 f.; *Gertzman, S. F.*, 1999, S. 4-23.

[1305] Vgl. Notice 88-51, 1988-1 C. B. 536, der ausdrücklich dieselbe Bindungswirkung wie einer Revenue Ruling oder Revenue Procedure zukommt. Siehe auch *Hood, W. C.*, 1988, S. 1083 f.; *Bauernfeind, G. G* 1994, S. 3-26 f., 4-27 f.

[1306] Bis 1987 gestattete Sec. 166(c) IRC umfangreiche Pauschalwertberichtigungen auf Forderungen. Vgl. dazu ausführlich *Bittker, B. I./Lokken, L.*, 1999b, S. 33-14 ff. sowie *Goldman, R. A.*, 1987, S. 367 ff., der kritisch auf die Intention des US-amerikanischen Kongresses eingeht, durch die Aufhebung von Sec. 166(c) IRC einen Verstoß gegen den all events test zu beseitigen, weil die Pauschalwertberichtigung die gewinnmindernde Berücksichtigung von Verlusten vor deren wirtschaftlicher Entstehung ermögliche. Der Autor argumentiert, daß die Pauschalwertberichtigung einen korrespondierenden Ansatz von Aufwendungen und Erträgen im Sinne des matching principle gewährleiste und zudem zur Einfachheit der Besteuerung beitrage. Die Aufrechterhaltung einer pauschalen Wertberichtigung im Rahmen der nonaccrual-experience method sowie die grundsätzliche Zulässigkeit von Pauschalwertberichtigungen im financial accounting sprächen ebenfalls gegen die Aufhebung von Sec. 166(c) IRC.

aggregierte Bilanzsumme diesen Grenzwert überschreitet.[1307] Die Pauschalwertberichtigung richtet sich analog zur *nonaccrual-experience method* nach dem Verhältnis der Forderungsausfälle des laufenden und der fünf vorangegangenen Wirtschaftsjahre zu den innerhalb desselben Zeitraums erfaßten Forderungen.[1308]

Ansonsten können Forderungsausfälle (*bad debts*) erst bei nachgewiesener vollständiger oder teilweiser Uneinbringlichkeit einzeln gewinnmindernd berücksichtigt werden (*specific charge-off method*),[1309] wobei die Abzugsfähigkeit zunächst unabhängig von der Zugehörigkeit der Forderung zur betrieblichen oder zur privaten Sphäre gegeben ist[1310]. Generelle Voraussetzung ist, daß die Forderung auf einer gültigen und einklagbaren Verpflichtung beruht, einen fixen oder noch zu bestimmenden Geldbetrag zu leisten.[1311]

Zur Feststellung der Uneinbringlichkeit einer Forderung ist auf alle sachdienlichen Hinweise und Belege zurückzugreifen.[1312] Wann jedoch mit hinreichender Sicherheit von einer vollständig uneinbringlichen Forderung auszugehen ist, wird nicht näher konkretisiert, so daß letztlich eine individuelle Würdigung des Einzelfalls vorzunehmen ist.[1313] Dies gilt grund-

---

1307 Vgl. Sec. 585(c) IRC. Siehe auch *CCH*, 1998a, S. 327; *Small, D. G.*, 1995, S. 204; *Goldman, R. A.*, 1987, S. 365.

1308 Vgl. Sec. 585(b)(2) IRC. Siehe auch *Bittker, B. I./Lokken, L.*, 1999b, S. 33-28; *CCH*, 1998a, S. 568.

1309 Vgl. Sec. 166(a) IRC; Reg. § 1.166-1(a)(1). Vgl. auch *Small, D. G.*, 1995, S. 204; *Willis, E. u. a.*, 1999, S. 6-4; *Goldman, R. A.*, 1987, S. 375; *McDaniel, P. R. u. a.*, 1999, S. 497. Nach *Bittker, B. I./Lokken, L.*, 1999b, S. 33-1 f. wären die Forderungsausfälle auch ohne die Kodifikation von Sec. 166 IRC unter Sec. 162 IRC bzw. Sec. 212 IRC als Erwerbsaufwendungen abzugsfähig, sofern sie dem Geschäftsbetrieb oder einer sonstigen einkommensgenerierenden Tätigkeit des Steuerpflichtigen zugeordnet werden können.

1310 Vgl. auch *Bittker, B. I./Lokken, L.*, 1999b, S. 33-2; *Gunn, A.*, 1997, S. 338 f. Eine gewisse Einschränkung der Abzugsfähigkeit privater Forderungsausfälle nahm der Tax Court in Rude v. Commissioner, 48 T. C. 165 (1967) vor. Hier versagte das Gericht den Abzug einer bad debt aus der nicht erfüllten Verpflichtung eines Ehegatten, zur Begleichung der auf einer Zusammenveranlagung basierenden Steuerschuld beizutragen. Kritisch zu den Konsequenzen aus diesem Urteil *Beck, R. C. E.*, 1989, S. 313. Forderungsausfälle bei Kapitalgesellschaften werden grundsätzlich der betrieblichen Sphäre zugeordnet. Vgl. Sec. 166(d)(1) IRC.

1311 Vgl. Reg. § 1.166-1(c), die „a debt which arises from a debtor-creditor relationship based upon a valid and enforceable obligation to pay a fixed or determinable sum of money" verlangt. Eine solche Verpflichtung kann auch von Gesetzes wegen entstehen, ohne daß eine ausdrückliche Zahlungsverpflichtung des Schuldners oder die Absicht der Beteiligten, ein Schuldverhältnis zu begründen, gegeben ist. Vgl. Iowa Southern Utilities Co. v. United States, 348 F. 2d 492 (Ct. Cl., 1965); Rev. Rul. 69-458, 1969-2 C. B. 33. Siehe auch *Goldman, R. A.*, 1987, S. 375 ff.; *McDaniel, P. R. u. a.*, 1999, S. 498 f.; *Herbst, C./Sutton, G. B.*, 1999, S. 8.

1312 Vgl. Reg. § 1.166-2(a); *McDaniel, P. R. u. a.*, 1999, S. 499; *Goldman, R. A.*, 1987, S. 381.

1313 Vgl. Minneapolis, St. Paul & Sault Ste. Marie Railroad Co. v. United States, 164 Ct. Cl. 240 (1964): „It is obvious that there is no precise test for determining worthlessness within the taxable year and neither the statutory enactment, its regulations, nor the decisions attempt such an all-inclusive definition. From the numerous decisions, we are taught that a determination of whether or not a debt becomes worthless in a particular year must be confined to the fact of the particular case." Die Regulations enthalten lediglich die allgemeine Aussage, daß eine Forderung als wertlos und uneinbringlich gilt, wenn alle Begleitumstände dafür sprechen und ein Einklagen der Forderung aller Wahrscheinlichkeit nach erfolglos sein wird. Vgl. Reg. § 1.166-2(b). Zudem gilt der Konkurs des Schuldners als gewichtiges Indiz für die vollständige oder zumindest teilweise Wertlosigkeit einer nicht abgesicherten Forderung. Vgl. Reg. § 1.166-2(c). Vgl. auch *Bittker, B. I./Lokken, L.*, 1999b, S. 33-9; *Goldman, R. A.*, 1987, S. 381 ff.; *Willis, E. u. a.*, 1999, S. 6-4; *Herbst, C./Sutton, G. B.*, 1999, S. 10 f.

sätzlich auch für teilweise uneinbringliche Forderungen, wobei neben der teilweisen Uneinbringlichkeit auch die Höhe des Forderungsausfalls nachzuweisen ist. Die Höhe der Wertberichtigung hat sich dabei am *financial accounting* zu orientieren.[1314] Da Sec. 166(a) IRC ausschließlich den Abzug von während des Wirtschaftsjahres ausgefallenen Forderungen zuläßt, ist außerdem in jedem Fall der Nachweis zu erbringen, daß die Forderung zu Beginn des Wirtschaftsjahres noch werthaltig war.[1315]

Bei der Verrechnung der Wertberichtigung ist eine Unterscheidung zwischen Forderungsausfällen in der betrieblichen und in der privaten Sphäre notwendig. Denn während erstere nach den allgemeinen Grundsätzen vom *ordinary income* abgesetzt werden, sind letztere als *short-term capital losses* mit den entsprechend eingeschränkten Verrechnungsmöglichkeiten zu klassifizieren.[1316] Außerdem ist eine Wertberichtigung von der Privatsphäre zuzurechnenden Forderungen bei nur teilweiser Uneinbringlichkeit nicht möglich.[1317]

Sind die Voraussetzungen für die Einzelwertberichtigung einer Forderung erfüllt, kann im Wirtschaftsjahr des Forderungsausfalls ein entsprechender Teil des Buchwerts der Forderung gewinnmindernd abgeschrieben werden.[1318] Sollte eine in früheren Wirtschaftsjahren wertberichtigte Forderung plötzlich wieder werthaltig werden, ist der Forderungseingang gewinnerhöhend zu erfassen. Wenn die Werthaltigkeit bereits im Wirtschaftsjahr der vollständigen oder teilweisen Abschreibung der Forderung eintritt, ist die Wertberichtigung rückgängig zu machen.[1319]

1314 Vgl. Reg. § 1.166-3(a). Siehe auch *McDaniel, P. R. u. a.*, 1999, S. 497; *Goldman, R. A.*, 1987, S. 390 f.; *Willis, E. u. a.*, 1999, S. 6-4 sowie *Bittker, B. I./Lokken, L.*, 1999b, S. 33-14, die auf die insgesamt schwerwiegendere Nachweispflicht des Steuerpflichtigen bei teilweise uneinbringlichen Forderungen hinweisen.

1315 Vgl. z. B. Estate of Mann v. United States, 731 F. 2d 267 (5th Cir., 1984). Siehe auch Reg. § 1.166-1(e); *Gunn, A.*, 1997, S. 338.

1316 Vgl. Sec. 166(d) IRC; Reg. § 1.166-1(a); Reg. § 1.166-5(a)(2). Siehe auch *Willis, E. u. a.*, 1999, S. 6-5; *Goldman, R. A.*, 1987, S. 379; *Schultz, R. L.*, 1985, S. 517; *Herbst, C./Sutton, G. B.*, 1999, S. 8; *McDaniel, P. R. u. a.*, 1999, S. 498. Zur beschränkten Verrechenbarkeit von capital losses vgl. GP 3151.

1317 Vgl. Reg. § 1.166-5(a)(1). Siehe auch *Bittker, B. I./Lokken, L.*, 1999b, S. 33-20; *Willis, E. u. a.*, 1999, S. 6-4; *McDaniel, P. R. u. a.*, 1999, S. 498; *Herbst, C./Sutton, G. B.*, 1999, S. 10.

1318 Vgl. Sec. 166(b) IRC. Vgl. auch *Willis, E. u. a.*, 1999, S. 6-4; *Gunn, A.*, 1997, S. 337; *Goldman, R. A.*, 1987, S. 379.

1319 Vgl. *Willis, E. u. a.*, 1999, S. 6-4.

3343. Vergleich mit der Bilanzierung von Forderungen und Verbindlichkeiten im deutschen Steuerrecht

Im deutschen Bilanzsteuerrecht ist anders als in den USA eine separate Betrachtung von Forderungen und Verbindlichkeiten angebracht.[1320] Forderungen sind hierzulande regelmäßig mit ihrem Nennwert zu bilanzieren,[1321] was in den USA nur unter den strengen Voraussetzungen eines *qualified stated interest* möglich ist. Die Bilanzierung erfolgt auch dann zum Nennwert, wenn ein Disagio oder ein Agio vereinbart wurde. In ersterem Fall wird für das Disagio ein passiver Rechnungsabgrenzungsposten gebildet, der über die Laufzeit der Forderung erfolgswirksam aufzulösen ist und in letzterem Fall wird das Agio über die Laufzeit der Forderung anteilig als sonstige Forderung aktiviert.[1322] Damit wird zwar entsprechend der US-amerikanischen Vorgehensweise die Differenz zwischen Ausgabe- und Rückzahlungsbetrag auf die Laufzeit der Forderung verteilt. Die Art der Verteilung ist jedoch nicht wie in den USA zwingend an den internen Zinsfuß gebunden, so daß es hier durchaus zu Abweichungen kommen kann.

Bei Forderungen aus Lieferungen und Leistungen wird die Gewährung eines Zahlungsziels ebenso wie in den USA als Verzinslichkeit der Forderung interpretiert. Daher ist auch im deutschen Bilanzsteuerrecht eine Trennung der Forderung aus dem Lieferungsgeschäft von der Forderung aus dem Kreditgeschäft vorzunehmen. Die Forderung wird mit dem Barwert angesetzt, welcher durch Aufzinsung zeitanteilig um die entstehende Zinsforderung erhöht wird. Die Forderungsbilanzierung zum Nennwert würde gegen das Realisationsprinzip verstoßen, weil ein noch nicht realisierter Zinsertrag ausgewiesen würde.[1323] Diese Vorgehensweise kommt im Ergebnis dem US-amerikanischen dreistufigen Verfahren zur Abgrenzung des Zinsanteils relativ nahe, da in beiden Fällen der Barwert angesetzt und sukzessive um die entstehenden Zinsen erhöht wird. Im Gegensatz zu den USA ist jedoch weder der Abzinsungsfaktor noch das anzuwendende Verteilungsverfahren gesetzlich geregelt, so daß hier wiederum Abweichungen entstehen können.

1320 Die Forderungsbilanzierung beim Gläubiger ist im Gegensatz zu den USA unabhängig von der Bilanzierung der korrespondierenden Verbindlichkeit beim Schuldner. Vgl. *Kleinle, W.*, 1996, § 6, Anm. 907; *Werndl, J.*, 2000, § 6, Rn. D 14.

1321 Gegebenenfalls ist der niedrigere Teilwert anzusetzen. Vgl. § 6 Abs. 1 Nr. 2 EStG. Der Nennwert entspricht in der Regel den Anschaffungs- oder Herstellungskosten der Forderung. Wurden Forderungen entgeltlich erworben, so sind die tatsächlichen Anschaffungskosten anzusetzen. Vgl. *Kleinle, W.*, 1996, § 6, Anm. 908; *Glanegger, P.*, 2000, § 6, Rz. 361; *Wöhe, G.*, 1997, S. 504; *Coenenberg, A. G.*, 2000, S. 237; *Biergans, E.*, 1992, S. 353 f.; *Scherer, F.*, 1997, S. 11; *Weber-Grellet, H.*, 1993, S. 165.

1322 Vgl. *Kleinle, W.*, 1996, § 6, Anm. 909; *Raupach, A.*, 1996, § 5, Anm. 1962; *Glanegger, P.*, 2000, § 6, Rz. 362; *Werndl, J.*, 2000, § 6, Rn. B 569.

1323 Vgl. *Kleinle, W.*, 1996, § 6, Anm. 909; *Werndl, J.*, 2000, § 6, Rn. B 578.

Wird ein unverzinsliches oder niedrigverzinsliches Darlehen gewährt, so ist die entsprechende Forderung im deutschen Bilanzsteuerrecht mit dem niedrigeren Teilwert, der dem Barwert entspricht, zu bilanzieren.[1324] Dabei ist erneut offen, welcher Zinssatz als Abzinsungsfaktor zu verwenden ist. Als Richtwert können die in § 12 Abs. 3 BewG festgelegten 5,5 v. H. gelten,[1325] die auch dem durch das Steuerentlastungsgesetz 1999/2000/2002 für die Abzinsung von Verbindlichkeiten vorgeschriebenen Satz entsprechen.[1326] Die in den USA durch Sec. 7872 IRC geregelte Qualifizierung der Differenz zwischen marktüblichem und tatsächlich gezahltem Zins als sonstige Leistung des Gläubigers an den Schuldner ist dem deutschen Bilanzsteuerrecht zwar unbekannt. Jedoch kann hier unter Umständen eine besondere Form betrieblicher Sozialleistungen gesehen werden, was letztlich eine Forderungsbilanzierung zum Nennwert zur Folge hätte.[1327]

Verbindlichkeiten werden im deutschen Bilanzsteuerrecht ebenso wie Forderungen regelmäßig zum Nennwert bilanziert.[1328] Dabei wird lediglich vorausgesetzt, daß es sich um eine verzinsliche Verbindlichkeit handelt, ohne daß die strengeren US-amerikanischen Voraussetzungen eines *qualified stated interest* erfüllt sein müssen.[1329] Dies gilt analog zur Forderungsbilanzierung auch bei Vereinbarung eines Disagios oder Agios. Für das Disagio ist ein aktiver Rechnungsabgrenzungsposten zu bilden, der über die Laufzeit der Verbindlichkeit erfolgswirksam aufgelöst wird, während ein Agio durch einen passiven Rechnungsabgrenzungsposten erfaßt wird, der ebenfalls über die Laufzeit erfolgswirksam aufzulösen ist.[1330] Da die Verteilung der Differenz zwischen Ausgabe- und Rückzahlungsbetrag im deutschen Bilanzsteuerrecht nicht zwingend an den internen Zinsfuß gebunden ist, kann es hier wie auch schon bei der Forderungsbilanzierung zu Abweichungen von der US-amerikanischen Verteilung kommen. Dabei ist jedoch zu beachten, daß in den USA im Gegensatz zur Forderungs-

---

[1324] Vgl. *Glanegger, P.*, 2000, § 6, Rz. 371; *Coenenberg, A. G.*, 2000, S. 237; *Wöhe, G.*, 1997, S. 507; *Weber-Grellet, H.*, 1993, S. 164 f. sowie *Kleinle, W.*, 1996, § 6, Anm. 907, 912 f. mit kritischen Anmerkungen zu der seit dem Steuerentlastungsgesetz 1999/2000/2002 vorausgesetzten dauernden Wertminderung. Siehe auch BFH v. 09.07.1981, in: BStBl. II 1981, S. 734; BFH v. 24.01. 1990, in: BStBl. II 1990, S. 640.

[1325] Vgl. *Kleinle, W.*, 1996, § 6, Anm. 912; *Glanegger, P.*, 2000, § 6, Rz. 371; *Wöhe, G.*, 1997, S. 507 f.

[1326] Es ist allgemein üblich, bei einer Forderungslaufzeit von bis zu einem Jahr auf eine Abzinsung zu verzichten. Vgl. *Adler, H./Düring, W./Schmaltz, K.*, 1995, § 253, Tz. 532.

[1327] Vgl. BFH v. 24.01.1990, in: BStBl. II 1990, S. 639; *Weber-Grellet, H.*, 1993, S. 165. Kritisch dazu *Kleinle, W.*, 1996, § 6, Anm. 912.

[1328] Gegebenenfalls ist der höhere Teilwert anzusetzen. Vgl. *Glanegger, P.*, 2000, § 6, Rz. 400. Seit dem Steuerbereinigungsgesetz v. 22.12.1999, in: BGBl. I 1999, S. 2601 dürfen gem. § 5 Abs. 2a EStG von künftigen Einnahmen oder Gewinnen abhängige Verpflichtungen erst bei deren tatsächlicher Entstehung berücksichtigt werden. Kritisch dazu *Prinz, U.*, 2000, S. 669.

[1329] Vgl. § 6 Abs. 1 Nr. 3 i. V. m. Nr. 2 EStG. Siehe auch *Glanegger, P.*, 2000, § 6, Rz. 386 f.; *Werndl, J.* 2000, § 6, Rn. D 22; *Biergans, E.*, 1992, S. 353; *Wöhe, G.*, 1997, S. 513.

[1330] Vgl. H 37 EStH; *Werndl, J.*, 2000, § 6, Rn. D 23, 106, 120; *Glanegger, P.*, 2000, § 6, Rz. 395; *Coenenberg A. G.*, 2000, S. 337; *Wöhe, G.*, 1997, S. 509.

bilanzierung ein Agio alternativ auch in gleichen Beträgen über die Laufzeit der Verbindlichkeit verteilt werden kann.

Bei der Gewährung eines Zahlungsziels für Verbindlichkeiten aus Lieferungen und Leistungen ist auch bei vereinbarter Unverzinslichkeit regelmäßig von einem verdeckt kalkulierten Zinsanteil auszugehen.[1331] Daher ist die Verbindlichkeit mit ihrem Barwert zu bilanzieren und pro rata temporis um die entstehende Zinsbelastung zu erhöhen.[1332] Diese Vorgehensweise führt ebenso wie in den USA zu einer Verteilung des Zinsanteils über die Laufzeit der Verbindlichkeit. Mangels einer konkreten gesetzlichen Verfahrensregelung kann es dabei jedoch ebenso wie bei der Forderungsbilanzierung zu Abweichungen von der US-amerikanischen Zinsverteilung kommen.

Unverzinsliche Verbindlichkeiten sind im deutschen Bilanzsteuerrecht seit dem Steuerentlastungsgesetz 1999/2000/2002 zwingend mit einem Zinssatz von 5,5 v. H. abzuzinsen, sofern ihre Laufzeit 12 Monate übersteigt.[1333] Eine Verbindlichkeit ist verzinslich, sobald ein Zinssatz von mehr als 0 v. H. vereinbart wurde, wobei ein Zinssatz nahe 0 v. H. im Einzelfall als mißbräuchliche Gestaltung im Sinne des § 42 AO eingestuft werden kann.[1334] Damit kommt übereinstimmend mit der Forderungsbilanzierung der Barwert der Verbindlichkeit zum Ansatz, wobei auch hier im Gegensatz zu den USA die fehlende Verzinsung nicht als sonstige Leistung des Gläubigers an den Schuldner angesehen wird.

Die pauschale Wertberichtigung von Forderungen, welche in den USA nur für kleinere Banken und für Dienstleistungsunternehmen im Rahmen der *nonaccrual-experience method* zulässig ist, wird im deutschen Bilanzsteuerrecht ohne subjektive Anwendungsbeschränkungen als GoB-konform anerkannt.[1335] Die deutsche Pauschalwertberichtigung trägt wie die US-amerikanischen Verfahren dem latenten Ausfallrisiko auf der Basis von Erfahrungswerten Rechnung. Während in den USA jedoch ausschließlich auf Vergangenheitswerte abgestellt wird, verlangt das im Rahmen des Steuerentlastungsgesetzes 1999/2000/2002 eingeführte strikte Wertaufholungsgebot bei einer Pauschalwertberichtigung im deutschen Bilanzsteuerrecht eine voraussichtlich dauernde Wertminderung[1336] und damit die Berücksichtigung von

---

1331 Vgl. BFH v. 25.02.1975, in: BStBl. II 1975, S. 647; *Hoffmann, W.-D.*, 1999, S. 386.

1332 Vgl. *Glanegger, P.*, 2000, § 6, Rz. 398.

1333 Vgl. § 6 Abs. 1 Nr. 3 EStG. Kritisch zu dieser Neuregelung *Hauber, B./Kiesel, H.*, 2000, S. 1511 ff. und *Breithecker, V./Klapdor, R./Zisowski, U.*, 1999, S. 43, die darin den unzulässigen Ausweis nicht realisierter Gewinne sehen. Handelsrechtlich können Verbindlichkeiten nicht diskontiert werden, so daß es hier zwangsläufig zu einem Auseinanderfallen von Handels- und Steuerbilanz kommt. Vgl. auch *Loitz, R./Winnacker, E.*, 2000, S. 2230.

1334 Vgl. BMF-Schr. v. 23.08.1999, in: DB 1999, S. 1730. Unterverzinsliche Verbindlichkeiten dürfen folglich nicht abgezinst werden. Vgl. auch *Glanegger, P.*, 2000, § 6, Rz. 401; *Hauber, B./Kiesel, H.*, 2000, S. 1515.

1335 Vgl. BFH v. 01.04.1958, in: BStBl. III 1958, S. 292; BFH v. 16.07.1981, in: BStBl. II 1981, S. 767.

1336 Vgl. § 6 Abs. 1 Nr. 1 Satz 2 und Nr. 2 Satz 2 EStG.

Zukunftserwartungen.[1337] Eine starre Berechnungsformel für die pauschale Wertkorrektur ist in Deutschland nicht vorgesehen, vielmehr wird die Summe der Forderungen auch nach der neuen Rechtslage um einen auf der Grundlage der Erfahrungen der Vergangenheit geschätzten Vomhundertsatz[1338] gekürzt.[1339] Zu diesem Zweck wird analog zum *periodic system* der *nonaccrual-experience method* ein Wertberichtigungskonto gebildet. Die Bestandserhöhung am Abschlußstichtag entspricht dem nicht anzusetzenden Forderungsanteil, während sich eventuelle Bestandsminderungen ergebniserhöhend auswirken.[1340]

Auch für die Einzelwertberichtigung von Forderungen ist in Deutschland nach neuem Recht eine voraussichtlich dauernde Wertminderung erforderlich,[1341] was sich im Ergebnis mit dem in den USA vorausgesetzten Nachweis der vollständigen oder teilweisen Uneinbringlichkeit der Forderung deckt. In beiden Ländern ist das Ausmaß des Wertverlusts anhand aller bekannten Umstände im Einzelfall zu schätzen.[1342] Während die Wertberichtigung in den USA der Höhe nach an das *financial accounting* gebunden ist, kann es in Deutschland hier zu einem Auseinanderfallen von Handels- und Steuerbilanz kommen. Denn handelsrechtlich gilt im Umlaufvermögen das strenge Niederstwertprinzip, wonach der niedrigere beizulegende Wert auch bei einer vorübergehenden Wertminderung zwingend anzusetzen ist.[1343] Steuerlich kann der niedrigere Teilwert nach neuem Recht jedoch nur im Fall einer dauernden Wertminderung angesetzt werden.[1344] Sollte eine bereits wertberichtigte Forderung überraschend wieder werthaltig werden, ist im deutschen wie im US-amerikanischen Bilanzsteuerrecht zwingend eine Wertaufholung vorzunehmen.[1345]

1337 Die Gründe für die Beibehaltung des niedrigeren Teilwerts sind jährlich nachzuweisen. Vgl. *Glanegger, P.*, 2000, § 6, Rz. 374. Siehe auch *Winnefeld, R.*, 2000, Rz. E 1231 sowie GP 32223.

1338 Die bisher von der Finanzverwaltung ohne Nachweis anerkannte pauschale Wertberichtigung in Höhe vo[n] 1 v. H. des Nettowerts der nicht einzelwertberichtigten Forderungen ist mit dem Steuerentlastungsgeset[z] 1999/2000/2002 hinfällig geworden. Daher ist nun bei der Ermittlung dieses Satzes von der Perspektive de[r] dauernden Wertminderung auszugehen. Vgl. *Glanegger, P.*, 2000, § 6, Rz. 374; *Günkel, M./Fenzl, B.*, 1999, S. 651.

1339 Vgl. *Glanegger, P.*, 2000, § 6, Rz. 374; *Werndl, J.*, 2000, § 6, Rn. B 585; *Coenenberg, A. G.*, 2000, S. 23[…] f.; *Loitz, R./Winnacker, E.*, 2000, S. 2230; *Stobbe, T./Loose, M.*, 1999, S. 407; *Winnefeld, R.*, 2000, Rz. [E] 1231; *Scherer, F.*, 1997, S. 12 ff.; *Wöhe, G.*, 1997, S. 506 f. Siehe auch BFH v. 09.05.1961, in: BStBl. I[II] 1961, S. 337; BFH v. 16.07.1981, in: BStBl. II 1981, S. 766.

1340 Vgl. *Winnefeld, R.*, 2000, Rz. E 1232; *Scherer, F.*, 1997, S. 12.

1341 Vgl. § 6 Abs. 1 Nr. 2 Satz 2 EStG. Siehe auch *Glanegger, P.*, 2000, § 6, Rz. 369.

1342 Vgl. *Glanegger, P.*, 2000, § 6, Rz. 370; *Scherer, F.*, 1997, S. 12; *Wöhe, G.*, 1997, S. 506.

1343 Vgl. § 253 Abs. 3 Satz 1 und 2 HGB.

1344 Vgl. § 6 Abs. 1 Nr. 2 Satz 2 EStG.

1345 Vgl. § 6 Abs. 1 Nr. 2 Satz 3 i. V. m. Nr. 1 Satz 4 EStG.

335. Wertpapiere und Beteiligungen

3351. Bewertung und Wertberichtigung von Wertpapieren und Beteiligungen

Wertpapiere und Beteiligungen weisen regelmäßig die Merkmale einer *capital expenditure* auf[1346] und sind daher grundsätzlich aktivierungspflichtig. Ihre Bewertung erfolgt durchgängig zu Anschaffungskosten.[1347]

Für Wertpapierhändler (*dealers in securities*) sieht Sec. 475 IRC eine abweichende Bewertung vor.[1348] Danach sind Wertpapiere im Umlaufvermögen von Wertpapierhändlern zum *fair market value* zu bewerten (*mark-to-market*) und eventuelle Wertsteigerungen oder -minderungen gegenüber dem letzten Abschlußstichtag erfolgswirksam zu erfassen.[1349] Resultierende Gewinne oder Verluste sind dem *ordinary income* zuzurechnen,[1350] wobei als Bewertungsstichtag der letzte Arbeitstag des Wirtschaftsjahres gilt.[1351] Sec. 475(c)(2) IRC enthält eine abschließende, aber sehr umfassende Aufzählung von Wertpapieren, die für die *mark-to-market*-Bewertung qualifizieren.[1352] Um als *dealer in securities* anerkannt zu werden, muß der Steuerpflichtige im Rahmen seines gewöhnlichen Geschäftsbetriebs regelmäßig Wertpapiere an- und verkaufen oder sonstige Wertpapiergeschäfte[1353] tätigen.[1354]

1346 Vgl. dazu GP 321111.

1347 Vgl. *Small, D. G.*, 1995, S. 204.

1348 Sec. 475 IRC wurde erst 1993 durch den Revenue Reconciliation Act v. 10.08.1993, Pub. L. No. 103-66, in: 107 Stat. 312 in den Internal Revenue Code eingefügt und mit einer Verbesserung der Gewinnermittlung im Sinne der clear reflection of income-Doktrin begründet. Vgl. *Caginalp, O./Connors, P. J./Handler, R. A.*, 1997a, S. 1071 f.; *Flick, H. F. W./Damm, H.*, 1993, S. 503.

1349 Vgl. Sec. 475(a) IRC. Siehe auch *Small, D. G.*, 1995, S. 204; *Rosenthal, S. M.*, 1998, S. 207; *Bittker, B. I./Lokken, L.*, 1999d, S. S105-26 f.; *McDaniel, P. R. u. a.*, 1999, S. 212. Die lower of cost or market-method zur Vorratsbewertung steht damit für dealers in securities nicht mehr zur Verfügung. Vgl. *Caginalp, O./Connors, P. J./Handler, R. A.*, 1997a, S. 1073.

1350 Sec. 1221(1) IRC nimmt das Vorratsvermögen vom Anwendungsbereich der Vorschriften für capital gains and losses aus und andere Wertpapiere des Umlaufvermögens sind gem. Sec. 475(d)(3)(A) IRC dem ordinary income zuzurechnen.

1351 Vgl. Sec. 475(a)(2) IRC. Siehe auch *Caginalp, O./Connors, P. J./Handler, R. A.*, 1997a, S. 1071, 1092 ff.

1352 Zu Wertpapieren, die vom Anwendungsbereich von Sec. 475 IRC ausgeschlossen sind, vgl. Sec. 475(b)(1) IRC. Hierzu zählen insbesondere Wertpapiere des Anlagevermögens sowie gem. Sec. 475(c)(2) IRC Wertpapiere, die von Sec. 1256 IRC erfaßt werden. Vgl. *Rosenthal, S. M./Rainey, S. K.*, 1997, S. 162 ff. sowie eingehend *Caginalp, O./Connors, P. J./Handler, R. A.*, 1997a, S. 1083 ff.

1353 Diese Wertpapiergeschäfte sind in Sec. 475(c)(1)(B) IRC abschließend definiert als „to enter into, assume, offset, assign or otherwise terminate positions in securities with customers in the ordinary course of a trade or business".

1354 Vgl. Sec. 475(c)(1) IRC; *Rosenthal, S. M.*, 1998, S. 207 sowie ausführlich *Caginalp, O./Connors, P. J./Handler, R. A.*, 1997a, S. 1073 ff. Lediglich der regelmäßige Ankauf von Wertpapieren ohne korrespondierende Veräußerungen ist nicht hinreichend für die Klassifizierung als Wertpapierhändler. Vgl. Reg. § 1.475(c)-1(c)(1). Letztlich geben die Umstände des Einzelfalls den entscheidenden Ausschlag. Vgl. Reg. § 1.475(c)-1(a). Nach *Caginalp, O./Connors, P. J./Handler, R. A.*, 1997b, S. 962 ist die einmal erfolgte Einstufung als dealer in securities nur schwer wieder rückgängig zu machen. Dies gelte selbst dann, wenn die Voraussetzungen für eine entsprechende Klassifizierung nicht mehr erfüllt seien: „[O]nce a dealer, always a dealer".

Unabhängig vom Status als *dealer in securities* hat gemäß Sec. 1256 IRC jeder Steuerpflichtige bestimmte Optionen, Termin- und Devisenkontrakte (*section 1256 contracts*) zum *fair market value* zu bewerten.[1355] Wertveränderungen gegenüber dem letzten Abschlußstichtag sind erfolgswirksam zu erfassen, wobei der Gewinn oder Verlust zu 40 % als *short-term capital gain or loss* und zu 60 % als *long-term capital gain or loss* zu behandeln ist.[1356]

Wertpapiere, die nicht für die *mark-to-market*-Bewertung qualifizieren, können erst dann wertberichtigt werden, wenn sie innerhalb des Wirtschaftsjahres vollständig wertlos werden.[1357] Die entsprechende Abschreibung ist prinzipiell als *capital loss* mit den korrespondierenden eingeschränkten Verrechnungsmöglichkeiten zu behandeln.[1358] Dabei wird grundsätzlich unterstellt, daß der Verlust am letzten Tag des Wirtschaftsjahres entstanden ist.[1359]

Direkte Beteiligungen von wenigstens 80 % an einer Kapitalgesellschaft können bei vollständiger Wertlosigkeit ebenfalls abgeschrieben werden, mindern dann aber das *ordinary income*. Dies setzt voraus, daß mehr als 90 % des Bruttoumsatzes der Kapitalgesellschaft aus anderen Quellen als Lizenzen, Mieten und Pachten, Dividenden, Zinsen oder Veräußerungen von Wertpapieren erwirtschaftet werden.[1360]

3352. Vergleich mit der bilanzsteuerrechtlichen Bewertung von Wertpapieren und Beteiligungen in Deutschland

In der grundsätzlichen Bewertung von Wertpapieren und Beteiligungen zu Anschaffungskosten stimmen das deutsche und das US-amerikanische Bilanzsteuerrecht überein.[1361]

[1355] Vgl. Sec. 1256(a) und (b) IRC. Siehe auch *Small, D. G.*, 1995, S. 204; *McDaniel, P. R. u. a.*, 1999, S. 212; *Graetz, M. J./Schenk, D. H.*, 1999, S. 391; *Levy, D. F.*, 1997, S. 489; *Ordower, H.*, 1993, S. 5 f. Die Verfassungsmäßigkeit von Sec. 1256 IRC wurde in Murphy v. United States, 992 F. 2d 929 (9th Cir., 1993) gerichtlich bestätigt.

[1356] Vgl. Sec. 1256(a)(3) IRC. Siehe auch *Small, D. G.*, 1995, S. 204; *Levy, D. F.*, 1997, S. 489; *Olander, C. D./Spell, C. L.*, 1986, S. 46; *Gergen, M. P.*, 1994, S. 210. Zu den Konsequenzen der Klassifizierung als short-term oder long-term capital gain or loss vgl. GP 3151.

[1357] Vgl. Sec. 165(g) IRC. Eine bloße Wertminderung ist nicht hinreichend. Vgl. Reg. § 1.165-4(a). Vgl. auch *Willis, E. u. a.*, 1999, S. 6-7; *Small, D. G.*, 1995, S. 204; *Bittker, B. I./Lokken, L.*, 1999a, S. 25-36; *McDaniel, P. R. u. a.*, 1999, S. 486. Der Begriff Wertpapier i. S. v. Sec. 165(g) IRC umfaßt Anteile an Kapitalgesellschaften, Optionsrechte auf solche Anteile, Bonds und Schuldverschreibungen von Kapitalgesellschaften oder der Regierung. Vgl. Sec. 165(g)(2) IRC; Reg. § 1.165-5(a). Siehe auch GP 32212.

[1358] Vgl. Sec. 1211 IRC. Siehe auch *Bittker, B. I./Lokken, L.*, 1999a, S. 25-36; *Small, D. G.*, 1995, S. 204; *Willis, E. u. a.*, 1999, S. 6-7; *CCH*, 1998a, S. 466.

[1359] Vgl. Sec. 165(g)(1) IRC. Auf diese Weise können Verluste, die eigentlich short-term capital losses sind, als long-term capital losses behandelt werden. Vgl. *Willis, E. u. a.*, 1999, S. 6-7.

[1360] Vgl. Sec. 165(g)(3) IRC. Siehe auch *Willis, E. u. a.*, 1999, S. 17-18; *Small, D. G.*, 1995, S. 204.

[1361] Vgl. *Horschitz, H./Groß, W./Weidner, W.*, 1997, S. 425, 433; *Meyer, C.*, 1998, S. 137; *Federmann, R.*, 1994, S. 358 f.

Während jedoch in den USA die Wertpapiere im Umlaufvermögen von *dealers in securities* sowie *section 1256 contracts* mit dem *fair market value* bewertet werden, was bei Wertsteigerungen zum Ausweis unrealisierter Gewinne führt, bilden in Deutschland stets die Anschaffungskosten die Wertobergrenze.[1362] Voraussichtlich dauernde Wertminderungen können in Deutschland durch den Ansatz des niedrigeren Teilwerts berücksichtigt werden.[1363] Im Unterschied dazu trägt das US-amerikanische Bilanzsteuerrecht Wertminderungen durch den Ansatz des niedrigeren *fair market value* Rechnung. Sind die Voraussetzungen für eine *mark-to-market*-Bewertung nicht erfüllt, kann indes nur die vollständige Wertlosigkeit der Wertpapiere oder Beteiligungen steuerlich berücksichtigt werden.

336. Eigen- und Fremdkapital

3361. Unterscheidung zwischen Eigen- und Fremdkapital

Die Unterscheidung von Eigenkapital (*equity*) und Fremdkapital (*debt*) ist im GuV-orientierten Bilanzsteuerrecht der USA im Hinblick auf die steuerliche Behandlung der jeweiligen Kapitalvergütung insbesondere im Fall von Gesellschafterdarlehen von entscheidender Bedeutung. Denn während Fremdkapitalzinsen als Betriebsausgaben abzugsfähig sind, können Dividendenzahlungen nicht gewinnmindernd berücksichtigt werden. Zudem besteht in den USA eine klassische Doppelbelastung ausgeschütteter Dividenden auf Gesellschafts- und Gesellschafterebene, was die Eigenkapitalfinanzierung zusätzlich verteuert.[1364]

Für die steuerrechtliche Differenzierung von Eigen- und Fremdkapital ist Sec. 385 IRC einschlägig, welche die Finanzverwaltung ermächtigt, diesbezügliche *Regulations* zu erlassen.[1365] Während nach der ursprünglichen Fassung von Sec. 385 IRC nur der gesamte Darlehensbetrag dem Eigen- oder Fremdkapital zugeordnet werden konnte, ist seit 1989 auch eine teilweise Klassifizierung möglich.[1366] Die *Regulations* können dabei insbesondere auf folgende Kriterien abstellen, die als gleichrangig und nicht abschließend zu verstehen sind:[1367]

1362 Vgl. auch *Pellens, B.*, 1999, S. 182.

1363 Vgl. § 6 Abs. 1 Nr. 1 und 2 EStG.

1364 Vgl. *Flick, H. F. W.*, 1999, S. 336; *Graetz, M. J./Schenk, D. H.*, 1999, S. 365; *Ullmann-Czubak, H.*, 1981, S. 165; *Haueisen, B.*, 1990, S. 188; *Kroschel, J.*, 2000a, S. 333. Für die Abschaffung der Doppelbelastung und den Übergang zu einem Anrechnungsverfahren plädiert *McNulty, J. K.*, 1989, S. 137. Siehe auch *Schwidetzky, W. D.*, 2000, S. 217 ff. zu einem Vergleich der deutschen und US-amerikanischen Körperschaftsbesteuerung aus der amerikanischen Perspektive.

1365 Vgl. Sec. 385(a) IRC. Siehe auch *Willis, E. u. a.*, 1999, S. 17-16; *Graetz, M. J./Schenk, D. H.*, 1999, S. 365; *Merkt, H.*, 1995, S. 95; *Ullmann-Czubak, H.*, 1980, S. 341; *Kroschel, J.*, 2000a, S. 335.

1366 Vgl. Sec. 385(a) IRC; *Willis, E. u. a.*, 1999, S. 17-17; *Blumenberg, J.*, 1997, S. 231.

1367 Vgl. Sec. 385(b) IRC: „The factors so set forth in the regulations may include among other factors". Siehe auch *Merkt, H.*, 1995, S. 95; *Blumenberg, J.*, 1997, S. 231 f.; *Graetz, M. J./Schenk, D. H.*, 1999, S. 365; *Amico, J. C.*, 1993, S. 108; *Haueisen, B.*, 1990, S. 188.

- Die Existenz einer schriftlichen unbedingten Versicherung, auf Anforderung oder zu einem festgelegten Zeitpunkt das Darlehen zu tilgen sowie einen festen Zinssatz zu zahlen,
- die Vor- oder Nachrangigkeit der Darlehensverpflichtung gegenüber anderen Verbindlichkeiten der Gesellschaft,
- das Verhältnis von Fremdkapital zu Eigenkapital (*debt-equity ratio*),
- eine mögliche Wandelbarkeit des Darlehens in Aktien (Wandelschuldverschreibung) und
- die Gewährung von Darlehen entsprechend dem Beteiligungsverhältnis.

Basierend auf dieser Ermächtigung hat die Finanzverwaltung 1980 umfangreiche *Proposed Regulations* vorgestellt, die jedoch wegen der teilweise heftigen Kritik nie in Kraft getreten sind.[1368] Da bis heute noch keine *Final Regulations* zu Sec. 385 IRC vorliegen, ist bei der steuerrechtlichen Abgrenzung von Eigen- und Fremdkapital auf die einschlägige Rechtsprechung sowie auf Einzelfallentscheidungen des IRS zurückzugreifen.[1369] Daraus lassen sich in Verbindung mit den Vorgaben von Sec. 385(b) IRC folgende wesentliche Kriterien für die Differenzierung von Eigen- und Fremdkapital ableiten:[1370]

- Die Existenz eines schriftlichen Darlehensvertrags,[1371]
- die Vereinbarung eines festen Fälligkeitsdatums und angemessenen Zinses,[1372]
- die Vereinbarung fester Tilgungsraten, die von der geschäftlichen Entwicklung des Darlehensnehmers unabhängig sind,[1373]

1368 Vgl. *Merkt, H.*, 1995, S. 95, der dennoch eine indirekte Richtlinienfunktion dieser Proposed Regulations bis zum Erlaß endgültiger Regulations sieht; ebenso *Blumenberg, J.*, 1997, S. 232 f. Siehe auch *Graetz, M. J./Schenk, D. H.*, 1999, S. 365; *Hariton, D. P.*, 1994, S. 1022 f.; *Haueisen, B.*, 1990, S. 188. Die zurückgezogenen Regulations basierten auf den Prinzipien des Fremdvergleichs und der wirtschaftlichen Betrachtungsweise und enthielten einige safe harbor rules, die die pauschale Einordnung als Fremdkapital ermöglichten. Vgl. ausführlich zu diesen Richtlinien und ihrer Evolution *Boyles, J. V.*, 1981, S. 267 ff.; *Blumenberg, J.*, 1997, S. 233 ff.; *Ullmann-Czubak, H.*, 1980, S. 341 ff.; *Ullmann-Czubak, H.*, 1981, S. 165 ff.; *Ullmann-Czubak, H.*, 1982, S. 184 ff.; *Zschiegner, H.*, 1981, S. 805 ff.

1369 So auch *Willis, E. u. a.*, 1999, S. 17-16; *Merkt, H.*, 1995, S. 95; *Graetz, M. J./Schenk, D. H.*, 1999, S. 365; *Hariton, D. P.*, 1994, S. 1023. Vgl. dazu insbesondere Notice 94-47, 1994-1 C. B. 357 sowie Letter Rul. 8523009 mit einer Zusammenfassung der bis dahin einschlägigen Rechtsprechung. Zwar wurde 1992 Sec. 385(c) IRC erlassen, welche die Klassifizierung von Eigen- und Fremdkapital an die steuerliche Behandlung durch den Emittenten bindet. Jedoch sollte die exakte Ausgestaltung dieser Bindung ebenfalls durch Regulations konkretisiert werden, die bis heute nicht vorliegen, was die Vorschrift weitgehend unanwendbar macht. Vgl. *Flick, H. F. W.*, 1999, S. 336.

1370 Vgl. *Willis, E. u. a.*, 1999, S. 17-16 f.; *Merkt, H.*, 1995, S. 95 f.; *Zschiegner, H.*, 1981, S. 805; *Hariton, D. P.*, 1994, S. 1021 ff.; *Haueisen, B.*, 1990, S. 189; *Kroschel, J.*, 2000a, S. 335 ff. sowie Notice 94-47, 1994-1 C. B. 357, die teilweise noch weitere Kriterien anführen. *Flick, H. F. W.*, 1999, S. 336 spricht von insgesamt „um die zwanzig Kriterien". Die nachfolgende Aufzählung soll lediglich die wichtigsten Aspekte wiedergeben.

1371 Vgl. Estate of Mixon v. United States, 464 F. 2d 402 (5th Cir., 1972); Slappey Drive Industrial Park v. United States, 561 F. 2d 582 (5th Cir., 1977).

1372 Vgl. Estate of Mixon v. United States, 464 F. 2d 402 (5th Cir., 1972); Slappey Drive Industrial Park v. United States, 561 F. 2d 582 (5th Cir., 1977). In Motel Corp. v. Commissioner, 54 T. C. 1433 (1970) wurde ein Gesellschafterdarlehen, welches bei einem Marktzins von 13 bis 14 v. H. eine Verzinsung von lediglich 5,5 v. H. vorsah, als Eigenkapital eingestuft.

1373 Vgl. Gooding Amusement Co. v. Commissioner, 236 F. 2d 159 (6th Cir., 1956).

- die Vor- oder Nachrangigkeit der Darlehensverpflichtung gegenüber anderen Verbindlichkeiten der Gesellschaft,[1374]
- die Möglichkeiten und Konditionen der Refinanzierung der Gesellschaft am Markt,[1375]
- der Grad der Einflußnahme des Darlehensgebers auf die Geschäftsführung der Gesellschaft,[1376]
- die Gewährung von Darlehen entsprechend dem Beteiligungsverhältnis,[1377]
- der Verwendungsgrad der Darlehensmittel zur Finanzierung von Anlagevermögen,[1378]
- die Relation von Eigen- und Fremdkapital im Verhältnis zu Art und Umfang des Geschäftsbetriebs. Dabei sollte die *outside debt-equity ratio*, welche sämtliche betrieblichen Schulden ins Verhältnis zum Eigenkapital setzt, ein Verhältnis von 10:1 nicht übersteigen. Die *inside debt-equity ratio*, die die Relation von betrieblichen Schulden gegenüber Gesellschaftern und Eigenkapital mißt, sollte sich unterhalb eines Verhältnisses von 3:1 bewegen.[1379] Wenn die *debt-equity ratios* die genannten Grenzwerte überschreiten, ist davon auszugehen, daß die Gesellschaft nicht über genügend Eigenkapital verfügt, um die Fremdkapitalzinsen und Tilgungen zu leisten. Dies spricht im Zweifel für eine Klassifizierung als Eigenkapital[1380].

Die genannten Kriterien sind ausschließlich kumulativ zu betrachten. Die Differenzierung von Eigen- und Fremdkapital kann letztlich nur im Einzelfall auf Basis sämtlicher relevanter Abgrenzungskriterien vorgenommen werden.[1381]

1374 Vgl. Fin Hay Realty Co. v. United States, 398 F. 2d 694 (3d Cir., 1968); Estate of Mixon v. United States, 464 F. 2d 402 (5th Cir., 1972); Slappey Drive Industrial Park v. United States, 561 F. 2d 582 (5th Cir., 1977); Sarkes Tarzian Inc. v. United States, 240 F. 2d 467 (7th Cir., 1957).

1375 Vgl. Estate of Mixon v. United States, 464 F. 2d 402 (5th Cir., 1972); Slappey Drive Industrial Park v. United States, 561 F. 2d 582 (5th Cir., 1977).

1376 Vgl. Estate of Mixon v. United States, 464 F. 2d 402 (5th Cir., 1972); Slappey Drive Industrial Park v. United States, 561 F. 2d 582 (5th Cir., 1977).

1377 Hier ist insbesondere dann von Eigenkapital auszugehen, wenn das gewährte Fremdkapital im Verhältnis den Anteilen des Gesellschafters an der Gesellschaft exakt entspricht. Es wird angenommen, daß Gesellschafter eher als Dritte bereit sind, das Darlehen bei wirtschaftlichen Schwierigkeiten zu stunden oder zu erlassen. Vgl. Gilbert v. Commissioner, 248 F. 2d 399 (2d Cir., 1957); Gooding Amusement Co. v. Commissioner, 236 F. 2d 159 (6th Cir., 1956).

1378 Vgl. Estate of Mixon v. United States, 464 F. 2d 402 (5th Cir., 1972); Slappey Drive Industrial Park v. United States, 561 F. 2d 582 (5th Cir., 1977).

1379 Die Relationen sind den Proposed Regulations zu Sec. 385 IRC entnommen und lediglich als Anhaltspunkt zu verstehen. Vgl. *Boyles, J. V.*, 1981, S. 276; *Bloom, G. D./Bush, J. N.*, 1981, S. 278; *Blumenberg, J.*, 1997, S. 237; *Ullmann-Czubak, H.*, 1981, S. 166; *Small, D. G.*, 1995, S. 206. Vgl. auch Estate of Mixon v. United States, 464 F. 2d 402 (5th Cir., 1972); Slappey Drive Industrial Park v. United States, 561 F. 2d 582 (5th Cir., 1977). So entschied der Court of Appeals in Tomlinson v. The 1661 Corp., 377 F. 2d 299 (5th Cir., 1967), daß eine outside debt-equity ratio von 14,6:1 der Klassifizierung eines Darlehens als Fremdkapital nicht entgegensteht.

1380 Vgl. *Willis, E. u. a.*, 1999, S. 17-17; *Kroschel, J.*, 2000a, S. 336.

1381 So auch *Blumenberg, J.*, 1997, S. 232; *Merkt, H.*, 1995, S. 96; *Kroschel, J.*, 2000a, S. 336; *Zschiegner, H.*, 1981, S. 805 sowie *Hariton, D. P.*, 1994, S. 1038: „There is no sine qua non of equity or debt." Ebenso der Supreme Court in John Kelly Co. v. Commissioner, 326 U. S. 530 (1946): „There is no one characteristic, not even exclusion from management, which can be said to be decisive in the determination of whether the obligations are risk investments in the corporations or debts." Siehe auch Notice 94-47, 1994-1 C. B. 357.

3362. Vergleich mit den korrespondierenden Vorschriften des deutschen Bilanzsteuerrechts

Das deutsche Bilanzsteuerrecht enthält keine mit Sec. 385 IRC vergleichbare Vorschrift zur Differenzierung von Eigen- und Fremdkapital. Der primäre Regelungszweck von Sec. 385 IRC, die Gesellschafter-Fremdfinanzierung, wird in Deutschland von § 8a KStG erfaßt, dessen Ansatz sich fundamental von dem US-amerikanischen unterscheidet. Denn anstelle einer Unterscheidung in Eigen- und Fremdkapital nimmt § 8a KStG unter bestimmten Voraussetzungen eine Umqualifizierung der Fremdkapitalvergütung in eine verdeckte Gewinnausschüttung vor.[1382] Dazu muß der Anteilseigner zu einem Zeitpunkt im Wirtschaftsjahr wesentlich an der Gesellschaft beteiligt gewesen sein.[1383] Zudem darf die Vergütung nicht als Bruchteil des Kapitals vereinbart worden sein[1384], oder falls eine solche Vereinbarung vorliegt, muß das Fremdkapital das Eineinhalbfache des anteiligen Eigenkapitals des Anteilseigners[1385] zu einem Zeitpunkt im Wirtschaftsjahr übersteigen[1386]. Die Umqualifizierung in eine verdeckte Gewinnausschüttung erfolgt jedoch nicht, wenn die Vergütung beim Anteilseigner im Inland steuerlich erfaßt wird.[1387]

Als Konsequenz der Qualifizierung als verdeckte Gewinnausschüttung kann die Gesellschaft die Vergütungen an den Anteilseigner nicht einkommensmindernd geltend machen.[1388] Darüber hinaus sind die entsprechenden Zahlungen nach dem neuen Halbeinkünfteverfahren auf der Ebene der Kapitalgesellschaft mit 25 v. H. definitiv belastet und vom Anteilseigner, sofern dieser eine natürliche Person ist, zur Hälfte mit seinem individuellen Einkommensteuersatz zu versteuern.[1389]

[1382] Vgl. § 8a Abs. 1 Satz 1 KStG i. d. F. des Steuersenkungsgesetzes. Ausführlich zu § 8a KStG i. d. F. de Standortsicherungsgesetzes v. 13.09.1993, in: BGBl. I 1993, S. 1569, *Herzig, N.*, 1994, S. 110 ff., 168 ff. *Bossert, R.*, 1997, S. 300 ff.; *Arndt, H.-W./Piltz, D. J.*, 1996, S. 229 ff.; *Scheffler, W.*, 1998, S. 157 ff.

[1383] Vgl. § 8a Abs. 1 Satz 1 KStG. Eine wesentliche Beteiligung liegt vor, wenn der Anteilseigner mehr als ei Viertel des Grund- oder Stammkapitals der Gesellschaft mittelbar oder unmittelbar hält oder er einen be herrschenden Einfluß auf die Gesellschaft ausübt. Vgl. § 8a Abs. 3 KStG.

[1384] Vgl. § 8a Abs. 1 Satz 1 Nr. 1 KStG.

[1385] Bei Beteiligungsgesellschaften muß das Dreifache des anteiligen Eigenkapitals überschritten werden. Vg § 8a Abs. 4 KStG. Dieses Verhältnis entspricht dann genau der in den Proposed Regulations zu Sec. 38 IRC festgelegten inside debt-equity ratio.

[1386] Vgl. § 8a Abs. 1 Satz 1 Nr. 2 KStG.

[1387] Vgl. § 8a Abs. 1 Satz 2 KStG.

[1388] Vgl. § 8 Abs. 3 Satz 2 KStG.

[1389] Vgl. § 23 Abs. 1 KStG und § 3 Nr. 40 EStG. Siehe z. B. *Krawitz, N.*, 2000, S. 1721 f.; *Crezelius, G.*, 200 S. 221 f.

337. Rückstellungen

3371. Möglichkeiten der Rückstellungsbildung

Rückstellungen (*reserves*) werden für am Abschlußstichtag dem Grunde und/oder der Höhe nach ungewisse, aber mit einiger Wahrscheinlichkeit bestehende zukünftig zu erwartende Vermögensminderungen gebildet, die ihren wirtschaftlichen Grund in der abgelaufenen Rechnungsperiode haben.[1390] Wie bereits mehrfach ausgeführt, gestattet das US-amerikanische Bilanzsteuerrecht die gewinnmindernde Berücksichtigung von Aufwendungen jedoch erst, wenn alle Ereignisse, die die zugrundeliegende Verbindlichkeit entstehen lassen, eingetreten sind, ihre Höhe mit angemessener Genauigkeit bestimmt werden kann (*all events test*) und die zugrundeliegende Leistung wirtschaftlich erbracht wurde (*economic performance*).[1391]

Das zentrale Wesensmerkmal von Rückstellungen, die fehlende Realisation der Vermögensminderung, läßt sich kaum mit den im *all events test* und dem hier besonders relevanten *economic performance*-Kriterium konkretisierten Ansatzvoraussetzungen des US-amerikanischen Bilanzsteuerrechts vereinbaren. Gewinnmindernde Rückstellungen für noch nicht realisierten Aufwand widersprechen den Anforderungen der *economic performance* und können somit im Gegensatz zum *financial accounting* in den USA steuerlich grundsätzlich nicht angesetzt werden.[1392]

Die Bildung von Pensionsrückstellungen ist zudem nicht realisierbar, weil der Zeitpunkt der gewinnmindernden Berücksichtigung der Zuführungen zu Pensionsrückstellungen beim Arbeitgeber dem Zeitpunkt der steuerlichen Erfassung beim Arbeitnehmer entsprechen muß.[1393] Da der Arbeitnehmer regelmäßig seine Einkünfte nach der *cash method* ermitteln wird, ist eine gewinnmindernde Erfassung erst im Zeitpunkt des Zuflusses beim Arbeitnehmer

---

1390 Vgl. *Bitz, M./Schneeloch, D./Wittstock, W.*, 2000, S. 130.

1391 Vgl. Reg. § 1.461-1(a)(2)(i) sowie eingehend GP 321221.

1392 So auch *Willis, E. u. a.*, 1999, S. 5-11, 15-15; *CCH*, 1998b, S. 68; *Small, D. G.*, 1995, S. 206; *CCH*, 1998a, S. 419; *Jensen, E. M.*, 1988, S. 269 f. m. w. N.; *Haueisen, B.*, 1990, S. 187; *Kahle, H.*, 1996, S. 105; *Müssener, I.*, 1997, Rn. 82; Rev. Rul. 80-182, 1980-2 C. B. 167. Vgl. auch Lucas v. American Code Company, Inc., 280 U. S. 452 (1930): „The prudent business man often sets up reserves to cover contingent liabilities. But they are not allowable as deductions." Sebring v. Commissioner, 93 T. C. 225 (1989): „Indeed, the case law has long followed the principle that a contribution to a reserve for future liabilities is not deductible; only actual payment out of the reserve to satisfy a definite liability can give rise to a deductible expense." Die Entwicklung der Rechtsprechung zu steuerlichen Rückstellungen beschreiben *McDaniel, P. R. u. a.*, 1999, S. 1031 f. und *Malman, L. L.*, 1981, S. 143 ff.

1393 Vgl. Sec. 83(h) IRC; Sec. 404(a)(5) und (b)(1) IRC. Vgl. auch Rev. Rul. 60-31, 1960-1 C. B. 174 geändert durch Rev. Rul. 64-279, 1964-2 C. B. 121.

möglich.[1394] Die Bildung von Rückstellungen für drohende Verluste aus schwebenden Geschäften wird aufgrund der fehlenden Realisation des Verlusts[1395] ebenso durch das *economic performance*-Kriterium verhindert wie der gewinnmindernde Ansatz von Rückstellungen für Garantieleistungen oder Gewährleistungen, die erst bei tatsächlicher Inanspruchnahme berücksichtigt werden können[1396]. Auch Rückstellungen für Schadensersatzverpflichtungen, Prozeßrisiken[1397] oder Ansprüche aus der Verletzung fremder Patente[1398] scheitern an der *economic performance* und sind erst im Zeitpunkt des Entstehens der tatsächlichen Zahlungsverpflichtung, beispielsweise durch ein rechtskräftiges Urteil, berücksichtigungsfähig.[1399] Diese Beispiele ließen sich beliebig fortsetzen.[1400]

Der grundsätzliche Ausschluß der Rückstellungsbildung kann indes durch explizite gesetzliche Vorschriften wieder aufgehoben werden.[1401] Für diese Vorschriften ist ein genereller Verzicht auf das *economic performance*-Kriterium, welches ansonsten der Rückstellungsbildung im Wege stehen würde, vorgesehen.[1402] So kann eine Rückstellung für noch ausstehende Urlaubsgeldansprüche des abgelaufenen Wirtschaftsjahres gebildet werden, sofern die Zahlung an die Arbeitnehmer innerhalb der ersten zweieinhalb Monate des darauffolgenden Wirtschaftsjahres erfolgt. Spätere Zahlungen können erst im Wirtschaftsjahr der tatsächlichen Auszahlung angesetzt werden.[1403]

1394 Vgl. *Kahle, H.*, 1996, S. 105; *Small, D. G.*, 1995, S. 206; *Schreiber, U.*, 2000, S. 80. Möglich ist hingegen gem. Sec. 404 IRC der gewinnmindernde Abzug jährlicher Zuführungen zu Pensionsfonds, die das verbreitetste Instrument der Altersvorsorge in den USA darstellen, bereits im Zeitpunkt der Einzahlung. Dazu muß der Pensionsfonds die Voraussetzungen eines qualified pension plan gem. Sec. 401 ff. IRC erfüllen. Vgl. dazu *Doetsch, P. A.*, 1988, S. 614 ff. Siehe auch *Haueisen, B.*, 1990, S. 187; *Kroschel, J.*, 2000a, S. 149 ff.; *Jacobs, O. H.*, 1991, S. 259.

1395 Vgl. Reg. § 1.165-1(d).

1396 Vgl. auch Reg. § 1.461-4(d)(7) Ex. 2; Webb Construction Co. v. Commissioner, 43 T. C. M. 241 (1981); Diversified Auto Services, Inc. v. Commissioner, 43 T. C. M. 701 (1982).

1397 Vgl. Reg. § 1.165-1(b).

1398 Vgl. Reg. § 1.461-1(a)(3)(ii).

1399 Vgl. zu diesen Beispielen auch *CCH*, 1998a, S. 419; *CCH*, 1998b, S. 68; *Kahle, H.*, 1996, S. 105; *Haueisen, B.*, 1990, S. 187; *Schreiber, U.*, 2000, S. 80 f.; *Kraft, C.*, 1991, S. 172; *Smith, J. K.*, 1991, S. 44.

1400 Vgl. z. B. Old Colony Trust Associates v. Hassett, 55 F. Supp. 629 (D. Ma., 1944) zu Rückstellungen für Jahresabschlußkosten; United States v. General Dynamics Corp., 481 U. S. 239 (1987) und Rev. Rul. 79-338, 1979-2 C. B. 212 zu Rückstellungen für freiwillige Sozialleistungen an Arbeitnehmer.

1401 Zu Sondervorschriften für Versicherungsunternehmen, auf die hier nicht näher eingegangen werden soll, vgl. *Kovey, M. H./Winslow, P. H./Hooe, S. D.*, 1985, S. 292 ff.; *Jensen, E. M.*, 1988, S. 270 ff.

1402 Vgl. Sec. 461(h)(5) IRC. Siehe auch *CCH*, 1998a, S. 419; *Jensen, E. M.*, 1988, S. 270.

1403 Vgl. Sec. 404(a)(5) IRC; Temp. Reg. § 1.404(b)-1T Q&A-1 und Q&A-2(b). Siehe auch *CCH*, 1998a, S. 419 f.; *CCH*, 1998b, S. 68; *Small, D. G.*, 1995, S. 206; *Haueisen, B.*, 1990, S. 188; *Schreiber, U.*, 2000, S. 80.

3372. Vergleich mit der steuerlichen Rückstellungsbilanzierung in Deutschland

In der steuerlichen Bilanzierung von Rückstellungen zeigen sich gravierende Unterschiede zwischen den beiden Vergleichsländern. Während die Rückstellungsbildung im US-amerikanischen Bilanzsteuerrecht nahezu völlig ausgeschlossen ist, können in der Bundesrepublik Rückstellungen für ungewisse Verbindlichkeiten und Aufwandsrückstellungen gewinnmindernd angesetzt werden.[1404] Seit dem Gesetz zur Fortsetzung der Unternehmenssteuerreform dürfen jedoch keine Rückstellungen für drohende Verluste aus schwebenden Geschäften[1405] und seit dem Steuerentlastungsgesetz 1999/2000/2002 auch keine Rückstellungen für Anschaffungs- oder Herstellungskosten oder für die Wiederaufbereitung abgebrannter Kernbrennstoffe mehr gebildet werden[1406].[1407] Damit hat das deutsche Bilanzsteuerrecht eine spürbare Annäherung an das US-amerikanische Recht vollzogen.

Die in der deutschen Handelsbilanz passivierungspflichtigen Rückstellungen sind in § 249 Abs. 1 HGB abschließend benannt und wegen des Maßgeblichkeitsgrundsatzes auch steuerlich zu beachten.[1408] Handelsrechtliche Passivierungswahlrechte für Rückstellungen[1409] führen indes zu steuerlichen Passivierungsverboten.[1410] Rückstellungen für ungewisse Verbindlichkeiten dürfen im deutschen Bilanzsteuerrecht gebildet werden, wenn die hinreichend konkretisierte Verbindlichkeit vor dem Bilanzstichtag wirtschaftlich verursacht wurde und die Inanspruchnahme aus der Verbindlichkeit hinreichend wahrscheinlich ist.[1411] Die steuerlich zulässigen Aufwandsrückstellungen beschränken sich auf die in § 249 Abs. 1 HGB genannten Rückstellungsarten.[1412] Seit dem Steuerentlastungsgesetz 1999/2000/2002 sind Rückstellun-

---

1404 Vgl. *Weber-Grellet, H.*, 2000a, § 5, Rz. 351.

1405 Vgl. § 5 Abs. 4a EStG. Kritisch dazu *Grefe, C.*, 1997, S. 2635 ff.; *Bordewin, A.*, 1998, S. 226 ff.; *Scheffler, W.*, 2000, S. 493 f.

1406 Vgl. § 5 Abs. 4b EStG. Siehe auch *Günkel, M./Fenzl, B.*, 1999, S. 650 f.; *Weber-Grellet, H.*, 2000c, S. 165 sowie die Zusammenstellung bei *Happe, R.*, 2001, S. 111 ff. Kritisch aus der Sichtweise des Leistungsfähigkeitsprinzips *Küting, K./Kessler, H.*, 1998a, S. 1941 f.; ähnlich *Scheffler, W.*, 2000, S. 494.

1407 Vgl. zur Einschränkung der Rückstellungsbildung im deutschen Bilanzsteuerrecht die Diskussion von *Küting, K./Kessler, H.*, 2000, S. 21 ff. und *Siegel, T.*, 2000, S. 29 ff. Generell kritisch zur Rückstellungsbildung in der Steuerbilanz äußert sich *Doralt, W.*, 1998, S. 1357 f.

1408 Dies gilt jedoch nicht für die steuerrechtlich ausdrücklich untersagten Rückstellungsarten. Vgl. *Weber-Grellet, H.*, 2000a, § 5, Rz. 353; *Wöhe, G.*, 1997, S. 531 f.

1409 Vgl. § 249 Abs. 2 HGB.

1410 Vgl. BFH v. 03.02.1969, in: BStBl. II 1969, S. 293; *Coenenberg, A. G.*, 2000, S. 347.

1411 Vgl. *Weber-Grellet, H.*, 2000a, § 5, Rz. 361 ff.; *Coenenberg, A. G.*, 2000, S. 347.

1412 Vgl. *Weber-Grellet, H.*, 2000a, § 5, Rz. 474. Einen Überblick über die einzelnen Rückstellungsarten geben z. B. *Coenenberg, A. G.*, 2000, S. 349 ff.; *Wöhe, G.*, 1997, S. 532 ff.; *Biergans, E.*, 1992, S. 308 ff. Siehe auch § 5 Abs. 3 und 4 EStG.

gen für Geld- oder Sachleistungsverpflichtungen mit einer Laufzeit von über einem Jahr mit 5,5 v. H. abzuzinsen.[1413]

338. Rechnungsabgrenzungsposten

3381. Rechnungsabgrenzung im US-amerikanischen Bilanzsteuerrecht

Um im Fall von Aufwendungen oder Erträgen, die in einem von ihrem Entstehungszeitpunkt abweichenden Wirtschaftsjahr zahlungswirksam werden, eine periodengerechte Gewinnermittlung sicherzustellen, greift das US-amerikanische Bilanzsteuerrecht wiederum auf die allgemeinen Realisationsgrundsätze zurück.

Erträge sind nach dem *all events test* gewinnerhöhend anzusetzen, sobald die zugrundeliegende Forderung entstanden ist. Vereinbaren die Vertragsparteien, daß der Gläubiger die Leistung bereits vor Erbringung der Gegenleistung verlangen kann, wird die Forderungsentstehung vorverlegt und der Ansatz des Ertrags erfolgt bereits im vereinbarten Zahlungszeitpunkt.[1414] Vorvereinnahmte Erträge sind demnach grundsätzlich bereits im Zeitpunkt ihres Zuflusses gewinnerhöhend anzusetzen.[1415] Als Ausnahme von diesem Grundsatz können Vorauszahlungen für zu liefernde Güter[1416] oder im folgenden Wirtschaftsjahr zu erbringende Dienstleistungen[1417] wahlweise auch erst im Zeitpunkt der Erbringung der Gegenleistung erfolgswirksam erfaßt werden.[1418] Auch im Fall von Erträgen, die erst im folgenden Wirtschaftsjahr zahlungswirksam werden, regelt der *all events test* den Realisationszeitpunkt. Dieser liegt im Zeitpunkt der Erbringung der Gegenleistung, da hier bereits die zugrundeliegende Forderung entstanden ist, auch wenn die Zahlung erst später erfolgt.[1419]

Die gewinnmindernde Erfassung von Aufwendungen richtet sich zunächst ebenfalls nach den Vorgaben des *all events test* und damit nach dem Zeitpunkt der Entstehung der zugrundeliegenden Verbindlichkeit. Auch hier kann zwischen den Vertragsparteien vereinbart werden, daß der Schuldner die Leistung bereits vor Erhalt der Gegenleistung zu erbringen hat, was die

---

[1413] Vgl. § 6 Abs. 1 Nr. 3a Buchst. e EStG. Siehe auch *Breithecker, V./Klapdor, R./Zisowski, U.*, 1999, S. 44; *Günkel, M./Fenzl, B.*, 1999, S. 656; *Scheffler, W.*, 2000, S. 544 f.; *Happe, R.*, 2001, S. 114 ff. sowie ausführlich *Rogall, M./Spengel, C.*, 2000, S. 1234 ff. *Küting, K./Kessler, H.*, 1998a, S. 1943 sehen hier einen Verstoß gegen das Realisationsprinzip.

[1414] Vgl. Reg. § 1.451-1(a) sowie ausführlich GP 321211. Siehe auch *Kroschel, J.*, 2000a, S. 74.

[1415] Als Zuflußzeitpunkt ist prinzipiell vom vereinbarten, nicht vom tatsächlichen Zahlungszeitpunkt auszugehen. Vgl. auch *Kroschel, J.*, 2000a, S. 74.

[1416] Vgl. Reg. § 1.451-5.

[1417] Vgl. Rev. Proc. 71-21, 1971-2 C. B. 549.

[1418] Vgl. dazu ausführlich GP 3212121.

[1419] Vgl. auch *Kroschel, J.*, 2000a, S. 75. Vgl. eingehend zum Zeitpunkt der Forderungsentstehung nach allgemeinen Grundsätzen sowie in bedeutenden Sonderfällen GP 32121.

Entstehung der Verbindlichkeit und die damit korrespondierende gewinnmindernde Erfassung der Aufwendung entsprechend auf den Zahlungszeitpunkt vorverlegt.[1420] Vorverausgabter Aufwand, der nicht als *capital expenditure* einen aktivierungspflichtigen Rechnungsabgrenzungsposten darstellt, wäre danach im Zahlungszeitpunkt gewinnmindernd zu erfassen, da hier bereits die zugrundeliegende Verbindlichkeit entstanden ist. Allerdings wird der *all events test* auf der Aufwandsseite durch das Kriterium der *economic performance* ergänzt, welches die gewinnmindernde Erfassung von Aufwendungen vor dem Erhalt der Gegenleistung grundsätzlich ausschließt.[1421] Im Ergebnis ist somit die gewinnmindernde Erfassung von nicht aktivierungspflichtigem vorverausgabtem Aufwand erst im Zeitpunkt der Erbringung der Gegenleistung möglich.[1422] Vorverausgabter Aufwand stellt eine aktivierungspflichtige *capital expenditure* in Form eines Rechnungsabgrenzungspostens (*deferred expense*) dar, wenn damit künftige Nutzungen oder Gebrauchsüberlassungen von Wirtschaftsgütern für einen Zeitraum von mehr als 12 Monaten nach dem Zahlungszeitpunkt abgegolten werden.[1423] Aufwendungen, die erst im folgenden Wirtschaftsjahr zu Ausgaben führen, sind bereits im Zeitpunkt des Erhalts der Gegenleistung gewinnmindernd zu berücksichtigen, weil die zugrundeliegende Verbindlichkeit bereits zu diesem Zeitpunkt entstanden ist.[1424]

3382. Vergleich mit der steuerlichen Rechnungsabgrenzung in Deutschland

Das deutsche Bilanzsteuerrecht ist wie das US-amerikanische der periodengerechten Gewinnermittlung verpflichtet. Aus diesem Grund führen die jeweiligen Maßnahmen zur Rechnungsabgrenzung in weiten Bereichen zu vergleichbaren Ergebnissen. Lediglich im Fall vorvereinnahmter Erträge liegen konträre Resultate vor. Denn in den USA wird regelmäßig bereits der Zahlungszufluß gewinnerhöhend berücksichtigt, während in Deutschland die Erfolgswirksamkeit von Einnahmen vor dem Abschlußstichtag, soweit sie Ertrag für eine bestimmte Zeit nach diesem Tag darstellen, durch den Ansatz eines passiven transitorischen Rechnungs-

---

1420 Vgl. Reg. § 1.461-1(a)(2) sowie ausführlich GP 321221. Siehe auch *Kroschel, J.*, 2000a, S. 76.

1421 Vgl. Sec. 461(h) IRC sowie ausführlich GP 321221.

1422 Vgl. auch *Kroschel, J.*, 2000a, S. 76 f. Eine Ausnahme, die die gewinnmindernde Berücksichtigung von vorverausgabten Aufwendungen unbeachtlich des economic performance-Kriteriums bereits im Zahlungszeitpunkt ermöglicht, sofern mit der Erbringung der Gegenleistung innerhalb von dreieinhalb Monaten nach der Zahlung gerechnet werden kann, enthält Reg. § 1.461-4(d)(6)(ii). Vgl. auch GP 321221.

1423 Vgl. Reg. § 1.461-1(a)(2). Dies gilt z. B. nach Rev. Rul. 75-171, 1975-1 C. B. 140 und Rev. Rul. 68-643, 1968-2 C. B. 76 für Zinsen, nach Rev. Rul. 70-413, 1970-2 C. B. 103 für Versicherungsprämien, gemäß Rev. Rul. 81-160, 1981-1 C. B. 312 für Kredit- oder Anleiheausgabekosten oder gemäß Rev. Rul. 81-161, 1981-1 C. B. 313 für langfristige Vermittlungsverträge. Siehe auch *Kahle, H.*, 1996, S. 98 f.; *Kraft, C.*, 1991, S. 166.

1424 Vgl. auch *Kroschel, J.*, 2000a, S. 77.

abgrenzungspostens in das nächste Wirtschaftsjahr verlagert wird.[1425] Erträge, die erst im folgenden Wirtschaftsjahr zu Einnahmen führen, werden jedoch in beiden Vergleichsländern bereits bei Entstehung der Forderung gewinnerhöhend erfaßt, ohne den Zahlungseingang abzuwarten.[1426] Ausgaben vor dem Abschlußstichtag, soweit sie Aufwand für eine bestimmte Zeit nach diesem Tag darstellen, wirken sich durch den Ansatz eines aktiven transitorischen Rechnungsabgrenzungspostens im deutschen Bilanzsteuerrecht erst im Folgejahr gewinnmindernd aus,[1427] was der US-amerikanischen Behandlung von vorverausgabtem Aufwand entspricht. Aufwand schließlich, der erst im folgenden Wirtschaftsjahr zu einer Ausgabe führt, wird im deutschen wie im US-amerikanischen Bilanzsteuerrecht bereits im Zeitpunkt der Entstehung der Verbindlichkeit gewinnmindernd erfaßt, unbeachtlich des späteren Zahlungsabflusses.[1428]

1425 Vgl. § 5 Abs. 5 Satz 1 Nr. 2 EStG. Das Kriterium der bestimmten Zeit setzt einen rechnerisch ermittelbare Zeitraum voraus, der entweder kalendermäßig festgelegt oder in sonstiger Weise berechenbar ist; ein bloße Schätzung genügt nicht. Vgl. *Weber-Grellet, H.*, 2000a, § 5, Rz. 241, 250; *Nieland, M.*, 1995, S. 53 f.; *Biergans, E.*, 1992, S. 347 f.

1426 Im deutschen Bilanzsteuerrecht ist der Ansatz antizipativer Rechnungsabgrenzungsposten untersagt, so da der Ausweis unter den sonstigen Forderungen erfolgen muß. Vgl. auch R 31b Abs. 3 EStR; *Coenenberg, A. G.*, 2000, S. 370; *Nieland, M.*, 1995, S. 536; *Biergans, E.*, 1992, S. 273.

1427 Vgl. § 5 Abs. 5 Satz 1 Nr. 1 EStG. Siehe auch *Weber-Grellet, H.*, 2000a, § 5, Rz. 241; *Nieland, M.*, 199 S. 534 f.; *Biergans, E.*, 1992, S. 272 ff.

1428 Auch in diesem Fall kommt im deutschen Bilanzsteuerrecht kein antizipativer Rechnungsabgrenzung posten in Betracht, so daß der Ausweis als sonstige Verbindlichkeit erfolgt. Vgl. auch R 31b Abs. 3 ESt *Coenenberg, A. G.*, 2000, S. 370; *Nieland, M.*, 1995, S. 536; *Biergans, E.*, 1992, S. 347 f.

4. Kapitel:

Übertragbarkeit des US-amerikanischen Bilanzsteuerrechts in das deutsche Steuerrecht

41. Übernahme einzelner Elemente des US-amerikanischen Bilanzsteuerrechts

411. Rahmen und allgemeine Vorschriften des Bilanzsteuerrechts

4111. Übernahme des US-amerikanischen Einkommensbegriffs

Der Zweck eines Einkommensbegriffs ist die Ermittlung des Einkommens als Maßstab wirtschaftlicher Leistungsfähigkeit[1429] und daher fiskalischer Natur. Der US-amerikanische Einkommensbegriff setzt diesen Fiskalzweck aus der Perspektive einer gleichmäßigen und leistungsfähigkeitsgerechten Besteuerung aufgrund seiner durch das *all inclusive concept of income* bedingten größeren Reichweite konsequenter um als der deutsche Einkommensbegriff.[1430] Auch dem Postulat der Entscheidungsneutralität wird der umfassendere US-amerikanische Einkommensbegriff eher gerecht als der enumerativ konzipierte § 2 Abs. 1 EStG.[1431]

Eine ausschließlich an Gleichmäßigkeits- und Neutralitätsüberlegungen orientierte Betrachtungsweise greift hier jedoch zu kurz, weil ein Einkommensbegriff notwendigerweise auch Praktikabilitätserfordernissen Rechnung tragen muß.[1432] Aus diesem Blickwinkel weist Sec. 61(a) IRC aufgrund ihres tautologischen Ansatzes[1433] insbesondere im Hinblick auf das Postulat der Gesetzesbestimmtheit gravierende Schwächen auf.[1434] Aber auch mit den Prinzipien der Wirtschaftlichkeit und Einfachheit der Besteuerung entstehen durch die systembedingte Abgrenzung umfangreicher kasuistischer Steuerbefreiungen Konflikte, die in dieser Form dem deutschen Einkommensbegriff fremd sind.[1435]

1429 Vgl. *Brandis, P.*, 1987, S. 291.

1430 Ähnlich auch *Bernhardt, M.*, 2000, S. 401. *Brandis, P.*, 1987, S. 297 plädiert aus Gerechtigkeitserwägungen ebenfalls für einen möglichst umfassenden Einkommensbegriff; ebenso *Scheffler, W.*, 1998, S. 38 aus ökonomischen Gründen.

1431 Siehe auch *Bernhardt, M.*, 2000, S. 402 f.

1432 So auch *Brandis, P.*, 1987, S. 297.

1433 Vgl. Sec. 61(a) IRC: „gross income means all income".

1434 Siehe auch *Bernhardt, M.*, 2000, S. 392. *Tipke, K.*, 1993, S. 590 sieht den Vorteil des deutschen Einkommensbegriffs in der größeren Rechtssicherheit, während die US-amerikanische Definition wegen ihres tautologischen Ansatzes erst gar nicht mit dem Gleichheitssatz in Konflikt geraten könne.

1435 So wird die gesetzliche Definition des Einkommensbegriffs in Sec. 61(a) IRC durch die in Sec. 101 bis 138 IRC kodifizierten Steuerbefreiungen sowie eine umfangreiche Judikatur ergänzt. Vgl. dazu z. B. die Nachweise bei *Graetz, M. J./Schenk, D. H.*, 1999, S. 108 ff. und *McDaniel, P. R. u. a.*, 1999, S. 66 ff.

Der Gleichmäßigkeits- und Neutralitätsvorteil des US-amerikanischen Einkommensbegriffs fällt aufgrund seiner im materiellen Ergebnis nur geringfügig größeren Reichweite relativ gering aus. Die deutlich schwerwiegendere Praktikabilitätsproblematik wird dadurch nicht ausgeglichen, so daß insgesamt eine Übernahme des US-amerikanischen Einkommensbegriffs in das deutsche Steuerrecht wenig sinnvoll erscheint.

4112. Verzicht auf den Grundsatz der Maßgeblichkeit

Kein zweites Prinzip des deutschen Bilanzrechts steht derart im Kreuzfeuer der Kritik wie der Grundsatz der Maßgeblichkeit,[1436] bei dessen Kodifizierung Vereinfachungs- und Rationalisierungsabsichten im Vordergrund standen[1437]. Zur Beurteilung eines weitgehenden Verzichts auf den Maßgeblichkeitsgrundsatz nach US-amerikanischem Vorbild ist aus der Perspektive einer leistungsfähigkeitsgerechten Besteuerung der Zieldissens zwischen Handels- und Steuerbilanz von elementarer Bedeutung. So wird einerseits argumentiert, daß auf der Basis der vom Vorsichtsprinzip dominierten GoB keine dem Leistungsfähigkeitsprinzip entsprechende unternehmerische Erfolgsermittlung möglich sei. Denn die Handelsbilanz ermittle lediglich den entnahmefähigen Gewinn, während die Steuerbilanz der Ermittlung des ‚richtigen', vollen Gewinns diene. Nach dieser Argumentation ist daher im Sinne einer gleichmäßigen und leistungsfähigkeitsgerechten Besteuerung ein autonomes Bilanzsteuerrecht unter Verzicht auf den Maßgeblichkeitsgrundsatz zu fordern.[1438] Dem wird auf der anderen Seite entgegengehalten, daß die Handelsbilanz aufgrund ihrer Zahlungsbemessungsfunktion gerade jenes Ergebnis ermittle, welches dem unternehmerischen Einkommen entzogen und damit im Sinne des Leistungsfähigkeitsprinzips besteuert werden könne. Denn der Fiskus als ‚stiller Teilhaber' eines Unternehmens dürfe nicht besser gestellt werden als dessen Anteilseigner. Dieser Argumentation zufolge ist aus Gleichmäßigkeits- und Leistungsfähig-

---

1436 Vgl. z. B. *Krawitz, N.*, 1998, S. 217 f.; *Bippus, B. E.*, 1998, S. 648; *Kahle, H.*, 1997, S. 323.

1437 Vgl. *Krawitz, N.*, 1992, S. 5, der zudem auf das Eigeninteresse des Kaufmannsstands hinweist, die seinerzeit bestehenden handelsrechtlichen Spielräume auch steuerlich nutzen zu können. Siehe auch *Lischer, H. J./Märkl, P. N.*, 1997, S. 107 ff.; *Hennrichs, J.*, 1999, S. 144; *Weber-Grellet, H.*, 1994, S. 288; *Loitz, R./Klein, B.*, 2001, S. 48.

1438 So *Weber-Grellet, H.*, 1994, S. 288 f.; *Weber-Grellet, H.*, 1999, S. 2660 f.; *Siegel, T.*, 1999, S. 195 f. A. A. *Döllerer, G.*, 1971, S. 1334; *Moxter, A.*, 1997, S. 195 ff. Vgl. dazu auch *Bippus, B. E.*, 1998, S. 649; *Groh, M.*, 1998a, S. 188; *Lauth, B.*, 2000, S. 1367 f. *Krawitz, N.*, 1998, S. 218 relativiert dieses Argument dahingehend, daß der Zieldissens von der Dominanz des Vorsichtsprinzips in der Handelsbilanz und/oder der Lenkungsfunktion in der Steuerbilanz und damit letztlich von der individuellen Wahlrechtsausübung abhänge. Ähnlich auch *Hennrichs, J.*, 1999, S. 144 ff., der die Handelsbilanz als „relativ sicherste Grundlage" der steuerlichen Gewinnermittlung ansieht und Grenzen der Verweisung dort zieht, wo das Handelsbilanzrecht mit den Zwecken der steuerlichen Gewinnermittlung nicht mehr kompatibel ist.

keitserwägungen gerade eine Beibehaltung der Maßgeblichkeit zu fordern.[1439] Allerdings wird aufgrund der zahlreichen Durchbrechungen des Maßgeblichkeitsprinzips[1440] der Fiskus bereits de lege lata besser gestellt als die Anteilseigner, so daß das Teilhaberargument vor diesem Hintergrund an Überzeugungskraft verliert.

Aus dem Blickwinkel der Wirtschaftlichkeit und Einfachheit der Besteuerung ergibt sich indes eine positive Beurteilung der Grundkonzeption des Maßgeblichkeitsprinzips, da die Verknüpfung beider Rechenwerke theoretisch die Erstellung einer Einheitsbilanz ermöglicht.[1441] Dem steht jedoch der Grundsatz der Gesetzmäßigkeit der Besteuerung gegenüber, welcher mit der Einsetzung des DRSC wesentlich an Bedeutung für die Beurteilung des Maßgeblichkeitsprinzips gewinnen könnte. Denn der Wirkungsbereich der Standards des DRSC ist zwar formal auf den Konzernabschluß beschränkt, könnte aber in Zukunft durchaus auch auf den Einzelabschluß ausstrahlen.[1442] Dann würde § 5 Abs. 1 EStG für die steuerrechtliche Rechnungslegung auf durch ein privates Gremium beeinflußte GoB verweisen, was unausweichlich Konflikte mit dem Gesetzmäßigkeitspostulat zur Folge hätte.

Diese theoretische Analyse muß jedoch vor dem Hintergrund der tatsächlichen Entwicklung des Maßgeblichkeitsprinzips im deutschen Bilanzrecht gesehen werden. So hat einerseits mit der Abschaffung der Drohverlustrückstellung durch das Gesetz zur Fortsetzung der Unternehmenssteuerreform und die Maßnahmen des Steuerentlastungsgesetzes 1999/2000/2002 eine deutliche Abkopplung der Steuerbilanz von der Handelsbilanz stattgefunden.[1443] Auf der anderen Seite wird das Maßgeblichkeitsprinzip von der Internationalisierung der handels-

---

[1439] So *Döllerer, G.*, 1971, S. 1334; *Knobbe-Keuk, B.*, 1993, S. 27; *Moxter, A.*, 1997, S. 195; *Schön, W.*, 1997, S. 142. Vgl. auch *Bippus, B. E.*, 1998, S. 649. *Lauth, B.*, 2000, S. 1367 bezeichnet die Gleichstellung von Fiskus und Anteilseigner als „per se ... unzulässig". Kritisch auch *Weber-Grellet, H.*, 1994, S. 288 ff.; *Hennrichs, J.*, 1999, S. 144, nach dem der Fiskus stets durch maßgeblichkeitsdurchbrechende Steuervorbehalte bevorzugt war sowie *Siegel, T.*, 1999, S. 196, nach dem „das Vorsichtsprinzip in der Beziehung zum Fiskus – anders als in der Beziehung zu den Anteilseignern – keine Rolle spielen kann". Denn während die Anteilseigner im Verlustfalle nicht zur Rückerstattung erhaltener Gewinnausschüttungen verpflichtet werden könnten, sei vom Fiskus in der Regel die Erstattung bereits gezahlter Gewinnsteuern zu erwarten.

[1440] Vgl. GP 3133.

[1441] Vgl. *Bippus, B. E.*, 1998, S. 649; *Lischer, H. J./Märkl, P. N.*, 1997, S. 104, 113. Der Vereinfachungsgedanke tritt durch die zahlreichen Durchbrechungen des Maßgeblichkeitsgrundsatzes in der deutschen Steuerrechtswirklichkeit allerdings zunehmend in den Hintergrund. So auch *Hennrichs, J.*, 1999, S. 144; *Weber-Grellet, H.*, 1994, S. 288; *Lauth, B.*, 2000, S. 1368. Auch aus der US-amerikanischen Perspektive wird dem deutschen Maßgeblichkeitsprinzip eine Vereinfachungswirkung zugestanden. Vgl. *Schwidetzky, W. D.*, 2000, S. 221.

[1442] Nach *Baetge, J./Krumnow, J./Noelle, J.*, 2001, S. 773 „ist zu erwarten, dass eine Ausstrahlungswirkung von den DRS auf den Einzelabschluss ausgehen wird". *Niehus, R. J.*, 2001, S. 57 ff. fordert nachdrücklich eine Ausdehnung von § 342 HGB auf den Einzelabschluß und auch *Hoffmann, W.-D.*, 2001, S. 452 sieht eine zunehmende Bedeutung der Standards des DRSC für den Einzelabschluß.

[1443] Vgl. z. B. *Groh, M.*, 1998a, S. 189 f.; *Hennrichs, J.*, 1999, S. 151 f.; *Weber-Grellet, H.*, 1999, S. 2662; *Schneider, D.*, 1999, S. 107; *Kemper, N./Beyschlag, G.*, 1999, S. 737 ff.; *Lauth, B.*, 2000, S. 1366; *Dziadkowski, D.*, 2001, S. 10; *Schreiber, U.*, 2000, S. 92; *Küting, K.*, 2001, S. 32; *Kußmaul, H./Klein, N.*, 2001, S. 546 f. *Weber-Grellet, H.*, 2000c, S. 169 stellt fest: „Die Reform durch das StEntlG bedeutet einen weiteren Schritt zu einem selbständigen Bilanzsteuerrecht."

rechtlichen Konzernrechnungslegung insbesondere durch § 292a HGB[1444] sowie die Entwicklungen auf europäischer Ebene[1445] bedroht. Denn langfristig wird ein nach internationalen Grundsätzen ermittelter Konzernabschluß neben einem HGB-Einzelabschluß und der damit einhergehende divergierende Ergebnisausweis nicht haltbar sein. Spätestens aber mit der Anpassung des deutschen Einzelabschlusses an internationale Rechnungslegungsstandards steht das Maßgeblichkeitsprinzip zur Disposition.[1446] Zudem könnte der deutsche Gesetzgeber die Abschaffung der Maßgeblichkeit als probates Mittel zur Verhinderung eines unerwünschten Einflusses des EuGH[1447] auf die nationale steuerrechtliche Rechnungslegung betrachten.[1448]

Damit erscheint es sehr wahrscheinlich, daß die theoretische Diskussion von den tatsächlichen Entwicklungen überholt wird und dem deutschen Bilanzrecht auf lange Sicht eine weit-

---

1444 Die große Bedeutung internationaler Konzernrechnungslegungsvorschriften für die deutsche Rechnungslegungspraxis wurde in der empirischen Studie von *Krawitz, N./Albrecht, C./Büttgen, D.*, 2000, S. 541 ff. jüngst wieder bestätigt.

1445 Nach einem Verordnungsvorschlag der EU-Kommission sollen die IAS spätestens ab 2005 für die Konzernabschlüsse börsennotierter europäischer Unternehmen verpflichtend werden und über ein Mitgliedstaatenwahlrecht auch für nicht börsennotierte Unternehmen und Einzelabschlüsse eingeführt werden können. Der Vorschlag ist im Internet unter der Adresse http://www.europa.eu.int/comm/internal_market/de/company/account/news/ias.htm abrufbar. Vgl. hierzu auch *IDW*, 2000, S. 457 ff.; *o. V.*, 2001b, S. 502; *o. V.*, 2001a, S. 19; *o. V.*, 2000g, S. 1432; *o. V.*, 2000f, S. 32; *Hoffmann, W.-D.*, 2001, S. 452; *Küting, K.*, 2001, S. 32.

1446 Vgl. *Herzig, N.*, 2000, S. 104 ff.; *Lauth, B.*, 2000, S. 1370; *Scheffler, W.*, 2000, S. 489; *Dziadkowski, D.*, 2001, S. 10, 13 f.; *Schreiber, U.*, 2000, S. 95 m. w. N.; *Groh, M.*, 1998b, S. I; *Groh, M.*, 1998a, S. 180, 191 f., der von einem „Generalangriff auf das Maßgeblichkeitsprinzip" spricht; ähnlich *Lischer, H. J./Märkl, P. N.*, 1997, S. 117. Siehe auch *Weber-Grellet, H.*, 1999, S. 2663 f.; *Niehus, R. J.*, 2001, S. 58, der das Maßgeblichkeitsprinzip bereits als „praktisch .. erledigt" ansieht und *Loitz, R./Klein, B.*, 2001, S. 48, die die Maßgeblichkeit als „faktisch bereits ‚tot'" bezeichnen sowie differenzierend *Heurung, R.*, 2000, S. 421 ff. Vgl. auch die vom *Arbeitskreis Externe Unternehmensrechnung der Schmalenbach-Gesellschaft für Betriebswirtschaft*, 2001, S. 161 aufgestellte These, daß die IAS künftig auch für Einzelabschlüsse grundsätzlich gelten werden. Zu einem abweichenden Ergebnis kommen *Oestreicher, A./Spengel, C.*, 1999b, S. 593 ff., indem sie auch bei einer Anpassung der handelsrechtlichen GoB an die IAS für eine Beibehaltung der direkten Maßgeblichkeit plädieren, sofern die GoB ihren Charakter als Rechtsnormen bewahren. Zwar konzedieren die Autoren eine anpassungsbedingte Steuermehrbelastung der Unternehmen, folgern daraus aber nur die Notwendigkeit großzügiger Übergangsregelungen. Zudem könne die Anpassung durch gezielte Durchbrechungen der Maßgeblichkeit weitgehend aufkommensneutral gestaltet werden.

1447 Seit dem sog. Tomberger-Urteil des EuGH v. 27.06.1996, in: DB 1996, S. 1400 wird im Schrifttum die Frage der Zuständigkeit des EuGH für steuerliche Bilanzierungsfragen in Deutschland kontrovers diskutiert. Denn über das Maßgeblichkeitsprinzip verweist das deutsche Steuerrecht auf die handelsrechtlichen GoB, welche Gegenstand des harmonisierten Handelsrechts sind. Für die Auslegung der EU-Bilanzrichtlinien ist aber der EuGH im Wege sog. Vorabentscheidungsverfahren zuständig. Mit seinem Urteil vom 14.09.1999, in: DB 1999, S. 2035 hat sich der EuGH nun in der Tat für zuständig gehalten, eine Frage der steuerlichen Bilanzierung in Deutschland zu entscheiden. Der BFH steht allerdings einer Vorlagepflicht an den EuGH ablehnend gegenüber, wie jüngst durch den Beschluß v. 08.11.2000, in: DB 2001, S. 410 deutlich wurde. Vgl. zu diesen Entwicklungen *Hoffmann, W.-D.*, 2001, S. 452 f.; *Herzig, N./Rieck, U.*, 1998, S. 317 ff.; *Arndt, H.-W./Wiesbrock, M. R.*, 1999, S. 350 ff.; *Groh, M.*, 1996, S. 1206 ff.; *Dziadkowski, D.*, 1998, S. 865 ff. m. w. N.; *Dziadkowski, D.*, 1999, S. 636; *Kußmaul, H./Klein, N.*, 2001, S. 549.

1448 So auch *Schreiber, U.*, 2000, S. 95; *Herzig, N./Rieck, U.*, 1998, S. 319 f.; *Arndt, H.-W./Wiesbrock, M. R.*, 1999, S. 353.

gehende Trennung von handels- und steuerrechtlicher Rechnungslegung nach US-amerikanischem Vorbild bevorsteht.[1449]

4113. Modifikation der Verlustverrechnung

Der Ausgleich von Verlusten, die keiner expliziten Verlustverrechnungsbeschränkung unterliegen, wird sowohl im US-amerikanischen als auch im deutschen Steuerrecht auf der horizontalen Ebene unbegrenzt zugelassen und auf der vertikalen Ebene erheblich eingeschränkt. Das aus dem Leistungsfähigkeitsprinzip abgeleitete objektive Nettoprinzip verlangt aber in seiner einkünfteübergreifenden Ausprägung die Saldierung positiver und negativer Einkünfte.[1450] Folglich stellen die vertikalen Verlustausgleichsbeschränkungen beider Länder einen Verstoß gegen das Leistungsfähigkeitsprinzip dar,[1451] welcher in den USA jedoch aufgrund der Unterscheidung lediglich zweier Einkunftsarten und der daraus resultierenden geringeren Bedeutung des vertikalen Verlustausgleichs weniger gewichtig ist. Darüber hinaus weisen zwar bereits die US-amerikanischen Verlustausgleichsvorschriften einen hohen Komplexitätsgrad auf, der nahezu unverständlichen Neufassung von § 2 Abs. 3 EStG sind sie aus der Perspektive der Wirtschaftlichkeit und Einfachheit der Besteuerung dennoch überlegen.[1452] Zudem verstößt § 2 Abs. 3 EStG anders als sein US-amerikanisches Pendant aufgrund seiner uneinheitlichen Terminologie gegen den Grundsatz der Gesetzesbestimmtheit.[1453]

Diese Überlegungen lassen eine Übernahme des US-amerikanischen Verlustausgleichs in das deutsche Steuerrecht zunächst vorteilhaft erscheinen. Dabei ist aber zu beachten, daß die Vorteilhaftigkeit der US-amerikanischen Regelung insbesondere auf der Unterscheidung von lediglich zwei Einkunftsarten beruht. Bei einer Übertragung in das deutsche Steuerrecht mit sieben Einkunftsarten würde dieser Vorteil fast vollständig verlorengehen. Insofern erscheint

---

1449 Dieser Gedanke ist keineswegs neu, die Kodifikation eines selbständigen Bilanzsteuerrechts wurde bereits von der Steuerreformkommission 1971 vorgeschlagen. Vgl. *Bundesministerium für Wirtschaft und Finanzen*, 1971, S. 421 ff.

1450 Vgl. *Tipke, K./Lang, J.*, 1998, S. 240; *Stapperfend, T.*, 2000, S. 1208.

1451 Vgl. FG Münster v. 07.09.2000, in: FR 2000, S. 1205 und zustimmend *Stapperfend, T.*, 2000, S. 1208 sowie ablehnend *Altfelder, S.*, 2000, S. 1209 f. Bedenken gegen die vertikale Verlustausgleichsbeschränkung in Deutschland äußern aus Leistungsfähigkeitserwägungen auch *Raupach, A./Böckstiegel, M.*, 1999, S. 618 ff.; *Günkel, M./Fenzl, B.*, 1999, S. 659; *Wosnitza, M.*, 2000, S. 767 und *Hüsing, S.*, 2000, S. 1149.

1452 Vgl. zur Kritik an der Komplexität von § 2 Abs. 3 EStG z. B. *Herzig, N./Briesemeister, S.*, 1999b, S. 1470; *Günkel, M./Fenzl, B.*, 1999, S. 659; *Hüsing, S.*, 2000, S. 1149; *Wosnitza, M.*, 2000, S. 764 sowie *Raupach, A./Böckstiegel, M.*, 1999, S. 489 f., 622 f., die auch auf die daraus resultierenden negativen Folgen für die Planbarkeit der Besteuerung hinweisen.

1453 Vgl. *Stapperfend, T.*, 2000, S. 1208 f.

es zweifelhaft, ob sich die dringend gebotene Reform des deutschen Verlustausgleichs an den Vorschriften der USA orientieren sollte.[1454]

Auch ein interperiodischer Verlustabzug ist sowohl im deutschen als auch im US-amerikanischen Steuerrecht vorgesehen, wobei hier seitens der USA nur der Regelfall eines zweijährigen Verlustrücktrags und eines zwanzigjährigen Verlustvortrags in die Beurteilung eingehen soll. Ein Verlustabzug ist aus Gründen der Gleichmäßigkeit der Besteuerung geboten, weil das Prinzip der Abschnittsbesteuerung ansonsten bei stark schwankenden Einkünften zu erheblichen Ungerechtigkeiten führen würde. Der Verlustabzug ist mithin keine Steuervergünstigung, sondern Ausfluß des Gleichmäßigkeitspostulats.[1455] Besondere Bedeutung kommt dabei dem Verlustrücktrag zu, da dieser in Verlustjahren eine unmittelbare Liquiditätsverbesserung bewirkt.[1456] Hier ist das US-amerikanische Steuerrecht mit einem zweijährigen unbeschränkten Verlustrücktrag deutlich großzügiger als das deutsche Recht und somit aus Gleichmäßigkeitserwägungen zu bevorzugen. Dieser Vorteil wird auch durch den auf zwanzig Jahre begrenzten Verlustvortrag in den USA nicht aufgehoben, obwohl hier das deutsche Steuerrecht großzügiger verfährt. Denn in den meisten Fällen wird innerhalb von zwanzig Jahren ein vollständiger Verlustausgleich möglich sein. Im Ergebnis wäre damit eine Übernahme des US-amerikanischen (Regel-)Verlustabzugs in das deutsche Steuerrecht zu befürworten.[1457]

Der zur Bekämpfung von Verlustzuweisungsgesellschaften durch das Steuerentlastungsgesetz 1999/2000/2002 eingeführte § 2b EStG ist eine Lenkungsnorm, die zahlreichen Bedenken begegnet. So wird ein Verstoß gegen das Gleichmäßigkeitspostulat gerügt, der sich aus der Ungleichbehandlung von Beteiligungen an Verlustzuweisungsgesellschaften im Betriebs- und Privatvermögen sowie einem Verstoß gegen das objektive Nettoprinzip ergibt.[1458] Zudem verletzt § 2b EStG aufgrund seiner unklaren Formulierung das Postulat der Gesetzes

---

1454 Dies gilt umso mehr, als die Neufassung von § 2 Abs. 3 EStG ein Teil des mit dem Steuerentlastungsgese 1999/2000/2002 eingeführten Konzepts einer Mindestbesteuerung ist, welches offensichtlich dem US amerikanischen Steuerrecht entlehnt ist. Allerdings wird in den USA die Mindestbesteuerung nicht durc eine Beschränkung des Verlustausgleichs, sondern durch eine separate Gewinnermittlung für die Zweck der alternative minimum tax erreicht. Vgl. dazu Sec. 55 bis 59 IRC sowie *CCH*, 1998a, S. 391 ff.; *Grae M. J./Schenk, D. H.*, 1999, S. 836 ff.; *McDaniel, P. R. u. a.*, 1999, S. 1257 ff.; *Kroschel, J.*, 2000a, S. 26 ff.

1455 Vgl. *Grotherr, S.*, 1998, S. 2341 f.; *Wosnitza, M.*, 2000, S. 769.

1456 Vgl. *Grotherr, S.*, 1998, S. 2339, 2393.

1457 Für eine Verlängerung des Verlustrücktrags plädiert auch *Grotherr, S.*, 1998, S. 2398, der drei Jahre u gegebenenfalls eine betragsmäßige Begrenzung auf DM 10 Mio. für angemessen hält. Grundsätzliche B denken gegen eine Verlustabzugsbeschränkung äußert *Wosnitza, M.*, 2000, S. 770.

1458 Vgl. *Söffing, G.*, 2000, S. 2346; *Raupach, A./Böckstiegel, M.*, 1999, S. 624 f.

bestimmtheit[1459] und damit einhergehend auch die Grundsätze der Wirtschaftlichkeit und Planbarkeit der Besteuerung. An der Reformbedürftigkeit von § 2b EStG bestehen mithin kaum Zweifel, wohl aber an der Geeignetheit von Sec. 465 und 469 IRC, dieser Reform als Vorbild zu dienen. Denn die Unterscheidung von aktiven und passiven Einkünften zum Zweck der Beschränkung des Verlustausgleichs im Sinne von Sec. 469 IRC – welche im ursprünglichen Entwurf des Steuerentlastungsgesetzes 1999/2000/2002 auch in Deutschland vorgesehen war[1460] – stellt keineswegs einen geringeren Verstoß gegen die Grundsätze einer gleichmäßigen und leistungsfähigkeitsgerechten Besteuerung dar als § 2b EStG.[1461] Dies gilt auch für die *at risk limitation* von Sec. 465 IRC, welche ebenfalls das objektive Nettoprinzip verletzt und aufgrund ihrer kasuistischen Ausgestaltung ebenso wie Sec. 469 IRC sowohl aus der Perspektive der Wirtschaftlichkeit und Einfachheit der Besteuerung als aus Bestimmtheits- und Planbarkeitserwägungen sehr kritisch zu beurteilen ist.[1462]

4114. Partielle Durchbrechung des Realisationsprinzips bei der Ertragsrealisation

Das US-amerikanische Bilanzsteuerrecht weicht in einigen Fällen von der grundsätzlichen Ertragsrealisation im Zeitpunkt der Leistungserbringung zugunsten einer zuflußorientierten Gewinnermittlung ab, womit es sich von dem stärker am Realisationsprinzip orientierten deutschen Bilanzsteuerrecht unterscheidet.

So werden Vorauszahlungen in den USA teilweise bereits im Zahlungszeitpunkt gewinnerhöhend angesetzt, wobei es sich zweifelsohne um eine fiskalisch motivierte Durchbrechung des *all events test* handelt.[1463] Die Begründung, daß eine zuflußorientierte Erfassung von Vorauszahlungen dem Leistungsfähigkeitsprinzip entspreche, ist nämlich nur aus vordergründigen Liquiditätserwägungen stichhaltig, denn eine hinreichend sichere Konkretisierung der Vermögensmehrung im Sinne des Leistungsfähigkeitsprinzips ist erst im Zeitpunkt der

[1459] *Söffing, G.*, 2000, S. 2346 kritisiert hier besonders die Formulierung „Beteiligungen an ... ähnlichen Modellen" in § 2b Satz 1 EStG. Siehe auch *Günkel, M./Fenzl, B.*, 1999, S. 660; *Raupach, A./Böckstiegel, M.*, 1999, S. 623 f.; *Meyer-Scharenberg, D./Fleischmann, H. G.*, 2000, S. 1373.

[1460] Vgl. BT-Drcks. 14/23 v. 09.11.1998.

[1461] Vgl. zur diesbezüglichen Kritik am Entwurf des Steuerentlastungsgesetzes 1999/2000/2002 z. B. *Herzig, N./Briesemeister, S.*, 1999a, S. 299 ff.; *IDW*, 1999, S. 28; *Schneider, D.*, 1999, S. 109 f.

[1462] Die Differenzierung zwischen aktiven und passiven Einkünften schafft nach *Herzig, N./Briesemeister, S.*, 1999a, S. 303 neue Systemwidrigkeiten und eine erhebliche Komplizierung des Steuerrechts, weshalb die Autoren statt dessen zu Recht die Abschaffung unerwünschter Steuervergünstigungen fordern. Diese Forderung erhebt auch *Schneider, D.*, 1999, S. 110.

[1463] So auch *McDaniel, P. R. u. a.*, 1999, S. 1022.

Leistungserbringung gegeben[1464].[1465] Überdies ist eine solche Interpretation des Leistungsfähigkeitsprinzips der Überschußrechnung entlehnt, so daß hier unzulässigerweise Sachverhalte vermischt werden. Die zuflußorientierte Erfassung von Vorauszahlungen ist aber auch aus der Perspektive der Entscheidungsneutralität abzulehnen, weil durch die steuerliche Sanktionierung von Vorleistungen die Freiheit der Vertragsgestaltung beeinträchtigt wird.[1466] Mit der Forderung nach Einfachheit der Besteuerung ist die Ausnahmeregelung zudem ebensowenig vereinbar wie mit dem Postulat der Gesetzmäßigkeit der Besteuerung, da sie als steuerverschärfende Sonderregelung nicht über eine gesetzliche Legitimation verfügt.[1467] Aus diesen Gründen ist eine Durchbrechung des Realisationsprinzips zugunsten einer zuflußorientierten Erfassung von Vorauszahlungen nach US-amerikanischem Vorbild für das deutsche Bilanzsteuerrecht abzulehnen.

Die bilanzsteuerrechtliche Abbildung der langfristigen Auftragsfertigung richtet sich in den USA regelmäßig nach der *percentage of completion method*. Diese Methode bewirkt eine vorgezogene Ertragsrealisation, die sich jedoch nicht an den tatsächlichen Zahlungsströmen orientiert, sondern entsprechend dem Leistungsfortschritt fingiert wird. Die Konsequenz der *percentage of completion method*, nämlich der Ausweis und die Besteuerung unrealisierter Gewinne,[1468] ist primär fiskalisch motiviert und verletzt eindeutig das Leistungsfähigkeitsprinzip[1469]. Demgegenüber hat die in Deutschland übliche *completed contract method*, die sich am Realisationsprinzip orientiert, lediglich den Ausweis und die Besteuerung realisierter Gewinne zur Folge[1470] und steht folglich mit dem Leistungsfähigkeitsprinzip in Einklang. Auch die in der Bundesrepublik mögliche vorgezogene Ertragsrealisation im Fall echter Teilabnahmen verstößt anders als die *percentage of completion method* nicht gegen das Leistungsfähigkeitsprinzip. Da die *percentage of completion method* Schätzungen einbezieht,

---

[1464] Die gewinnerhöhende Erfassung von Vermögensmehrungen unter Vernachlässigung des Realisationsprinzips hätte aufgrund der Unsicherheit dieser Vermögenszuwächse eine faktische Substanzbesteuerung zur Folge. Daher ist das Realisationsprinzip unabdingbare Voraussetzung einer leistungsfähigkeitsgerechten bilanziellen steuerlichen Gewinnermittlung. Vgl. auch *Küting, K./Kessler, H.*, 2000, S. 23 ff.; *Küting, K./Kessler, H.*, 1998a, S. 1939 f.; *Tipke, K./Lang, J.*, 1998, S. 95 f., 209 f.; *Beiser, R.*, 2001, S. 296, der das Realisationsprinzip als Ausfluß der Besteuerung nach der Leistungsfähigkeit bezeichnet; ähnlich auch *Treptow, H.*, 1999, S. 3.

[1465] Vgl. auch *Seago, W. E./Callihan, D.*, 1997, S. 363, die zudem argumentieren, daß bei konsequenter Umsetzung des Liquiditätsarguments die Ertragsrealisation auch dann erst im Zahlungszeitpunkt erfolgen dürfe, wenn dieser der Leistungserbringung zeitlich nachfolge, was nach geltendem Recht aber gerade nicht der Fall sei. A. A. *Johnson, C. H.*, 1995, S. 373 ff., der für die sofortige erfolgswirksame Erfassung von Vorauszahlungen plädiert.

[1466] Vgl. *Seago, W. E./Callihan, D.*, 1997, S. 363.

[1467] Vgl. auch *Seago, W. E./Callihan, D.*, 1997, S. 367.

[1468] Vgl. *Krawitz, N.*, 1997, S. 891, der hier insbesondere auch auf die verbleibende Preisgefahr und das Gesamtfunktionsrisiko verweist.

[1469] So auch *Selchert, F. W.*, 1990, S. 805.

[1470] Vgl. *Krawitz, N.*, 1997, S. 889; *Forster, M.*, 1999, Rz. 28 f.

sind die *look-back provisions* erforderlich, um eventuelle Schätzfehler nachträglich korrigieren zu können, was die Methode zusätzlich verkompliziert. Im Ergebnis ist damit eine Substitution der am Realisationsprinzip orientierten deutschen Ertragsrealisation bei langfristiger Auftragsfertigung durch die US-amerikanische Methode abzulehnen.[1471]

Bei Veräußerungen gegen Kaufpreisraten wird der *all events test* in den USA zugunsten einer zuflußorientierten aufgeschobenen Ertragsrealisation durchbrochen, während sich das deutsche Bilanzsteuerrecht hier streng am Realisationsprinzip orientiert. Die US-amerikanische *installment method* wird mit dem Liquiditätsargument begründet, wonach Steuerzahlungen erst dann als zumutbar angesehen werden, wenn die finanziellen Mittel aus dem Veräußerungsgeschäft auch tatsächlich zugeflossen sind.[1472] Aus der Sicht des Leistungsfähigkeitsprinzips legt das Realisationsprinzip den Realisationszeitpunkt jedoch zutreffend auf den Zeitpunkt der Leistungserbringung fest. Denn in diesem Moment ist der Anspruch auf die Gegenleistung entstanden und die Gefahr übergegangen, so daß die aus dem Ertrag resultierende Mehrung der Leistungsfähigkeit des Steuerpflichtigen hinreichend konkretisiert ist. Die aufgeschobene Ertragsrealisation nach der *installment method* stellt mithin eine durch das Leistungsfähigkeitsprinzip nicht zu rechtfertigende Steuervergünstigung dar.[1473] Die der *installment method* in ihrer praktischen Ausformung immanenten Gestaltungs-[1474] und Mißbrauchsmöglichkeiten[1475] verletzen zudem die Grundsätze der Entscheidungsneutralität und der Allokationseffizienz der Besteuerung[1476] und tragen gemeinsam mit den Verzinsungsvorschriften von Sec. 453A IRC zur weiteren Verkomplizierung und Unwirtschaftlichkeit des Steuerrechts bei[1477]. Eine Übernahme der *installment method* in das deutsche Bilanzsteuer-

1471 Auch die Befürworter einer Übernahme der percentage of completion method in das deutsche Handelsrecht lehnen eine entsprechende Vorgehensweise für steuerliche Zwecke ab. Vgl. z. B. *Selchert, F. W.*, 1990, S. 805. Siehe auch *Herzig, N.*, 2000, S. 114.

1472 Vgl. *Graetz, M. J./Schenk, D. H.*, 1999, S. 784; *Willis, E. u. a.*, 1999, S. 15-18; *Olchyk, S.*, 1989, S. 132; *Shores, D. F.*, 1990, S. 311 und *Gertzman, S. F.*, 1999, S. 5-4, der zusätzlich hervorhebt, daß nur auf diese Weise eine Gleichstellung von Fiskus und Anteilseignern gewährleistet sei.

1473 *Shores, D. F.*, 1990, S. 351 ff. bemängelt zudem eine Verletzung des Gleichmäßigkeitspostulats durch die installment method, weil diese Veräußerungen gegen Kaufpreisraten im Vergleich zu Veräußerungen gegen Barzahlung steuerlich bevorzuge.

1474 Z. B. kann die Ertragsrealisation gezielt in Jahre verlegt werden, in denen der Steuerpflichtige ausgleichsfähige Verluste oder niedrigere Steuersätze erwartet. Vgl. *Gertzman, S. F.*, 1999, S. 5-5 ff. *Willis, E. u. a.*, 1999, S. 15-18 bezeichnet die installment method wegen ihres Steuerverschiebungspotentials als wichtiges Gestaltungsinstrument.

1475 Vgl. dazu *Sheppard, L. A.*, 1999b, S. 186 ff. Die zahlreichen legislativen Maßnahmen zur Mißbrauchsbekämpfung beschreibt *Shores, D. F.*, 1990, S. 316 ff.

1476 Auch *Shores, D. F.*, 1990, S. 353 f. kritisiert die ungerechtfertigte Bevorzugung von Ratenzahlungen gegenüber Bargeschäften durch die installment method als Verletzung des Neutralitätspostulats.

1477 *Shores, D. F.*, 1990, S. 355 ergänzt hier noch die Beeinträchtigung der Planbarkeit der Besteuerung: „the goals of tax law ought to be simplicity, predictability and equity. The tax law of installment sales clearly fails to meet the first two goals. It is extraordinarily complex in both its statutory and common law aspects.“

recht ist daher als durch die allgemeinen Besteuerungsgrundsätze nicht zu rechtfertigende Durchbrechung des Realisationsprinzips abzulehnen.

Der bei einem Tauschgeschäft zu realisierende Gewinn wird im US-amerikanischen Bilanzsteuerrecht durch Anknüpfung an den *fair market value* des erhaltenen Wirtschaftsguts ermittelt, während das deutsche Bilanzsteuerrecht hier auf den gemeinen Wert des hingegebenen Guts abstellt. Das Gleichmäßigkeitspostulat spricht für die streng am Anschaffungswertprinzip orientierte[1478] deutsche Vorgehensweise, da keine plausible Rechtfertigung für die unterschiedliche Behandlung von Kauf- und Tauschgeschäften erkennbar ist.[1479] Die gegenteilige Auffassung, das Leistungsfähigkeitsprinzip erfordere die vollständige Erfassung von durch das Tauschgeschäft entstandenen Vermögensmehrungen und damit die Anknüpfung am Teilwert des erhaltenen Wirtschaftsguts, trifft aber gerade nicht zu.[1480] Denn der Fall, daß der Teilwert des erhaltenen Wirtschaftsguts den gemeinen Wert des hingegebenen Guts übersteigt, entspricht der Konstellation eines günstigen Kaufgeschäfts. Hier wie dort ist aber im Sinne des Leistungsfähigkeitsprinzips mit dem Ausweis des die Anschaffungskosten übersteigenden Vermögenszuwachses abzuwarten, bis dieser tatsächlich realisiert ist.[1481] Die unterschiedliche Behandlung von Kauf- und Tauschgeschäften verstößt darüber hinaus sowohl gegen die Entscheidungsneutralität als auch gegen die Allokationseffizienz der Besteuerung, so daß auch aus diesen Gründen eine Anknüpfung am *fair market value* des erhaltenen Wirtschaftsguts für die Zwecke der Tauschgewinnermittlung nach US-amerikanischem Vorbild für das deutsche Bilanzsteuerrecht abzulehnen ist.

Weiterhin ist im US-amerikanischen Bilanzsteuerrecht die aufgeschobene Besteuerung von Gewinnen aus *like-kind exchanges* vorgesehen, was in Deutschland seit dem Steuerentlastungsgesetz 1999/2000/2002 grundsätzlich nicht mehr möglich ist. Die steuerliche Differenzierung des Tauschs gegen *like-kind property* von anderen Tauschgeschäften steht im Konflikt zur Gleichmäßigkeit der Besteuerung, da die Leistungsfähigkeit des Steuerpflichtigen unabhängig von der Art der getauschten Wirtschaftsgüter tangiert wird.[1482] Auch verstößt die ungleiche Behandlung von Tauschgeschäften gegen die Postulate der Entscheidungs-

[1478] Denn der Bewertungsgegenstand ist das erhaltene Wirtschaftsgut, dessen Anschaffungskosten sich nach dem Aufwand des Erwerbers richten. Vgl. *Knobbe-Keuk, B.*, 1993, S. 262; *Wassermeyer, F.*, 1990, S. 855; *Lüders, J.*, 1987, S. 132.

[1479] *Knobbe-Keuk, B.*, 1993, S. 262 formuliert treffend: „Bei einem kaufweisen Erwerb kommt niemand auf die Idee, es müsse eine Bewertung des ‚Vermögenszuwachses' veranstaltet werden und statt des gezahlten Kaufpreises müsse der Teilwert des angeschafften Wirtschaftsguts angesetzt werden."

[1480] So aber *Lang, J.*, 1981, S. 88 f. Vgl. dazu auch *Lüders, J.*, 1987, S. 133.

[1481] Vgl. *Knobbe-Keuk, B.*, 1993, S. 262, die auch auf die Möglichkeit einer Teilwertabschreibung für den umgekehrten Fall, daß der Teilwert des erhaltenen Wirtschaftsguts den des hingegebenen unterschreitet, hinweist.

[1482] Vgl. auch *Kornhauser, M. E.*, 1987, S. 410, 444.

neutralität und Allokationseffizienz der Besteuerung, da Kapital durch das in dieser Hinsicht nicht neutrale Steuerrecht in *like-kind property* eingesperrt wird (*lock-in effect*).[1483] Schließlich wird das teilweise zur Rechtfertigung von Sec. 1031 IRC angeführte Vereinfachungsargument durch die komplizierte Abgrenzung von *like-kind property* und die nicht minder komplexe Ausnahmeregelung für *boot*, die auch die Planbarkeit der Besteuerung beeinträchtigen, ad absurdum geführt.[1484] Damit ist eine Übernahme von Sec. 1031 IRC in das deutsche Bilanzsteuerrecht, die im Ergebnis zu einer erheblichen Ausweitung des erst kürzlich abgeschafften Tauschgutachtens führen würde, aus den genannten Gründen abzulehnen.[1485]

4115. Erweiterung der Anschaffungs- und Herstellungskostenbegriffe

Der fundamentale Unterschied zwischen den steuerlichen Anschaffungskostenbegriffen beider Vergleichsländer besteht in dem für Wirtschaftsgüter des Umlaufvermögens zwingenden Einbezug anteiliger Gemeinkosten in den USA, welcher im Vergleich zu Deutschland tendenziell höhere Anschaffungskosten generiert. Mit der Aktivierung von Anschaffungskosten soll im Sinne des Realisationsprinzips die Erfolgsneutralität des Beschaffungsvorgangs bis zur tatsächlichen Veräußerung des Wirtschaftsguts gewährleistet werden.[1486] Dieser Zweck verlangt indes den vollständigen Einbezug aller dem Beschaffungsvorgang zurechenbaren Aufwendungen in die Anschaffungskosten,[1487] einschließlich der anteiligen Gemeinkosten. Denn der Verzicht auf den Einbezug anteiliger Gemeinkosten hat zur Folge, daß insoweit Periodenaufwand entsteht, der die steuerliche Bemessungsgrundlage mindert und der Beschaffungsvorgang nicht mehr erfolgsneutral ist.[1488] Für den Einbezug anteiliger Gemeinkosten spricht auch, daß dies bei den Herstellungskosten steuerlich ebenfalls verlangt wird

1483 Ebenso *Kornhauser, M. E.*, 1987, S. 411, 444.

1484 So auch *Kornhauser, M. E.*, 1987, S. 409, die hervorhebt, daß die nonrecognition von like-kind exchanges keineswegs von der Notwendigkeit zur Bewertung der getauschten Wirtschaftsgüter entbinde, da die Tauschpartner für ihre Entscheidung über das Tauschgeschäft in jedem Fall eine solche Bewertung vornehmen müßten.

1485 Vgl. auch *Kornhauser, M. E.*, 1987, S. 400, 441, 448, die Sec. 1031 IRC als ineffizient und ungerecht bezeichnet und daher für das US-amerikanische Steuerrecht deren Abschaffung fordert. Diese Forderung wird durch die verbreitete Unsicherheit über den Zweck von Sec. 1031 IRC bekräftigt, führte doch der Court of Appeals in T. J. Starker v. United States, 602 F. 2d 1355 (9th Cir., 1979) aus: „Here, the statute's purposes are somewhat cloudy, and the precedents are not easy to reconcile." Auf deutscher Seite ist die Abschaffung des Tauschgutachtens auf vorsichtige Zustimmung gestoßen, wie z. B. bei *Hörger, H./Mentel, T./Schulz, A.*, 1999, S. 574, nach denen diese Maßnahme „nicht einer gewissen sachlichen Rechtfertigung" entbehre. Kritisch zum Tauschgutachten äußert sich auch *Wassermeyer, F.*, 1990, S. 855 ff.

1486 Vgl. *Leffson, U.*, 1987, S. 251; *Baetge, J.*, 1996, S. 210 f.; *Wohlgemuth, M.*, 1999, Rn. 3; *Knobbe-Keuk, B.*, 1993, S. 179.

1487 Vgl. *Wohlgemuth, M.*, 1999, Rn. 5.

1488 Diese Überlegung war ein wesentlicher Grund für die Einführung der UNICAP in den USA. Vgl. Treas. Dec. 8131; *Dentino, C.*, 1989, S. 203.

und ein diese Ungleichbehandlung rechtfertigender Grund nicht ersichtlich ist.[1489] Die Beschränkung auf die Einzelkosten bei der Definition des deutschen Anschaffungskostenbegriffs wurde mit Vereinfachungsgründen gerechtfertigt, da Gemeinkosten nicht direkt, sondern lediglich über Verteilungsschlüssel zurechenbar seien.[1490] Dem ist jedoch entgegenzuhalten, daß eine solche Zurechnung bei den Herstellungskosten steuerlich verlangt und somit wohl auch für praktikabel gehalten wird.[1491] Die Erweiterung des deutschen Anschaffungskostenbegriffs um die anteiligen Gemeinkosten ist mithin zu befürworten.

Fraglich ist indes, ob der US-amerikanische Anschaffungskostenbegriff ein geeignetes Vorbild für eine entsprechende Reform des deutschen Bilanzrechts ist. Vom Standpunkt der Gleichmäßigkeit der Besteuerung ist der US-amerikanische Anschaffungskostenbegriff abzulehnen, da er die Gemeinkosten lediglich im Umlaufvermögen, nicht jedoch im Anlagevermögen berücksichtigt. Diese Ungleichbehandlung ist grundsätzlich auch aus Neutralitätserwägungen zu kritisieren, wobei jedoch einschränkend berücksichtigt werden muß, daß es sich bei der Zuordnung von Wirtschaftsgütern zum Anlage- oder Umlaufvermögen nicht um echte Alternativen handelt. Die den Einbezug der Gemeinkosten regelnden UNICAP sind zudem aus Gründen der Wirtschaftlichkeit und Einfachheit der Besteuerung aufgrund ihrer hohen Komplexität nachdrücklich abzulehnen.[1492] Folglich stellen die US-amerikanischen Vorschriften in ihrer konkreten Ausgestaltung kein geeignetes Vorbild für die grundsätzlich begrüßenswerte Erweiterung des deutschen Anschaffungskostenbegriffs dar.

Die Anschaffungskosten bei unentgeltlichem Erwerb[1493] und deren steuerliche Konsequenzen richten sich im deutschen Bilanzsteuerrecht nach dem Erwerbsobjekt. So bleiben bei der Übertragung eines Betriebs, Teilbetriebs oder Mitunternehmeranteils stille Reserven durch die Buchwertübertragung zunächst steuerfrei, während die Übertragung einzelner Wirtschaftsgüter unmittelbar steuerwirksam ist.[1494] Das US-amerikanische Bilanzsteuerrecht differenziert hingegen nach der Art des Erwerbs. Hier kommt die steueraufschiebende Buchwertübertragung (*carryover basis*) bei Schenkungen zur Anwendung, wohingegen beim Erwerb von Todes wegen der *fair market value* mit endgültig steueraufhebender Wirkung angesetzt wird

1489 Vgl. auch *Baetge, J.*, 1996, S. 215.

1490 Vgl. BT-Drcks. 10/317 v. 26.08.1983, S. 88. Siehe auch *Adler, H./Düring, W./Schmaltz, K.*, 1995, § 25: Tz. 27.

1491 Ähnlich *Tertel, H.-J.*, 1986, S. 119. Siehe auch BFH v. 31.07.1967, in: BStBl. II 1968, S. 23.

1492 So ergab die empirische Studie von *McGowan, J. R./Gross, N. J.*, 1990, S. 364 ff. unter anderem, da lediglich 33 % der befragten Unternehmen über Bewertungsmethoden verfügten, die vollständig de UNICAP entsprachen.

1493 Die Anschaffungskosten bei Tauschgeschäften wurden bereits in GP 4114 behandelt.

1494 Siehe auch *Breithecker, V./Klapdor, R./Zisowski, U.*, 1999, S. 96.

(*stepped-up basis*)[1495]. In beiden Vergleichsländern liegt damit ein Verstoß gegen die Gleichmäßigkeit der Besteuerung vor, da ähnliche Sachverhalte in Abhängigkeit von dem Erwerbsobjekt respektive der Art des Erwerbs unterschiedlich besteuert werden.[1496] Dieser Verstoß wiegt in den USA besonders schwer, weil durch die *stepped-up basis* sogar eine endgültige Steuerfreistellung entsteht. Dies gilt auch aus der Perspektive der Steuerneutralität, denn die Möglichkeit zur steuerfreien Übertragung stiller Reserven im Todesfall stellt einen starken Anreiz dar, auf vorzeitige Schenkungen zu verzichten,[1497] während entsprechende Gestaltungsmaßnahmen in Deutschland[1498] aufgrund des maximal zu erreichenden Steueraufschubs weniger attraktiv sind. Die stärkeren Verzerrungen in den USA bewirken dort wiederum einen stärkeren *lock-in effect*, der das Effizienzpostulat verletzt.[1499] Es ergeben sich damit keine Anhaltspunkte, die eine Übernahme der US-amerikanischen bilanzsteuerrechtlichen Bewertung des unentgeltlichen Erwerbs in das deutsche Steuerrecht nahelegen würden.

Die Übertragung stiller Reserven bei der Veräußerung bestimmter Anlagegüter nach § 6b EStG stellt eine Lenkungsnorm dar,[1500] die ökonomisch sinnvolle Anpassungen an strukturelle Veränderungen erleichtern soll[1501]. Weil die USA über keine entsprechende Regelung verfügen, steht hier nur die Alternative des vollständigen Verzichts auf die Vorschrift zur Beurteilung an. Aufgrund ihres wirtschaftspolitischen Lenkungsziels und des seit dem Steuerentlastungsgesetz 1999/2000/2002 auf Gebäude, Grund und Boden und Aufwuchs beschränkten Anwendungsbereichs[1502] verstößt die Norm sowohl gegen den Grundsatz der Gleichmäßigkeit als auch gegen die Postulate der Entscheidungsneutralität und Allokationseffizienz der Besteuerung. Diese Verstöße wurden bei der ursprünglichen Fassung von § 6b

1495 Die Aufstockung auf den fair market value im Rahmen der stepped-up basis stellt keinen steuerauslösenden realization event nach US-amerikanischem Verständnis dar, so daß die stillen Reserven endgültig steuerfrei bleiben. Vgl. z. B. *McDaniel, P. R. u. a.*, 1999, S. 262 ff.; *Graetz, M. J./Schenk, D. H.*, 1999, S. 155 f.; *Westin, R. A.*, 1987, S. 5; *Kroschel, J.*, 2000b, S. 289. Die Begründung, eine steuerfreie stepped-up basis sei nötig, um die Erbmasse einer Doppelbelastung mit Einkommen- und Erbschaftsteuer zu entziehen, kritisieren *Bittker, B. I./Lokken, L.*, 1999b, S. 41-32 zu Recht mit dem Argument, daß die beiden Steuerarten an unterschiedliche Tatbestände anknüpfen. Zudem erfolge bei Schenkungen ebenfalls eine Doppelbelastung mit Einkommen- und Schenkungsteuer, die aber akzeptiert werde. Nach dem Beschluß des US-Congress zum Restoring Earnings To Lift Individuals and Empower Families (RELIEF) Act vom 23.05.2001 sollen die Vorschriften zur stepped-up basis zum 31.12.2010 auslaufen. Vgl. HR Rep. No. 1836, 107th Cong., 1st Sess. (2001).

1496 Siehe auch *Graetz, M. J./Schenk, D. H.*, 1999, S. 155.

1497 Vgl. auch *Westin, R. A.*, 1987, S. 5; *McDaniel, P. R. u. a.*, 1999, S. 263.

1498 Vgl. dazu *Breithecker, V./Klapdor, R./Zisowski, U.*, 1999, S. 96 ff.

1499 Vgl. auch *Graetz, M. J./Schenk, D. H.*, 1999, S. 155.

1500 Vgl. *Tipke, K./Lang, J.*, 1998, S. 364. Auch in BT-Drcks. 14/23 v. 09.11.1998, S. 174 wird § 6b EStG als Steuervergünstigung eingestuft.

1501 Vgl. BT-Drcks. IV/2400 v. 19.06.1964, S. 62. Siehe auch *Glanegger, P.*, 2000, § 6b, Rz. 1; *Weber-Grellet, H.*, 1996a, S. 166; *Biergans, E.*, 1992, S. 539.

1502 Die Einschränkung zählt zu den „Gegenfinanzierungsmaßnahmen" des Steuerentlastungsgesetzes 1999/2000/2002 und dient folglich ausschließlich der Verbreiterung der Bemessungsgrundlage. Vgl. BT-Drcks. 14/23 v. 09.11.1998, S. 173.

EStG noch durch den sinnvollen Lenkungszweck aufgewogen.[1503] Seit dem Steuerentlastungsgesetz 1999/2000/2002 ist der Anwendungsbereich von § 6b EStG jedoch derart eingeschränkt, daß der Lenkungszweck seine Rechtfertigungsfunktion weitgehend eingebüßt hat und folglich ein völliger Verzicht auf die Vorschrift nach US-amerikanischem Vorbild als die konsequentere Alternative erscheint.[1504]

Der US-amerikanische Herstellungskostenbegriff zeichnet sich im Vergleich zu seinem deutschen Pendant insbesondere durch einen größeren Kreis einzubeziehender Gemeinkosten aus. Mit der Aktivierung von Herstellungskosten soll für steuerliche Zwecke die Erfolgsneutralität des Herstellungsvorgangs sichergestellt werden,[1505] was ebenso wie bei den Anschaffungskosten den vollständigen Einbezug aller mit dem Herstellungsprozeß verbundenen Aufwendungen erfordert. Der US-amerikanische Herstellungskostenbegriff umfaßt aber auch absatzbezogene Gemeinkosten, die mit dem eigentlichen Herstellungsprozeß nicht mehr in Verbindung stehen[1506] und geht insoweit über den eigentlichen Zweck der Herstellungskostenaktivierung hinaus. Denn auf diese Weise wird der Periodenaufwand zu gering ausgewiesen mit der Folge einer dem Leistungsfähigkeitsprinzip widersprechenden überhöhten Steuerbelastung in der betreffenden Periode. Weiterhin gelten die bereits für die Anschaffungskosten festgestellten Verstöße der UNICAP gegen die Prinzipien der Einfachheit, Wirtschaftlichkeit und Planbarkeit der Besteuerung analog auch für den Bereich der Herstellungskosten, so daß insgesamt eine Übernahme des US-amerikanischen Herstellungskostenbegriffs in das deutsche Steuerrecht abzulehnen ist.

4116. Modifikation der steuerlichen Abschreibung

Die deutschen und US-amerikanischen Vorschriften über die planmäßige steuerliche Abschreibung materieller Wirtschaftsgüter divergieren in zahlreichen Aspekten. So läßt das deutsche Bilanzsteuerrecht planmäßige Abschreibungen auf Wirtschaftsgüter auch dann zu, wenn kein wirtschaftlicher Wertverzehr, sondern nur eine technische Abnutzung eintritt. Die US-amerikanische Praxis, solchen Wirtschaftsgütern die Abschreibungsfähigkeit zu versagen,

---

1503 Nach *Schoor, H. W.*, 1997, S. 251 kann es ohne § 6b EStG infolge der steuerwirksamen Aufdeckung von primär preissteigerungsbedingten stillen Reserven unter Umständen sogar zu einer Substanzbesteuerung kommen. Siehe auch BT-Drcks. IV/2400 v. 19.06.1964, S. 62.

1504 Die sicherlich vorzugswürdige Lösung, die Wiederherstellung von § 6b EStG in seiner ursprünglichen Fassung, läßt sich indes nicht aus dem US-Steuerrecht ableiten. Für diesen Weg plädiert z. B. *IDW*, 1999, S. 32.

1505 Vgl. *Leffson, U.*, 1987, S. 315 ff.; *Baetge, J.*, 1996, S. 219 f.; *Weber-Grellet, H.*, 1996a, S. 227; *Werndl, J.*, 2000, § 6, Rn. B 214; *Horschitz, H./Groß, W./Weidner, W.*, 1997, S. 284.

1506 Zum fehlenden Zusammenhang der Vertriebskosten mit dem Herstellungsvorgang vgl. auch *Werndl, J.*, 2000, § 6, Rn. B 226, 276.

muß ausgehend vom Zweck der steuerlichen Abschreibung beurteilt werden. Folgt man ausschließlich der Wertverzehrthese, so erscheint die US-amerikanische Vorgehensweise sachgerecht.[1507] Wird jedoch die Aufwandsverteilungsthese in die Beurteilung einbezogen, ergibt sich ein anderes Bild. Denn die gebrauchsbedingte technische Abnutzung des Wirtschaftsguts begrenzt zwangsläufig dessen Nutzungsdauer, wenn auch unter Umständen auf einen sehr langen Zeitraum. Der fehlende wirtschaftliche Wertverzehr rechtfertigt daher aus der Sicht der Aufwandsverteilungsthese nicht, auf die Verteilung der entstandenen Anschaffungs- oder Herstellungskosten zu verzichten.[1508] Zudem begegnet die Versagung der Abschreibungsfähigkeit auch Bedenken aus der Perspektive der Gleichmäßigkeit und Entscheidungsneutralität der Besteuerung, da in ihrem Nutzungswert vergleichbare Wirtschaftsgüter abhängig von der voraussichtlichen Entwicklung ihres Marktwerts steuerlich unterschiedlich behandelt werden. Dies wirkt sich aufgrund der Unsicherheit künftiger Wertentwicklungen außerdem negativ auf die Planbarkeit der Besteuerung aus,[1509] so daß insgesamt eine Beibehaltung der Abschreibungsfähigkeit bei fehlendem wirtschaftlichem Wertverzehr vorzugswürdig erscheint.

Auch die Frage der Berücksichtigung von Restwerten verlangt eine zweckorientierte Beurteilung. Dabei stützt die Wertverzehrthese die deutsche Praxis der Berücksichtigung wesentlicher Restwerte,[1510] während nach der Aufwandsverteilungsthese die vollständige Verteilung der Anschaffungs- oder Herstellungskosten unter Vernachlässigung eventueller Restwerte geboten ist. Aus Wirtschaftlichkeits- und Einfachheitserwägungen ist die Restwertberücksichtigung negativ zu beurteilen, da sie Bewertungs- und Schätzprobleme aufwirft und zudem das Wesentlichkeitskriterium in jedem Einzelfall abgewogen werden muß. Diese Aspekte erschweren auch die Planbarkeit der Besteuerung, so daß insgesamt eine Vernachlässigung der Restwerte nach US-amerikanischem Vorbild vertretbar erscheint, zumal dies vom Wortlaut des § 7 Abs. 1 Satz 1 EStG durchaus abgedeckt ist[1511].

[1507] So z. B. *Karrenbauer, M.*, 1993, S. 204.

[1508] Dazu ist jedoch eine über bloße Umwelteinflüsse hinausgehende Nutzung erforderlich, was letztlich im jeweiligen Einzelfall entschieden werden muß. So hat der BFH im Urteil vom 09.08.1989, in: BStBl. II 1990, S. 50 die technische Abnutzung von lediglich zu Ausstellungszwecken genutzten alten optischen Geräten als vernachlässigbar gering verneint, sie aber im Fall ständig als Arbeitsmittel genutzter antiker Möbelstücke bejaht. Vgl. BFH v. 31.01.1986, in: BStBl. II 1986, S. 355. Kritisch zu dieser Unterscheidung *Klein, H.*, 1986, S. 249 ff. Auch im Urteil v. 26.01.2001, in: DB 2001, S. 623 hat der BFH die regelmäßige Nutzung als Voraussetzung der Abschreibungsfähigkeit hervorgehoben. Siehe auch *Drenseck, W.*, 2000, § 7, Rz. 3; *Wolf, H.*, 1999, S. 843; *Lück, H.*, 1990, S. 217 f.; *Bassett, B. R.*, 1995, S. 858.

[1509] Siehe auch *Bassett, B. R.*, 1995, S. 858.

[1510] Siehe *Heuer, G./Jansen, R.*, 1996, § 7, Anm. 155.

[1511] So auch *Heuer, G./Jansen, R.*, 1996, § 7, Anm. 155; *Drenseck, W.*, 2000, § 7, Rz. 65.

Im Bereich der Abschreibungsdauer wird der Zieldissens zwischen dem US-amerikanischen MACRS und § 7 EStG offensichtlich. Die deutsche Absetzung für Abnutzung ist grundsätzlich als Fiskalzwecknorm ausgestaltet, die auf die betriebsgewöhnliche Nutzungsdauer von Wirtschaftsgütern abstellt.[1512] Das MACRS stellt hingegen eine Lenkungsnorm dar, die mittels beschleunigter Abschreibungen Investitionsanreize geben soll,[1513] weshalb die Abschreibungsdauer die betriebsgewöhnliche Nutzungsdauer der Wirtschaftsgüter regelmäßig unterschreitet. Als Lenkungsnorm verstößt das MACRS quasi naturgemäß aufgrund der aus wirtschaftspolitischen Gründen verkürzten Abschreibungsdauer gegen das Leistungsfähigkeitsprinzip und auch aus Sicht der Entscheidungsneutralität und Allokationseffizienz können sich Verzerrungen zugunsten von abschreibungstechnisch begünstigten Sachinvestitionen ergeben. Außerdem bewirken die MACRS-Abschreibungsklassen eine technische Verkomplizierung der Abschreibungsverrechnung.[1514] Es ist jedoch zu prüfen, ob diese Verstöße gegebenenfalls durch den verfolgten Lenkungszweck gerechtfertigt werden, da es sich bei Investitionsanreizen um grundsätzlich legitime wirtschaftspolitische Zielsetzungen handelt. Eine solche Rechtfertigung könnte nur über den Nachweis einer hohen Effizienz der Lenkungsmaßnahme erbracht werden, die angesichts der nicht übermäßig verkürzten Abschreibungsdauern m. E. zumindest fraglich ist.[1515] Daher erscheint es vorzugswürdig, auf eine grundsätzliche Lenkungsfunktion der steuerlichen Abschreibung zu verzichten und für die Bemessung der Abschreibungsdauer im deutschen Bilanzsteuerrecht weiterhin auf die betriebsgewöhnliche Nutzungsdauer abzustellen.[1516]

Für den Beginn der Abschreibungsdauer sind im deutschen wie im US-amerikanischen Bilanzsteuerrecht Vereinfachungsregeln vorgesehen. Die US-amerikanischen *conventions* weisen dabei eine im Vergleich zu der stärker pauschalierenden deutschen Regelung höhere Genauigkeit auf, womit sie eine leistungsfähigkeitsgerechtere Gewinnermittlung sicherstellen.

1512 Der Charakter als Fiskalzwecknorm ist durch die Verlängerung der betriebsgewöhnlichen Nutzungsdauern in den amtlichen AfA-Tabellen zum Zweck der Erhöhung des Steueraufkommens zur Gegenfinanzierung des Steuersenkungsgesetzes aktuell wieder bestätigt worden.

1513 Dies geht auch bereits aus der Bezeichnung als ‚accelerated' cost recovery system hervor. Die allgemeine Begründung zum Economic Recovery Tax Act of 1981 führt hierzu aus: „The committee agrees that a new system of capital cost recovery is required and the bill, therefore, provides for more accelerated depreciation of plant, equipment, and rental housing. This will provide incentives for investment spending and will contribute immediately to cash flow for the financing of such spending." Durch die Überarbeitung im Rahmen des Tax Reform Act of 1986 wurden diese Anreize zwar reduziert, aber grundsätzlich beibehalten. Vgl. auch *Terry, S. A.*, 1987, S. 134; *Manolakas, C.*, 1994, S. 1694; *Bassett, B. R.*, 1995, S. 846 sowie *Steines, J. P.*, 1985, S. 544 ff. zur historischen Entwicklung des Lenkungszwecks in den Abschreibungssystemen des US-Steuerrechts.

1514 Vgl. z. B. *Steines, J. P.*, 1985, S. 535.

1515 Skeptisch auch *Steines, J. P.*, 1985, S. 545 ff.

1516 Ob die neuen AfA-Tabellen die betriebsgewöhnliche Nutzungsdauer der allgemein verwendbaren Anlagegüter noch in angemessener Weise festlegen oder diese bereits deutlich übersteigen, kann und soll hier nicht abschließend beurteilt werden.

Auch aus der Perspektive der Entscheidungsneutralität und Allokationseffizienz ist diese höhere Genauigkeit zu bevorzugen, weil von der deutschen Regelung wesentlich stärkere Anreize zur zeitlichen Verlagerung von Sachinvestitionen ausgehen.[1517] Der Preis für die höhere Exaktheit der *conventions* ist ihre größere Komplexität, die sich jedoch – insbesondere angesichts moderner Informationstechnologie – durchaus im Rahmen hält. Folglich stellen die US-amerikanischen *conventions* den besseren Kompromiß zwischen dem Vereinfachungszweck und der gebotenen Genauigkeit dar, weshalb ihre Übernahme in das deutsche Bilanzsteuerrecht durchaus erwägenswert erscheint.

Für das Ende der Abschreibungsdauer verfügt das deutsche Bilanzsteuerrecht über die genauere und damit leistungsfähigkeitsgerechtere Regelung, von der im Gegensatz zu den *conventions* auch keine Anreize zur zeitlichen Steuerung der Außerdienststellung von Wirtschaftsgütern ausgehen. Der mit der exakt zeitanteiligen Berechnung der AfA im Wirtschaftsjahr der Außerdienststellung einhergehende Mehraufwand bewegt sich vor dem Hintergrund moderner Informationstechnologie ebenfalls in einem vertretbaren Rahmen. Daher sollte auf eine Übernahme der US-amerikanischen Vereinfachungsregelungen für das Ende der Abschreibungsdauer zugunsten der exakteren deutschen Vorgehensweise verzichtet werden.

Mit der Begrenzung der degressiven AfA auf das Doppelte des linearen Satzes und höchstens 20 v. H. durch das Steuersenkungsgesetz hat sich das deutsche Bilanzsteuerrecht auffallend deutlich an die korrespondierenden US-amerikanischen Vorschriften angenähert, wobei die Abschreibungsbeträge bei kürzeren Abschreibungsdauern wegen der betragsmäßigen Begrenzung auf 20 v. H. im Vergleich zu den USA jedoch deutlich geringer ausfallen. Die Berechtigung der degressiven AfA ergibt sich aus den geringen Reparaturaufwendungen und dem hohen Wertverlust von Wirtschaftsgütern in den ersten Nutzungsjahren und ist weitgehend unbestritten.[1518] Daraus folgt jedoch nicht zwingend ein bestimmter Abschreibungssatz, so daß der Höchstsatz der degressiven AfA ein häufig genutztes steuerpolitisches Lenkungs-

---

1517 Diese Gestaltungsmöglichkeiten gaben den Ausschlag für die Kodifizierung der mid-quarter convention in den USA. Vgl. *McDaniel, P. R. u. a.*, 1999, S. 456.

1518 Vgl. *Bossert, R.*, 1997, S. 230 sowie *Wöhe, G.*, 1997, S. 438 f.; *Knobbe-Keuk, B.*, 1993, S. 191 f., die außerdem darauf hinweisen, daß bei degressiver Abschreibung ein planmäßigerer Abschreibungsverlauf gewährleistet sei, weil Risiken des technischen Fortschritts o. ä. bereits im Abschreibungsplan berücksichtigt seien und infolgedessen kaum noch außerplanmäßige Abschreibungen erforderlich würden. Der Ansicht von *Müller-Gatermann, G.*, 2000, S. 657, der im Zusammenhang mit der degressiven AfA von „Steuervergünstigungen“ spricht, kann daher nicht gefolgt werden.

instrument darstellt, wie die zahlreichen Änderungen in der Vergangenheit dokumentieren[1519]. Aus der Perspektive der allgemeinen Besteuerungsgrundsätze ist die fiskalisch motivierte[1520] Reduktion des Höchstsatzes der degressiven AfA durch das Steuersenkungsgesetz daher auch kaum angreifbar.

Gebäude können im deutschen Bilanzsteuerrecht wahlweise degressiv mit fallenden Staffelsätzen abgeschrieben werden. Weil die zur Rechtfertigung der degressiven AfA genannten Gründe auch für Gebäude gelten, ist auf diese Weise prinzipiell eine leistungsfähigkeitsgerechte Abschreibung möglich. Jedoch wurden die anzuwendenden Staffelsätze häufig verändert,[1521] so daß § 7 Abs. 5 EStG in seiner konkreten Ausformung durchaus Bedenken aus der Sicht des Leistungsfähigkeitsprinzips begegnet. Überdies bewirken die unterschiedlichen Staffelsätze auch eine erhebliche Komplizierung der Vorschrift. Hieraus jedoch einen Verzicht auf die degressive Gebäudeabschreibung nach US-amerikanischem Vorbild zu folgern, greift m. E. zu kurz. Denn die ausschließlich auf übermäßiger gesetzgeberischer Intervention beruhenden Kritikpunkte wiegen die grundsätzliche Berechtigung von § 7 Abs. 5 EStG nicht auf und sollten daher durch eine maßvolle Bereinigung der Vorschrift Berücksichtigung finden.

Eine Absetzung für außergewöhnliche Abnutzung kann im deutschen Bilanzsteuerrecht bei Beeinträchtigungen der Substanz oder Funktion eines Wirtschaftsguts vorgenommen werden. In Verbindung mit dem Wertaufholungsgebot gewährleistet die AfaA die Abbildung des tatsächlichen Wertverlaufs von Wirtschaftsgütern[1522] und somit eine leistungsfähigkeitsgerechte Gewinnermittlung. Von einer weitgehenden Einschränkung der AfaA nach US-amerikanischem Vorbild sollte daher abgesehen werden. Ähnliches gilt auch für die Abschreibung auf den niedrigeren Teilwert, der ja gerade dem Zweck dient, die Bewertung von Wirtschaftsgütern auf die Perspektive eines Erwerbers des Gesamtbetriebs unter der *going-concern*-Prämisse zu objektivieren und somit „wie kein anderer Wert das Grundprinzip der Besteuerung nach der Leistungsfähigkeit zum Ausdruck bringt“[1523]. Die weitgehende Ab-

---

[1519] Vgl. zur historischen Entwicklung der Höchstsätze z. B. *Fleischmann, M.*, 2000b, S. 858; *Drenseck, W.*, 2000, § 7, Rz. 130; *Bossert, R.*, 1997, S. 231. Gemäß § 51 Abs. 2 EStG ist es zudem möglich, als konjunkturpolitische Lenkungsmaßnahme die degressive AfA völlig auszusetzen, wie es in der Vergangenheit bereits zweimal geschehen ist. Vgl. *Wöhe, G.*, 1997, S. 439 f.; *Biergans, E.*, 1992, S. 447.

[1520] Vgl. BT-Drcks. 14/2683 v. 15.02.2000, S. 98 sowie *Müller-Gatermann, G.*, 2000, S. 657.

[1521] Vgl. z. B. *Tipke, K./Lang, J.*, 1998, S. 356; *Bossert, R.*, 1997, S. 232.

[1522] Vgl. zur Wertbemessungsfunktion der AfaA *Moxter, A.*, 1999b, S. 240 ff. Siehe auch *Grube, G.*, 198[illegible], S. 497 ff.

[1523] *Schön, W.*, 1998, S. I. Ähnlich auch *Weber-Grellet, H.*, 1996a, S. 247: „Der Teilwert soll eine exakte Erfassung der Reinvermögensveränderungen als Indikator der Leistungsfähigkeit ermöglichen.“ Dabei ist zu beachten, daß der Teilwert mittlerweile nur noch bei voraussichtlich dauernder Wertminderung angesetzt werden darf und ein striktes Wertaufholungsgebot gilt. Vgl. § 6 Abs. 1 Nr. 1 und 2 EStG.

schaffung der Teilwertabschreibung in Anlehnung an das US-amerikanische Bilanzsteuerrecht würde unter Verletzung des objektiven Nettoprinzips die durch die Wertminderung des Wirtschaftsguts bedingte Minderung der Leistungsfähigkeit des Steuerpflichtigen negieren[1524] und ist daher nachdrücklich abzulehnen.

Sonderabschreibungen sind klassische Lenkungsnormen, die mit „der normalen betrieblichen Gewinnermittlung nichts zu tun"[1525] haben. Sie verletzen durch ihre einseitig begünstigende Wirkung sowohl das Postulat einer gleichmäßigen und leistungsfähigkeitsgerechten Besteuerung[1526] als auch die Prinzipien der Entscheidungsneutralität und Allokationseffizienz. Zudem komplizieren sie das Steuerrecht[1527] und erschweren durch ihre Änderungsanfälligkeit die Planbarkeit der Besteuerung. Diese gravierenden Verstöße sind auch nicht durch die jeweiligen Lenkungsziele zu rechtfertigen, die in der Regel durch direkte Subventionen effizienter erreicht werden könnten. Ein konsequenter Verzicht auf Sonderabschreibungen in Anlehnung an die USA wäre dem geltenden deutschen Bilanzsteuerrecht daher zweifellos zuträglich.

Im Bereich der Absetzungen für Substanzverringerung steht US-amerikanischen Substanzbetrieben mit der *percentage depletion* eine begünstigende Lenkungsnorm zur Verfügung.[1528] Weil die *percentage depletion* sogar die ursprünglichen Anschaffungskosten übersteigen kann, ist sie mit einem gleichmäßigen, am Leistungsfähigkeitsprinzip orientierten Steuersystem nicht in Einklang zu bringen.[1529] Außerdem geht von der Lenkungsnorm ein verzerrender Anreiz zur Investition in qualifizierende Ressourcen aus, was dem Neutralitätspostulat widerspricht und zu einer ineffizienten Allokation finanzieller Ressourcen führen kann. Diese Verstöße sind auch durch den verfolgten Lenkungszweck nicht zu rechtfertigen,[1530] so daß die

---

1524 Vgl. *Herzig, N.*, 1999, S. I, der die im Entwurf des Steuerentlastungsgesetzes 1999/2000/2002 geplante Abschaffung der Teilwertabschreibung daher aus der Sicht des Leistungsfähigkeitsprinzips als „dramatisch" bezeichnet. In diesem Sinne auch *Strahl, M.*, 1999, S. 145 ff.; *Stibi, B.*, 1999, S. 32 f. sowie *Uelner, A.*, 1999, S. 84 ff., der sogar verfassungsrechtliche Bedenken gegen die Abschaffung der Teilwertabschreibung äußert.

1525 *Knobbe-Keuk, B.*, 1993, S. 202. Ähnlich auch *Bossert, R.*, 1997, S. 249.

1526 Vgl. *Weber-Grellet, H.*, 1996a, S. 270; *Knobbe-Keuk, B.*, 1993, S. 204.

1527 Siehe auch *Knobbe-Keuk, B.*, 1993, S. 204, die hier „eine der wesentlichen Ursachen für die Kompliziertheit und Undurchsichtigkeit des Steuerrechts" sieht.

1528 Vgl. z. B. *McDaniel, P. R. u. a.*, 1999, S. 467.

1529 So auch Griswold in *Baker, R. G./Griswold, E. N.*, 1951, S. 378, der dazu feststellt: „I am still puzzled why anyone should think that .. [the percentage depletion] has a proper place in a fair and equitable tax system" (Klammerzusatz durch den Verfasser).

1530 A. A. ist Baker, der eine besondere Bedeutung der Öl- und Gasindustrie für die nationale Wohlfahrt und Sicherheit der USA sieht und dies neben den außergewöhnlich hohen Risiken der Erdölbohrung als rechtfertigenden Grund für die percentage depletion anführt. Dem hält Griswold entgegen, daß der Lenkungszweck zwar eine grundsätzliche Berechtigung habe, aber auf effizientere Weise außerhalb des Steuersystems über direkte Subventionen zu erreichen wäre. Zudem bezweifelt er, daß große Ölkonzerne wesentlich höheren wirtschaftlichen Risiken ausgesetzt sind als andere Branchen. Vgl. dazu *Baker, R. G./Griswold, E. N.*, 1951, S. 362 ff. Seit dem Tax Reduction Act v. 29.03.1975, Pub. L. No. 94-12, in: 89 Stat. 26 ist die Anwendbarkeit der percentage depletion für Öl- und Gasproduzenten durch Sec. 613A IRC stark eingeschränkt.

Übernahme der *percentage depletion* in das deutsche Bilanzsteuerrecht abzulehnen ist. Die in Deutschland zulässige lineare AfS gewährleistet demgegenüber eine leistungsfähigkeitsgerechte Periodengewinnermittlung, sofern die periodische Abbauleistung keinen extremen Schwankungen unterliegt.[1531] Damit sind auch neutralitäts- und effizienzverletzende Anreize zur Investition in Substanzbetriebe ausgeschlossen, was im Zusammenspiel mit der einfachen Anwendbarkeit und eindeutigen Planbarkeit einen Verzicht auf die lineare AfS nach US-amerikanischem Vorbild wenig sinnvoll erscheinen läßt.

412. Bilanzsteuerrechtliche Behandlung einzelner Positionen

4121. Ausweitung der Aktivierung und Modifikation der steuerlichen Abschreibung immaterieller Wirtschaftsgüter

Im deutschen Bilanzsteuerrecht besteht im Gegensatz zu den USA für selbsterstellte oder unentgeltlich erworbene immaterielle Wirtschaftsgüter des Anlagevermögens ein Aktivierungsverbot. Diese Ungleichbehandlung im Vergleich zu entgeltlich erworbenen immateriellen Anlagegütern steht im Konflikt mit dem Gleichmäßigkeitspostulat. Üblicherweise wird der Verstoß mit dem Vorsichtsprinzip begründet, da es den betreffenden Wirtschaftsgütern mangels einer Konkretisierung durch Markttransaktionen an einer objektiven Bestätigung ihrer Existenz und ihres Werts fehle.[1532] Dieses Argument verliert jedoch angesichts der Aktivierungspflicht von selbsterstellten oder unentgeltlich erworbenen materiellen sowie immateriellen Wirtschaftsgütern des Umlaufvermögens an Überzeugungskraft, da auch in diesen Fällen keine konkretisierenden Markttransaktionen stattgefunden haben.[1533] Weil das Aktivierungsverbot die periodische Steuerlast tangiert, kann es eine verzerrende Wirkung entfalten, die sich negativ auf die Entscheidungsneutralität und Allokationseffizienz der Besteuerung auswirkt. Die Übernahme der grundsätzlichen Aktivierungspflicht für immaterielle Wirt-

[1531] In diesem Fall wäre aus der Sicht des Leistungsfähigkeitsprinzips die AfS nach Maßgabe der Leistung vorzugswürdig. Siehe auch *Knobbe-Keuk, B.*, 1993, S. 196.

[1532] Vgl. dazu z. B. *Knobbe-Keuk, B.*, 1993, S. 90; *Niemann, U.*, 1999, S. 55; *Weber-Grellet, H.*, 1996a, S. 114; *Tipke, K./Lang, J.*, 1998, S. 338. Der *Arbeitskreis „Immaterielle Werte im Rechnungswesen" der Schmalenbach-Gesellschaft für Betriebswirtschaft*, 2001, S. 992 sieht hier eine Überbetonung von Vorsichts- und Objektivierungsgesichtspunkten.

[1533] So auch *Biergans, E.*, 1992, S. 216 ff., der die implizite Annahme, selbsterstellte oder unentgeltlich erworbene Anlagegüter seien mit vergleichsweise höheren Risiken behaftet, die die Ungleichbehandlung rechtfertigten, überzeugend widerlegt. Skeptisch zu dem Werthaltigkeitsargument auch *Pellens, B.*, 1999, S. 179, dem die Argumentation „nicht hinreichend" erscheint sowie *Bossert, R.*, 1997, S. 138 und *Weber-Grellet, H.*, 2000a, § 5, Rz. 162.

schaftsgüter aus dem US-amerikanischen Bilanzsteuerrecht könnte daher durchaus in Erwägung gezogen werden.[1534]

Aufwendungen für die Ingangsetzung des Geschäftsbetriebs werden in den USA als *start-up expenditures* aktiviert, was aus der Perspektive des Leistungsfähigkeitsprinzips kritisch zu beurteilen ist. Denn Ingangsetzungsaufwendungen erfüllen weder die deutschen noch die US-amerikanischen Aktivierungsvoraussetzungen,[1535] so daß zur Ermittlung eines leistungsfähigkeitsgerechten Periodenergebnisses ihr sofortiger Abzug als Betriebsausgabe angezeigt wäre.[1536] Angesichts der generellen Abzugsfähigkeit von Erweiterungsaufwendungen begegnet die Aktivierung auch Bedenken aus der Sicht der Gleichmäßigkeit und Entscheidungsneutralität der Besteuerung,[1537] zumal sich die Abgrenzung von den Ingangsetzungsaufwendungen teilweise sehr kompliziert gestalten kann[1538]. Ein Abrücken von dem im deutschen Bilanzsteuerrecht bestehenden Aktivierungsverbot für Aufwendungen für die Ingangsetzung des Geschäftsbetriebs erscheint daher wenig ratsam.[1539] Auch Gründungsaufwendungen werden im US-amerikanischen Bilanzsteuerrecht aktiviert, weil sie aus denselben Gründen wie *start-up expenditures* nicht für einen Betriebsausgabenabzug in Betracht kommen.[1540] Aber auch Gründungsaufwendungen erfüllen weder die deutschen noch die US-amerikanischen Aktivierungsvoraussetzungen,[1541] was aus der Sicht des Leistungsfähigkeitsprinzips ihren Abzug als Betriebsausgabe erfordert. Angesichts der ebenfalls nicht immer unproblematischen Abgrenzung von den Aufwendungen für die Ingangsetzung oder Erweiterung des Geschäftsbetriebs[1542] sollte daher an dem deutschen Aktivierungsverbot für Gründungsaufwendungen festgehalten werden.

[1534] Hierfür plädiert ausdrücklich *Biergans, E.*, 1992, S. 218. Auch der *Arbeitskreis „Immaterielle Werte im Rechnungswesen" der Schmalenbach-Gesellschaft für Betriebswirtschaft*, 2001, S. 989 ff. fordert für die Handelsbilanz die Streichung von § 248 Abs. 2 HGB.

[1535] Vgl. *Weber-Grellet, H.*, 2000a, § 5, Rz. 270; *Wöhe, G.*, 1997, S. 711; *Bossert, R.*, 1997, S. 140; *Arndt, H.-W./Piltz, D. J.*, 1996, S. 366; *Littkemann, J.*, 1994, S. 209 sowie GP 3311 zur Aktivierung von start-up expenditures gem. Sec. 195 IRC.

[1536] Siehe auch *Kraft, C.*, 1991, S. 169.

[1537] Vgl. *Mundstock, G.*, 1987, S. 1218 f.

[1538] Siehe auch *Raby, B. J. W./Raby, W. L.*, 1999, S. 861 f.; *Persellin, M. B./Novak, E. S.*, 1995, S. 145 f.; *Kroschel, J.*, 2000a, S. 224.

[1539] Dies gilt umso mehr, als start-up expenditures in den USA nur deshalb aktiviert werden, weil ein Abzug als Betriebsausgabe nach der h. M. aufgrund der Betriebsausgabendefinition von Sec. 162 IRC nicht möglich ist. Denn diese Vorschrift stellt explizit auf einen laufenden Geschäftsbetrieb ab, welcher nach der h. M. im Fall von start-up expenditures aber noch nicht vorliegt. Vgl. dazu auch *Bittker, B. I./Lokken, L.*, 1999a, S. 26-32 ff.; *McDaniel, P. R. u. a.*, 1999, S. 413 ff.; *Mundstock, G.*, 1987, S. 1215; *Kroschel, J.*, 2000a, S. 224.

[1540] Vgl. auch S. Rep. No. 1622, 83d Cong., 2d Sess. 37 (1954); *McDaniel, P. R. u. a.*, 1999, S. 416; *Bittker, B. I./Lokken, L.*, 1999c, S. 90-28.

[1541] Vgl. *Knobbe-Keuk, B.*, 1993, S. 85; *Weber-Grellet, H.*, 2000a, § 5, Rz. 270; *Biergans, E.*, 1992, S. 277 f.; *Veit, K.-R.*, 1984, S. 69 sowie GP 3311 zur Aktivierung von Gründungsaufwendungen gem. Sec. 248 und 709 IRC.

[1542] Vgl. z. B. *Biergans, E.*, 1992, S. 277 ff.

Das US-amerikanische Aktivierungswahlrecht für Forschungs- und Entwicklungsaufwendungen hat zur Folge, daß Forschungs- und Entwicklungsaufwendungen, die die Voraussetzungen zur Aktivierung als immaterielles Wirtschaftsgut erfüllen, dennoch sofort abgezogen werden können und vice versa. Aus der Perspektive einer leistungsfähigkeitsgerechten Gewinnermittlung ergibt sich so jedoch in ersterem Fall ein zu niedriger und in letzterem Fall ein zu hoher Aktivierungsumfang.[1543] Außerdem führt der mit dem Wahlrecht verfolgte Lenkungszweck über die steuerliche Begünstigung von Forschungsaktivitäten zu Konflikten mit dem Neutralitätspostulat.[1544] Demgegenüber können Forschungs- und Entwicklungsaufwendungen im deutschen Bilanzsteuerrecht grundsätzlich nicht aktiviert werden.[1545] Dies gilt auch, wenn immaterielle Anlagegüter entstehen, weil selbsterstellte immaterielle Wirtschaftsgüter des Anlagevermögens einem Aktivierungsverbot unterliegen. Eine Übernahme des US-amerikanischen Aktivierungswahlrechts in das deutsche Bilanzsteuerrecht erscheint angesichts der aufgezeigten Konflikte mit fundamentalen Besteuerungsgrundsätzen wenig sinnvoll. Sofern die Forschungs- und Entwicklungsaufwendungen aber zu einem immateriellen Anlagegut führen, könnte in Anlehnung an die allgemeinen Aktivierungsgrundsätze für immaterielle Wirtschaftsgüter in den USA die Aufhebung des deutschen Aktivierungsverbots für selbsterstellte immaterielle Anlagegüter durchaus in Erwägung gezogen werden.[1546]

Bei der Einführung einer separaten Abschreibungsvorschrift für bestimmte immaterielle Wirtschaftsgüter wurde der US-amerikanische Gesetzgeber primär von Vereinfachungsabsichten geleitet.[1547] Die für die Umsetzung des Vereinfachungszwecks zentrale Typisierung der Abschreibungsdauer auf einheitlich 15 Jahre ist jedoch nicht mit dem Leistungsfähigkeitsprinzip vereinbar, weil sie in den meisten Fällen nicht der tatsächlichen Nutzungsdauer des immateriellen Wirtschaftsguts entsprechen wird[1548].[1549] In der Folge kann je nach den individuellen Verhältnissen ein zu hohes oder zu niedriges Periodenergebnis ausgewiesen werden.[1550] Außerdem geht von der Typisierung ein Anreiz zur Investition in immaterielle Wirtschaftsgüter

---

1543 Vgl. auch *Kraft, C.*, 1991, S. 168 f.

1544 So auch *Mundstock, G.*, 1987, S. 1204 f., der aus demselben Grund auch das Gleichmäßigkeitspostulat verletzt sieht.

1545 Lediglich bei auftrags- und objektbezogenen Forschungs- und Entwicklungsaufwendungen kann eine Aktivierungsfähigkeit gegeben sein. Vgl. *Müller, W.*, 1991, S. 386 ff.

1546 Vgl. dazu die Argumente weiter oben in diesem GP.

1547 Vgl. *McDaniel, P. R. u. a.*, 1999, S. 459 f.; *Doering, J. A.*, 1993, S. 621.

1548 Typisierungsbedingte Abweichungen von der tatsächlichen Nutzungsdauer werden auch vom Gesetzgeber konzediert. Vgl. *McDaniel, P. R. u. a.*, 1999, S. 460. Vgl. zur diesbezüglichen Kritik auch *Douglass, M. J.*, 1994, S. 752 f.; *Hammond, C. L.*, 1995, S. 938; *Mackles, G. F.*, 1993, S. 335; *Bokinsky, A. J.*, 1994, S. 239 f., die 15 Jahre jedoch für einen fairen Mittelwert hält.

1549 In Ausnahmefällen mag die Typisierung der Nutzungsdauer gerechtfertigt sein, nämlich immer dann, wenn die tatsächliche Nutzungsdauer des immateriellen Wirtschaftsguts nicht oder nur mit unverhältnismäßigem Aufwand bestimmbar ist, wie z. B. beim Geschäfts- oder Firmenwert. Dies rechtfertigt jedoch keine generelle Typisierung.

1550 Siehe auch *Douglass, M. J.*, 1994, S. 753 f.

aus, deren tatsächliche Nutzungsdauer 15 Jahre übersteigt und die somit in den Genuß einer beschleunigten Abschreibung kommen.[1551] Dies verstößt sowohl gegen den Grundsatz der Entscheidungsneutralität der Besteuerung als auch gegen das Effizienzpostulat. Der beabsichtigte Vereinfachungszweck wird durch die extreme Kasuistik von Sec. 197 IRC großenteils absorbiert, so daß weder die Wirtschaftlichkeit noch die Planbarkeit der Besteuerung eine nennenswerte Verbesserung erfahren. Angesichts der aufgezeigten Verstöße gegen fundamentale Besteuerungsgrundsätze geht von dem nur unzulänglich erreichten Vereinfachungszweck keine hinreichende Rechtfertigungswirkung aus, die eine Übernahme von Sec. 197 IRC in das deutsche Bilanzsteuerrecht nahelegen würde.

4122. Erleichterung der Vorratsbewertung zum Teilwert und Ausbau der Verbrauchsfolgemodelle

In Deutschland ist der Ansatz des niedrigeren Teilwerts seit dem Steuerentlastungsgesetz 1999/2000/2002 an eine voraussichtlich dauernde Wertminderung geknüpft, während im US-amerikanischen Vorratsvermögen der niedrigere Marktpreis ohne einen vergleichbaren Nachweis angesetzt werden kann. Aus der Sichtweise einer leistungsfähigkeitsgerechten Vorratsbewertung ist kaum zu beanstanden, daß für die steuerliche Berücksichtigung von Preisminderungen eine gewisse Nachhaltigkeit verlangt wird. Dabei ist jedoch zu beachten, daß das Vorratsvermögen ohnehin nicht dazu bestimmt ist, dem Betrieb auf Dauer zu dienen, was den für das Dauerhaftigkeitskriterium relevanten Betrachtungszeitraum in engen Grenzen hält.[1552] Daher ist vor dem Hintergrund der Grundsätze der Wirtschaftlichkeit und Einfachheit der Besteuerung fraglich, ob der zusätzliche Aufwand durch den nun erforderlichen Nachweis einer dauernden Wertminderung gerechtfertigt ist. Dies gilt umso mehr, als eine nicht näher spezifizierte dauernde Wertminderung im Umlaufvermögen aus der Perspektive der Gesetzesbestimmtheit nicht unproblematisch ist[1553] und zudem auch die Planbarkeit der Besteuerung negativ beeinflußt. Im Umlaufvermögen sollte daher ein Verzicht auf das Dauerhaftigkeitskriterium in Anlehnung an die US-amerikanische Vorratsbewertung in Erwägung gezogen werden.

Die Vereinigten Staaten schließen den Ansatz des niedrigeren Marktpreises bei Wirtschaftsgütern, die bereits im Rahmen von *fixed price contracts* veräußert wurden, explizit aus,

---

[1551] Siehe auch *Doering, J. A.*, 1993, S. 630; *Douglass, M. J.*, 1994, S. 752.

[1552] Vgl. *Cattelaens, H.*, 1999, S. 1187; *Groh, M.*, 1999, S. 982; *Loitz, R./Winnacker, E.*, 2000, S. 2229 f. *Fleischmann, M.*, 2000a, S. 358 erwartet daher im Umlaufvermögen keine gravierenden Auswirkungen durch die Verschärfung der Teilwertabschreibung.

[1553] Dies belegt auch die relativ zeitnahe Veröffentlichung des BMF-Schreibens v. 25.02.2000, in: DB 2000, S. 546.

während im deutschen Bilanzsteuerrecht die Zulässigkeit einer Teilwertabschreibung in solchen Fällen nicht eindeutig geregelt ist. Unabhängig von der Zukunft des Dauerhaftigkeitskriteriums in der deutschen Vorratsbewertung sollte das US-amerikanische Vorbild daher zum Anlaß genommen werden, einen generellen Ausschluß der Teilwertabschreibung für solche Wirtschaftsgüter zu überdenken. Denn die Wertminderung dieser Wirtschaftsgüter führt nicht zu einer verminderten Leistungsfähigkeit des Steuerpflichtigen, kann er diese doch in jedem Fall zu dem vereinbarten Preis veräußern. Zudem würde eine solche Regelung die gegenwärtige Unsicherheit bei der Behandlung von *fixed price contracts* beseitigen und somit einen Beitrag zur Planbarkeit und Wirtschaftlichkeit der Besteuerung leisten.

Zur Vereinfachung der Vorratsbewertung ist im US-amerikanischen Bilanzsteuerrecht sowohl die LIFO- als auch die FIFO-Verbrauchsfolge zulässig, während letztere in Deutschland nur bei Nachweis einer entsprechenden tatsächlichen Verbrauchsfolge angewendet werden kann. Aufgrund ihres Vereinfachungszwecks,[1554] der eine Durchbrechung des Einzelbewertungsgrundsatzes bewirkt, sind beide Verbrauchsfolgemodelle aus der Sicht des Leistungsfähigkeitsprinzips nicht unproblematisch. Dem steht jedoch die deutliche Steigerung der Einfachheit und Wirtschaftlichkeit der Vorratsbewertung rechtfertigend gegenüber. Kritischer ist indes die mit der deutschen Nachweispflicht einhergehende Verletzung des Gleichmäßigkeitspostulats zu beurteilen. Denn bei sinkenden Preisen kommt nur der Steuerpflichtige in den Genuß der FIFO-Methode, der aufgrund technischer oder organisatorischer Gegebenheiten den geforderten Nachweis erbringen kann, während andere, die den Nachweis nicht erbringen können, ausgeschlossen bleiben.[1555] Folgt man der Auffassung von *Herzig/Gasper*, daß die LIFO-Methode auch bei tatsächlicher FIFO-Verbrauchsfolge anwendbar ist,[1556] verletzt die eingeschränkte Zulässigkeit von FIFO auch das Neutralitäts- und das Effizienzpostulat. Denn theoretisch entsteht ein Anreiz, die organisatorischen Abläufe des Betriebs nach der FIFO-Verbrauchsfolge zu strukturieren, um bei steigenden Preisen die LIFO-Methode zu wählen und im Fall sinkender Preise die Voraussetzungen zur Anwendung der dann vorteilhafteren FIFO-Methode zu erfüllen.[1557] Die Übernahme der generellen Zulässig-

[1554] Der Vereinfachungszweck der LIFO-Methode wurde jüngst vom BFH im Urteil vom 20.06.2000, in: DB 2000, S. 2248 herausgestellt. Kritisch dazu *Moxter, A.*, 2001, S. 157 ff., der darauf hinweist, daß in der Gesetzesbegründung zu § 6 Abs. 1 Nr. 2a EStG die Vermeidung der Scheingewinnbesteuerung im Vordergrund steht. Vgl. BT-Drcks. 11/2157 v. 19.04.1988, S. 140. Ebenso *Mayer-Wegelin, E.*, 2001, S. 554 f. Vgl. zur kontroversen Diskussion um den Zweck der LIFO-Methode auch *Herzig, N./Gasper, R.*, 1992, S. 130 f.; *Bareis, P. u. a.*, 1993, S. 1249 ff.; *Siegel, T.*, 1991, S. 1941 f.

[1555] Ebenso *Wöhe, G.*, 1997, S. 495.

[1556] Vgl. *Herzig, N./Gasper, R.*, 1992, S. 1302 m. w. N. Ähnlich *Schulz, H./Fischer, N.*, 1989, S. 528.

[1557] Derartige Gestaltungen werden natürlich durch das Stetigkeitsgebot und die Zustimmungspflicht der Finanzverwaltung (§ 6 Abs. 1 Nr. 2a Satz 3 EStG) stark eingeschränkt.

keit mengenmäßiger Verbrauchsfolgemodelle aus dem US-amerikanischen Bilanzsteuerrecht erscheint daher erwägenswert.

Mit der *dollar-value LIFO method* verfügt das US-amerikanische Bilanzsteuerrecht über eine in Deutschland bisher nicht zulässige Variante der LIFO-Methode.[1558] Solche Indexverfahren sind aus der Perspektive des Leistungsfähigkeitsprinzips auch nicht unproblematisch, weil sie wie alle Verbrauchsfolgemodelle zur Vereinfachung der Vorratsbewertung von der eigentlich gebotenen Einzelbewertung abweichen. Ihr Vereinfachungspotential und die dadurch ermöglichte Wirtschaftlichkeit der Vorratsbewertung[1559] wiegen diesen Nachteil jedoch auf. Die Vermeidung einer Scheingewinnbesteuerung als weitere Zielsetzung der LIFO-Methode wird durch die *dollar-value LIFO method* ebenfalls gewährleistet.[1560] Die Gegner der Methode führen daher auch als Hauptargument einen Verstoß gegen das Gleichartigkeitskriterium der §§ 6 Abs. 1 Nr. 2a EStG und 256 HGB an.[1561] Aus der Perspektive der allgemeinen Besteuerungsgrundsätze ergeben sich aber keine stichhaltigen Argumente gegen die *dollar-value LIFO method*. Aus diesem Blickwinkel erscheint es durchaus erwägenswert, die Möglichkeit für eine Übernahme der *dollar-value LIFO method* in das deutsche Bilanzsteuerrecht zu schaffen.

4123. Einschränkung der Pauschalwertberichtigung von Forderungen

Die Möglichkeit zur pauschalen Wertberichtigung von Forderungen steht in den USA nur kleineren Banken und Dienstleistungsunternehmen zur Verfügung, was im intersubjektiven Vergleich gegen den Grundsatz der Gleichmäßigkeit der Besteuerung verstößt.[1562] Hierin ist zudem eine Verletzung der Grundsätze der Entscheidungsneutralität und der Allokationseffizienz der Besteuerung zu sehen. Aus der Perspektive der Gesetzmäßigkeit der Besteuerung hat die US-amerikanische Pauschalwertberichtigung den Vorteil der gesetzlichen Kodifikation, während sich ihr deutsches Pendant lediglich auf seine GoB-Konformität berufen kann[1563]. Außerdem schreibt der *Internal Revenue Code* ein verbindliches Berechnungsschema für die pauschale Wertberichtigung vor, während in Deutschland lediglich auf Erfah-

1558 Im deutschen Schrifttum werden die Indexverfahren kontrovers diskutiert. Vgl. befürwortend *Unselt, K.*, 1996, S. 934 f.; *Herzig, N./Gasper, R.*, 1991, S. 562 f.; *Herzig, N./Gasper, R.*, 1992, S. 1304 ff.; *Schulz, H./Fischer, N.*, 1989, S. 525 ff.; *Siepe, G./Husemann, W./Borges, K.*, 1994, S. 645 ff.; *Treptow, H./Weismüller, A.*, 1991, S. 577 ff.; *GEFIU*, 1990, S. 1977 sowie ablehnend *Müller-Gatermann, G.*, 1991, S. 8 f.; *Siegel, T.*, 1991, S. 1946 ff.; *Schneider, D.*, 1996, S. 151 f.

1559 Vgl. dazu auch *Schulz, H./Fischer, N.*, 1989, S. 525; *Siepe, G./Husemann, W./Borges, K.*, 1994, S. 655.

1560 Vgl. *Schulz, H./Fischer, N.*, 1989, S. 525; *Siepe, G./Husemann, W./Borges, K.*, 1994, S. 655.

1561 Vgl. *Siegel, T.*, 1991, S. 1946; *Müller-Gatermann, G.*, 1991, S. 9; *Bareis, P. u. a.*, 1993, S. 1251 f. Siehe dazu auch *Herzig, N./Gasper, R.*, 1992, S. 1305.

1562 So auch *Goldman, R. A.*, 1987, S. 373.

1563 Vgl. BFH v. 16.07.1981, in: BStBl. II 1981, S. 767.

rungen aus der Vergangenheit abgestellt wird. Die Vorgabe eines starren Berechnungsschemas schafft Rechtssicherheit und vermeidet Auseinandersetzungen mit der Finanzverwaltung über die Berechnungsgrundlagen[1564]. Auf diese Weise wird durch die Bestimmtheit der gesetzlichen Vorschrift die Einfachheit und Wirtschaftlichkeit ebenso wie die Planbarkeit der Besteuerung deutlich erhöht.[1565] Ein striktes Wertaufholungsgebot, wie es in Deutschland seit dem Steuerentlastungsgesetz 1999/2000/2002 gilt, kennt das US-amerikanische Bilanzsteuerrecht indes nicht. Die damit verbundenen Nachweispflichten erschweren zwar die Vornahme pauschaler Wertberichtigungen,[1566] sind aber aus der Sicht des Leistungsfähigkeitsprinzips kaum zu beanstanden.[1567] Im Ergebnis sollte die Pauschalwertberichtigung von Forderungen des deutschen Bilanzsteuerrechts daher grundsätzlich beibehalten werden, wobei die Einführung einer Berechnungsformel nach US-amerikanischem Vorbild durchaus erwägenswert erscheint[1568].

4124. Mark-to-market von Wertpapieren und Beteiligungen

Die US-amerikanische *mark-to-market*-Methode zur Bewertung von Wertpapieren und Beteiligungen gilt lediglich für das Umlaufvermögen von Wertpapierhändlern und sogenannte *section 1256 contracts*. Dieser selektive und kasuistische Anwendungsbereich kollidiert mit dem Gleichmäßigkeitspostulat[1569] und kann zu Ausweichhandlungen der Steuerpflichtigen Anlaß geben, was wiederum das Neutralitäts- und in der Folge auch das Effizienzpostulat verletzt. Von ungleich größerer Bedeutung ist indes die eklatante Verletzung des Realisations- und Anschaffungswertprinzips durch die *mark-to-market*-Methode.[1570] Denn der Ansatz eines die Anschaffungskosten übersteigenden *fair market value* hat den Ausweis und die Besteuerung unrealisierter Gewinne zur Folge, was mit dem Leistungsfähigkeitsprinzip nicht in Einklang zu bringen ist. Hinzu kommt eine Verschlechterung der Planbarkeit der Besteuerung wegen der Unsicherheit über die steuerwirksam anzusetzenden Stichtagskurse. Eine Über-

---

1564 Nach *Loitz, R./Winnacker, E.*, 2000, S. 2230 ist der bei einer Pauschalwertberichtigung anzuwendende Prozentsatz Gegenstand häufiger Beanstandungen bei Betriebsprüfungen. Siehe auch *Scherer, F.*, 1997, S. 14.

1565 Dies gilt umso mehr, als die in Deutschland bisher pauschal anerkannte Wertberichtigung von einem Prozent mit dem Steuerentlastungsgesetz 1999/2000/2002 hinfällig geworden ist. Vgl. auch Fn. 1338.

1566 So auch *Loitz, R./Winnacker, E.*, 2000, S. 2230.

1567 So auch *Küting, K./Kessler, H.*, 1998b, S. 35.

1568 Ob dabei auch der US-amerikanische Betrachtungshorizont von sechs Jahren exakt übernommen werden sollte, sei hier dahingestellt. Denn daß die Berechnungsformel in ihrer konkreten Ausgestaltung optimal ist, wird auch in den USA bezweifelt, und selbst das US Treasury Department räumt ein: „the current regulations' formula is not perfect". Vgl. *Moriarty, M. S.*, 1988, S. 1013.

1569 Siehe auch *Ordower, H.*, 1993, S. 60.

1570 Vgl. auch *McDaniel, P. R. u. a.*, 1999, S. 212; *Ordower, H.*, 1993, S. 58 ff.; *Pellens, B.*, 1999, S. 182 ff.

nahme der *mark-to-market*-Methode in das deutsche Bilanzsteuerrecht ist daher nachdrücklich abzulehnen.

4125. Einschränkung der Rückstellungsbildung

Die Beurteilung der Legitimität von Rückstellungen im Bilanzsteuerrecht wirft die Frage nach der steuerlichen Relevanz des Imparitätsprinzips auf. Die steuerliche Gewinnermittlung mißt die Veränderung der Leistungsfähigkeit des Steuerpflichtigen zwischen zwei Stichtagen.[1571] Nach verbreiteter Ansicht ist dabei der Reinvermögenszuwachs, also jede Vermögensänderung, unabhängig von ihrer Realisation, zwar der theoretisch ideale Indikator steuerlicher Leistungsfähigkeit.[1572] Weil die ausschließliche Anknüpfung am Reinvermögenszuwachs jedoch neben erheblichen Bewertungsproblemen auch zu einer faktischen Substanzbesteuerung durch die Erfassung unrealisierter und folglich unsicherer Vermögenszuwächse führt, ist ein Kompromiß zwischen dem Reinvermögenszuwachs und dem Reinvermögenszugang[1573] erforderlich. Nach diesem Kompromiß, den der deutsche Gesetzgeber auch umgesetzt hat, werden Vermögensminderungen nach der Reinvermögenszuwachstheorie unabhängig von ihrer Realisation erfaßt, während für Vermögensmehrungen nach der Reinvermögenszugangstheorie eine Realisation vorausgesetzt wird. Die Umsetzung dieses Kompromisses geschieht durch das Realisations- und das Imparitätsprinzip, die folglich eine leistungsfähigkeitsgerechte steuerliche Gewinnermittlung gewährleisten.[1574] Die Rückstellungsbildung ist Ausfluß des Imparitätsprinzips und ihr Ausschluß stellt folglich einen Verstoß gegen die Grundsätze leistungsfähigkeitsgerechter Gewinnermittlung dar.[1575] Ein weitgehender Verzicht auf die Rückstellungsbildung nach US-amerikanischem Vorbild ist daher für das deutsche Bilanzsteuerrecht nachdrücklich abzulehnen. Vielmehr sollte die entgegengesetzte Richtung eingeschlagen und

---

1571 Vgl. § 4 Abs. 1 Satz 1 EStG. Siehe z. B. auch *Küting, K./Kessler, H.*, 2000, S. 22; *Pezzer, H.-J.*, 1991, S. 12 f.

1572 Vgl. *Küting, K./Kessler, H.*, 2000, S. 23; *Tipke, K./Lang, J.*, 1998, S. 95, 209.

1573 Der Reinvermögenszugang stellt ausschließlich auf realisierte Vermögenszugänge ab. Vgl. z. B. *Küting, K./Kessler, H.*, 2000, S. 23; *Schneider, D.*, 2000, S. 1242. Siehe auch *Tipke, K./Lang, J.*, 1998, S. 209 f.; *Pezzer, H.-J.*, 1991, S. 14, die hier vom „Markteinkommen" sprechen.

1574 Vgl. *Küting, K./Kessler, H.*, 2000, S. 23 ff.; *Küting, K./Kessler, H.*, 1998a, S. 1939 f.; *Tipke, K./Lang, J.*, 1998, S. 95 f., 209 f.; *Pezzer, H.-J.*, 1991, S. 22 ff. Im Ergebnis ebenso *Groh, M.*, 1999, S. 978 f.; *Treptow, H.*, 1999, S. 3. *Beiser, R.*, 2001, S. 296 spricht daher vom „Realisations- und Imparitätsprinzip als Ausfluß der Besteuerung nach der Leistungsfähigkeit". A. A. *Siegel, T.*, 2000, S. 29 ff., der hier einen nicht hinreichend begründeten Systembruch sieht. *Hoffmann, W.-D.*, 2000, S. 248 ff. hält den Systembruch hingegen für sachgerecht.

1575 Vgl. z. B. *Wöhe, G.*, 1997, S. 517; *Bordewin, A.*, 1998, S. 226 f.; *Küting, K./Kessler, H.*, 1998a, S. 1940; *Grefe, C.*, 1997, S. 2637; *Versin, V.*, 2000, S. 1207 ff. Nach *Groh, M.*, 1999, S. 980 degeneriert der Verzicht auf das Imparitätsprinzip die Steuerbilanz zu einer „unrealistischen Geisterbilanz". A. A. *Doralt, W.*, 1998, S. 1357 f., der die Berechtigung von Rückstellungen in der Steuerbilanz grundsätzlich bezweifelt.

die bereits erfolgte Beschränkung der Zulässigkeit steuerlicher Rückstellungen nochmals überprüft werden.

42. Übernahme des US-amerikanischen Bilanzsteuerrechts als Gesamtkonzeption

Im vorangegangenen Abschnitt wurden einzelne Elemente des US-amerikanischen Bilanzsteuerrechts aus der Perspektive der Zwecke und allgemeinen Grundsätze der Besteuerung untersucht. Die Untersuchungsergebnisse offenbaren eine im Vergleich zu Deutschland größere Dominanz des Fiskalzwecks in den USA, die sich besonders prägnant in den primär fiskalisch motivierten Durchbrechungen des Realisationsprinzips manifestiert.[1576] Genannt seien hier beispielsweise die gewinnerhöhende Erfassung bestimmter Vorauszahlungen im Zuflußzeitpunkt, die *percentage of completion method* bei der langfristigen Auftragsfertigung oder die *mark-to-market*-Bewertung bestimmter Wertpapiere und Beteiligungen. Damit wird in einer dem deutschen Bilanzsteuerrecht unbekannten Weise gegen das Leistungsfähigkeitsprinzip verstoßen, welches im Bereich der bilanziellen steuerlichen Gewinnermittlung gerade in angemessener und praktikabler Form durch das Realisations- und das Imparitätsprinzip konkretisiert wird. Die Durchbrechungen haben darüber hinaus eine systemwidrige Vermischung der *accrual method* mit Elementen der *cash method* zur Folge.[1577]

Im deutschen Bilanzsteuerrecht zeigt sich hingegen eine im Vergleich zu den USA stärkere Dominanz des steuerlichen Lenkungszwecks, indem Verstöße gegen allgemeine Besteuerungsgrundsätze seltener rein fiskalisch motiviert sind, sondern häufiger auf diverse Lenkungsabsichten zurückzuführen sind. Das Paradebeispiel hierfür sind die zahlreichen Sonderabschreibungen, welche in dieser Form in den USA unbekannt sind.

Durch die bereits erwähnten selektiven, primär fiskalisch motivierten Durchbrechungen des Realisationsprinzips, aber auch durch selektive Steuervergünstigungen, wie beispielsweise die *percentage depletion* für bestimmte Substanzbetriebe oder die *nonrecognition* von *like-kind exchanges* werden die Postulate der Entscheidungsneutralität und Allokationseffizienz der Besteuerung im US-amerikanischen Bilanzsteuerrecht tendenziell stärker verletzt als dies in Deutschland der Fall ist.

1576 Vgl. auch *Ordower, H.*, 1993, S. 59, der die Durchbrechungen als „revenue enhancer" kritisiert.

1577 Kritisch zu dieser Systemvermischung *Groh, M.*, 1999, S. 980 sowie *Schreiber, U.*, 2000, S. 91.

Das US-amerikanische Bilanzsteuerrecht ist einheitlich und äußerst umfangreich im *Internal Revenue Code* kodifiziert. Vom Standpunkt der Gesetzmäßigkeit der Besteuerung ist es daher seinem deutschen, teils im EStG kodifizierten, teils auf die handelsrechtlichen GoB verweisenden Pendant überlegen.[1578] Allerdings zeichnen sich die Vorschriften des IRC durch eine sehr hohe Kasuistik aus, was auf die angelsächsische Rechtstradition des *case law* zurückzuführen ist. In Verbindung mit der nach wie vor großen Bedeutung der Rechtsprechung und der nahezu unüberschaubaren Fülle amtlicher Verlautbarungen erreicht das US-amerikanische Bilanzsteuerrecht damit einen Komplexitätsgrad, der den des wesentlich stärker an allgemeinen Grundsätzen orientierten deutschen Bilanzsteuerrechts bei weitem übertrifft.[1579] Dieser Praktikabilitäts- und Wirtschaftlichkeitsnachteil wird auch durch die mit den detaillierten kasuistischen IRC-Vorschriften vordergründig einhergehende größere Gesetzesbestimmtheit nicht aufgewogen. Denn jede noch so umfangreiche Kasuistik weist notwendigerweise Lücken auf, deren Schließung im Wege der Gesetzesauslegung dann umso schwieriger ist.

Neben den allgemeinen Besteuerungsgrundsätzen sind aber noch weitere Faktoren bei der Beurteilung des US-amerikanischen Bilanzsteuerrechts als Gesamtkonzeption zu berücksichtigen. Wie der Vergleich mit den korrespondierenden deutschen Vorschriften ergeben hat, ginge mit der Übernahme des Bilanzsteuerrechts der USA in das deutsche Steuerrecht eine spürbare Verbreiterung der Bemessungsgrundlage einher.[1580] Ob die hieraus resultierende Erhöhung der unternehmerischen Steuerbelastung durch eine entsprechende Tarifreduktion vermieden werden würde, darf zumindest bezweifelt werden. Demgegenüber ist die primär an der Aufwands- und Ertragsverrechnung orientierte Erscheinungsform des US-amerikanischen Bilanzsteuerrechts kein wesentlicher Hinderungsgrund für eine Übernahme in das deutsche Steuerrecht, weil es sich hier in erster Linie um einen formalen Aspekt handelt.

1578 Die unzureichende Regelungsdichte des deutschen Bilanzsteuerrechts beklagt auch *Weber-Grellet, H.*, 2000c, S. 166 f.

1579 Nach *Kroschel, J.*, 2000b, S. 287 übertrifft das amerikanische Steuerrecht in seiner Komplexität das deutsche um ein Vielfaches. Der Autor exemplifiziert diese Feststellung anhand des Umfangs der US-amerikanischen gesetzlichen Vorschriften und Richtlinien zur betrieblichen Altersvorsorge, die mehr als den vierfachen Umfang des gesamten deutschen Einkommensteuergesetzes erreichten und formuliert treffend, der IRC stecke „voller Ungereimtheiten, Unklarheiten und Widersprüche" und sei „daher für den Laien nahezu unlesbar". Auch von US-amerikanischer Seite wird zugestanden, daß „[i]n some areas, the German [tax] system operates with significantly less complexity than its American counterpart" und daß die USA „should welcome any assistance that would help it simplify the current morass of tax provisions, both corporate and noncorporate". Vgl. *Schwidetzky, W. D.*, 2000, S. 246 f. (Klammerzusatz durch den Verfasser). Kritisch zur Komplexität des US-amerikanischen Steuerrechts auch *Schreiber, U.*, 2000, S. 93; *Pflüger, H.*, 1996, S. 207.

1580 Vgl. auch *Oestreicher, A./Spengel, C.*, 1999a, S. 461 ff., die für die USA eine im Vergleich zu Deutschland um 11,1 % höhere körperschaftsteuerliche Bemessungsgrundlage ermittelten. Ähnlich auch *Jacobs, O. H.*, 1991, S. 259 im Rahmen eines Steuerbelastungsvergleichs.

Im Ergebnis stellt das US-amerikanische Bilanzsteuerrecht als Gesamtkonzeption damit – ebenso wie bereits die überwiegende Zahl seiner Einzelelemente – kein geeignetes Vorbild für die Reform des deutschen Bilanzsteuerrechts dar. Der nachfolgend wiedergegebenen Einschätzung des US-amerikanischen Steuerrechts von *Groh* ist daher, wenn auch nicht in dieser Schärfe, so doch im Ergebnis zuzustimmen: „Daß diese kasuistische und chaotisch anmutende Rechtsmaterie Vorbild für eine deutsche Kodifikation sein soll, ist nicht akzeptabel. Inhaltlich findet sich hier ein Durcheinander von Einnahmen- und Ausgabenrechnung und Vermögensvergleich, das nur historisch und aus dem Fehlen eines kodifizierten Handelsbilanzrechts zu erklären ist. Der europäische Kontinent hat allen Grund, an seiner hochentwickelten Gesetzgebungstechnik festzuhalten."[1581]

[1581] *Groh, M.*, 1999, S. 980. Auch *Schreiber, U.*, 2000, S. 93 bezeichnet es als „zu kurz gegriffen, US-amerikanische Grundsätze steuerlicher Gewinnermittlung zur Übernahme zu empfehlen". Nach *Eberhartinger, E.*, 2000, S. 461 ist „eine Orientierung an der steuerlichen Gewinnermittlung in den USA ... aufgrund der dort vorherrschenden kasuistischen und weitgehend unsystematischen Regelungen wenig hilfreich".

5. Kapitel:

Schlußbetrachtung

1. Das deutsche Bilanzsteuerrecht ist in seiner gegenwärtigen Verfassung reformbedürftig. Aktuelle Entwicklungen auf nationaler wie internationaler Ebene lassen zudem das Szenario eines autonomen Bilanzsteuerrechts immer wahrscheinlicher werden. Die Untersuchung des Bilanzsteuerrechts der Vereinigten Staaten von Amerika als mögliches Vorbild für die Partial- oder Totalreform der deutschen bilanziellen steuerlichen Gewinnermittlung bietet sich dabei in besonderer Weise an.

2. Aus den engen wirtschaftlichen Verflechtungen zwischen den Vereinigten Staaten von Amerika und der Bundesrepublik Deutschland resultiert eine hohe Bedeutung insbesondere des US-amerikanischen Bilanzsteuerrechts für die deutsche Wirtschaft. Eine vertiefte Untersuchung des Bilanzsteuerrechts der Vereinigten Staaten vor dem Hintergrund der korrespondierenden deutschen Vorschriften trägt diesem hohen Stellenwert Rechnung.

3. Zur Objektivierung der Analyse der prinzipiellen Eignung des US-amerikanischen Bilanzsteuerrechts für eine teilweise oder vollständige Übernahme in das deutsche Steuerrecht bedarf es eines objektiven und einheitlichen Maßstabs. Als solcher wurden in der vorliegenden Untersuchung die Zwecke und allgemeinen Grundsätze der Besteuerung verwendet.

4. Das US-amerikanische Bilanzsteuerrecht orientiert sich wegen der ihm zugrundeliegenden dynamischen Einkommenskonzeption primär an der Aufwands- und Ertragsverrechnung nach Art einer GuV. Damit unterscheidet es sich allerdings nur formal vom deutschen Bilanzsteuerrecht, denn den Erfolgsermittlungnormen liegen naturgemäß auch implizite Ansatz- und Bewertungsvorschriften zugrunde, so daß auch in den USA von einem ‚Bilanzsteuerrecht' gesprochen werden kann.

5. Die wesentlichen Ergebnisse der vergleichenden Untersuchung des Bilanzsteuerrechts der Vereinigten Staaten von Amerika und der Bundesrepublik Deutschland sowie der Analyse der Eignung des ersteren für eine Übernahme in das deutsche Steuerrecht lassen sich wie folgt zusammenfassen:

5a. Der das Bilanzsteuerrecht prägende Einkommensbegriff der USA ist wesentlich weiter gefaßt als sein deutsches Pendant. Aus diesem *all inclusive concept of income* resultieren aber erhebliche Praktikabilitätsprobleme, die eine Übernahme in das deutsche Steuerrecht wenig sinnvoll erscheinen lassen.

5b. Die steuerrechtliche Rechnungslegung ist in den Vereinigten Staaten weitgehend unabhängig vom *financial accounting*. Aufgrund der aktuellen Entwicklungen im deutschen Steuer- und Bilanzrecht wird ein Verzicht auf das zunehmend erodierte deutsche Maßgeblichkeitsprinzip nach US-amerikanischem Vorbild immer wahrscheinlicher.

5c. Das Mindestbesteuerungskonzept, welches durch das Steuerentlastungsgesetz 1999/2000/ 2002 in die deutsche Verlustverrechnung hineingetragen wurde, begegnet schwerwiegenden Bedenken. Eine Übernahme der US-amerikanischen Verlustausgleichsregeln würde diese Mißstände jedoch kaum beseitigen, weil deren relative Überlegenheit primär auf dem Umstand beruht, daß für Verlustausgleichszwecke in den USA lediglich zwei Einkunftsarten unterschieden werden. Eine gewisse Verbesserung könnte indes durch die Übernahme der US-amerikanischen Verlustabzugszeiträume erreicht werden.

5d. Bei der Ertragsrealisation sieht das US-amerikanische Bilanzsteuerrecht zahlreiche Durchbrechungen des Realisationsprinzips vor. So werden beispielsweise bestimmte Vorauszahlungen bereits im Zahlungszeitpunkt gewinnerhöhend erfaßt oder bei der langfristigen Auftragsfertigung durch die *percentage of completion method* unrealisierte Gewinne ausgewiesen. Im Bereich der bilanziellen steuerlichen Gewinnermittlung wird das Leistungsfähigkeitsprinzip aber auf angemessene und praktikable Weise durch das Realisations- und das Imparitätsprinzip konkretisiert. Das deutsche Bilanzsteuerrecht sollte sich daher weiterhin streng am Realisationsprinzip orientieren.

5e. Der US-amerikanische Anschaffungskostenbegriff umfaßt im Gegensatz zu seinem deutschen Pendant auch anteilige Gemeinkosten. Eine entsprechende Erweiterung des deutschen Anschaffungskostenbegriffs wäre zwar durchaus erwägenswert, die äußerst komplizierten US-amerikanischen UNICAP sind hierfür aber kein geeignetes Vorbild, zumal sie lediglich im Umlaufvermögen eine Gemeinkostenberücksichtigung bewirken. Der deutsche Herstellungskostenbegriff sollte beibehalten werden, weil sein US-amerikanisches Pendant durch die Erfassung absatzbezogener Gemeinkosten über einen leistungsfähigkeitsgerechten Herstellungskostenumfang hinausgeht.

5f. Die Absetzung für Abnutzung orientiert sich in Deutschland an der betriebsgewöhnlichen Nutzungsdauer der Wirtschaftsgüter, welche die in den USA zu Lenkungszwecken bewußt verkürzten Abschreibungsdauern regelmäßig übersteigt, was auch grundsätzlich beibehalten werden sollte. Für den Beginn der Abschreibungsdauer könnte eine Übernahme der US-amerikanischen Vereinfachungsregeln in Erwägung gezogen werden. In jedem Fall sollte das deutsche Bilanzsteuerrecht in Anlehnung an die USA einen weitgehenden Verzicht auf Sonderabschreibungen jeder Art anstreben. Von einer dem US-amerikanischen Vorbild folgenden massiven Einschränkung der Absetzung für außergewöhnliche Abnutzung und der Teilwertabschreibung sollte hingegen Abstand genommen werden.

5g. Im deutschen Bilanzsteuerrecht besteht im Gegensatz zu den USA ein Aktivierungsverbot für unentgeltlich erworbene oder selbsterstellte immaterielle Wirtschaftsgüter des Anlagevermögens. Eine Aufhebung dieses Aktivierungsverbots nach US-amerikanischem Vorbild könnte durchaus erwogen werden. Von der gleichzeitigen Übernahme der typisierenden Abschreibungsvorschriften für immaterielle Wirtschaftsgüter sollte allerdings abgesehen werden.

5h. Seit dem Steuerentlastungsgesetz 1999/2000/2002 darf der niedrigere Teilwert im deutschen Bilanzsteuerrecht nur noch bei voraussichtlich dauernder Wertminderung angesetzt werden. Zumindest im Umlaufvermögen erscheint ein Verzicht auf diese Einschränkung in Anlehnung an die US-amerikanische *lower of cost or market*-Methode erwägenswert. Ähnlich sinnvoll erscheint zudem der explizite Ausschluß der Teilwertabschreibung von Wirtschaftsgütern, die bereits im Rahmen von *fixed price contracts* veräußert wurden. Außerdem sollte nach US-amerikanischem Vorbild eine Ausdehnung der steuerlichen Zulässigkeit mengenmäßiger Verbrauchsfolgeverfahren bei der Vorratsbewertung auf die FIFO-Methode und Indexverfahren nach Art der *dollar-value LIFO method* in Betracht gezogen werden.

5i. Auf eine spürbare Einschränkung der Pauschalwertberichtigung von Forderungen sollte im deutschen Bilanzsteuerrecht verzichtet werden. Die Einführung einer starren Berechnungsformel für die pauschale Wertberichtigung nach dem Vorbild der Vereinigten Staaten erscheint hingegen durchaus erwägenswert, wobei sich die konkrete Ausgestaltung dieser Formel nicht zwingend an den USA orientieren muß.

5j. Die US-amerikanische *mark-to-market*-Methode bewirkt die Bewertung bestimmter Wertpapiere und Beteiligungen zum *fair market value* und kann damit gegen das deutsche Anschaffungswertprinzip verstoßen. Eine Übernahme dieser Methode in das deutsche Bilanzsteuerrecht kann daher nicht empfohlen werden.

5k. Der weitgehende Ausschluß steuerlicher Rückstellungsbildung im US-amerikanischen Bilanzsteuerrecht verstößt gegen die Grundsätze leistungsfähigkeitsgerechter Gewinnermittlung und ist daher abzulehnen. Vielmehr sollte die in jüngerer Zeit erfolgte Einschränkung der Rückstellungsbildung im deutschen Bilanzsteuerrecht nochmals überprüft werden.

6. Im Rahmen der vergleichenden Untersuchung wurden zahlreiche mehr oder minder gravierende Unterschiede zwischen dem Bilanzsteuerrecht der Vereinigten Staaten von Amerika und den korrespondierenden deutschen Vorschriften aufgezeigt. Die Mehrheit der abweichenden Einzelaspekte eignet sich aus der Perspektive des in der vorliegenden Untersuchung gewählten Maßstabs jedoch nicht für eine Übernahme in das deutsche Steuerrecht.

7. Das US-amerikanische Bilanzsteuerrecht verletzt als Gesamtkonzeption aus primär fiskalischen Erwägungen in stärkerer Weise fundamentale Besteuerungsgrundsätze als dies in Deutschland der Fall ist. Aufgrund seiner außerordentlichen Komplexität ergeben sich zudem auch bedeutende Verstöße gegen ergänzende Prinzipien der Besteuerung. Folglich kann auch das US-amerikanische Bilanzsteuerrecht als Gesamtkonzeption aus der Perspektive des in der vorliegenden Untersuchung gewählten Maßstabs nicht für eine Übernahme in das deutsche Steuerrecht empfohlen werden.

8. Als Fazit der vorliegenden Untersuchung verbleibt die Erkenntnis, daß die häufig postulierte Überlegenheit US-amerikanischer Konzepte zumindest im Bereich der bilanziellen steuerlichen Gewinnermittlung ein Trugschluß ist.

Anhang

Anhang

I. Abbildungen

Abb. 14: Instanzenzug der US-amerikanischen Steuergerichtsbarkeit auf Bundesebene

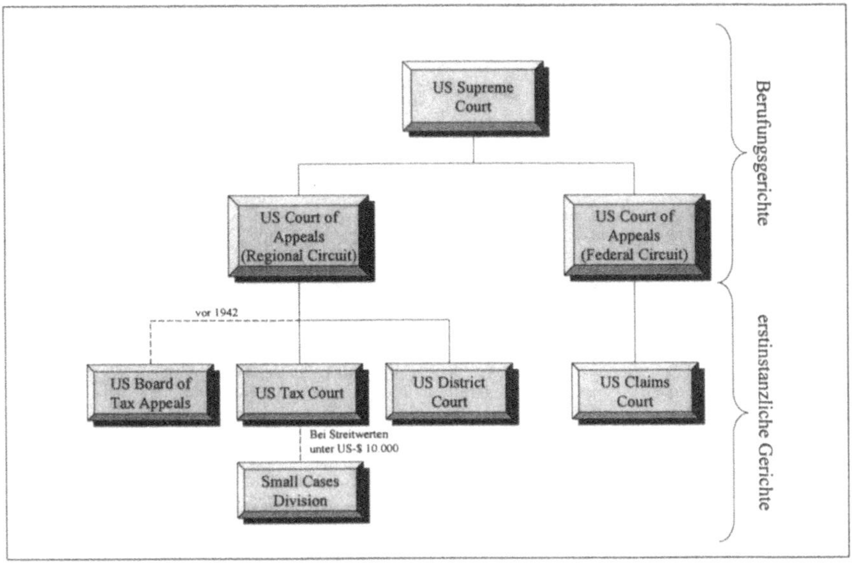

Quelle: In Anlehnung an Willis, E. u. a., 1999, S. 28-13.

Abb. 15: Steuerlicher Gesetzgebungsprozeß in den USA

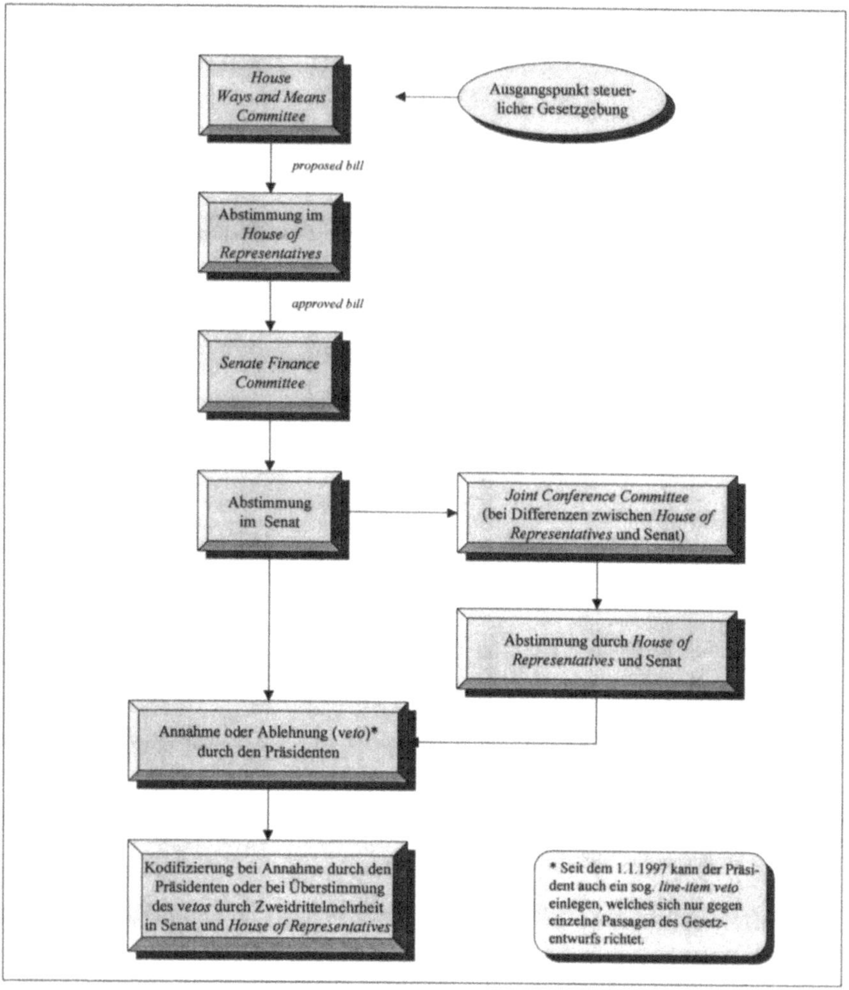

Quelle: In Anlehnung an Willis, E. u. a., 1999, S. 28-4 f.; Pratt, J. W./Burns, J. O./Kulsrud, W. N., 1992, S. 2-3 f.

Abb. 16: Wichtige amtliche Verlautbarungen zum Steuerrecht der Vereinigten Staaten von Amerika

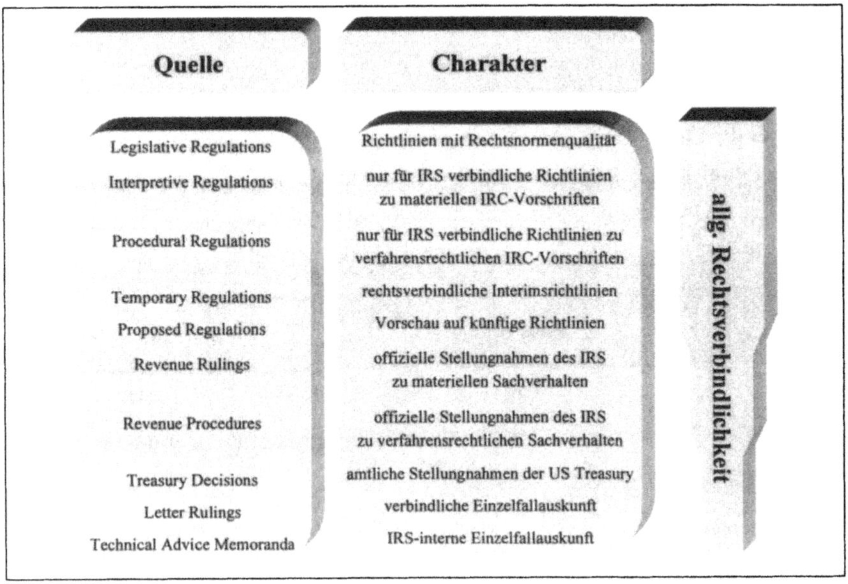

II. Beispiel zur Anwendung der double-extension method bei der Vorratsbewertung

Sachverhalt:

Die Wahl der LIFO-Methode erfolgt erstmals im Wirtschaftsjahr 2000, welches dem Kalenderjahr entspricht. Im Rahmen der *dollar-value LIFO method* soll die *double-extension method* zur Anwendung kommen. In einem *pool* werden die Güterarten A, B und C zusammengefaßt. Der Anfangsbestand des *pools* zum 1.1.2000 stellt sich wie folgt dar:

Güterart	Menge (ME)	Basis-Stückkosten (GE)	Basiskosten (GE)
A	1.000	5	5.000
B	2.000	4	8.000
C	500	2	1.000
Summe			**14.000**

Zum 31.12.2000 ergibt sich folgender Endbestand zu Basiskosten und aktuellen Kosten:

Güterart	Menge (ME)	Basis-Stückkosten (GE)	Basiskosten (GE)	Aktuelle Stückkosten (GE)	Aktuelle Kosten (GE)
A	3.000	5	15.000	6	18.000
B	1.000	4	4.000	5	5.000
C	500	2	1.000	2,5	1.250
Summe			**20.000**		**24.250**

Die Basiskosten des Endbestands übersteigen die des Anfangsbestands um 6.000 GE. Um den Wertzuwachs zu aktuellen Kosten bewerten zu können, muß aus der Relation von aktuellen Kosten und Basiskosten des Endbestands ein Preisindex berechnet werden:

$$\text{Preisindex} = \frac{24.250}{20.000} \cdot 100 = 121{,}25$$

Damit ergibt sich folgender Wertansatz für das Vorratsvermögen nach der *double-extension method* zum 31.12.2000:

	Basiskosten	**Preisindex**	**Wertansatz zum 31.12.2000**
Anfangsbestand	14.000	100,00 %	14.000
layer 2000	6.000	121,25 %	7.275
Summe	**20.000**		**21.275**

Der Endbestand des folgenden Wirtschaftsjahres setzt sich zum 31.12.2001 folgendermaßen zusammen:

Güterart	**Menge (ME)**	**Basis-Stückkosten (GE)**	**Basiskosten (GE)**	**Aktuelle Stückkosten (GE)**	**Aktuelle Kosten (GE)**
A	2.000	5	10.000	6,5	13.000
B	1.500	4	6.000	6	9.000
C	1.000	2	2.000	5	5.000
Summe			**18.000**		**27.000**

Die Basiskosten des Endbestands unterschreiten die Basiskosten des Endbestands des Vorjahres, welcher aufgrund der Bilanzidentität dem Anfangsbestand des laufenden Jahres entspricht, um 2.000 GE. Daher ist der im Vorjahr gebildete *layer* zu Basiskosten um die Wertminderung des laufenden Jahres, ebenfalls ausgedrückt in Basiskosten, zu vermindern. Zum 31.12.2001 ergibt sich daher folgender Wertansatz für das Vorratsvermögen:

	Basiskosten	Index	Wertansatz zum 31.12.2001
Anfangsbestand	14.000	100,00 %	14.000
layer 2000	4.000	121,25 %	4.850
Summe	**18.000**		**18.850**

Quelle: In enger Anlehnung an Reg. § 1.472-8(e)(2)(v).

Verzeichnis der Gesetze, Rechtsverordnungen und Verwaltungsanweisungen

Verzeichnis der Gesetze, Rechtsverordnungen und Verwaltungsanweisungen

I. Deutsche Quellen

Gesetze

Standortsicherungsgesetz v. 13.09.1993, in: BGBl. I 1993, S. 1569.

Gesetz zur Fortsetzung der Unternehmenssteuerreform v. 29.10.1997, in: BGBl. I 1997, S. 2590.

Gesetz zur Kontrolle und Transparenz im Unternehmensbereich (KonTraG) v. 27.04.1998, in: BGBl. I 1998, S. 786.

Steuerentlastungsgesetz 1999/2000/2002 v. 24.03.1999, in: BGBl. I 1999, S. 402.

Gesetz zur Bereinigung von steuerlichen Vorschriften (Steuerbereinigungsgesetz 1999 – StBereinG 1999) v. 22.12.1999, in: BGBl. I 1999, S. 2601.

Gesetz zur Senkung der Steuersätze und zur Reform der Unternehmensbesteuerung (Steuersenkungsgesetz – StSenkG) v. 23.10.2000, in: BGBl. I 2000, S. 1433.

Bundestagsdrucksachen

BT-Drcks. IV/2400 v. 19.06.1964, Entwurf eines Gesetzes zur Änderung des Einkommensteuergesetzes, des Körperschaftsteuergesetzes, des Spar-Prämiengesetzes, des Wohnungsbau-Prämiengesetzes und andere Gesetze (Steueränderungsgesetz 1964).

BT-Drcks. 10/317 v. 26.08.1983, Entwurf eines Gesetzes zur Durchführung der Vierten Richtlinie des Rates der Europäischen Gemeinschaften zur Koordinierung des Gesellschaftsrechts (Bilanzrichtlinie-Gesetz).

BT-Drcks. 11/2157 v. 19.04.1988, Gesetzentwurf der Fraktionen der CDU/CSU und FDP, Entwurf eines Steuerreformgesetzes 1990.

BT-Drcks. 13/8020 v. 24.06.1997, Beschlußempfehlung und Bericht des Finanzausschusses, Entwurf eines Steuerreformgesetzes (StRG) 1998.

BT-Drcks. 14/23 v. 09.11.1998, Gesetzentwurf der Fraktionen SPD und BÜNDNIS 90/DIE GRÜNEN, Entwurf eines Steuerentlastungsgesetzes 1999/2000/2002.

BT-Drcks. 14/443 v. 03.03.1999, Dritter Bericht des Finanzausschusses zu dem Gesetzentwurf der Fraktionen SPD und BÜNDNIS 90/DIE GRÜNEN – Drucksache 14/23 – Entwurf eines Steuerentlastungsgesetzes 1999/2000/2002.

BT-Drcks. 14/2683 v. 15.02.2000, Gesetzentwurf der Fraktionen SPD und BÜNDNIS 90/DIE GRÜNEN, Entwurf eines Gesetzes zur Senkung der Steuersätze und zur Reform der Unternehmensbesteuerung (Steuersenkungsgesetz – StSenkG).

Mitteilungen des Bundesministeriums der Finanzen

Datum	***Aktenzeichen***	***Fundstelle***
BMF-Schr. v. 09.02.1998	IV B 2 – S 1909 – 5/98	BStBl. I 1998, S. 163
BMF-Schr. v. 23.08.1999	IV C 2 – S 2175 – 25/99	DB 1999, S. 1730
BMF-Schr. v. 25.02.2000	IV C 2 – S 2171b – 14/00	DB 2000, S. 546
BMF-Schr. v. 05.07.2000	IV A 5 – S 2118b – 111/00	BStBl. I 2000, S. 1148
BMF-Schr. v. 15.12.2000	IV D 2 – S 1551 – 188/00	BStBl. I 2000, S. 1532

II. US-amerikanische Quellen

Public Laws

Tax Reduction Act of 1975, March 29, 1975, Pub. L. No. 94-12, in: 89 Stat. 26.

Economic Recovery Tax Act of 1981, Aug. 13, 1981, Pub. L. No. 97-34, in: 95 Stat. 172.

Tax Reform Act of 1986, Oct. 22, 1986, Pub. L. No. 99-514, in: 100 Stat. 2085.

Revenue Reconciliation Act of 1993, Aug. 10, 1993, Pub. L. No. 103-66, in: 107 Stat. 312.

Taxpayer Relief Act of 1997, Aug. 8, 1997, Pub. L. No. 105-34, in: 111 Stat. 788.

Internal Revenue Service Restructuring and Reform Act of 1998, July 22, 1998, Pub. L. No. 105-206, in: 112 Stat. 685.

Tax Relief Extension Act of 1999, Dec. 17, 1999, Pub. L. No. 106-170, in: 113 Stat. 1860.

Installment Tax Correction Act of 2000, Dec. 28, 2000, Pub. L. No. 106-573, in: 114 Stat. 3061.

Revenue Rulings

Rev. Rul. 55-158, 1955-1 C. B. 319.

Rev. Rul. 55-730, 1955-2 C. B. 53.

Rev. Rul. 56-463, 1956-2 C. B. 297.

Rev. Rul. 60-31, 1960-1 C. B. 174.

Rev. Rul. 63-221, 1963-2 C. B. 332.

Rev. Rul. 64-279, 1964-2 C. B. 121.

Rev. Rul. 68-232, 1968-1 C. B. 79.

Rev. Rul. 68-643, 1968-2 C. B. 76.

Rev. Rul. 69-200, 1969-1 C. B. 60.

Rev. Rul. 69-458, 1969-2 C. B. 33.

Rev. Rul. 69-619, 1969-2 C. B. 111.

Rev. Rul. 70-356, 1970-2 C. B. 68.

Rev. Rul. 70-413, 1970-2 C. B. 103.

Rev. Rul. 70-430, 1970-2 C. B. 51.

Rev. Rul. 70-598, 1970-2 C. B. 168.

Rev. Rul. 71-234, 1971-1 C. B. 148.

Rev. Rul. 72-515, 1972-2 C. B. 466.

Rev. Rul. 72-592, 1972-2 C. B. 101.

Rev. Rul. 73-65, 1973-1 C. B. 216.

Rev. Rul. 74-8, 1974-1 C. B. 200.

Rev. Rul. 74-264, 1974-1 C. B. 40.

Rev. Rul. 74-279, 1974-1 C. B. 110.

Rev. Rul. 75-171, 1975-1 C. B. 140.

Rev. Rul. 76-177, 1976-1 C. B. 224.

Rev. Rul. 76-257, 1976-2 C. B. 52.

Rev. Rul. 76-497, 1976-2 C. B. 128.

Rev. Rul. 77-297, 1977-2 C. B. 304.

Rev. Rul. 78-141, 1978-1 C. B. 58.

Rev. Rul. 78-211, 1978-1 C. B. 138.

Rev. Rul. 79-25, 1979-1 C. B. 186.

Rev. Rul. 79-188, 1979-1 C. B. 191.

Rev. Rul. 79-338, 1979-2 C. B. 212.

Rev. Rul. 80-182, 1980-2 C. B. 167.

Rev. Rul. 81-160, 1981-1 C. B. 312.

Rev. Rul. 81-161, 1981-1 C. B. 313.

Rev. Rul. 81-208, 1981-2 C. B. 108.

Rev. Rul. 82-168, 1982-2 C. B. 56.

Rev. Rul. 87-57, 1987-2 C. B. 117.

Rev. Rul. 89-102, 1989-2 C. B. 202.

Rev. Rul. 92-80, 1992-2 C. B. 57.

Revenue Procedures

Rev. Proc. 71-21, 1971-2 C. B. 549.

Rev. Proc. 74-33, 1974-2 C. B. 489.

Rev. Proc. 75-40, 1975-2 C. B. 571.

Rev. Proc. 79-23, 1979-1 C. B. 564.

Rev. Proc. 84-34, 1984-1 C. B. 508.

Rev. Proc. 87-32, 1987-2 C. B. 396.

Rev. Proc. 87-56, 1987-2 C. B. 674.

Rev. Proc. 87-57, 1987-2 C. B. 687.

Rev. Proc. 88-22, 1988-1 C. B. 785.

Rev. Proc. 92-13, 1992-1 C. B. 665.

Rev. Proc. 92-13A, 1992-1 C. B. 668.

Rev. Proc. 92-20, 1992-1 C. B. 685.

Rev. Proc. 92-79, 1992-2 C. B. 457.

Rev. Proc. 95-25, 1995-1 C. B. 701.

Rev. Proc. 97-22, 1997-1 C. B. 652.

Rev. Proc. 97-27, 1997-1 C. B. 680.

Rev. Proc. 97-38, 1997-2 C. B. 479.

Rev. Proc. 97-50, 1997-2 C. B. 525.

Rev. Proc. 98-29, 1998-15 I. R. B. 22.

Rev. Proc. 99-49, 1999-2 C. B. 725.

Rev. Proc. 2000-22, 2000-1 C. B. 1008.

IRS Notices

Notice 87-61, 1987-2 C. B. 370.

Notice 88-51, 1988-1 C. B. 535.

Notice 88-86, 1988-2 C. B. 401.

Notice 88-99, 1988-2 C. B. 422.

Notice 89-15, 1989-1 C. B. 634.

Notice 89-67, 1989-1 C. B. 723.

Notice 94-47, 1994-1 C. B. 357.

Notice 98-31, 1998-22 I. R. B. 10.

Notice 2000-26, 2000-1 C. B. 954.

IRS Letter Rulings

Letter Rul. 8109015, November 26, 1980.

Letter Rul. 8522001, February 13, 1985.

Letter Rul. 8523009, February 25, 1985.

Letter Rul. 8545007, July 31, 1985.

Letter Rul. 8941003, June 30, 1989.

Treasury Decisions

Treas. Dec. 8131, March 30, 1987.

Senate Reports

S. Rep. No. 1622, 83d Cong., 2d Sess. (1954).

S. Rep. No. 144, 97th Cong., 1st Sess. (1981).

House Reports

HR Rep. No. 1388, 67th Cong., 4th Sess. (1923).

HR Rep. No. 111, 103d Cong., 1st Sess. (1993).

HR Rep. No. 1836, 107th Cong., 1st Sess. (2001).

Rechtsprechungsverzeichnis

I. Deutsche Rechtsprechung

Entscheidungen des Bundesverfassungsgerichts

Datum	*Aktenzeichen*	*Fundstelle*
BVerfG v. 16.01.1957	1 BvR 253/56	BVerfGE 6, S. 32
BVerfG v. 17.01.1957	1 BvL 4/54	BVerfGE 6, S. 55
BVerfG v. 21.02.1957	1 BvR 241/56	BVerfGE 6, S. 273
BVerfG v. 03.12.1958	1 BvR 488/57	BVerfGE 9, S. 3
BVerfG v. 14.04.1959	1 BvL 23, 34/57	BVerfGE 9, S. 237
BVerfG v. 22.05.1963	1 BvR 78/56	BVerfGE 16, S. 147
BVerfG v. 24.09.1965	1 BvR 228/65	BVerfGE 19, S. 119
BVerfG v. 14.12.1965	1 BvR 571/60	BVerfGE 19, S. 253
BVerfG v. 07.05.1969	2 BvL 15/67	BVerfGE 25, S. 371
BVerfG v. 09.07.1969	2 BvL 20/65	BVerfGE 26, S. 302
BVerfG v. 02.10.1969	1 BvL 12/68	BVerfGE 27, S. 58
BVerfG v. 08.12.1970	1 BvR 95/68	BVerfGE 29, S. 327
BVerfG v. 09.03.1971 343, 344, 345/69	2 BvR 326, 327, 341, 342, BVerfGE 30, S. 250	
BVerfG v. 09.02.1972	1 BvL 16/69	BVerfGE 32, S. 333
BVerfG v. 28.02.1973	2 BvL 19/70	BVerfGE 34, S. 348
BVerfG v. 03.07.1973	1 BvR 368, 369/65	BVerfGE 35, S. 324
BVerfG v. 02.10.1973	1 BvR 345/73	BVerfGE 36, S. 66

BVerfG v. 05.03.1974	1 BvR 712/68	BVerfGE 36, S. 321
BVerfG v. 23.11.1976	1 BvR 150/75	BVerfGE 43, S. 108
BVerfG v. 11.10.1977	1 BvR 343/73, 83/74,183, 428/75	BVerfGE 47, S. 1
BVerfG v. 12.10.1978	2 BvR 154/74	BVerfGE 49, S. 343
BVerfG v. 13.03.1979	2 BvR 72/76	BVerfGE 50, S. 386
BVerfG v. 26.02.1980	1 BvR 195/77	BVerfGE 53, S. 164
BVerfG v. 10.12.1980	2 BvF 3/77	BVerfGE 55, S. 274
BVerfG v. 22.02.1984	1 BvL 10/80	BVerfGE 66, S. 214
BVerfG v. 10.12.1985	2 BvL 18/83	BVerfGE 71, S. 255
BVerfG v. 10.02.1987	1 BvL 18/81, 20/82	BVerfGE 74, S. 182
BVerfG v. 29.05.1990	1 BvL 20, 26, 184, 4/86	BVerfGE 82, S. 60
BVerfG v. 27.06.1991	2 BvR 1493/89	BVerfGE 84, S. 239
BVerfG v. 22.06.1995	2 BvL 37/91	BVerfGE 93, S. 121
BVerfG v. 30.09.1998	2 BvR 1818/91	BVerfGE 99, S. 88

Entscheidungen des Reichsfinanzhofs

Datum	***Aktenzeichen***	***Fundstelle***
RFH v. 27.03.1928	I A 470/27	RStBl. 1928, S. 260
RFH v. 17.12.1930	VI A 863/28	RStBl. 1931, S. 448
RFH v. 04.02.1939	GrS D 7/38	RStBl. 1939, S. 321
RFH v. 05.03.1940	I 67/39	RStBl. 1940, S. 684

Entscheidungen des Bundesfinanzhofs

Datum	*Aktenzeichen*	*Fundstelle*
BFH v. 28.01.1954	IV 255/53 U	BStBl. III 1954, S. 109
BFH v. 18.12.1956	I 84/56 U	BStBl. III 1957, S. 27
BFH v. 13.08.1957	I 46/57 U	BStBl. III 1957, S. 350
BFH v. 01.04.1958	I 60/57 U	BStBl. III 1958, S. 291
BFH v. 15.04.1958	I 27/57 U	BStBl. III 1958, S. 260
BFH v. 16.12.1958	I D 1/57 S	BStBl. III 1959, S. 30
BFH v. 26.01.1960	I D 1/58 S	BStBl. III 1960, S. 191
BFH v. 09.05.1961	I 128/60 S	BStBl. III 1961, S. 336
BFH v. 15.02.1966	I 103/63	BStBl. III 1966, S. 468
BFH v. 08.06.1966	VI 147/64	BStBl. III 1966, S. 535
BFH v. 31.07.1967	I 219/63	BStBl. II 1968, S. 22
BFH v. 03.08.1967	IV 30/65	BStBl. III 1967, S. 755
BFH v. 07.12.1967	GrS 1/67	BStBl. II 1968, S. 268
BFH v. 24.05.1968	VI R 6/67	BStBl. II 1968, S. 574
BFH v. 03.02.1969	GrS 2/68	BStBl. II 1969, S. 291
BFH v. 26.06.1969	VI 239/65	BStBl. II 1970, S. 35
BFH v. 22.07.1971	IV R 74/66	BStBl. II 1971, S. 800
BFH v. 24.02.1972	IV R 4/68	BStBl. II 1972, S. 422
BFH v. 05.10.1972	IV R 118/70	BStBl. II 1973, S. 207
BFH v. 16.01.1975	IV R 180/71	BStBl. II 1975, S. 526
BFH v. 25.02.1975	VIII R 19/70	BStBl. II 1975, S. 647
BFH v. 26.02.1975	I R 72/73	BStBl. II 1976, S. 13

BFH v. 18.06.1975	I R 24/73	BStBl. II 1975, S. 809
BFH v. 05.05.1976	I R 121/74	BStBl. II 1976, S. 541
BFH v. 17.12.1976	III R 141/74	BStBl. II 1977, S. 234
BFH v. 19.04.1977	VIII R 44/74	BStBl. II 1977, S. 600
BFH v. 09.02.1978	IV R 201/74	BStBl. II 1978, S. 370
BFH v. 02.03.1978	IV R 45/73	BStBl. II 1978, S. 431
BFH v. 27.11.1978	GrS 8/77	BStBl. II 1979, S. 213
BFH v. 24.04.1980	IV R 149/76	BStBl. II 1981, S. 50
BFH v. 03.07.1980	IV R 138/76	BStBl. II 1980, S. 648
BFH v. 08.07.1980	VIII R 176/78	BStBl. II 1980, S. 743
BFH v. 09.07.1981	IV R 35/78	BStBl. II 1981, S. 734
BFH v. 16.07.1981	IV R 89/80	BStBl. II 1981, S. 766
BFH v. 29.04.1982	IV R 95/79	BStBl. II 1982, S. 593
BFH v. 08.12.1982	I R 142/81	BStBl. II 1983, S. 369
BFH v. 14.12.1982	VIII R 53/81	BStBl. II 1983, S. 303
BFH v. 15.06.1983	I R 76/82	BStBl. II 1983, S. 672
BFH v. 27.10.1983	IV R 143/80	BStBl. II 1984, S. 35
BFH v. 21.11.1983	GrS 2/82	BStBl. II 1984, S. 160
BFH v. 25.01.1984	I R 183/81	BStBl. II 1984, S. 422
BFH v. 22.08.1984	I R 198/80	BStBl. II 1985, S. 126
BFH v. 02.10.1984	VIII R 36/83	BStBl. II 1985, S. 320
BFH v. 31.01.1986	VI R 78/82	BStBl. II 1986, S. 355
BFH v. 13.03.1986	IV R 1/84	BStBl. II 1986, S. 711
BFH v. 26.10.1987	GrS 2/86	BStBl. II 1988, S. 348

BFH v. 13.04.1988	I R 104/86	BStBl. II 1988, S. 892
BFH v. 02.09.1988	III R 53/84	BStBl. II 1988, S. 1009
BFH v. 13.09.1988	VIII R 236/81	BStBl. II 1989, S. 37
BFH v. 06.07.1989	IV R 91-92/87	BStBl. II 1990, S. 49
BFH v. 09.08.1989	X R 131-133/87	BStBl. II 1990, S. 50
BFH v. 25.08.1989	III R 95/87	BStBl. II 1989, S. 893
BFH v. 13.09.1989	II R 1/87	BStBl. II 1990, S. 47
BFH v. 24.01.1990	I R 157/85, I R 145/86	BStBl. II 1990, S. 639
BFH v. 02.02.1990	III R 173/86	BStBl. II 1990, S. 497
BFH v. 16.02.1990	III B 90/88	BStBl. II 1990, S. 794
BFH v. 04.07.1990	GrS 1/89	BStBl. II 1990, S. 830
BFH v. 07.11.1990	I R 116/86	BStBl. II 1990, S. 342
BFH v. 06.12.1990	IV R 3/89	BStBl. II 1991, S. 346
BFH v. 26.07.1991	VI R 82/89	BStBl. II 1992, S. 1000
BFH v. 08.04.1992	XI R 34/88	BStBl. II 1992, S. 894
BFH v. 10.06.1992	I R 9/91	BStBl. II 1993, S. 41
BFH v. 26.08.1992	I R 24/91	BStBl. II 1992, S. 977
BFH v. 12.05.1993	XI R 1/93	BStBl. II 1993, S. 786
BFH v. 01.10.1993	III R 32/92	BStBl. II 1994, S. 179
BFH v. 21.10.1993	IV R 87/92	BStBl. II 1994, S. 176
BFH v. 09.11.1994	I R 68/92	BStBl. II 1994, S. 336
BFH v. 19.11.1997	X R 78/94	BStBl. II 1998, S. 59
BFH v. 19.08.1998	XI R 8/96	BStBl. II 1999, S. 18
BFH v. 23.08.1999	GrS 2/97	BStBl. II 1999, S. 782

BFH v. 20.06.2000	VIII R 32/98	DB 2000, S. 2248
BFH v. 07.08.2000	GrS 2/99	DB 2000, S. 1993
BFH v. 08.11.2000	I R 6/96	DB 2001, S. 410
BFH v. 09.11.2000	IV R 18/00	DB 2001, S. 306
BFH v. 26.01.2001	VI R 26/98	DB 2001, S. 623

Entscheidungen der Finanzgerichte

Datum	*Aktenzeichen*	*Fundstelle*
FG Baden-Württemberg v. 12.11.1996	1 K 192/91	EFG 1997, S. 154
FG Berlin v. 29.04.1991	VIII 332/89	EFG 1992, S. 62
FG Münster v. 07.09.2000	4 V 1612/00 E 4 V 1617/00 E	FR 2000, S. 1204
FG Niedersachsen v. 21.02.1991	XIII 167/90	EFG 1991, S. 655

II. Europäische Rechtsprechung

Entscheidungen des Europäischen Gerichtshofs

Datum	*Aktenzeichen*	*Fundstelle*
EuGH v. 27.06.1996	C 234/94	DB 1996, S. 1400
EuGH v. 14.09.1999	Rs. C-275/97	DB 1999, S. 2035

III. US-amerikanische Rechtsprechung

Entscheidungen des US Supreme Court

Urteil	*Datum*	*Fundstelle*
American Automobile Assn. v. United States	19.06.1961	367 U. S. 687
Atlantic Coast Line Railroad Co. v. Commissioner	23.06.1947	332 U. S. 168
Arkansas Best Corp. v. Commissioner	07.03.1988	485 U. S. 212
Automobile Club of Michigan v. Commissioner	22.04.1957	353 U. S. 180
Bolling v. Sharpe	17.05.1954	347 U. S. 497
Brown v. Helvering	15.01.1934	291 U. S. 193
Burnet v. Sandford & Brooks Co.	05.01.1931	282 U. S. 359
Cammarano v. United States	24.02.1959	358 U. S. 498
Commissioner v. „Americans United“ Inc.	15.05.1974	416 U. S. 752
Commissioner v. Glenshaw Glass Co.	28.03.1955	348 U. S. 426
Commissioner v. Idaho Power Co.	24.06.1974	418 U. S. 1
Commissioner v. Kowalski	29.11.1977	434 U. S. 77
Commissioner v. Lincoln Savings & Loan Assn.	14.06.1971	403 U. S. 345
Commissioner v. South Texas Lumber Co.	29.03.1948	333 U. S. 496
Commissioner v. Tellier	24.03.1966	383 U. S. 687
Continental Tie & Lumber Co. v. United States	16.05.1932	286 U. S. 290
Corn Products Co. v. Commissioner	07.11.1955	350 U. S. 46
Crane v. Commissioner	14.04.1947	331 U. S. 1
Deputy v. DuPont	08.01.1940	308 U. S. 488
District of Columbia v. Murphy	15.12.1941	314 U. S. 441

Dixie Pine Co. v. Commissioner	03.01.1944	320 U. S. 516
Eisner v. Macomber	08.03.1920	252 U. S. 189
Fausner v. Commissioner	25.06.1973	413 U. S. 838
Hampton v. Mow Sun Wong	01.06.1976	426 U. S. 88
Helvering v. Winmill	07.11.1938	305 U. S. 79
Hertz Corp. v. United States	27.06.1960	364 U. S. 122
INDOPCO, Inc. v. Commissioner	26.02.1992	503 U. S. 79
James v. United States	15.05.1961	366 U. S. 213
John Kelly Co. v. Commissioner	07.01.1946	326 U. S. 521
Libson Shops, Inc. v. Koehler	27.05.1957	353 U. S. 382
Lucas v. American Code Company, Inc.	24.02.1930	280 U. S. 445
Malat v. Riddell	21.03.1966	383 U. S. 569
Massachusetts v. United States	29.03.1978	435 U. S. 444
McCray v. United States	31.05.1904	195 U. S. 27
McWilliams v. Commissioner	16.06.1947	331 U. S. 694
National Cable Television Assn., Inc. v. United States	04.03.1974	415 U. S. 336
Newark Morning Ledger Co. v. United States	20.04.1993	507 U. S. 546
North American Oil v. Burnet	23.05.1932	286 U. S. 417
Paragon Jewel Coal Co., Inc. v. Commissioner	28.04.1965	380 U. S. 624
Pollock v. Farmers' Loan & Trust Co.	20.03.1895	158 U. S. 601
Rosenberger v. Rector and Visitors of University of Virginia	29.06.1995	515 U. S. 819
Schlesinger v. Ballard	15.01.1975	419 U. S. 498
Schlude v. Commissioner	18.02.1963	372 U. S. 128

Schneider v. Rusk	18.05.1964	377 U. S. 163
Spring City Foundry Co. v. Commissioner	30.04.1934	292 U. S. 182
Taft v. Bowers	18.02.1929	278 U. S. 470
Thor Power Tool Co. v. Commissioner	16.01.1979	439 U. S. 522
Trinova Corp. v. Michigan Department of Treasury	19.02.1991	498 U. S. 358
United States v. Anderson	04.01.1926	269 U. S. 422
United States v. Davis	04.06.1962	370 U. S. 65
United States v. Doremus	03.03.1919	249 U. S. 86
United States v. Foster Lumber Co., Inc.	02.11.1976	429 U. S. 32
United States v. General Dynamics Corp.	22.04.1987	481 U. S. 239
United States v. Hughes Properties, Inc.	03.06.1986	476 U. S. 593
United States v. Kahriger	09.03.1953	345 U. S. 22
United States v. Lewis	26.03.1951	340 U. S. 590
United States v. Ludey	16.05.1927	274 U. S. 295
United States v. Skelly Oil Co.	21.04.1969	394 U. S. 678
United States v. Swank	18.05.1981	451 U. S. 571
Weinberger v. Wiesenfeld	19.03.1975	420 U. S. 636
Welch v. Helvering	06.11.1933	290 U. S. 111
Woodward v. Commissioner	20.04.1970	397 U. S. 572

Entscheidungen der US Courts of Appeals

Urteil	***Datum***	***Fundstelle***
American Dispenser Company, Inc. v. Commissioner	12.06.1968	396 F. 2d 137

Biggs v. Commissioner	15.12.1980	632 F. 2d 1171
Browning v. Commissioner	05.12.1989	890 F. 2d 1084
Burnham Corp. v. Commissioner	27.06.1989	878 F. 2d 86
California Federal Life Insurance Co. v. Commissioner	25.06.1982	680 F. 2d 85
Case v. United States	30.10.1980	633 F. 2d 1240
Century Electric Co. v. Commissioner	31.10.1951	192 F. 2d 155
Challenge Publications, Inc. v. Commissioner	06.05.1988	845 F. 2d 1541
Chernin v. United States	10.07.1998	149 F. 3d 805
Commissioner v. Brooklyn Union Gas Co.	09.01.1933	62 F. 2d 505
Commissioner v. Joseph E. Seagram & Sons, Inc.	23.04.1968	394 F. 2d 738
Commissioner v. Lincoln Electric Co.	29.08.1949	176 F. 2d 815
Comshare, Inc. v. United States	27.06.1994	27 F. 3d 1142
Consolidated Edison Co. of New York v. United States	25.05.1960	279 F. 2d 152
Darlington-Hartsville Coca-Cola Bottling Company, Inc. v. United States	26.03.1968	393 F. 2d 494
Estate of Mann v. United States	04.05.1984	731 F. 2d 267
Estate of Mixon v. United States	05.07.1972	464 F. 2d 394
Fin Hay Realty Co. v. United States	20.06.1968	398 F. 2d 694
Flamingo Resort, Inc. v. United States	07.01.1982	664 F. 2d 1387
Fogel v. Commissioner	03.04.1953	203 F. 2d 347
Fruehauf Corp. v. Commissioner	10.03.1966	356 F. 2d 975
Gilbert v. Commissioner	26.09.1957	248 F. 2d 399
Gold Coast Hotel & Casino v. United States	16.10.1998	158 F. 3d 485

Gooding Amusement Co. v. Commissioner	01.08.1956	236 F. 2d 159
Helvering v. Russian Finance & Construction Corp.	06.05.1935	77 F. 2d 324
Hewlett-Packard Co. v. United States	07.12.1995	71 F. 3d 398
Knight-Ridder Newspapers v. United States	03.10.1984	743 F. 2d 781
Lincoln Electric Company v. Commissioner	23.06.1971	444 F. 2d 491
Miller v. Commissioner	02.05.1984	733 F. 2d 399
Murphy v. United States	05.04.1993	992 F. 2d 929
RCA Corp. v. United States	13.11.1981	664 F. 2d 881
Richmond Television Corp. v. United States	25.05.1965	345 F. 2d 901
Ross v. Commissioner	13.07.1948	169 F. 2d 483
Sarkes Tarzian Inc. v. United States	07.02.1957	240 F. 2d 467
Sears Oil Co., Inc. v. Commissioner	12.04.1966	359 F. 2d 191
Slappey Drive Industrial Park v. United States	19.10.1977	561 F. 2d 572
Space Controls, Inc. v. Commissioner	08.08.1963	322 F. 2d 144
Stephens v. Commissioner	11.06.1990	905 F. 2d 667
Sundstrand Corp. v. Commissioner	22.01.1994	17 F. 3d 965
T. J. Starker v. United States	24.08.1979	602 F. 2d 1341
Tomlinson v. The 1661 Corp.	09.05.1967	377 F. 2d 291
United States v. Ingredient Technology Corp.	05.01.1983	698 F. 2d 88
Wal-Mart Stores, Inc. v. Commissioner	14.08.1998	153 F. 3d 650
Wilkinson-Beane, Inc. v. Commissioner	12.01.1970	420 F. 2d 352
Winter Realty & Construction Co. v. Commissioner	07.05.1945	149 F. 2d 567
Zaninovich v. Commissioner	03.04.1980	616 F. 2d 429

Entscheidungen des US Board of Tax Appeals

Urteil	*Datum*	*Fundstelle*
Eatonville Lumber Co. v. Commissioner	26.01.1928	10 B. T. A. 232
Ideal Reversible Hinge Co. v. Commissioner	09.08.1927	7 B. T. A. 1066
Illinois Merchants Trust Co. v. Commissioner	28.05.1926	4 B. T. A. 103
Ozark Mills, Inc. v. Commissioner	30.04.1927	6 B. T. A. 1179
Smith v. Commissioner	07.12.1939	40 B. T. A. 1038

Entscheidungen des US Tax Court

Urteil	*Datum*	*Fundstelle*
Alabama Coca-Cola Bottling Company v. Commissioner	18.06.1969	28 T. C. M. 635
Altec Corp. v. Commissioner	29.12.1977	36 T. C. M. 1795
Ansley-Sheppard-Burgess Co. v. Commissioner	28.03.1995	104 T. C. 367
Barber v. Commissioner	29.05.1975	64 T. C. 314
Bell Federal Savings and Loan Assn. v. Commissioner	07.08.1991	62 T. C. M. 376
Callander v. Commissioner	04.12.1980	75 T. C. 334
City of New York v. Commissioner	11.10.1994	103 T. C. 481
Cochran Hatchery, Inc. v. Commissioner	24.09.1979	39 T. C. M. 210
Consolidated Manufacturing, Inc. v. Commissioner	20.07.1998	111 T. C. No. 1
Decision, Inc. v. Commissioner	18.10.1966	47 T. C. 58
Dial v. Commissioner	29.04.1955	24 T. C. 117
Diversified Auto Services, Inc. v. Commissioner	04.03.1982	43 T. C. M. 701

Elgin B. Robertson, jr. v. Commissioner	13.03.1974	61 T. C. 727
Ennis v. Commissioner	27.09.1951	17 T. C. 465
Estate of Edwin H. Johnson v. Commissioner	27.05.1964	42 T. C. 441
Fenstermaker v. Commissioner	07.06.1978	37 T. C. M. 898
Fidelity Associates, Inc. v. Commissioner	10.03.1992	63 T. C. M. 2327
Freedom Newspapers, Inc. v. Commissioner	22.12.1977	36 T. C. M. 1755
Geometric Stamping Co. v. Commissioner	22.05.1956	26 T. C. 301
General Motors Corp. v. Commissioner	25.05.1999	112 T. C. 270
Goodman v. Commissioner	07.09.1971	30 T. C. M. 970
Hallmark Cards, Inc. v. Commissioner	04.01.1988	90 T. C. 26
Hamilton Industries, Inc. v. Commissioner	30.07.1991	97 T. C. 120
Henry v. Commissioner	25.08.1961	36 T. C. 879
Hertz v. Commissioner	06.04.1953	12 T. C. M. 370
Hitachi Sales Corp. of America v. Commissioner	03.09.1992	64 T. C. M. 634
Honeywell Inc. v. Commissioner	11.08.1992	64 T. C. M. 437
Horne v. Commissioner	15.06.1945	5 T. C. 250
Hospital Corp. of America v. Commissioner	07.03.1996	71 T. C. M. 2319
Hospital Corp. of America v. Commissioner	17.09.1996	107 T. C. 116
Illinois Cereal Mills, Inc. v. Commissioner	11.08.1983	46 T. C. M. 1001
Johnson v. Commissioner	16.06.1997	108 T. C. 448
Jostens, Inc. v. Commissioner	13.12.1989	58 T. C. M. 933
Kaufman's, Inc. v. Commissioner	19.09.1957	28 T. C. 1179
LaForge v. Commissioner	20.10.1969	53 T. C. 41
Liddle v. Commissioner	22.08.1994	103 T. C. 285

Lincoln Electric Co. v. Commissioner	06.05.1970	54 T. C. 926
Maloof v. Commissioner	10.11.1975	65 T. C. 263
McMaster v. Commissioner	20.03.1978	69 T. C. 952
Michael R. Schmitt v. Commissioner	23.07.1998	76 T. C. M. 147
Motel Corp. v. Commissioner	29.06.1970	54 T. C. 1433
Munroe Land Co. v. Commissioner	04.01.1966	25 T. C. M. 3
North Carolina Granite Corp. v. Commissioner	09.11.1964	43 T. C. 149
Norwest Corp. v. Commissioner	10.08.1998	111 T. C. 105
Oak Knoll Cellar v. Commissioner	18.08.1994	68 T. C. M. 412
Oberman Mfg. Co. v. Commissioner	08.02.1967	47 T. C. 471
Paul Porganan v. Commissioner	13.08.1969	28 T. C. M. 829
Pearl v. Commissioner	11.08.1977	36 T. C. M. 1059
Pierce v. Commissioner	16.09.1997	74 T. C. M. 572
PNC Bancorp, Inc. v. Commissioner	08.06.1998	110 T. C. 349
Reichel v. Commissioner	07.01.1999	112 T. C. 14
Ringmaster, Inc. v. Commissioner	06.08.1962	21 T. C. M. 1024
RJR Nabisco Inc. v. Commissioner	08.07.1998	76 T. C. M. 71
Rude v. Commissioner	16.05.1967	48 T. C. 165
Sapp v. Commissioner	15.08.1961	36 T. C. 852
Schuster's Express, Inc. v. Commissioner	24.06.1976	66 T. C. 588
Sebring v. Commissioner	08.08.1989	93 T. C. 220
Sierracin Corp. v. Commissioner	09.03.1988	90 T. C. 341
Simon v. Commissioner	22.08.1994	103 T. C. 247
Simplified Tax Records, Inc. v. Commissioner	17.10.1963	41 T. C. 75

Straight v. Commissioner	29.12.1997	74 T. C. M. 1457
Templeton v. Commissioner	21.12.1976	67 T. C. 518
Texas Instruments, Inc. v. Commissioner	27.05.1992	63 T. C. M. 3070
The Kroger Co. v. Commissioner	02.01.1997	73 T. C. M. 1637
Underhill v. Commissioner	28.02.1966	45 T. C. 489
U.S. Bancorp & Consol. Subs. v. Commissioner	21.09.1998	111 T. C. 231
Von-Lusk v. Commissioner	02.02.1995	104 T. C. 207
Wal-Mart Stores, Inc. v. Commissioner	02.01.1997	73 T. C. M. 1625
Wayne Bolt & Nut Co. v. Commissioner	23.10.1989	93 T. C. 500
Webb Construction Co. v. Commissioner	31.12.1981	43 T. C. M. 241
Yapp Corp. v. Commissioner	18.06.1992	63 T. C. M. 3155

Entscheidungen des US Claims Court/US Court of Claims

Urteil	***Datum***	***Fundstelle***
Bedford Mills, Inc. v. United States	13.03.1933	2 F. Supp. 769
Boise Cascade Corp. v. United States	28.01.1976	530 F. 2d 1367
Cincinnati, New Orleans and Texas Pacific Railway Co. v. United States	24.04.1970	424 F. 2d. 563
Cleveland Elec. Illuminating Co. v. United States	09.01.1985	7 Cl. Ct. 220
Consolidated Edison Co. of New York v. United States	06.12.1955	135 F. Supp. 881
Dravo Corp. v. United States	16.07.1965	348 F. 2d 542
Iowa Southern Utilities Co. v. United States	16.07.1965	348 F. 2d 492
John Wanamaker Philadelphia, Inc. v. United States	15.04.1966	359 F. 2d 437

Minneapolis, St. Paul & Sault Ste. Marie Railroad Co. v. United States	24.01.1964	164 Ct. Cl. 226
Philadelphia Park Amusement Co. v. United States	30.11.1954	126 F. Supp. 184

Entscheidungen der US District Courts

Urteil	*Datum*	*Fundstelle*
Old Colony Trust Associates v. Hassett	22.06.1944	55 F. Supp. 629
Queen City Woodworks & Lumber Co. v. Crooks	31.03.1934	7 F. Supp. 684
The Tog Shop, Inc. v. United States	20.09.1989	721 F. Supp. 300
United Hardware Distributing Co. v. United States	28.06.1988	695 F. Supp. 426

Literaturverzeichnis

Literaturverzeichnis

Aaron, Henry J./Galper, Harvey (1985): Assessing Tax Reform, Washington 1985.

Adams, J. Phillip/Hinderliter, J. Dean (1992): INDOPCO, Inc. v. Commissioner: Impact Beyond Friendly Takeovers, in: Tax Notes, April 1992, S. 93 - 103.

Adler, Christopher C. (1989): Many Home Builders Still Are Not Required to Use the Percentage of Completion Method, in: Taxation for Accountants, Sept. 1989, S. 146 - 150.

Adler, Hans/Düring, Walter/Schmaltz, Kurt (1995): Rechnungslegung und Prüfung der Unternehmen. Kommentar zum HGB, AktG, GmbHG, PublG nach den Vorschriften des Bilanzrichtlinien-Gesetzes, Teilband 1, 6. Aufl., Stuttgart 1995.

Aidinoff, M. Bernard/Lopata, Benjamin B. (1980): Section 461 and Accrual-Method Taxpayers: The Treatment of Liabilities Arising From Obligations to Be Performed in the Future, in: The Tax Lawyer, Spring 1980, S. 789 - 824.

Akre, Steven H. (1986): The Tax Reform Act of 1986: Tax Reform and Simplicity?, in: Journal of Missouri Bar, Oct.-Nov. 1986, S. 445 - 452.

Altfelder, Stefan (2000): Kommentar, in: FR 2000, S. 1209 - 1210.

Altfelder, Stefan (2001): Ist die „Mindestbesteuerung“ verfassungswidrig?, in: DB 2001, S. 350 - 355.

Amico, Joseph C. (1993): Introduction to the US Income Tax System, Deventer/Boston 1993.

Andel, Norbert (1992): Finanzwissenschaft, 3., überarb. u. erw. Aufl., Tübingen 1992.

Ando, Albert/Blume, Marshall E./Friend, Irwin (1985): The Structure and Reform of the U. S. Tax System, Cambridge/London 1985.

Andrews, Arthur W. (1995): Amortization of the Cost of Obtaining Additional Bar Admissions Under Section 197, in: Arizona Law Review, Summer 1995, S. 501 - 524.

Andrews, William D. (1999): Basic Federal Income Taxation, 5th ed., Gaithersburg/New York 1999.

Anthony, Robert N./Hawkins, David F./Merchant, Kenneth A. (1999): Accounting: Text and Cases, 10th ed., Boston u. a. 1999.

Aprill, Ellen P. (1996): Muffled Chevron: Judicial Review of Tax Regulations, in: Florida Tax Review 1996, S. 51 - 91.

Arbeitskreis Externe Unternehmensrechnung der Schmalenbach-Gesellschaft für Betriebswirtschaft (2001): Die Zukunft der Rechnungslegung aus Sicht von Wissenschaft und Praxis – Fachprogramm des Arbeitskreises Externe Unternehmensrechnung im Rahmen des 54. Deutschen Betriebswirtschafter-Tags, in: DB 2001, S. 160 - 161.

Arbeitskreis „Immaterielle Werte im Rechnungswesen" der Schmalenbach-Gesellschaft für Betriebswirtschaft (2001): Kategorisierung und bilanzielle Erfassung immaterieller Werte, in: DB 2001, S. 989 - 995.

Arndt, Hans-Wolfgang (1981): Steuerliche Leistungsfähigkeit und Verfassungsrecht, in: Damrau, Jürgen (Hrsg.): Festschrift für Otto Mühl, Stuttgart 1981, S. 17 - 39.

Arndt, Hans-Wolfgang/Piltz, Detlev J. (1996): Grundzüge des Besonderen Steuerrechts, Bd. 1: Ertragsteuer- und Unternehmenssteuerrecht, München 1996.

Arndt, Hans-Wolfgang/Wiesbrock, Michael R. (1999): Der EuGH als gesetzlicher Richter in ertragsteuerlichen Rechtsstreitigkeiten? – Zu den möglichen Konsequenzen für die nationale Steuerrechtsordnung –, in: DStR 1999, S. 350 - 354.

Arnett, Harold E. (1969): Taxable Income v. Financial Income: How Much Uniformity Can We Stand?, in: The Accounting Review, July 1969, S. 482 - 494.

Ashauer, Ellen (2000): Verfassungswidrigkeit der Mindestbesteuerung (§ 2 Abs. 3 EStG)?, in: StuB 2000, S. 1218 - 1219.

Asimow, Michael (1990): Temporary Regulations, in: Tax Notes, Oct. 1990, S. 451 - 456.

Auerbach, Alan J. (1982): The New Economics of Accelerated Depreciation, in: Boston College Law Review, Sept. 1982, S. 1327 - 1355.

Augustin, Reinhard (1995): Vergleich der LIFO-Bewertung in Deutschland und den USA, in: RIW 1995, S. 564 - 567.

Ault, Hugh J. (1997): Comparative Income Taxation: A Structural Analysis, The Hague/ London/Boston 1997.

Auster, Rolf (1998): Choosing to Recognize Short-Term, Mid-Term or Long-Term Gain After TRA '97, in: Taxes. The Tax Magazine, Feb. 1998, S. 19 - 23.

Austin, Maurice u. a. (1954): The Internal Revenue Code of 1954: Tax Accounting, in: Harvard Law Review 1954, S. 257 - 291.

Backhaus, Klaus (1996): Gewinnrealisierung im Anlagengeschäft vor dem Hintergrund nationaler und internationaler Rechnungslegungsvorschriften, in: Baetge, Jörg u. a. (Hrsg.): Rechnungslegung, Prüfung und Beratung – Herausforderungen für den Wirtschaftsprüfer –. Festschrift für Rainer Ludewig, Düsseldorf 1996, S. 21 - 51.

Baetge, Jörg (1996): Bilanzen, 4., überarb. Aufl., Düsseldorf 1996.

Baetge, Jörg/Krumnow, Jürgen/Noelle, Jennifer (2001): Das „Deutsche Rechnungslegungs Standards Committee" (DRSC) – Standortbestimmung und Zukunftsperspektiven der Konzernrechnungslegung –, in: DB 2001, S. 769 - 774.

Bailey, Lester D. (1988): Passive Activity Losses and Credits, in: University of Baltimore Law Review, Winter 1988, S. 389 - 417.

Baker, Rex G./Griswold, Erwin N. (1951): Percentage Depletion – A Correspondence, in: Harvard Law Review, Jan. 1951, S. 361 - 382.

Baker, W. Kirk (1987): Capital Loss Deduction Limits After the Tax Reform Act of 1986, in: Texas Law Review, Nov. 1987, S. 159 - 189.

Bareis, Peter u. a. (1993): Lifo, Jahresabschlußziele und Grundsätze ordnungsmäßiger Buchführung, in: DB 1993, S. 1249 - 1252.

Barker, Richard B. (1952): Practical Aspects of Inventory Problems Under Current Conditions: Lifo, Involuntary Liquidations, in: New York University (Hrsg.): Proceedings of the Tenth Annual Institute on Federal Taxation, New York 1952, S. 511 - 536.

Barron, Jerome A./Dienes, C. Thomas (1999): Constitutional Law in a Nutshell, 4th ed., St. Paul 1999.

Bassett, Brian R. (1995): Simon v. Commissioner and Liddle v. Commissioner: Has the Tax Court Been ‚Fiddling' Around with Depreciation?, in: Boston University Law Review, May 1995, S. 837 - 864.

Bauer, Karl-Heinz (1996): Kommentierung zu § 4a EStG, in: Herrmann, Carl/Heuer, Gerhard/Raupach, Arndt (Hrsg.): Einkommensteuer- und Körperschaftsteuergesetz. Kommentar, Loseblatt, 21. Aufl., Köln 1996, Stand: Mai 2000.

Bauernfeind, George G. (1994): Income Taxation. Accounting Methods and Periods, Vol. I und II, Loseblatt, New York u. a., Stand: Jan. 1994.

Bayer, Hermann-Wilfried (1972): Die verfassungsrechtlichen Grundlagen der Wirtschaftslenkung durch Steuerbefreiungen, in: StuW 1972, S. 149 - 156.

Beck, Richard C. E. (1989): The Deductibility of a Worthless Right to Contribution for Joint Income Taxes: The Mistaken Line of Cases Under Rude v. Commissioner, in: Virginia Tax Review, Fall 1989, S. 313 - 356.

Becker, Henning (1990): Finanzwissenschaftliche Steuerlehre. Steuerwirkung, Steuerfinanzierung, Steuerpolitik, München 1990.

Beghe, Renato (1974): The Artist, the Art Market and the Income Tax, in: Tax Law Review 1974, S. 491 - 524.

Beil, Gregory M. (1995): Internal Revenue Code Section 197: A Cure for the Controversy Over the Amortization of Acquired Intangible Assets, in: University of Miami Law Review, Spring/Summer 1995, S. 731 - 792.

Beiser, Reinhold (2001): Die Abzinsung von Verbindlichkeiten und Rückstellungen im Licht des Leistungsfähigkeitsprinzips, in: DB 2001, S. 296 - 298.

Beisse, Heinrich (1980a): Tendenzen der Rechtsprechung des Bundesfinanzhofs zum Bilanzrecht, in: DStR 1980, S. 243 - 252.

Beisse, Heinrich (1980b): Handelsbilanzrecht in der Rechtsprechung des Bundesfinanzhofs. Implikationen des Maßgeblichkeitsgrundsatzes, in: BB 1980, S. 637 - 646.

Beisse, Heinrich (1994): Zum neuen Bild des Bilanzrechtssystems, in: Ballwieser, Wolfgang u. a. (Hrsg.): Bilanzrecht und Kapitalmarkt. Festschrift für Adolf Moxter, Düsseldorf 1994, S. 3 - 31.

Belt, Bradley D./Hunt, Alexander T. (1996): Replacing the Income Tax. Principles for a New Tax System. A Report of the CSIS Domestic Policy Issues Program, Washington 1996.

Bergkemper, Winfried (1996): Kommentierung zu § 4 EStG, in: Herrmann, Carl/Heuer, Gerhard/Raupach, Arndt (Hrsg.): Einkommensteuer- und Körperschaftsteuergesetz. Kommentar, Loseblatt, 21. Aufl., Köln 1996, Stand: Mai 2000.

Bernhardt, Michael (2000): Einkünfte versus Income. Eine systemvergleichende und wertende Betrachtung des deutschen Einkünftebegriffs und dessen US-amerikanischen Synonyms, insbesondere dargestellt am Beispiel der Vermietung und Verpachtung von Wohnimmobilien, Berlin 2000.

Bernstein, Robert A. (1968): „Primarily for Sale“: A Semantic Snare, in: Stanford Law Review, June 1968, S. 1093 - 1119.

Biergans, Enno (1992): Einkommensteuer. Systematische Darstellung und Kommentar, 6., völlig überarb. u. erw. Aufl., München/Wien 1992.

Biergans, Enno/Stockinger, Roland (1982): Zum Einkommensbegriff und zur persönlichen Zurechnung von Einkünften im Einkommensteuerrecht (I), in: FR 1982, S. 1 - 7.

Bippus, Birgit E. (1998): US-amerikanische Grundsätze der Rechnungslegung von Unternehmen und die Maßgeblichkeit im deutschen Bilanzrecht – keine unvereinbaren Bilanzierungsphilosophien!, in: DStZ 1998, S. 637 - 650.

Birk, Dieter (1983a): Das Leistungsfähigkeitsprinzip als Maßstab der Steuernormen. Ein Beitrag zu den Grundfragen des Verhältnisses Steuerrecht und Verfassungsrecht, Köln 1983.

Birk, Dieter (1983b): Zum Stand der Theoriediskussion in der Steuerrechtswissenschaft, in: StuW 1983, S. 293 - 299.

Birk, Dieter (1989): Gleichheit und Gesetzmäßigkeit der Besteuerung. Zum Stellenwert zweier Grundprinzipien in der Steuerreform 1990, in: StuW 1989, S. 212 - 218.

Birk, Dieter (1991): Rechtsschutz in Steuersachen in den USA, in: StuW 1991, S. 263 - 269.

Birk, Dieter (1994): Steuerrecht I. Allgemeines Steuerrecht, 2. Aufl., München 1994.

Birk, Dieter (1996): Kommentierung zu § 11 EStG, in: Herrmann, Carl/Heuer, Gerhard/ Raupach, Arndt (Hrsg.): Einkommensteuer- und Körperschaftsteuergesetz. Kommentar, Loseblatt, 21. Aufl., Köln 1996, Stand: Mai 2000.

Bittker, Boris I. (1979): Equity, Efficiency, and Income Tax Theory: Do Misallocations Drive Out Inequities?, in: The San Diego Law Review, July 1979, S. 735 - 748.

Bittker, Boris I. (1981): Capital Gains and Losses – The „Sale or Exchange“ Requirement, in: The Hastings Law Journal, March 1981, S. 743 - 778.

Bittker, Boris I. (1997): Federal Income Taxation – Then and Now, in: Davenport, Charles (Hrsg.): Selected Readings on Tax Policy. 25 Years of Tax Notes, Arlington 1997, S. 18 - 22.

Bittker, Boris I./Eustice, James S. (1999): Federal Income Taxation of Corporations and Shareholders, 6th ed., Loseblatt, Boston, Stand: 1999.

Bittker, Boris I./Lokken, Lawrence (1999a): Federal Taxation of Income, Estates, and Gifts, Vol. 1, 3rd ed., Boston 1999, aktualisiert durch 1999 Cumulative Supplement No. 1. Text. Part I. Vols. 1 - 3, Boston 1999.

Bittker, Boris I./Lokken, Lawrence (1999b): Federal Taxation of Income, Estates, and Gifts, Vol. 2, 2nd ed., Boston 1990, aktualisiert durch 1999 Cumulative Supplement No. 1. Text. Part I. Vols. 1 - 3, Boston 1999.

Bittker, Boris I./Lokken, Lawrence (1999c): Federal Taxation of Income, Estates, and Gifts, Vol. 3, 2nd ed., Boston 1991, aktualisiert durch 1999 Cumulative Supplement No. 1. Text. Part I. Vols. 1 - 3, Boston 1999.

Bittker, Boris I./Lokken, Lawrence (1999d): Federal Taxation of Income, Estates, and Gifts, Vol. 4, 2nd ed., Boston 1992, aktualisiert durch 1999 Cumulative Supplement No. 1. Text. Part II. Vols. 4 & 5, Boston 1999.

Bittker, Boris I./Stone, Lawrence M. (1980): Federal Income Taxation, 5th ed., Boston/ Toronto 1980.

Bitz, Michael/Schneeloch, Dieter/Wittstock, Wilfried (2000): Der Jahresabschluß. Rechtsvorschriften, Analyse, Politik, 3., überarb. Aufl., München 2000.

Blohm, Dieter/Conrad, Hans-Joachim (1990): Finanzwissenschaft, 2. Aufl., Wiesbaden 1990.

Bloom, Gilbert D./Bush, John N. (1981): Final Regulations Under Section 385 Contain Complex Rules and Safe Harbors, in: The Journal of Taxation, May 1981, S. 274 - 281.

Blumenberg, Jens (1997): Die Besteuerung der Gesellschafter-Fremdfinanzierung. Unter besonderer Berücksichtigung der Unternehmensverhältnisse in den USA, Baden-Baden 1997.

Blumenthal, Marsha/Slemrod, Joel (1992): The Compliance Cost of the U.S. Individual Income Tax System: A Second Look After Tax Reform, in: National Tax Journal, June 1992, S. 185 - 202.

Blumenwitz, Dieter (1998): Einführung in das anglo-amerikanische Recht, 6. Aufl., München 1998.

Bokinsky, Amy J. (1994): Section 197: Taxpayer Relief and Questions of Asymmetry, in: Virginia Tax Review, Summer 1994, S. 211 - 256.

Bolling, Rodger A./Agrawal, Surendra P./Hodge, Thomas G. (1987): The Tax Reform Act of 1986: Simplification or Complication?, in: The Tax Executive, Spring 1987, S. 235 - 244.

Bordewin, Arno (1998): Keine Rückstellung für drohenden Verlust in der Steuerbilanz, in: FR 1998, S. 226 - 233.

Born, Karl (1997): Rechnungslegung international. Konzernabschlüsse nach IAS, US-GAAP, HGB und EG-Richtlinien, Stuttgart 1997.

Börner, Dietrich (1987): Bilanzrichtlinien-Gesetz und Steuerbilanzpolitik – Zur Neuordnung der Handlungsspielräume –, in: StBJb 1986/87, S. 201 - 234.

Boskin, Michael J. (1985): A Closer Look at Tax Neutrality Toward Investment, in: Tax Notes, Nov. 1985, S. 652 - 654.

Bossert, Rainer (1997): Unternehmensbesteuerung und Bilanzsteuerrecht, Heidelberg 1997.

Bowers, William P./Stone, Michael K. (1986): Some Items Still Deductible Under All-Events Test Despite New Economic Performance Rules, in: The Journal of Taxation, June 1986, S. 354 - 359.

Boyle, F. Ladson (1986): What Is a Trade or Business?, in: The Tax Lawyer, Summer 1986, S. 737 - 767.

Boyles, Jesse V. (1981): Traps in the New Regulations Under IRC 385, in: The Tax Executive, July 1981, S. 267 - 285.

Bradford, David F. (1986): Untangling the Income Tax, Cambridge/London 1986.

Brandis, Peter (1987): Einkommen als Rechtsbegriff, in: StuW 1987, S. 289 - 301.

Breithecker, Volker/Klapdor, Ralf/Zisowski, Ute (1999): Steuerentlastungsgesetz 1999/2000/2002. Auswirkungen und Gestaltungshinweise – mit einem Ausblick auf die geplante Unternehmenssteuerreform, Bielefeld 1999.

Brugger, Winfried (1987): Grundrechte und Verfassungsgerichtsbarkeit in den Vereinigten Staaten von Amerika, Tübingen 1987.

Brümmerhoff, Dieter (1992): Finanzwissenschaft, 6., durchges. Aufl., München/Wien 1992.

Budde, Wolfgang D./Geißler, Horst (1999): Kommentierung zu § 252 HGB, in: Beck'scher Bilanz-Kommentar. Handels- und Steuerrecht – §§ 238 bis 339 HGB –, 4., völlig neubearb. Aufl., München 1999.

Budde, Wolfgang D./Steuber, Elgin (1998): Normsetzungsbefugnis eines deutschen Standard Setting Body, in: DStR 1998, S. 1181 - 1187.

Bundesministerium für Wirtschaft und Finanzen (1971): Gutachten der Steuerreformkommission 1971, Bonn 1971.

Burke, Frank M. (1993): Revenue Certainty From a Level Playing Field: An Impossible Dream?, in: Tax Notes, Dec. 1993, S. 1629 - 1633.

Butler, Gordon T. (1995): I.R.C. § 461(h): Tax Fairness and the Deduction of Future Liabilities, in: The University of Memphis Law Review, Fall 1995, S. 97 - 203.

Byrne, Olivia S. (1988): The At-Risk Rules Under the Tax Reform Act of 1986: The Door Closes on Tax-Motivated Investments, in: University of Baltimore Law Review, Winter 1988, S. 364 - 388.

Caginalp, Oggie/Connors, Peter J./Handler, R. Arnold (1997a): Section 475 After the 1997 Act and Final(?) Regs – The Makeover Continues, in: Tax Notes, Aug. 1997, S. 1071 - 1097.

Caginalp, Oggie/Connors, Peter J./Handler, R. Arnold (1997b): The Mark-to-Market Rules of Section 475 – An Update, in: Tax Notes, Nov. 1997, S. 961 - 966.

Calkins, Hugh (1984): A Federal Income Tax Designed for Revenue Only, in: Tax Notes, April 1984, S. 201 - 214.

Carley, John A. (1968): Important Areas in Which Book Accounting Differs From Tax Accounting; Tax and Nontax Results; Requirements of Federal and State Regulatory Agencies, in: New York University (Hrsg.): Proceedings of the Twenty-Sixth Annual Institute on Federal Taxation, New York 1968, S. 541 - 558.

Carmichael, D. R./Lilien, Steven B./Mellman, Martin (1996): Accountant's Handbook. Vol. I: Financial Accounting and General Topics, 8th ed., New York u. a. 1996.

Carnes, Gregory A./Englebrecht, Ted D. (1992): The Internal Revenue Service's Increasing Power with the Clear Reflection of Income Standard, in: The Tax Executive, Nov.-Dec. 1992, S. 456 - 462.

Cattelaens, Heiner (1999): Steuerentlastungsgesetz 1999/2000/2002: Teilwertabschreibung und Wertaufholung, in: DB 1999, S. 1185 - 1187.

CCH (1998a): 1999 U. S. Master Tax Guide, Chicago 1998.

CCH (1998b): Tax Accounting. Fundamentals of Taxation, CPE Series, Chicago 1998.

CCH (1998c): Gains and Losses. Fundamentals of Taxation, CPE Series, Chicago 1998.

Cesnik, Gary R./Hickey, Gregory P./Lightfoot, H. Chip (1995): Sec. 263A: Historic Absorption Ratio – Simplify Your UNICAP Calculation, in: The Tax Adviser, July 1995, S. 425 - 426.

Clemm, Hermann (1999): Steuerbilanz in der Krise?, in: Kirchhof, Paul/Jakob, Wolfgang/ Beermann, Albert (Hrsg.): Steuerrechtsprechung, Steuergesetz, Steuerreform. Festschrift für Klaus Offerhaus, Köln 1999, S. 631 - 645.

Clemm, Hermann/Erle, Bernd (1999): Kommentierung zu § 249 HGB, in: Beck'scher Bilanz-Kommentar. Handels- und Steuerrecht – §§ 238 bis 339 HGB –, 4., völlig neubearb. Aufl., München 1999.

Coenenberg, Adolf G. (2000): Jahresabschluß und Jahresabschlußanalyse. Betriebswirtschaftliche, handelsrechtliche und internationale Grundsätze – HGB, IAS, US-GAAP –, 17., völlig neu bearb. u. erw. Aufl., Landsberg/Lech 2000.

Conjura, Carol (1996): Hybrid Cash-Accrual Method Found to Clearly Reflect Income, in: The Tax Adviser, June 1996, S. 326 - 328.

Conjura, Carol (1997): Changing an Accounting Method Now Easier but Barriers Remain for Taxpayers Under Examination, in: The Journal of Taxation, July 1997, S. 5 - 16.

Conjura, Carol/Gibbs, Paul K. (1999): Proposed Regulations Limit Taxpayers' Use of the Historic Absorption Ratio Method, in: The Journal of Taxation, Sept. 1999, S. 138 ff.

Conjura, Carol/Mak, Pauline (1997): Income From Incidental Supplies Does Not Bar a Service Provider From Using the Nonaccrual Experience Method, in: The Tax Adviser, June 1997, S. 338 - 340.

Cooper, Charles J./Carvin, Michael A./Colatriano, Vincent J. (1993): The Legal Authority of the Department of the Treasury to Promulgate a Regulation Providing for Indexation of Capital Gains, in: Virginia Tax Review, Spring 1993, S. 631 - 732.

Coplan, Karl S. (1983): Protecting the Public Fisc: Fighting Accrual Abuse with Section 446 Discretion, in: Columbia Law Review, March 1983, S. 378 - 411.

Costede, Jürgen (1989): Zur dogmatischen Leistungsfähigkeit des Leistungsfähigkeitsprinzips, in: Carlé, Dieter/Korn, Klaus/Stahl, Rudolf (Hrsg.): Herausforderungen – Steuerberatung im Spannungsfeld der Teilrechtsordnungen. Festschrift für Günther Felix, Köln 1989, S. 17 - 35.

Costede, Jürgen (1995): Die Aktivierung von Wirtschaftsgütern im Einkommensteuerrecht, in: StuW 1995, S. 115 - 123.

Coverdale, John F. (1997): Text As Limit: A Plea for a Decent Respect for the Tax Code, in: Tulane Law Review, May 1997, S. 1501 - 1557.

Crawford, Patrick B. (1997): The Utility of the Efficiency/Equity Dichotomy in Tax Policy Analysis, in: Virginia Tax Review, Winter 1997, S. 501 - 534.

Crezelius, Georg (1994): Steuerrecht II. Die einzelnen Steuerarten, 2. Aufl., München 1994.

Crezelius, Georg (2000): Steuersenkungsgesetz: § 8b Abs. 3 Satz 2 KStG 2001 – ein steuergesetzliches Verwirrspiel, in: DB 2000, S. 1631 - 1633.

Crezelius, Georg (2001): Dogmatische Grundstrukturen der Unternehmenssteuerreform, in: DB 2001, S. 221 - 229.

Cuccia, Andrew D./Carnes, Gregory A. (1992): Simplifying the Personal Income Tax, in: Tax Notes, June 1992, S. 1817 - 1825.

Cunningham, Kevin M. (1995): Which Concept of Depreciation Should Guide Us? Trying to Develop a Consistent Framework for the Federal Income Tax System, in: Virginia Tax Review, Spring 1995, S. 753 - 778.

Cunningham, Noël B./Schenk, Deborah H. (1993): The Case for a Capital Gains Preference, in: Tax Law Review, Spring 1993, S. 319 - 380.

Curry, K. Todd (1989): The Deductibility of Punitive Damages As an Ordinary and Necessary Business Expense: Reviving the Public Policy Doctrine, in: The San Diego Law Review, March 1989, S. 357 - 376.

Dell, F. Michael (1997): Proposed Rules on Amortization of Intangibles Provide Important Guidance, Few Surprises, in: The Journal of Taxation, May 1997, S. 278 - 283.

Delta, George B. (1987): The Uniform Capitalization Rules Under Section 263A, in: Tax Management Memorandum, Sept. 1987, S. 239 ff.

Dentino, Christine (1989): The Impact of the New Uniform Capitalization Rules on Real Estate, in: The Journal of Real Estate Taxation, Spring 1989, S. 195 - 217.

DeRhodes, Jon M. (1987): Ordinary and Necessary Business Expenses. Hymel v. Commissioner, in: Akron Tax Journal 1987, S. 20 - 22.

Dielmann, Heinz J. (1985): Aufbau und Organisation der Bundessteuerverwaltung in den USA, in: IWB 1985, Fach 8, Gruppe 2, S. 417 - 418.

Dilley, Steven C./Orbach, Kenneth N. (1999): Applying a Bucket Approach to Capital Gain Rules, in: Tax Notes, Dec. 1999, S. 1562 - 1567.

Dodge, Joseph M./Fleming, Clifton J./Geier, Deborah A. (1999): Federal Income Tax: Doctrine, Structure and Policy, 2nd ed., Charlottesville 1999.

Dodge, Joseph M./Geier, Deborah A. (1995): Simon Says: A Liddle Night Music with Those Depreciation Deductions, Please, in: Tax Notes, Oct. 1995, S. 617 - 630.

Doering, James A. (1993): The Amortization of Intangibles: Before and After Section 197, in: Taxes. The Tax Magazine, Oct. 1993, S. 621 - 635.

Doetsch, Peter A. (1988): Betriebliche Altersversorgung in den USA. Unterschiede und Gemeinsamkeiten zur deutschen betrieblichen Altersversorgung, in: RIW 1988, S. 614 - 619.

Döllerer, Georg (1971): Maßgeblichkeit der Handelsbilanz in Gefahr?, in: BB 1971, S. 1333 - 1335.

Dooher, Patrick G. (1987): Section 448: New Limitations on the Use of the Cash Method of Accounting, in: Tax Management Memorandum, Aug. 1987, S. 203 - 209.

Doralt, Werner (1998): Sind Rückstellungen steuerpolitisch gerechtfertigt?, in: DB 1998, S. 1357 - 1358.

Douglass, Michael J. (1994): Tangible Results for Intangible Assets: An Analysis of New Code Section 197, in: The Tax Lawyer, Spring 1994, S. 713 - 761.

Dreissig, Hildegard (1984): Unternehmenserwerb und Besteuerung in den USA, 2. Aufl., Herne/Berlin 1984.

Drenseck, Walter (2000): Kommentierung zu §§ 7 und 12 EStG, in: Schmidt, Ludwig (Hrsg.): Einkommensteuergesetz. Kommentar, 19., völlig neubearb. Aufl., München 2000.

Drüen, Klaus-Dieter (1999): Zur Wahl der steuerrechtlichen Gewinnermittlungsart, in: DStR 1999, S. 1589 - 1595.

Dubetz, Michael (1989): United States v. General Dynamics: The Deduction of Estimated Liabilities by Accrual Method Taxpayers: The All Events Test and Economic Performance, in: Ohio State Law Journal 1989, S. 1439 - 1452.

Dubroff, Harold (1985): The Claim of Right Doctrine, in: Tax Law Review, Summer 1985, S. 729 - 771.

Dubroff, Harold/Cahill, M. Connie/Norris, Michael D. (1983): Tax Accounting: The Relationship of Clear Reflection of Income to Generally Accepted Accounting Principles, in: Albany Law Review, Winter 1983, S. 354 - 407.

Duke, Bryan (1999): Eighth Circuit Upholds Use of Shrinking Estimates by Retailer in Computing Ending Inventory, in: University of Arkansas at Little Rock Law Review, Spring 1999, S. 682 - 684.

Dupuy, Siobhan E. (1995): Works of Art As Depreciable Tools of a Trade Under ACRS: Simon v. Commissioner and Liddle v. Commissioner, in: The Tax Lawyer, Winter 1995, S. 629 - 640.

Dziadkowski, Dieter (1998): Zur Europäisierung des Bilanzrechts, in: FR 1998, S. 865 - 872.

Dziadkowski, Dieter (1999): DE + ES: Quo vadis, Steuerbilanz?, in: IStR 1999, S. 636.

Dziadkowski, Dieter (2001): Die Diskussion über das Verhältnis von Handels- und Steuerbilanz – Alter Wein in neuen Schläuchen?, in: DStZ 2001, S. 9 - 16.

Eberhartinger, Eva (2000): Ertragsteuerliche Konsequenzen der Internationalisierung der Rechnungslegung, Wien 2000.

Ebling, Klaus (1994): Die steuerrechtlichen Grundlagen für die Bildung einer steuerfreien Rücklage für Ersatzbeschaffung bei Verlust eines Wirtschaftsguts infolge höherer Gewalt oder behördlichen Eingriffs, in: Ballwieser, Wolfgang u. a. (Hrsg.): Bilanzrecht und Kapitalmarkt. Festschrift für Adolf Moxter, Düsseldorf 1994, S. 1005 - 1025.

Ehmke, Horst (1961): Wirtschaft und Verfassung. Die Verfassungsrechtsprechung des Supreme Court zur Wirtschaftsregulierung, Karlsruhe 1961.

Eisele, Wolfgang (1993): Technik des betrieblichen Rechnungswesens. Buchführung, Kostenrechnung, Sonderbilanzen, 5., überarb. u. erw. Aufl., München 1993.

Ellrott, Helmut/Schmidt-Wendt, Dietrich (1999): Kommentierung zu § 255 HGB, in: Beck'scher Bilanz-Kommentar. Handels- und Steuerrecht – §§ 238 bis 339 HGB –, 4., völlig neubearb. Aufl., München 1999.

Elschen, Rainer (1991): Entscheidungsneutralität, Allokationseffizienz und Besteuerung nach der Leistungsfähigkeit. Gibt es ein gemeinsames Fundament der Steuerwissenschaften?, in: StuW 1991, S. 99 - 115.

Elschen, Rainer/Hüchtebrock, Michael (1983): Steuerneutralität in Finanzwissenschaft und Betriebswirtschaftslehre – Diskrepanzen und Konsequenzen, in: FA 1983, S. 253 - 280.

Elsing, Siegfried H. (1990): Grundzüge des Rechts- und Regierungssystems, des Gesellschafts- sowie des Trustrechts der Vereinigten Staaten von Amerika, in: Kramer, Jörg-Dietrich (Hrsg.): Grundzüge des US-amerikanischen Steuerrechts, Stuttgart 1990, S. 3 - 34.

Emanuel, David (1975): The Scope of Section 1341, in: Taxes. The Tax Magazine, Nov. 1975, S. 644 - 660.

Emmel, Drew M. (1989): Wash Sales and Stock Options: How Does the „Substantially Identical" Rule Apply?, in: The Tax Lawyer, Summer 1989, S. 1073 - 1088.

Eustice, James S. u. a. (1987): The Tax Reform Act of 1986. Analysis and Commentary Boston/New York 1987.

Evans, Thomas L. (1991): The Taxation of Multi-Period Projects: An Analysis of Competin Models, in: Texas Law Review, April 1991, S. 1109 - 1201.

Faber, Peter L. (1994): INDOPCO: The Still Unsolved Riddle, in: The Tax Lawyer, Sprin 1994, S. 607 - 640.

Fabrizio, Steven B. (1987): Shareholder-Guarantor Fees: Deductible Business Expense c Dividends?, in: The Tax Lawyer, Summer 1987, S. 905 - 919.

FASB (1999a): Statements of Financial Accounting Concepts. Accounting Standard 1999/2000 Edition, New York u. a. 1999.

FASB (1999b): Original Pronouncements. 1999/2000 Edition. Accounting Standards As of June 1, 1999, Vol. I: FASB Statements of Standards, New York u. a. 1999.

Fass, Peter M. u. a. (1988): Original Issue Discount, Imputed Interest Rules and Below-Market Interest Loans, in: Practising Law Institute, May 1988, S. 185 - 242.

Federmann, Rudolf (1994): Bilanzierung nach Handelsrecht und Steuerrecht, 10., akt. u. erw. Auflage, Berlin 1994.

Feheley, Dan (1988): The Nonaccrual Experience Method: „Into the Looking Glass“, in: The Tax Adviser, July 1988, S. 478 - 481.

Fellows, James A./Yuhas, Michael A. (1994): Replacing Involuntarily Converted Property Under Section 1033: Who Is the Taxpayer?, in: The Journal of Real Estate Taxation, Winter 1994, S. 153 - 172.

Fleischmann, Michael (2000a): Dauernde Wertminderung als Voraussetzung für die Vornahme einer Teilwertabschreibung, in: INF 2000, S. 356 - 359.

Fleischmann, Michael (2000b): Auswirkungen des Steuersenkungsgesetzes auf die Abschreibungen, in: StuB 2000, S. 857 - 863.

Flick, Hans F. W. (1993): Erweiterte steuerliche Aktivierungspflichten in den USA – Verschärfte Verwaltungspraxis nach einem Supreme Court Urteil, in: IStR 1993, S. 420.

Flick, Hans F. W. (1999): Wo geht es jetzt lang, amerikanische Finanzverwaltung? Eigenkapital in der Handelsbilanz ist Fremdkapital in der Steuerbilanz, in: IStR 1999, S. 335 - 336.

Flick, Hans F. W./Damm, Holger (1993): Das U.S. Steueränderungsgesetz 1993 (Omnibus Budget Reconciliation Act of 1993), in: IStR 1993, S. 497 - 506.

Forster, Meinhard (1999): Gewinnrealisierung bei langfristiger Fertigung, in: Castan, Edgar u. a. (Hrsg.): Beck'sches Handbuch der Rechnungslegung, Loseblatt, München, Stand: Nov. 1999.

Friauf, Karl H. (1966): Verfassungsrechtliche Grenzen der Wirtschaftslenkung und Sozialgestaltung durch Steuergesetze, Tübingen 1966.

Friauf, Karl H. (1978): Unser Steuerstaat als Rechtsstaat, in: StBJb 1977/78, S. 39 - 63.

Friedman, Lawrence M. (1998): American Law. An Introduction, 2nd ed., New York/London 1998.

Fuisting, Bernhard (1902): Die Preußischen direkten Steuern, Bd. 4: Grundzüge der Steuerlehre, Berlin 1902.

Gaddum, Johann W. (1986): Ist die US-Steuerreform ein Modell für die Bundesrepublik Deutschland?, in: DStZ 1986, S. 211 - 216.

Gaffney, Dennis J. (1996): Rotable Spare Parts: How Did a ‚Terrible' Accounting Method Become So Bad?, in: Tax Notes, Feb. 1996, S. 1009 - 1012.

Gaffney, Dennis J./Wheeler, James E./Skadden, Donald H. (1984): Principles of Federal Income Taxation, New York u. a. 1984.

Gann, Hal I. (1996): What Isn't a Change in Method of Accounting?, in: The Tax Executive, May-June 1996, S. 161 - 174.

Gassner, Ulrich M. (1996): Gesetzgebung und Bestimmtheitsgrundsatz, in: ZG 1996, S. 37 - 56.

GEFIU (1990): Anwendung der Lifo-Methode im handelsrechtlichen Jahresabschluß, in: DB 1990, S. 1977 - 1979.

Geier, Deborah A. (1993): Textualism and Tax Cases, in: Temple Law Review, Summer 1993, S. 445 - 489.

Geier, Deborah A. (1998): The Myth of the Matching Principle As a Tax Value, in: The American Journal of Tax Policy, Spring 1998, S. 17 - 166.

Gentle, Richard A. (1998): IRS-Initiated Accounting Method Changes, in: The Tax Adviser, Sept. 1998, S. 586 - 587.

Gergen, Mark P. (1994): The Effects of Price Volatility and Strategic Trading Under Realization, Expected Return and Retrospective Taxation, in: Tax Law Review, Winter 1994, S. 209 - 268.

Gertzman, Stephen F. (1999): Federal Tax Accounting, 2nd ed., Boston 1993, aktualisiert durch 1999 Cumulative Supplement, Boston 1999.

Ginsburg, Martin D. (1997): A Critique of the IRS Private Ruling Process, in: Davenport, Charles (Hrsg.): Selected Readings on Tax Policy. 25 Years of Tax Notes, Arlington 1997, S. 366 - 369.

Glade, Anton (2000): Teilwerte und außergewöhnliche Abschreibungen beim Umlaufvermögen in der Steuerbilanz und Auswirkungen auf die Handelsbilanz, in: DB 2000, S. 844 - 847.

Glanegger, Peter (2000): Kommentierung zu §§ 6 und 6b EStG, in: Schmidt, Ludwig (Hrsg.): Einkommensteuergesetz. Kommentar, 19., völlig neubearb. Aufl., München 2000.

Glaum, Martin/Mandler, Udo (1996): Rechnungslegung auf globalen Kapitalmärkten. HGB, IAS und US-GAAP, Wiesbaden 1996.

Goldberg, Daniel S. (1997): Nonrecourse Debt in Excess of Fair Market Value: The Confluence of Basis, Realization, Subchapter K and the Need for Consistency, in: The Tax Lawyer, Fall 1997, S. 41 - 82.

Goldman, Richard A. (1987): Coping with the Specific Charge-Off Method: Developing Standards to Determine When an Outstanding Obligation Is Worthless, in: Virginia Tax Review, Fall 1987, S. 365 - 402.

Graetz, Michael J./Schenk, Deborah H. (1999): Federal Income Taxation. Principles and Policies, 3rd ed., Westbury 1995, aktualisiert durch 1999 Supplement, Westbury 1999.

Greenbaum, Maurice C. (1948): The Basis of Property Shall Be the Cost of Such Property: How Is Cost Defined?, in: Tax Law Review 1947-48, S. 351 - 381.

Greene, Steven J. (1986): Distinguishing Between Capital Expenditures and Ordinary Business Expenses: A Proposal for a Universal Standard, in: University of Michigan Journal of Law Reform, Spring 1986, S. 711 - 742.

Grefe, Cord (1997): Bilanz-(steuer-)rechtliche Aspekte des Verbots von Drohverlustrückstellungen, in: BB 1997, S. 2635 - 2638.

Griffith, Thomas D. (1994): Efficient Taxation of Mixed Personal and Business Expenses, in: UCLA Law Review, Sept. 1994, S. 1769 - 1789.

Grimes, Scott E./Sanchez, Victor/Wiggam, Marilyn K. (1998): Accounting Method Changes, in: Journal of Accountancy, April 1998, S. 65 - 69.

Groh, Manfred (1996): Bilanzrecht vor dem EuGH, in: DStR 1996, S. 1206 - 1211.

Groh, Manfred (1998a): Der Kampf um das Maßgeblichkeitsprinzip, in: Meffert, Heribert/ Krawitz, Norbert (Hrsg.): Unternehmensrechnung und -besteuerung. Grundfragen und Entwicklungen. Festschrift für Dietrich Börner, Wiesbaden 1998, S. 177 - 196.

Groh, Manfred (1998b): Sechs Thesen und ein Nachwort zum Maßgeblichkeitsprinzip, in: DB 1998, Heft 47, S. I.

Groh, Manfred (1999): Steuerentlastungsgesetz 1999/2000/2002: Imparitätsprinzip und Teilwertabschreibung, in: DB 1999, S. 978 - 984.

Grotherr, Siegfried (1998): Steht der Verlustvor- und -rücktrag steuerpolitisch zur Disposition? (Teil I und II), in: BB 1998, S. 2337 - 2346 und S. 2392 - 2398.

Grube, Georg (1989): Baumängel und Einkommensteuer, in: DStZ 1989, S. 495 - 502.

Guarascio, Herbert J. (1987): How to Lessen the Tax and Administrative Burden of the New Uniform Capitalization Rules, in: Taxation for Accountants, Dec. 1987, S. 372 - 376.

Günkel, Manfred/Fenzl, Barbara (1999): Ausgewählte Fragen zum Steuerentlastungsgesetz: Bilanzierung und Verlustverrechnung, in: DStR 1999, S. 649 - 660.

Gunn, Alan (1974): The Requirement That a Capital Expenditure Create or Enhance an Asset, in: Boston College Industrial and Commercial Law Review, Feb. 1974, S. 443 - 498.

Gunn, Alan (1984): Matching of Costs and Revenues As a Goal of Tax Accounting, in: Virginia Tax Review, Summer 1984, S. 1 - 37.

Gunn, Alan (1997): Basis and the Bad-Debt Deduction, in: Tax Notes, Oct. 1997, S. 337 - 347.

Gunter, Dale E. (1988): Accountants Beware: Has the Supreme Court Abolished Accrual Basis Taxpaying?, in: Wake Forest Law Review, Winter 1988, S. 797 - 823.

Habert, Ulrike/Small, David G. (1989): Das US-Steueränderungsgesetz 1988, in: IWB 1989, Fach 8, Gruppe 2, S. 555 - 560.

Häde, Ulrich (1994): Die Finanzverfassung der Vereinigten Staaten von Amerika, in: ZfZ 1994, S. 228 - 234.

Hahn, J. Glenn (1960): Methods of Accounting: Their Role in the Federal Income Tax Law, in: Washington University Law Quarterly, Feb. 1960, S. 1 - 61.

Haller, Axel (1988): Das Verhältnis von steuerrechtlicher und „handelsrechtlicher" Rechnungslegung in den USA, in: DBW 1988, S. 723 - 733.

Haller, Axel (1990): Die „Generally Accepted Accounting Principles". Die Normen der externen Rechnungslegung in den USA, in: ZfbF 1990, S. 751 - 777.

Haller, Axel (1994): Die Grundlagen der externen Rechnungslegung in den USA unter besonderer Berücksichtigung der rechtlichen, institutionellen und theoretischen Rahmenbedingungen, 4., unveränd. Aufl., Stuttgart 1994.

Haller, Axel (1998): US-GAAP, in: DBW 1998, S. 126 - 128.

Haller, Axel (2000): Wesentliche Ziele und Merkmale US-amerikanischer Rechnungslegung, in: Ballwieser, Wolfgang (Hrsg.): US-amerikanische Rechnungslegung. Grundlagen und Vergleiche mit dem deutschen Recht, 4., überarb. u. erw. Aufl., Stuttgart 2000, S. 1 - 27.

Haller, Heinz (1972): Finanzpolitik. Grundlagen und Hauptprobleme, 5., durchges. u. verb. Aufl., Tübingen 1972.

Haller, Heinz (1973): Zur Diskussion über das Leistungsfähigkeitsprinzip, in: FA 1972/73, S. 461 - 494.

Haller, Heinz (1981): Die Steuern. Grundlinien eines rationalen Systems öffentlicher Abgaben, 3., überarb. Aufl., Tübingen 1981.

Halperin, Daniel I. (1974): Business Deductions for Personal Living Expenses: A Uniform Approach to an Unsolved Problem, in: University of Pennsylvania Law Review 1974, S. 859 ff.

Halperin, Daniel I. (1986): Interest in Disguise: Taxing the „Time Value of Money", in: The Yale Law Journal, Jan. 1986, S. 506 - 552.

Halperin, Daniel I. (1993): Commentary. A Capital Gains Preference Is Not Even a Second-Best Solution, in: Tax Law Review, Spring 1993, S. 381 - 391.

Hammerschmidt, Paul E./Luchs, Lorin D. (1994): Different Accounting Methods May Apply for Long-Term Construction Contracts Depending on the Amount of the Three Preceding Tax Years' Gross Receipts, in: The Tax Adviser, May 1994, S. 296.

Hammond, Catherine L. (1995): The Amortization of Intangible Assets: S 197 of the Internal Revenue Code Settles the Confusion, in: Connecticut Law Review, Spring 1995, S. 915 - 941.

Handler, Harold R. (1999): A Call for Simpler Capital Gain Rules, in: Tax Notes, May 1999, S. 737 - 740.

Hanna, Christopher H. (1992): A Partnership's Business Purpose Taxable Year: A Deferral Provision Whose Time Has Passed, in: The Tax Lawyer, Spring 1992, S. 685 - 726.

Happe, Rüdiger (2001): Gestaltungsaspekte aufgrund neuerer gesetzlicher Grundlagen bei den Rückstellungen, in: StuB 2001, S. 110 - 117.

Hariton, David P. (1994): Distinguishing Between Equity and Debt in the New Financial Environment, in: Practising Law Institute, Oct.-Nov. 1994, S. 1015 - 1090.

Harmelink, Philip J./Copeland, Phyllis V. (1987): Capital and Section 1231 Asset Transactions: Status and Planning Opportunities Under the New Law, in: Taxes. The Tax Magazine, March 1987, S. 176 - 184.

Harmelink, Philip J./Copeland, Phyllis V. (1998): More Complexity – but Less Tax – for Capital Asset Sales, in: Taxation for Lawyers, May/June 1998, S. 360 - 369.

Harmelink, Philip J./Copeland, Phyllis V./Speyrer, Janet F. (1996): Indexing Federal Tax Provisions: An Analysis of Unresolved Issues, in: Tax Notes, Nov. 1996, S. 723 - 730.

Harris, Richard W./Stern, Robert W. (1994): When Must a Taxpayer Keep Inventories and Use the Accrual Method of Accounting?, in: Taxes. The Tax Magazine, July 1994, S. 399 - 408.

Hartmann, Jürgen/Berberian, David (1981): Das US-Einkommensteueränderungsgesetz von 1981 zur Wiederbelebung der US-amerikanischen Wirtschaft, in: RIW 1981, S. 604 - 610.

Hauber, Bruno/Kiesel, Hanno (2000): Abzinsungsgebot nach § 6 Abs. 1 Nr. 3 EStG: Auswirkungen auf Verbindlichkeiten aus unverzinslichen Gesellschafterdarlehen, in: BB 2000, S. 1511 - 1515.

Haueisen, Bernd (1990): Steuerliche Gewinnermittlungsvorschriften in den Vereinigten Staaten, in: Kramer, Jörg-Dietrich (Hrsg.): Grundzüge des US-amerikanischen Steuerrechts, Stuttgart 1990, S. 175 - 196.

Haueisen, Bernd/Haupt, Wolfgang (1986): Das US-Steueränderungsgesetz von 1986, in: RIW 1986, S. 874 - 882.

Hawekotte, John W. (1977): Accrual and Unusual Punishment – The Reasonable Accuracy Requirement of the All Events Test, in: UCLA Law Review, Oct. 1977, S. 70 - 95.

Hay, Peter (1995): Einführung in das amerikanische Recht, 4., überarb. Aufl., Darmstadt 1995.

Heil, Michael (2001): Die neue AfA-Tabelle für die allgemein verwendbaren Anlagegüter, in: StuB 2001, S. 105 - 109.

Heinhold, Michael (1996): Der Jahresabschluß, 4., durchges. Aufl., München/Wien 1996.

Heinicke, Wolfgang (2000): Kommentierung zu §§ 4, 4a, 10d EStG, in: Schmidt, Ludwig (Hrsg.): Einkommensteuergesetz. Kommentar, 19., völlig neubearb. Aufl., München 2000.

Heinrichson, Kurt W. (1987): Simplified Method for Inventory Costs Eases Recordkeeping, but Is Not for Every Taxpayer, in: Taxation for Accountants, April 1987, S. 198 - 200.

Hennrichs, Joachim (1999): Der steuerrechtliche sog. Maßgeblichkeitsgrundsatz gem. § 5 EStG – Stand und Perspektiven –, in: StuW 1999, S. 138 - 153.

Herbst, Charles/Sutton, Giles B. (1999): When Debts Turn Sour: Clarifying the Process of Claiming a Bad-Debt Deduction, in: Res Gestae, March 1999, S. 8 - 11.

Herzig, Norbert (1994): Standortsicherungsgesetz: Gesetzliche Regelung der Gesellschafter-Fremdfinanzierung in § 8a KStG (Teil I und II), in: DB 1994, S. 110 - 115 und S. 168 - 177.

Herzig, Norbert (1999): Das Ende der Teilwertabschreibung – Oder leben Totgesagte länger?, in: DB 1999, Heft 2, S. I.

Herzig, Norbert (2000): Internationalisierung der Rechnungslegung und steuerliche Gewinnermittlung, in: WPg 2000, S. 104 - 119.

Herzig, Norbert/Briesemeister, Simone (1999a): Mindestbesteuerung – ein steuerpolitischer Fehlschlag?, in: DB 1999, S. 299 - 303.

Herzig, Norbert/Briesemeister, Simone (1999b): Zusammenwirken verrechnungsbeschränkender Normen – Qualifikations- und Reihenfolgekonflikte bei der Verlustverrechnung –, in: DB 1999, S. 1470 - 1476.

Herzig, Norbert/Gasper, Richard (1991): Die Lifo-Methode in der Handels- und Steuerbilanz, in: DB 1991, S. 557 - 565.

Herzig, Norbert/Gasper, Richard (1992): Eine Zwischenbilanz zur Lifo-Diskussion, in: DB 1992, S. 1301 - 1307.

Herzig, Norbert/Rieck, Ulrich (1998): Europäisierung der handels- und steuerrechtlichen Gewinnermittlung im Gefolge der Tomberger-Entscheidung, in: IStR 1998, S. 309 - 320.

Herzog, Peter (1989): Einführung in das Rechtssystem der Vereinigten Staaten, in: Sonnemann, Erik (Hrsg.): Rechnungslegung, Prüfung, Wirtschaftsrecht und Steuern in den USA, Wiesbaden 1989, S. 169 - 204.

Heuer, Gerhard/Jansen, Rudolf (1996): Kommentierung zu § 7 EStG, in: Herrmann, Carl/ Heuer, Gerhard/Raupach, Arndt (Hrsg.): Einkommensteuer- und Körperschaftsteuergesetz. Kommentar, Loseblatt, 21. Aufl., Köln 1996, Stand: Mai 2000.

Heurung, Rainer (2000): Führt die Internationalisierung der Rechnungslegung zu einer Erosion der steuerlichen Gewinnermittlung?, in: RIW 2000, S. 421 - 431.

Hiller, Matthias (1999): US-amerikanische Vorschläge zur Konsumbesteuerung, in: DBW 1999, S. 792 - 808.

Hinz, Michael (1995): Grundlagen der Unternehmensbesteuerung, 2., grundlegend überarb. u. erw. Aufl., Herne/Berlin 1995.

Hoberg, Peter (2001): Verlängerte AfA-Zeiträume: Ein großes Problem?, in: DB 2001, S. 347 - 349.

Hoerner, Andrew J. (1989): IRS' Research Conference Focuses on Fairness and Simplicity of 1986 Tax Reform Act, in: Tax Notes, Nov. 1989, S. 1055 - 1058.

Hoffmann, Wolf-Dieter (1999): Die Auswirkungen des Steuerentlastungsgesetzes 1999/2000/ 2002 auf die Steuerbilanz, in: GmbHR 1999, S. 380 - 390.

Hoffmann, Wolf-Dieter (2000): Drohverlustrückstellungen und Leistungsfähigkeitsprinzip, in: StuB 2000, S. 248 - 251.

Hoffmann, Wolf-Dieter (2001): Quo vadis deutsches Bilanzsteuerrecht?, in: DB 2001, S. 452 - 453.

Hohaus, Benedikt (1998): Notwendige Erwerbsaufwendungen im britischen, US-amerikanischen und deutschen Steuerrecht, Berlin 1998.

Holler, Guido (1992): Der Wechsel der Gewinnermittlungsart im Einkommensteuerrecht, Konstanz 1992.

Hommel, Michael (2001): Neue Abschreibungsfristen in der Steuerbilanz – ein Beitrag zu mehr Steuergerechtigkeit?, in: BB 2001, S. 247 - 252.

Honert, Jürgen/Neumayer, Jochen (1998): Neue und alte Probleme nach dem „Tausch-Erlaß", in: GmbHR 1998, S. 1101 - 1108.

Hood, William C. (1988): Estimating Bad Debts Under the Nonaccrual-Experience Method, in: Tax Notes, Sept. 1988, S. 1081 - 1085.

Hörger, Helmut/Forster, Eduard (2000): Rechtslage und Gestaltungsüberlegungen zur Übertragung einzelner Wirtschaftsgüter, in: DStR 2000, S. 401 - 407.

Hörger, Helmut/Mentel, Thomas/Schulz, Andreas (1999): Ausgewählte Fragen zum Steuerentlastungsgesetz 1999/2000/2002: Unternehmensumstrukturierungen, in: DStR 1999, S. 565 - 576.

Horschitz, Harald/Groß, Walter/Weidner, Werner (1997): Bilanzsteuerrecht und Buchführung, 7., neubearb. Aufl., Stuttgart 1997.

Horvitz, Jerome S./Linton, Frank B. (1993): What Constitutes a Change in Accounting Method: Is It Merely a Timing Question?, in: The Journal of Corporate Taxation, Autumn 1993, S. 265 - 279.

Hudson, Boyd D. (1997): Revocation of Election Out of Installment Method, in: The Tax Adviser, Jan. 1997, S. 6.

Hudson, David S. (1991): The Tax Concept of Research or Experimentation, in: The Tax Lawyer, Fall 1991, S. 85 - 121.

Hüsing, Silke (2000): Die Verlustverrechnung nach neuem Recht – Schematische Darstellung zur Vereinfachung der Vorgehensweise –, in: DB 2000, S. 1149 - 1152.

IDW (1998): Stellungnahme des Instituts der Wirtschaftsprüfer in Deutschland e. V. (IDW) zur Unternehmenssteuerreform, in: WPg 1998, S. 1071 - 1075.

IDW (1999): Stellungnahme des Steuerfachausschusses zum Entwurf eines Steuerentlastungsgesetzes 1999/2000/2002, in: WPg 1999, S. 26 - 36.

IDW (2000): Stellungnahme des IDW zur Mitteilung der EU-Kommission über eine neue Rechnungslegungsstrategie der EU, in: FN-IDW 2000, S. 457 - 459.

Jachmann, Monika (1998): Leistungsfähigkeitsprinzip und Umverteilung, in: StuW 1998, S. 293 - 297.

Jacob, Friedhelm (1994): Taxes Are What We Pay for a Civilized Society – Steuermoral und Steuerkultur vor dem Hintergrund des US-amerikanischen Steuersystems, in: IStR 1994, S. 366 - 370.

Jacobs, Otto H. (1971): Das Bilanzierungsproblem in der Ertragsteuerbilanz. Ein Beitrag zur steuerlichen Lehre vom Wirtschaftsgut, Stuttgart 1971.

Jacobs, Otto H. (1991): Die Steuerbelastung deutscher Kapitalgesellschaften im Vergleich zur Steuerbelastung nach US-amerikanischem Recht – Eine EDV-gestützte Steuerbelastungsanalyse, in: DStR 1991, S. 257 - 262.

Jacobs, Otto H./Scheffler, Wolfram (1993): Stichwort Wirtschaftsgut, in: Chmielewicz, Klaus/Schweitzer, Marcell (Hrsg.): Handwörterbuch des Rechnungswesens, 3., völlig neu gest. u. erg. Aufl., Stuttgart 1993, Sp. 2188 - 2197.

Jacobs, Otto H./Spengel, Christoph/Vituschek, Michael (2000): Steuerreform 2001: Internationale Wettbewerbsfähigkeit deutscher Unternehmen und Rechtsformwahl, in: RIW 2000, S. 653 - 664.

Jakob, Dominique (1998): Das US-amerikanische Steuerreformgesetz („Taxpayer Relief Act“) vom 5. August 1997 – ausgewählte Gesetzesänderungen, Auswirkungen auf internationale Transaktionen und den deutschen Steuerzahler, in: IStR 1998, S. 129 - 137.

Jakob, Wolfgang (1996): Einkommensteuer, 2., völlig überarb. Aufl., München 1996.

Jehner, Hansgeorg (1991): Private Vermögensverwaltung oder gewerblicher Grundstückshandel?, in: DStR 1991, S. 565 - 571.

Jensen, Eric M. (1985): The Deduction of Future Liabilities by Accrual-Basis Taxpayers: Premature Accruals, the All Events Test, and Economic Performance, in: University of Florida Law Review, Tax 1985, S. 443 - 489.

Jensen, Eric M. (1986): Hughes Properties and General Dynamics: The Supreme Court, the All Events Test, and the 1984 Tax Act, in: Tax Notes, Sept. 1986, S. 911 - 921.

Jensen, Eric M. (1988): The Supreme Court and the Timing of Deductions for Accrual Basis Taxpayers, in: Georgia Law Review, Winter 1988, S. 229 - 282.

Johns, Timothy E. (1984): Tax Treatment of the Costs of Internally Developed Intangible Assets, in: Southern California Law Review, July 1984, S. 767 - 796.

Johnson, Calvin H. (1990): The Front End of the Crane Rule, in: Tax Notes, April 1990, S. 593 - 605.

Johnson, Calvin H. (1994): Capitalization After the Government's Big Win in INDOPCO, in: Tax Notes, June 1994, S. 1323 - 1341.

Johnson, Calvin H. (1995): The Illegitimate „Earned" Requirement in Tax and Nontax Accounting, in: Tax Law Review, Spring 1995, S. 373 - 414.

Johnson, Calvin H. (1996): Federal Circuit Plays Dirty Pool with Inventory Accounting, in: Tax Notes, Jan. 1996, S. 111 - 114.

Kadel, Jürgen (2000): Eine Einführung in die US-amerikanische Steuerrechtsliteratur, in: IStR 2000, S. 583 - 589.

Kahen, David E. (1996): Final Regulations Issued Regarding Capitalization of Interest Under Section 263A(f) of the Code, in: The Journal of Real Estate Taxation, Winter 1996, S. 91 - 101.

Kahle, Holger (1996): Die Ertragsbesteuerung der Beteiligung an einer US-Limited Partnership, Stuttgart 1996.

Kahle, Holger (1997): Steuerliche Konsequenzen der Trennung handels- und steuerrechtliche Rechnungslegung in den USA, in: StuW 1997, S. 323 - 332.

Kahn, Douglas A. (1979): Accelerated Depreciation – Tax Expenditure or Proper Allowanc for Measuring Net Income?, in: Michigan Law Review, Nov. 1979, S. 1 - 58.

Kahn, Douglas A. (1990): The Two Faces of Tax Neutrality: Do They Interact or Are The Mutually Exclusive?, in: Northern Kentucky Law Review, Fall 1990, S. 1 - 19.

Kahn, Douglas A. (1999): Federal Income Tax. A Student's Guide to the Internal Revenu Code, 4th ed., New York 1999.

Kanzler, Hans-Joachim (1996): Vorbemerkungen zu §§ 4-7 EStG, in: Herrmann, Carl/Heue Gerhard/Raupach, Arndt (Hrsg.): Einkommensteuer- und Körperschaftsteuerge setz. Kommentar, Loseblatt, 21. Aufl., Köln 1996, Stand: Mai 2000.

Kanzler, Hans-Joachim (1998): Die steuerliche Gewinnermittlung zwischen Einheit und Vielfalt, in: FR 1998, S. 233 - 247.

Kanzler, Hans-Joachim (1999): Der Wechsel der Gewinnermittlungsart, in: FR 1999, S. 225 - 242.

Kaplow, Louis (1995): A Fundamental Objection to Tax Equity Norms: A Call for Utilitarianism, in: National Tax Journal, Dec. 1995, S. 497 - 514.

Kaplow, Louis (1996): How Tax Complexity and Enforcement Affect the Equity and Efficiency of the Income Tax, in: National Tax Journal, March 1996, S. 135 - 150.

Karrenbauer, Michael (1993): Die Abschreibung im Einkommen- und Bilanzsteuerrecht, Stuttgart 1993.

Karst, Kenneth L. (1977): The Fifth Amendment Guarantee of Equal Protection, in: North Carolina Law Review 1977, S. 541 - 562.

Kartiganer, Joseph (1995): Equity, Efficiency and Administerability: Achievable Goals, or If It's Broke, Let's Fix It, in: The Probate Lawyer, Summer 1995, S. 1 - 35.

Kau, Wolfgang M. (1982): The U.S. Economic Recovery Tax Act of 1981, in: RIW 1982, S. 181 - 184.

Keller, Robert I. (1982): The Taxation of Barter Transactions, in: Minnesota Law Review, Dec. 1982, S. 441 - 512.

Keller, Robert I. (1991): At a Loss: A Half Century of Confusion in the Tax Treatment of Transfers of Depreciated Property Between Related Taxpayers, in: The Tax Lawyer, Winter 1991, S. 445 - 481.

Kelley, Claudia L./Lieberman, Alvin H. (1997): How to Defer Revenue From Prepaid Service Income, in: Taxes. The Tax Magazine, March 1997, S. 166 - 173.

Kelley, Thomas P. (1984): AICPA Warns of ‚Legal Hazards‘ in NSPA Tax Accounting Document, in: Journal of Accountancy, Oct. 1984, S. 13 - 14.

Kemper, Nicolas/Beyschlag, Georg (1999): Abkehr von der Maßgeblichkeit – Änderungen des Bilanzsteuerrechts und ihre Auswirkungen auf die Personengesellschaft, in: DStR 1999, S. 737 - 742.

Khorsandi, Marilyn R. (1993): Does Your Client Have a Profit Motive? An Analysis of Tax Court Criteria Used to Evaluate a Taxpayer's Profit Motive Under Section 183, in: The Tax Lawyer, Fall 1993, S. 291 ff.

Kieso, Donald E./Weygandt, Jerry J. (1998): Intermediate Accounting, 9th ed., New York u. a. 1998.

Kirchhof, Paul (1975): Das Hervorbringen von Normen und sonstigem Recht durch die Finanzbehörden, in: StuW 1975, S. 357 - 367.

Kirchhof, Paul (1985): Der verfassungsrechtliche Auftrag zur Besteuerung nach der wirtschaftlichen Leistungsfähigkeit, in: StuW 1985, S. 319 - 329.

Kirchhof, Paul (2000): „Wenn das Beispiel der jüngsten Steuerreform Schule macht, ist dieser Staat reformunfähig", in: FAZ v. 24. Juli 2000, S. 17.

Klein, Hartmut (1986): Abschreibungsfähigkeit von antiken Möbeln, in: FR 1986, S. 249 - 254.

Klein, Martin (1996): The American Tax System: A Survey, in: JA 1996, S. 517 - 522.

Klein, Steven H. (1997): Carrying Inventory Below Cost Can Create Tax Savings, in: Taxation for Accountants, Aug. 1997, S. 83 ff.

Klein, William A./Bankman, Joseph (1994): Federal Income Taxation, 10th ed., Boston u. a. 1994.

Kleine-Rosenstein, Christoph (1999): Wechsel der Gewinnermittlungsart, in: BBK 1999, Fach 13, S. 4237 - 4246.

Kleinle, Werner (1996): Kommentierung zu § 6 EStG, in: Herrmann, Carl/Heuer, Gerhard/ Raupach, Arndt (Hrsg.): Einkommensteuer- und Körperschaftsteuergesetz. Kommentar, Loseblatt, 21. Aufl., Köln 1996, Stand: Mai 2000.

Knobbe-Keuk, Brigitte (1993): Bilanz- und Unternehmenssteuerrecht, 9., völlig überarb. u. erw. Aufl., Köln 1993.

Knorr, Liesel (1998): In FASB's Footsteps?, in: Accountancy International, July 1998, S. 62.

Koch, Bruce S./Karlinsky, Stewart S. (1999): Recent Capital Gains Tax Legislation: Some Behavioral Research Observations, in: Tax Notes, March 1999, S. 1369 - 1370.

Kohl, Glen A. (1985): The Identification Theory of Basis, in: Tax Law Review, Spring 1985, S. 623 - 651.

Kohlhaas, Karl-Friedrich (1999): Verlustzuweisungsgesellschaften iS der bisherigen BFH-Rechtsprechung. Tatbestandsmerkmal des neuen § 2b EStG?, in: FR 1999, S. 504 - 512.

Kölblinger-Engelmann, Elisabeth/Müller, Nikolaus/Pirker, Sabine (1997): Die Bilanzierung langfristiger Auftragsfertigung im internationalen Vergleich, in: Bertl, Romuald/Mandl, Gerwald (Hrsg.): Rechnungswesen und Controlling. Festschrift für Anton Egger, Wien 1997, S. 101 - 118.

Kölpin, Gerhard (2000): Teilwertabschreibung bei dauernder Wertminderung, in: StuB 2000, S. 917 - 923.

Kornhauser, Marjorie E. (1987): Section 1031: We Don't Need Another Hero, in: Southern California Law Review, Jan. 1987, S. 397 - 451.

Kottke, Klaus (1992): Zur Irrlehre vom Aufteilungs- und Abzugsverbot im Einkommensteuerrecht, in: DStR 1992, S. 129 - 133.

Kovey, Mark H./Winslow, Peter H./Hooe, Stephen D. (1985): New Law Revamps Life Insurance Company Computation of Reserves and Income, in: The Journal of Taxation, May 1985, S. 292 ff.

KPMG (1999): Rechnungslegung nach US-amerikanischen Grundsätzen. Grundlagen der US-GAAP und SEC-Vorschriften, 2., überarb. u. erw. Aufl., Düsseldorf 1999.

Kraeusel, Jörg (1999): Änderungen im Steuerrecht durch das Steuerentlastungsgesetz 1999/2000/2002 (Teil I und II), in: DStZ 1999, S. 401 - 416 und S. 431 - 443.

Kraft, Cornelia (1991): Steuergerechtigkeit und Gewinnermittlung. Eine vergleichende Analyse des deutschen und US-amerikanischen Steuerrechts, Wiesbaden 1991.

Kramer, Jörg-Dietrich (1982): Das Bilanzsteuerrecht als selbständige Rechtsmaterie – Ein Beitrag zur Systematisierung des Steuerrechts –, in: StuW 1982, S. 35 - 43.

Kramer, Jörg-Dietrich (1990): Die Finanzverfassungen der Vereinigten Staaten von Amerika und der Bundesrepublik Deutschland im Vergleich, in: Kramer, Jörg-Dietrich (Hrsg.): Grundzüge des US-amerikanischen Steuerrechts, Stuttgart 1990, S. 35 - 54.

Kramer, Jörg-Dietrich/Melton, William D. (1990): Die Organisation des Internal Revenue Service und sein Verfahren, in: Kramer, Jörg-Dietrich (Hrsg.): Grundzüge des US-amerikanischen Steuerrechts, Stuttgart 1990, S. 93 - 112.

Krane, Jonathan (1977): Losses From Wash Sales of Stock or Securities, in: The Journal of Corporate Taxation, Autumn 1977, S. 226 - 243.

Kranz, Michael (2000): Die Gewinnermittlung nach § 5a EStG (Tonnagesteuer) – Überlegungen zum sachlichen Umfang des pauschal ermittelten Gewinns, in: DStR 2000, S. 1215 - 1218.

Krawitz, Norbert (1992): Die Maßgeblichkeit der Handels- für die Steuerbilanz, in: Tanski, Joachim S. (Hrsg.): Handbuch Finanz- und Rechnungswesen, Loseblatt, 2. Aufl., Landsberg/Lech 1992, Stand: Juni 2000, III.1.10.

Krawitz, Norbert (1997): Die bilanzielle Behandlung der langfristigen Auftragsfertigung und Reformüberlegungen unter Berücksichtigung internationaler Entwicklungen, in: DStR 1997, S. 886 - 894.

Krawitz, Norbert (1998): Steuerliche Determinierung der Handelsbilanzpolitik. Ein Beitrag zur umgekehrten Maßgeblichkeit, in: Meffert, Heribert/Krawitz, Norbert (Hrsg.): Unternehmensrechnung und -besteuerung. Grundfragen und Entwicklungen. Festschrift für Dietrich Börner, Wiesbaden 1998, S. 197 - 230.

Krawitz, Norbert (2000): Betriebswirtschaftliche Anmerkungen zum Halbeinkünfteverfahren, in: DB 2000, S. 1721 - 1727.

Krawitz, Norbert (2001): Internal Revenue Service (IRS), in: Lück, Wolfgang (Hrsg.): Lexikon der Internen Revision, München/Wien 2001, S. 136 - 138.

Krawitz, Norbert/Albrecht, Christian/Büttgen, Dagmar (2000): Internationalisierung der deutschen Konzernrechnungslegung aus Sicht deutscher Mutterunternehmen – Ergebnisse einer empirischen Studie zur Anwendung und zur Folgeregelung von § 292a HGB –, in: WPg 2000, S. 541 - 556.

Krawitz, Norbert/Wagener, Andreas (1997): Theorie der Besteuerung aus volks- und betriebswirtschaftlicher Sicht, in: Pfingsten, Andreas (Hrsg.): Betriebs- und Volkswirtschaftslehre: Geschwisterliebe und Familienzwist, Homo oeconomicus XIV (1/2), München 1997, S. 135 - 164.

Kroschel, Jörg (2000a): Die Federal Income Tax der Vereinigten Staaten von Amerika, Düsseldorf 2000.

Kroschel, Jörg (2000b): US-Einkommensteuerrecht: Systematische Unterschiede zum deutschen Recht, in: RIW 2000, S. 286 - 295.

Kroschel, Jörg/Löbl, Jeannette/Wellisch, Dietmar (1998): Der Referentenentwurf zur Steuerreform der rot-grünen Bundesregierung: Abkehr von dem Ziel der Vereinfachung des Steuerrechts, in: DB 1998, S. 2387 - 2396.

Kroschel, Jörg/Wellisch, Dietmar (1998): Der Taxpayer Relief Act von 1997 – Die USA können sich Umverteilung wieder leisten, in: IStR 1998, S. 494 - 501.

Kruse, Heinrich W. (1990): Über die Gleichmäßigkeit der Besteuerung, in: StuW 1990, S. 322 - 330.

Kruse, Heinrich W. (1991): Lehrbuch des Steuerrechts, Bd. I: Allgemeiner Teil, München 1991.

Kruse, Heinrich W. (1997): Auslegung am Gesetz vorbei. Über den heutigen Umgang mit dem Einkommensteuergesetz, in: Kley, Max D./Sünner, Eckart/Willemsen, Arnold (Hrsg.): Festschrift für Wolfgang Ritter, Köln 1997, S. 413 - 425.

Kühne, Erhard (1997): Rechnungslegungsziele nach deutschem und US-amerikanischem Recht und Harmonisierung der Rechnungslegungsgrundsätze, in: WPK-Mitt., Sonderheft Juni 1997, S. 37 - 43.

Kümpel, Thomas (2000): Gewinnrealisierung bei langfristiger Fertigung nach deutscher und US-amerikanischer Rechnungslegung. Unter besonderer Berücksichtigung internationaler Entwicklungen, Lohmar/Köln 2000.

Kupka, Wilfried (1998): Zum „6:1-Clou" – Ist ein steuerneutraler Tausch auch in Zukunft noch möglich? – Welche Auswirkungen ergeben sich für die Aktionäre, die die zum Tausch hingegebenen Aktien im Betriebsvermögen gehalten haben?, in: DB 1998, S. 229 - 234.

Kußmaul, Heinz (1989): Ertragsteuerliche Bedeutung des Begriffs „Wirtschaftsgut", in: John, Gerd (Hrsg.): Besteuerung und Unternehmenspolitik. Festschrift für Günter Wöhe, München 1989, S. 253 - 276.

Kußmaul, Heinz/Klein, Nicole (2001): Überlegungen zum Maßgeblichkeitsprinzip im Kontext jüngerer nationaler sowie internationaler Entwicklungen, in: DStR 2001, S. 546 - 550.

Kusterer, Stefan (2000): Neuregelung der Teilwertabschreibung gemäß § 6 Abs. 1 Nrn. 1 und 2 EStG, in: DStR 2000, S. 1083 - 1085.

Küting, Karlheinz (2001): Die deutsche Rechnungslegung wird dynamischer, in: FAZ v. 19.03.2001, S. 32.

Küting, Karlheinz/Eidel, Ulrike (1996): Problematik der internationalen Bilanzanalyse. Dargestellt am Beispiel eines US-GAAP- und HGB-Abschlusses, in: RIW 1996 S. 836 - 854.

Küting, Karlheinz/Kessler, Harald (1998a): Zur geplanten Reform des bilanzsteuerlichen Rückstellungsrechts nach dem Entwurf eines Steuerentlastungsgesetzes 1999/2000/2002, in: DStR 1998, S. 1937 - 1946.

Küting, Karlheinz/Kessler, Harald (1998b): Verluste werden negiert und Gewinne kassiert, in: FAZ v. 16.11.1998, S. 35.

Küting, Karlheinz/Kessler, Harald (2000): Einige Bemerkungen zum Verhältnis von Imparitätsprinzip und Besteuerung nach der Leistungsfähigkeit, in: StuB 2000, S. 21 29.

Lachenauer, Robert B. (1989): Campbell v. Commissioner: The Availability of Business Expense or Loss Deductions for Insured Contingencies, in: William and Mary Law Review, Winter 1989, S. 433 - 468.

Lamb, Margaret/Nobes, Christopher/Roberts, Alan (1995): The Influence of Taxation on Accounting: International Variations, Whiteknights 1995.

Lang, Joachim (1981): Gewinnrealisierung – Rechtsgrundlagen, Grundtatbestände und Prinzipien im Rahmen des Betriebsvermögensvergleichs nach § 4 Abs. 1 EStG, in: Ruppe, Hans G. (Hrsg.): Gewinnrealisierung im Steuerrecht. Theorie und Praxis der Gewinnverwirklichung durch Umsatzakt und durch Steuerentstrickung sowie des Besteuerungsaufschubs, Köln 1981, S. 45 - 96.

Lang, Joachim (1985): Reformentwurf zu den Grundvorschriften des Einkommensteuergesetzes, Köln 1985.

Lang, Joachim (1994a): Steuergerechtigkeit durch Steuervereinfachung. Eine Nachlese zur Diskussion der Frage „Steuerchaos – und kein Ende?", in: Bühler, Wilhelm/Kirchhof, Paul/Klein, Franz (Hrsg.): Steuervereinfachung. Festschrift für Dietrich Meyding, Heidelberg 1994, S. 33 - 48.

Lang, Joachim (1994b): Wege aus dem Steuerchaos, in: Stbg 1994, S. 10 - 23.

Lauth, Bernd (2000): Endgültiger Abschied von der Einheitsbilanz?, in: DStR 2000, S. 1365 - 1372.

Lee, John W. (1992): Doping Out the Capitalization Rules After INDOPCO, in: Tax Notes, Nov. 1992, S. 669 - 684.

Lee, John W./Murphy, Nina R. (1981): Capital Expenditures: A Result in Search of a Rationale, in: University of Richmond Law Review, Spring 1981, S. 473 - 546.

Leffson, Ulrich (1987): Die Grundsätze ordnungsmäßiger Buchführung, 7., rev. u. erw. Aufl., Düsseldorf 1987.

Leisner, Walter (1983): Von der Leistung zur Leistungsfähigkeit – die soziale Nivellierung – Ein Beitrag wider das Leistungsfähigkeitsprinzip –, in: StuW 1983, S. 97 - 102.

Leitner, Abraham/Kahen, David E./Morris, Ronald A. (1999): Allocation of Basis in Common Improvements After the Tax Court's Norwest Decision, in: The Journal of Taxation, March 1999, S. 154 ff.

Lent, George E. (1962): Accounting Principles and Taxable Income, in: The Accounting Review 1962, S. 479 - 487.

Levy, David F. (1997): Towards Equal Tax Treatment of Economically Equivalent Financial Instruments: Proposals for Taxing Prepaid Forward Contracts, Equity Swaps, and Certain Contingent Debt Instruments, in: Florida Tax Review 1997, S. 471 - 543.

Lewis, James B. (1990): Exploring Section 1015 and Related Topics, in: The Tax Lawyer, Winter 1990, S. 241 - 294.

Ley, Thomas (1998): Der Grundsatz der Maßgeblichkeit bei Unternehmensumwandlungen nach neuem Recht, Lohmar/Köln 1998.

Linton, Jack A. (1967): Tax Problems with Television Properties: Films, Copyrights and Property Rights, in: The Journal of Taxation, April 1967, S. 240 - 244.

Lion, Max (1925): Das Bilanzsteuerrecht. Eine grundlegende Darstellung, 2., unveränderte Aufl., Berlin 1925.

Lippek, Volker (1998): Das Maßgeblichkeitsprinzip (Teil A und B), in: BBK 1998, Fach 13, S. 6197 - 6214.

Lipton, Richard M. (2000): Installment Rule Change Creates a Multitude of Problems for Many Taxpayers, in: The Journal of Taxation, March 2000, S. 134 ff.

Lischer, Henry J. (1978): Depreciation Policy: Whither Thou Goest, in: Southwestern Law Journal 1978, S. 545 - 603.

Lischer, Henry J./Märkl, Peter N. (1997): Conformity Between Financial Accounting and Tax Accounting in the United States and Germany, in: WPK-Mitt., Sonderheft Juni 1997, S. 91 - 119.

Littkemann, Jörn (1994): Ingangsetzungs- und Erweiterungsaufwendungen aus bilanzanalytischer Perspektive, in: WPg 1994, S. 207 - 214.

Littmann, Konrad (1970): Ein Valet dem Leistungsfähigkeitsprinzip, in: Haller, Heinz u. a. (Hrsg.): Theorie und Praxis des finanzpolitischen Interventionismus. Festschrift für Fritz Neumark, Tübingen 1970, S. 113 - 134.

Lockhart, Julie A. (1997): Designing Tax Incentives to Promote Environmental Goals: A Life-Cycle Approach, in: Porcano, Thomas M. (Hrsg.): Advances in Taxation, Vol. 9, Greenwich/London 1997, S. 103 - 135.

Loitz, Rüdiger/Klein, Burkhard (2001): Ende der Maßgeblichkeit als Anfang für eine neue handelsrechtliche Rechnungslegung in Deutschland, in: BuW 2001, S. 48 - 51.

Loitz, Rüdiger/Winnacker, Eckard (2000): Die dauernde Wertminderung im Umlaufvermögen vor dem Hintergrund der handelsrechtlichen und steuerlichen Bilanzierung, in: DB 2000, S. 2229 - 2234.

Looney, Steve R. (1986): Using LIFO to Value Costs Under the Completed Contract Method: A Tale of Two Accounting Methods, in: The Tax Lawyer, Winter 1986, S. 235 - 283.

Lück, Horst (1990): Antiquitäten im Steuerrecht, in: DStZ 1990, S. 216 - 218.

Luckey, Günter (1997): Bilanzen und Steuern, 5., vollst. überarb. Aufl., Stuttgart 1997.

Lüders, Jürgen (1987): Der Zeitpunkt der Gewinnrealisierung im Handels- und Steuerbilanzrecht, Köln 1987.

Lyke, Sarah R. (1994): INDOPCO, Inc. v. Commissioner: National Starch Decision Adds Wrinkles to Capital Expenditure Issue, in: Northwestern University Law Review, Spring 1994, S. 1239 - 1270.

Mackles, Glenn F. (1993): 15-Year Amortization of Purchased Intangible Assets – Some Winners, Some Losers, in: The Journal of Taxation, Dec. 1993, S. 332 - 337.

MacNeil, C. Ellen/Levy, Marc D./Prescott, Paul D. (1992): Economic Performance – The Final Regulations Under Section 461(h), in: Tax Notes, May 1992, S. 671 - 687.

Malman, Laurie L. (1981): Treatment of Prepaid Income – Clear Reflection of Income or Muddied Waters, in: Tax Law Review, Fall 1981, S. 103 - 157.

Malman, Laurie L./Solomon, Lewis D./Hesch, Jerome M. (1994): Problems, Cases and Materials on Federal Income Taxation, St. Paul 1994.

Mann, Fritz K. (1961): Von den Wandlungen und Widersprüchen der Steuerideologie, in: Greiß, Franz (Hrsg.): Wirtschaft, Gesellschaft und Kultur. Festschrift für Alfred Müller-Armack, Berlin 1961, S. 121 - 127.

Mannetta, Jennifer A. (1999): AICPA Decries Simplification Loss in Proposed UNICAP Regs., in: Tax Notes, Sept. 1999, S. 1357 - 1358.

Manolakas, Christine (1994): The Repealed Investment Tax Credit: Your ‚Life' Depends on It, in: Tax Notes, Dec. 1994, S. 1693 - 1714.

Maples, Larry (1987): Can Long-Term Contracts Ever Include Services?, in: The Journal of Taxation, Aug. 1987, S. 80 - 84.

Maples, Larry (1988): Can Custom-Designed Goods Escape Long-Term Contract Status?, in: The Journal of Taxation, July 1988, S. 34 - 39.

Marchbein, Joe (1997): Change in Accounting Period When Return for Short Year Shows an NOL, in: The Tax Adviser, Aug. 1997, S. 474.

Martens, Joachim (1987): Grundrecht auf Steuergerechtigkeit? Die Rechtsprechung des Bundesverfassungsgerichts zum Leistungsfähigkeitsprinzip, in: KritV 1987, S. 39 - 60.

Marx, Franz J./Löffler, Christoph (2000): Der Vergleich von Vorsteuerrendite und Nachsteuerrendite nach § 2b EStG, in: DStR 2000, S. 1665 - 1668.

Mathiak, Walter (1987): Rechtsprechung zum Bilanzsteuerrecht, in: StuW 1987, S. 51 - 59.

Mathiak, Walter (2000): Kommentierung zu § 5 EStG, in: Kirchhof, Paul/Söhn, Hartmut (Hrsg.): Einkommensteuergesetz. Kommentar, Loseblatt, Heidelberg, Stand: Juli 2000.

Mattingly, Bryan (1993): Indopco, Inc. v. Commissioner: Will the IRS Use a Nebulous Supreme Court Decision to Capitalize on Unsuspecting Taxpayers?, in: Kentucky Law Journal 1993, S. 801 - 824.

Maydew, Gary L. (1999): The Claim of Right Doctrine: Judicial Interpretations, in: Taxes. The Tax Magazine, May 1999, S. 26 - 32.

Mayer-Wegelin, Eberhard (2001): Die Lifo-Bewertung: Regelungszweck einerseits und Ausgestaltung andererseits, in: DB 2001, S. 554 - 555.

McDaniel, Paul R./Repetti, James R. (1993): Horizontal and Vertical Equity: The Musgrave/ Kaplow Exchange, in: Florida Tax Review 1993, S. 607 - 622.

McDaniel, Paul R. u. a. (1999): Federal Income Taxation. Cases and Materials, 4th ed., New York 1998, aktualisiert durch 1999 Supplement, New York 1999.

McGee, Robert W. (1993): Principles of Taxation for Emerging Economies: Lessons From the U. S. Experience, in: Dickinson Journal of International Law, Fall 1993, S. 29 - 93.

McGowan, John R./Gross, Norma J. (1990): Compliance with the Uniform Capitalization Rules: A Study Involving Smaller Manufacturers and Resellers, in: The Tax Executive, Nov. 1990, S. 364 ff.

McMahon, Martin J. (1983): The Coal Depletion Allowance Deduction, in: West Virginia Law Review, Coal Issue 1983, S. 581 - 676.

McNulty, John K. (1989): Struktur der Einkommensteuer und Reformtendenzen der Besteuerung in den Vereinigten Staaten, in: StuW 1989, S. 120 - 137.

McNulty, John K. (1999): Federal Income Taxation of Individuals in a Nutshell, 6th ed., St. Paul 1999.

Melone, Matthew A. (1995): UNICAP Rules Are Complicated, but Opportunities Exist, in: Taxation for Accountants, July 1995, S. 14 - 22.

Melone, Matthew A. (1996): The Information Revolution: Organizational Knowledge and the Capital Expenditure Question, in: The Tax Lawyer, Fall 1996, S. 73 - 101.

Melone, Matthew A. (2001): Roundup of Tax Developments From the Year That Was, in: Practical Tax Strategies, Jan. 2001, S. 25 ff.

Merkt, Hanno (1995): Abgrenzung von Eigen- und Fremdkapital im US-amerikanischen Gesellschafts- und Steuerrecht, in: IStR 1995, S. 92 - 96.

Metzner, Bernd (1999): Der US-amerikanische Export als Gegenstand der internationalen Steuerplanung eines deutschen internationalen Konzerns, Siegen 1999.

Meyding, Dietrich (1993): Steuerchaos – und kein Ende? Einsparungspotentiale durch eine strukturelle Neuordnung des Steuerwesens, in: Stbg 1993, S. 550 - 553.

Meyer, Claus (1998): Bilanzierung nach Handels- und Steuerrecht unter Einschluß der Konzernrechnungslegung und der internationalen Rechnungslegung, 12. Aufl., Herne/ Berlin 1998.

Meyer-Scharenberg, Dirk E. (1988): Vermögensgegenstands- und Wirtschaftsgutbegriff, in: SteuerStud 1988, S. 299 - 303.

Meyer-Scharenberg, Dirk/Fleischmann, Hans G. (2000): Das Anwendungsschreiben des BMF zu § 2b EStG, in: DStR 2000, S. 1373 - 1383.

Miller, John A. (1993): Indeterminacy, Complexity, and Fairness: Justifying Rule Simplification in the Law of Taxation, in: Washington Law Review, Jan. 1993, S. 1 - 78.

Minasian, Susan M./Herndon, Diane P./Tovig, Barry A. (1994): A Closer Look at the Final UNICAP Rules, in: Tax Notes, Jan. 1994, S. 611 - 619.

Morgan, Daniel T./Bayles, Cristy M. (1997): New Procedure Simplifies Voluntary Accounting Method Changes, but Limits Opportunities for Taxpayers Under Examination, in: The Tax Executive, July-Aug. 1997, S. 298 - 308.

Moriarty, Michael S. (1988): Accountants and Treasury Debate Nonaccrual Experience Method, in: Tax Notes, Dec. 1988, S. 1012 - 1013.

Morse, Edward A. (1995): Demystifying LIFO: Towards Simplification of Inflation-Adjusted Inventory Valuation, in: Florida Tax Review 1995, S. 559 - 629.

Mössner, Manfred (1990): Gerechtigkeit und Moral im Steuerrecht, in: DStZ 1990, S. 132 - 138.

Moxter, Adolf (1978): Der Einfluß der EG-Bilanzrichtlinie auf das Bilanzsteuerrecht, in: BB 1978, S. 1629 - 1632.

Moxter, Adolf (1983): Wirtschaftliche Gewinnermittlung und Bilanzsteuerrecht, in: StuW 1983, S. 300 - 307.

Moxter, Adolf (1997): Zum Verhältnis von Handelsbilanz und Steuerbilanz, in: BB 1997, S. 195 - 199.

Moxter, Adolf (1998): Deutsches Rechnungslegungs Standards Committee: Aufgaben und Bedeutung, in: DB 1998, S. 1425 - 1428.

Moxter, Adolf (1999a): Wege zur Vereinfachung des Bilanzsteuerrechts, in: Kirchhof, Paul/Jakob, Wolfgang/Beermann, Albert (Hrsg.): Steuerrechtsprechung, Steuergesetz, Steuerreform. Festschrift für Klaus Offerhaus, Köln 1999, S. 619 - 630.

Moxter, Adolf (1999b): Bilanzrechtsprechung, 5., erg. Aufl., Tübingen 1999.

Moxter, Adolf (2001): Lifo-Methode: Durch Vereinfachungszweck eingeschränkter Geltungsbereich in der Steuerbilanz?, in: DB 2001, S. 157 - 159.

Müller, Welf (1991): Innovation – Probleme der Aktivierung und Passivierung, in: DStZ 1991, S. 385 - 390.

Müller-Gatermann, Gert (1991): Zur Zulässigkeit von Indexverfahren bei der Bewertung nach der sog. Lifo-Methode, in: FR 1991, S. 8 - 9.

Müller-Gatermann, Gert (2000): Grundentscheidungen der Unternehmenssteuerreform, Entlastungswirkungen und Gegenfinanzierungsmaßnahmen, in: GmbHR 2000, S. 650 - 657.

Mundstock, George (1987): Taxation of Business Intangible Capital, in: University of Pennsylvania Law Review, June 1987, S. 1179 - 1263.

Murakami, Alton A. (1997): „Useful Life" Has Outlived Its Useful Life: Tax Depreciation After Simon and Liddle, in: New York University Law Review, Nov. 1997, S. 1211 - 1242.

Murray, Dennis/Neumann, Bruce R./Elgers, Pieter (1997): Using Financial Accounting: An Introduction, Cincinnati 1997.

Musgrave, Richard A./Musgrave, Peggy B./Kullmer, Lore (1993): Die öffentlichen Finanzen in Theorie und Praxis, Bd. 2, 5., völlig überarb. Aufl., Tübingen 1993.

Müssener, Ingo (1997): USA, in: Mennel, Annemarie/Förster, Jutta (Hrsg.): Steuern in Europa, Amerika und Asien, Loseblatt, Herne/Berlin, Stand: 1997.

National Commission on Economic Growth and Tax Reform (1996): Unleashing America's Potential. A Pro-Growth, Pro-Family Tax System for the 21st Century, in: Tax Notes, Jan. 1996, S. 413 - 450.

Neumark, Fritz (1970): Grundsätze gerechter und ökonomisch rationaler Steuerpolitik, Tübingen 1970.

Niehus, Rudolf J. (2001): Die Zukunft der Standards des DRSC, in: DB 2001, S. 53 - 59.

Nieland, Marius (1995): Handels- und steuerrechtliche Rechnungsabgrenzung, in: SteuerStud 1995, S. 533 - 538.

Niemann, Ursula (1999): Immaterielle Wirtschaftsgüter im Handels- und Steuerrecht. Bilanzierung, Bewertung, Sonderfälle, Bielefeld 1999.

Nolan, Leo F. (1997): Can the Cash Method of Accounting Clearly Reflect Income? (Part I and II), in: Tax Notes, Feb. und March 1997, S. 1063 - 1069 und S. 1175 - 1195.

Odenbach, Mark/Strunk, Günther (1994): Der Einfluß bundesstaatlicher Steuergesetze auf ausländische Direktinvestitionen in den U.S.A., in: IStR 1994, S. 49 - 57.

OECD (1987): The Relationship Between Taxation and Financial Reporting. Income Tax Accounting, Paris 1987.

Oestreicher, Andreas/Spengel, Christoph (1999a): Maßgeblichkeit der International Accounting Standards für die steuerliche Gewinnermittlung? International vergleichende Analyse der wirtschaftlichen Wirkungen eines Übergangs auf die Rechnungslegung nach den IAS, Baden-Baden 1999.

Oestreicher, Andreas/Spengel, Christoph (1999b): International Accounting Standards, Maßgeblichkeitsprinzip und Besteuerung, in: DB 1999, S. 593 - 600.

Offerhaus, Klaus (2000): Die Steuerreform – eine Herausforderung an den Rechtsstaat, in: DStZ 2000, S. 9 - 14.

Olander, Christopher D./Spell, Cynthia L. (1986): Interest Rate Swaps: Status Under Federal Tax and Securities Laws, in: Maryland Law Review, Fall 1986, S. 21 - 60.

Olchyk, Samuel (1989): Nondealer Installment Sales Less Beneficial After TAMRA, in: The Journal of Taxation, March 1989, S. 132 - 136.

Ordower, Henry (1993): Revisiting Realization: Accretion Taxation, the Constitution, Macomber, and Mark to Market, in: Virginia Tax Review, Summer 1993, S. 1 - 98.

Orth, Manfred (2000): Steuersenkungsgesetz: Umstellung des Wirtschaftsjahres als Gestaltungsmöglichkeit, in: DB 2000, S. 2136 - 2140.

o. V. (1998): Immaterielle Wirtschaftsgüter – Abschreibung, in: KPMG-Mitteilungen, Nov. 1998, S. 3 - 4.

o. V. (1999): „Bad Intent“ Leads to Section 263A Capitalization!, in: The Journal of Taxation, April 1999, S. 255.

o. V. (2000a): „Mindeststeuer verfassungswidrig“, in: FAZ v. 17. Okt. 2000, S. 17.

o. V. (2000b): Länder-Finanzminister billigen neue Afa-Tabellen, in: FAZ v. 27. Okt. 2000, S. 13.

o. V. (2000c): Längere Abschreibungsfristen verärgern die Wirtschaft, in: FAZ v. 28. Nov. 2000, S. 17.

o. V. (2000d): Tiefe Verärgerung über Afa-Korrektur, in: FAZ v. 15. Dez. 2000, S. 13.

o. V. (2000e): Eichel veröffentlicht Afa-Tabellen, in: FAZ v. 16. Dez. 2000, S. 14.

o. V. (2000f): Zehn Thesen zur Zukunft der Rechnungslegung, in: FAZ v. 25. Sept. 2000, S. 32.

o. V. (2000g): Kuznachrichten Internationale Rechnungslegung, in: DB 2000, S. 1432.

o. V. (2001a): EU: Von 2005 an Bilanzierung nach IAS, in: FAZ v. 14. Feb. 2001, S. 19.

o. V. (2001b): Kurznachrichten Internationale Rechnungslegung, in: DB 2001, S. 502.

Papier, Hans-Jürgen (1989): Der Bestimmtheitsgrundsatz, in: Friauf, Karl H. (Hrsg.): Steuerrecht und Verfassungsrecht, Köln 1989, S. 61 - 78.

Parr, Jason J. (1998): Do the Multiple-Property Like-Kind Exchange Regs. Thwart Sec. 1031's Intent?, in: The Tax Adviser, March 1998, S. 162 - 165.

Pausch, Alfons (1979): Max Lion, Pionier des Bilanzsteuerrechts. Aufstieg und Verfolgung eines deutschen Steuerwissenschaftlers jüdischer Abstammung, in: StuW 1979, S. 149 - 171.

Pavano, Byron (1997): Life in All Its Fullness: A Discussion of Capitalization v. Deduction, in: Boston College Law Review, Dec. 1997, S. 253 - 281.

Pechman, Joseph A. (1987): Federal Tax Policy, Washington 1987.

Peel, Fred W. (1988): Capital Losses: Falling Short on Fairness and Simplicity, in: University of Baltimore Law Review, Winter 1988, S. 418 - 432.

Pellens, Bernhard (1999): Internationale Rechnungslegung, 3., überarb. u. erg. Aufl., Stuttgart 1999.

Persellin, Mark B./Novak, E. Shawn (1995): Start-Up Expenditures: Compliance and Planning Issues, in: The Journal of Corporate Taxation, Summer 1995, S. 141 - 152.

Pezzer, Heinz-Jürgen (1991): Bilanzierungsprinzipien als sachgerechte Maßstäbe der Besteuerung, in: Doralt, Werner (Hrsg.): Probleme des Steuerbilanzrechts, Köln 1991, S. 3 - 27.

Pflüger, Hansjörg (1996): Ein Organisations- und Belastungsvergleich zwischen dem US-amerikanischen und dem deutschen Steuersystem, in: FR 1996, S. 204 - 211.

Pickert, Gisela (1994): Gewinnermittlung durch Einnahmen-Überschußrechnung oder durch Betriebsvermögensvergleich – Die Wahl der Gewinnermittlungsmethode unter dem Aspekt der Steuerplanung –, in: DB 1994, S. 1581 - 1587.

Plat, Julie M./Peter, Arnold P. (1987): Accrued Liabilities: The Widening Gap Between Tax and Financial Accounting, in: Consumer Finance Law Quarterly Report, Fall 1987, S. 48 - 50.

Plückebaum, Rudolf (2000): Kommentierung zu § 4 EStG, in: Kirchhof, Paul/Söhn, Hartmut (Hrsg.): Einkommensteuergesetz. Kommentar, Loseblatt, Heidelberg, Stand: Juli 2000.

Pohmer, Dieter (1993): Die Steuern als Instrument der Staatsfinanzierung oder Wirtschaftslenkung? – Steuerpolitik im Spannungsfeld widerstreitender Ziele –, in: DStZ 1993, S. 577 - 587.

Pohmer, Dieter/Jurke, Gisela (1984): Zu Geschichte und Bedeutung des Leistungsfähigkeitsprinzips unter besonderer Berücksichtigung der Beiträge im Finanzarchiv und der Entwicklung der deutschen Einkommensbesteuerung, in: FA 1984, S. 445 - 489.

Porcano, Thomas M./Shull, David M./Tran, Alfred V. (1993): Alignment of Taxable Income with Accounting Profit, in: Australian Tax Forum, Autumn 1993, S. 475 - 509.

Porcano, Thomas M./Tran, Alfred V. (1998): Relationship of Tax and Financial Accounting Rules in Anglo-Saxon Countries, in: The International Journal of Accounting 1998, S. 433 - 454.

Posin, Daniel Q. (1998): Federal Income Taxation of Individuals, 4th ed., St. Paul 1998.

Posner, Richard A. (1978): Recht und Ökonomie: Eine Einführung, in: Assmann, Heinz-Dieter/Kirchner, Christian/Schanze, Erich (Hrsg.): Ökonomische Analyse des Rechts, Kronberg/Ts. 1978, S. 93 - 112.

Pratt, James W./Burns, Jane O./Kulsrud, William N. (1992): Federal Taxation, Homewood/ Boston 1992.

Prinz, Ulrich (2000): Bilanzpolitik: Aktuelle Strategien steuerbilanzieller Optimierung, in: DStR 2000, S. 661 - 670.

Raby, Burgess J. W./Raby, William L. (1996): Tax 20 Forum: Practitioner Reaction to INDOPCO, in: Tax Notes, Dec. 1996, S. 1581 - 1582.

Raby, Burgess J. W./Raby, William L. (1998): The Double-Edged Blade of ‚Sale or Exchange', in: Tax Notes, Nov. 1998, S. 749 - 752.

Raby, Burgess J. W./Raby, William R. (1999): The Start-Up Expenditure Trap, in: Tax Notes, Feb. 1999, S. 861 - 864.

Raby, William L. (1995): Land Developers and the UNICAP, in: Tax Notes, Feb. 1995, S. 1169 - 1170.

Raby, William L./Raby, Burgess J. W. (1996): ‚Abuse of Discretion' and ‚Clearly Reflect Income', in: Tax Notes, April 1996, S. 227 - 229.

Raby, William L./Richter, Robert F. (1975): Conformity of Tax and Financial Accounting, in: Journal of Accountancy, March 1975, S. 42 - 48.

Ramsey Roose, Katherine E. (1999): Like-Kind Exchanges and Real Estate Transfer Taxes: Making Hay From the Single-Member Limited Liability Company, in: Virginia Tax Review, Winter 1999, S. 665 - 692.

Raupach, Arndt (1996): Kommentierung zu § 5 EStG, in: Herrmann, Carl/Heuer, Gerhard/ Raupach, Arndt (Hrsg.): Einkommensteuer- und Körperschaftsteuergesetz. Kommentar, Loseblatt, 21. Aufl., Köln 1996, Stand: Mai 2000.

Raupach, Arndt/Böckstiegel, Martin (1999): Die Verlustregelungen des Steuerentlastungsgesetzes 1999/2000/2002 (Teil I bis III), in: FR 1999, S. 487 - 503, S. 557 - 573 und S. 617 - 628.

Reaves, Cynthia F. (1988): Tightening the Prongs on the „All Events" Test: United States v. General Dynamics Corp., in: The Tax Lawyer, Winter 1988, S. 523 - 539.

Reck, Reinhard (2000): Stellenwert der Einheitsbilanz in der Zukunft, in: BuW 2000, S. 902 - 906.

Reding, Kurt/Müller, Walter (1999): Einführung in die Allgemeine Steuerlehre, München 1999.

Reiners, Jennifer (1991): Is Restitution Made Pursuant to a Court Order Deductible Under Section 165(c)(2) of the Internal Revenue Code?, in: The Tax Lawyer, Winter 1991, S. 645 ff.

Richter, Martin (2000): Gewinnrealisierung bei langfristiger Fertigung, in: Ballwieser, Wolfgang (Hrsg.): US-amerikanische Rechnungslegung. Grundlagen und Vergleiche mit dem deutschen Recht, 4., überarb. u. erw. Aufl., Stuttgart 2000, S. 139 - 168.

Risthaus, Anne/Plenker, Jürgen (1999): Steuerentlastungsgesetz 1999/2000/2002 – Geänderte Verlustverrechnungsmöglichkeiten im Rahmen der Einkommensteuerfestsetzung, in: DB 1999, S. 605 - 610.

Ritzrow, Manfred (1995a): Übergang von der Gewinnermittlung nach § 4 Abs. 3 EStG zum Bestandsvergleich nach § 4 Abs. 1 und § 5 EStG, in: SteuerStud 1995, S. 485 491.

Ritzrow, Manfred (1995b): Bewertung der Fertig- und Teilfertigerzeugnisse in der Steuerbilanz. Unter Berücksichtigung der Grundlagen der betriebswirtschaftlichen Kostenrechnung, in: SteuerStud 1995, S. 393 - 402.

Ritzrow, Manfred (2001): Stille Reserven erfolgsneutral übertragen, in: b&b 2001, S. 14 - 20

Robbins, Barry P. (1985): Perspectives on Tax Basis Financial Statements, in: Journal of Accountancy, Aug. 1985, S. 89 - 100.

Rödder, Thomas (1998): Das neue BMF-Schreiben zum Tauschgutachten – Grundsatz- und Detailanmerkungen, in: DStR 1998, S. 474 - 477.

Rogall, Matthias/Spengel, Christoph (2000): Abzinsung von Rückstellungen in der Steuerbilanz, in: BB 2000, S. 1234 - 1241.

Rose, Gerd (1976): Verunsicherte Steuerpraxis, in: StBJb 1975/76, S. 41 - 85.

Rose, Gerd (1982): Grundgerüst einer theoretischen betriebswirtschaftlichen Steuerwirkungslehre, in: Koch, Helmut (Hrsg.): Neuere Entwicklungen in der Unternehmenstheorie. Festschrift für Erich Gutenberg, Wiesbaden 1982, S. 221 - 245.

Rose, Gerd (1985a): Überlegungen zur Steuergerechtigkeit aus betriebswirtschaftlicher Sicht, in: StuW 1985, S. 330 - 344.

Rose, Gerd (1985b): Der Bundesfinanzhof und die betriebswirtschaftliche Steuerplanung, in: Klein, Franz/Vogel, Klaus (Hrsg.): Der Bundesfinanzhof und seine Rechtsprechung. Grundfragen – Grundlagen. Festschrift für Hugo von Wallis, Bonn 1985, S. 275 - 289.

Rose, Gerd (1989): Steuerrechtssprünge und Betriebswirtschaftliche Steuerplanung, in: John, Gerd (Hrsg.): Besteuerung und Unternehmenspolitik. Festschrift für Günter Wöhe, München 1989, S. 289 - 308.

Rose, Gerd (1995): Über die Entstehung von „Dummensteuern" und ihre Vermeidung, in: Lang, Joachim (Hrsg.): Die Steuerrechtsordnung in der Diskussion. Festschrift für Klaus Tipke, Köln 1995, S. 153 - 164.

Rose, Gerd (1997): Betrieb und Steuer. Grundlagen zur Betriebswirtschaftlichen Steuerlehre, Erstes Buch: Die Ertragsteuern, 15., überarb. Aufl., Wiesbaden 1997.

Rose, Gerd (1999): An die Adresse der Steuerreformer, in: DB 1999, Heft 13, S. I.

Rose, Michael D./Chommie, John C. (1988): Federal Income Taxation, 3rd ed., St. Paul 1988.

Rosenthal, Ellin (1988): Guidance on New Taxable Year Conformity Rule Provisions Expected Soon, in: Tax Notes, Jan. 1988, S. 103 - 104.

Rosenthal, Steven M. (1998): Applying the Mark-to-Market Rules: New Problems, New Issues Cause Growing Pains, in: The Journal of Taxation, April 1998, S. 207 - 213.

Rosenthal, Steven M./Rainey, Steven K. (1997): Final Mark-to-Market Regulations Offer More Guidance and More Choices, in: The Journal of Taxation, March 1997, S. 158 - 164.

Rotunda, Ronald D./Nowak, John E. (1999): Treatise on Constitutional Law. Substance and Procedure, 3rd ed., St. Paul 1999.

Ruppe, Hans Georg (1996): Einführung zum EStG, in: Herrmann, Carl/Heuer, Gerhard/ Raupach, Arndt (Hrsg.): Einkommensteuer- und Körperschaftsteuergesetz. Kommentar, Loseblatt, 21. Aufl., Köln 1996, Stand: Mai 2000.

Sair, Edward/Giannattasio, Jennifer/Perry, Jay (2000): Treatment of Contingent Obligations After Repeal of Installment Method, in: The Journal of Corporate Taxation, Fall 2000, S. 203 ff.

Sarcone, Stephanie G. (1988): A Taxpayer's Motivation in Purchasing an Asset Is Irrelevant to the Question Whether It Falls Within the Broad Definition of „Capital Asset" in Internal Revenue Code Section 1221, in: Drake Law Review 1988-1989, S. 943 - 952.

v. Schanz, Georg (1896): Der Einkommensbegriff und die Einkommensteuergesetze, in: FA 1896, S. 1 - 87.

Schapiro, Donald (1975): Prepayments and Distortion of Income Under Cash Basis Tax Accounting, in: Tax Law Review 1975, S. 117 - 153.

Schaumburg, Heide (2000): Rückwirkung und Planungssicherheit im Steuerrecht – Ein Plädoyer für einen dispositionsbezogenen Rückwirkungsbegriff und mehr Vertrauensschutz –, in: DB 2000, S. 1884 - 1891.

Scheffler, Wolfram (1998): Besteuerung von Unternehmen, Bd. I: Ertrag-, Substanz- und Verkehrsteuern, 3., neubearb. Aufl., Heidelberg 1998.

Scheffler, Wolfram (2000): Verbreiterung der Bemessungsgrundlage: Was bleibt von Rückstellungen in der Steuerbilanz? (Teil A und B), in: StuB 2000, S. 489 - 494 und S. 541 - 548.

Schemmel, Lothar (1995): Zur Aufnahme des Leistungsfähigkeitsprinzips und anderer Grenzen für den Steuerstaat in das Grundgesetz, in: StuW 1995, S. 39 - 57.

Scherer, Franz (1997): Wertberichtigung von Forderungen (Delkredere), in: StBp 1997, S. 11 - 15.

Schirmer, Hans-Jürgen (2000): Auswirkungen der Neuregelung der steuerlichen Teilwertabschreibung und des steuerlichen Wertaufholungsgebotes, in: StBp 2000, S. 161 - 170.

Schlessinger, Michael R. (1992): Indopco & Newark: Defining the Intangible ‚Asset' in the Larger Cost Recovery Context, in: Taxes. The Tax Magazine, Dec. 1992, S. 929 - 947.

Schloemer, Paul G. (1991): Simplifying the Uniform Inventory Capitalization Rules, in: Tax Notes, Dec. 1991, S. 1065 - 1069.

Schloemer, Paul G. (1995): The Impact of Section 263A's Cost Capitalization Provisions, in: Tax Notes, Jan. 1995, S. 99 - 104.

Schmidt, Kurt (1996): Die Besteuerung nach der Leistungsfähigkeit. Reflexionen über ein altes Thema, in: JbFStR 1995/96, S. 31 - 47.

Schmitz, Theo (1999): Steuerentlastungsgesetz 1999/2000/2002 und (umgekehrte) Maßgeblichkeit, in: DB 1999, S. 1974 - 1975.

Schnee, Edward J./Burton, Hughlene A. (1992): Clarifying the Definition of a Capital Asset: Is the Corn Products Doctrine Still Viable?, in: Journal of Taxation of Investments, Summer 1992, S. 309 - 318.

Schneider, Dieter (1979): Bezugsgrößen steuerlicher Leistungsfähigkeit und Vermögensbesteuerung, in: FA 1979, S. 26 - 49.

Schneider, Dieter (1984): Leistungsfähigkeitsprinzip und Abzug von der Bemessungsgrundlage, in: StuW 1984, S. 356 - 367.

Schneider, Dieter (1992): Investition, Finanzierung und Besteuerung, 7., vollst. überarb. u. erw. Aufl., Wiesbaden 1992.

Schneider, Dieter (1996): Sind Bewertungsvereinfachungen, wie das Lifo-Verfahren oder die Festwertrechnung, Steuervergünstigungen?, in: StuW 1996, S. 145 - 153.

Schneider, Dieter (1999): Abbau von Steuervergünstigungen durch Skalpierung der Maßgeblichkeit und Verlustverrechnung als „Stärkung der Investitionskraft"?, in: DB 1999, S. 105 - 110.

Schneider, Dieter (2000): Otto H. Jacobs' „Das Bilanzierungsproblem in der Ertragsteuerbilanz" und dessen Stellung in der Wissenschaftsgeschichte steuerlicher Gewinnermittlung, in: DB 2000, S. 1241 - 1245.

Schneider, Leslie J./Solomon, Michael F. (1986a): New Uniform Capitalization and Long-Term Contract Rules, in: The Journal of Taxation, Dec. 1986, S. 424 - 430.

Schneider, Leslie J./Solomon, Michael F. (1986b): Long-Term Contract Regulations: Endless Complexity and Planning Opportunities, in: The Journal of Taxation, May 1986, S. 274 - 280.

Schneider, Leslie J./Solomon, Michael F./Smith, Patrick J. (1991): When Will Interest Be Capitalized Under the New Proposed Regulations?, in: The Journal of Taxation, Dec. 1991, S. 340 - 347.

Schneider, Leslie J./Solomon, Michael F./Smith, Patrick J. (1994a): Final UNICAP Regulations Expand Some Exceptions but Eliminate Others, in: The Journal of Taxation, Feb. 1994, S. 74 - 79.

Schneider, Leslie J./Solomon, Michael F./Smith, Patrick J. (1994b): Final UNICAP Regulations Build on Cost Allocation Methods in Temporary Rules, in: The Journal of Taxation, March 1994, S. 140 - 143.

Schneider, Uwe H. (1994): Sollten Leistungsfähigkeitsprinzip und Steuergrenzen in die Verfassung aufgenommen werden? Plädoyer, in: StuW 1994, S. 58.

Schoenblum, Jeffrey A. (1995): Tax Fairness or Unfairness? A Consideration of the Philosophical Bases for Unequal Taxation of Individuals, in: The American Journal of Tax Policy, Fall 1995, S. 221 - 271.

Schön, Wolfgang (1997): Entwicklungen und Perspektiven des Handelsbilanzrechts: vom ADHGB zum IASC, in: ZHR 1997, S. 131 - 159.

Schön, Wolfgang (1998): Die Teilwertabschreibung – ein Steuerschlupfloch?, in: DB 1998, Heft 48, S. I.

Schoor, Hans W. (1997): Gewinnübertragung nach § 6b EStG, in: FR 1997, S. 251 - 258.

Schoor, Hans W. (1999): Außerplanmäßige Abschreibungen in der Steuerbilanz, in: BBK 1999, Fach 13, S. 4247 - 4256.

Schreiber, Ulrich (2000): Die Bedeutung der US-amerikanischen Rechnungslegung für die Besteuerung von Gewinnen und Ausschüttungen, in: Ballwieser, Wolfgang (Hrsg.): US-amerikanische Rechnungslegung. Grundlagen und Vergleiche mit dem deutschen Recht, 4., überarb. u. erw. Aufl., Stuttgart 2000, S. 49 - 98.

Schult, Eberhard (1998): Betriebswirtschaftliche Steuerlehre. Einführung, 3., akt. Aufl., München/Wien 1998.

Schultz, Randall L. (1985): Resolving the Tax Dispute Concerning Bad Debts and the Closely Held Corporation: Bowers v. Commissioner, in: Journal of Corporation Law, Winter 1985, S. 515 - 529.

Schulz, Horst/Fischer, Norbert (1989): Die Lifo-Bewertung nach Handels- und Steuerrecht – Zur Abgrenzung des Begriffs „Gleichartigkeit" – (Teil I und II), in: WPg 1989, S. 489 - 495 und S. 525 - 530.

Schulze-Osterloh, Joachim (1985): Gute Verluste – Böse Verluste. Ausschluß und Beschränkung des Verlustausgleichs und -abzugs, in: JbFStR 1984/85, S. 267 - 307.

Schulze-Osterloh, Joachim (1992): Der Ausweis von Aufwendungen nach dem Realisations- und dem Imparitätsprinzip, in: Moxter, Adolf u. a. (Hrsg.): Rechnungslegung. Entwicklungen bei der Bilanzierung und Prüfung von Kapitalgesellschaften. Festschrift für Karl-Heinz Forster, Düsseldorf 1992, S. 653 - 670.

Schuppert, Gunnar F. (1987): Verfassungsrechtliche Prüfungsmaßstäbe bei der verfassungsgerichtlichen Überprüfung von Steuergesetzen. Ein Beitrag zu den verfassungsrechtlichen Bindungen des Steuerrechts, in: Fürst, Walther (Hrsg.): Festschrift für Wolfgang Zeidler, Berlin/New York 1987, S. 691 - 715.

Schurmann, Walter (1992): Das Zu- und Abflußprinzip des § 11 EStG, in: SteuerStud 1992, S. 83 - 86.

Schwidetzky, Walter D. (2000): A Comparison of Corporate Taxation in the United States and Germany: Different Ways Up the Mountain, in: The Georgia Journal of International and Comparative Law 2000, S. 217 - 247.

Schwinger, Reiner (1992): Einkommens- und konsumorientierte Steuersysteme. Wirkungen auf Investition, Finanzierung und Rechnungslegung, Heidelberg 1992.

Seago, W. Eugene (1987): Uniform Capitalization Applied to Small Business, in: Tax Notes, Dec. 1987, S. 1157 - 1166.

Seago, W. Eugene (1989): Planning Still Available When Dealing with Long-Term Contracts, in: The Journal of Taxation, July 1989, S. 28 - 35.

Seago, W. Eugene (1994a): Clear Reflection of Income Under Section 446(b), in: Tax Notes, Jan. 1994, S. 355 - 372.

Seago, W. Eugene (1994b): Benefits Available Under the Retail Dollar-Value Lifo Method Despite Many Obstacles, in: The Journal of Taxation, June 1994, S. 346 - 354.

Seago, W. Eugene (1995): Revenue Procedure Offers a Second Chance at Choosing UNICAP Elections, in: The Journal of Taxation, Feb. 1995, S. 82 ff.

Seago, W. Eugene (1996): Are Rotable Spare Parts Properly Treated As Depreciable Assets or Inventory?, in: The Journal of Taxation, June 1996, S. 347 - 353.

Seago, W. Eugene (1997): The Tax Court's First Experience with the Nonaccrual-Experience Method, in: The Journal of Taxation, May 1997, S. 284 - 293.

Seago, W. Eugene (1998): Fine-Tuning Dollar-Value Lifo: When to Use the Earliest Acquisition Method, in: The Journal of Taxation, Oct. 1998, S. 239 - 247.

Seago, W. Eugene/Callihan, Debra (1997): Toward a Sound (Neutral) Tax Policy for Prepai Income From Services, in: Tax Notes, Jan. 1997, S. 359 - 367.

Seago, W. Eugene/Horvitz, Jerome S./Linton, Frank (1990): When Is the Correction of a Error a Change in Taxpayer's Method of Accounting?, in: The Journal c Taxation, Aug. 1990, S. 76 - 82.

Seago, W. Eugene/Richardson, Frederick M. (1992): Calculation Options Under the Interest Capitalization Proposed Regulations, in: The Journal of Taxation, Nov. 1992, S. 300 - 306.

Seeger, Siegbert F. (2000): Kommentierung zu §§ 2 und 2b EStG, in: Schmidt, Ludwig (Hrsg.): Einkommensteuergesetz. Kommentar, 19., völlig neubearb. Aufl., München 2000.

Seer, Roman (1995): Steuergerechtigkeit durch Steuervereinfachung. Symposion der deutschen Steuerjuristischen Gesellschaft e. V. vom 18. Februar 1995, Bundesfinanzakademie Brühl, in: StuW 1995, S. 184 - 193.

Selchert, Friedrich W. (1990): Das Realisationsprinzip – Teilgewinnrealisierung bei langfristiger Auftragsfertigung, in: DB 1990, S. 797 - 805.

Selchert, Friedrich W./Erhardt, Martin (1998): Internationale Rechnungslegung. Der Jahresabschluß nach HGB, IAS und US-GAAP, München/Wien 1998.

Shannon, Harry A. (1986): Rechtssicherheit im US-amerikanischen Steuerverfahren durch den Erwerb eines „ruling", in: RIW 1986, S. 981 - 984.

Shapiro, Robert J. (1997): Building a Conceptual Baseline for Corporate Tax Reform, in: National Tax Journal, May 1997, S. 507 - 517.

Shapleigh, Colbert C./McLeod, Lynn (1988): Applying the Uniform Capitalization Rules to Real Estate, in: The Journal of Taxation, Aug. 1988, S. 92 ff.

Sheppard, Lee A. (1984): Senator Grassley Hears Arguments for Tax Neutrality, in: Tax Notes, April 1984, S. 349 - 350.

Sheppard, Lee A. (1999a): The Hazards of Defining ‚Method of Accounting', in: Tax Notes International, June 1999, S. 2531 - 2535.

Sheppard, Lee A. (1999b): Repeal of the Installment Method: An Idea Whose Time Has Come, in: Tax Notes, April 1999, S. 185 - 188.

Sherman, W. Richard (1997): Requests for Changes in Accounting Methods Made Easier, in: The Tax Adviser, Oct. 1997, S. 616 - 617.

Shores, David F. (1990): Closing the Open Transaction Loophole: Mandatory Installment Reporting, in: Virginia Tax Review, Fall 1990, S. 311 - 356.

Shoup, Carl S. (1984): The Schanz Concept of Income and the United States Federal Income Tax, in: FA 1984, S. 433 - 444.

Siebert, Henning (1996): Grundlagen der US-amerikanischen Rechnungslegung. Ziele und Inhalte der Verlautbarungen der SEC und des FASB sowie ihre Unterschiede zum deutschen Bilanzrecht, Köln 1996.

Siegel, Theodor (1991): Grundsatzprobleme der Lifo-Methode und des Indexverfahrens – Zum Versuch, Steuererleichterungen zum Anlaß zur „Weiterentwicklung" von Grundsätzen ordnungsmäßiger Buchführung zu nehmen –, in: DB 1991, S. 1941 - 1948.

Siegel, Theodor (1992): Metamorphosen des Realisationsprinzips?, in: Moxter, Adolf u. a. (Hrsg.): Rechnungslegung. Entwicklungen bei der Bilanzierung und Prüfung von Kapitalgesellschaften. Festschrift für Karl-Heinz Forster, Düsseldorf 1992, S. 585 - 605.

Siegel, Theodor (1999): Rückstellungen, Teilwertabschreibungen und Maßgeblichkeitsprinzip, in: StuB 1999, S. 195 - 201.

Siegel, Theodor (2000): Rückstellungen in der Steuerbilanz und Leistungsfähigkeitsprinzip, in: StuB 2000, S. 29 - 33.

Sieker, Klaus (1993): Weitreichende Änderungen des US-Steuerrechts durch den Revenue Reconciliation Act 1993, in: RIW 1993, S. 827 - 832.

Siepe, Günter/Husemann, Walter/Borges, Kerstin (1994): Das Index-Verfahren als Bewertungsvereinfachungsverfahren i. S. d. § 256 HGB, in: WPg 1994, S. 645 - 655.

Sigloch, Jochen (1993): Stichwort Schulden, in: Chmielewicz, Klaus/Schweitzer, Marcell (Hrsg.): Handwörterbuch des Rechnungswesens, 3., völlig neu gest. u. erg. Aufl., Stuttgart 1993, Sp. 1769 - 1775.

Simonetti, Gilbert (1968): A Challenge: Can the Accounting Profession Lead the Tax System?, in: Journal of Accountancy, Sept. 1968, S. 66 - 70.

Simons, Henry C. (1938): Personal Income Taxation. The Definition of Income As a Problem of Fiscal Policy, Chicago/London 1938.

Singer, Joseph W. (1984): The Player and the Cards: Nihilism and Legal Theory, in: The Yale Law Journal, Nov. 1984, S. 1 - 70.

Sjogren, Wade R. (1988): The World According to ‚GAAP': Tax Accounting for Accrued Expenses, in: Rutgers Law Journal, Fall 1988, S. 227 - 269.

Slagle, Frank J. (1987): Accounting for Interest: An Analysis of Original Issue Discount in the Sale of Property, in: South Dakota Law Review 1987, S. 1 - 41.

Small, David G. (1995): Die US-Gewinnermittlung – eine bilanzsteuerrechtliche Übersicht (Teil I und II), in: IStR 1995, S. 156 - 160 und S. 204 - 208.

Smith, Adam (1974): Der Wohlstand der Nationen. Eine Untersuchung seiner Natur und seiner Ursachen. Aus dem Englischen übertragen und mit einer Würdigung von Horst Claus Recktenwald, München 1974.

Smith, J. Kevin (1991): Analyse und Vergleich der Besteuerung von Kapitalgesellschaften nach deutschem und amerikanischem Steuerrecht. Eine EDV-gestützte Modelluntersuchung zum internationalen Steuerbelastungsvergleich, Frankfurt a. M. u. a. 1991.

Smith, J. Kevin/Immel, Cornelia (1988): A Comparison of Inventory Costs for Tax Purposes in the United States and West Germany, in: Intertax 1988, S. 366 - 377.

Smith, Robert S. (1999): West's Tax Law Dictionary. Definitions of Terms, Words, and Phrases Used in Modern American Tax Law, 1999 Edition, St. Paul 1999.

Söffing, Günter (2000): § 2b EStG und der 2b-Erlass, in: DB 2000, S. 2340 - 2346.

Söffing, Günter/Söffing, Matthias (1990): Leitfaden der steuerlichen Gewinnermittlung, Herne/Berlin 1990.

Soled, Jay A. (1997): A Proposal to Lengthen the Tax Accounting Period, in: The American Journal of Tax Policy, Spring 1997, S. 35 - 72.

Soled, Jay A. (1999): The Sale of Donors' Eggs: A Case Study of Why Congress Must Modify the Capital Asset Definition, in: U. C. Davis Law Review, Summer 1999, S. 919 - 963.

Sommerfeld, Ray M. u. a. (1994): Concepts of Taxation, 1994 Edition, Fort Worth u. a. 1994.

SPD (1998): Arbeit, Innovation und Gerechtigkeit. SPD-Programm für die Bundestagswahl 1998, Bonn 1998.

Speaker, Paul A./McGrail, Walter M. (1987): Changes in Depreciation Bring Renewed Importance to Anti-Churning Rules, in: Taxation for Accountants, Jan. 1987, S. 32 - 35.

Sprey, Ralf (1997): Das LIFO-Verfahren als Steuervergünstigung? Eine ökonomische Analyse der steuerrechtlichen Vorratsbewertung bei Preis- und Geldwertänderungen, Hamburg 1997.

Stanger, Abraham M./Vander Kam, Henry P./Polifka, Pearl (1980): Prepaid Income and Estimated Expenses: Financial Accounting Versus Tax Accounting Dichotomy, in: The Tax Lawyer, Winter 1980, S. 403 - 426.

Stapperfend, Thomas (2000): Kommentar, in: FR 2000, S. 1207 - 1209.

Statistisches Bundesamt (2000): Statistisches Jahrbuch 2000 für die Bundesrepublik Deutschland, Stuttgart 2000.

Steines, John P. (1985): Income Tax Allowance for Cost Recovery, in: Tax Law Review, Spring 1985, S. 483 - 575.

Steuerle, Gene (1997a): Tax Simplification: Is the Rolling Ball Gaining Momentum?, in: Tax Notes, May 1997, S. 705 - 706.

Steuerle, Gene (1997b): Who Makes the Case for Tax Simplification?, in: Tax Notes, July 1997, S. 279 - 280.

Stibi, Bernd (1999): Vom Petersberg hinab ins Tal?, in: StuB 1999, S. 32 - 33.

Stiglitz, Joseph E./Schönfelder, Bruno (1989): Finanzwissenschaft, 2. Aufl., (1. deutschsprachige Aufl.), München/Wien 1989.

Stobbe, Thomas/Loose, Matthias (1999): Steuerentlastungsgesetz 1999/2000/2002. Auswirkungen auf die handels- und steuerrechtliche Gewinnermittlung, in: FR 1999, S. 405 - 420.

Strahl, Martin (1997): Gleichheit und Gerechtigkeit der Besteuerung durch Typisierung?, in: BB 1997, S. 341 - 343.

Strahl, Martin (1999): Hanebüchenes aus der Hand des Gesetzgebers zur beabsichtigten Versagung der Teilwertabschreibung, in: StuB 1999, S. 145 - 147.

Streer, Paul J. (1979): Conforming Financial and Tax Accounting: Will the Conceptual Framework Help?, in: Journal of Accounting, Auditing & Finance, Summer 1979, S. 329 - 338.

Sugin, Linda (1995): Nonrecourse Debt Revisited, Restructured and Redefined, in: Tax Law Review, Fall 1995, S. 115 - 174.

Summa, Don J./Goodman, Leonard (1987): Financial and Tax Accounting Conformity Further Aggravated by the TRA, in: The Tax Adviser, April 1987, S. 260 - 267.

Surrey, Stanley S. (1970): Tax Incentives As a Device for Implementing Government Policy: A Comparison with Direct Government Expenditures, in: Harvard Law Review, Feb. 1970, S. 705 - 738.

Surrey, Stanley S. (1973): Pathways to Tax Reform. The Concept of Tax Expenditures, Cambridge 1973.

Taggart, John Y. (1992): Workouts – Lender's Basis and Lender's Income, in: The Tax Lawyer, Winter 1992, S. 263 - 292.

Tax Executives Institute (1997): Tax Simplification and Reform, in: The Tax Executive, March-April 1997, S. 153 - 159.

Tax Executives Institute (1998): Comments on Notice 98-31, Service-Initiated Accounting Method Changes, in: The Tax Executive, July-Aug. 1998, S. 300 - 308.

Terry, Stephen A. (1987): Impact of Changed Depreciation Rules and Repealed Investment Credit on Planning, in: Taxation for Accountants, Sept. 1987, S. 134 - 138.

Tertel, Hans-Joachim (1986): Ein Überblick über zentrale Jahresabschlußvorschriften des Bilanzrichtlinien-Gesetzes – BiRiLiG (Teil I), in: DStR 1986, S. 113 - 121.

Tessler, Allan R. (1962): Taxation: Federal Income Tax: Prepaid Income and Accrual Accounting: Section 456 of the Internal Revenue Code of 1954, in: Cornell Law Quarterly 1962, S. 475 - 484.

Thiel, Jochen (1990): Bilanzrecht. Handelsbilanz, Steuerbilanz, 4., völlig neubearb. u. erw. Aufl., Heidelberg 1990.

Thiel, Jochen (1995): Steuergerechtigkeit und Steuervereinfachung in der Praxis – Das Jahressteuergesetz 1996 wird vorbereitet, in: Lang, Joachim (Hrsg.): Die Steuerrechtsordnung in der Diskussion. Festschrift für Klaus Tipke, Köln 1995, S. 295 - 318.

Thiele, Clemens (1997): Der Einkommensbegriff im US-amerikanischen Steuerrecht, in: RIW 1997, S. 586 - 594.

Thiele, Clemens (1998): Einführung in das US-amerikanische Steuerrecht, Wien 1998.

Thuronyi, Victor (1990): The Concept of Income, in: Tax Law Review, Fall 1990, S. 45 - 105.

Tiedchen, Susanne (1996): Vorbemerkungen zu §§ 4-7 EStG, in: Herrmann, Carl/Heuer, Gerhard/Raupach, Arndt (Hrsg.): Einkommensteuer- und Körperschaftsteuergesetz. Kommentar, Loseblatt, 21. Aufl., Köln 1996, Stand: Mai 2000.

Tiedtke, Klaus (1995): Einkommensteuer- und Bilanzsteuerrecht, 2. Aufl., Herne/Berlin 1995

Tiemann, Susanne (1993): Steuerchaos – und kein Ende?, in: Stbg 1993, S. 436 - 439.

Tipke, Klaus (1991): Zu Gerd Roses Bemühen um mehr Steuerplanungssicherheit. Ein Beitrag aus juristischer Sicht, in: Herzig, Norbert (Hrsg.): Betriebswirtschaftliche Steuerlehre und Steuerberatung. Festschrift für Gerd Rose, Wiesbaden 1991, S. 9 - 110.

Tipke, Klaus (1993): Die Steuerrechtsordnung, Bd. I - III, Köln 1993.

Tipke, Klaus (1994a): Sollten Leistungsfähigkeitsprinzip und Steuergrenzen in die Verfassung aufgenommen werden? Stellungnahme, in: StuW 1994, S. 58 - 62.

Tipke, Klaus (1994b): Über ein gerechteres und einfacheres Steuerrecht. Idee und Verwirklichungsschwierigkeiten, in: Stbg 1994, S. 162 - 169.

Tipke, Klaus/Lang, Joachim (1998): Steuerrecht, 16., völlig überarb. Aufl., Köln 1998.

Tobin, Brian F. (1995): New Regulations Clarify R&E Definition, in: The Tax Adviser, May 1995, S. 287.

Tovig, Barry A./Lee, Andrew B. (1994): Historic Absorption Ratio Provides Easier Administration of Sec. 263A Uniform Cost Capitalization, in: The Tax Adviser, Jan. 1994, S. 19 - 21.

Travostino, Daniel (1974): Idaho Power: The Capitalization of Depreciation, in: The Tax Lawyer, Fall 1974, S. 149 - 162.

Treisch, Corinna (2000): Entscheidungsneutralität der Besteuerung. Ökonomische Anforderungen an ein „gutes" Steuersystem, in: SteuerStud 2000, S. 368 - 374.

Treptow, Harald (1999): Konsequenzen der Internationalisierung für die Steuerbilanz, in: IStR 1999, Beihefter zu Heft 12/99, S. 2 - 5.

Treptow, Harald/Weismüller, Albert (1991): Die Bewertung des Vorratsvermögens nach der Lifo-Methode. Erfahrungen aus der betrieblichen Praxis, in: WPg 1991, S. 571 - 581.

Trzaskalik, Christoph (1985): Zuflußprinzip und periodenübergreifende Sinnzusammenhänge, in: StuW 1985, S. 222 - 228.

Tucker, Michael J./Quarles, Ross (1991): Recent Developments in the Tax Accounting Treatment of Long-Term Contracts, in: The Journal of Corporate Taxation, Spring 1991, S. 28 - 38.

Tussman, Joseph/tenBroek, Jacobus (1949): The Equal Protection of the Laws, in: California Law Review, Sept. 1949, S. 341 - 381.

Uelner, Adalbert (1999): Zum geplanten Verbot der Teilwertabschreibung, in: StuB 1999, S. 84 - 88.

Ullmann-Czubak, Hertha (1980): US-Richtlinienvorschlag zur steuerlichen Einordnung von Gesellschafterdarlehen als Eigen- oder Fremdkapital, in: RIW 1980, S. 341 - 343.

Ullmann-Czubak, Hertha (1981): US-Richtlinien zur steuerlichen Beurteilung von Gesellschafterdarlehen als Eigen- oder Fremdkapital, in: RIW 1981, S. 165 - 167.

Ullmann-Czubak, Hertha (1982): Neuer U.S.-Richtlinienvorschlag zur steuerlichen Klassifizierung von Gesellschafterdarlehen als Eigen- oder Fremdkapital, in: RIW 1982, S. 184 - 186.

Unselt, Kai (1996): Grundlagen und Methoden der Lifo-Bewertung in den USA. Zur Anwendung im deutschen Handels- und Steuerrecht, in: RIW 1996, S. 928 - 935.

Utz, Stephen G. (1993): Tax Policy: An Introduction and Survey of the Principal Debate, St. Paul 1993.

Vacovec, Kenneth J. (1997): Steuerberatung in den USA, in: DSWR 1997, S. 332 - 334.

Veit, Klaus-Rüdiger (1984): Zur Bilanzierung von Organisationsausgaben und Gründungsausgaben nach künftigem Recht, in: WPg 1984, S. 65 - 70.

Versin, Volker (2000): Die Einschränkung der Rückstellungsbildung durch das sog. Steuerentlastungsgesetz und das Leistungsfähigkeitsprinzip, in: StuB 2000, S. 1207 - 1210.

Vogel, Klaus (1977a): Die Abschichtung von Rechtsfolgen im Steuerrecht. Lastenausteilungs-, Lenkungs- und Vereinfachungsnormen und die ihnen zuzurechnenden Steuerfolgen: Ein Beitrag zur Methodenlehre des Steuerrechts, in: StuW 1977, S. 97 - 121.

Vogel, Klaus (1977b): Die Besonderheit des Steuerrechts, in: DStZ 1977, S. 5 - 12.

Vogel, Klaus (1993): Gerichte und gerichtsähnliche Spruchkörper in Steuersachen außerhalb Deutschlands, in: Der Präsident des Bundesfinanzhofs (Hrsg.): 75 Jahre Reichsfinanzhof – Bundesfinanzhof. Festschrift, Bonn 1993, S. 185 - 197.

Vogt, Stefan (1991): Die Maßgeblichkeit des Handelsbilanzrechts für die Steuerbilanz – Reichweite, Rechtfertigung und Perspektiven eines Eckpfeilers unseres Bilanzrechts –, Düsseldorf 1991.

Voß, Joachim (1992): Ungewißheit im Steuerrecht. Formen, Konsequenzen, Maßnahmen, Wiesbaden 1992.

Wacke, Gerhard (1947): Gesetzmäßigkeit und Gleichmäßigkeit. Die drei Arten der Gleichmäßigkeit als Auflösung des gesetzlichen Tatbestandes, in: StuW 1947, Sp. 21 - 66.

Wagner, Franz W. (1986): Der gesellschaftliche Nutzen einer betriebswirtschaftlichen Steuervermeidungslehre, in: FA 1986, S. 32 - 54.

Wagner, Franz W. (1992): Neutralität und Gleichmäßigkeit als ökonomische und rechtliche Kriterien steuerlicher Normkritik, in: StuW 1992, S. 2 - 13.

Wagner, Franz W. (1993): Stichwort Steuerbilanz, in: Chmielewicz, Klaus/Schweitzer, Marcell (Hrsg.): Handwörterbuch des Rechnungswesens, 3., völlig neu gest. u. erg. Aufl., Stuttgart 1993, Sp. 1869 - 1879.

Wagner, Franz W. (1998): Aufgabe der Maßgeblichkeit bei einer Internationalisierung der Rechnungslegung? – Eine Analyse der ökonomischen Wirkungen des Bilanzsteuerrechts –, in: DB 1998, S. 2073 - 2077.

Wagner, Franz W./Wissel, Harald (1995): Entscheidungsneutralität der Besteuerung als Leitlinie einer Reform der Einkommensteuer, in: WiSt 1995, S. 65 - 70.

Walburn, Allen (1993): Depreciation of Intangibles: An Area of the Tax Law in Need of Change, in: The San Diego Law Review, Spring 1993, S. 453 - 483.

Wales, Sam (1999): Inventory Shrinkage Estimates Are Not Prohibited by Treasury Regulations Section 1.471-2(d): Wal-Mart Stores v. Commissioner and Dayton Hudson v. Commissioner, in: The Tax Lawyer, Spring 1999, S. 647 -660.

Walsh, Joseph G. (1999): More Accounting Method Changes Granted Automatic Consent, in: Practical Tax Strategies, July 1999, S. 17 ff.

Walz, W. Rainer (1982a): Richterliche Rechtsfindung im Steuerrecht der USA, in: StuW 1982, S. 1 - 13.

Walz, W. Rainer (1982b): Steuerverwaltungsanordnungen im Bundessteuerrecht der Vereinigten Staaten, in: StuW 1982, S. 381 - 387.

Wang, Catherine (1985): Oil and Gas Percentage Depletion Allowance for Advance Royalty and Lease Bonus Income: Commissioner v. Engle, in: The Tax Lawyer, Winter 1985, S. 435 - 445.

Warren, Alvin C. (1973): The Deductibility by Individuals of Capital Losses Under the Federal Income Tax, in: The University of Chicago Law Review, Winter 1973, S. 291 - 326.

Warren, Alvin C. (1980): Would a Consumption Tax Be Fairer Than an Income Tax?, in: The Yale Law Journal, May 1980, S. 1081 - 1124.

Warren, Alvin C. (1993): Financial Contract Innovation and Income Tax Policy, in: Harvard Law Review, Dec. 1993, S. 460 - 492.

Wasserman, William P. (1987): Mr. Mogul's Perpetual Search for Tax Deferral: Techniques and Questions Involving Section 1031 Like-Kind Exchanges in a World of Changing Tax Alternatives, in: Taxes. The Tax Magazine, Dec. 1987, S. 975 - 1008.

Wassermeyer, Franz (1990): Tausch und Einlage von Anteilen an Kapitalgesellschaften über die Grenze, in: DB 1990, S. 855 - 859.

Weber, Richard J. (1961): Inventory Problems Under the Federal Income Tax, in: Marquette Law Review, Winter 1960/61, S. 335 - 379.

Weber-Grellet, Heinrich (1993): Zeit und Zins im Bilanzsteuerrecht. Die Abzinsung unverzinslicher Werte als Paradigma für die Eigenständigkeit des Bilanzsteuerrechts, in: Raupach, Arndt/Uelner, Adalbert (Hrsg.): Ertragsbesteuerung. Zurechnung – Ermittlung – Gestaltung. Festschrift für Ludwig Schmidt, München 1993, S. 161 - 176.

Weber-Grellet, Heinrich (1994): Maßgeblichkeitsschutz und eigenständige Zielsetzung der Steuerbilanz, in: DB 1994, S. 288 - 291.

Weber-Grellet, Heinrich (1996a): Steuerbilanzrecht, München 1996.

Weber-Grellet, Heinrich (1996b): Vermögensteuer, Plafondierung, Vereinfachung. Zu dem Vermögensteuer-Beschluß des BVerfG, in: BB 1996, S. 1415 - 1419.

Weber-Grellet, Heinrich (1998a): Bestand und Reform des Bilanzsteuerrechts, in: DStR 1998, S. 1343 - 1349.

Weber-Grellet, Heinrich (1998b): Das häßliche Bilanzsteuerrecht – Die geplanten Änderungen des Bilanzsteuerrechts durch das Steuerentlastungsgesetz 1999 –, in: DB 1998, S. 2435 - 2438.

Weber-Grellet, Heinrich (1999): Der Maßgeblichkeitsgrundsatz im Lichte aktueller Entwicklungen, in: BB 1999, S. 2659 - 2666.

Weber-Grellet, Heinrich (2000a): Kommentierung zu § 5 EStG, in: Schmidt, Ludwig (Hrsg.): Einkommensteuergesetz. Kommentar, 19., völlig neubearb. Aufl., München 2000.

Weber-Grellet, Heinrich (2000b): Kommentierung zu § 4a EStG, in: Kirchhof, Paul/Söhn, Hartmut (Hrsg.): Einkommensteuergesetz. Kommentar, Loseblatt, Heidelberg, Stand: Juli 2000.

Weber-Grellet, Heinrich (2000c): Die Gewinnermittlungsvorschriften des Steuerentlastungsgesetzes 1999/2000/2002 – Ein Fortschritt?, in: DB 2000, S. 165 - 169.

Weinmann, Howard M. (1981): Conformity of Tax and Financial Accounting, in: Taxes. The Tax Magazine, July 1981, S. 419 - 432.

Weisflog, W. E. (1985): Amerikanische Steuerreform. Bericht des Stabs des gemischten Finanzausschusses des amerikanischen Repräsentantenhauses und des Senats, der die Steuerreformvorschläge analysiert, welche anläßlich von Hearings, die vom 25. - 27.9.1984 stattfanden, vom Haushaltsausschuß des Repräsentantenhauses zu erwägen waren, in: StuW 1985, S. 160 - 171 und S. 247 - 264.

Wermuth, Horst-Günter (1977): Steuern in den USA, in: RIW 1977, S. 139 - 146.

Werndl, Josef (2000): Kommentierung zu § 6 EStG, in: Kirchhof, Paul/Söhn, Hartmut (Hrsg.): Einkommensteuergesetz. Kommentar, Loseblatt, Heidelberg, Stand: Juli 2000.

Westen, Peter (1982): The Empty Idea of Equality, in: Harvard Law Review, Jan. 1982, S. 537 - 596.

Westin, Richard A. (1987): A Primer on Income and Basis, in: The Review of Taxation of Individuals, Winter 1987, S. 3 - 22.

Weygandt, Jerry J./Kieso, Donald E./Kimmel, Paul D. (2000): Financial Accounting, 3rd ed., New York u. a. 2000.

Wheeler, James E./Smith, Maureen H./Gaffney, Dennis J. (1997): Wal-Mart: Based in Part on Mathematical Errors, in: Tax Notes, Oct. 1997, S. 479 - 482.

White, Gerald I./Sondhi, Ashwinpaul C./Fried, Dov (1998): The Analysis and Use of Financial Statements, 2nd ed., New York u. a. 1998.

White, Michelle J. (1990): Why Are Taxes So Complex and Who Benefits?, in: Tax Notes, April 1990, S. 341 - 354.

Wichmann, Gerd (1996): Das Maßgeblichkeitsprinzip in der Diskussion, in: Stbg 1996, S. 107 - 111.

Wilder, Gregory F./Shaheen, William M. (1996): Tax Considerations in Eminent Domain Proceedings, in: The Journal of Real Estate Taxation, Fall 1996, S. 51 - 77.

Williamson, Jack O. (1987): Let's Sell GATAP, in: The National Public Accountant, Nov. 1987, S. 60.

Willis, Eugene u. a. (1999): West's Federal Taxation. Comprehensive Volume, 1999 Edition, Cincinnati 1999.

Winnefeld, Robert (2000): Bilanz-Handbuch. Handels- und Steuerbilanz, Rechtsformspezifisches Bilanzrecht, Bilanzielle Sonderfragen, Sonderbilanzen, IAS/US-GAAP, 2. Aufl., München 2000.

Wise, Spence L. (1994): Final Regulations Coordinate Deferred Like-Kind Exchange and Installment Sale Rules, in: The Tax Adviser, Sept. 1994, S. 562 - 563.

Witner, Larry/Hebert, Marcel G. (1992): Changes to IRC Section 179 Benefit Residential Landlords, in: Real Estate Law Journal, Fall 1992, S. 221 - 225.

Woerner, Lothar (1984): Grundsatzfragen zur Bilanzierung schwebender Geschäfte, in: FR 1984, S. 489 - 496.

Wöhe, Günter (1988): Betriebswirtschaftliche Steuerlehre, Bd. I, Halbbd. 1: Die Steuern des Unternehmens – Das Besteuerungsverfahren, 6., völlig neubearb. Aufl., München 1988.

Wöhe, Günter (1992): Betriebswirtschaftliche Steuerlehre, Bd. I, Halbbd. 2: Der Einfluß der Besteuerung auf das Rechnungswesen des Betriebes, 7., völlig neubearb. Aufl München 1992.

Wöhe, Günter (1996): Die Handels- und Steuerbilanz. Betriebswirtschaftliche, handelsrechtliche und steuerrechtliche Grundsätze der Bilanzierung, 3., durchges. Aufl., München 1996.

Wöhe, Günter (1997): Bilanzierung und Bilanzpolitik. Betriebswirtschaftlich – Handelsrechtlich – Steuerrechtlich, 9., völlig überarb. Aufl., München 1997.

Wöhe, Günter/Bieg, Hartmut (1995): Grundzüge der Betriebswirtschaftlichen Steuerlehre, 4., neubearb. Aufl., München 1995.

Wohlgemuth, Michael (1991): Die Herstellungskosten in der Handels- und Steuerbilanz, in: v. Wysocki, Klaus/Schulze-Osterloh, Joachim (Hrsg.): Handbuch des Jahresabschlusses in Einzeldarstellungen, Loseblatt, Köln, Stand: Nov. 1999, Abt. I/10.

Wohlgemuth, Michael (1999): Die Anschaffungskosten in der Handels- und Steuerbilanz, in: v. Wysocki, Klaus/Schulze-Osterloh, Joachim (Hrsg.): Handbuch des Jahresabschlusses in Einzeldarstellungen, Loseblatt, Köln, Stand: Nov. 1999, Abt. I/9.

Wolf, Heimke (1999): Wie spielt die „Musik“ im Steuerrecht? – oder: Das Musikinstrument aus steuerlicher Sicht, in: FR 1999, S. 841 - 844.

Woll, Artur (2000): Wirtschaftslexikon, 9., völlig überarb. u. erw. Aufl., München/Wien 2000.

Wootton, Robert R. (1981): The Claim of Right Doctrine and Section 1341, in: The Tax Lawyer, Winter 1981, S. 297 - 340.

Wosnitza, Michael (2000): Die Beschränkung der ertragsteuerlichen Verlustverrechnung – Ein Beitrag zu Steuervereinfachung, Steuergerechtigkeit und Förderung von Wachstum und Beschäftigung? –, in: StuB 2000, S. 763 - 772.

Wudernitz, Brigitte (1996): Entwicklung der Konzernbesteuerung in den USA. Eine Analyse von 80 Jahren Praxis der Konzernbesteuerung im Umfeld von Geschichte, Politik, Wirtschaft und Rechnungslegung, Wien 1996.

Wurzel, Harold (1964): The Tax Basis for Assorted Bargain Purchases or: The Inordinate Cost of „Ersatz“ Legislation, in: Tax Law Review 1964-65, S. 165 - 211.

Yorio, Edward (1987): Equity, Efficiency, and the Tax Reform Act of 1986, in: Fordham Law Review, March 1987, S. 395 - 457.

Zeitler, Franz-Christoph (1994): Steuervereinfachung: Der Weg zum Ziel oder ist der Weg das Ziel?, in: DStZ 1994, S. 705 - 710.

Zelenak, Lawrence (1992): Does Treasury Have Authority to Index Basis for Inflation?, in: Tax Notes, May 1992, S. 841 - 845.

Zolt, Eric M. (1996): The Uneasy Case for Uniform Taxation, in: Virginia Tax Review, Summer 1996, S. 39 - 109.

Zschiegner, Hans (1981): Neue US-Richtlinien zur Klassifizierung von Gesellschafter-Darlehen, in: DB 1981, S. 805 - 809.

Zschiegner, Hans (1990): Überblick über das amerikanische Steuerrecht, in: Kramer, Jörg-Dietrich (Hrsg.): Grundzüge des US-amerikanischen Steuerrechts, Stuttgart 1990, S. 57 - 91.

Zschiegner, Hans (1998a): Das Einkommensteuerrecht der USA (Teil I - IV), in: IWB 1998, Fach 8, Gruppe 2, S. 919 - 996.

Zschiegner, Hans (1998b): Anpassungskosten der Computer-Software an das Jahr 2000 – Steuerliche Behandlung in den USA –, in: IWB 1998, Fach 8, Gruppe 2, S. 917 - 918.

Zschiegner, Hans (1999): Umstrukturierung der US-Steuerverwaltung, in: IWB 1999, Fach 8, Gruppe 2, S. 1009 - 1014.

GPSR Compliance

The European Union's (EU) General Product Safety Regulation (GPSR) is a set of rules that requires consumer products to be safe and our obligations to ensure this.

If you have any concerns about our products, you can contact us on ProductSafety@springernature.com

In case Publisher is established outside the EU, the EU authorized representative is:

Springer Nature Customer Service Center GmbH
Europaplatz 3
69115 Heidelberg, Germany

Batch number: 10815962

Printed by Printforce, the Netherlands